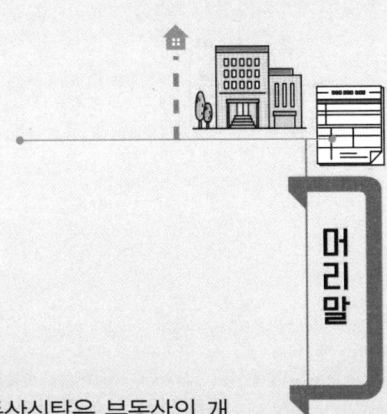

머리말

2024년 부동산신탁 수탁고가 약 500조원에 다다를 정도로 부동산신탁은 부동산의 개발 및 담보의 핵심적 법적 도구로 자리 잡았다. 그러나 복잡한 법적 구조와 다양한 쟁점 속에서 부동산신탁 실무를 수행하는 데는 많은 어려움이 따르는 것이 현실이다. 특히 부동산신탁의 많은 판결을 쟁점별로 구분하고 판결의 결론과 그 내용을 설명하는 자료가 적어, 부동산신탁업을 수행하는 실무자들의 어려움은 계속되고 있다. 이에, 부동산신탁 실무자들이 실제 업무에서 부딪히는 법적 쟁점을 효과적으로 해결하는데 자그마한 도움이 되고자 이 책을 집필하게 되었다.

이 책은 저자가 실제로 10년 이상 부동산신탁업무를 처리하면서 판결들을 쟁점에 따라 정리하고 그에 대한 주석을 달아놓은 자료를 바탕으로 서술하였다. 저자가 개인적으로 정리한 자료를 바탕으로 부동산신탁과 관련된 주요 판결들을 체계적으로 정리하고, 그 판례가 실무에 어떻게 적용될 수 있는지를 설명하여 실무자들이 실제로 부동산신탁업무를 수행하는데 도움을 주는 책이 될 수 있도록 노력하였다. 단순히 이론적인 설명에 그치지 않고, 실무에서 참고 가능한 실제 사례와 응용 방안을 함께 제공함으로써 실무자들에게 실질적인 도움을 줄 수 있도록 힘썼다. 저자는 업무를 처리하면서 대법원은 물론이고 하급심 판결례를 계속해서 정리·분류하였고, 그 중 실무에 가장 필요한 판결들을 모아 이 책에 반영하였다. 한편, 부동산신탁은 구체적인 사실관계와 신탁계약의 내용·재판부의 신탁이해도 등에 따라 사건의 결과가 상이할 수 있어 이 책에서 인용한 판결례 또는 내용과 다른 결과가 발생할 수 있으므로 수탁자 임직원들은 항상 사안을 보수적으로 검토하는 것이 중요하다.

상투적인 표현이긴 하지만, 판례는 법적 문제를 이해하고 해결하는 데 있어 가장 중요한 나침반과도 같다. 특히 부동산신탁 분야에서는 판례를 통해 법률적 쟁점에 대한 방향을 파악하고, 이를 구체적인 부동산신탁 계약 체결 및 법적 분쟁 해결에 적용하는 것이 필수적이다. 이 책에서 다루는 판결들은 법원의 입장과 해석을 이해하는 데 도움을 줄 뿐 아니라, 실무적 응용력을 높이는 데 유용한 자료가 될 것으로 기대한다. 특히 부동산신탁업무를 직접 수행하는 부동산신탁사 임직원, 변호사, 회계사, 세무사 및 부동산 전문가들의 업무에 실질적인 도움을 줄 수 있기를 바라는 마음에서 이 책을 썼다. 판례는 최대한

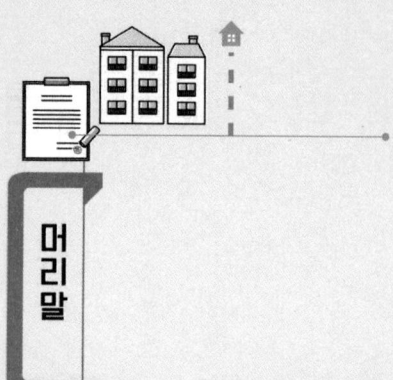

머리말

구체적인 사실관계까지 기술될 수 있도록 노력하는 동시에 분량이 너무 많아지지 않도록 애썼다. 그럼에도 불구하고 전체 책 분량이 많다고 느껴지는 것도 사실이다. 지구온난화가 심화되는 현실속에서 이 책에 사용되는 나무에게 부끄럽지 않도록 양질의 내용이 반영되게끔 공들였으나, 모자란 부분은 전적으로 저자의 탓이다.

저자가 변호사로서 부동산신탁 업무를 시작한지도 벌써 10년이 훌쩍 넘었다. 이 책은 그간 저자가 수행하였던 업무에 대한 증명임과 동시에 부동산신탁업으로부터 받은 고마움에 대한 보답이기도 하다. 최소한 부동산신탁사 동료 임직원들이 특정 신탁 쟁점에 대한 법리 또는 판결을 몰라 신탁사에게 손실이 발생하는 일을 방지하고자 함도 이 책의 서술 목적 중 하나다. 이 책이 부동산신탁업 및 부동산신탁사의 보호와 발전에 조금이라도 보탬이 된다는 더할 나위 없을 것이다.

마지막으로 저자가 살아오는 동안 든든한 버팀목이 되어 주신 가족들에게 깊은 감사를 전한다. 삶의 나침판이 되어 주신 아버지와 어머니께 감사의 마음을 바치며, 언제나 곁에서 힘이 되어 준 사랑스러운 아내와 딸에게도 진심 어린 고마움을 전한다. 특히 아내의 지지와 격려가 없었다면 이 책을 쓸 수 없었음은 물론이고 이렇게 살아오지 못했을 것이다. 소중하고 예쁜 딸에게도 사랑의 인사를 남긴다.

이유청 대표이사님, 오범석 부사장님, 장성완 상무님, 이형석 상무님, 김현태 부장님께 특별히 감사드리며, 이 책이 발간될 수 있도록 도움을 주신 더존테크윌 경정암 부장님께 고마움을 전한다.

차례

1. 부동산신탁이란 무엇인가 ··· 21
    가. 신탁의 정의 ·· 21
    나. 부동산신탁의 개념 ··· 21
    다. 부동산신탁의 당사자 ··· 24
    라. 부동산신탁의 유형별 분류 ··· 25
    마. 부동산신탁의 신탁재산 ··· 25
    바. 신탁부동산의 소유권 ··· 26

2. 부동산신탁 실무 요약 ·· 29
    가. 담보신탁 실무 ·· 29
    나. 처분신탁 실무 ·· 34
    다. 관리신탁 실무 ·· 41
    라. 토지신탁의 개념 ·· 46

3. 신탁과 임대차계약 ·· 50
    가. 신탁부동산 임대차계약의 기본개념 ··· 50
    나. 신탁임대차의 쟁점 ··· 52
        1) 신탁등기 경료 전 주택임대차보호법상 대항력 있는 임대차계약이 체결되어 있는 경우
 ··· 52
        2) 신탁등기 경료 전 상가건물 임대차보호법상 대항력을 가진 임대차계약이 체결되어 있는 경우 ·· 53
        3) 임대인의 지위를 승계하는 신탁사가 대항력 있는 임차인에게 신탁등기의 대항력에 의하여 임대차보증금반환을 거부할 수 있는지 여부 ······································ 54
        4) 신탁등기 경료 전 특별법상 대항력이 없는 임대차계약이 체결되어 있는 경우 ··· 56
        5) 위탁자를 임대인으로 하여 수탁자의 동의를 받은 임대차계약 체결 후 임차인이 신탁공매 매수인에게 임대차보증금 반환을 청구할 수 있는지 여부 ······················· 57
        6) 신탁등기 경료 후 수탁자의 동의를 받은 임대차계약의 임차인은 공매 매수인에게 차임상당의 부당이득반환의무를 부담하는지 여부 ·· 60

7) 신탁등기 경료 후 위탁자와 임대차계약을 체결하였으나 수탁자 및 우선수익자의 동의를 받지 않은 경우 임대차계약의 효력 ································· 63

8) 수탁자 계좌에 임대보증금을 입금한 무단 임차인의 수탁자에 대한 임대보증금 반환 가부 ··· 68

9) 위탁자가 수탁자의 동의를 받아 임차인과 임대차계약을 체결한 경우에 임차인은 신탁사에 대하여 임대차보증금 반환을 요구할 수 있는지 여부 ················· 70

10) 수탁자 동의 없이 임대차계약이 체결되었으나 그 후 위탁자가 수탁자로부터 소유권을 회복한 경우 임차인에게 특별법상 대항력이 발생하는지 여부 ············· 72

11) 부동산중개인의 손해배상 책임 ·· 73

12) 임대차계약 관련 업무상 기타 쟁점 ·· 76

　가) 임차인의 임대차보증금반환채권이 가압류된 상태에서 위탁자가 신탁재산의 귀속을 요청하거나 우선수익자가 신탁재산에 대한 공매를 요청할 수 있는지 여부 ··· 76

　나) 위탁자가 제3자와 임대차계약을 체결하려고 하는데 수탁자가 그에 대한 임대차 동의를 불응하는 경우 위탁자가 신탁사에게 손해배상책임을 물을 수 있는지 여부 ··· 77

　다) 공매 또는 신탁해지로 인한 신탁부동산의 소유권 이전에도 불구하고 대항력 있는 임차인이 임대인의 지위승계를 원하지 않는 경우 수탁자의 대처방안 ············ 79

13) 신탁과 전세권 ·· 82

　가) 수탁자가 전세권을 설정해준 뒤 신탁계약이 종료된 경우에 전세권소멸로 인한 전세금반환 의무자가 누구인지 여부 ··· 82

14) 토지신탁과 임대차 ·· 84

4. 신탁부동산의 관리비 납부 의무 ·· 86

　가. 기본개념 ·· 86

　나. 신탁기간 내 발생한 체납관리비를 신탁사에 청구할 수 있는지 여부 ··············· 90

　다. 공매낙찰자가 종전 구분소유권자들의 공용부분 체납관리비채무를 중첩적으로 인수하는지 여부 ·· 91

　라. 기타 하급심(모두 2017다273984 판결이 선고된 이후의 것) ················· 93
　마. 실무처리 TIP ·· 95

5. 신탁과 공매 ··· 96
　가. 신탁 공매 기본개념 ·· 96
　나. 신탁 공매 진행 절차 ··· 100
　다. 신탁 공매 관련 중요 판례 ··· 102
　　1) 채무자와 채무자 아닌 자가 공동 위탁자인 담보신탁에서 신탁부동산 공매시 처분대금
　　　 배분 방법 ··· 102
　　2) 보증채무를 이행한 보증인이 채권자의 우선수익권에 대하여 보증채무를 이행한 전액
　　　 에 대하여 변제자대위를 할 수 있는지 여부 ··························· 105
　　3) 채무자 소유 수개의 부동산에 관하여 선순위 또는 후순위 우선수익자가 있는 담보신
　　　 탁에서 공매진행시 후순위 우선수익자 사이 형평을 고려하여야 하는지 여부 ··· 108
　　4) 공매공고문과 매매계약의 내용이 약관에 해당하는지 여부 ········· 112
　　5) 신탁 공매에서 낙찰받지 못한 입찰자 또는 매수제안자가 신탁회사와 낙찰자간 체결된
　　　 매매계약에 대한 무효 확인의 이익을 가지는지 여부 ·············· 116
　　6) 신탁 공매와 기업구조조정 촉진법 ··· 119
　라. 기타 신탁 공매 관련 판결 ··· 122
　　1) 후순위 우선수익자(제2순위 우선수익자 등) 요청·동의 없이 신탁 공매를 진행할 수
　　　 있는지 여부 ··· 122
　　2) 신탁사업 관련 소송 중 공매 진행 가부 ··································· 123
　　3) 우선수익자에게 공매중지가처분의 피고적격이 인정되는지 여부 ········· 125
　　4) 신탁 공매와 낙찰자 변경 ··· 126
　　5) 신탁 공매와 지방세기본법상 사업양수인의 제2차 납세의무 ········· 130
　　6) 신탁 공매와 토양오염 ·· 133
　　7) 신탁 공매낙찰시 매수인의 매매대금 지급의무와 수탁자의 소유권이전등기서류 교부
　　　 의무는 동시이행관계인지 선이행관계인지 여부 ······················· 138
　　8) 담보신탁 공매에서 민사집행법과 민사집행규칙이 적용되는지 여부 ········· 140

9) 공매금지가처분 결정이 인용된 후 가처분 이의절차가 진행되고 있는 경우 수탁자가 공매를 진행하여야 할 의무를 부담하는지 여부 ································· 142

6. 면책적 계약인수(분양자 지위 승계약정)약정의 효력 ···················· 144

가. 면책적 계약인수 약정의 의의 ··· 144
나. 면책적 계약인수 약정의 쟁점 ··· 144
   1) 면책적 계약인수 약정과 법정신탁과의 관계 ······························ 144
   2) 제3자를 위한 계약과의 관계 ·· 145
   3) 약관의 규제에 관한 법률 위반 여부 ·· 146
   4) 분양계약 해제시 면책적 계약인수 약정이 소급하여 효력을 상실하는지 여부 ··· 146
   5) 분양계약 취소와 면책적 계약인수 약정의 관계 ······················· 147
다. 하자보수청구와 면책적 계약인수 약정의 관계 ····························· 147
라. 시공사와 면책적 계약인수 약정의 관계 ······································· 151
   1) 의의 ·· 151
   2) 사실관계 ·· 151
   3) 원심의 판단 ·· 152
   4) 대법원의 판단 ·· 153
   5) 실무 TIP ·· 154
마. 신탁재산이 남아있더라도 신탁종료를 인정한 판결례 ··················· 155
   1) 위탁자가 신탁부동산에 대한 조세 등을 지급하지 아니하고, 위탁자와 수탁자 사이 정산합의가 이루어지지 아니한 경우에도 신탁종료가 인정되는지 여부 ······ 155
   2) 신탁부동산이 수탁자 명의로 남아있는 경우에도 신탁종료를 인정한 사례 ········ 157
바. 비토지신탁에서 면책적 계약인수 약정의 효력 ····························· 158

7. 신탁종료 ·· 160

가. 신탁종료 관련 쟁점 ·· 160
   1) 신탁기간 만료 또는 신탁계약의 목적 달성 후 최종계산을 한 경우 ··········· 160
   2) 신탁 목적을 달성할 수 없게 된 경우 신탁종료 여부 ··············· 161

　　3) 약관규제법 적용 여부 ··· 163
　　4) 위탁자와 수탁자간 분쟁이 발생하여 정산합의가 이루어지지 아니한 경우 신탁이 종료
　　　 되지 아니하는지 여부 ··· 164
　나. 토지신탁사업에서 신탁종료시 신축중인 건물이 신탁재산에 포함되는지 여부 ········ 166
　다. 신탁종료시 신탁재산의 귀속에 관한 법률관계 ·· 168
　라. 수탁자 개인이 수익자에 대하여 갖는 고유의 채권과 수익자의 수익채권 등을 상계하는
　　 것이 허용되는지 여부 ··· 170

8. 신탁과 분양대금 반환 ·· 174
　가. 담보신탁 및 자금관리 대리사무 ·· 175
　　1) 수분양자의 채권자가 '분양계약이 해제될 경우 지급받을 분양대금반환채권'에 대하여
　　　 채권압류 및 추심명령을 받은 후 신탁사에 추심금 소송을 청구하는 경우 ······· 175
　　2) 담보신탁에서 수분양자에 대한 분양대금반환채무는 1순위로 정산하여야 하는 채무에
　　　 해당하는지 여부 ··· 178
　　3) 담보신탁에서 수분양자가 매도인인 시행사를 대위하여 수탁자를 상대로 매매대금의
　　　 반환을 구할 수 있는지 여부 ·· 183
　　4) 부당이득 반환 청구 가부 ··· 188
　　5) 자금관리 대리사무 계약의 성질 ··· 188
　　6) 분양계약을 해제한 수분양자들이 시행사를 대위하여 수탁자를 상대로 사업비 지출 요
　　　 청권을 행사하는 경우 자금 집행 동의자의 동의가 필요한지 여부 ··············· 191
　나. 토지신탁과 분양대금 반환 ··· 194
　　1) 토지신탁 분양대금 반환의 구조 ··· 194
　　2) 토지신탁 계약에서 수탁자의 수분양자에 대한 분양대금 반환 책임이 신탁재산 범위
　　　 내로 제한되는지 여부 ··· 195
　　3) 토지신탁에서 수탁자의 중도금대출기관에 대한 대위변제 책임 존부 및 수탁자의 책임
　　　 제한 여부 ··· 204

차례

다. 분양관리신탁과 분양대금반환 ··· 206
   1) 분양관리신탁에서 수분양자가 시행사와의 분양계약을 해제한 후 수탁자에 대하여 부당이득반환 청구 가부 ··· 207
   2) 분양관리신탁에서 수분양자가 시행사와의 분양계약을 해제한 후 수탁자에 대하여 원상회복청구나 부당이득반환청구가 가능한지 여부 ··· 212
   3) 분양관리신탁에서 수탁자가 매도인 책임 부담하므로 분양대금반환책임을 지는지 여부
   ··· 214
   4) 건축물분양법상 시정명령 등 처분과 분양계약 해제 ··· 217
라. 기타 쟁점 ··· 220
   1) 분양대금을 신탁사가 아닌 시행사 등에게 지급한 경우 수분양자가 분양대금 지급의 효력을 신탁사에게 주장할 수 있는지 여부 ··· 220
   2) 자금집행동의권자의 불법행위 책임 ··· 224
   3) 수탁자의 동의없이 임의로 체결한 분양계약의 효력 ··· 225
   4) 신축아파트의 구분건물 각각에 대하여 분양계약을 체결한 후 토지에 관한 담보신탁계약을 체결하고 신탁등기를 경료한 경우 그 담보신탁등기가 유효한지 여부 ······ 226

9. 토지신탁 사업중단의 법리 ··· 228

10. 신탁해지권 ··· 233

가. 위탁자 또는 수분양자의 신탁해지권이 부정된 사례 ··· 233
나. 신탁해지권이 인정된 사례 ··· 236
다. 담보신탁의 위탁자와 신탁부동산에 대한 매매계약을 체결한 매수인이 수탁자에게 직접 소유권이전등기절차 이행을 청구할 수 있는지 여부 ··· 238
라. 신탁원부 변경등기절차이행 청구권 ··· 241
마. 여신승인품의서에 '개별 담보물건의 대출금 120% 이상 상환시 신탁해지'라 기재를 근거로 위탁자가 일부 부동산의 신탁해지를 요청할 수 있는지 여부 ··· 244

11. 사해신탁 취소소송 ……………………………………………………… 247
- 가. 사해신탁 취소소송의 개념 ……………………………………………… 247
- 나. 사해신탁 취소소송에 대한 쟁점 ………………………………………… 248
  - 1) 신탁계약 당시 위탁자가 사해행위를 하였더라도 우선수익자가 선의인 경우 사해신탁 취소가 인정되는지 여부 …………………………………… 248
  - 2) 토지신탁의 사해신탁취소소송 ………………………………………… 253
  - 3) 담보신탁 등 비토지신탁 ……………………………………………… 254
  - 4) 신탁부동산이 위탁자의 유일한 재산인 사례 ………………………… 256
- 다. 저당권설정등기 말소 …………………………………………………… 260
- 라. 사해신탁 취소소송의 쟁점 ……………………………………………… 262
  - 1) 수익권이 적극재산에 포함되는지 여부 ……………………………… 262
  - 2) 위탁자와 수익자가 상이한 타익신탁에서 신탁부동산에 관하여 위탁자의 처분행위가 사해행위에 해당하는지 여부 …………………………… 265
  - 3) 체육시설(골프장) 담보신탁시 사해신탁 여부 판단기준 …………… 266
  - 4) 일련의 약정과 최종적인 법률행위 …………………………………… 267
  - 5) 조세채권과 사해신탁 ………………………………………………… 270
  - 6) 우선수익권과 사해신탁 ……………………………………………… 271
  - 7) 수익권 근질권과 사해행위 …………………………………………… 273
  - 8) 유치권과 사해신탁 …………………………………………………… 274
  - 9) 근저당권과 사해신탁 ………………………………………………… 275
- 마. 실무에서 자주 쓰이는 판결 ……………………………………………… 277

12. 신탁과 민사집행 ……………………………………………………… 283
- 가. 신탁과 보전처분, 강제집행 ……………………………………………… 283
  - 1) 갑 신탁사업에서 발생한 채권으로 수탁자에 대한 집행권원을 얻은 채권자가 을 신탁사업의 신탁재산을 추심한 경우 채권자는 부당이득반환책임을 부담하는지 여부 …… 283

차례

2) 위탁자를 납세의무자로 한 조세채권 체납을 이유로 신탁재산을 압류하거나 신탁재산에 대한 집행법원의 경매절차에서 배당을 받을 수 있는지 여부 ·················· 288

3) 신탁계약 정산조항을 근거로 위탁자를 납세의무자로 한 조세채권 체납에 따라 신탁재산을 압류하거나 수탁자에게 직접 지급을 청구할 수 있는지 여부 ················ 291

4) 조세당국이 신탁계약을 근거로 위탁자를 대위하여 우선수익자보다 우선하여 수탁자에게 신탁재산의 지급을 청구할 수 있는지 여부 ································ 294

5) 위탁자가 납세의무자인 조세의 체납을 원인으로 토지신탁의 신탁재산인 수탁자의 예금채권을 압류할 수 있는지 여부 ··· 296

6) 위탁자가 납세의무자인 조세의 체납을 원인으로 위탁자와 담보신탁 및 자금관리 대리사무계약을 체결한 수탁자의 예금계좌를 압류할 수 있는지 여부 ··············· 297

7) 당해세 우선의 원칙을 내세워 위탁자가 납세의무자인 조세 체납을 이유로 신탁재산을 압류한 압류처분이 당연무효인지 여부 ······································ 298

8) 위탁자가 납세의무자인 취득세 체납을 이유로 신탁재산을 압류할 수 있는지 여부
 ·· 299

9) 신탁사무의 처리상 발생한 채권에 수탁자의 통상적인 사업활동상의 행위로 인하여 손해를 입은 제3자가 가지는 손해배상채권도 포함되는지 여부 ···················· 300

10) 신탁재산에 대한 법원경매 배당절차에서 신탁법 제22조 제1항 단서에 해당하지 아니한 채권자가 배당을 받을 수 있는지 여부 ·· 301

나. 신탁재산의 독립성 ··· 303

1) 갑 신탁재산에서 발생한 채권을 근거로 을 신탁재산에 대한 압류의 효력 ········ 303

2) 점유취득시효 완성 당시 신탁등기가 되어 있었는데 제3자에게 처분되고 다시 수탁자 명의로 신탁등기가 마쳐진 경우 점유자의 취득시효 주장 가부 ················ 306

다. 신탁과 추심금 ··· 309

1) 수분양자의 채권자가 수탁자를 제3채무자로 하여 수분양자의 분양대금반환채권에 채권압류 및 추심명령을 받은 후 수탁자에게 추심금청구를 제기할 수 있는지 여부 ···
 ·· 309

2) 분양계약이 해제되지 아니한 상태에서 그 해제를 전제로 장래 발생하게 될 분양대금반환채권을 미리 압류한 경우 압류가 유효한지 여부 ··························· 311

3) 채권압류가 채권의 발생원인인 법률관계에 대한 채무자의 처분을 구속하는지 여부 ····· 312

차례

라. 신탁계약에서 정한 자금집행순서의 법적 성격 ·· 314
  1) 담보대리사업에서 위탁자의 수탁자에 대한 관리자금 청구채권에 대한 채권압류 및 추심명령이 내려진 경우 압류추심명령의 효력범위 ·· 314
  2) 토지신탁 사업에서 하도급 직불합의에 의한 하도급업체의 대금직불요청에 대하여 수탁자가 자금집행순서 약정을 이유로 대항할 수 있는지 여부 ···························· 318
  3) 지역주택조합추진위원회 조합원이 신탁업자를 상대로 추심금 청구를 제기한 경우 신탁업자가 자금집행순서 조항 등을 이유로 대항할 수 있는지 여부 ························ 320
  4) 지역주택조합 추진위원회 조합원이 신탁업자를 상대로 추심금 청구시 신탁업자가 자금관리 대리사무계약상 절차적 요건을 이유로 항변할 수 있는지 여부 ·············· 322
  5) 토지신탁 위탁자의 운영비 채권에 대한 압류추심 채권자가 위탁자를 대위하여 수탁자에게 위탁자의 운영비 지급을 청구할 수 있는지 여부 ···································· 323
  6) 토지신탁 사업의 광고업체가 위탁자의 사업비 청구채권에 관하여 압류추심을 집행한 후 수탁자에게 광고홍보비 지급을 청구할 수 있는지 여부 ································ 326

마. 신탁과 수익권 (가)압류 ·· 328
  1) 담보신탁계약에서 수익자의 채권자가 수익권을 압류한 후 수탁자가 제3자에게 담보신탁 목적물을 직접 처분할 수 있는지 여부 ·· 328
  2) 담보신탁계약에서 수익자의 채권자가 소유권이전등기청구권을 압류한 후 수탁자가 제3자에게 담보신탁 목적물을 직접 처분할 수 있는지 여부 ························· 334
  3) 신탁수익권 압류 후 신탁부동산에 관하여 수탁자가 제3자에게 직접 처분시 수탁자의 손해배상책임을 인정하지 않은 사례 ··· 339

바. 기타 중요 판결 ·· 346
  1) 수탁자를 제3채무자로 하여 수익권 등 (가)압류가 집행되는 경우 결정문 송달일의 자금집행 또는 신탁재산 처분행위의 유효성 여부(이른바 '30분 판결') ··············· 346
  2) 채권가압류 경정결정의 효력발생 시기 ·· 350
  3) 토지신탁 수익권 압류 및 추심명령 집행 뒤 추심금소송에서 단순 이행판결이 선고된 후 수탁자가 청구이의를 통하여 채권자의 강제집행을 신탁재산의 범위 내로 한정하도록 청구할 수 있는지 여부 ·· 353
  4) "A 아파트 및 B 아파트 신축공사에 대하여 채무자가 수탁자로부터 지급받아야할 공사 잔대금 1,000,000,000원 중 100,000,000원"으로 표시된 압류 추심명령의 효력 ······ 355

차례

　　5) 위탁자와 수분양자가 분양계약을 체결한 후 수분양자의 채권자가 수탁자에 대하여 "분양계약이 해제될 경우 수분양자가 지급받을 분양대금반환채권"에 대하여 압류 및 추심명령을 받은 경우 수탁자에게 추심금 청구가 가능한지 여부 ··················· 357
　　6) 토지신탁의 복수의 아파트 공사대금채권을 압류한 보전처분의 효력 및 소유권이전등기절차이행금지 및 분양자명의변경금지 가압류 명령의 효력 등 ··················· 358
　사. 신탁과 가처분 ··· 361
　　1) 위탁자의 채권자가 신탁종료에 기한 신탁부동산 반환청구권을 피보전권리로 하여 처분금지가처분을 구한 사안에서, 공매 절차에 착수하였다면 위 가처분을 취소할 수 있는지 여부 ·· 361
　　2) 처분금지가처분 등 가처분을 해방공탁으로 취소시킬 수 있는지 여부 ··············· 364
　　3) 사해신탁취소로 인한 원상회복청구권을 피보전권리로 한 처분금지가처분이 발령된 상태에서 수탁자가 위탁자에게 신탁재산을 귀속시킬 수 있는지 여부 ··············· 364
　　4) 소유권이전등기청구권에 대하여 가처분이 있은 후 그 등기청구권에 대한 압류가 이루어진 경우, 가처분이 압류에 우선하는지 여부 ··· 365

13. 신탁과 공탁 ·· 367

　가. 수탁자가 우선수익자의 우선수익금이 존재함에도 신탁재산을 수익자 수익권의 압류 추심명령에 대한 권리공탁으로 한 사례 ··· 367
　나. 신탁종료시 신탁재산 귀속에 대한 다툼이 있는 경우 수탁자가 채권자 불확지 변제공탁을 할 수 있는지 여부 ·· 371
　다. 수익금에 대한 추심금 소송 발생 후 수익금을 공탁할 때 변호사비용을 지출한 잔액을 공탁한 것이 수탁자의 선관주의의무 위반인지 여부 ··· 373

14. 신탁과 체비지 ··· 377

15. 수탁자의 비용상환청구권, 보수청구권, 자조매각권 ················· 383

　가. 수탁자의 비용상환청구권 ·· 383
　　1) 우선수익자가 수탁자를 상대로 제기한 소송에서 수탁자가 지출한 소송비용 등이 신탁사무처리비용에 해당하는지 여부 ··· 386

  2) 공매 부동산의 토양오염으로 수탁자에게 손실이 발생한 경우 그 손해에 대하여 수탁자가 우선수익자에게 비용상환청구권을 행사할 수 있는지 여부 ·················· 388
 나. 수탁자의 보수청구권 ··· 389
 다. 수탁자의 우선변제권 및 자조매각권 ··· 390
 라. 구체적 사례 ·· 394
  1) 토지신탁사업에서 하자보수금, 말소처분 취소소송 등 행정소송비용이 신탁사무처리 비용에 해당하는지 여부 ··· 394
  2) 수탁자가 파산하였다면 신탁재산에 관한 약정 자조매각권과 비용상환청구권을 행사할 수 없는지 여부 ·· 396
  3) 수탁자가 신탁재산의 처분권을 행사하기 위하여 신탁재산을 점유하고 있는 수익자에 대하여 부동산의 인도를 청구할 수 있는지 여부 ·· 396

16. 수탁자 경질 ·· 399
 가. 수탁자 경질의 법리와 사례 ··· 399
 나. 수탁자 경질시 신탁재산 한도 내에서 책임부담의 법리 ····································· 402

17. 신탁과 (우선)수익권 ··· 405
 가. 수익권의 개념 ·· 405
 나. 우선수익권이란 무엇인가 ·· 405
 다. 우선수익권 관련 판결 등 ·· 407
  1) 우선수익권의 피담보채권이 여신거래에 한정되는지 여부 ································ 407
  2) 우선수익권채권은 담보신탁 종료 전에 시효완성으로 소멸할 수 있는지 여부 ··· 409
  3) 우선수익자가 우선수익권증서를 분실하였을 경우 대처방안 ···························· 411
 라. 수익권 양도와 수익자 지위 이전 ··· 414
  1) 토지신탁에서 위탁자 겸 수익자가 수탁자의 승낙없이 수익권을 제3자에게 채권양도한 경우 그 수익권 양도는 유효한지 여부 ······································· 414
  2) 변제자대위에 의한 우선수익자 지위 이전이 가능한지 여부 ···························· 416

마. 수익권 포기 ··· 418
   1) 토지신탁에서 수익권 포기 효력의 장래효 또는 수익권 포기 시기의 제한이 존재하는
      지 여부 ··· 419
   2) 타익신탁에서 수익권 포기시 비용상환의무를 면할 수 있는지 여부 ············· 421
바. 위탁자 지위 이전 ··· 422

18. 신탁과 골프장(체육시설) ··· 424

가. 종래 법원의 입장 ··· 425
나. 대법원 2018.10.18. 선고 2016다220143 전원합의체 판결 ··· 426
다. 기타 판결 ··· 427
   1) 골프장 인수인이 체육시설업 등록을 하지 않은 상태에서 담보신탁 공매로 골프장이
      다시 인수된 경우 골프장 회원권 지위 승계 여부 ··· 427
   2) 토지신탁에 따라 신축된 관광진흥법상 콘도가 강제경매로 낙찰된 경우 수탁자는 낙찰
      자에 대하여 수분양자들의 입회금 상당의 부당이득반환의무를 부담하는지 여부 ·····
      ··· 429
   3) 회원제 골프장 담보신탁의 사해신탁 판단기준 ··· 432

19. 신탁과 질권 ··· 434

가. 신탁수익권 질권의 개념 ··· 434
나. 신탁수익권에 대한 질권 관련 판결 ··· 437
   1) 우선수익자인 시공사가 우선수익권에 질권을 설정하는 것에 대하여 수탁자가 승낙했
      다면 그 원인채권에 대해서까지 질권설정승낙의 효력이 발생하는지 여부 ········ 437
   2) 담보신탁 우선수익권에 질권 설정 후 우선수익권의 원인채권에 대한 전부명령이 확정
      된 경우 우선수익권이나 권리질권이 소멸하는지 여부 ··· 441
   3) 토지신탁 수익권에 대한 근질권설정시 수탁자의 승낙없이 단순히 수탁자에게 질권설
      정통지만 한 경우 수익권 근질권의 효력 여부 ··· 443
   4) 토지신탁 수익권 근질권이 설정 후 수익자의 채권자가 수탁자를 상대로 수익자에 대
      한 신탁귀속절차이행을 청구할 수 있는지 여부 ··· 446

5) 담보신탁 수익권 근질권 설정 후 신탁재산을 위탁자에게 귀속시킨 다음 질권자에게 소유권이전한 행위가 사해행위에 해당하는지 여부 ·················· 448
6) 토지신탁 수익권 근질권 설정 후 근질권자가 수탁자에게 신탁수익금 지급 또는 선관주의의무 위반에 따른 손해배상청구 가부 ·················· 449
7) 임대주택에 대한 신탁 설정 후 수익권에 대한 질권 설정 가능 여부 ········ 451
8) 수탁자의 비용상환청구권이 권리질의 목적이 될 수 있는지 여부 및 수탁자의 비용상환청구권에 대한 질권자가 신탁재산 자조매각권을 직접 행사할 수 있는지 여부 ······ 453
9) 신탁재산 공매대금 배분순서상 신탁수익권 근질권자와 국세 우선의 원칙이 적용되는 조세(위탁자 납부의무자) 중 누가 우선하지는 여부 ·················· 456

20. 신탁과 형사 ·················· 458

가. 신탁사 임직원이 피고소당한 경우 대응방법 ·················· 458
나. 법원의 사실조회결정에 따라 위탁자의 금융거래정보를 법원에 제출하는 것이 금융실명법에 저촉되는 행위인지 여부 ·················· 459
다. 수사기관의 수사협조의뢰 공문이 신탁사로 송부된 경우 대응방법 ·················· 461
라. 다수의 투자자로부터 투자금을 모집하는 자금관리 대리사무 계약 체결시 유의사항 ······ 464
마. 신탁 관련 형사 판결 ·················· 465
  1) 건분법상 사전청약 ·················· 465
    가) 건분법 적용 사업에서 상가 등의 분양신고 전에 시행사가 사전청약을 받은 경우 건분법 위반에 해당하는지 여부 ·················· 465
  2) 배임죄 ·················· 467
    가) 토지신탁 수탁자가 준공지연을 우려하여 위탁자의 반대에도 공사비를 지급한 행위가 배임에 해당하는지 여부 ·················· 467
    나) 토지에 처분신탁이 설정되고 그 수익권에 질권이 설정된 다음 위탁자가 신탁계약을 해지하고 토지를 제3자에게 처분하는 것이 배임죄에 해당할 수 있는지 여부 ·················· 470
    다) 단순히 수탁자에게 손해가 발생하였다는 결과만으로 수탁자 임직원에게 배임의 고의가 인정되는지 여부 ·················· 473

라) 신축건물의 보존등기가 경료되면 추가 신탁하기로 약정하였음에도 불구하고 임의로 제3자에게 처분한 위탁자의 행위가 배임죄에 해당하는지 여부 ············ 475

마) 위탁자가 담보신탁계약 등을 체결하고 신축건물이 준공된 후 수탁자에게 신탁등기를 이행하지 아니한 경우 배임죄가 성립하는지 여부 ············ 477

바) 신탁부동산을 임의로 제3자에게 매도하여 제3자로 하여금 아파트를 임대하고 보증금을 받게 한 위탁자의 처분행위가 배임죄에 해당하는지 여부 ············ 479

사) 아파트 분양계약서를 작성해 준 피고인이 관리신탁계약을 체결하여 신탁회사에 그 소유권을 이전한 행위가 배임죄에 해당하는지 여부 ············ 482

3) 사기죄 ············ 484

가) 위탁자가 신탁금지약정을 체결한 사실을 대출금융기관에 알리지 아니하고 담보신탁을 하고 대출을 받아 대출금을 편취한 것이 특경 사기죄에 해당하는지 여부 ············ 484

나) 신축 중인 건물에 대한 신탁계약을 체결하고도, 공사업자들에게 분양계약서를 담보 명목으로 교부한 행위가 사기죄에 해당하는지 여부 ············ 486

21. 신탁과 조세 ············ 489

가. 신탁과 취득세 ············ 489

1) 신탁사가 택지개발지구 내 택지조성 전 권리의무승계계약을 체결하는 경우 순차등기 이슈 ············ 489

2) 신탁보수가 신축건물의 취득세 과세표준에 포함되는지 여부 ············ 492

3) 소유권 이전의 실질이 해제로 인한 원상회복의 방법으로 신탁부동산의 소유권이 수탁자로부터 수익자에게 이전되는 경우가 취득세 과세대상인지 여부 ············ 495

4) 위탁자 지위 이전이 부동산의 사실상 취득에 해당하는지 여부 ············ 497

5) 지식산업센터를 신축하고 취득일로부터 5년 이내에 이를 사업시설용으로 직접 사용하지 않을 부동산임대업자들에게 분양한 경우 경감된 취득세 추징 가부 ············ 499

6) 신축건물을 수탁자가 신탁한 이후 사용승인을 마쳤을 경우 취득세 납세의무자 499

나. 신탁과 간주취득세 ············ 501

1) 신탁법상 신탁으로 수탁자에게 소유권이 이전된 토지에 대한 구 지방세법 제105조 제5항에서 정한 지목 변경으로 인한 취득세 납세의무자가 수탁자인지 여부 ········ 501

　　2) 납세의무자에게 의무를 게을리한 점을 탓할 수 없는 정당한 사유가 있는 경우, 세법상 가산세를 과할 수 있는지 여부 ··· 502
　　3) 골프장 부지를 담보신탁한 상태에서 골프장을 완공한 경우 구 지방세특례제한법상 취득세 감경규정이 적용되는지 여부 ··· 504
　　4) 부동산을 신탁한 후 위탁자 법인의 과점주주가 되거나 지분비율이 증가한 경우 위탁자 법인 과점주주에게 신탁부동산에 대한 간주취득세를 부과할 수 있는지 여부 ·· 505
다. 신탁과 부가가치세 ··· 507
　1) 수탁자가 위탁자로부터 이전받은 신탁재산을 관리·처분하면서 재화를 공급하는 경우, 재화의 공급이라는 거래행위를 통하여 재화를 사용·소비할 수 있는 권한을 거래상대방에게 이전한 수탁자가 부가가치세 납세의무자인지 여부 ············· 507
　2) 신탁계약의 우선수익자로 지정되었다면 부가가치세 납세의무가 발생하는지 여부 ····· 510
　3) 신탁보수에 대한 부가가치세 발생여부 ··· 511
라. 신탁과 개발부담금 ··· 512
　1) 토지신탁 계약에 따른 개발사업 개발부담금 납부의무자는 누구인지 여부 ········· 513
　2) 담보신탁 계약을 체결하고 위탁자가 건축주인 건물신축사업의 개발부담금 납부의무자는 누구인지 여부 ··· 514
마. 신탁과 물적납세의무 ··· 517
　1) 수탁자의 물적납세의무 개괄 ··· 517
　2) 관련 판결 등 ··· 521
　　가) 신탁사업에서 발생한 소극재산이 적극재산을 초과한 경우에도 수탁자가 물적납세의무를 부담하는지 여부 ··· 521
　　나) 토지신탁에서 발생한 부가가치세 체납에 관하여 토지신탁 종료 후 체결된 담보신탁 신탁재산으로서 물적납세의무를 부담하는지 여부 ····························· 523
　　다) 동일한 신탁계약 내 신탁재산에서 재산세 체납이 발생한 경우 수탁자는 체납이 발생하지 아니한 신탁재산으로도 물적납세의무를 부담하는지 여부 ············· 526
　　라) 신탁계약조항을 근거로 수탁자에게 물적납세의무를 부담시킬 수 있는지 여부 및 납세의 고지나 독촉 없이 압류할 수 있는지 여부 ·· 529
　3) 물적납세의무 부과처분 불복절차 ·· 530

22. 신탁과 PFV ··· 535
가. PFV 설립시 PFV가 수탁자에게 주식매수청구권 및 예금근질권을 설정해주는 행위에 대한 검토 ·· 535
나. PFV 사업을 토지신탁 구도로 진행할 수 있는지 여부 ································· 537
다. 수탁자의 보수수취가 상법상 납입가장죄 또는 자본시장법 위반에 해당하는지 여부 ····· 538

23. 신탁부동산의 인도, 명도, 철거 ··· 540
가. 서설 ··· 540
나. 신탁 관련 판결 ··· 542
  1) 위탁자가 신탁부동산의 무단점유자를 상대로 철거 및 인도청구를 구할 원고적격이 존재하는지 여부 ··· 542
  2) 담보신탁 수탁 후 신탁부동산에 대하여 위탁자가 제3자에게 사용수익권을 부여한 경우 수탁자가 제3자에게 신탁부동산의 인도를 청구할 수 있는지 여부 ············ 544

24. 신탁과 공사대금 ·· 546
가. 토지신탁에서 시공사가 미지급 공사비를 수탁자에게 청구하는 경우 수탁자의 공사비 지급의무는 신탁재산 범위 내로 한정되는지 여부 ·· 546
나. 신탁계약이 종료된 경우 수탁자가 시공사에 대하여 부담하는 공사비 지급채무도 위탁자에게 포괄·면책적으로 이전되는지 여부 ··· 549
다. 토지신탁 사업에서 시공사가 제3자에게 수탁자의 동의없이 공사대금채권을 양도한 경우 공사대금 채권양도의 유효성 ··· 552
라. 하도급대금 직불합의 후 하도급업체의 직접 지급 요청에 대하여 수탁자가 신탁계약상 자금집행순서 약정을 이유로 대항할 수 있는지 여부 ···································· 555
마. 하도급대금 직불합의 후 시공사의 공사대금채권을 압류된 경우 하도급업체가 공사대금 채권의 압류채권자에게 대항할 수 있는지 여부 ····································· 557
바. 수탁자의 시공사 공사대금에 대한 압류 및 압류에도 불구하고 노무비를 지급할 수 있는지 여부 ··· 560

사. 토지신탁(개발신탁) 사업 진행시 신탁사와 시공사간 지체상금의 구체적인 시기 및 종기가 어느 시점인지 여부 및 신축건물 준공 지연시 지체상금 법리 일반 ················ 562

25. 수탁자의 선관주의의무 ················ 565

가. 신탁등기 경료 전 위탁자가 신축 건물을 매도한 경우 수탁자가 불법행위책임을 부담하는지 여부 ················ 565
나. "위탁자는 대주가 지정하는 수탁자에게 근저당권을 설정하여야 한다"는 신탁계약 특약 규정이 수탁자를 구속하는지 여부 ················ 566
다. 수탁자가 진행 중인 갑 토지신탁 사업지 인근에 을 토지신탁사업을 새롭게 진행한 경우 갑 토지신탁 위탁자에게 손해배상 책임을 부담하는지 여부 ················ 570
라. 토지신탁계약과 함께 체결된 컨설팅 계약의 유효성 ················ 572
마. 수탁자에 대한 원상회복의무 청구시 민법과 소송촉진 등에 관한 특례법상 이율을 청구할 수 있는지 여부 ················ 573

26. 신탁과 이행강제금 ················ 577

가. 이행강제금 서설 ················ 577
나. 신탁 관련 판결 ················ 581
  1) 담보신탁계약에 따른 신탁부동산에 대한 건축법상 이행강제금 부과처분 상대방은 위탁자인지 수탁지인지 여부 ················ 581
  2) 시정명령 또는 계고처분을 받고 아직 이행강제금 부과처분이 이뤄지지 아니한 상태에서 수탁자의 신탁귀속시 유의점 ················ 582

27. 신탁과 건축허가 ················ 584

가. 지상권 및 근저당권이 설정되어 있는 대지에 대한 20세대 미만 공동주택의 건축허가 신청가부(법제처-15-0037, 2015.2.10.) ················ 584
나. 압류된 대지에 대하여 건축허가를 신청한 경우 압류권자의 동의가 없다는 이유로 건축허가 신청을 반려할 수 있는지의 여부(안건번호10-0464, 2011.1.28.) ················ 586

차례

　　다. 소유권 말소 예고 등기된 대지의 건축허가 가능여부(건설교통부 건축 30420-1926, 1992.6.4.) ·· 587

28. 의료재단 기본재산 처분 법리 ·· 588

29. 신탁과 소송대리 ·· 592

　　가. 위탁자와 소송위임계약을 체결한 법무법인이 수탁자에게 수임료 지급 청구를 할 수 있는지 여부 ··· 592

　　나. 소송에서 수탁자를 대리한 변호사에게 위탁자가 변호사보수를 지급한 경우, 소송비용에 산입되는 변호사보수로 인정할 수 있는지 여부 ··· 594

30. 신탁과 연접개발 금지 ·· 596

31. 이사회 결의 없는 신탁계약의 효력 ·· 598

32. 신탁법상 신탁사무에 관한 서류열람청구권 ···································· 600

33. 신탁계약 전 매도인과 위탁자간 체결된 매매계약이 수탁자에게 영향을 미치는지 여부 ·· 603

　　가. 위탁자가 매매대금 완납 없이 부동산의 소유권을 이전받은 후 신탁등기를 경료한 경우 매도인이 수탁자에게 매매대금의 지급을 구할 수 있는지 여부 ·················· 603

　　나. 위탁자가 매도인에게 매매잔금을 지급하지 아니한 경우 매도인은 수탁자에게 수익자 명의를 변경을 청구할 수 있는지 여부 ·· 606

1 부동산신탁이란 무엇인가

가 신탁의 정의

신탁법 제2조 신탁의 정의 조항에서는 「"신탁"이란 신탁을 설정하는 자(이하 "위탁자"라 한다)와 신탁을 인수하는 자(이하 "수탁자"라 한다) 간의 신임관계에 기하여 위탁자가 수탁자에게 특정의 재산(영업이나 저작재산권의 일부를 포함한다)을 이전하거나 담보권의 설정 또는 그 밖의 처분을 하고 수탁자로 하여금 일정한 자(이하 "수익자"라 한다)의 이익 또는 특정의 목적을 위하여 그 재산의 관리, 처분, 운용, 개발, 그 밖에 신탁 목적의 달성을 위하여 필요한 행위를 하게 하는 법률관계를 말한다.」고 규정하고 있다.

위 법조항에서 볼 수 있듯이 신탁은 위탁자와 수탁자간의 신임관계에 기하여 위탁자가 수탁자에게 특정의 재산을 이전·담보권 설정·그 밖의 처분을 하고 수탁자로 하여금 수익자의 이익 또는 특정한 목적을 위하여 신탁재산의 관리·처분·운용·개발·그 밖에 신탁 목적의 달성을 위하여 필요한 행위를 하게 하는 법률관계를 말하는 것이다.

신탁은 신탁발생의 원인, 목적, 재산, 수익자와 위탁자의 관계, 신탁성립 원인 등에 따라 여러 종류로 구분된다. 임의신탁과 법정신탁, 사익신탁과 공익신탁, 자익신탁과 타익신탁, 상사신탁과 민사신탁, 금전신탁과 비금전신탁 등으로 나뉜다. 앞으로 살펴볼 부동산신탁은 통상적으로 임의신탁, 사익신탁, 타익신탁, 상사신탁, 비금전신탁에 해당한다.

나 부동산신탁의 개념

부동산신탁의 정의에 관하여 법령에서 명시적으로 규정한 것은 없으나, 좁은 개념으로 토지나 건물 등의 부동산을 신탁목적으로 한 신탁계약을 부동산신탁이라 부른다. 넓은 개념으로는 지상권, 전세권, 부동산임차권, 부동산소유권 이전등기청구권, 그 밖의 부동산 관련 권리를 신탁한 경우도 부동산신탁의 범주에 포함시키고 있다.

전업부동산신탁업자의 경우 동산, 부동산, 지상권, 전세권, 부동산임차권, 부동산소유권 이전등기청구권, 그 밖의 부동산 관련 권리를 신탁목적으로 할 수 있고, 금전, 증권, 금전채권, 무체재산권은 신탁의 목적으로 할 수 없다. 종종 전업부동산신탁사의 경우 동산을 신탁할 수 없다고 알고 있는 경우가 있는데, 동산 역시 전업부동산신탁사가 신탁할 수 있다는 점도 알아두는 것이 좋겠다.

신탁재산의 소유권을 위탁자와 수탁자 중 누가 보유하느냐에 관하여 대법원은 『신탁법상의 신탁은 위탁자가 수탁자에게 특정의 재산권을 이전하거나 기타의 처분을 하여 수탁자로 하여금 신탁 목적을 위하여 그 재산권을 관리·처분하게 하는 것이므로(신탁법 제1조 제2항), 부동산의 신탁에 있어서 수탁자 앞으로 소유권이전등기를 마치게 되면 대내외적으로 소유권이 수탁자에게 완전히 이전되고, 위탁자와의 내부관계에 있어서 소유권이 위탁자에게 유보되어 있는 것은 아니라 할 것이며, 이와 같이 신탁의 효력으로서 신탁재산의 소유권이 수탁자에게 이전되는 결과 수탁자는 대내외적으로 신탁재산에 대한 관리권을 갖는 것이고, 다만, 수탁자는 신탁의 목적 범위 내에서 신탁계약에 정하여진 바에 따라 신탁재산을 관리하여야 하는 제한을 부담함에 불과하다(대법원 2002.4.12. 선고 2000다70460 판결).』고 판시하며 명의신탁과 달리 신탁법상 신탁의 경우 수탁자가 대내외적으로 신탁재산에 관리권을 갖는다는 입장이다.

신탁의 도산절연 효과에 관하여 대법원은 『신탁자가 그 소유의 부동산에 채권자를 위하여 저당권을 설정하고 저당권설정등기를 마친 다음, 그 부동산에 대하여 수탁자와 부동산 신탁계약을 체결하고 수탁자 앞으로 신탁을 원인으로 한 소유권이전등기를 해 주어 대내외적으로 신탁부동산의 소유권이 수탁자에게 이전하였다면, 수탁자는 저당부동산의 제3취득자와 같은 지위를 가진다. 따라서 그 후 신탁자에 대한 회생절차가 개시된 경우 채권자가 신탁부동산에 대하여 갖는 저당권은 채무자 회생 및 파산에 관한 법률 제250조 제2항 제2호의 '채무자 외의 자가 회생채권자 또는 회생담보권자를 위하여 제공한 담보'에 해당하여 회생계획이 여기에 영향을 미치지 않는다. 또한 회생절차에서 채권자의 권리가 실권되거나 변경되더라도 이로써 실권되거나 변경되는 권리는 채권자가 신탁자에 대하여 가지는 회생채권 또는 회생담보권에 한하고, 수탁자에 대하여 가지는 신탁부동산에 관한 담보권과 그 피담보채권에는 영향이 없다(대법원 2017.11.23. 선고

2015다47327 판결).」고 판시하였다. 즉, 저당권설정등기가 경료된 부동산을 신탁하는 경우 수탁자는 저당부동산의 제3취득자와 같은 지위를 가지고 그 후 신탁자에 대한 회생절차가 개시된 경우 회생계획은 저당권에 영향을 미치지 않으며, 채권자의 수탁자에 대하여 가지는 신탁부동산에 관한 담보권과 그 피담보채권에는 영향이 없다는 것이 대법원의 입장으로서 대법원은 이른바 신탁의 도산절연 효과를 인정하고 있다.

우선수익권의 성질에 관하여 대법원은 「위탁자가 금전채권을 담보하기 위하여 금전채권자를 우선수익자로, 위탁자를 수익자로 하여 위탁자 소유의 부동산을 신탁법에 따라 수탁자에게 이전하면서 채무불이행 시에는 신탁부동산을 처분하여 우선수익자의 채권 변제 등에 충당하고 나머지를 위탁자에게 반환하기로 하는 내용의 담보신탁을 해 둔 경우, 특별한 사정이 없는 한 우선수익권은 경제적으로 금전채권에 대한 담보로 기능할 뿐 금전채권과는 독립한 신탁계약상의 별개의 권리가 된다. 따라서 이러한 우선수익권과 별도로 금전채권이 제3자에게 양도 또는 전부되었다고 하더라도 그러한 사정만으로 우선수익권이 금전채권에 수반하여 제3자에게 이전되는 것은 아니고, 금전채권과 우선수익권의 귀속이 달라졌다는 이유만으로 우선수익권이 소멸하는 것도 아니다.(대법원 2017.9.21. 선고 2015다52589 판결).」고 판시하며, 우선수익권이 금전채권과 독립한 신탁계약상의 별개의 권리임을 인정하였다. 따라서 우선수익권의 피담보채권인 금전채권이 제3자에게 양도 또는 전부되었다 하더라도 우선수익권이 제3자에게 이전되는 것은 아니다.

신탁등기의 대항력에 관하여 대법원은 「신탁법 제3조는 "등기 또는 등록하여야 할 재산에 관하여는 신탁은 그 등기 또는 등록을 함으로써 제3자에게 대항할 수 있다."고 규정하고, 구 부동산등기법(2011.4.12. 법률 제10580호로 전문개정되기 전의 것) 제123조, 제124조는 신탁의 등기를 신청하는 경우에는 ① 위탁자, 수탁자 및 수익자 등의 성명, 주소 ② 신탁의 목적 ③ 신탁재산의 관리방법 ④ 신탁종료사유 ⑤ 기타 신탁의 조항을 기재한 서면을 그 신청서에 첨부하도록 하고 있고 그 서면을 신탁원부로 보며 다시 신탁원부를 등기부의 일부로 보고 그 기재를 등기로 본다고 규정하고 있다. 따라서 위의 규정에 따라 등기의 일부로 인정되는 신탁원부에 신탁부동산에 대한 관리비 납부의무를 위탁자가 부담한다는 내용이 기재되어 있다면 수탁자는 이로써 제3자에게 대항할 수 있다(대법원 2012.5.9. 선고 2012다13590 판결)」고 판시하며, 신탁등기의 일부로 인정되는 신탁원부(신탁계약서)에 신탁부동산에 대한 관리비 납부의무를 위탁자가 부담한다는 내용이 기재되어 있다면 수탁자는 이로써 제3자에게 대항할 수 있다고 하며, 관리비수납주체가 수탁자를 상대로 한 관리비지급청구를 기각하였다.

다만, 위 판결에도 불구하고, 법원은 「집합건물의 소유 및 관리에 관한 법률 제18조의 입법 취지와 공용부분 관리비의 승계 및 신탁의 법리 등에 비추어 보면, 위탁자의 구분소유권에 관하여 신탁을 원인으로 수탁자 앞으로 소유권이전등기가 마쳐졌다가 신탁계약에 따른 신탁재산의 처분으로 제3취득자 앞으로 소유권이전등기가 마쳐지고 신탁등기는 말소됨으로써, 위탁자의 구분소유권이 수탁자, 제3취득자 앞으로 순차로 이전된 경우, 각 구분소유권의 특별승계인들인 수탁자와 제3취득자는 특별한 사정이 없는 한 각 종전 구분소유권자들의 공용부분 체납관리비채무를 중첩적으로 인수한다고 봄이 타당하다. 또한 등기의 일부로 인정되는 신탁원부에 신탁부동산에 대한 관리비 납부의무를 위탁자가 부담한다는 내용이 기재되어 있더라도, 제3취득자는 이와 상관없이 종전 구분소유권자들의 소유기간 동안 발생한 공용부분 체납관리비채무를 인수한다고 보아야 한다.(대법원 2018.9.28. 선고 2017다273984 판결)」고 판시하며, 위탁자의 구분소유권이 신탁을 원인으로 수탁자에게 이전되었다가 신탁계약에 따른 신탁재산의 처분으로 제3취득자에게 순차로 이전된 경우, 수탁자와 제3취득자는 각 종전 구분소유자들의 공용부분 체납관리비채무를 중첩적으로 인수하는지 여부에 관하여 원칙적으로 적극설의 입장이고, 이는 등기의 일부로 인정되는 신탁원부에 신탁부동산에 대한 관리비 납부의무를 위탁자가 부담한다고 기재되어 있더라도 마찬가지라는 입장이다.

다 부동산신탁의 당사자

부동산신탁의 당사자는 통상 위탁자, 수탁자, 수익자, 우선수익자, 시공사 등이 있다. 위탁자는 신탁부동산을 수탁자에게 설정하는 자, 수탁자는 신탁부동산을 인수하는 자, 수익자는 신탁계약에 따른 신탁이익을 향유하는 자, 우선수익자는 수익자에 우선하여 신탁계약에 따른 신탁이익을 향유하는 자, 시공사는 신탁계약 및 도급계약에 따라 건물을 신축하는 자로 분류할 수 있다(시공사는 신탁법상 당사자는 아니나 실무에서 신탁계약의 당사자가 편입되는 사례가 빈번하여 기재하였다). 다만 신탁계약은 확장성과 유동성을 가지므로, 위탁자, 수탁자, 수익자, 우선수익자, 시공사의 권리, 의무, 역할은 신탁계약마다 상이할 수 있으므로 신탁계약을 잘 살펴보아야 한다.

라 부동산신탁의 유형별 분류

부동산신탁은 크게 토지신탁과 비토지신탁으로 나누거나, 토지신탁, 관리형신탁, 분양관리신탁으로 나누기도 한다. 부동산신탁의 핵심은 토지신탁이고, 관련 쟁점도 토지신탁이 가장 많기 때문에 토지신탁을 한쪽으로 하고 나머지를 비토지신탁으로 분류하는 견해가 있고, 토지신탁과 그 성질이 상이한 관리형신탁(담보신탁, 처분신탁, 관리신탁)을 나누고, 건축물의 분양에 관한 법률에 따르는 분양관리신탁을 따로 분류하는 견해도 있다.

토지신탁의 경우 토지신탁을 금융업 기반의 겸영신탁회사가 취급할 경우 부동산개발 부실 리스크가 금융시스템 리스크로 전이될 우려가 있고, 겸영신탁회사는 인가시 개발사업에 필요한 업무능력을 심사받지 않고 있다는 이유로 금융위원회가 행정지도 형식으로 전업부동산신탁회사만 영위할 수 있도록 하고 있다.

마 부동산신탁의 신탁재산

개정 신탁법은 신탁재산의 관리, 처분, 운용, 개발, 멸실, 훼손, 그 밖의 사유로 수탁자가 얻은 재산은 신탁재산에 속한다고 하여 신탁재산의 범위를 규정하고 있다(신탁법 제27조). 그렇다면 구체적으로 어떤 재산이 신탁재산에 포함되는지 여부가 문제된다.

일단 신탁된 토지 및 건물 등 신탁등기가 경료된 신탁부동산이 신탁재산에 포함되는 것에 대하여는 이견이 없을 것이다. 그렇다면 신탁등기가 경료되지 않은 것 중에 신탁재산은 무엇이 있을까

분양형 토지신탁계약에서 토지와 신축 건물을 신탁재산으로 정하여 분양하되 건물 신축을 위한 차용금채무도 신탁재산에 포함시키기로 약정하였으나 건물을 신축하는 도중에 신탁계약이 해지된 경우, 그 신축중인 건물이 신탁재산에 포함되는가. 대법원은 특별한 정함이 없는 한 신축중인 건물도 신탁재산에 포함된다는 취지로 판시한 사례가 있다.

토지 소유자가 부동산신탁회사에게 토지를 신탁하고 부동산신탁회사가 그 토지 상에 건물을 신축하여 이를 분양한 후 그 수입으로 투입비용을 회수하고 수익자에게 수익을 교부하는 내용의 분양형 토지신탁계약에서, 토지와 신축 건물을 신탁재산으로 정하여 분양하되 건물 신축을 위한 차용금채무도 신탁재산에 포함시키기로 약정하였으나 건물을 신축하는 도중에 신탁계약이 해지된 경우, 완공 전 건물의 소유권 귀속에 관하여 특별한 정함이 없는 한 신축중인 건물도 신탁재산에 포함되는 것으로 보아야 할 것이고, 따라서 신탁이 종료하면 수탁자는 신탁법 제59조 또는 제60조에 의하여 신축 중인 건물에 관한 권리를 수익자 또는 위탁자나 그 상속인에게 귀속시켜야 한다(대법원 2007.9.7. 선고 2005다9685 판결).

토지신탁에서 개발사업을 시행한 경우 토지가액의 증가로 나타나는 개발이익은 신탁재산에 포함되는가. 대법원은 긍정한다.

부동산 신탁에서 수탁자 앞으로 소유권이전등기를 마치게 되면 대내외적으로 소유권이 수탁자에게 완전히 이전되고, 위탁자의 내부관계에서 소유권이 위탁자에게 유보되지 않으며, 신탁재산의 관리, 처분, 운용, 개발, 멸실, 훼손, 그 밖의 사유로 수탁자가 얻은 재산은 신탁재산에 속하게 되므로(신탁법 제27조), 토지 소유자인 사업시행자가 부동산신탁회사에 토지를 신탁하고 부동산신탁회사가 수탁자로서 사업시행자의 지위를 승계하여 신탁된 토지에서 개발사업을 시행한 경우에 토지가액의 증가로 나타나는 개발이익은 해당 개발토지의 소유자이자 사업시행자인 수탁자에게 실질적으로 귀속된다고 보아야 하고, 수탁자를 개발부담금의 납부의무자로 보아야 한다(대법원 2014.8.28. 선고 2013두14696 판결).

바 신탁부동산의 소유권

일반적으로 신탁법상 신탁계약을 마치고 신탁등기를 경료하는 경우 신탁부동산의 대내외적인 소유권은 수탁자에게 이전된다(대법원 2002.4.12. 선고 2000다70460 판결). 뿐만 아니라 법제처도 「주택법」에 따라 설립된 지역주택조합이 「신탁법」에 따라 금융기관을 수익자로 하여 해당 주택건설대지를 부동산신탁회사에 담보신탁한 후에 「주택법」 제

16조제4항에 따라 주택건설사업계획의 승인을 신청하는 경우, 위탁자인 지역주택조합이 같은 항에 따른 주택건설사업계획의 승인 요건으로서 해당 주택건설대지의 소유권을 확보한 것으로 볼 수는 없다(법제처 2013.8.21. 회신 13-0284 해석례 등)는 취지로 법령해석을 내린 바 있다.

다만 특수한 경우 신탁법상 신탁등기를 경료한 후에도 위탁자를 마치 신탁부동산의 소유자처럼 간주하는 경우가 있다. 대법원은 도시정비법에서 정한 사업시행자로서 사업시행인가를 신청하는 토지 등 소유자 및 신청에 필요한 동의를 얻어야 하는 토지 등 소유자는 위탁자이므로 토지 등 소유자의 자격 및 동의자 수를 산정할 때에는 위탁자를 기준으로 하여야 한다는 취지로 판시한 바 있다.

도시정비법에서 정한 토지 등 소유자의 법적 성격과 그 제도의 목적, 도시정비법 시행령 제28조 제1항 제1호 (다)목 단서의 의미와 그 입법 취지, 도시환경정비사업의 시행을 위한 부동산 신탁의 특수성 및 신탁재산에 관한 법률관계 등을 종합하여 보면, 도시환경정비사업에서 사업시행인가 처분의 요건인 사업시행자로서의 토지 등 소유자의 자격 및 사업시행계획에 대한 토지 등 소유자의 동의를 일반적인 사법(私法)관계와 동일하게 볼 수 없다. 따라서 도시환경정비사업 시행을 위하여 또는 그 사업 시행과 관련하여 부동산에 관하여 담보신탁 또는 처분신탁 등이 이루어진 경우에, 도시정비법 제28조 제7항에서 정한 사업시행자로서 사업시행인가를 신청하는 토지 등 소유자 및 그 신청에 필요한 동의를 얻어야 하는 토지 등 소유자는 모두 수탁자가 아니라 도시환경정비사업에 따른 이익과 비용이 최종적으로 귀속되는 위탁자로 해석함이 타당하며, 토지 등 소유자의 자격 및 동의자 수를 산정할 때에는 위탁자를 기준으로 하여야 할 것이다(대법원 2015.6.11. 선고 2013두15262 판결).

법제처는 「국토의 계획 및 이용에 관한 법률」(이하 "국토계획법"이라 함) 제86조제5항에 따라 도시·군계획시설사업의 시행자로 지정받으려는 자가 해당 사업의 자금조달을 위해 도시·군계획시설사업의 대상인 토지를 담보신탁한 경우, 같은 조 제7항에 따라 토지 소유 요건을 충족하는지 여부를 판단할 때 담보신탁한 토지를 도시·군계획시설사업의 시행자로 지정받으려는 자가 소유한 토지로 볼 수 있는지 여부에 관하여 이 사안의 경우 담보신탁한 토지를 도시·군계획시설사업의 시행자로 지정받으려는 자가 소유한 토지로 볼 수 있다(법제처 2020.5.4. 회신 20-0008 해석례)는 취지로 회신하였다.

또한 법제처는 호텔업을 경영하려는 자가 채무 담보를 목적으로 본인 소유 호텔을 담보신탁하여 수탁자 명의로 그 호텔에 대한 소유권이전등기를 마친 경우, 호텔이 저당권의 목적물로 된 경우와 마찬가지로 「관광진흥법 시행령」 제24조제1항제2호 단서에 따라 그 담보 설정금액에 해당하는 보증보험에 가입한다면 회원을 모집할 수 있는지 여부에 관하여 호텔에 담보신탁을 설정하여 수탁자 앞으로 소유권이전등기를 마치게 되면 대내외적으로 소유권이 수탁자에게 완전히 이전되고, 호텔에 관하여는 수탁자만이 배타적인 처분·관리권을 갖게 되므로 위탁자인 호텔업을 경영하려는 자는 호텔의 소유권을 확보한 것으로 볼 수 없어 회원을 모집할 수 없다고 해석하는 것이 타당하다(법제처 2019.2.1. 회신 18-0617 해석례)는 취지로 해석하였다.

법제처는 「건축법」 제11조제1항에서는 건축물을 건축하거나 대수선하려는 자는 특별자치시장·특별자치도지사 또는 시장·군수·구청장의 허가를 받아야 한다고 규정하고 있고, 같은 조 제11항 각 호 외의 부분 본문 및 같은 항 제1호 단서에서는 제1항에 따라 분양을 목적으로 하는 공동주택의 건축허가를 받으려는 자는 해당 대지의 소유권을 확보하여야 한다고 규정하고 있는바, 「건축법」 제11조제1항에 따라 분양을 목적으로 하는 공동주택의 건축허가를 받은 후 건축주가 「신탁법」에 따라 신탁회사에 해당 건축대지의 소유명의를 이전하여 건축대지를 담보신탁한 경우, 위탁자인 건축주가 해당 건축대지의 소유권을 확보하고 있는 것으로 보아 건축허가 요건을 충족한다고 할 수 있는지 여부에 관하여도 「건축법」 제11조제1항에 따라 분양을 목적으로 하는 공동주택의 건축허가를 받은 후 건축주가 「신탁법」에 따라 신탁회사에 해당 건축대지의 소유명의를 이전하여 건축대지를 담보신탁한 경우, 위탁자인 건축주가 해당 건축대지의 소유권을 확보하고 있는 것으로 볼 수 없으므로 건축허가 요건을 충족한다고 할 수 없다(법제처 2016.11.21. 회신 16-0509 해석례)는 취지로 해석하였다.

위와 같은 특수한 사례 몇몇을 제외하면, 신탁법상 신탁등기가 경료되면 신탁부동산의 소유권은 수탁자에게 대내외적으로 완전히 귀속되는 것으로 해석되는 것이 일반적이다.

2. 부동산신탁 실무 요약

가. 담보신탁 실무

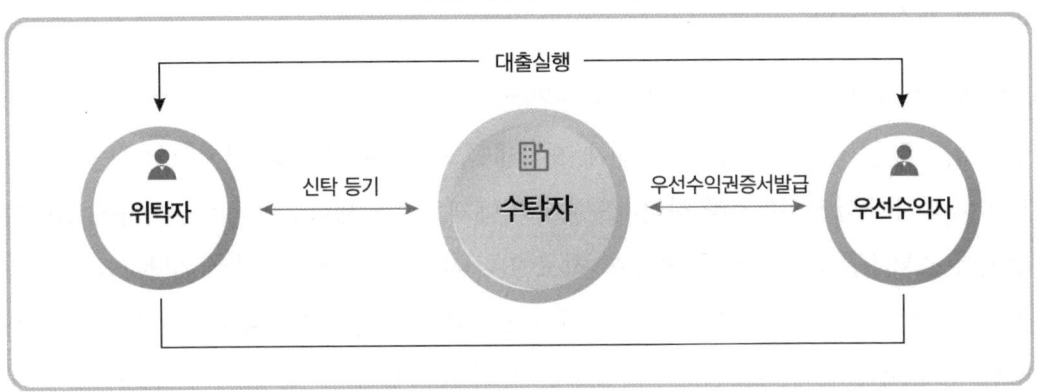

| 담보신탁 구조도 |

담보신탁이란 통상 위탁자가 금전채권을 담보하기 위하여 금전채권자를 우선수익자로, 위탁자를 수익자로 하여 위탁자 소유의 부동산을 신탁법에 따라 수탁자에게 이전하면서 채무불이행 시에는 신탁부동산을 처분하여 우선수익자의 채권 변제 등에 충당하고 나머지를 위탁자에게 반환하기로 하는 내용의 신탁계약을 말한다. 담보신탁은 채권자가 우선수익자가 되는 타익신탁이며, 우선수익자는 통상 우선수익권의 피보전채권인 대출채권에 대한 채무불이행이 발생할 경우 신탁부동산에 대한 처분요청권을 행사할 수 있다.

신탁법상의 신탁재산은 수탁자에게 귀속되는 고유재산과도 구별되어 독립성을 갖게 되는 것이어서 이에 대하여는 신탁법 제21조 제1항 본문의 규정에 따라 원칙적으로 강제집행이나 경매가 금지되어 있고 다만 그 단서의 규정에 따라 신탁 전의 원인으로 발생한 권리 또는 신탁사무처리상 발생한 권리에 기한 경우에만 예외적으로 강제집행이 허용된다. 여기에서 위 신탁 전의 원인으로 발생한 권리라 함은 신탁 전에 이미 신탁부동산에 저당권이 설정된 경우 등 신탁재산 그 자체를 목적으로 하는 채권이 발생되었을 때를

의미하는 것이고 신탁 전에 위탁자에 관하여 생긴 모든 채권이 이에 포함된다고 할 수 없다.[1]

예외적으로 신탁재산에 대한 강제집행 또는 경매를 허용한 신탁법 제21조 제1항 단서 소정의 '신탁사무의 처리상 발생한 권리'에는 수탁자를 채무자로 하는 것만이 포함될 뿐 위탁자를 채무자로 하는 것은 여기에 포함되지 않는다[2]는 것이 대법원의 입장이다. 대법원은 위탁자를 납세의무자로 한 조세채권을 근거로 신탁재산을 압류한 사안에서 신탁사무의 처리상 발생한 권리에는 위탁자를 채무자로 한 것은 포함되지 않으므로 압류는 무효라고 판시하였다.

현재 위탁자를 납세의무자로 한 조세채권(비록 그 조세채권이 당해세라 하여도 신탁재산을 압류하는 경우 무효다. 다만 현재 재산세법, 종합부동산세법, 부가가치세법이 개정되어 위탁자가 납세의무자라 하더라도 수탁자에게 물적납세의무책임을 부여하여 신탁재산에서 조세채권을 납부할 수 있도록 하고 있다)은 물론 개발신탁에서 위탁자와 계약을 체결한 분양대행사등이 신탁재산에 대하여 업무를 처리하였더라도 수탁자와 계약을 체결한 것이 아니기 때문에 신탁재산에 압류 등의 조치를 취할 수 없는 것이 재판실무다.

구 신탁법에서는 위탁자 변경을 허용하지 아니하였으나 개정 신탁법에서는 위탁자 지위의 양도가 허용되면, 담보신탁에서 위탁자가 변제 자력 부족으로 지급불능 상태인 경우 새로운 위탁자로부터 채권만족을 얻을 수 있어서 채권자 보호가 용이하고, 자본시장과 금융투자업에 관한 법률상 부동산펀드 등 투자신탁에서 위탁자인 회사를 변경할 실무상 필요가 있으며, 자산유동화 목적으로 설정된 자익신탁 형태의 투자신탁에서 수익증권을 유통할 때 위탁자 겸 수익자의 지위를 동시에 이전하지 못하여 위탁자와 수익자가 분리되는 문제점을 해결할 수 있는 등 부동산신탁 및 금융신탁에서 활용될 가능성이 높으므로 개정법에서 이를 허용하였다고 그 개정 취지를 설명하고 있다.[3]

담보신탁의 경우 실무상 위탁자는 수탁자 및 수익자 전원의 동의를 받아 위탁자의 지위를 제3자에게 이전할 수 있다. 이로 인한 신탁원부 등에 적힌 내용 변경 및 수익권증서

---

[1] 대법원 1987.5.12. 선고 86다카545, 86다카2876 판결
[2] 대법원 2012.4.13. 선고 2011두11006 판결
[3] 김상용 감수, 신탁법 해설, 법무부(2012), 46면 참조.

발행에 따른 비용은 위탁자가 부담한다. 위탁자가 여러 명일 때에는 다른 위탁자의 동의도 받아야 한다는 취지로 신탁계약에 기재하는 것이 일반적이다.

담보신탁의 경우 실무상 "본 신탁계약은 채무자의 우선수익자에 대한 채무 이행을 담보하기 위하여, 위탁자는 신탁부동산의 소유권을 수탁자에게 이전하고 수탁자는 신탁부동산의 소유권을 보전 및 관리하며 신탁계약에서 정해진 사유 발생시 신탁부동산을 처분하여 그 처분대가 등 신탁재산을 신탁계약에 정해진 바에 따라 지급하는 것을 목적으로 한다"는 취지로 신탁목적을 기재하는 것이 일반적이다.

원칙적으로 신탁기간을 영원히 설정할 수는 없으므로 통상적인 신탁계약에는 신탁기간이 존재한다. 신탁기간 만료는 신탁종료 사유 중 하나이기 때문에 신탁기간이 만료되는 경우 신탁은 종료될 수 있다. 담보신탁의 경우 실무상 "신탁기간은 [ ]년 [ ]월 [ ]일부터 [ ]년 [ ]월 [ ]일까지로 한다. 다만 위 신탁기간이 만료되기 전에 제26조에 제1항에 정해진 사유로 이 신탁계약에 따른 신탁이 종료된 경우에는 신탁기간도 이 신탁의 종료시점에 종료된 것으로 본다."는 취지로 기재하는 것이 일반적이다. 더불어 담보신탁은 우선수익자의 채권만족이 이루어지기 전에는 종료되지 아니하므로 위의 신탁기간 만료시 우선수익자의 특별한 의사표시가 없는 한 신탁계약은 동일한 조건으로 X년씩 자동연장된다는 취지의 신탁기간 자동연장 특약에 추가하는 경우가 대부분이다.

자본시장과 금융투자업에 관한 법률 제109조 제9호는 신탁계약서에 기재하여야할 사항으로 신탁계약의 해지에 관한 사항을 규정하고 있다. 신탁계약 해지는 약정해지와 법정해지로 나뉘는데, 약정해지의 경우 통상 신탁해지 시에는 위탁자, 수탁자, 수익자, 우선수익자 등 신탁관계인 전원의 합의를 필요로 한다. 또한 신탁사무처리비용이나 납부의무가 발생한 신탁재산 관련 조세의 완납을 그 요건으로 한다. 법정해지의 경우 신탁법에서 규정하고 있는데, 원칙적으로 위탁자와 수익자의 합의하에 언제든 신탁계약을 해지할 수 있고, 위탁자가 신탁이익의 전부를 누리는 신탁(자익신탁)은 위탁자나 그 상속인이 언제든 종료할 수 있도록 규정하고 있다. 다만 위탁자, 수익자 또는 위탁자의 상속인이 정당한 이유 없이 수탁자에게 불리한 시기에 신탁을 종료한 경우에는 그 손해를 배상하여야 하고, 이는 신탁계약으로 달리 정할 수 있다(신탁법 제99조[4]).

---

[4] 제99조(합의에 의한 신탁의 종료)

담보신탁의 경우 실무상 위탁자와 수익자는 합의하여 언제든지 신탁을 종료할 수 있다. 다만, 위탁자가 존재하지 아니하는 경우에는 그러하지 아니하다. 위탁자가 신탁이익의 전부를 누리는 이른바 자익신탁은 위탁자나 그 상속인이 언제든 종료할 수 있다. 다만 위탁자, 수익자 또는 위탁자의 상속인이 정당한 이유 없이 수탁자에게 불리한 시기에 신탁을 종료한 경우 위탁자, 수익자 또는 위탁자의 상속인은 그 손해를 배상하여야 한다. 다만 우선수익자의 채권담보를 목적으로 하는 담보신탁의 특성상 우선수익자 채권만족 없이 담보신탁이 해지되는 것은 신탁목적에 반하기 때문에 신탁해지(종료)의 경우 우선수익자의 사전 서면 동의를 득하여야 하고, 수탁자의 신탁사무처리비용이나 무과실 손해를 정산한 후에 수익자에게 신탁부동산의 귀속이 가능하다.

우선수익자란 통상 수익자들 중에서 신탁계약에 따라 신탁재산으로부터 우선적으로 지급을 받을 권리를 갖고 의무를 부담하는 자를 말한다. 우선수익자가 가진 우선수익권은 구 신탁법이나 개정 신탁법에서 정한 법률 용어는 아니나 실무에서 사용되고 있는 용어로서, 통상 부동산담보신탁계약에서 우선수익자로 지정된 채권자가 채무자의 채무불이행시에 신탁재산을 처분한 대금에서 자신의 채권을 위탁자인 채무자나 그 밖의 채권자들에 우선하여 변제받을 수 있는 권리를 지칭한다. 이러한 우선수익권의 법적 성질에 관하여 학계에서는 담보신탁은 형식은 신탁이지만 그 실질은 담보이므로 담보물권의 법리가 함께 적용되며 우선수익권은 변칙담보물권으로 이해하는 견해와 물권법정주의와의 관계에서 법률에 명문의 규정이 없는 이상 채권자는 담보신탁을 통하여 담보권을 얻는 것이 아니라 신탁이라는 법적 형식을 통하여 도산 절연 및 담보적 기능이라는 경제적 효과를 달성하게 되는 것일 뿐이므로 그 우선수익권은 우선변제적 효과를 채권자에게 귀속시킬 수 있는 신탁계약상의 권리로 이해하는 견해 등이 대립되고 있다. 판례는 후자의 입장을 취하고 있다.[5] 우선수익권자는 수익자에 우선하여 채권을 변제받을 수 있는 권한을 지니고 있고, 우선수익자의 동의 없이는 신탁종료 절차를 진행할 수 없으므로, 우선수익자는

---

① 위탁자와 수익자는 합의하여 언제든지 신탁을 종료할 수 있다. 다만, 위탁자가 존재하지 아니하는 경우에는 그러하지 아니하다.
② 위탁자가 신탁이익의 전부를 누리는 신탁은 위탁자나 그 상속인이 언제든지 종료할 수 있다.
③ 위탁자, 수익자 또는 위탁자의 상속인이 정당한 이유 없이 수탁자에게 불리한 시기에 신탁을 종료한 경우 위탁자, 수익자 또는 위탁자의 상속인은 그 손해를 배상하여야 한다.
④ 제1항부터 제3항까지의 규정에도 불구하고 신탁행위로 달리 정한 경우에는 그에 따른다.
5) 대법원 2014.2.27. 선고 2011다59797 판결 등.

신탁계약의 핵심적 당사자로서 평가할 수 있다.

우선수익자는 신탁계약의 진행 및 존속에 핵심적인 역할을 수행하는 당사자로서 우선수익자는 그가 가진 우선수익권을 통하여 일반적으로 수익권 양도, 수익자의 추가지정 또는 변경, (근)질권설정, 자금집행 등 신탁재산의 가치저감과 관련한 동의권한을 갖는다. 일반적으로 담보신탁 등에 있어 위탁자가 임대차계약을 체결하는 경우 우선수익자의 동의를 받지 않으면 그 임대차계약은 수탁자에게 대항할 수 없고, 토지신탁 등에서 위탁자가 분양대행사 등과 계약을 체결하는 경우 우선수익자의 동의를 득하여야 하고, 분양가격 조정, 신탁재산의 처분, 설계변경, 시공사에 대한 선급금 지급 또는 공사비 증액결정, 시행사 운영비 등 지급 등의 경우에도 우선수익자의 동의를 얻어야 한다. 특히 신탁종료의 경우 우선수익자의 동의 없이는 종료절차를 진행할 수 없으므로 우선수익자가 가진 우선수익권은 신탁계약에 있어 핵심적인 권리가 된다.

실무적으로 신탁등기 경료 후 수익권에 대한 (근)질권설정, (우선)수익권 양도가 빈번히 이루어지는바, (우선)수익권 양도 또는 (근)질권 설정을 위한 절차 및 권한에 대한 내용은 일반적으로 신탁계약서에 포함되어 있다. 신탁계약의 내용에 따라 (우선)수익권 양도 또는 (근)질권 설정시 수탁자의 동의만을 요하는 경우가 있고, 수탁자의 동의 외에 다른 수익자 전원의 사전동의를 요하는 경우가 있는데, 이러한 요건을 갖추지 못한 (우선)수익권 양도 또는 (근)질권 설정은 수탁자에게 그 효력을 주장할 수 없다.

담보신탁의 경우 신탁등기 경료 후에도 신탁부동산에 대한 관리행위는 위탁자가 수행하게 되는 것이 일반적이다. 이러한 관리권한에 따라 위탁자는 제3자와 신탁부동산 관리에 대한 계약을 체결하거나 집합건물 등인 경우에는 관리비 납부책임을 위탁자가 부담하게 된다.

신탁부동산 관리행위의 하나로서 위탁자는 신탁등기 경료 후에도 수탁자 및 우선수익자의 동의를 받아 위탁자를 임대인으로 하여 임차인과 임대차계약을 체결할 수 있다. 담보신탁의 부동산에 대하여 위탁자 명의로 임대차계약을 체결하는 경우에는 수탁자 및 우선수익자의 동의를 서면 동의를 얻어 임대차계약을 체결할 수 있다고 규정하는 경우가 많다. 이 경우에 수탁자 및 우선수익자의 동의를 득하지 아니하고 임대차계약을 체결하면 그 임대차계약의 효력을 수탁자에게 주장할 수 없기 때문에 임대차계약 체결시 수탁자 및 우선수익자의 동의가 반드시 필요하다. 이와 관련하여 최근에 대법원은 "위탁자는 수탁자의 사전 승낙을 받아 위탁자의 명의로 신탁부동산을 임대하며, 수탁자는 보증금 반환에 책임이 없다"는 신탁계약 조항이 있는 경우에 임차보증금반환의무는 위탁자에게 있지 수탁자에게는 없다고 판시한 바 있다.6)

나 처분신탁 실무

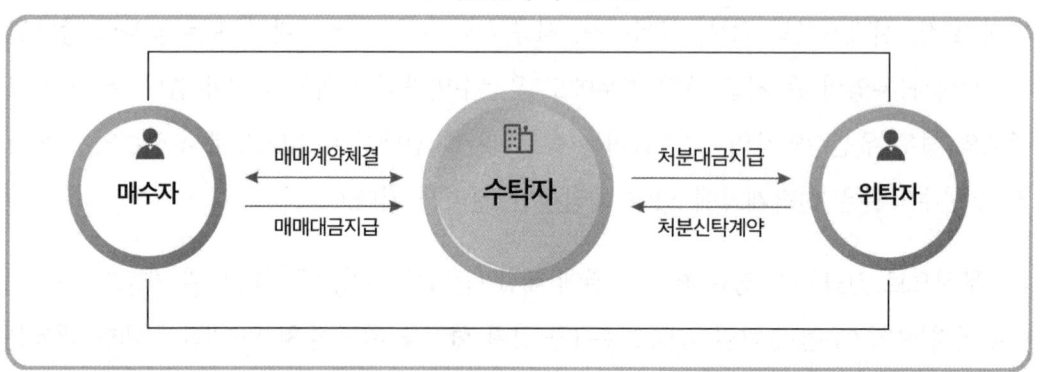

┃ 처분신탁 구조도 ┃

처분신탁은 대형부동산, 고가의 부동산, 권리관계가 복잡한 부동산 등 처분하기 어려운 부동산을 소유자인 위탁자가 신탁회사에 신탁하면 신탁회사는 적정한 수요자를 찾아 안정적으로 처분한 후 그 처분대금을 수익자에게 교부하거나, 대형 또는 고가의 부동산의 경우 매수인이 소유권이전등기를 경료하기 전까지 제3의 가처분, 압류 등이 발생하여 매매가 어그러지는 것을 방지하는 것을 목적으로 한다. 위탁자를 수익자로 하는 경우가 대부분이나, 매수인을 수익자로 하고 매도인인 위탁자와 신탁회사 그리고 매수인이 함께 처분신탁계약을 체결하기도 한다(다만 매수인을 수익자로 지정할 때에는 매수인이 매매대금을 지급하지 아니하면 수익자 지위가 위탁자로 이전한다는 취지의 특약을 신탁계약에 반영하는 경우가 일반적이다).

처분신탁의 경우 위탁자가 신탁부동산의 소유권을 수탁자에게 이전하고, 수탁자는 신탁부동산의 등기명의를 보존하고 이를 처분하여 그 처분대금을 신탁계약에 정해진 바에 따라 수익자에게 지급하는 것을 신탁목적으로 하므로, 신탁계약을 체결하는 시점부터 매

---

6) 대법원 2022.2.17. 선고 2019다300095(본소), 2019다300101(반소) 판결.

수인이 결정되어 있는 경우가 다수 있고, 이러한 경우 신탁계약은 이미 체결된 매매계약이 정상적으로 진행되어 분쟁 없이 완결되는 것 역시 신탁계약의 부수적인 목적이므로, 위탁자 및 수익자뿐만 아니라 매수인의 지위를 확인하여 줄 필요성이 있다.

그렇지 않은 경우 신탁계약에서 매수인의 지위를 확인할 수 없는 점을 틈타 위탁자 겸 수익자가 제3자와 이중매매계약을 체결하는 등으로 처분신탁계약의 목적을 위협할 수 있는 문제점이 있는 점을 감안할 때, 매수인이 이미 확정된 후 처분신탁계약을 체결하는 경우 매수인 및 선의의 제3자 보호 등을 위하여 실무적으로 매수인의 성명 및 주소를 신탁계약에 기재하는 경우가 다수 있다.

수익자는 권리뿐만 아니라 의무를 함께 부담한다는 점에서 위탁자가 신탁계약에 따른 위탁자가 아닌 제3자를 수익자로 지정하는 경우 그 지정 사실을 지체 없이 해당 수익자에게 통지하고, 위탁자가 아닌 제3자를 수익자로 지정한 경우 그 수익자는 신탁계약 내용에 동의한다는 취지의 승낙서를 수탁자에게 제출하여야 하며, 수탁자는 해당 수익자에게 수익권증서를 발급하여야 한다.

처분신탁의 경우 아직 매수인과 매매계약이 체결되기 이전에는 원칙적으로 위의 절차에 따른 수익자 지정 및 변경이 가능하고, 특정 매수인과 매매계약이 체결된 경우에는 그 매매계약의 효력에 반하지 않는 범위 내에서 수익자 지정 및 변경이 가능하다고 판단된다. 처분신탁의 목적은 신탁부동산의 처분을 원활하게 진행하는 데 있으므로, 신탁부동산의 처분에 반하는 경우 수익자 지정 및 변경을 허용하지 않거나, 처분절차 완료 후까지 유보하는 등의 방법을 취할 수 있다.

처분신탁의 경우 실무상 "본 신탁계약은 위탁자가 신탁부동산의 소유권을 수탁자에게 이전하고, 수탁자는 신탁부동산의 등기명의를 보존하고 이를 처분하여 그 처분대금을 신탁계약에 정해진 바에 따라 수익자에게 지급하는 것을 목적으로 한다."는 취지로 기재하는 것이 일반적이다.

처분신탁의 경우 신탁기간에 대하여 원칙적으로 신탁계약에 따른 신탁기간은 [ ]년 [ ]월 [ ]일부터 [ ]년 [ ]월 [ ]일까지로 한다. 다만 위 신탁기간이 만료되기 전에 신탁계약상 신탁종료 사유로 신탁계약에 따른 신탁이 종료된 경우에는 신탁기간도 신탁의 종료

시점에 종료된 것으로 본다는 취지로 기재하는 것이 일반적이다. 다만 매매계약에 따른 신탁부동산 처분절차가 완료되기 이전에 신탁계약이 종료될 수는 없기 때문에 처분신탁계약 특약에는 수탁자가 신탁부동산을 처분하지 못하고 소유하고 있는 기간까지 신탁기간이 자동 연장되는 것으로 하는 신탁기간 자동연장 특약을 반영하는 경우가 대부분이다.

처분신탁 역시 담보신탁과 마찬가지로 원칙적으로 위탁자와 수익자의 합의로 인하여 신탁을 종료할 수 있고, 자익신탁의 경우 위탁자나 그 상속인은 언제든지 신탁을 종료할 수 있다. 다만 위탁자, 수익자 또는 위탁자의 상속인이 정당한 이유 없이 수탁자에게 불리한 시기에 신탁을 종료한 경우 위탁자, 수익자 또는 위탁자의 상속인은 그 손해를 배상하여야 한다.

다만 처분신탁 목적에 따른 매매계약이 체결되었음에도 불구하고 위탁자와 수익자의 합의 또는 자익신탁에서 위탁자의 결정만으로 신탁계약이 해지되는 경우 처분신탁계약을 신뢰하고 위탁자 또는 수탁자와 매매계약을 체결한 매수인이 귀책사유 없이 불측의 손해를 입게 되므로 처분신탁 목적에 따른 매매계약이 체결된 경우에는 신탁종료가 제한된다. 위와 같은 경우 매수인의 서면동의 없이 위탁자와 수익자의 요청만으로 신탁종료를 진행하지는 않는 것이 실무의 관행이다. 한편, 담보신탁과 동일하게 수탁자의 신탁사무처리비용이나 무과실 손해를 정산한 후에 신탁종료 및 수익자에 대한 신탁부동산의 귀속이 가능하다.

처분신탁의 경우 수익자가 갖는 신탁계약 종료 시 신탁부동산 귀속청구권, 신탁부동산의 운용이익 및 처분대금이 대표적인 수익권의 내용이라 할 수 있다. 다만 매매계약 체결권, 매매계약 체결 시 매매대금 및 구체적인 매매절차 결정권한은 위탁자의 권한으로 판단되나, 이는 신탁계약으로 달리 정할 수 있다.

처분신탁의 경우 신탁계약 목적상 채권만족을 얻어야 할 우선수익자가 존재하지 않기 때문에 우선수익자의 성명 및 주소, 우선수익권의 내용은 신탁원부에 포함되지 않아도 무방하다. 다만 건물 신축 사업을 진행하고 사용승인 후 미분양 호실에 대하여 기존 PF 대출계약을 대환하면서 신규 우선수익자가 미분양 호실에 대한 대출계약을 체결하면서 처분신탁계약 체결을 원하는 사례가 있고, 이 경우 위탁자겸수익자, 수탁자, 우선수익자가 합의하여 처분신탁계약에 우선수익자 및 우선수익권의 내용을 추가하여 처분신탁계약을 체결하는 사례가 간혹 존재한다. 그러나 위의 사례는 담보신탁계약으로 포섭할 수 있고, 대부분의 처분신탁계약에서는 우선수익자가 존재하지 않는다는 점에서 실무상 처분신탁계약 내에 우선수익자 관련 사항을 기재하지 않는 경우가 다수인 것으로 보인다.

처분신탁의 경우 실무적으로 수익자가 수익권을 양도하거나 질권을 설정하고자 하는 경우 수탁자의 사전 동의를 받아야 하고, 위탁자가 수익자를 변경 또는 추가로 지정하고자 하는 경우에는 수탁자 및 다른 수익자 전원의 사전 동의를 받아야 한다. 다만 이 경우에도 수익권의 양수인 또는 변경되거나 추가로 지정된 수익자는 이 신탁계약상 수익자의 의무를 부담하는 조건으로만 수익권을 양수하거나 수익자로 변경 또는 추가 지정될 수 있다는 취지의 내용이 신탁계약서에 통상 기재되어 있다. 더불어 수익권이 양도되는 경우에는 일반적으로 변경된 신탁계약 내용을 신탁원부에 반영하는 신탁원부 변경절차를 거치는 것이 실무의 관행이다.

신탁등기가 경료되어 신탁부동산이 수탁자에게 이전되면 신탁부동산의 소유권은 대내외적으로 수탁자에게 이전되지만, 대내외적인 소유권이 이전되는 것과 별개로 금융(투자)회사인 신탁사가 신탁부동산의 구체적인 보존·유지·수선행위를 수행하는 것은 불가능한 측면이 있어 신탁등기 경료 후에도 여전히 위탁자가 신탁부동산의 보존·유지·수선 등 신탁부동산 관리에 필요한 모든 조치를 다하게 된다.

처분신탁의 경우 실무상 위와 같은 점을 감안하여 수탁자는 신탁부동산에 관하여 소유권의 등기명의를 보존하는 업무를 수행하며, 위탁자는 자신의 책임과 부담으로 신탁부동산의 보존, 유지, 관리하여야 한다는 취지의 내용을 신탁계약서에 포함시키고 있다. 구체적으로 시설관리, 청소, 방역, 경비, 수선, 화재보험가입 등 보존행위, 임대차계약 및 임대보증금, 임료 수납 등 임대차 관리행위, 신탁부동산에 부과되는 세금과 공과금 등의 납부, 신탁부동산의 멸실, 훼손 등 사고발생시 또는 발생이 예상되는 경우 수탁자에 대한 지체 없는 통지 의무 등을 위탁자 및 수익자의 책임으로 규정하고 있고, 등기부상 소유권 보존 관리, 수탁자가 처분을 목적으로 위탁자와 수익자의 동의를 얻어 수행하는 관리행위 등은 수탁자의 책임으로 규정하는 경우가 다수 있다.

실제로 신탁부동산에 대하여 신탁회사가 보존·유지·수선행위를 하는 것은 불가능하다는 점을 감안할 때 공시된 내용과 실제현상이 일치하는 것이 법률분쟁을 줄이는 길이라는 측면에서 위탁자가 신탁부동산에 관한 보존, 유지, 관리책임이 있다는 사실과 그 구체적인 절차 및 역할을 수행하고 그와 관련된 사항을 신탁계약서에 기재하는 것이 현재의 실무 관행이다.

처분신탁계약은 위탁자가 신탁부동산의 소유권을 수탁자에게 이전하고, 수탁자는 신탁부동산의 등기명의를 보존하고 이를 처분하여 그 처분대금을 이 신탁계약에 정해진 바에 따라 수익자에게 지급하는 것을 목적으로 하므로, 신탁부동산의 처분조건 및 처분방법이 처분신탁계약 내용의 핵심이 된다. 부동산의 신탁에 있어서 수탁자 앞으로 소유권이전등기를 마치게 되면 대내외적으로 소유권이 수탁자에게 완전히 이전되고, 위탁자와의 내부관계에 있어서 소유권이 위탁자에게 유보되는 것은 아니라 할 것이며, 이와 같이 신탁의 효력으로서 신탁재산의 소유권이 수탁자에게 이전되는 결과 수탁자는 대내외적으로 신탁재산에 대한 관리권을 갖는 것이고, 다만 수탁자는 신탁의 목적 범위 내에서 신탁계약에 정하여진 바에 따라 신탁재산을 관리하여야 하는 제한을 부담하게 된다.

따라서 신탁부동산의 대내외적인 소유권을 가진 수탁자라 할지라도 처분신탁계약에 기재된 처분조건 및 처분방법에 따라 신탁부동산을 처분하여야 하는 제한을 부담하게 되는데, 이러한 처분조건 및 처분방법이 신탁계약서에 정확하게 기재되지 않는 경우 위의 처분조건 및 처분방법과 상이하게 위탁자와 매매계약을 체결한 제3자는 매매대금을 완납하더라도 신탁부동산의 소유권을 이전받을 수 없는 위험성을 부담하게 될 가능성이 있다. 따라서 선의의 제3자 보호를 위하여 신탁부동산의 처분조건 및 처분방법을 신탁계약 내에 구체적으로 기재하는 것이 실무의 관행이다.

처분신탁의 경우 실무상 신탁부동산에 관한 인도책임 및 하자 담보 책임 등은 위탁자가 부담한다는 점, 위탁자 또는 수익자 이름으로 체결된 기존의 임대차계약 및 화재보험계약 등은 위탁자의 책임 하에 매수인에게 승계되도록 하여야 한다는 점, 신탁부동산의 처분과 관련하여 수탁자의 책임 있는 사유 없이 수탁자가 부담한 채무나 수탁자에게 발생한 손해는 위탁자가 부담한다는 점 등의 내용이 매매계약에 포함되어야 한다는 취지의 내용이 신탁계약에 기재되어 있다.

또한 특약에서 대금지불방법으로 계약금, 중도금, 잔금 비율과 위탁자와의 매매계약 체결 시 수탁자의 사전 동의를 득하여야 한다는 점, 매매대금은 수탁자 명의 계좌로 입금하여야 한다는 점, 신탁부동산이 복수인 경우 일괄하여 매매계약을 체결하여야 한다는 점 등 처분신탁계약의 구체적인 구도에 따라 다양한 처분 조건 및 처분 방법을 제한하고 있는바, 처분신탁계약의 신탁재산인 부동산을 거래하는 경우 신탁원부를 발급받아 신탁계약 내용을 확인하고 그 신탁계약의 내용에 맞춰 신탁재산인 부동산의 매매계약을 진행하여야만 불필요한 법적 분쟁을 줄일 수 있다.

처분신탁에서도 신탁부동산 관리행위의 하나로서 위탁자는 신탁등기 경료 후에도 수탁자 및 우선수익자의 동의를 받아 위탁자를 임대인으로 하여 임차인과 임대차계약을 체결할 수 있다.

처분신탁의 경우에도 신탁계약 체결 후 매매계약이 체결되고 신탁부동산이 처분되는데 시일이 걸리는 경우가 다수 있고, 신탁부동산이 오피스빌딩 등 상업시설로서 상시적으로 임대차계약이 체결되고 해지되는 경우가 다수 있으므로 신탁부동산이 처분되어 신탁종료 전까지 임대차계약을 체결할 필요성이 있다. 따라서 처분신탁계약에도 위탁자는 수탁자(위탁자와 수익자가 상이한 경우 수익자 동의 추가)의 동의를 얻어 임대인으로서 신탁부동산을 임대할 수 있으며, 신탁부동산에 대한 임대차계약은 위탁자가 수탁자(위탁자와 수익자가 상이한 경우 수익자 동의 추가)의 서면동의를 첨부하여 위탁자(임대인)와 임차인간 체결할 수 있다는 취지의 내용을 신탁계약에 기재하는 것이 실무이다.

처분신탁의 경우 실무상 신탁재산에 관한 세금과 공과금 유지관리비, 지료 등 그 밖의 신탁사무의 처리에 필요한 비용 그리고 신탁사무 처리에 있어서 수탁자의 고의나 과실 그 밖의 책임 없는 사유로 발생한 손실 등은 위탁자가 부담한다는 점, 위탁자가 신탁사무 처리비용 등을 지급하지 않는 경우 수탁자는 신탁재산에 속하는 금전으로 이를 지급할 수 있고 신탁재산에 속한 금전으로 이를 지급하기에 부족한 경우 수탁자는 신탁부동산의 일부 또는 전부를 처분하여 지급에 사용하거나 신탁재산을 담보로 제공하여 지급에 필요한 금원을 차용하거나 수익자에게 그 지급을 청구할 수 있다는 점, 수탁자가 대납한 경우 위탁자 및 수익자는 그에 대한 소정의 이자를 더한 금액을 수탁자에게 지급하여야 한다는 점 등을 신탁계약에 기재하고 있다. 위와 같은 수탁자의 비용상환청구권 및 자조매각권 등은 수탁자가 위탁자 또는 수익자는 물론이고 수익권의 근질권자, 수익권의 압류채권자 또는 우선수익권보다 선순위로 신탁재산에서 지급받을 수 있다.

자본시장과 금융투자업에 관한 법률 제109조 및 동법 시행령 제110조 제6호에서는 신탁계약 종료 시의 최종계산에 관한 사항을 신탁계약서에 기재하도록 규정하고 있고, 신탁법 제103조는 신탁이 종료한 경우 수탁자는 지체 없이 신탁사무에 관한 최종의 계산을 하고, 수익자 및 귀속권리자의 승인을 받아야 한다고 규정하고 있다.

처분신탁의 경우 실무상 신탁이 종료한 경우 수탁자는 지체 없이 신탁사무에 관한 최종의 계산을 하고 수익자 또는 귀속권리자의 승인을 받도록 하고, 수익자 또는 귀속권리자가 최종의 계산을 승인한 경우 수탁자의 직무수행에 부정행위가 있었던 경우가 아닌 한 수탁자의 책임은 면제된 것으로 간주한다. 최종계산서에 대하여 수익자 및 귀속권리자가 승인을 하지 아니한 경우 수탁자는 수익자 및 귀속권리자에게 최종계산의 승인을 요구하고, 수익자 및 귀속권리자는 계산승인의 요구를 받은 때로부터 1개월 이내에 승인여부를 수탁자에게 통지하여야 하고, 수탁자는 계산승인을 요구하는 경우 "수익자 및 귀속권리자는 최종계산에 대하여 이의가 있는 경우 계산승인을 요구 받은 때로부터 1개월 이내에 이의를 제기할 수 있으며, 그 기간 내에 이의를 제기하지 않으면 수익자 및 귀속권리자가 최종계산을 승인한 것으로 본다"는 취지의 내용을 수익자 및 귀속권리자에게 알려야 한다. 수익자 및 귀속권리자가 수탁자로부터 최종계산승인을 요구 받은 때로부터 1개월 내에 이의를 제기하지 아니하는 경우 최종계산을 승인한 것으로 본다는 취지의 규정을 신탁계약에 포함시켜 신탁의 최종계산을 하고 있다.

자본시장과 금융투자업에 관한 법률 제109조 제9호는 신탁계약의 해지에 관한 사항을 신탁계약서에 기재하도록 규정하고 있고, 신탁법 제98조 내지 제101조는 신탁의 종료사유, 합의에 의한 신탁의 종료, 법원의 명령에 의한 신탁의 종료, 신탁종료 후 신탁재산의 귀속에 관하여 규정하고 있다.

처분신탁의 경우 실무상 신탁기간이 만료된 경우, 신탁의 목적을 달성하였거나 달성할 수 없는 경우, 신탁계약에 따라 신탁부동산이 처분되는 경우로서 신탁부동산에 관한 처분대금의 정산이 종료되고 신탁의 계산이 완료된 경우, 신탁계약당사자간의 합의에 의하여 신탁이 해지된 경우를 신탁종료사유로 규정하고 있다. 신탁계약에 따른 신탁이 종료하는 경우 수익자는 이 신탁계약에 따라 발행된 수익권증서를 전부 수탁자에게 반환하여야 하고 수탁자는 수익자 또는 귀속권리자에게 신탁재산을 현상대로 인도하게 된다. 신탁계약에 따른 신탁이 종료되는 시점에 수탁자가 신탁사무처리비용 등과 신탁보수를 일부 또는 전부를 지급받지 못한 경우 수탁자는 신탁재산을 인도하기 전에 신탁재산에 속하는 금전으로 이를 지급받을 수 있고, 신탁재산이 부족한 경우 자조매각권을 행사할 수 있다는 취지의 내용이 통상 신탁계약에 포함되어 있다.

다 관리신탁 실무

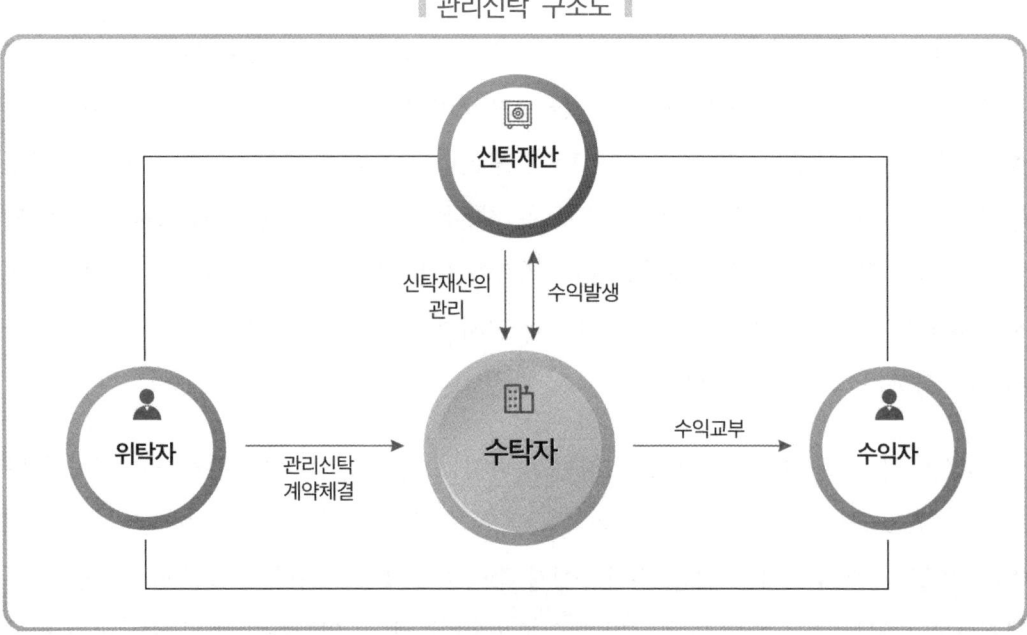

▌ 관리신탁 구조도 ▌

관리신탁은 통상 갑종관리신탁과 을종관리신탁으로 구분되는데, 갑종관리신탁이란 위탁자가 신탁부동산의 소유권을 수탁자에게 이전하고, 수탁자가 신탁부동산의 소유권 보존은 물론, 개량 및 임대 등 신탁부동산을 종합적으로 관리·운용하고, 그 수익을 수익자에게 교부하는 것을 목적으로 하는 신탁계약을 뜻하고, 을종관리신탁이란 위탁자가 신탁부동산의 소유권을 수탁자에게 이전하고, 수탁자가 신탁부동산의 소유권만을 관리·보존하는 것을 목적으로 하는 신탁계약을 뜻한다.

관리신탁은 신탁부동산의 관리행위를 목적으로 하는 신탁계약으로서 실무상 위탁자가 해외출장 등으로 관리유지행위가 어렵거나 다수의 부동산을 소유함으로써 부동산에 관한 관리보전유지에 어려움을 겪는 경우 주로 활용되고 있다. 위와 같이 어떤 경우든 관리신탁은 본질적으로 신탁부동산의 적정한 관리유지를 목적으로 하기 때문에 신탁부동산이 구체적인 구도에 따라 관리유지하기 위하여 위탁자 및 수익자와 수탁자가 합의한 사항이 신탁원부에 포함되어야 할 필요성이 있다. 한편, 관리신탁은 실무상 갑종관리신탁과 을종관리신탁으로 나뉘지만 이는 수탁자의 관리범위의 차이에 불과하여 본질적인 차이가 있다고 보기는 어렵다.

갑종관리신탁은 신탁부동산의 소유권 보존은 물론 관리, 유지, 개량, 임대 등 신탁부동산을 종합적으로 관리 운용하고 그 수익을 수익자에게 교부하는 것을 목적으로 하고 을종관리신탁은 신탁부동산의 소유권을 관리, 보존하고 신탁종료 시 그 수익 또는 신탁부동산을 수익자에게 교부하는 것을 목적으로 하는바, 위탁자, 수탁자, 수익자의 성명 및 주소를 신탁계약의 필요적 기재사항이고, 위탁자 또는 수익자가 변경되는 경우 수탁자의 사전승낙을 득하거나 이를 즉시 수탁자에게 고지하여야 한다는 취지의 내용을 신탁계약서에 반영하는 것이 실무이다.

관리신탁의 경우 실무상 기존 수익자는 수탁자의 사전 동의 없이 수익자를 지위를 타인에게 양도하거나 그 수익권에 대하여 근질권 등을 설정하는 등의 처분행위를 할 수 없다. 또한 기존 수익자가 신규 수익자에게 수익권을 양도하거나 수익권에 근질권 등을 설정하고자 하는 경우 수탁자의 사전 동의를 받아야 하고, 위탁자가 수익자를 변경 또는 추가로 지정하고자 하는 경우에는 수탁자 및 다른 수익자 전원의 사전 동의를 받아야 한다. 다만 이 경우에도 수익권의 양수인 또는 변경되거나 추가로 지정된 수익자는 이 신탁계약상 수익자의 의무를 부담하는 조건으로만 수익권을 양수하거나 수익자로 변경 또는 추가 지정될 수 있다는 취지의 내용이 통상적으로 신탁계약에 기재되어 있다.

갑종관리신탁의 경우 임대차보증금의 이자수입 또는 임료 등으로 신탁수익이 계속하여 발생하는데 신탁채권자 또는 수익자의 채권자 등은 수익권에 대한 보전처분 등을 위하여 수익자가 새롭게 지정되거나 수익권이 양도되는 경우 그 요건 및 절차 등을 알고 있어야 보전처분 등을 용이하게 진행할 수 있는 점, 수익자 변경은 신탁계약의 중요한 사항으로서 제3자가 알 수 있어야 하는 점 등의 이유로 이에 대한 절차 및 요건을 신탁계약 특약에 반영하는 것이 일반적인 실무이다.

실무상 갑종관리신탁의 경우 "본 신탁계약은 위탁자가 신탁부동산의 소유권을 수탁자에게 이전하고, 수탁자가 신탁부동산의 소유권 보존은 물론, 개량 및 임대 등 신탁부동산을 종합적으로 관리·운용하고, 그 수익을 수익자에게 교부하는 것을 목적으로 한다."라고 기재하고 을종관리신탁의 경우 "본 신탁계약은 위탁자가 신탁부동산의 소유권을 수탁자에게 이전하고, 수탁자가 신탁부동산의 소유권만을 관리·보존하는 것을 목적으로 한다."라는 취지로 기재하는 것이 보통이다.

실무상 관리신탁의 경우 이 신탁계약에 따른 신탁기간은 [ ]년 [ ]월 [ ]일부터 [ ]년 [ ]월 [ ]일까지로 한다. 다만 위 신탁기간이 만료되기 전에 신탁계약상 신탁종료 사유로 이 신탁계약에 따른 신탁이 종료된 경우에는 신탁기간도 이 신탁의 종료 시점에 종료된 것으로 본다고 기재하는 것이 일반적이다. 다만 관리신탁의 경우 그 신탁목적상 수탁자가 신탁기간 만료 후에도 신탁부동산의 소유권 관리보존 또는 신탁부동산 관리, 개량, 임대 등을 하여야 할 필요가 있는 경우가 있어 신탁기간 만료에도 불구하고 위탁자 또는 수익자가 신탁종료의 의사표시를 표하지 아니하는 경우 자동연장 특약을 마련하여 신탁사무처리 중 신탁종료가 되지 않도록 하는 것이 실무이다.

관리신탁 역시 담보신탁, 처분신탁 등과 마찬가지로 원칙적으로 위탁자와 수익자의 합의로 인하여 신탁을 종료할 수 있고, 자익신탁의 경우 위탁자나 그 상속인은 언제든지 신탁을 종료할 수 있다. 다만 위탁자, 수익자 또는 위탁자의 상속인이 정당한 이유 없이 수탁자에게 불리한 시기에 신탁을 종료한 경우 위탁자, 수익자 또는 위탁자의 상속인은 그 손해를 배상하여야 한다.

다만 갑종관리신탁의 경우 신탁부동산의 관리를 위하여 경비, 수선, 청소 용역 업체 등과 수탁자가 직접 관리용역계약을 체결하는 사례가 있는바, 이러한 경우 위 관리용역계약이 신탁종료로서 곧바로 효력을 상실한다고 보기는 어렵기 때문에 수탁자와 용역업체 간 체결된 관리용역계약이 해지되거나 수익자 또는 귀속권리자로 승계될 때까지 수탁자는 신탁계약 종료를 거부할 권한을 보유할 필요성이 있다. 따라서 위와 같은 사항을 신탁특약에 추가하는 것이 실무의 관행이다.

신탁계약의 특성을 막론하고 수익권의 양도 또는 변경, 근질권설정 등은 빈번하게 이루어지고 있다. 관리신탁 역시 수익권의 유동화 등 여러 이유로 수익권의 양도, 변경, 근질권설정이 이루어지므로 그 절차 및 권한에 대한 내용이 신탁계약 내에 반영된다.

관리신탁의 경우에도 처분신탁의 경우와 유사하게 실무적으로 수익자가 수익권을 양도하거나 질권을 설정하고자 하는 경우 수탁자의 사전 동의를 받아야 하고, 위탁자가 수익자를 변경 또는 추가로 지정하고자 하는 경우에는 수탁자 및 다른 수익자 전원의 사전 동의를 받아야 한다. 다만 이 경우에도 수익권의 양수인 또는 변경되거나 추가로 지정된 수익자는 이 신탁계약상 수익자의 의무를 부담하는 조건으로만 수익권을 양수하거나 수익자로 변경 또는 추가 지정될 수 있다는 취지의 내용이 신탁계약서에 통상 기재되어 있다. 더불어 수익권이 양도되는 경우에는 일반적으로 변경된 신탁계약 내용을 신탁원부에 반영하는 신탁원부 변경절차를 거치는 것이 실무의 관행이다. 다만 수탁자가 관리용역업체와 직접 체결한 계약은 신탁원부에 기재되지 않는 경우가 많으므로, 수익권 양도 시 수익권 양수인에게 수탁자가 체결한 관리용역계약을 인지하고 있고 그에 대하여 동의한다는 내용을 신탁계약에 반영한 후 이러한 신탁계약 변경사항을 신탁원부 변경절차를 통하여 신탁원부에 반영하는 사례도 있다.

신탁등기가 경료되어 신탁부동산이 수탁자에게 이전되면 신탁부동산의 소유권은 대내외적으로 수탁자에게 이전되지만, 대내외적인 소유권이 이전되는 것과 별개로 금융(투자)회사인 신탁사가 신탁부동산의 구체적인 보존·유지·수선행위를 수행하는 것은 불가능한 측면이 있어 신탁등기 경료 후에도 여전히 위탁자가 신탁부동산의 보존·유지·수선 등 신탁부동산 관리에 필요한 모든 조치를 다하게 된다. 이는 을종관리신탁 역시 마찬가지이다. 다만 갑종관리신탁의 경우 수탁자가 직접 관리용역업체와 용역계약을 체결하고 신탁부동산을 관리하는 경우가 있으나, 실무상 이러한 경우가 많지는 않다.

따라서 실제로 신탁부동산에 대하여 신탁회사가 보존·유지·수선행위를 하는 것은 불가능하다는 점, 당사자들 간 관리행위에 대한 합의가 존재함에도 불구하고 신탁회사에 보존·유지·수선행위를 강제하는 것은 법 원칙상 불합리하다는 점, 민사신탁의 경우 수탁자가 개인으로서 변제자력 또는 관리능력이 없는 사례가 다수라는 점을 종합적으로 고려할 때 신탁부동산의 관리행위는 위탁자가 할 수밖에 없는 것이 현재의 실무이다.

전술한 바와 같이, 신탁부동산 관리행위의 하나로서 위탁자는 신탁등기 경료 후에도 수탁자 및 우선수익자의 동의를 받아 위탁자를 임대인으로 하여 임차인과 임대차계약을 체결할 수 있다.

관리신탁계약은 그 신탁목적이 신탁부동산의 관리, 보존, 유지이기 때문에 대부분 임대차계약이 발생하고 있다. 관리신탁의 경우에도 위탁자를 임대인으로 하여 임차인과 임대차계약을 체결하는 경우 소유자인 수탁자의 동의가 없으면 임차인이 그 임대차계약의 효력을 수탁자에게 주장할 수 없으므로, 위탁자를 임대인으로 한 임대차계약의 체결 요건과 절차를 신탁계약 내에 반영하는 것이 실무의 관행이다.

자본시장과 금융투자업에 관한 법률 제109조 제9호는 신탁계약의 해지에 관한 사항을 신탁계약서에 기재하도록 규정하고 있고, 신탁법 제98조 내지 제101조는 신탁의 종료사유, 합의에 의한 신탁의 종료, 법원의 명령에 의한 신탁의 종료, 신탁종료 후 신탁재산의 귀속에 관하여 규정하고 있다.

관리신탁에서도 통상 신탁계약이 목적달성, 존속기간 만료, 신탁부동산의 처분 및 정산, 신탁계약 당사자 전원 합의 또는 그 밖의 사유로 신탁이 종료되는 경우 수탁자는 더는 신탁재산에 대한 권리가 없게 되는바, 어떠한 경우에 신탁이 종료되는지 여부는 신탁계약상 신탁사업과 관련한 이해관계인에게 중요한 정보일 수밖에 없으므로 신탁종료사유를 신탁계약에 반영하는 것이 실무의 관행이다.

라 토지신탁의 개념

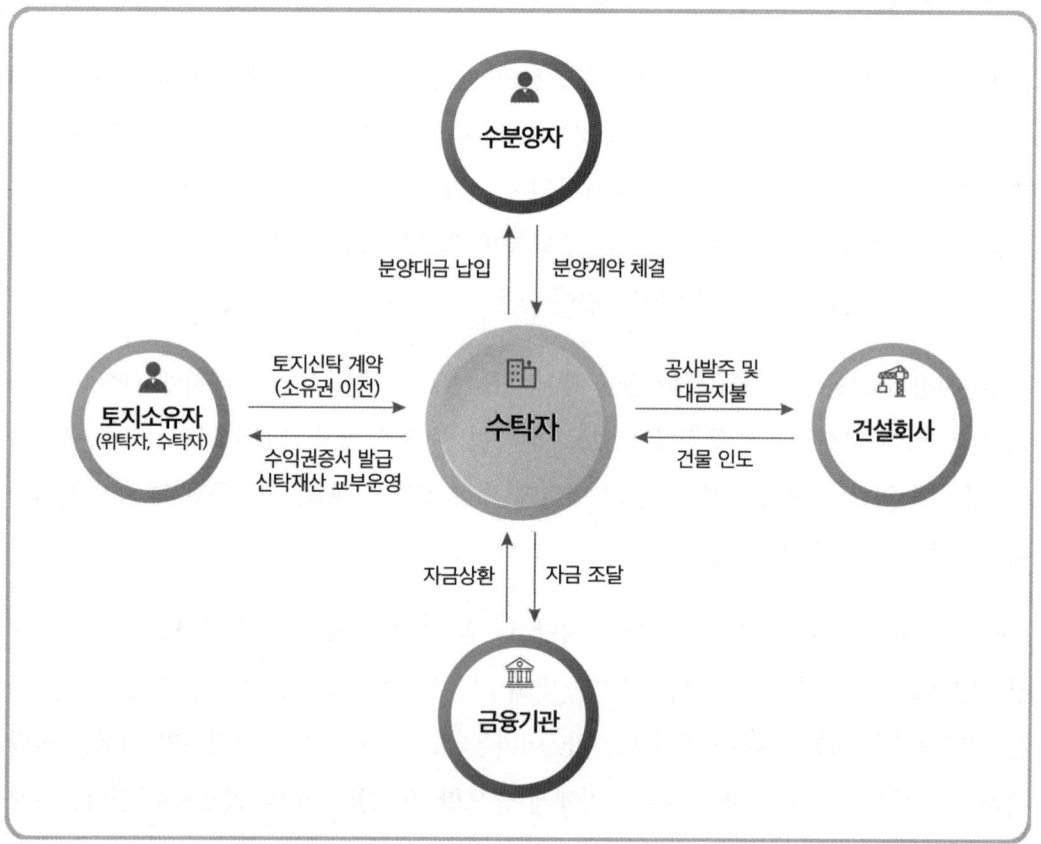

| 토지신탁 구조도 |

　　토지신탁이란 통상적으로 토지신탁의 정의에 대하여 부동산 신축사업을 수행하기 위하여 위탁자는 신탁부동산의 소유권을 수탁자에게 이전하고 수탁자는 신탁부동산을 보전 및 관리하며 이를 개발하여 신탁계약에서 정해진 바에 따라 신탁부동산을 분양 및 그 밖의 방법으로 처분하거나 임대한 다음 그 처분대가나 임대료 등 신탁재산을 신탁계약에 정해진 바에 따라 지급하는 것을 목적으로 하는 신탁 유형을 뜻한다.

　　토지신탁에서 신탁부동산과 신탁부동산의 개발, 관리, 처분, 운용, 수용, 멸실, 훼손 그 밖의 사유로 수탁자가 얻은 재산은 신탁재산에 속하는데(신탁법 제27조 참조), 신탁재산의 종류로서는 신탁부동산 및 신탁금전, 신탁부동산의 분양대금, 신탁부동산의 물상대위로 취득한 재산, 신탁부동산의 임대차보증금 및 임대료 신탁차입금, 신탁재산에 속하는 금전의 운용수익, 그 밖의 신탁사무 처리로 인하여 발생한 채권, 채무 등이 있다.

토지신탁 계약의 당사자는 위탁자 겸 수익자, 수탁자, 시공사, 우선수익자가 있다. 각 당사자별 업무범위를 살펴보면, 위탁자는 사업부지 전체의 소유권확보, 제반 인허가 취득 및 그에 따른 조건의 이행, 공사도급계약, 설계·감리용역계약 등 사업시행주체의 명의로 체결되어야 하는 계약을 제외한 모든 계약 체결, 신탁사업 시행에 필요한 자금조달, 수분양자와의 분양계약상 필요처리업무 관리, 신탁사업 시행에 따른 민원처리, 중도금 대출 관련 업무 및 보증, 신탁사업에 대한 자금집행 요청 등의 업무를 처리한다.

수탁자는 신탁부동산에 대한 수탁업무, 신탁재산 범위 내에서 분양계약, 공사도급계약, 설계·감리용역계약 등 사업주체 이름으로 체결되어야 하는 계약의 체결 또는 승계계약 체결, 신탁사업의 분양수입금을 포함한 모든 자금의 수납 및 자금집행, 신탁부동산의 수분양자 명의로의 소유권이전등기 업무, 신축건물의 소유권보존등기 업무, 신탁종료 시 정산 및 신탁재산 교부 등의 업무를 처리한다.

시공사는 공사도급계약에서 정한 기간 내 신탁건물의 책임준공, 신탁 사업 비용이 부족할 경우 자금보충, 신탁 사업과 관련한 채 약 변경 등에 대한 동의, 기타 우선수익자의 의무 및 권한으로 정한 사항에 대한 업무를 처리하고, 신탁재산 처분시 수익자보다 우선하여 신탁재산을 정산받을 권리를 보유한다.

토지신탁 유형은 신탁재산의 처분방식에 따라 분양형 토지신탁과 임대형 토지신탁으로 나눌 수 있고, 자금조달 책임을 위탁자가 부담하는지 수탁자가 부담하는지에 따라 차입형 토지신탁(개발형 토지신탁이라 부르기도 함)과 관리형 토지신탁으로 나눌 수 있다. 또한 최근 개발된 토지신탁 유형으로서, 자금조달책임을 위탁자가 부담하지만 대출금융기관에 대하여 책임준공의무를 수탁자가 부담하는 토지신탁 유형을 책임준공확약형 관리형 토지신탁이라 하고, 원칙적으로 자금조달의무를 위탁자가 부담하나 분양률이 일정 수준 이하인 경우 부족한 사업자금을 수탁자가 부담하는 방식의 토지신탁을 혼합형 토지신탁이라 부르기도 한다.

「분양형 토지신탁」이란 부동산 신축사업을 수행하기 위하여 위탁자는 신탁부동산의 소유권을 수탁자에게 이전하고 수탁자는 신탁부동산을 보존 및 관리하며 이를 개발하여 신탁계약에서 정해진 바에 따라 신탁부동산을 분양 및 그 밖의 방법으로 처분한 다음 분양대금 등 신탁재산을 신탁계약에 정해진 바에 따라 지급하는 것을 목적으로 하는 부동산신탁 유형을 말한다. 분양을 목적으로 하기 때문에 수분양자에 대한 분양계약 체결 시 주택공급에 관한 규칙, 건축물의 분양에 관한 규칙 등에서 정한 분양절차를 준수하여야 한다. 실무상 대부분의 토지신탁사업은 분양형 토지신탁 구도로 진행된다.

「임대형 토지신탁」이란 분양형 토지신탁과 기본적인 구도는 동일하나, 신축건물에 대하여 수분양자에게 분양을 하지 않고 임차인과 임대계약을 통해 장기적으로 안정적인 수익을 창출하려는 목적을 가진 토지신탁 유형이다. 임대를 목적으로 하기 때문에 분양절차를 진행하지 않으므로 분양과 관련된 법령 적용이 없어 수탁자 및 위탁자의 업무부담이 비교적 적다. 사업구도 상 수분양자의 분양대금을 수납하여 사업비로 사용할 수 없으므로 비교적 다액의 자본(equity)를 가진 경우에만 사업진행이 가능하다.

「차입형 토지신탁」이란 토지신탁 사업을 진행함에 있어 신탁회사가 사업비 조달의무를 부담하는 토지신탁 유형을 말한다. 다만 신탁업계는 신탁회사가 토지매입대금에 대한 대출을 할 수는 없다고 판단하고 업무를 진행하기 때문에 여기서 사업비 조달의무란 토지매입대금을 제외한 사업비 조달의무를 말한다. 부족한 토지가격은 시공사가 ABL대출(Asset-Backed Loans, 자산담보부대출, 시공사의 경우 시공사의 공사도급계약에 따라 시공사가 지급받을 공사비 채권을 담보로 대출을 실행한다)을 통하여 조달하는 것이 일반적이다.

차입형 토지신탁은 신탁회사가 사업비를 조달할 의무를 부담하므로 신탁회사의 리스크 부담이 증가한다. 따라서 관리형 토지신탁구도에 비해 사업수탁을 위한 신탁회사 내부수탁기준이 더 엄격하다. 시공사 선정 등 신탁사업 진행 전반에 있어 신탁회사가 결정권을 행사한다. 이에 대하여 위탁자의 업무범위가 줄어들기 때문에 이를 선호하는 위탁자도 있는 반면, 위탁자가 원하는 용역업체를 선정하지 못하는 경우 등 위탁자의 결정권한이 제한적이라는 이유로 위탁자가 불만을 표하는 경우도 있다. 최근에는 차입형 토지신탁 구도이나 대출금융기관이 PF대출금을 실행하고 우선수익자로 참여하는 등 이른바 혼합형(비전형적) 토지신탁도 활발하게 개발되고 있다.

「관리형 토지신탁」이란 토지신탁 사업을 진행함에 있어 신탁회사가 아닌 위탁자가 사업비 조달의무를 부담하고 신탁회사는 단순히 건축주나 기타 사업주체의 명의 및 기타 일부의 업무만을 수행하는 방식의 토지신탁 유형을 의미한다. 관리형 토지신탁에서는 차입형 토지신탁과 비교하여 신탁회사의 재량권이 대폭 축소되고 실질적인 사업진행은 위탁자가 시공사 등과 협의하여 진행하는 것이 일반적이다. 차입형 토지신탁과 비교하여 신탁회사의 사업리스크가 대폭 줄어들기 때문에 신탁회사 내부 수탁기준도 완화되어 운영된다. 시공사, 설계 감리 등 신탁회사와 용역계약을 체결하는 수급인 회사의 선정도 위탁자가 주도적으로 결정한다. 위탁자가 신탁사업에 필요한 자금을 조달하지 못하여 신탁사업의 진행에 지장을 초래하는 경우 시공사가 위탁자의 자금조달을 위하여 필요한 신용공여 또는 자금지원을 하기도 한다. 위탁자는 통상 PF대출을 통하여 신탁사업에 필요한 자금을 조달하는데, 이때 PF대출을 실행한 대주가 우선수익자의 지위를 가지는 것이 일반적이다.

3 신탁과 임대차계약

가 신탁부동산 임대차계약의 기본개념

위탁자와 수탁자간 신탁계약이 체결되어 신탁등기가 경료되더라도 통상적으로 위탁자는 신탁부동산의 보존·유지·수선 등 관리에 필요한 모든 조치를 다하고 세금과 공과금 등 이에 필요한 비용을 부담한다. 임대차와 관련하여 신탁계약 체결일 이전에 위탁자가 신탁부동산에 관하여 체결한 임대차계약은 유효하고 신탁계약 체결일 이후에도 위탁자는 신탁부동산을 타인에게 임대하거나 직접 점유 또는 사용할 수 있다. 다만 위탁자는 신탁계약 체결일 이후 신탁부동산에 대하여 임대차계약의 체결, 저당권설정, 전세권설정 등의 처분행위를 하고자 하는 경우에는 수탁자 및 우선수익자(우선수익자가 없는 경우로서 타익신탁인 경우 수익자, 이하 같음)의 사전 서면 동의를 받아야 한다. 수탁자의 동의를 얻어 위탁자가 신탁부동산을 타인에게 임대 등의 처분행위를 한 경우에도 위탁자는 임차인으로부터 임대차 보증금 및 임대료 등을 직접 지급받을 수 있다.

신탁계약 체결 후 위탁자가 수탁자 및 우선수익자의 사전 서면 동의를 받아 임대차계약을 체결하는 경우 임대차계약은 위탁자의 명의로 체결하고, 임차인으로부터 임대차보증금 및 임대료 등을 직접 지급받는 것이 가능하다. 다만 위탁자는 임대차계약 체결 시 임대차계약상 임대인은 위탁자이며 임대차보증금 반환의무는 위탁자가 부담한다는 내용을 임차인에게 명확히 알려야 한다. 위탁자는 그 임대차계약으로 인하여 수탁자에게 발생되는 손실, 비용 등을 부담하여야 할 책임을 진다. 실무상 신탁계약 전에 신탁부동산에 관하여 위탁자가 체결한 대항력 있는 임대차계약의 경우 신탁등기 경료로 인하여 임대인의 지위가 수탁자에게 승계되더라도 임대료는 계속하여 위탁자가 지급받는 경우가 많다.

실무적으로 신탁계약 체결일 이후 신탁부동산에 대하여 임대차계약을 체결하는 경우 위탁자가 임대인인 경우가 대부분이고, 수탁자는 임대차계약 동의권자의 지위만을 가질 뿐 임대인의 지위에서 임대차계약의 당사자로 참여하는 경우는 드물다.

위와 같은 사항은 통상적인 담보신탁 등에서 임대차계약이 체결되는 경우에 대하여 기술한 것이고, 신탁계약 특약 변경 등을 통하여 언제든지 위와 다른 형태로 임대차계약을 체결하는 것이 가능하므로, 임대차계약의 효력 등을 검토할 때에는 신탁계약서 본문 및 특약, 임대차계약서, 수탁자 동의서, 임차인 확인서 등 임대차계약 체결시 첨부된 서류 전체를 종합적으로 확인하여야 한다.

신탁 임대차 유형별 정리표

유형	보증금반환책임	비고
일반임대차 → 신탁	위탁자	특별법상 대항력을 취득하지 아니한 일반임대차계약 체결 후 신탁등기된 사례로서 수탁자는 임대차계약의 부담을지지 아니함
특별임대차 → 신탁	수탁자	임차인이 주택임대차보호법 및 상가건물임대차보호법상 대항력을 취득한 후 신탁등기가 경료된 사례로서 수탁자가 임대인으로서 책임 부담
신탁 → 동의 임대차	위탁자	① 위탁자를 임대인으로 하고 수탁자의 동의를 받은 사례 ② 동의받은 기간동안 임차인 사용수익 가능하고, 임료 상당의 부당이득반환청구 불가
신탁 → 부동의 임대차	위탁자	① 위탁자를 임대인으로 하고 수탁자의 동의를 받지 않은 사례 ② 이른바 무단임대차로서, 수탁자가 임차인을 상대로 명도청구 및 임료상당의 부당이득반환청구 가능
신탁 → 수탁자 임대차	수탁자	① 수탁자를 임대인으로서 임대차계약이 체결된 사례로서 원칙적으로 수탁자가 임대인으로서 책임 부담 ② 수탁자와 임차인간 보증금반환책임을 위탁자가 부담한다는 등의 특약을 체결하더라도, 특별법상 강행규정에 의하여 특약이 무효로 취급될 가능성 높음

나 신탁임대차의 쟁점

1) 신탁등기 경료 전 주택임대차보호법상 대항력 있는 임대차계약이 체결되어 있는 경우

주임법법상 대항력있는 임대차계약 체결 — 신탁등기

    신탁등기 경료 전 주택임대차보호법상 대항력 있는 임대차계약이 체결된 부동산을 신탁한 경우 수탁자는 주택임대차보호법 제3조 제2항에 의하여 임대인의 지위를 승계하는가. 이 경우 수탁자는 주택임대차보호법상 임대인의 지위를 승계한다는 것이 대법원의 태도이다(대법원 2002.4.12. 선고 2000다70460 판결).

    원심이 적법하게 인정한 사실관계 및 원심이 채용한 을 제1호증의 2(신탁계약서)의 기재에 의하면, 원고가 주식회사 대승으로부터, 위 회사가 신축한 임대아파트 중 1세대를 임차하여 임차주택의 인도와 전입신고를 마침으로써 주택임대차보호법 제3조 제1항 소정의 대항요건을 갖춘 후, 주식회사 대승이 피고의 전신인 주택사업공제조합에게 위 아파트를 신탁법에 따라 신탁하여 신탁을 원인으로 한 소유권이전등기를 마쳤는데, 주식회사 대승과 주택사업공제조합이 체결한 신탁계약에서 신탁재산의 관리에 관하여 위탁자(주식회사 대승)가 신탁부동산을 사용·관리할 수 있다고 정하였으나(제4조 제1항) 한편, 위탁자의 경영악화 및 관리가 적정하지 못하게 된 경우를 비롯하여 수탁자가 요구할 때에는 언제나 위탁자는 수탁자에게 신탁재산의 관리를 넘겨야 하고(제4조 제1항, 제8항), 위탁자가 일정세대 이상의 임대보증금 및 월임료를 변경할 때에는 수탁자의 동의를 받아야 하고(제4조 제2항), 위탁자는 임대계약자 현황 및 변경사항을 수탁자에게 통보하도록(제4조 제3항) 약정하였으며, 위 신탁계약서는 등기신청서에 첨부되어 신탁원부로 되었음을 인정할 수 있다.

    그렇다면 주식회사 대승은 위 신탁계약서로서 기존 임대차계약상 임대인으로서의 지위를 포함하여 이 사건 임대아파트에 대한 관리권을 수탁자인 주택사업공제조합에게 이전하되, 다만 수탁자의 의사와 이익에 반하지 않는 범위에서 그 관리권의 일부를 자신이 행사하기로 약정하였다고 볼 것이며, 이와 같이 수탁자에게 이 사건 임대아파트의 관리권이 이전된 이상 피고는 주택임대차보호법 제3조

제2항에 의하여 원고와 주식회사 대승 사이의 임대차계약상 임대인의 지위를 승계하였다고 보아야 할 것이고, 위 신탁등기가 채권담보의 목적으로 이루어진 이른바 담보신탁이라거나, 실질적으로 주식회사 대승이 원고를 비롯한 아파트 임차인들에 대한 임대차계약 관련 업무를 수행하고, 주택사업공제조합이나 피고는 이에 관여하지 아니하였다 하여 이와 달리 볼 수 없다고 할 것이다(대법원 2002.4.12. 선고 2000다70460 판결).

위 판결은 주택임대차보호법상 대항력 있는 임대차에 관한 것이지만, 상가건물 임대차보호법상 대항력 있는 임대차에 관하여도 동일하게 적용된다 할 것이고, 현재 하급심의 태도도 위와 같다. 또한 신탁계약으로 신탁계약 전 체결된 특별법상 대항력 있는 임대차계약을 수탁자가 승계하지 아니한다고 규정하더라도 이는 효력이 없다는 취지의 하급심 판결이 있고, 타당하다 판단된다.

따라서 주택임대차보호법상 대항력 있는 임대차계약이 체결된 부동산이 신탁되는 경우 수탁자는 임대인의 지위를 승계하므로 임대차보증금 반환채무를 부담한다. 이 경우 임대차보증금 반환채무는 신탁재산 범위 내로 한정되지 아니하고 수탁자의 고유재산으로도 임대차보증금을 반환할 책임을 진다.

수탁자는 이러한 고유재산 손실 위험을 줄이기 위하여 임대차계약 등 제한권리가 있는 부동산의 수탁시 업무처리기준을 마련하여 임대차보증금, 전세금, 근저당권 등이 부동산 재산 가액 대비 일정 비율을 초과하는 경우 수탁을 제한하는 방식으로 고유재산 손실 리스크에 대응하고 있다.

2) 신탁등기 경료 전 상가건물 임대차보호법상 대항력을 가진 임대차계약이 체결되어 있는 경우

서울중앙지방법원은 상가건물임대차보호법상 대항력을 가진 임차인이 존재하는 부동산이 신탁된 경우 신탁사가 임대인의 지위를 승계하는지 여부에 관하여 상가건물 임대차보호법상 대항력을 가진 임차인이 존재하는 상가건물을 수탁자가 수탁받은 경우에도 수탁자가 임대인의 지위를 승계한다는 취지로 판시한 바 있다.

임차인이 주택임대차보호법 제3조 제1항 소정의 대항요건을 갖춘 후, 위탁자인 임대인이 임차주택을 신탁법에 따라 신탁하여 신탁을 원인으로 하여 수탁자 앞으로 소유권이전등기를 마친 경우 수탁자는 주택임대차보호법 제3조 제2항에 의하여 임대차계약상 임대인의 지위를 승계하였다고 보아야 할 것이고, 위 신탁등기가 채권담보의 목적으로 이루어진 이른바 담보신탁이라거나, 실질적으로 위탁자가 임대차계약 관련 업무를 수행하고, 수탁자는 이에 관여하지 아니하였다 하여 이와 달리 볼 수 없고(대법원 2002.4.12. 선고 2000다70460 판결 참조), 위와 같은 법리는 "임차건물의 양수인은 임대인의 지위를 승계한 것으로 본다."라고 규정하고 있는 상가건물 임대차보호법 제3조 제2항에도 마찬가지로 적용된다(서울중앙지방법원 2017.9.29. 선고 2016가합557512 판결).

실무적으로 수탁자도 위 하급심의 취지처럼 상가건물 임대차보호법상 대항력을 가진 임대차계약이 체결된 상가 등을 신탁하는 경우 수탁자가 임대인의 지위를 승계한다는 전제하에 업무를 처리하고 있다. 주택임대차보호법상 임대차계약이 체결된 부동산을 수탁한 경우처럼 수탁자는 임대인의 지위를 승계하고, 임대차보증금 반환에 관하여 무한책임을 부담한다(신탁재산 범위 내로 제한되지 않는다)고 판단된다.

3) 임대인의 지위를 승계하는 신탁사가 대항력 있는 임차인에게 신탁등기의 대항력에 의하여 임대차보증금반환을 거부할 수 있는지 여부

신탁계약 체결 전 주택임대차보호법 또는 상가건물 임대차보호법상 대항력 있는 임대차계약이 체결된 부동산을 신탁사가 수탁하는 경우 수탁자는 임대인의 지위를 승계한다는 점은 위에서 본 바와 같다. 그런데 수탁자는 신탁법 및 부동산등기법의 규정에 따라 등기의 일부로 인정되는 신탁원부에 기재된 사항으로서 제3자에게 대항할 수 있는바(대법원 2012.5.9. 선고 2012다13590 판결 등), 만약 신탁원부에 신탁계약 체결 전 대항력 있는 임대차계약의 임대차보증금 반환 채무를 위탁자가 부담하기로 하는 내용이 포함되어 등기되었다면 수탁자는 그 특약을 들어 신탁계약 체결 전 대항력 있는 임대차계약을 체결한 임차인에게 임대차보증금을 반환해 주어야 하는 책임에서 벗어날 수 있는지 문제된다.

신탁 등기 전 소유자인 위탁자와 대항력 있는 임대차 계약을 체결한 임차인이 수탁자에게 임대차보증금 반환을 청구하자 수탁자가 신탁원부인 신탁계약서에 신탁계약 체결 이전 또는 이후에 이루어진 임대차계약에 기인한 임대차보증금 반환채무는 위탁자가 부담한다고 정하였으므로 임대차보증금 반환책임은 위탁자가 부담한다고 항변한 사안에서 서울중앙지방법원은 등기를 통하여 대항할 수 있는 제3자는 등기 이후에 이를 확인할 수 있는 상태에서 법률관계를 맺게 된 사람만이 해당하고 등기 이전에 신탁재산에 관하여 법률관계를 맺은 사람은 제외된다고 보아야 하므로 임차인이 대항력을 갖출 당시에는 신탁등기가 마쳐지지 않은 상태였고 그 후에 신탁계약에 특약이 등기되었다고 하여 이를 들어 대항력을 갖춘 임차인에게 대항할 수 없다는 취지로 판시하였다.

이 사건 신탁계약 특약사항 제4조 제3항이 "본 계약 체결 이전 또는 이후에 이루어진 임대차계약에 기인한 임대차보증금 반환채무(기타 이와 관련하여 발생하는 모든 채무)는 수탁자가 문서에 의하여 명시적인의사표시를 한 것을 제외하고, 신탁기간 중 또는 이후에도 위탁자가 부담한다"라고 정하고 있고, 이것이 포함된 신탁원부가 피고 명의의 소유권이전등기가 마쳐지면서 함께 등기된 사실을 인정할 수 있다.

그러나 그 등기를 통하여 대항할 수 있는 제3자는 등기 이후에 이를 확인할 수 있는 상태에서 법률관계를 맺게 된 사람만이 해당하고 등기 이전에 신탁재산에 관하여 법률관계를 맺은 사람은 제외된다고 보아야 한다(대법원 2004.4.16. 선고 2002다12512 판결).

원고가 이 사건 부동산에 관하여 임대차계약을 체결하고 전입신고를 마쳐 대항력을 갖출 당시에는 신탁등기가 마쳐지지 않은 상태였고 그 후에 신탁계약의 특약이 등기되었다고 하여 이를 들어 이 사건 부동산에 관하여 이미 대항력을 갖춘 원고에게 대항할 수 없다(원고가 위탁자와의 사이에 이 사건 임대차계약을 체결하였다고 하여 이 사건 부동산에 대한 대항력을 포기한다거나 위탁자에게만 임대차보증금반환청구권을 행사하겠다는 의사를 표시하였다고 볼 수도 없다)(서울중앙지방법원 2017.7.12. 선고 2017나11772 판결).

이미 대항력을 갖춘 임차인이 그 이후에 발생된 사정에 의하여 이미 발생한 대항력을 상실한다고 보기 어려우므로, 위 서울중앙지방법원의 판시는 타당하다. 따라서 신탁등기의 일부인 신탁원부에 어떠한 내용이 기재되어 있더라도 신탁계약 체결 전 주택임대차보호법 또는 상가건물 임대차보호법상 대항력 있는 임대차계약이 체결된 부동산에 대하여 수탁자 명의로 신탁등기가 경료되는 경우 수탁자는 임대인의 지위를 승계하고 임대차보증금 반환 등 임대인의 의무를 다할 책임을 부담한다고 판단된다.

4) 신탁등기 경료 전 특별법상 대항력이 없는 임대차계약이 체결되어 있는 경우

주택임대차보호법상 대항력의 요건은 주택의 인도와 주민등록이고[7], 상가건물임대차보호법상 대항력의 요건은 건물의 인도와 사업자등록 신청[8]이다. 신탁등기 경료 전 위 요건 중 하나라도 소멸하는 경우 주택(상가)임대차보호법상 대항력이 소멸하므로, 주택임대차보호법 또는 상가건물 임대차보호법상 대항력을 상실한 임차인은 민법상 임대차 관련 법률이 적용되므로 신탁사가 임대인의 지위를 승계하지 아니한다 할 것이다.

따라서 신탁등기 경료 전 대항력 요건을 결여한 임차인은 기존 임대인인 위탁자에 대하여만 임대차계약의 효력을 주장할 수 있을 뿐 신탁사에 대하여 임대차보증금 반환을 청구할 수 없다.

따라서 수탁자는 신탁등기 경료일 기준으로 전입세대열람원 또는 상가건물임대차 현황서를 징구받아 주택(상가)임대차보호법상 대항력 있는 임대차계약이 존재하는지 여부를

---

[7] 주택임대차보호법 제3조(대항력 등) ① 임대차는 그 등기(登記)가 없는 경우에도 임차인(賃借人)이 주택의 인도(引渡)와 주민등록을 마친 때에는 그 다음 날부터 제삼자에 대하여 효력이 생긴다. 이 경우 전입신고를 한 때에 주민등록이 된 것으로 본다.
[8] 상가임대차보호법 제3조(대항력 등) ① 임대차는 그 등기가 없는 경우에도 임차인이 건물의 인도와 「부가가치세법」 제8조, 「소득세법」 제168조 또는 「법인세법」 제111조에 따른 사업자등록을 신청하면 그 다음 날부터 제3자에 대하여 효력이 생긴다.

확인하여야 할 것이다. 만약 특별법상 대항력 있는 임대차계약이 아닌 민법상 임대차계약이 존재하는 경우, 수탁자가 그 임대차계약을 승계하겠다는 명시적인 의사표시가 존재하였다는 등의 특별한 사정이 없는 한, 특별법상 대항력이 존재하지 아니하는 임대차계약은 수탁자에게 승계되지 않는다.

5) 위탁자를 임대인으로 하여 수탁자의 동의를 받은 임대차계약 체결 후 임차인이 신탁공매 매수인에게 임대차보증금 반환을 청구할 수 있는지 여부

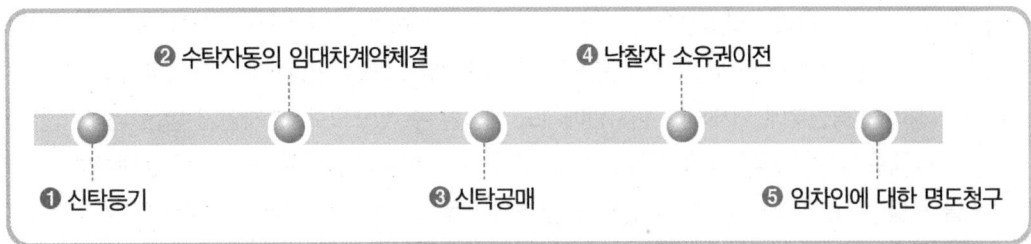

전술한 바와 같이 신탁계약 체결일 이후에도 위탁자는 신탁부동산을 타인에게 임대하거나 직접 점유 또는 사용할 수 있다. 다만 신탁계약에 의거 위탁자는 신탁계약 체결일 이후 신탁부동산에 대하여 임대차계약의 체결, 전세권설정 등의 처분행위를 하고자 하는 경우 수탁자 및 우선수익자의 사전 서면 동의를 받아야 한다.

실무적으로 이러한 유형의 임대차계약시 임대차보증금 반환책임을 위탁자가 지고 수탁자는 임대차보증금 반환책임을 지지 않는다는 취지의 확인서를 임차인으로부터 징구하는 경우도 있다. 그렇다면, 위탁자를 임대인으로 하는 임대차계약에 수탁자가 임대차동의를 한 경우 임차인은 수탁자 또는 수탁자로부터 신탁부동산을 양수한 양수인에게 임대차보증금반환을 청구할 수 있는지 문제된다.

대법원은 신탁등기 경료 후 위탁자를 임대인으로 한 임대차계약에 대하여 수탁자가 임대차 동의만 한 경우 임차인이 수탁자 또는 수탁자로부터 신탁부동산을 양수받은 양수인에게 임대차보증금반환을 청구할 수 없다는 취지로 판시하였다.

위탁자인 갑 주식회사와 수탁자인 을 신탁회사가 체결한 오피스텔에 관한 부동산담보신탁계약에는 '위탁자는 수탁자의 사전 승낙을 받아 위탁자의 명의로 신탁부동산을 임대한다.'는 조항이 있어 그 내용이 신탁원부에 기재되었고, 신탁을 원인으로 을 회사 명의의 소유권이전등기가 마쳐진 후 을 회사가 우선수익자로부터 '갑 회사의 임대차계약 체결에 동의하되, 수탁자는 보증금 반환에 책임이 없다.'는 취지의 동의서를 작성·교부받아 이를 갑 회사에 교부하자, 갑 회사가 병과 임대차계약을 체결한 후 오피스텔을 인도하여 병이 그때부터 오피스텔에 거주하면서 주민등록을 이전하고 확정일자를 받았는데, 그 후 오피스텔을 공매로 취득한 정이 병을 상대로 건물명도를 구하는 소를 제기하자, 병이 반소로 정에게 보증금반환을 구한 사안에서, 신탁계약에서 수탁자의 사전 승낙 아래 위탁자 명의로 신탁부동산을 임대하도록 약정하였으므로 임대차보증금 반환채무는 위탁자에게 있고, 이러한 약정이 신탁원부에 기재되어 임차인에게도 대항할 수 있으므로, 임차인인 병은 임대인인 갑 회사를 상대로 임대차보증금의 반환을 구할 수 있을 뿐 수탁자인 을 회사를 상대로 임대차보증금의 반환을 구할 수 없고, 을 회사가 임대차보증금 반환의무를 부담하는 임대인의 지위에 있지 아니한 이상 그로부터 오피스텔의 소유권을 취득한 정이 주택임대차보호법 제3조 제4항에 따라 임대인의 지위를 승계하여 임대차보증금 반환의무를 부담한다고 볼 수도 없다고 한 사례(대법원 2022.2.17. 선고 2019다300095(본소), 2019다300101(반소) 판결)

따라서 현재로서는 신탁부동산에 관하여 위탁자를 임대인으로 한 임대차계약에 수탁자가 임대차동의서를 발급하였다고 하여, 수탁자 또는 수탁자로부터 신탁부동산을 양수받은 양수인은 임차인에게 임대차 보증금 반환채무를 부담하지 않는다고 보인다.

다만 위 판례에 대하여는 '위탁자가 수탁자와의 합의 아래 자기 명의로 임대한 경우에는 임차인은 수탁자로부터의 양수인에 대하여 임차권의 대항력을 주장할 수 있고, 따라서 임차인은 그 양수인에 대하여 보증금반환청구권을 가진다고 하여야 할 것이다. 즉, 이 사건에서와 같이 수탁자(즉 소유자)로부터의 임대권한 부여에 기하여 임대차계약이 체결되었으면, 수탁자로부터의 소유권양수인에 대하여 임차권의 대항력이 주장될 수 있어야 한다. 이는 수탁자가 임대인계약의 당사자가 아니어서 임대차계약의 효력이 미치지 않고 따라서 애초 보증금반환채무를 지지 않는다고 해도 다를 바 없다.[9]'는 비판이 있다.

---

9) 양창수, 신탁자와의 임대차계약과 수탁자로부터의 양수인에 대한 대항력 대법원 2022.2.17. 선고 2019다300095 등 판결, 법률신문, 2022

대법원은 주임법상의 대항력은 임대인이 주택의 소유자가 아니더라도 적법하게 그에 관하여 임대차계약을 체결할 수 있는 권한('적법한 임대권한')을 가진 경우에도 인정된다는 태도를 취하여 왔고, 명의신탁된 주택을 원고가 신탁자인 피고로부터 임차하였는데 그 후에 그 수탁자가 소유권을 갑에게 양도한 후 임차인이 명의신탁자를 상대로 임대차보증금의 반환을 청구한 사안에서 임대차계약의 당사자는 명의신탁자이므로 그가 보증금반환채무를 지고 수탁자는 그 채무를 지지 않은 경우에도 수탁자로부터의 양수인에 대하여는 임차인이 대항력을 가진다(대법원 1995.10.12. 선고 95다22283 판결)는 취지로 여러 차례 판시하였기 때문에, 대법원 2022.2.17. 선고 2019다300095 등 판결 사례에서도 수탁자로부터의 양수인에 대하여는 임차인이 대항력을 가져야 한다는 것이다.[10]

따라서 위 판결은 그 결론이 달라질 수 있는 위험이 있으므로, 수탁자로서는 신탁부동산에 관하여 위탁자를 임대인으로 한 임대차계약에 대하여 임대차동의서(승낙서)를 발급할 때 임차인 보호를 위하여 ① 만일 신탁부동산에 수익권 (가)압류, 수익자의 소유권이전등기청구권 (가)압류 등 보전처분이 집행되어 있거나 신탁부동산과 관련하여 각종 세금이 체납되었거나 각종 소송이 계류중인 경우 임대차동의서(승낙서)를 발급하지 아니하거나 임대차동의서(승낙서)에 위와 같은 사항을 모두 기재하여 발급하고, ② 임차인에 대하여 "임차인은 수탁자가 임대차보증금을 반환할 책임을 부담하지 않음을 인지하고 있고, 동의한다"는 취지의 확인서를 징구하여 위탁자가 임대인인 경우 수탁자가 임대차보증금 반환의무를 부담하지 아니한다는 것을 임차인에게 확인시킬 필요가 있다.

한편, 신탁부동산에 대하여 위탁자를 임대인으로 한 임대차계약은 부동산소유자를 임대인으로 하는 일반적인 임대차계약에 비하여 통상 그 임료나 보증금이 저렴한 경우가 다수이므로 신탁부동산에 대하여 위탁자를 임대인으로 한 임대차계약을 선호하는 임차인도 상당히 존재하는 점을 감안하면, 위탁자를 임대인으로 한 임대차계약이 무효라거나 금지하여야 한다는 일각의 주장은 계약자유의 원칙을 정면으로 부정하는 견해이므로 받아들여지기 어렵다고 사료된다.

---

10) 양창수, 신탁자와의 임대차계약과 수탁자로부터의 양수인에 대한 대항력 대법원 2022.2.17. 선고 2019다300095 등 판결, 법률신문, 2022

다만 신탁부동산에 관한 임대차계약으로 인하여 선의의 피해자가 발생하는 점을 감안하여, 우선수익자 및 수탁자는 신탁 임대차에 관하여 월세만 동의하고 전세는 동의하지 않는 것이 바람직하다는 일각의 의견도 있다.

6) 신탁등기 경료 후 수탁자의 동의를 받은 임대차계약의 임차인은 공매 매수인에게 차임상당의 부당이득반환의무를 부담하는지 여부

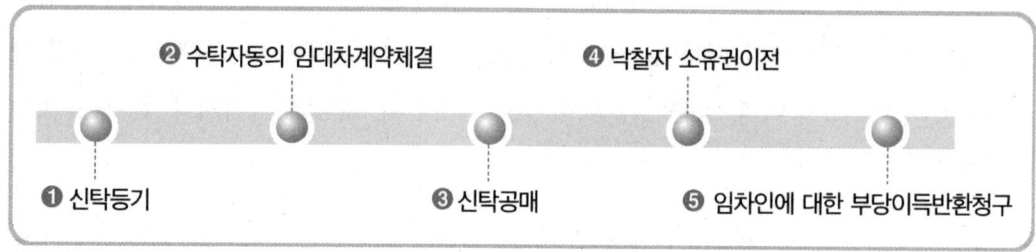

신탁등기 경료 후 위탁자를 임대인으로 한 임대차계약에 대하여 수탁자가 동의를 한 후 임차인이 임대차목적물을 인도받아 거주하면서 주민등록을 이전하고 확정일자를 받았고 그 후 임대차목적물인 신탁부동산이 공매로 매수인에게 소유권이전된 사안에서 공매로 신탁부동산을 매수한 매수인은 임차인에게 건물명도소송을 제기하면서 매수인의 소유권 취득일부터 임차인의 퇴거일까지의 기간에 대하여 차임 상당의 부당이득반환을 청구하였는데, 여기서 대전지방법원은 수탁자의 동의를 받은 임대차계약 기간 동안은 적법한 점유이므로 이 기간동안 매수인은 임차인에게 부당이득반환을 청구할 수 없다는 취지로 판시하였다. 그리고 대법원에서 그대로 확정되었다.

주택임대차보호법 제3조 제1항은 "임대차는 그 등기가 없는 경우에도 임차인이 주택의 인도와 주민등록을 마친 때에는 그 다음날부터 제삼자에 대하여 효력이 생긴다. 이 경우 전입신고를 한 때에 주민등록이 된 것으로 본다"라고 규정하고 있는데, 위 규정이 적용되는 임대차는 반드시 임차인과 주택의 소유자인 임대인 사이에 임대차계약이 체결된 경우에 한정되지는 않고, 주택의 소유자는 아니지만 주택에 관하여 적법하게 임대차계약을 체결할 수 있는 권한(적법한 임대권한)을 가진 임대인과 사이에 임대차계약이 체결된 경우도 포함되고, 위탁자는 적법한 임대권한을 가지고 이 사건 임대차계약을 체결하였으므로 이 사건 임대차계약에는 주택임대차보호법 제3조 제1항이 적용된다. 따라서 임차인은 임대차목적물을 인도받고 주민등록을 마침으로써 그 다음날인 대항력을 취득하였으므로,

주택임대차보호법 제3조 제1항에 따라 이 사건 임대차계약은 제삼자에 대하여 효력이 있고, 나아가 위 인정사실에 비추어보면 이 사건 임대차계약은 그 기간이 만료한 후에도 임차인이 퇴거할 때까지 묵시적으로 갱신되어 온 것으로 보이므로, 결국 매수인이 이 사건 임대차목적물의 소유권을 취득한 날로부터 피고의 퇴거일까지의 임차인의 점유는 제삼자인 원고에 대하여 대항할 수 있는 임차권에 기한 점유이다. 따라서 임차인의 위 점유가 불법점유임을 전제로 한 매수인의 이 부분 차임 상당의 부당이득반환 청구는 이유 없다(대전지방법원 2019.11.28. 선고 2019나101272(본소), 2019나117482(반소) 판결).

위 판결의 취지처럼, 신탁경료 후 신탁부동산에 대하여 위탁자를 임대인으로 하고 수탁자에게 임대차 동의를 받아 임대차목적물을 인도받고 주민등록을 마친 임차인의 경우 주택임대차보호법 제3조 제1항의 대항력을 취득하므로, 그 임대차기간 만료일까지 수탁자 또는 수탁자로부터 임대차목적물의 소유권을 매수한 매수인은 임차인에게 건물인도를 청구하거나 차임 상당의 부당이득반환청구를 할 수 없다고 보인다.

다만 여기서 혼동하면 안되는 것은 위탁자에게 적법한 임대권한이 있어 주택임대차보호법 제3조 제1항에 따라 임차인의 임차권은 제삼자에 대하여 대항할 수 있는 것은 사실이나 위 대항력은 임대차가 존속하는 동안 임대인이 아닌 제삼자에 대하여도 임대차 목적물에 관한 임차권을 주장하여 이를 사용·수익할 수 있다는 것을 의미할 뿐, 제삼자가 임대인의 임대차보증금반환채무를 당연히 승계한다는 것을 의미하지는 않는다는 것이다. 간혹 주택임대차보호법 제3조 제1항의 대항력을 취득하는 경우 무조건 임대차 목적물의 소유자에게 임대차보증금반환을 청구할 수 있다고 오해하는 경우가 있을 수 있어 다시금 위의 내용을 기재하여 본다.

한편, 주택임대차보호법 제3조 제1항의 대항력과 임대차계약증서상의 확정일자(確定日字)를 갖춘 임차인은 「민사집행법」에 따른 경매 또는 「국세징수법」에 따른 공매(公賣)를 할 때에 임차주택(대지를 포함한다)의 환가대금(換價代金)에서 후순위권리자(後順位權利者)나 그 밖의 채권자보다 우선하여 보증금을 변제(辨濟)받을 권리가 있다(주택임대차보호법 제3조의2 제1항).

따라서 신탁등기 경료 후 위탁자를 임대인으로 하고 수탁자 및 우선수익자의 동의를 받은 임차인은 주택임대차보호법상 대항력을 가지므로 그 임차인이 임대차계약증서상의 확정일자를 갖춘 경우 민사집행법에 따른 경매 또는 국세징수법에 따른 공매를 할 때 우선변제권을 획득할 가능성이 있다. 만약 우선변제권이 인정된다면 주택임대차보호법 제8조 제1항의 소액보증금 우선변제도 당연히 적용될 것으로 보인다.

다만 위와 같은 경우가 발생하려면 신탁등기 전에 근저당권 등이 설정되어 있었거나, 위탁자가 조세체납으로 인한 수탁자의 물적납세의무 발생에 따라 국세징수법상 공매가 진행되는 등 특별한 사유가 있는 경우에만 적용될 것이고, 신탁 공매의 경우에는 우선변제권이나 소액보증금 우선변제 등은 적용되지 아니한다.

실무적으로는 수탁자가 담보신탁 등 신탁등기를 경료할 때 대다수의 경우 선순위 근저당 등을 말소하고 신탁등기를 경료하는 것이 일반적인 업무처리방법인 점, 수탁자를 납세의무자로 하는 조세채권에 관하여는 체납이 되더라도 국세징수법상 공매가 되기 이전에 어떻게든 체납세금을 납부하여 국세징수법상 공매가 이루어지는 경우는 드문 점(한편, 국세징수법상 공매 진행시 신탁등기 후 위탁자를 임대인으로 하여 체결된 임대차계약의 임차인이 특별법상 우선변제권을 가지는지 여부에 관한 명확한 대법원 판결은 아직 없는 것으로 보인다) 등을 고려하면 주택임대차보호법 제3조의2 제2항 또는 동법 제8조의 사례가 나오는 경우는 매우 드물다고 하겠다. 한편 실무에서는 수탁자가 진행하는 신탁공매는 민사집행법상 경매나 국세징수법에 따른 공매가 아니므로 주택임대차보호법 제3조의2 제2항 또는 동법 제8조의 문제는 적용되지 아니한다는 판단아래 신탁공매 및 공매 후 정산절차를 진행하는 것이 일반적이다.

7) 신탁등기 경료 후 위탁자와 임대차계약을 체결하였으나 수탁자 및 우선수익자의 동의를 받지 않은 경우 임대차계약의 효력

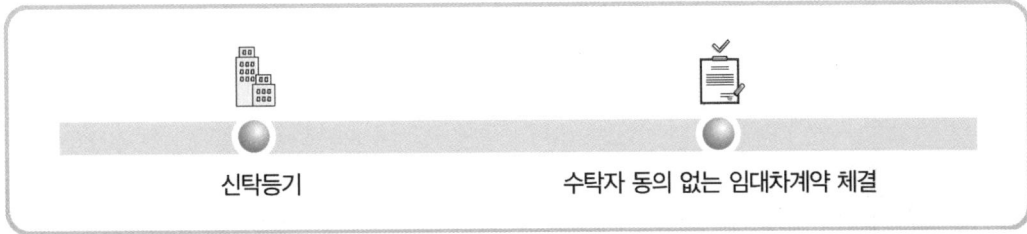

신탁등기 경료 후 위탁자와 임대차계약을 체결하면서 수탁자 및 우선수익자의 동의를 받지 않은 임대차계약의 효력이 인정되는지 여부가 문제된다.

원칙적으로 대법원은 다수의 판례에서 반복하여 위탁자가 신탁계약에 따라 이 사건 신탁부동산을 적법하게 임대하기 위해서는 반드시 수탁자 또는/및 우선수익자의 동의가 필요하므로, 임차인과 위탁자와 사이에 위 부동산에 관하여 임대차계약을 체결한 사실만으로는 위 임대차계약의 효력이 그 임대차계약의 당사자가 아닌 수탁자 또는 우선수익자에게 곧바로 미친다고 볼 수 없다는 입장이다.

따라서 임차인이 위탁자와 사이에 신탁부동산에 관하여 임대차계약을 체결하고 위탁자에 임대차보증금을 지급한 다음 신탁부동산을 인도받아 이를 점유하고 있다고 하더라도, 수탁자 또는/및 우선수익자로부터 임대차계약에 대한 동의를 받지 못하였고 신탁계약의 특약사항에서 정한 임대차 절차를 거치지 아니한 이상 수탁자 또는 우선수익자에 대한 관계에서 적법한 점유권원이 있다고 보기 어려우므로, 수탁자 또는/및 우선수익자의 동의를 받지 않은 임차인에게 수탁자가 건물인도 소송을 제기하는 경우 임차인은 수탁자에게 대항할 수 없다 할 것이다.

과거에는 하급심이 위탁자가 신탁계약상 수탁자의 소유에 속하는 이 사건 신탁부동산에 관하여 신탁계약의 특약사항에 따른 제한을 받지 아니하고 수탁자에게 바로 효력이 미치는 임대차계약을 체결할 수 있는 권한을 가지고 있고 신탁계약의 특약사항은 내부 문제에 불과하다는 전제 아래, 임차인은 위탁자가 임대인으로 되어 있고 신탁계좌가 기재되어 있지 않은 임대차계약서를 이용하여 임대차계약을 체결하였으며 그 임대차계약서에 따라 위탁자에게 임대차보증금을 납부하였다는 사정만을 이유로 들어, 임차인이 그 임대차계약의 효력을 수탁자 또는/및 우선수익자에게 주장할 수 있어 위 부동산에 대한 적법한 점유권한을 가지고 있다는 취지의 판결이 선고되기도 하였으나, 대법원에서 파기환송 판결을 받은 경우가 다수 있어(대법원 2014.1.23. 선고 2012다49414 판결 등) 현재에는 어느정도 정리가 되었다고 표현해도 무방하다 할 것이다.

1. 위와 같은 사실관계를 앞서 본 법리에 비추어 살펴보면, 위탁자가 이 사건 신탁계약 및 대리사무계약에 따라 이 사건 신탁부동산을 적법하게 임대하기 위해서는 반드시 우선수익자의 동의가 필요하고, 그 임대보증금 역시 이 사건 지정계좌로 완납되어야 하므로, 피고 T가 위탁자와 사이에 위 부동산에 관하여 임대차계약을 체결한 사실만으로는 위 임대차계약의 효력이 그 임대차계약의 당사자가 아닌 수탁자에게 곧바로 미친다고 볼 수 없다.

    따라서 피고 T가 위탁자와 사이에 위 부동산에 관하여 임대차계약을 체결하고 위탁자에 임대차보증금을 지급한 다음 위 부동산을 인도받아 이를 점유하고 있다고 하더라도, 우선수익자로부터 위 임대차계약에 대한 동의를 받지 못하였고 이 사건 지정계좌를 통해 임대차보증금이 완납되지도 않아 이 사건 신탁계약의 특약사항에서 정한 임대차 절차를 거치지 아니한 이상 수탁자에 대한 관계에서 적법한 점유권원이 있다고 보기 어렵다.

2. 그런데도 이와 달리, 원심은 이 사건 신탁계약의 수익자에 불과한 위탁자가 신탁계약상 수탁자의 소유에 속하는 이 사건 신탁부동산에 관하여 신탁계약의 특약사항에 따른 제한을 받지 아니하고 수탁자에게 바로 효력이 미치는 임대차계약을 체결할 수 있는 권한을 가지고 있고 신탁계약의 특약사항은 내부 문제에 불과하다는 그릇된 전제 아래, 피고 T는 위탁자가 임대인으로 되어 있고 이 사건 지정계좌가 기재되어 있지 않은 임대차계약서를 이용하여 임대차계약을 체결하였으며 그 임대차계약서에 따라 위탁자에 임대차보증금을 납부하였다는 사정만을 이유로 들어, 피고 T가 그 임대차계약의 효력을 수탁자 및 수탁자로부터 소유권을 이전받은 원고승계참가인에게 주장할 수 있어 위 부동산에 대한 적법한 점유권한을 가지고 있다고 잘못 판단하였다.

    따라서 이러한 원심의 판단에는 신탁계약의 효력 및 신탁법상 수탁자의 소유가 된 신탁목적물의 임대차와 점유권원에 관한 법리를 오해하여 판결에 영향을 미친 위법이 있다. 이를 지적하는 상고이유 주장은 이유 있다(대법원 2014.1.23. 선고 2012다49414 판결).

또한 대법원은 다른 판결에서도 신탁등기 경료 후 수탁자의 동의 없이 위탁자를 임대인으로 한 임대차계약이 체결된 경우 임차인은 수탁자에게 보증금반환을 청구할 수 없다는 취지로 판시하였다.

신탁계약에 따라 이 사건 부동산의 대내외적 소유권은 신탁등기일인 2008.6.19.에 수탁자인 참가인에게 완전히 이전되었으므로, 위 신탁등기일 당시 이 사건 부동산에 존재하는 위 별첨5 기재 임대차에 대한 임대인 지위만 수탁자에게 승계되고, 위 신탁등기일 이후로는 위 신탁조항 제10조 제3항에 따라 수탁자의 사전승낙 등을 거쳐 체결된 임대차만이 소유자인 수탁자에게 대항할 수 있게 된다. 따라서 피고 임차인이 2008.7.1. 피고 위탁자와 사이에 체결한 위 임대차계약에 대하여 이 사건 부동산의 소유자인 참가인의 사전승낙을 받았다는 등의 특별한 사정이 없는 한, 수탁자인 참가인은 위 임대차계약에 정한 위 보증금에 대하여 피고 임차인에게 반환채무를 부담하지 않게 되고, 그러한 경우 위 (1)항에서 본 법리에 비추어 결국 피고 임차인은 원고에 대하여 이 사건 조항에 기한 위 보증금의 반환청구권을 행사할 수 없게 된다고 할 것이다.

그런데 수탁자인 참가인은 위 별첨5의 기재에 따라 피고 임차인이 임대차보증금이 없는 임차인인 것으로 알았을 뿐, 위 임대차계약에 따른 임대차보증금의 존재를 알지 못하였다는 취지로 주장하고 있고, 달리 기록을 살펴보아도 당시 피고 임차인이나 피고 위탁자가 수탁자인 참가인으로부터 임대차계약 체결에 대한 사전승낙을 받았다는 점을 인정할 만한 증거를 찾아보기 어렵다.

그럼에도 원심은 이와 달리 피고 임차인이나 피고 위탁자가 위 임대차계약 체결 당시 수탁자인 참가인의 사전승낙을 받았는지 여부 및 그에 따라 피고 임차인이 이 사건 조항에 정한 '임차인'에 해당하는지 여부 등에 관하여 심리하지 않은 채, 그 판시 사정만을 들어 피고 임차인의 동시이행항변을 받아들이고 말았으니, 이러한 원심판단에는 이 사건 조항에 정한 '임차인'의 범위 등에 관한 법리를 오해하고 필요한 심리를 다하지 아니하여 판결에 영향을 미친 위법이 있다(대법원 2014.7.24. 선고 2012다62561,62578 판결).

조금 더 판례를 소개해보면, 수탁자 명의로 담보신탁 등기가 경료된 후 수탁자 및 우선수익자의 동의 없이 위탁자와 전세 및 분양계약을 체결하고 전세보증금을 위탁자에게 지급한 후 신탁부동산에 입주하여 사용수익하고 있는 임차인들에 대하여, 수탁자가 신탁부동산은 수탁자 소유이고 임차인들이 위탁자와 체결한 전세 및 분양계약은 수탁자에 대하여 효력이 없으므로 임차인들은 점유하고 있는 신탁부동산을 수탁자에게 인도하라는 취지의 건물명도 소송을 제기한 사례가 있었다.

위의 사실관계에서 대법원은 『임차인들과 이 사건 아파트의 시행사인 위탁자 사이 위 아파트에 관하여 체결된 이 사건 전세 및 분양계약은 수탁자 명의가 아니라 위탁자 명의로 체결되었고, 위탁자와 수탁자 사이 체결된 이사건 신탁계약의 신탁조항 및 특약사항들은 임차인들이 이 사건 각 계약을 체결할 당시 이미 이 사건 각 아파트에 관한 등기부에 첨부되어 있는 신탁원부에 기재되었으므로, 수탁자는 위 신탁조항 및 특약사항으로 임차인들에게 대항할 수 있다 할 것인데, 이 사건 신탁계약의 특약사항에 따른 공동1순위 우선수익자의 동의가 있었다는 점을 인정할 증거가 없으므로, 임차인들은 이 사건 각 계약이 가진 임대차계약으로서의 효력으로 수탁자에게 대항할 수 없다(대법원 2013.12.12. 선고 2012다109682, 2012다109699(병합), 2012다109705(병합), 2012다109712(병합), 2012다109729(병합), 2012다109736(병합), 2012다109743(병합), 2012다109750(병합) 판결).』는 취지로 판시하여 수탁자 및 우선수익자의 동의 없이 위탁자와 임의로 체결된 임대차계약의 효력을 수탁자에게 주장할 수 없음을 분명히 하였다.

또한 대법원은 『신탁계약의 목적, 개별 조항의 내용을 종합하여 보면 신탁계약의 내용은 위탁자와 수탁자 사이에 위탁자는 자신의 이름으로 분양계약을 체결하고 그 분양대금이 수탁자 명의의 관리계좌에 입금되도록 할 권한과 의무를 가지고 신탁사는 분양대금이 관리계좌로 완납한 세대에 한하여 위탁자 또는 공동1순위 우선수익자 중 대표은행의 신탁해지 요청이 있으면 위탁자에 신탁해지 관련 서류를 교부할 의무를 부담하되 공동1순위 우선수익자의 요청이 있으면 수분양자에게 직접 소유권이전등기를 해 주게 되는 것일 뿐이어서 수탁자가 위탁자에게 수탁자에 대하여도 효력이 미치는 분양계약을 체결한 권한을 위임하거나 대리권수여의 의사표시를 한 것으로 보기 어려우므로, 피고들은 수탁자에 대하여 이 사건 각 계약이 가진 분양계약으로서의 효력을 주장할수도 없다』는 취지로 판단하여 결국 수탁자의 임차인들에 대한 건물명도청구를 받아들이고, 위탁자와 유효하게 계약을 체결하고 위탁자가 지정한 위탁자 명의 계좌로 전세보증금을 모두 납부하였으므로 이 사건 각 계약에 기하여 이 사건 각 아파트를 점유할 정당한 권원이 있다는 피고들의 주장을 배척한 원심의 판단을 받아들였다.

또한 대법원은 전세 또는 분양계약에 따른 전세보증금이 수탁자 명의 관리계좌가 아닌 위탁자 명의계좌로 입금된 이상 임차인이 위탁자를 대위하여 수탁자에게 이 사건 각 아파트에 관한 소유권이전등기절차의 이행을 구할 수 있는 지위에 있다고 보기 어렵고, 수탁자의 임차인들에 대한 이 사건 명도청구는 의무자가 권리자를 상대로 한 소송으로 신의성실에 원칙에 반하거나 권리남용에 해당한다는 임차인들의 주장을 배척하였으며, 기타 표현대리의 법리 내지 무권대리 추인의 법리에 따라 이 사건 각 계약의 효력이 수탁자에게 미친다는 임차인들의 주장을 배척하고, 부동산신탁사의 명도청구를 인용하였다.

위 대법원 판결에서도 볼 수 있듯이, 신탁등기가 경료된 이후 위탁자와 임대차계약을 체결하면서 수탁자 및 우선수익자의 동의를 득하지 아니하는 경우 그 임대차계약의 효력을 수탁자에게 주장할 수 없고, 수탁자가 건물명도 소송을 제기하는 경우 대항할 수 없다. 더불어 위와 같은 임차인들은 수탁자에게 임대차계약의 효력을 주장할 수 없는 임차인이므로, 입주하고 있는 기간 동안 수탁자가 차임 상당의 부당이득반환을 청구하는 경우에도 대항하기 어렵다. 따라서 신탁부동산에 대하여 위탁자를 임대인으로 한 임대차계약을 체결하는 경우 반드시 수탁자 및 우선수익자의 동의를 득하여야 한다.

한편, 위탁자가 수탁자 및 우선수익자의 동의 없이 임의로 임차인과 임대차계약을 체결하는 경우 신탁계약에 따른 수탁자로서의 선관주의위반에 해당하는지 여부가 문제된다.

신탁등기 경료 후 수탁자의 동의없이 위탁자와 임대차계약을 체결한 임차인이 부동산신탁사에게 보증금반환을 청구하자 수탁자가 임차인에 대하여 건물 명도 및 차임 상당의 부당이득을 청구한 사례에서 임차인은 수탁자에 대하여 "수탁자는 신탁계약에 따른 수탁자로서 신탁목적물을 선량한 관리자의 주의를 가지고 보전·관리하여야 할 의무가 있음에도 위탁자가 임의로 임대차계약을 체결하고 보증금을 편취한 불법행위에 공모하였거나 묵인함으로써 신탁목적물의 현장실사 및 임대차 현황파악 등을 게을리한 과실로 임차인이 임차보증금을 반환받지 못하였으므로 수탁자는 불법행위에 대한 공동불법행위자로서 임차보증금 상당의 손해배상의무가 있다"는 취지로 주장하였다.

하지만 부산지방법원은 『담보신탁계약은 수탁자가 각종 사업을 수행하는 부동산개발신탁과 달리 우선수익자의 채권확보를 주된 목적으로 하는 신탁계약으로서 수탁자는 신탁등기로 부동산의 소유권을 이전받아 위탁자의 임의처분을 방지하는 역할을 하고 위탁자가 실질적으로 부동산을 점유·사용하되 다만 위탁자는 신탁부동산의 가치보전 및 처분에 필요한 범위 내에서 수탁자의 재산관리 행위를 용인할 의무를 부담하는 것이므로 수탁자는 위탁자의 점유·사용으로 인하여 신탁부동산의 담보가치가 훼손되지 않도록 위탁자의 점유·사용 요청에 대한 사전동의를 하는 정도로 신탁부동산을 보전·관리하는 것일 뿐 먼저 적극적으로 위탁자의 점유·사용을 규제할 수는 없는 것인 점 등을 고려하면, 신탁계약에 관한 신탁원부를 공시하고 신탁건물의 등기부에 신탁을 원인으로 한 소유권이전등기를 경료하는 등 대외적인 공시절차를 모두 마친 수탁자에 임차인이 주장하는 바와 같이 위탁자가 임의로 체결한 불법적인 임대차계약을 일일이 감시하고 이에 대한 예방조치를 취하여야 할 주의의무가 있다고 볼 수 없다(부산지방법원 2009.7.23. 선고 2008가합17826(본소), 2009가합2180(반소) 판결).』는 취지로 판시하였다. 수탁자의 선관주의의무는 신탁사무를 처리할 때 적용되는 것으로서 위탁자 또는 우선수익자의 불법행위를 사전에 일일이 감시하고 예방하여야 한다는 의무가 아니라는 점, 담보신탁은 신탁등기 경료 후에도 위탁자가 우선수익자의 동의하에 그대로 사용수익하면서 단지 채무에 대한 담보의 역할정도를 수행하는 신탁유형이라는 점 등에서 위와 같은 하급심 법원의 판단은 법리와 실무 모든 측면에서 타당하다.

8) 수탁자 계좌에 임대보증금을 입금한 무단 임차인의 수탁자에 대한 임대보증금 반환 가부

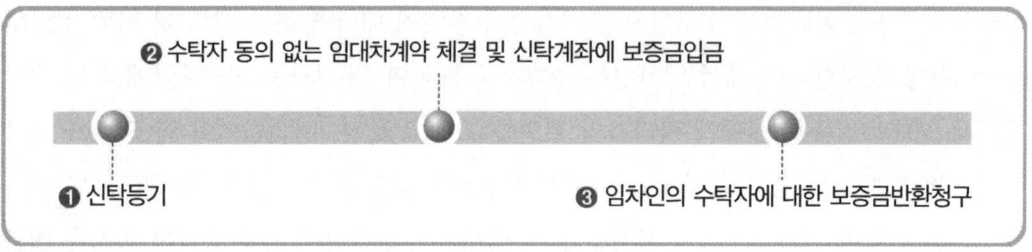

위탁자와 신탁사간 처분신탁과 사업약정 및 대리사무계약이 체결되고 신탁등기가 경료된 후 위탁자가 우선수익자의 동의없이 임차인과 임대차계약을 체결하였는데 임차인이 임차보증금을 신탁사 명의 자금관리계좌에 입금하였다. 임차인은 임대기간 만료 후 위탁자에게 임대차보증금을 반환받지 못하자 신탁사에 대하여 임차보증금 반환을 청구하였다.

위와 같은 사안에서 서울중앙지방법원(항소심)은 임차인의 임대차보증금 반환 주장에 대하여『임대인에게 지급된 임대차보증금이라는 금전은 임대인 본인의 계좌이든 임대인이 지정한 제3자의 계좌이든 불문하고 지급되는 즉시 임대인의 소유가 되고 임차인은 임대차보증금반환청구권이라는 채권을 보유하게 될 뿐이라는 법리를 종합하여 볼 때, 신탁사가 임대차계약의 임대인이라거나 임대차보증금반환채무를 부담하기로 묵시적으로 동의하였다고 볼 수 없으므로 신탁사는 위탁자와 임차인에 대하여 임대차보증금 상당액을 반환을 의무가 없다(서울중앙지방법원 2015.6.30. 선고 2014나37445 판결)』는 취지로 판시하였다.

또한 임차인의 신탁사에 대한 부당이득금반환 주장에 관하여『계약당사자 사이에 그 계약의 이행으로 급부된 것은 그 급부의 원인관계가 적법하게 실효되지 아니하는 한 부당이득이 될 수 없는 것이고, 한편 계약에 따른 어떤 급부가 그 계약의 상대방 아닌 제3자의 이익으로 된 경우에도 급부를 한 계약당사자는 계약상대방에 대하여 계약상의 반대급부를 청구할 수 있을 뿐이고 그 제3자에 대하여 직접 부당이득을 주장하여 반환을 청구할 수 없는 것이다. 위 법리에 비추어 보면, 임차인들은 위탁자와의 임대차계약이라는 원인관계에 따라 임대차보증금을 지급하였으므로, 임차인은 임대차계약의 상대방이 아니라 제3자인 신탁사를 상대로 직접 부당이득을 주장하여 그 반환을 구할 수 없다(서울중앙지방법원 2015.6.30. 선고 2014나37445 판결)』는 취지로 판시하였다.

위 하급심 판결은 신탁등기 경료 후 수탁자의 동의를 받지 않고 위탁자를 임대인으로 하여 임대차계약이 체결된 경우 신탁사는 임대인이 아니므로 설령 임대차보증금이 수탁자에게 지급되었다 하더라도 수탁자는 임대차보증금반환의무를 부담하지 않고, 위탁자와 수탁자 사이 사업약정 및 자금관리 대리사무계약이 체결되어 있는 경우 임차인들은 위탁자와 임대차계약이라는 원인관계에 따라 임대차보증금을 수탁자에게 지급하였고 신탁사는 사업약정 및 자금관리 대리사무계약에 따라 임대차보증금을 수납하였으므로 임차인이 신탁사에게 직접 부당이득을 주장하여 그 반환을 청구할 수 없다는 취지로 해석된다.

다만 위 판결은 하급심이기도 하고, 신탁계약 뿐만 아니라 사업약정 및 자금관리대리사무계약이 체결된 경우에 해당하므로, 모든 사안에서 위 판결이 적용된다고 볼 수는 없을 것이므로, 수탁자 계좌에 수납된 임대차보증금의 처리는 신중하여야 할 것으로 사료된다.

한편, 수탁자의 선관주의의무의 범위는 어디까지일까? 서울고등법원은 위탁자는 임대차계약을 체결할 수는 있으나 수탁자의 사전 승낙을 받아야 하고 임대차보증금은 수탁자에게 입금하여야 하며 수탁자는 이를 신탁원본에 편입시켜야 하는데, 수탁자는 임대차계약을 관리 감독하여야할 필요가 있다는 취지로 판시한 사례도 있다.

위와 같이 수탁자의 선관주의의무의 범위에 대하여 사실관계에 따라 법원의 판단이 상이할 수 있는바, 수탁자 담당자들은 신탁업무 수행 중 수탁자의 선관주의의무 위반에 해당하는지 여부를 사전에 검토하고 업무를 수행할 필요가 있다.

9) 위탁자가 수탁자의 동의를 받아 임차인과 임대차계약을 체결한 경우에 임차인은 신탁사에 대하여 임대차보증금 반환을 요구할 수 있는지 여부

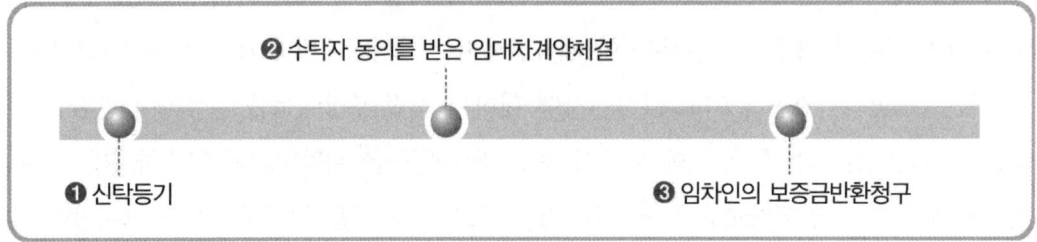

신탁등기 경료 전 대항력 있는 임대차계약이 존재하는 경우 신탁사는 임대인의 지위를 승계하기 때문에 무한책임을 부담하고, 신탁등기 경료 후 우선수익자 및 수탁자의 동의를 받지 않은 임대차계약의 경우 그 효력을 신탁사에게 주장할 수 없다. 그렇다면 신탁등기 경료 후 우선수익자 및 수탁자의 동의를 받은 임대차 계약의 임차인은 수탁자에게 임대차보증금반환을 청구할 수 있는지 여부가 문제된다.

실무상 신탁등기 경료 후 임대차계약을 체결하는 경우 위탁자를 임대인으로 하고, 임차인은 수탁자에게 임대차보증금반환을 청구할 수 없다는 취지의 확인서를 수탁자에게 제출하여야만 수탁자가 임대차계약에 대하여 동의한다. 따라서 임차인은 위탁자를 임대인으로 하여 임대차계약을 체결할 때 이미 수탁자에게 임대차보증금반환을 청구하지 않겠다는 의사를 표시하게 된다. 그럼에도 불구하고 위탁자가 임대차보증금을 반환하여 주지 않는다는 이유로 수탁자에 대하여 임대차보증금반환을 청구하는 경우가 있다.

위와 같이 위탁자가 임대인이고, 임차인이 임차보증금반환을 수탁자에게 청구하지 않겠다는 의사를 표명하여 수탁자가 임대차계약의 동의를 해주었으나, 임차인이 수탁자에게 임차보증금 반환을 청구한 사안에서 서울중앙지방법원은 임대차계약의 체결 당시 임차인과 위탁자 외 수탁자도 함께 이 사건 임대차계약서에 기명날인하였으나, 수탁자는 소유자의 지위에서 기명날인하는 것임이 명시되어 있는 사실, 이 사건 임대차계약서는 임대인의 인적사항을 특정하는 첫 페이지 및 계약당사자들이 기명날인하는 마지막 페이지를 비롯하여 여러 곳에서 원고를 임차인으로, 위탁자를 임대인으로 신탁사를 소유자로 각 특정하여 표시하고 있는 사실, 이 사건 임대차계약서에는 '임차인은 임대차보증금을 위탁자에게 지급하고 임대차보증금반환청구는 임대차보증금을 수령한 위탁자에게만 청구하는 것으로 한다', '임차인과 위탁자를 당사자로 하는 본 임대차계약체결에 대해 신탁사는 임대차목적물의 등기부상 소유자로서 동의한다', '수탁자는 임대차보증금반환에 책임이 없다'는 내용이 포함되어 있는 사실 등에 의하면 수탁자는 이 사건 부동산의 소유자로서 위탁자와 원고를 당사자로 하는 이 사건 임대차계약의 체결에 대한 동의의 의사를 표시하기 위하여 이 사건 임대차계약서에 기명날인한 것에 불과하고 이 사건 임대차계약의 당사자인 임대인으로서 원고에 대하여 임차보증금 반환 등 이 사건 임대차계약에 따른 의무를 부담하는 주체는 위탁자라고 봄이 상당하다고 판시하며, 임차인의 신탁사에 대한 임차보증금 반환 청구를 기각하였다(서울중앙지방법원 2016.5.3. 선고 2015가단5312567 판결).

또한 전술한 바와 같이 대법원도 위탁자를 임대인으로 하고 수탁자를 단순 동의인으로 하며, 수탁자에게 보증금 반환 책임이 없다는 취지의 동의서가 교부된 사안에서 수탁자는 임차인에게 보증금 반환책임이 없다고 판시하였다.

신탁계약에서 수탁자의 사전 승낙 아래 위탁자 명의로 신탁부동산을 임대하도록 약정하였으므로 임대차보증금 반환채무는 위탁자에게 있다고 보아야 하고, 이러한 약정이 신탁원부에 기재되었으므로 임차인에게도 대항할 수 있다. 따라서 이 사건 오피스텔에 관한 부동산담보신탁 이후에 위탁자로부터 이를 임차한 피고는 임대인인 위탁자를 상대로 임대차보증금의 반환을 구할 수 있을 뿐 수탁자를 상대로 임대차보증금의 반환을 구할 수 없다. 나아가 수탁자가 임대차보증금 반환의무를 부담하는 임대인의 지위에 있지 아니한 이상 그로부터 이 사건 오피스텔의 소유권을 취득한 원고(신탁 공매 매수인)가 주택임대차보호법 제3조 제4항에 따라 임대인의 지위를 승계하여 임대차보증금 반환의무를 부담한다고 볼 수도 없다.(대법원 2022.2.17. 선고 2019다300095(본소), 2019다300101(반소) 판결)

10) 수탁자 동의 없이 임대차계약이 체결되었으나 그 후 위탁자가 수탁자로부터 소유권을 회복한 경우 임차인에게 특별법상 대항력이 발생하는지 여부

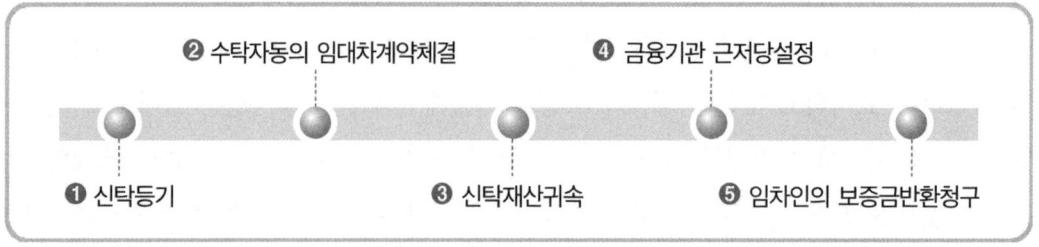

신탁등기 경료 후 위탁자를 임대인으로 한 임대차계약이 체결되는 경우 신탁사 및 우선수익자의 동의가 없는 경우 그 임대차계약의 효력을 수탁자에게 주장할 수 없고 특별법상 대항력이 성립하지 않음은 앞에서 본 바와 같다. 그런데 수탁자 및 우선수익자의 동의 없이 위탁자를 임대인으로 한 임대차계약을 체결된 후 신탁재산이 위탁자에게 이전하는 경우 임차인에게 특별법상 대항력이 성립하는지 여부가 문제된다.

위와 같은 쟁점에 대하여, 대법원 판결이 존재하는데 사실관계는 다음과 같다. 위탁자와 수탁자간 담보신탁계약이 체결되었고, 신탁계약에는 수탁자의 사전 승낙이 없는 경우에는 신탁부동산에 관하여 임대차 등의 행위를 할 수 없다는 내용이 포함되어 있었다. 임차인은 위탁자와 신탁부동산인 주택에 관하여 임대차계약을 체결하고 주택을 인도받고 전입신고를 마쳤다. 그러나 수탁자의 승낙은 받지 않았다. 위탁자는 주택에 관하여 신탁재산의 귀속을 원인으로 하는 소유권이전등기를 마쳤고(접수번호 1), 대출금융기관은 같은 날 주택에 관하여 근저당권설정등기를 마쳤다(접수번호 2). 대출금융기관은 주택에 관하여 임의경매를 신청하여 임의경매절차가 진행되었고 경매낙찰자는 경매절차에서 주택을 매수하여 대금을 내고 소유권이전등기를 마쳤다. 임차인은 경매낙찰자에 대하여 임대차보증금반환을 청구하였고, 경매낙찰자는 반소로 건물인도를 청구하였다.

위와 같은 사실관계에서 대법원은 "위탁자는 임대차계약 체결 당시 수탁자의 승낙 없이 위 주택을 임대할 수 없었지만, 위 주택에 관하여 신탁재산의 귀속을 원인으로 한 소유권이전등기를 마침으로써 적법한 임대권한을 취득하였고, 임차인이 위 주택을 인도받고 전입신고를 마친 날부터 위 주택에 관한 주민등록에는 소유자 아닌 임차인이 거주하는 것으로 나타나 있어서 제3자가 보기에 임차인의 주민등록이 소유권 아닌 임차권을 매개로 하는 점유임을 인식할 수 있었으므로, 임차인의 주민등록은 임차인이 전입신고를 마친 날부터 임대차를 공시하는 기능을 수행하고 있었다고 할 것이어서, 임차인은 위탁자가 위 주택에 관하여 소유권이전등기를 마친 즉시 임차권의 대항력을 취득하였고, 대출금융기관의 근저당권설정등기는 임차인이 대항력을 취득한 다음에 이루어졌으므로, 임차인은 임차권으로 임의경매를 통한 주택의 매수인인 경매낙찰자에 대항할 수 있다(대법원 2019.3.28. 선고 2018다44879(본소), 2018다44886(반소) 판결)"는 취지로 판시하였다.

주택에 관한 부동산담보신탁계약을 체결한 위탁자가 수탁자의 동의 없이 임대차계약을 체결하였으나 그 후 수탁자로부터 소유권을 회복한 경우에는 그 즉시 주택임대차보호법 제3조 제1항의 대항력이 발생하므로 소유권을 회복한 날 설정된 근저당등기는 소유권을 회복한 이전등기보다 접수번호가 후순위이므로 임차인의 특별법상 대항력은 근저당권설정등기보다 선순위라는 것이 대법원의 판단인 것이다.

이는 위 사안에서 임차인은 위탁자의 소유권 귀속일 이전에 이미 주택의 인도와 주민등록을 마쳤고, 그에 대하여 대출금융기관도 전입세대열람원 등을 통하여 확인할 수 있었다는 점에서 대법원의 결론은 타당하다고 판단된다.

11) 부동산중개인의 손해배상 책임

공인중개사가 신탁관계가 설정된 부동산에 관하여 임대차계약을 중개하는 경우, 신탁관계에 관한 조사·확인을 거쳐 중개의뢰인에게 신탁원부를 제시하고, 신탁관계 설정사실 및 그 법적인 의미와 효과 등을 성실하고 정확하게 설명하여야 할 의무가 있는지 여부가 문제된다.

대법원은 공인중개사가 신탁관계가 설정된 부동산에 관하여 임대차계약을 중개하는 경우 신탁원부 제시 및 신탁관계에 관한 법적 의미에 대한 설명의무가 존재한다고 판시하였고, 이를 적절히 이행하지 아니하는 경우 공인중개사에게 주의의무 위반에 따른 손해배상 책임이 발생할 수 있다는 취지로 판시하였다. 자세한 사항은 아래와 같다.

부동산중개업자와 중개의뢰인의 법률관계는 민법상의 위임관계와 유사하므로 중개의뢰를 받은 중개업자는 선량한 관리자의 주의로 중개대상물의 권리관계 등을 조사·확인하여 중개의뢰인에게 설명할 의무가 있다. 또한 공인중개사법 제25조 제1항 제1호, 같은 법 시행령 제21조 제1항 제2호에 의하면, 공인중개사는 중개를 의뢰받은 경우 중개가 완성되기 전에 해당 중개대상물의 상태·입지 및 권리관계 등을 확인하여 이를 해당 중개대상물에 관한 권리를 취득하고자 하는 중개의뢰인에게 성실·정확하게 설명하고, 설명의 근거자료를 제시하여야 한다. 공인중개사법 제29조 제1항에서는 공인중개사가 전문직업인으로서 신의와 성실로써 공정하게 중개 관련 업무를 수행할 의무를 규정하면서, 제30조 제1항에서 고의 또는 과실로 인하여 거래당사자에게 재산상의 손해를 발생하게 한 때에는 그 손해를 배상할 책임이 있음을 규정하고 있다.

이와 같은 각 법령의 규정 내용, 특히 부동산중개 전문가로서의 공인중개사의 역할, 부동산중개업을 건전하게 육성하여 국민경제에 이바지함을 목적으로 하는 공인중개사법의 입법 목적 등에 비추어, 신탁관계가 설정된 부동산에 관하여 임대차계약을 중개하는 공인중개사로서는 선량한 관리자의 주의와 신의성실로써 신탁관계에 관한 조사·확인을 거쳐, 중개의뢰인에게 신탁원부를 제시하고, 신탁관계 설정사실 및 그 법적인 의미와 효과, 즉 대상 부동산의 소유자가 수탁자이고, 임대인 소유 아닌 부동산에 관하여 임대차계약이 체결되는 것이며, 수탁자의 사전승낙이나 사후승인이 없다면 수탁자에게 임대차계약으로 대항할 수 없다는 점 등을 성실하고 정확하게 설명하여야 할 의무가 있다.

갑이 공인중개사인 을의 중개로 병 주식회사와 부동산 임대차계약을 체결하는 과정에서 을이 위 부동산이 정 주식회사에 신탁된 부동산임을 설명하였고, 이에 특약사항으로 임대인이 임차인의 잔금 지급과 동시에 신탁사항 및 소유권 이외의 권리사항을 말소하기로 정하였는데, 잔금 지급 후에도 병 회사가 신탁등기 말소의무를 이행하지 아니하자 갑이 임대차계약을 해지하였으나 병 회사는 임대차보증금 일부만 반환하였고, 이에 갑이 을 등을 상대로 공인중개사법 제30조 제1항 등에 따른 손해배상을 구한 사안에서, 을이 신탁관계에 관한 조사·확인을 거쳐 갑에게 신탁원부를 제시하거나 부동산 소유자가 병 회사가 아닌 정 회사로서 그의 사전승낙이나 사후승인이 없다면 임차권으로 대항할 수 없다는 설명 등을 함으로써 그 법적인 의미와 효과를 성실하고 정확하게 설명하였다고 볼 자료가 없고, 특히 임차인에게는 임대차관계 종료 시에 임대차보증금을 반환받는 것이 매우 큰 관심사이자 그 반환을 받지 못할 위험 유무가 계약 체결 여부를 결정하는 중요한 요소이므로, 을이 부동산의 권리관계에 관하여 성실하고 정확하게 설명하였다면 갑이 병 회사와 임대차계약을 체결하지 않았거나 신탁등기를 말소받기도 전에 미리 임대차보증금을 지급하지 않았을 가능성이 크므로, 을에게는 선관주의의무나 공인중개사로서의 주의의무를 다하지 않은 과실이 있고, 그로 인하여 거래당사자에게 재산상의 손해를 발생하게 한 때에 해당한다고 볼 여지가 있으며, 갑이 신탁등기 말소 없이 임대차보증금을 먼저 지급하였더라도 그로 인하여 을의 과실과 임대차보증금을 반환받지 못한 갑의 손해 사이에 상당인과관계가 단절된다고 할 수 없는데도, 이와 달리 본 원심판단에 법리오해 등의 잘못이 있다고 한 사례(대법원 2023.8.31. 선고 2023다224327 판결).

위 대법원 판결에서 볼 수 있듯이, 신탁부동산의 임대차계약을 중개하는 공인중개사에게는 신탁원부 제시 및 신탁부동산 임대차와 관련하여 임차인에게 주의깊게 설명하여야 할 의무를 부담한다. 그렇기 때문에 신탁등기 경료 후 수탁자 및 우선수익자의 동의 없이 위탁자와 임대차계약을 체결한 임차인이 만일 공인중개사를 통하여 그 임대차계약을 체결하였고, 공인중개사가 신탁부동산에 대한 임대차계약 체결시 수탁자 및 우선수익자의 동의를 받아야 한다는 점을 임차인에게 고지하지 아니한 경우 임차인은 공인중개사에게 손해배상책임을 물을 수 있고, 하급심은 대부분 공인중개사의 손해배상책임을 인정한다. 다만 임차인 역시 신탁원부 등을 확인하지 않은 과실이 있다고 판시하며 과실상계를 적용한다.

위와 관련하여 부산지방법원은 『공인중개사는 임차인에게 중개 당시 이 사건 각 부동산에 관한 부동산등기부등본 및 이 사건 신탁계약의 신탁원부 등을 제시하며 위탁자가 신탁사에 이 사건 각 부동산을 신탁하였고 그 신탁이 의미하는 것 즉, 이 사건 각 부동산의 소유권은 대내외적으로 위탁자가 아닌 신탁사에 귀속되고 임차보증금은 위탁자가 아닌 신탁사에 지급되어 위탁자의 우선수익자들에 대한 채무상환에 사용되며 이 사건 각 부동산의 담보가치는 우선수익자들의 채권 합계액의 변제에 먼저 충당되어 임차인들은 전입신고를 마치더라도 후순위로 배당받을 수밖에 없고 그 결과 임차보증금의 확보는 위탁자의 자력에만 의존해야 한다는 점, 이 사건 각 임대차계약은 신탁사의 사전 동의 없이 임차인과 위탁자 사이에 체결되는 것이므로 임차인은 위 각 임대차계약에 기하여 이 사건 각 부동산의 소유자인 신탁사에 자신들의 임차권을 주장할 수 없다는 점 등을 성실정확하게 설명하여 임차인들로 하여금 이 사건 각 임대차계약의 체결을 심사숙고할 수 있도록 할 의무가 있다(부산지방법원 2009.7.23. 선고 2008가합17826 판결)』고 판시하며 임대차계약을 중개한 공인중개사의 손해배상 책임을 인정하였다.

다만 대부분 과실상계가 적용되는데 다수의 하급심에서는 "공인중개사법에 따른 부동산중개업자의 손해배상책임에 관한 규정은 민법상 불법행위 책임에 대한 특별규정으로서의 성격을 갖는 것이고 그에 따라 배상책임의 한도를 정함에 있어 민법상의 과실상계에 관한 규정도 적용되므로, 임차인도 임대차계약을 체결함에 있어 공인중개사의 말만 믿고 계약체결에 나아갈 것이 아니라 나름대로 각 부동산의 등기부를 열람하고 공인중개사에게 신탁계약의 내용 등을 문의하거나 신탁원부 등 근거서류를 제시할 것을 요구하였어야 하고, 나아가 다른 법률전문가에게 그 정확한 법률적 의미를 확인함으로써 신중하게 임대차계역을 체결하였어야 함에도 이를 소홀히 한 잘못"이 임차인에게 있다는 이유로 과실상계를 적용하고, 과실상계에 따라 공인중개사에게 적용되는 책임비율은 30% ~ 60% 정도가 통상 책정되는 비율인 것으로 보인다.

12) 임대차계약 관련 업무상 기타 쟁점

가) 임차인의 임대차보증금반환채권이 가압류된 상태에서 위탁자가 신탁재산의 귀속을 요청하거나 우선수익자가 신탁재산에 대한 공매를 요청할 수 있는지 여부

신탁업무를 진행하다보면 특별법상 대항력을 가진 임대차계약이 존재하는 부동산에 대하여 신탁등기를 경료하는 등으로 수탁자가 임대인의 지위를 갖는 사례가 있다. 이러한 상태에서 임차인의 임대차보증금반환채권에 가압류가 발생하였는데 위탁자가 우선수익자의 동의를 득하여 신탁재산의 귀속을 요청하거나 채무불이행 발생 등을 이유로 우선수익자가 신탁재산에 대한 공매를 요청하는 경우 임대차보증금반환채권의 가압류권자를 어떻게 처리하여야 하는지 업무처리방안이 문제되는 사례가 있다.

위와 관련하여 대법원은 전원합의체 판결을 통하여 주택임대차보호법상 대항력을 갖춘 임차인의 임대차보증금반환채권이 가압류된 상태에서 임대주택이 양도된 경우, 양수인이 채권가압류의 제3채무자 지위를 승계하고, 이 경우 가압류채권자는 양수인에 대하여만 가압류의 효력을 주장할 수 있다는 취지로 판시하였다(대법원 2013.1.17. 선고 2011다49523 전원합의체 판결).

위 판결 취지에 따라 특별법상 대항력을 갖춘 임차인의 임대차보증금반환채권이 가압류된 상태에서 임대주택이 양도되면 양수인이 채권가압류의 제3채무자 지위를 승계하게 되고 가압류채권자는 양수인에 대하여 '만' 가압류의 효력을 주장할 수 있는바, 신탁사가 신탁재산을 위탁자에게 귀속하거나 공매를 통하여 제3자에게 양도하더라도 제3채무자의 지위는 위탁자 또는 제3자에게 승계되고 가압류채권자는 위탁자 또는 양수인에 대하여 '만' 가압류의 효력을 주장할 수 있으므로, 수탁자의 고유계정 손실 위험은 제한적이라 사료된다.

한편, 주택임대차보호법 제3조 제1항의 대항요건을 갖춘 임차인의 임대차보증금반환채권에 대한 압류 및 전부명령이 확정되어 임차인의 임대차보증금반환채권이 집행채권자에게 이전된 경우 제3채무자인 임대인으로서는 임차인에 대하여 부담하고 있던 채무를 집행채권자에 대하여 부담하게 될 뿐 그가 임대차목적물인 주택의 소유자로서 이를 제3자에게 매도할 권능은 그대로 보유하는 것이며, 위와 같이 소유자인 임대인이 당해 주택을 매도한 경우 주택임대차보호법 제3조 제2항에 따라 전부채권자에 대한 보증금지급의무를 면하게 되므로, 결국 임대인은 전부금지급의무를 부담하지 않는다(대법원 2005.9.9. 선고 2005다23773 판결)는 대법원 판결이 존재하므로, 위와 같이 임차인의 임대차보증금반환채권에 가압류가 집행된 경우와 마찬가지로, 수탁자가 임대인의 지위를 갖는 임대차계약의 임차인의 임대차보증금반환채권에 대한 압류 및 전부명령이 확정된 경우에도 수탁자가 신탁재산을 위탁자에게 귀속시키거나 공매를 진행하는 것에 큰 문제는 없을 것으로 사료된다. 다만 임대차보증금반환채권의 압류채권자가 소유권이전을 알지 못하고 만연히 수탁자에게 추심금 청구를 제기할 수 있으므로 압류채권자에게 소유권이전 및 임대인 지위 승계사실을 고지하여 불필요한 분쟁을 미연에 방지하는 것도 중요하다.

또한 특별한 사정이 존재하는 경우에는 사안의 결론이 달라질 수 있으므로, 종합적으로 검토하는 것을 잊어서는 안될 것이다. 한편, 임차인에게 임대차계약의 승계를 거부하고 수탁자에게 임대차보증금 반환을 청구할 수 있다는 점도 더불어 잊어서는 안된다.

나) 위탁자가 제3자와 임대차계약을 체결하려고 하는데 수탁자가 그에 대한 임대차 동의를 불응하는 경우 위탁자가 신탁사에게 손해배상책임을 물을 수 있는지 여부

담보신탁계약 체결 후 위탁자는 수탁자 및 우선수익자의 동의 없이는 신탁재산에 대한 임대차계약을 체결할 수 없음은 앞에서 본 바와 같다. 그렇다면 위탁자의 임대차계약 동의 요청에 수탁자가 불응하는 경우 수탁자는 위탁자에게 손해배상책임을 지는가? 다시말해 위탁자는 신탁사에게 임대차동의를 받을 수 있는 계약상 법률상 권한이 있을까? 이는 신탁구도와 신탁계약 내용, 임대차계약 체결 경위, 임대차계약으로 인하여 신탁부동산의 가치저감 발생 여부 및 그 범위 등을 종합하여야 평가할 수 있는 문제겠지만, 과거 재미있는 판결사례가 있어 소개해 본다.

사안은 다음과 같다. ① 시행사 갑과 을은 사업 자금 확보를 위해 시행사 소유 건물과 대지를 대출금융기관에 담보로 제공하고 대출금융기관으로부터 대출을 받기로 하였다. ② 시행사 갑과 을을 위탁자, 신탁사를 수탁자, 대출금융기관을 제1순위 우선수익자로 하는 신탁계약(신탁계약의 내용은 실무에서 통상 쓰이는 것과 유사하다)이 체결되고 신탁등기가 경료되었다. ③ 시행사 갑은 신탁사가 시행사 을 등을 통해 신탁재산을 제3자에게 임대하는 등으로 시행사 갑이 신탁재산을 임대하는 것을 방해하였다고 주장하며 신탁사를 상대로 불법행위에 의한 손해배상을 청구하였다.

위와 같은 사실계관계에서 서울중앙지방법원은 『신탁계약과 신탁법 법리에 비추어 보면, 신탁재산에 관한 대내외적 소유권이 수탁자에게 이전된 이상 위탁자는 이 사건 건물에 관한 소유권자로서의 처분 관리권을 상실하고, 신탁계약에 따라 수탁자가 용인한 범위 내에서의 점유 사용권 즉, 신탁계약에 따라 기왕에 사용하던 부분을 계속 점유 사용하고 신탁계약 이전에 체결된 임대차계약의 종료 시까지 임대인의 지위를 유지할 수 있는 권리를 가질 뿐이다. 그런데 신탁건물에 관하여 새로운 임대차계약을 체결하여 수익하는 것은 위탁자에게 부여된 위와 같은 점유 사용의 범위를 넘어서는 것이므로 위탁자는 이를 근거로 이사건 건물을 임대할 수 없고, 수탁자의 사전승낙을 얻어 새로운 임대차계약을 체결할 수 있을 뿐이다. 이 사건 건물에 관한 배타적인 처분 관리권이 수탁자에게 있는 이상 담보가치 저감의 우려가 없는 한 위탁자가 체결하는 임대차계약을 승낙할 의무가 있다고 보기 어렵고, 위탁자에게 이 사건 건물을 임대할 권한이 없는 이상 수탁자의 사전승낙없이 체결한 임대차계약의 임차인의 점유는 수탁자에 대하여 적법한 점유가 될 수 없다. 결국 위탁자에게 신탁재산에 관하여 임대차계약을 체결한 권한이 있다고 볼 수 없다. 위탁자에게 신탁재산에 관하여 임대차계약을 체결할 권한이 없는 이상, 수탁자가 신탁건물 임대행위를 방해하여 위탁자로 하여금 임대료 상당의 손해를 입게 하였다는 위탁자의 주장은 더 나아가 살펴볼 필요 없이 이유 없다(서울중앙지방법원 2016.6.2. 선고

2015가합9221 판결).」고 판시하며, 위탁자의 청구를 기각하였다.

위 판결사안에서 서울중앙지방법원은 위탁자에게 신탁재산에 관하여 임대차계약을 체결할 권한이 없고, 위탁자에게 임대차계약을 체결할 권한이 없는 이상 수탁자의 위탁자에 대한 불법행위 책임이 성립되지 않는다고 판시한바, '신탁재산에 관하여는 수탁자만이 배타적인 처분·관리권을 갖는다고 할 것이고, 위탁자가 수탁자의 신탁재산에 대한 처분·관리권을 공동행사하거나 수탁자가 단독으로 처분·관리를 할 수 없도록 실질적인 제한을 가하는 것은 신탁법의 취지나 신탁의 본질에 반하는 것이므로 법원은 이러한 내용의 관리방법 변경을 할 수는 없다(대법원 2003.1.27. 자 2000마2997 결정)는 대법원 판결의 취지에 비춰볼 때 위 서울지방법원판결의 결론은 타당하다(위 판결은 대법원에서 심리불속행기각으로 그대로 확정되었다).

다) 공매 또는 신탁해지로 인한 신탁부동산의 소유권 이전에도 불구하고 대항력 있는 임차인이 임대인의 지위승계를 원하지 않는 경우 수탁자의 대처방안

신탁법상의 신탁은 위탁자가 수탁자에게 특정의 재산권을 이전하거나 기타의 처분을 하여 수탁자로 하여금 신탁 목적을 위하여 그 재산권을 관리·처분하게 하는 것이므로(신탁법 제1조 제2항), 부동산의 신탁에 있어서 수탁자 앞으로 소유권이전등기를 마치게 되면 대내외적으로 소유권이 수탁자에게 완전히 이전되고, 위탁자와의 내부관계에 있어서 소유권이 위탁자에게 유보되어 있는 것은 아니라 할 것이며, 이와 같이 신탁의 효력으로서 신탁재산의 소유권이 수탁자에게 이전되는 결과 수탁자는 대내외적으로 신탁재산에 대한 관리권을 갖는 것이고, 다만, 수탁자는 신탁의 목적 범위 내에서 신탁계약에 정하여진 바에 따라 신탁재산을 관리하여야 하는 제한을 부담함에 불과하므로, 임대차의 목적이 된 주택을 담보목적으로 신탁법에 따라 신탁한 경우에도 수탁자는 주택임대차보호법 제3조 제2항에 의하여 임대인의 지위를 승계한다(대법원 2002.4.12. 선고 2000다70460 판결).

수탁자를 임대인으로 하고 주택임대차보호법 또는 상가건물임대차보호법상 대항력을 가진 임차인이 존재하는데 임대차의 목적이 되는 신탁 부동산에 대하여 공매 또는 신탁해지 등으로 위탁자 또는 제3자에게 소유권이전등기가 경료되는 경우 임대임의 지위도 함께 승계되는 것이 원칙이다.

대법원도, 주택임대차보호법 제3조 제3항은 같은 조 제1항이 정한 대항요건을 갖춘 임대차의 목적이 된 임대주택(이하 '임대주택'은 주택임대차보호법의 적용대상인 임대주택을 가리킨다)의 양수인은 임대인의 지위를 승계한 것으로 본다고 규정하고 있는바, 이는 법률상의 당연승계 규정으로 보아야 하므로, 임대주택이 양도된 경우에 양수인은 주택의 소유권과 결합하여 임대인의 임대차 계약상의 권리·의무 일체를 그대로 승계하며, 그 결과 양수인이 임대차보증금반환채무를 면책적으로 인수하고, 양도인은 임대차관계에서 탈퇴하여 임차인에 대한 임대차보증금반환채무를 면하게 된다(대법원 2013.1.17. 선고 2011다49523 전원합의체 판결)고 판시한 바 있다.

그런데 임차인이 임대인의 지위승계를 원하지 않는 경우에는 어떠한가. 임차인이 임대인의 지위승계를 원하지 아니하는 경우에도 위와 같이 양수인이 임대인의 임대차 계약상의 권리·의무 일체를 면책적으로 인수하고 양도인은 임차인에 대한 임대차보증금반환채무를 면하게 되는 것인가?

대법원은 그러하지 아니하다는 입장이다. 대법원은, 대항력 있는 주택임대차에 있어 기간만료나 당사자의 합의 등으로 임대차가 종료된 경우에도 주택임대차보호법 제4조 제2항에 의하여 임차인은 보증금을 반환받을 때까지 임대차관계가 존속하는 것으로 의제되므로 그러한 상태에서 임차목적물인 부동산이 양도되는 경우에는 같은 법 제3조 제2항에 의하여 양수인에게 임대차가 종료된 상태에서의 임대인으로서의 지위가 당연히 승계되고, 양수인이 임대인의 지위를 승계하는 경우에는 임대차보증금 반환채무도 부동산의 소유권과 결합하여 일체로서 이전하는 것이므로 양도인의 임대인으로서의 지위나 보증금 반환채무는 소멸하는 것이지만, 임차인의 보호를 위한 임대차보호법의 입법 취지에 비추어 임차인이 임대인의 지위승계를 원하지 않는 경우에는 임차인이 임차주택의 양도 사실을 안 때로부터 상당한 기간 내에 이의를 제기함으로써 승계되는 임대차관계의 구속으로부터 벗어날 수 있다고 봄이 상당하고, 그와 같은 경우에는 양도인의 임차인에 대한 보증금 반환채무는 소멸하지 않는다(대법원 2002.9.4. 선고 2001다64615 판결)는 취지로 반복하여 판시한 바 있다.

따라서 수탁자에 대하여 특별법상 대항력을 가진 임차인이 존재하는 신탁부동산을 공매하는 사례에서, 수탁자는 신탁부동산의 소유권이전만으로 공매 낙찰자가 수탁자의 임대차 계약상의 권리·의무 일체를 면책적으로 인수하고 수탁자는 임차인에 대한 임대차보증금반환채무를 면하였다고 생각하고 공매 낙찰금액을 전부 정산하고 신탁사업을 종료하였는데, 갑자기 임차인이 수탁자에게 임대인의 지위승계를 원하지 아니한다는 취지로 이의를 제기하면서 수탁자에게 임대차보증금 반환을 청구하는 경우, 수탁자 업무 담당자는 상당히 곤란한 상황에 처하게 된다.

실제로 위의 사례는 실제로 일어난 사례가 있으므로 수탁자 업무담당자는 유의할 필요가 있다. 그렇다면 위와 같은 사례를 방지하기 위한 방법은 무엇인가. 가장 바람직한 것은 ① 수탁자에게 특별법상 대항력을 가진 임차인이 존재하는 신탁부동산에 대하여 위탁자 또는 제3자에게 소유권이 이전되는 경우 임차인에 대하여 임대인 지위승계에 동의하는 동의서를 징구하는 것이다.

② 위와 같은 동의서를 징구하지 못하거나, 임차인이 임대인 지위승계에 이의를 제기하는지 여부를 확인할 수 없는 상황이라면, 상당한 기간 동안 임대차보증금 상당액의 금원만큼은 정산을 유보하여 수탁자의 고유계정 손실 가능성을 감소시키는 것이 필요하다.

③ 한편, 신탁업계에서 흔히 쓰는 공매공고 또는 공매 매매계약서상 임대차와 관련된 부분은 통상적으로 "매매목적물 중 임대차계약이 체결된 것으로 판단되는 부동산에 대해서는 낙찰자가 임대차계약과 관련된 일체의 사항(임대차보증금 반환 의무 포함)을 모두 승계하기로 한다."는 취지로 기재되어 있다. 그런데 임차인이 임대인 지위승계를 원하지 아니하여 낙찰자가 임대차계약상 임대인 지위를 승계하는 것이 불가능한 경우에도 수탁자는 낙찰자에게 수탁자가 임차인에게 지급한 임대차보증금 상당액을 구상할 수 있는가?

다시말해 낙찰자의 과실없이 수탁자에게 발생한 손해에 대하여 수탁자가 낙찰자에게 구상할 수 있는지 여부가 문제될 수 있는데, 이와 관련하여 실제로 낙찰자가 수탁자에게 임대차보증금 반환책임을 부담하지 아니한다고 주장한 사례도 존재한다.

따라서 수탁자는 공매공고 및 매매계약서에 "만약 낙찰자에게 소유권 이전 후 임차인이 수탁자에게 임대차보증금 반환을 청구하는 경우 낙찰자는 수탁자를 대신하여 위 임대차보증금 반환책임을 부담한다. 만약 낙찰자가 이를 이행하지 아니하여 수탁자가 임차인에게 임대차보증금을 반환하는 경우 낙찰자는 수탁자에게 발생한 임대차보증금 반환대금 및 기타 손해(지연이자, 소송비용 등)를 배상하기로 한다."는 취지를 명확하게 기재하여 향후 임차인에게 임대차보증금을 직접 반환하여야 하는 상황일 발생할 경우 낙찰자와 불필요한 분쟁없이 반환한 임대차보증금 상당액을 구상할 수 있도록 미리 조치하는 것이 바람직하다 사료된다.

13) 신탁과 전세권

가) 수탁자가 전세권을 설정해준 뒤 신탁계약이 종료된 경우에 전세권소멸로 인한 전세금 반환 의무자가 누구인지 여부

신탁등기 경료 후 수탁자가 제3자에게 전세권을 설정한 후 신탁계약이 종료되어 신탁재산이 위탁자에게 귀속되고 난 후 전세권이 소멸하는 경우 전세금반환의무자가 수탁자인지 위탁자인지 문제된다.

위 쟁점에 관하여 문제된 사례가 있었는데 사실관계는 다음과 같다. ① 위탁자와 신탁사간 "신탁이 종료할 때에는 신탁재산은 신탁원본 수익자에게 귀속하며 신탁재산에 부대하는 채무는 수익자가 변제하여야 한다"는 내용이 포함된 신탁계약이 체결되고 신탁등기가 경료되었다. ② 신탁등기 전 체결된 임대차계약의 임대인의 지위를 수탁자가 승계하기로 하고, 임차인을 전세권자, 수탁자를 전세권설정자로 하는 전세권설정등기를 경료하였다. ③ 신탁계약이 해제되고 신탁재산이 위탁자에게 귀속되었다. 신탁재산 귀속 후 전세기한 만료로 전세권자가 신탁사에 대하여 전세금 반환을 청구하였다.

위와 같은 사실관계에서 대법원은 전세권자인 임차인의 수탁자에 대한 전세금 반환청구를 기각하였다. 자세한 내용은 아래와 같다.

신탁법 제3조에 의하면 등기 또는 등록하여야 할 재산에 관하여는 신탁은 그 등기 또는 등록을 함으로써 제3자에게 대항할 수 있다고 규정하고 부동산등기법 제123조 제124조에 의하면 신탁의 등기를 신청하는 경우는 (1) 위탁자, 수탁자 및 수익자등의 성명 주소 (2) 신탁의 목적 (3) 신탁재산의

관리방법 (4) 신탁종료사유 및 (5) 기타 신탁조항을 기재한 신탁원부를 그 신청서에 첨부하도록 되어 있고 이 신탁원부는 등기부의 1부로 보고 그 기재는 등기로 본다고 규정하고 있다."고 전제한 후 "전세권자와 신탁사(수탁자)간의 전세계약이 신탁사가 수탁자의 지위에서 신탁재산의 관리로서 한 것인 점과 그 신탁계약이 종료된 점 및 신탁조항인 "신탁이 종료할 때에는 신탁재산은 신탁원본 수익자에게 귀속하며 신탁재산에 부대하는 채무는 수익자가 변제하여야 한다"는 점이 신탁원부에 기재되어 신탁등기가 경료되어 있었음은 당사자 사이에 다툼이 없으므로 본건 전세계약의 기간만료로 인한 전세금 반환채무는 신탁계약이 종료된 오늘에 있어서는 신탁자이며 수익자인 위탁자에 있다 할 것이니 수탁자였던 신탁사에 대하여 그 반환을 청구할 수 없다(대법원 1975.12.23. 선고 74다736 판결).

위 판례의 결론을 비춰보면 수탁자가 신탁기간 중 전세권설정등기를 경료하더라도 신탁계약에 신탁이 종료할 때에는 신탁재산은 신탁원본 수익자에게 귀속하며 신탁재산에 부대하는 채무는 수익자가 변제하여야 한다는 내용이 포함되어 있는 경우에는 신탁사가 전세권설정자로서 전세권설정등기를 경료하더라도 신탁종료 후 전세금반환책임은 위탁자가 진다고 사료된다.

더욱이 신탁법리를 떠나서 대법원은 "전세권이 성립한 후 전세목적물의 소유권이 이전된 경우 민법이 전세권 관계로부터 생기는 상환청구, 소멸청구, 갱신청구, 전세금증감청구, 원상회복, 매수청구 등의 법률관계의 당사자로 규정하고 있는 전세권설정자 또는 소유자는 모두 목적물의 소유권을 취득한 신 소유자로 새길 수밖에 없다고 할 것이므로, 전세권은 전세권자와 목적물의 소유권을 취득한 신 소유자 사이에서 계속 동일한 내용으로 존속하게 된다고 보아야 할 것이고, 따라서 목적물의 신 소유자는 구 소유자와 전세권자 사이에 성립한 전세권의 내용에 따른 권리의무의 직접적인 당사자가 되어 전세권이 소멸하는 때에 전세권자에 대하여 전세권설정자의 지위에서 전세금 반환의무를 부담하게 된다(대법원 2006.5.11. 선고 2006다6072 판결)."는 입장인바, 전세권이 설정된 신탁재산이 신탁종료로 위탁자에게 귀속되거나 공매 등으로 제3자에게 양수되는 경우 전세금반환책임은 위탁자 또는 양수인이 부담하게 될 것으로 판단된다.

다만 혹시 모를 수탁자의 고유계정 손실방지를 위하여 신탁계약에 신탁이 종료할 때에는 신탁재산은 신탁원본 수익자에게 귀속하며 신탁재산에 부대하는 채무는 수익자가 변제하여야 한다는 취지의 내용이 있는지 확인하고, 전세권설정계약서에도 ① 신탁이 종료되거나 공매 등으로 소유권이 이전되는 경우 전세금반환책임 등을 포함하여 수탁자의 모든 권리의무는 위탁자 또는 전세기간 만료시 소유자에게 면책적으로 포괄승계되고, 전세권자는 수탁자에 대하여 전세금반환을 청구할 수 없다는 점, ② 수탁자는 임대인이 아니고, 임대차보증금 또는 전세보증금반환책임을 부담하지 아니하므로 전세권자는 수탁자에게 전세금반환을 청구할 수 없다는 점, ③ 수탁자는 신탁계약에 의거 신탁재산 및 신탁계약의 업무범위 내에서만 그 책임을 부담한다는 점, ④ 전세권자는 신탁계약의 내용을 인지하고 있고 이에 동의하며, 신탁계약에 따라 수탁자가 우선수익권 변경, 신탁재산 해지, 공매 등의 업무를 진행할 때 수탁자에 대하여 이의를 제기할 수 없다는 점 등의 내용을 기재하는 것이 바람직하다.

14) 토지신탁과 임대차

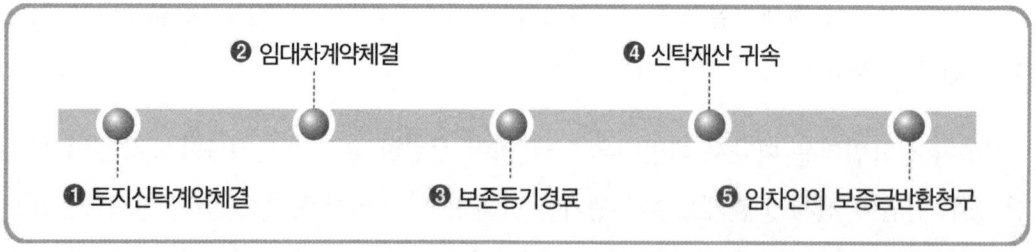

토지신탁 사업 진행시 신탁사업 목적의 신축건물이 준공되어 보존등기가 경료되기 전 수탁자가 임차인과 임대차계약을 체결하는 경우 수탁자가 신탁등기의 대항력을 이유로 임차인에 대하여 임대차보증금반환을 거부할 수 있는지 여부가 문제된다.

위와 같은 쟁점에 관하여 발생한 판결이 있어 소개해본다. 사실관계는 다음과 같다. ① 임대형토지신탁계약이 체결되고 아파트을 신축하고 있는 도중 위탁자와 수탁자를 공동 임대인으로 하여 건축중인 아파트에 대한 임대차계약이 체결되었다. ② 아파트가 완공되자 수탁자를 소유자로 하는 소유권보존등기를 마쳤다. ③ 임차인은 임대차보증금을 모두 지급하고 아파트에 입주하였다. ④ 수탁자는 위탁자에게 신탁해지를 원인으로 한 소유권이전등기절차를 마쳤다. ⑤ 임차인은 임대차기간 만료 후 수탁자에 대하여 임대차보증금 반환을 청구하였다.

위와 같은 사실관계에 대하여 대법원은 임대차목적물에 대하여 신탁등기가 경료되기 전에 임대차계약이 체결된 경우에는 신탁등기의 대항력을 임차인에게 주장할 수 없다는 취지로 판시하였다. 자세한 내용은 아래와 같다.

신탁법 제3조는 "등기 또는 등록하여야 할 재산에 관하여는 신탁은 그 등기 또는 등록을 함으로써 제3자에게 대항할 수 있다."고 규정하고, 부동산등기법 제123조, 제124조는 신탁의 등기를 신청하는 경우에는 ① 위탁자, 수탁자 및 수익자 등의 성명, 주소 ② 신탁의 목적 ③ 신탁재산의 관리방법 ④ 신탁종료사유 ⑤ 기타 신탁의 조항을 기재한 서면을 그 신청서에 첨부하도록 하고 있고 그 서면을 신탁원부로 보며 다시 신탁원부를 등기부의 일부로 보고 그 기재를 등기로 본다고 규정하고 있는 바, 따라서 위의 규정에 따라 등기의 일부로 인정되는 신탁원부에 신탁재산인 부동산의 임대로 인하여 발생한 보증금반환채무가 신탁종료시 위탁자에게 귀속된다는 내용이 기재되어 있다면 위탁자는 이로써 임차인에게 대항할 수 있을지라도, 위에서 본 이 사건의 사실관계에 의하면 임차인이 수탁자 및 위탁자와 임대차계약을 체결할 당시까지도 이 사건 아파트에 관한 피고 명의의 소유권보존등기 및 신탁등기가 마쳐지지 않았기 때문에 수탁자로서는 위 신탁등기를 전제로 하는 신탁원부의 내용으로써 임차인에게 대항할 수 없다(대법원 2004.4.16. 선고 2002다12512 판결).

토지신탁 사업 진행 중 신축건물의 보존등기가 경료되기 전에는 구조상 임대차목적물에 신탁등기가 경료될 수 없으므로 토지신탁 사업 중 수탁자를 임대인으로 한 임대차계약을 체결하는 것은 지양하여야 한다. 더불어 위탁자를 임대인으로 한 임대차계약을 체결하더라도 신축건물의 보존등기가 경료되기 전에는 신탁등기의 대항력을 주장할 수 없으므로 임대차계약 동의서를 발급할 때 큰 주의를 요한다.

수탁자가 토지신탁 사업에서 임차인에게 임대차보증금반환책임을 부담하지 않기 위해서는 임대차목적물의 소유권보존등기 및 신탁등기가 경료되거나, 신탁종료시 신탁재산의 임차인에 대한 보증금반환채무가 그 임차인의 동의를 요하지 않고 위탁자에게 귀속된다 등의 내용이 신탁원부에 기재된 신탁조항에 반영하는 등의 조치를 취하는 것이 바람직하다 사료된다.

4 신탁부동산의 관리비 납부 의무

가 기본개념

신탁재산에 대한 관리비가 체납된 경우 관리비 납부의무를 수탁자와 위탁자 중 누가 부담하는지 여부가 문제된다. 실무적으로 신탁재산에 부과된 관리비 납부의무자를 판단할 시 신탁기간 내 발생한 관리비의 납부의무자와 신탁 후 제3자에게 소유권이 이전된 경우 신탁기간 내 발생한 공용관리비 납부의무가 승계되는지를 구분하여야 한다.

신탁기간 내 발생한 관리비(공용부분과 전용부분을 불문한다)가 체납된 경우 통상 입주자대표회의 등 건물의 관리주체는 집합건물의 소유 및 관리에 관한 법률에 따라 마련된 건물의 관리규약에 따라 건물의 입주자에게 관리비를 청구할 수 있다. 건물의 관리주체는 관리비가 체납된 경우 등기부상 소유자인 수탁자를 상대로 체납관리비를 지급하는 소송을 제기하는 경우가 다수 있다.

건물의 관리주체는 통상 신탁은 위탁자가 수탁자에게 특정의 재산권을 이전하거나 기타의 처분을 하여 수탁자로 하여금 신탁 목적을 위하여 그 재산권을 관리·처분하게 하는 것이므로(신탁법 제1조 제2항), 부동산의 신탁에 있어서 수탁자 앞으로 소유권이전등기를 마치게 되면 대내외적으로 소유권이 수탁자에게 완전히 이전되고, 위탁자와의 내부관계에 있어서 소유권이 위탁자에게 유보되어 있는 것은 아니라 할 것이며, 이와 같이 신탁의 효력으로서 신탁재산의 소유권이 수탁자에게 이전되는 결과 수탁자는 대내외적으로 신탁재산에 대한 관리권을 갖는 것이고, 다만, 수탁자는 신탁의 목적 범위 내에서 신탁계약에 정하여진 바에 따라 신탁재산을 관리하여야 하는 제한을 부담함에 불과하다고 할 것이므로(대법원 2002.4.12. 선고 2000다70460 판결 참조), 특별한 사정이 없는 한 건물의 소유자인 수탁자는 수탁자가 이 사건 소유권이전등기를 마친 후에는 그 소유자로서 건물의 관리주체에게 소정의 연체료를 포함한 건물의 미납관리비 및 이에 대한 지연손해금을 지급할 의무가 있다고 주장하게 된다.

이에 대하여 등기부상 소유자인 수탁자는 통상 신탁계약에 의하면, 위탁자가 신탁부동산인 이 사건 각 상가의 관리비를 부담하도록 규정되어 있는 사실, 신탁등기 신청서에 첨부된 신탁계약서가 신탁등기 경료 당시 신탁원부에 포함되어 이 사건 건물의 등기부에 편철된 사실, 신탁 조항은 신탁자와 수탁자간의 계약이므로 이로써 제3자의 권리에 영향을 줄 수는 없지만, 그것이 등기가 된 경우에는 그 후에 신탁부동산에 관하여 이해관계를 맺은 제3자에게 대항할 수 있으므로(대법원 1975.12.23. 선고 74다736 판결, 대법원 2004.4.16. 선고 2002다12512 판결 등 참조), 수탁자는 등기된 신탁계약에 따라 위탁자가 건물의 관리주체에게 건물의 관리비 납부의무를 부담한다고 대항할 수 있다는 취지로 항변하게 된다. 필요한 경우 신탁계약에서 위탁자가 관리비를 납부하지 않을 경우 수탁자가 이를 대신 납부할 수 있음을 규정하고 있으나, 이를 수탁자가 직접 관리비 납부의무를 부담한다는 취지로 볼 수는 없다는 항변도 덧붙히는 사례도 있다.

이에 대하여 대법원은 등기의 일부로 인정되는 신탁원부에 신탁부동산에 대한 관리비 납부의무를 위탁자가 부담한다는 내용이 기재되어 있다면 수탁자는 이로써 제3자에게 대항할 수 있다는 이른바 신탁등기의 대항력을 인정하여 신탁기간 내 발생한 체납관리비에 대하여는 신탁사에게 청구할 수 없다(대법원 2012.5.9 선고 2012다13590 판결)는 입장이다.

다만 대법원은 위탁자의 구분소유권이 신탁을 원인으로 수탁자에게 이전되었다가 신탁계약에 따른 신탁재산의 처분으로 제3취득자에게 순차로 이전된 경우, 수탁자와 제3취득자는 각 종전 구분소유권자들의 공용부분 체납관리비채무를 중첩적으로 인수하는지 여부에 대하여 원칙적으로 적극설의 입장이고 이는 등기의 일부로 인정되는 신탁원부에 신탁부동산에 대한 관리비 납부의무를 위탁자가 부담한다고 기재되어 있더라도 마찬가지라고 판시한 바 있다(대법원 2018.9.28 선고 2017다273984 판결).

대법원 2018.9.28 선고 2017다273984 판결이 선고된 이후 신탁기간 내 발생한 체납관리비에 대하여는 신탁사에게 청구할 수 없다는 취지의 대법원 2012.5.9 선고 2012다13590 판결이 사실상 폐기된 것이므로 신탁기간 내 발생한 체납관리비도 신탁사에 청구할 수 있다는 일부의 주장이 있고, 일부 하급심에서도 대법원 2018.9.28 선고 2017다273984 판결을 이유로 신탁기간 내 발생한 체납관리비 납부책임을 신탁사가 부담하여

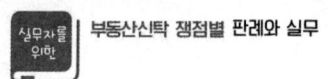

야 한다는 취지로 판결한 사례가 있다.

하지만 다수의 하급심에서는 대법원 2012.5.9. 선고 2012다13590 판결은 대법원 2018.9.28. 선고 2017다273984 판결에 의해 변경·폐기되었다는 취지의 주장에 대하여 아래와 같이 설시하며, 대법원 2012.5.9. 선고 2012다13590 판결과 대법원 2018.9.28. 선고 2017다273984 판결은 모순·저촉된 것이 아니고 사실관계가 다른 것이므로 대법원 2012.5.9. 선고 2012다13590 판결의 결론을 그대로 따르고 있다.

예를 들어 서울고등법원은 다음과 같이 설시하며 2017다273984 판결 선고 이후에도 수탁자는 등기기록의 일부로 인정되는 신탁원부에 신탁부동산에 대한 관리비 납부의무를 위탁자가 부담한다는 내용이 포함되어 있음을 들어 제3자인 건물 관리주체에게 관리비 납부의무를 부담하지 않는다는 점을 대항할 수 있다고 판시하였다.

2017다273984 판결은 "위탁자의 구분소유권에 관하여 신탁을 원인으로 수탁자 앞으로 소유권이전등기가 마쳐졌다가 신탁계약에 따른 신탁재산의 처분으로 제3취득자 앞으로 소유권이전등기가 마쳐지고 신탁등기는 말소됨으로써, 위탁자의 구분소유권이 수탁자, 제3취득자 앞으로 순차로 이전된 경우, 각 구분소유권의 특별승계인들인 수탁자와 제3취득자는 특별한 사정이 없는 한 각 종전 구분소유권자들의 공용부분 체납관리비채무를 중첩적으로 인수하는 것으로 봄이 타당하다. 또한 등기의 일부로 인정되는 신탁원부에 신탁부동산에 대한 관리비 납부의무를 위탁자가 부담한다는 내용이 기재되어 있더라도 제3취득자는 이와 상관없이 종전 구분소유권자들의 소유기간 동안 발생한 공용부분 체납관리비채무를 인수한다고 보아야 한다."는 것에 불과하여 위 2012다13590 판결과 모순·저촉되는 것이 아니다. 또한 위 2017다273984 판결을 살펴보아도 위 2012다13590 판결을 변경한다는 취지의 판시는 발견되지 않는다(서울고등법원 2020.9.24. 선고 2019나2055195 판결).

수원지방법원은 아래와 같이 판시하기도 하였다.

원고는, 2011.7.25. 법률 제10924호로 전부 개정되기 전의 구 신탁법 제3조 제1항에서는 "등기 또는 등록하여야 할 재산권에 관하여는 신탁은 그 등기 또는 등록을 함으로써 제3자에게 대항할 수 있다."고 규정하고 있다가, 2011.7.25. 전부 개정된 신탁법 제4조 제1항에서는 "등기 또는 등록

할 수 있는 재산권에 관하여는 신탁의 등기 또는 등록을 함으로써 그 재산이 신탁재산에 속한 것임을 제3자에게 대항할 수 있다."고 개정되었는바(이하 '이 사건 개정조항'이라 함), 이와 같이 이 사건 개정조항이 '그 재산이 신탁재산에 속한 것임을 대항할 수 있다'고 한정하는 문구를 추가함으로써 신탁재산의 속성으로 인정되는 사유에 한하여 대항력이 인정되는 것으로 개정되었고, 관리비 지급의무의 귀속은 위 신탁재산의 속성으로 인정되는 사유에 해당하지 않으므로, 피고의 위 항변은 이유 없다고 주장한다.

그러나, 이 사건 개정조항은 구 신탁법 제3조의 의미를 보다 구체화한 것일 뿐 대항력의 범위 내지 대상을 축소하였다고는 볼 수는 없으므로(이 사건 개정조항의 의안원문에는 "신탁재산을 등기 또는 등록할 수 있는 재산권과 등기 또는 등록할 수 없는 재산권으로만 분별하여 공시하도록 하되, 등기 또는 등록할 수 있는 재산권은 등기 또는 등록함으로써, 등기 또는 등록할 수 없는 재산권은 분별하여 관리하는 등의 방법으로 신탁재산임을 표시함으로써 제3자에게 대항할 수 있도록 하여 신탁재산의 공시방법을 간명하게 함"이라고 기재되어 있을 뿐, 원고 주장과 같은 입법취지를 추단할 수 있는 법안 검토보고서, 심사보고서 등의 입법 자료는 발견되지 않는다), 원고의 위 주장은 받아들이지 않는다(수원지방법원 2022.6.8. 선고 2021가단559100 판결).

부산지방법원 동부지원은 아래와 같이 판시하였다.

앞서 본 1)항 판결은 신탁부동산에 관한 체납관리비 청구에 있어 신탁원부에 신탁부동산에 대한 관리비 납부의무를 위탁자가 부담한다는 내용이 있는 경우 신탁회사에 대하여는 이를 청구할 수 없다는 것이다. 그 후 1)항 판결에 대하여 전원합의체 판결을 하지 아니한 채 2)항 판결을 하였는바, 그 내용은 기본적으로 신탁계약에 따른 신탁재산의 처분하여 제3취득자가 이를 취득하면 각 구분소유자의 특별승계인들인 수탁자와 제3취득자는 종전 각 구분소유권자들의 공용부분 체납관리비채무를 중첩적으로 인수하는 것이지만, 신탁원부에 신탁부동산에 대한 관리비 납부의무를 위탁자가 부담한다는 내용이 있어 수탁자가 체납관리비에 관하여 1)항 판결에 따라 제3자에게 대항할 수 있는 경우라도 제3취득자는 이와 상관없이 종전 구분소유권자들의 소유기간 동안 발생한 공용부분 체납관리비채무를 인수한다고 보아야 한다는 것이다.

즉 전원합의체 판결을 하지 아니한 채 2)항 판결을 하였다는 것은 기본적으로 1)항 판결의 취지를 변경하지 아니하였다는 것이고, 2)항 판결을 면밀히 검토하여 보아도 신탁계약상 약정 및 등기에 따라 수탁자의 책임이 없다고 하더라도 제3취득자는 여전히 그 책임을 부담한다는 취지일 뿐 이러한 경우 1)항 판결에도 불구하고 수탁자도 그 책임을 부담하는 것으로 해석할 수는 없다고 봄이 상당하다(부산지방법원 동부지원 2023.1.18. 선고 2021가단220569 판결).

위탁자의 구분소유권이 신탁을 원인으로 수탁자에게 이전되었다가 신탁계약에 따른 신탁재산의 처분으로 제3취득자에게 순차로 이전된 경우, 수탁자와 제3취득자는 각 종전 구분소유권자들의 공용부분 체납관리비채무를 중첩적으로 인수하는바, 신탁사는 담보신탁 등을 수탁하는 경우 체납관리비가 있는지 확인하여야 할 필요가 있고, 신탁재산으로 처분으로 제3취득자에게 소유권이 이전되는 경우 체납관리비가 있으면 완납하고 소유권을 이전하거나, 제3취득자에게 체납관리비가 발생하였음을 고지하고 체납관리비를 신탁사에 대하여 구상할 수 없다는 내용을 매매계약서에 기재하거나 별도의 확인서를 징구하는 절차가 필요하다.

나 신탁기간 내 발생한 체납관리비를 신탁사에 청구할 수 있는지 여부

담보신탁계약이 체결되고 신탁등기가 마쳐졌다. 신탁부동산의 관리에 관하여 신탁계약에서는 '위탁자는 신탁부동산을 사실상 계속 점유, 사용하고, 신탁부동산에 대한 보존, 유지, 수선 등 실질적인 관리행위와 이에 소요되는 일체의 비용을 부담한다.', '신탁부동산 및 신탁이익에 대한 제세공과금, 유지관비 및 금융비용 등과 기타 신탁사무의 처리에 필요한 제비용 및 신탁사무 처리에 있어서의 수탁자의 책임없는 사유로 발생한 손해는 위탁자가 부담한다.', '위탁자가 신탁사무처리비용 등을 지급시기에 납부하지 않는 경우에는 수탁자가 대신 납부할 수 있으며, 이 경우에 위탁자는 그 지급일로부터 상환일까지 수탁자의 신탁계정대 이율에 의하여 산정한 지연손해금을 수탁자에게 지급하여야 한다.'고 규정하고 있었다. 건물의 관리주체가 신탁건물에 관리비를 부과하였으나 위탁자 및 신탁사는 관리비를 납부하지 않았다. 건물의 관리주체는 신탁사에 대하여 체납관리비를 지급하라는 소송을 제기하였다.

위와 같은 사실관계에서 대법원은 건물 관리주체의 신탁사에 대한 체납관리비 지급 청구를 기각하였다. 자세한 내용은 아래와 같다.

신탁법 제3조는 등기 또는 등록하여야" 할 재산에 관하여는 신탁은 그 등기 또는 등록을 함으로써 제3자에게 대항할 수 있다."고 규정하고, 구 부동산등기법(2011.4.12. 법률 제10580호로 전문개

정되기 전의 것) 제123조, 제124조는 신탁의 등기를 신청하는 경우에는 ① 위탁자, 수탁자 및 수익자 등의 성명, 주소 ② 신탁의 목적 ③ 신탁재산의 관리방법 ④ 신탁종료사유 ⑤ 기타 신탁의 조항을 기재한 서면을 그 신청서에 첨부하도록 하고 있고 그 서면을 신탁원부로 보며 다시 신탁원부를 등기부의 일부로 보고 그 기재를 등기로 본다고 규정하고 있다. 따라서 위의 규정에 따라 등기의 일부로 인정되는 신탁원부에 신탁부동산에 대한 관리비 납부의무를 위탁자가 부담한다는 내용이 기재되어 있다면 수탁자는 이로써 제3자에게 대항할 수 있다.

원심판결 이유에 의하면, 원심은 채택 증거를 종합하여 이 사건 신탁계약 제9조 제1항 및 제14조 제1항에 의하면, 위탁자가 신탁부동산인 이 사건 각 상가의 관리비를 부담하도록 규정되어 있는 사실, 이 사건 신탁등기 신청서에 첨부된 이 사건 신탁계약서가 이 사건 신탁등기 경료 당시 신탁원부에 포함되어 이 사건 건물의 등기부에 편철된 사실을 인정한 다음, 피고는 등기된 이 사건 신탁계약에 따라 위탁자인 함○○이 원고에게 이 사건 각 상가의 관리비 납부의무를 부담한다고 대항할 수 있다는 이유로 원고의 청구를 기각하였다.

관련 법리와 기록에 비추어 살펴보면, 원심의 위와 같은 판단은 정당한 것으로 수긍이 가고, 거기에 상고이유의 주장과 같이 이 사건 신탁계약의 해석에 관하여 논리와 경험의 법칙을 위반하고 자유심증주의의 한계를 벗어나는 등의 위법이 없다(대법원 2012.5.9. 선고 2012다13590 판결).

따라서 현재로서는 신탁기간 중 발생한 체납관리비는 공용부분과 전용부분을 불문하고 신탁사가 납부책임을 부담하지 아니한다고 판단된다. 이는 앞서 서술했듯이 대법원 2018.9.28 선고 2017다273984 판결이 선고된 후에도 마찬가지로 보인다.

다 공매낙찰자가 종전 구분소유권자들의 공용부분 체납관리비채무를 중첩적으로 인수하는지 여부

위탁자는 신탁사와 부동산관리처분신탁계약을 체결하고 신탁등기를 마쳤다. 신탁계약에는 위탁자가 신탁부동산인 쇼핑몰의 관리비를 부담하도록 규정되어 있고, 신탁등기 신청서에 첨부된 신탁계약서가 신탁등기 경료 당시 신탁원부에 포함되어 건물의 등기부에 편철되었다. 관리규약에서는 '건물유지 및 영업관리 관련 공동의 이익을 위해 소요되는 비용 등의 부담 의무'를 구분소유자의 의무 중의 하나로 규정하고 있고, 등기부상 소유권자는 구분소유자의 권리의무를 자동으로 승계한다고 규정하고 있다. 신탁사는 우선수익자들의 요청에 따라 신탁재산에 대한 공매절차를 진행하여 제3취득자에게 소유권이전등기를 마쳤고, 신탁등기는 신탁재산처분을 원인으로 말소되었다.

위와 같은 사실관계에서 대법원은 위탁자의 구분소유권이 수탁자, 제3취득자 앞으로 순차로 이전된 경우, 각 구분소유권의 특별승계인들인 수탁자와 제3취득자는 특별한 사정이 없는 한 각 종전 구분소유권자들의 공용부분 체납관리비채무를 중첩적으로 인수한다고 봄이 타당하다. 또한 등기의 일부로 인정되는 신탁원부에 신탁부동산에 대한 관리비 납부의무를 위탁자가 부담한다는 내용이 기재되어 있더라도, 제3취득자는 이와 상관없이 종전 구분소유권자들의 소유기간동안 발생한 공용부분 체납관리비채무를 인수한다고 보아야 한다는 취지로 판시하였다. 자세한 사항은 아래와 같다.

집합건물법 제18조의 입법 취지와 공용부분 관리비의 승계 및 신탁의 법리 등에 비추어 보면, 위탁자의 구분소유권에 관하여 신탁을 원인으로 수탁자 앞으로 소유권이전등기가 마쳐졌다가 신탁계약에 따른 신탁재산의 처분으로 제3취득자 앞으로 소유권이전등기가 마쳐지고 신탁등기는 말소됨으로써, 위탁자의 구분소유권이 수탁자, 제3취득자 앞으로순차로 이전된 경우, 각 구분소유권의 특별승계인들인 수탁자와 제3취득자는 특별한 사정이 없는 한 각 종전 구분소유권자들의 공용부분 체납관리비채무를 중첩적으로 인수한다고 봄이 타당하다. 또한 등기의 일부로 인정되는 신탁원부에 신탁부동산에 대한 관리비 납부의무를 위탁자가 부담한다는 내용이 기재되어 있더라도, 제3취득자는 이와 상관없이 종전 구분소유권자들의 소유기간 동안 발생한 공용부분 체납관리비채무를 인수한다고 보아야 한다(대법원 2018.9.28 선고 2017다273984 판결).

위의 대법원 판결에 따라 신탁원부에 신탁부동산에 대한 관리비 납부의무를 위탁자가 부담한다는 내용이 기재되더라도, 위탁자의 구분소유권이 수탁자, 제3취득자 앞으로 순차로 이전된 경우, 각 구분소유권의 특별승계인들인 수탁자와 제3취득자는 각 종전 구분소유권자들의 공용부분 체납관리비채무를 중첩적으로 인수하게 되는 바, 전술한 바와 같이 신탁사는 담보신탁을 수탁하거나 공매 등으로 제3자에게 처분할 때 체납관리비가 승계되지 않도록 유의할 필요가 있다.

특히 낙찰자가 관리비에 관하여 이의를 제기할 가능성이 있으므로 공매시에는 승계되는 체납관리비가 존재하는지 여부를 공매공고 및 공매 매매계약서에 기재하는 것이 바람직하고, 매매계약서에도 체납관리비는 매수인이 인수하는 것에 동의한다는 취지의 내용을 추가하는 것이 바람직하다.

라 기타 하급심(모두 2017다273984 판결이 선고된 이후의 것)

신탁기간 내 발생한 체납관리비의 지급을 수탁자에게 청구한 사안에서 서울고등법원(미상고 확정)은 『신탁계약의 특약사항은 "위탁자는 신탁부동산에 대한 관리비를 지급하여야 하며, 수탁자는 지급의무가 없음을 확인한다."고 정하고 있는 사실, 신탁계약서가 신탁원부에 포함되어 각 호실의 등기부에 편철되어 있는 사실은 앞서 인정한 바와 같다. 따라서 수탁자는 등기기록의 일부로 인정되는 신탁원부에 신탁부동산에 대한 관리비 납부의무를 위탁자가 부담한다는 내용이 포함되어 있음을 들어 제3자인 건물 관리단에게 관리비 납부의무를 부담하지 않는다는 점을 대항할 수 있다(이와 다른 전제에서 "위 계약 조항은 내부적인 관계에서만 위탁자가 종국적으로 관리비를 부담하기로 약정한 것에 불과하고, 제3자에 대한 관계에서까지 수탁자가 관리비 지급의무를 부담하지 않는다는 점을 약정한 것으로 볼 수 없다."는 취지의 건물 관리단의 주장은 받아들일 수 없다)(서울고등법원 2020.9.24. 선고 2019나2055195 판결).』고 판시하며 건물 관리단의 수탁자에 대한 체납관리비 지급 청구를 기각하였다.

또한 위 사안에서 원고인 건물 관리단이 대법원 2012.5.9. 선고 2012다13590 판결은 개정 신탁법 이전의 구 신탁법이 적용된 사안이어서 개정 신탁법에서는 신탁등기의 대항력 규정이 변경되었으므로 더 이상 적용될 수 없다고 주장하였는데, 그에 대한 서울고등법원의 판단은 아래와 같다.

원고인 건물관리단은 「2011.7.25. 법률 제10914호로 전부 개정되기 전의 구 신탁법 제3조 제1항에 서는 "등기 또는 등록하여야 할 재산권에 관하여는 신탁은 그 등기 또는 등록을 함으로써 제3자에게 대항할 수 있다."고 규정하고 있다가, 2011.7.25. 전부 개정된 신탁법 제4조 제1항에서는 "등기 또는 등록할 수 있는 재산권에 관하여는 신탁의 등기 또는 등록을 함으로써 그 재산이 신탁재산에 속한 것임을 제3자에게 대항할 수 있다."고 개정되었다(이하 '이 사건 개정 조항'이라 한다). 이와

같이 신탁법이 '그 재산이 신탁재산에 속한 것'으로 한정하는 문구를 추가함으로써 신탁재산의 속성으로 인정되는 사유에 한하여 대항력이 인정되는 것으로 개정되었다. 그런데 관리비 지급의무의 귀속은 위 신탁재산의 속성으로 인정되는 사유에 해당하지 않으므로, 피고가 관리비 지급의무의 귀속에 관한 이 사건 신탁계약의 내용으로 원고에게 대항할 수 없다.』라고 하며 대법원 2012.5.9. 선고 2012다13590 판결은 더 이상 적용되어서는 안된다고 주장하였다.

하지만 서울고등법원은 『이 사건 개정 조항은 구 신탁법 제3조의 의미를 보다 구체화한 것일 뿐 대항력의 범위 내지 대상을 축소하였다고는 볼 수 없으므로(이 사건 개정 조항의 의안원문에는 "신탁재산을 등기 또는 등록할 수 있는 재산권과 등기 또는 등록할 수 없는 재산권으로만 분별하여 공시하도록 하되, 등기 또는 등록할 수 있는 재산권은 등기 또는 등록함으로써, 등기 또는 등록할 수 없는 재산권은 분별하여 관리하는 등의 방법으로 신탁재산임을 표시함으로써 제3자에게 대항할 수 있도록 하여 신탁재산의 공시방법을 간 명하게 함"이라고 기재되어 있을 뿐, 원고 주장과 같은 입법취지를 추단할 수 있는 법안 검토보고서, 심사보고서 등의 입법 자료는 발견되지 않는다), 원고의 위 주장은 받아들이지 않는다.』라고 판시하며, 개정 신탁법 시행 후에 문제된 사안에서도 대법원 2012.5.9. 선고 2012다13590 판결이 적용된다고 판단하였다.

또한 신탁기간 내 발생한 체납관리비의 지급을 신탁사에게 청구한 사안에서 서울중앙지방법원(항소심, 미상고확정)은 『신탁계약 내용에 의하면, 신탁부동산의 임대차 및 유지관리 행위 일체는 위탁자가 하고, 신탁재산에 관한 제세공과금, 등기비용 등 신탁사무처리에 필요한 제비용도 위탁자가 부담하는 것으로 정하고 있으며, 신탁계약서가 신탁원부에 포함되어 있어 신탁부동산의 등기부에 편철되어 있다. 이러한 점에다가 신탁부동산의 관리비에는 가스요금, 상하수도요금, 전기요금 등 일반적으로 공과금의 범위 내에 포섭될 수 있는 비용이 포함되어 있는 점 등을 아울러 고려하면, 신탁부동산에 대한 관리비는 신탁계약에서 위탁자가 부담하기로 정하고 있는 '제세공과금'에 포함된다고 할 것이다.

수탁자인 신탁회사는 등기기록의 일부로 인정되는 신탁원부에 기재된 신탁계약에 따라 위탁자가 신탁부동산의 관리비 지급의무를 부담한다는 점을 들어 원고(건물의 관리주체)에게 대항할 수 있다(원고가 드는 대법원 2018.9.28. 선고 2017다273984 판결은 수탁자로부터 신탁재산을 취득한 제3취득자가 신탁원부의 기재와 상관없이 종전 구분소유권자의 공용부분 체납관리비채무를 인수한다고 보아야 한다는 취지의 판결로 사실관계를 달리하는 이 사안에 원용할 수 없다)(서울중앙지방법원 2021.9.9. 선고 2020나81825 판결).」고 판시하며 신탁기간 내 발생한 체납관리비에 대하여 신탁회사에게 지급 책임이 없음을 분명히 하였다.

마 실무처리 TIP

담보신탁 등을 수탁하는 경우 체납관리비가 있으면 그 체납관리비 중 공용부분 관리비는 수탁자에 승계되므로 체납관리비 존재여부를 확인할 필요가 있다. 다만 실무상 체납관리비의 금액이 그리 크지 않은 경우가 대부분이고 신탁 초기에 문제되는 경우는 드문 편이다.

건물의 관리주체(입주자대표회의, 관리단, 관리회사 등)가 신탁기간 내에 체납된 관리비를 수탁자에게 청구하는 경우 소송에서는 사실관계가 상이하므로 대법원 2018.9.28. 선고 2017다273984 판결의 내용이 적용되지 않는다는 점을 적극적으로 주장하여야 한다.

신탁 해지 또는 공매(직접처분 포함)를 원인으로한 소유권이전등기 경료시 체납관리비가 있으면 공용부분에 한하여 위탁자 또는 제3취득자에게 승계되고, 이는 신탁원부에 신탁부동산에 대한 관리비 납부의무를 위탁자가 부담한다고 기재되어 있더라도 마찬가지이므로, 체납된 관리비를 완납하고 난 후 신탁해지 및 공매 등을 통한 소유권이전등기절차를 진행하는 것이 바람직하다. 부득이한 사유로 체납관리비를 완납하지 못하는 경우 위탁자 또는 제3취득자가 승계된 공용부분 관리비를 구상할 수 없도록 신탁해지요청서 또는 매매계약에서 관련 사항을 기재하거나 별도의 확인서를 징구할 필요가 있다.

특히 현재 신탁등기가 경료된 기간 중에 발생한 체납관리비를 수탁자가 부담하여야 하는지 여부에 관하여 복수의 사건이 대법원에 계류 중이고 위 사건에서 체납관리비를 수탁자가 부담하여야 한다는 취지의 판결이 선고될 가능성이 없다 할 수 없으므로, 공매 등으로 신탁부동산이 전부 소멸하는 경우에는 우선수익자와 협의하여 체납관리비를 먼저 납부할 수 있도록 하거나, 여러 이유로 체납관리비 정산이 어렵다면 신탁공매 매수인과 협의(신탁공매 공고 및 매매계약서에 관련 내용을 선제적으로 기재하여야 함은 물론이다)하여 체납관리비 정산을 소유권이전의 전제조건이 될 수 있도록 조치하는 것이 수탁자의 우발채무 발생방지라는 측면에서 바람직하다 할 것이다.

5 신탁과 공매

가 신탁 공매 기본개념[11]

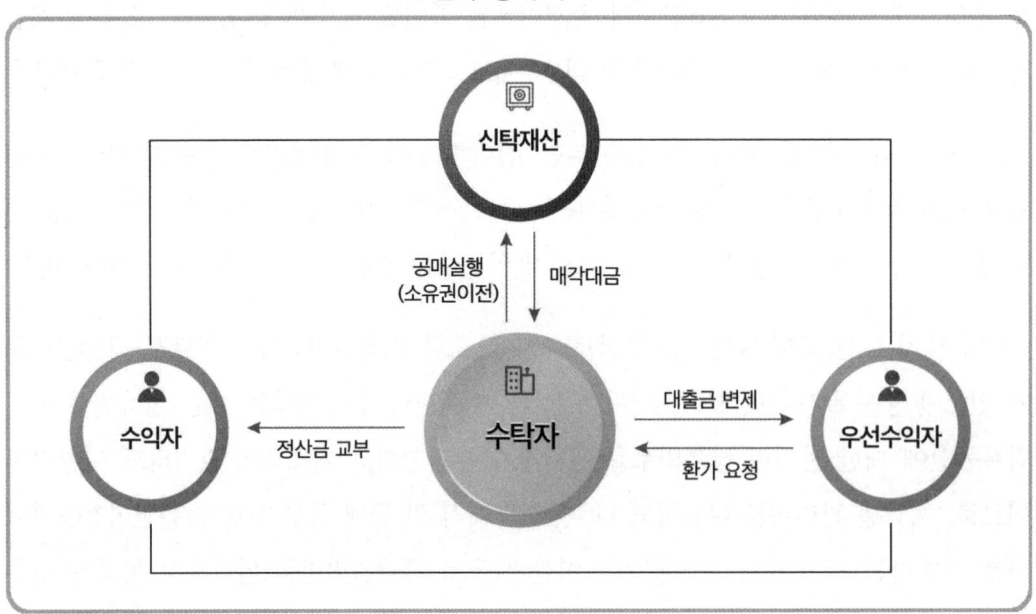

∥ 신탁 공매 구조도 ∥

　신탁 공매는 통상적으로 담보신탁에서 이루어지므로 담보신탁의 개념을 먼저 이해할 필요가 있다. 위탁자가 금전채권을 담보하기 위하여 금전채권자를 우선수익자로, 위탁자를 수익자로 하여 위탁자 소유의 부동산을 신탁법에 따라 수탁자에게 이전하면서 채무불이행 시에는 신탁부동산을 처분하여 우선수익자의 채권 변제 등에 충당하고 나머지를 위탁자에게 반환하기로 하는 부동산신탁 유형을 통상 담보신탁이라 한다.

　신탁법상의 신탁은 위탁자가 수탁자에게 특정의 재산권을 이전하거나 기타의 처분을

---

11) 서울고등법원 2011.6.16. 선고 2010나52982(본소),2010나52999(반소) 판결 3. 판단, 가. 부동산담보신탁의 개념과 수탁자의 수익금 정산 방식 이하 내용을 차용하였으며 약간 덧붙히거나 수정·삭제한 부분이 있다.

하여 수탁자로 하여금 신탁 목적을 위하여 그 재산권을 관리·처분하게 하는 것이므로(신탁법 제1조 제2항), 부동산의 신탁에 있어서 수탁자 앞으로 소유권이전등기를 마치게 되면 신탁된 부동산의 소유권은 대내외적으로 수탁자에게 완전히 이전되고 위탁자와의 내부관계에 있어서 소유권이 위탁자에게 유보되는 것은 아니다(대법원 2005.7.28. 선고 2004두8767호 판결, 대법원 2008.3.13. 선고 2007다54276 판결 등 참조).

한편, 부동산담보신탁은 담보의 목적으로 채무자 또는 제3자가 위탁자가 되어 수탁자에게 부동산의 소유권을 이전하고 채무자가 그 채무를 불이행하면 수탁자가 담보목적 부동산을 처분하여 그 공매대금으로 채권자인 우선수익자에 대한 채무를 정산하고 잔액이 있을 때에는 수익자 또는 위탁자에게 지급하는 방법을 취하는 것으로서 신탁제도를 이용한 부동산담보방법이라고 할 수 있다. 이러한 부동산담보신탁은 ① 저당권과 달리 피담보채권과 분리하여 수익권만을 양도할 수 있고, 법원의 경매절차를 배제하고 신탁회사에서 직접 공매절차를 진행시키는 등 임의매각방법에 의하여 우선수익권을 실행함으로써 시간과 비용을 절감할 수 있고 공매대금도 높게 유지할 수 있으며, ② 양도담보나 가등기담보 등과 달리 담보목적의 신탁등기임이 신탁원부를 통하여 명확히 공시됨으로써 거래의 안전에 더욱 충실하다는 점에서 채권자의 입장에서 저당권이나 다른 변칙담보권보다 더 강력하고 안전한 담보수단이 된다.

그런데 부동산담보신탁은 신탁의 형식을 취하고 있지만 경제적인 실질은 담보라고 할 수 있는바, 채무자뿐 아니라 제3자가 신탁부동산을 제공함으로써 위탁자가 수인이 되는 경우 신탁재산을 매각하고 그 공매대금을 우선수익자인 채권자의 채권에 충당하고 남은 잔액을 위탁자들 사이에서 어떠한 방식으로 정산하여야 하는지에 관하여는 신탁법에서 아무런 규정을 두고 있지 않으므로, 신탁계약에서도 따로 정함이 없는 경우에 어떠한 법리와 기준을 적용하여야 하는지가 문제된다.

더욱이 일부 위탁자의 일반 채권자가 수탁자로부터 받을 당해 위탁자의 수익금에 대하여 압류 전부명령 등을 받았을 경우 수익금 정산을 어떻게 하느냐에 따라 압류 전부명령의 효력이 미치는 금액의 범위가 달라지게 되어, 새로운 이해관계를 맺게 되는 제3자 입장에서도 공매대금 배분에 적용되는 법리나 기준의 내용은 매우 중요하므로, 수탁자가 위탁자들에게 분배될 정산금을 마음대로 정할 수는 없다고 할 것이고, 부동산담보신탁의 실질적 측면이나 수탁자의 선관주의의무 등 여러 가지 사정을 고려하여 가장 합리적이고도 공평타당하게 적용될 법리와 기준을 마련할 필요가 있다.

이와 관련하여 부동산담보신탁의 법적 성질을 변칙담보권으로 보는 견해와 신탁법 고유의 법리에 따라 이해해야 한다는 견해가 존재하는바, 전자는 담보신탁의 실질적 측면을 강조하는 견해로서 담보신탁의 형식에 관한 사항, 즉 신탁재산의 공시나 독립성에 관한 사항은 신탁법 등 신탁 관계법이 적용되지만 신탁재산의 공매대금 배분과 같은 실질에 관한 사항은 민법의 규정이 적용된다는 것으로서, 부동산담보신탁이 신탁 관계법의 규정이나 신탁계약만으로 해결하는 것이 곤란하거나 타당하지 않을 수 있다는 인식을 바탕으로 제기되는 견해라고 보이고, 이러한 입장을 취한다면 이 사건 공매대금의 분배 기준에 관하여 민법의 담보권에 관한 조항을 유추적용해야 한다는 해석도 가능할 것이나, 다른 한편 부동산담보신탁의 담보적 효력은 단지 신탁이라는 제도를 택했기 때문에 발생하는 것이고, 부동산담보신탁을 변칙담보권으로 이해하여 민법의 적용을 허용하겠다는 것은 신탁재산의 독립성과 같은 신탁법의 법리와 배치되는 측면이 있다는 점을 고려하면 어느 견해를 취하는 것이 타당하다고 선뜻 결론 내리기 어렵다.

부동산담보신탁에 있어서 이 사건과 같이 신탁재산의 공매대금 분배와 관련하여 다수의 배치하는 이해관계인이 존재함에도 신탁법 등 신탁 관계법이나 신탁계약에서 별도의 정함이 없는 경우 수탁자는 어떠한 기준으로 공매대금을 분배하여야 하는지가 문제된다.

이 문제는 결국 수탁자가 부담하는 선관주의의무, 충실의무를 어떻게 해석하여야 하는지와 관련될 것이다. 현행 신탁법은 수탁자는 수익자의 이익을 위하여 신탁사무를 처리하여야 한다(신탁법 제33조)고 규정하여 이른바 수탁자의 충실의무에 관한 규정을 두고 있고, 타인으로부터 신뢰를 받아 사무처리를 하는 자인 수탁자라면 당연히 충실의무를 부담한다고 예견할 수 있으며, 위탁자 또는 수익자도 수탁자의 충실의무 이행을 기대하는 것은 당연할 뿐 아니라 현행 신탁법 제32조에서 수탁자의 선량한 관리자로서의 주의의무를, 제36조에서 수탁자의 이익향수금지를 각 정하고 있고, 제34조에서 일반적으로 수탁자의 신탁재산에 관한 권리취득을 제한하고 있는 점을 고려하면 수탁자는 신탁 목적에 따라 신탁재산을 관리하여야 하고 신탁재산의 이익을 최대한 도모하여야 하는 충실의무를 부담한다고 해석할 수 있다(대법원 2005.12.22. 선고 2003다55059 판결 참조).

나아가 동일한 채무의 담보 목적으로 다수의 신탁계약과 다수의 수익자가 존재하는 경우 수익자 간의 이익의 충돌이 발생될 수 있으므로 이를 해결하기 위해서는 수탁자의 충실의무의 한 유형으로서 다수 수익자를 공평하게 취급하여야 할 공평의무를 인정할 수 있다. 그러나 신탁계약이 항상 동일한 내용으로 정해지는 것은 아니고 구체적인 경우에 상이한 내용으로 정해질 수 있는 점을 고려하면 공평의무가 '수탁자는 모든 수익자를 항상 똑같이 취급해야 한다'는 것을 의미한다고 볼 수 없으므로, 신탁계약의 내용에 따라 실질적으로 수익자를 공평하게 취급하여야 하는 의무라고 해석함이 타당하다.

한편, 수탁자는 신탁행위에 의하여 형식상 신탁재산의 소유권자로 되지만 실질적으로는 그 신탁재산에 대한 관리권을 갖는 데 불과하므로, 수탁자는 신탁재산에 대한 관리의무를 지고, 신탁법 제32조에서도 수탁자에게 '수탁자는 선량한 관리자의 주의(注意)로 신탁사무를 처리하여야' 할 의무가 있다고 규정하고 있는바, 이때의 선량한 관리자의 주의의무는 민법상의 선관주의의무와 같으며 수탁자가 속하는 사회적 지위나 직업 또는 신탁설정시의 특별한 사정에 의하여 일반적, 객관적으로 요구되는 주의의무라고 할 것이다.

그런데 신탁계약의 수익권은 위탁자가 설정한 내용대로 인정되는 것이므로 신탁계약에 인정되는 공평의무나 선관주의의무의 내용을 해석함에 있어서는 계약의 내용을 가장 중요한 요소로 고려하여야 할 것이고, 동일한 채무의 담보 목적으로 수인의 위탁자가 동일한 수탁자에게 각자의 부동산을 담보신탁하면서 별도로 위탁자 간의 우선순위나 수익비율을 정하지 않은 경우에도 신탁계약의 전체적인 취지와 위탁자와 채권자 등 신탁계약 당사자들 간의 관계 또는 신탁의 전제로서 체결된 다른 약정의 내용 등을 종합적으로 고려하여 어떠한 방식으로 수인의 위탁자에게 정산을 하는 것이 공평의무나 선관주의의무에 부합하는지를 따져야 할 것이다.

특히 처분금지가처분 등 각종 보전처분, 강제집행이 존재함에도 불구하고 우선수익자가 무작정 공매를 진행하여 낙찰자에게 신탁부동산의 소유권을 넘기라고 강요하는 경우가 있는데, 원칙적으로 처분금지가처분이 존재하는 경우 신탁공매는 진행하지 아니하는 것이 바람직하다. 서울고등법원도 처분금지가처분이 존재하는 경우 수탁자는 공매를 진행하지 아니하는 것이 적법하다는 취지로 판시한 바 있다.

나 신탁 공매 진행 절차

신탁 공매는 실무적으로 통상 대출금융기관인 우선수익자에 대하여 채무자인 위탁자가 채무를 불이행하여 기한의 이익을 상실하는 경우 우선수익자는 위와 같은 사실을 수탁자에게 알리고 담보신탁 부동산에 대한 처분절차 진행을 요청하게 된다. 수탁자는 채무자가 피담보채권에 관한 채무를 불이행하여 기한의 이익이 상실된 경우 위탁자에게 14일 이상의 기간을 부여하여 위반사유를 해결하여 없앨 것을 요구하였음에도 불구하고 위탁자가 적절한 조치를 취하지 아니하는 때에는 우선수익자의 서면 요청에 의하여 신탁부동산을 처분할 수 있다. 만약 우선수익자가 여러 명인 경우 최우선 순위인 우선수익자의 서면요청을 받아 진행한다.

신탁부동산의 처분은 공개시장에서 경쟁을 통하여 처분(이를 통상 '공매'라고 한다)하는 것을 원칙으로 한다. 다만 공매가 되지 아니한 경우에는 다음 회차 공매 시작 전까지 직전 회차 공매시 제시했던 조건 이상의 조건으로 수의계약을 체결할 수 있다. 신탁부동산을 공매함에 있어 수탁자는 감정가격 또는 회차별 예정가격 이상을 제시한 매수희망자 중 가장 높은 금액을 제시한 자를 신탁부동산의 매수인으로 정한다.

신탁부동산의 공매시 예정가격은 수탁자가 선정하는 감정평가 전문기관의 감정평가액 이상으로 한다. 감정가격으로 신탁부동산이 공매되지 않을 경우 직전 예정가격의 10%(우선수익자의 요청에 따라 변경할 수 있다)를 감액한 금액을 예정가격으로 하여 다시 공매한다.

수탁자가 신탁부동산을 환가하여 정산하는 경우 순위는 신탁계약에서 정한 바에 따른다. 환가대금 정산순서는 통상적으로 1순위로 소송 및 보전처분 관련 비용, 신탁사무처리비용, (수탁자가 납세의무자인)제세공과금, 수탁자가 부담하는 신탁재산의 관리 그 밖의 사무와 관련된 비용(신탁사무처리비용), 신탁보수 등이 있고, 2순위로 우선수익자의 피담보채권, 3순위로 수익자의 수익금 등의 순서로 배분된다. 신탁사무처리비용에는 각종 부담금, 관리비, 이행강제금, 지료, 화재 등으로 인한 제3자의 손해배상금 등이 포함되고 이에 한정하지 않는다. 처분대금 등의 정산은 처분대금을 전부 받은 후에 하는 것을 원칙으로 한다.

신탁부동산을 처분하는 경우 신탁부동산의 구체적인 처분방법(인터넷자산처분시스템(Onbid), 수의계약, 수탁자 직접 공매 등), 처분가격, 처분조건, 처분대금 수납방법 기타 처분에 관한 사항을 수탁자와 (최선순위)우선수익자가 협의하여 정할 수 있고, 위탁자는 이에 대하여 이의를 제기하지 못한다. 수의계약으로 신탁부동산을 처분하는 경우 신탁부동산의 처분가격은 신탁부동산의 시장가격으로 볼 수 있는 공정한 가액(처분을 위한 감정평가금액이상, 분양가 등)으로 정하여야 한다. 다만 간혹 신탁계약 체결시부터 위탁자, 우선수익자, 수탁자가 협의하여 신탁부동산의 처분가격을 미리 정해놓는 경우도 있다.

신탁부동산을 처분하는 경우, 명도책임, 담보책임, 민원 기타 매도인이 부담하는 제반 의무 및 책임 일체는 위탁자가 부담하며, 이를 확인하기 위하여 매매계약서(또는 분양계약서 등 명칭 불문)에 '수탁자는 매수인 앞으로의 등기부상 소유권이전에 관하여만 책임을 지며, 그 외 매도인으로서의 제반 책임과 의무는 위탁자에게 있다'라는 문구를 삽입한다. 우선수익자가 수탁자에게 신탁부동산의 처분을 요청할 경우 신탁부동산 전체에 대한 일괄처분 요청을 원칙으로 한다. 다만, 수탁자의 동의를 득하여 우선수익자가 신탁부동산에 대한 개별처분 요청을 하여, 그에 따라 분할처분을 하는 경우도 있다.

신탁부동산이 환가되어 그 대금을 정산 배당하는 경우 우선수익자에 대한 배당비율은 우선수익권 한도금액 기준이 아니라 배당당시 우선수익자의 실채권액을 기준으로 한다. 후순위 우선수익자란 선순위 우선수익자가 신탁부동산을 환가한 대금에서 자신의 채권을 우선수익권 한도 내에서 행사하고 남은 잔여 수익범위에서 후순위로 채권의 만족을 얻는 수익자를 말한다. 선순위 우선수익자가 채권액의 전부를 변제 받은 경우에는 신탁계약에서 정한 우선수익자의 권리 및 의무는 자동으로 소멸되며, 이 경우 차순위 우선수익자의 순의가 자동 승진한다. 신탁계약과 관련하여 우선수익자의 권리행사시(신탁부동산의 처분요청 권한을 포함하며 이에 한하지 않는다) 선순위 우선수익자는 후순위 우선수익자의 동의를 필요치 않으며, 후순위 우선수익자는 선순위 우선수익자의 사전동의를 득하여야 한다.

한편, 신탁공매는 민사집행법상 경매나 국세징구법상 공매와 구별된다. 국세징수법상 공매와 이름이 같아 혼동할 수도 있으나 신탁 공매에서는 국세징수법이 적용되지 않는다. 또한 위 서술한 사항들은 신탁부동산 공매시 통상적으로 이루어지는 실무를 바탕으로 하였으나, 신탁계약의 내용 또는 신탁계약 당사자 합의를 통하여 변경되거나 수정될 수 있으므로 개별 공매마다 신탁계약서 또는 공매공고를 각 확인하는 것이 필요하다.

위의 사항은 모두 일반적인 공매를 상정하고 그에 대한 사항을 기재한 것으로서 신탁 특약으로 별도로 정한 경우 신탁 특약에서 정한 사항에 따라 공매가 진행된다. 따라서 공매의 경우 신탁계약서 확인이 그 무엇보다 중요하다.

다 신탁 공매 관련 중요 판례

1) 채무자와 채무자 아닌 자가 공동 위탁자인 담보신탁에서 신탁부동산 공매시 처분대금 배분 방법

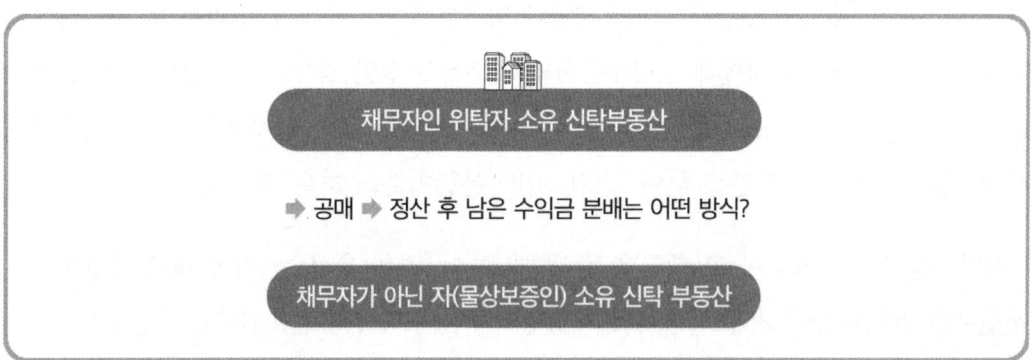

가) 사실관계

① 재건축사업을 진행하기 위하여 복수의 부동산소유자들이 자신의 토지 및 건물을 담보신탁하면서 일부 위탁자만 대출금융기관의 대출채권에 관한 채무자가 되고, 나머지 위탁자들은 대출채권의 채무자의 지위는 없었지만 대출채권을 담보하기 위하여 대출금융기관을 우선수익자로 설정하였다. ② 재건축사업이 지연되면서 대출금이 연체되어 기한의 이익이 상실되었고, 우선수익자인 대출금융기관의 요청에 따라 신탁회사는 신탁부동산의 공매절차를 진행하였다. ③ 공매진행 결과 신탁부동산의 공매대금은 약 200억원이고 소유권은 낙찰자에게 귀속되었다. ④ 신탁회사는 공매대금을 배분함에 있어 우선수익자인 대출금융기관과 공매에 관한 정산금채권에 대한 채권압류 및 전부명령 채권자 등에게 공매대금 중 일부를 지급한 후 남은 약 70억원에 관하여 정산배분방식을 정할 수 없어 채무자 불확지라

는 이유로 채무자가 아닌 위탁자 등 이해관계인을 피공탁자로 하여 공탁하였다.

나) 쟁점

채무자인 위탁자와 채무자가 아닌 위탁자에 대한 공매대금에 관한 수익금 배분방식에 관하여 ① 위탁자별 수익금(공매대금 배분액에 예금이자를 더한 금액)이 전체 수익금에서 차지하는 비율에 따라 대출금융기관인 우선수익자의 우선수익금을 안분하여 상환하는 방식(= 위탁자별 수익금 ÷ 전체 수익금 × 우선수익자의 우선수익금)과 ② 우선수익자의 우선수익금을 참가인이 받을 수익금에서 우선 상환하는 방식(= 채무자의 수익금 - 우선수익자의 우선수익금) 즉, 우선 채무자가 신탁한 부동산 부분의 처분대금에서 우선수익자의 우선수익금을 공제하는 방식 중 어느 방식을 택해야 하는지가 다투어졌다.

간단히 설명하자면 공매대금에서 우선수익금을 공제할 때 ① 채무자인 위탁자와 채무자가 아닌 위탁자를 동등하게 취급하여야 하는지(채무자인 위탁자가 유리한 방식) 아니면 ② 채무자인 위탁자를 더 불리하게 생각하여 채무자인 위탁자의 수익금에서 먼저 우선수익금을 공제하고 남는 부분은 채무자가 아닌 위탁자가 비율에 따라 공제하는 방식(채무자가 아닌 위탁자가 유리한 방식)으로 공매대금을 배분하여야 하는지가 문제된 것이다.

참고로 위 판결에서 토지(건물은 사업진행과정에서 철거되었다)의 공유지분권자인 ① 위탁자들의 지분 평가금액 계산식은 '위탁자의 해당 토지에 대한 공유지분 × 해당 토지의 감정가격'이고, ② 토지의 공매대금을 위탁자별 지분 평가금액비율에 따라 배분하는 계산식은 '위탁자의 지분 평가금액 ÷ 전체감정금액 × 공매대금'으로 계산하였다.

다) 대법원의 판단

대법원은 처분대금에서 채무자인 위탁자의 수익금으로 먼저 대출금을 상환하여야 한다는 취지로 판시하였다. 자세한 내용은 아래와 같다.

채무자 甲 주식회사와 채무자가 아닌 乙 등이 甲 회사의 丙 은행에 대한 대출금 채무를 담보하기 위하여 자신들이 소유한 부동산들을 신탁하였는데, 그 후 우선수익자인 丙 은행의 청구로 신탁부동

산들이 처분되어 처분대금에서 丙 은행에 배분할 수익금을 공제하여 지급하는 방식으로 대출금 채무를 상환하게 된 사안에서, 자신의 채무를 담보하기 위하여 부동산을 신탁하는 위탁자는 신탁부동산의 처분대금이 채무의 변제에 충당된다는 것을 당연한 전제로 하는 반면, 다른 사람의 채무를 담보하기 위하여 부동산을 신탁하는 위탁자는 채무자가 신탁한 부동산의 처분대금으로 채무가 전부 변제된다면 자신이 신탁한 부동산이나 그에 갈음하는 물건은 그대로 반환된다는 것을 전제로 하여 신탁계약을 체결하였다고 봄이 당사자의 의사에 부합하는 점 등에 비추어, 채무자가 아닌 乙 등이 채무자 甲 주식회사의 丙 은행에 대한 대출금 채무를 담보하기 위하여 부동산을 신탁한 후에 그 신탁부동산이 처분되어 그 처분대금에서 우선수익자인 丙 은행에게 배분하는 수익금을 공제하여 이를 丙 은행에게 지급하는 방식으로 대출금 채무를 상환함에 있어, 우선 甲 회사가 신탁한 부동산 부분의 처분대금에서 丙 은행에 대한 수익금을 공제하는 방식으로 대출금을 상환하여야 한다(대법원 2014.2.27. 선고 2011다59797,59803 판결).

위탁자 중 일부만 채무자인 경우 채무자가 대출금을 제때 상환하지 못하여 공매절차가 진행된다는 점에서 채무자의 책임이 크고, 채무자와 채무자 아닌 자를 동일시하는 것은 합리적인 이유 없이 채무자의 책임을 경감시키고 채무자 아닌 자의 책임을 무겁게 하는 결과를 초래한다는 점에서 대법원의 판단은 타당하다 판단된다.

라) 실무 TIP

실무상 위탁자 전부가 채무자가 아니라 일부만 채무자인 담보신탁 계약이 종종 체결되는바, 이러한 구도의 담보신탁에서 공매를 진행하는 경우 채무자인 위탁자의 공매대금에서 우선수익금을 우선적으로 배분하고 나머지 금액을 채무자가 아닌 위탁자가 비율에 따라 안분하여 지급하여야 한다는 점을 기억하여야 한다.

따라서 위와 같은 구도의 담보신탁에서 공매가 진행되어 처분대금을 분배할 때 공매처리비용, 신탁사무처리비용, 우선수익금을 먼저 지급하고 나머지 금액을 위탁자에게 지급할 때 위탁자 전원으로부터 배분금액에 대하여 이의가 없다는 확약서를 징구한 뒤 수익금을 지급하는 것이 실무상 바람직하다. 만약 여러 가지 사유로 확약서를 징구할 수 없는 경우 신탁회사는 처분대금 잔금을 채권자 불확지를 원인으로 법원에 공탁하는 방법을 선택하는 것이 안전하다 판단된다.

2) 보증채무를 이행한 보증인이 채권자의 우선수익권에 대하여 보증채무를 이행한 전액에 대하여 변제자대위를 할 수 있는지 여부

담보신탁은 물론이고 특히 토지신탁에서 우선수익자의 채무자에 대한 대출채권을 보증인이 대위변제하는 경우 보증인이 우선수익자의 우선수익권을 변제자대위할 수 있는지 여부가 문제된다. 담보신탁보다는 토지신탁에서 시행사의 대출채권의 보증인인 시공사가 시행사의 대출금을 대위변제하는 경우가 있는데, 이 경우에 시공사가 우선수익권을 변제자대위할 수 있는지 여부가 문제되는 것이다. 이번에 소개할 판결은 토지신탁이 아니라 담보신탁이고 위탁자가 채무자가 아닌 제3자라는 점에서 이를 일반화하기는 어려우나, 우선수익자의 대출채권을 대위변제한 자가 우선수익권을 변제자대위할 수 있는지 여부에 관하여 하나의 기준이 될 수 있다는 점에서 소개해본다.

가) 사실관계

① 대출금융기관은 갑에게 40억 원을 대출하였고 원고는 위 대출금채무를 연대보증하였다. ② 을은 갑의 대출금채무를 담보하기 위하여 을 소유 토지에 관하여 수탁자 사이에 우선수익자를 대출금융기관, 수익자를 을로 하는 담보신탁계약을 체결하고 신탁등기를 마쳤다. ③ 원고는 대출금채무 중 일부를 대출금융기관에 대위변제하였다. ④ 그 후 신탁회사는 신탁부동산의 처분 및 정산을 거친 결과 수익자인 을에 대하여 지급해야 할 잔여 금액에 대하여 다수의 채권가압류, 채권압류 및 추심명령 등이 존재한다는 이유로 전액 공탁하였다. ⑤ 원고는 공탁금에 대한 배당절차에서 대위변제로써 원고가 우선수익자의 우선수익권을 변제자대위할 수 있다는 이유로 배당받을 권리를 주장하였으나 배당표에서는 그 주장이 반영되지 않았다. ⑥ 원고는 피공탁자들에 대하여 원고가 대출금 중 일부를 대위변제함에 따라 변제자 대위 법리에 의하여 우선수익자의 우선수익권을 대위 행사할 수 있음에도 불구하고 배당표에 그 주장이 반영되지 않아 피공탁자들이 더 많은 금원을 배당받았으므로 이는 부당이득으로서 원고에게 반환하여야 한다는 취지로 부당이득 반환소송을 제기하였다.

나) 대법원의 판단

대법원은 이 사건에서와 같이 채권자가 아닌 위탁자가 타인의 채무를 담보하기 위하여 금전채권자를 우선수익자로 하는 부동산담보신탁을 설정한 경우에 위탁자는 물상보증인에 해당한다고 볼 수 없으므로, 먼저 보증채무를 이행한 보증인이 채권자의 우선수익권에 대하여 아무런 제한 없이 보증채무를 이행한 전액에 대하여 변제자대위를 할 수 있다고 볼 수는 없으며, 채권자의 우선수익권에 대한 보증인의 변제자대위도 보증인과 물상보증인 상호 간의 관계와 마찬가지로 그 인원수에 비례하여 채권자를 대위하는 제한을 받는다는 취지로 판시하였다.

위탁자가 금전채권을 담보하기 위하여 금전채권자를 우선수익자, 위탁자를 수익자로 하여 위탁자 소유의 부동산을 신탁법에 따라 수탁자에게 이전하면서 채무불이행 시에는 신탁부동산을 처분하여 우선수익자의 채권 변제 등에 충당하고 나머지를 위탁자에게 반환하기로 하는 내용의 담보신탁을 한 경우, 특별한 사정이 없는 한 우선수익권은 경제적으로 금전채권에 대한 담보로 기능하지만, 그 성질상 금전채권과는 독립한 신탁계약상의 별개의 권리이다. 우선수익권은 수익급부의 순위가 다른 수익자에 앞선다는 점을 제외하면 일반적인 수익권과 법적 성질이 다르지 않고, 채권자가 담보신탁을 통하여 담보물권을 얻는 것도 아니다. 그러므로 채무자가 아닌 위탁자가 타인의 채무를 담보하기 위하여 금전채권자를 우선수익자로 하는 부동산담보신탁을 설정한 경우에, 설령 경제적인 실질에 있어 위탁자가 부동산담보신탁을 통하여 신탁부동산의 처분대금을 타인의 채무의 담보로 제공한 것과 같이 볼 수 있다고 하더라도, 위탁자가 자기의 재산 그 자체를 타인의 채무의 담보로 제공한 물상보증인에 해당한다고 볼 수는 없다.

채무자가 아닌 제3자인 위탁자가 채권자를 우선수익자로 정하여 부동산담보신탁을 한 경우에 채권자가 가지는 우선수익권이 민법 제481조, 제482조 제1항에 의하여 보증채무를 이행한 보증인이 법정대위할 수 있는 '담보에 관한 권리'에 해당한다고 하더라도, 먼저 보증채무를 이행한 보증인이 채권자의 우선수익권에 대하여 아무런 제한 없이 보증채무를 이행한 전액에 대하여 변제자대위를 할 수 있다고 볼 수는 없으며, 다른 기준이나 별도의 약정 등 특별한 사정이 없는 이상, 채권자의 우선수익권에 대한 보증인의 변제자대위도 인원수에 비례하여 채권자를 대위할 수 있다고 보는 것이 대위자 상호 간의 합리적이고 통상적인 기대에도 부합한다고 할 것이므로, 채권자의 우선수익권에 대한 보증인의 변제자대위도 보증인과 물상보증인 상호 간의 관계와 마찬가지로 그 인원수에 비례하여 채권자를 대위하는 제한을 받는다고 해석함이 타당하다(대법원 2022.5.12. 선고 2017다278187 판결).

다) 실무TIP

위 대법원 판결은 채무자가 아닌 자가 위탁자가 타인의 채무를 담보하기 위하여 금전채권자를 우선수익자로 하는 담보신탁을 설정한 사안으로서 채무자가 위탁자인 대부분의 신탁구도에서 그대로 적용할 수는 없지만, 일종의 기준 중 하나로서는 참고할만하다 할 것이다.

신탁계약의 우선수익자가 가진 대출채권의 연대보증인이 대출원리금을 대위변제하는 경우는 담보신탁보다는 오히려 토지신탁 등에서 주로 발생하게 되는데 이는 대부분 PF대출의 연대보증인인 시공사가 대위하는 경우이다. 이 경우 시공사가 제1순위 우선수익권을 변제자대위할 수 있다고 주장하는데 이에 대하여 시공사가 제1순위 우선수익권을 그대로 행사할 수 있는지 여부에 관하여는 아직 명확한 대법원 판결은 없는 것으로 보인다.

위 대법원 판결에서도 "채권자가 가지는 우선수익권이 민법 제481조, 제482조 제1항에 의하여 보증채무를 이행한 보증인이 법정대위할 수 있는 '담보에 관한 권리'에 해당한다고 하더라도, 먼저 보증채무를 이행한 보증인이 채권자의 우선수익권에 대하여 아무런 제한 없이 보증채무를 이행한 전액에 대하여 변제자대위를 할 수 있다고 볼 수는 없다"고 판시하였고, 또 다른 대법원 판결에서는 "우선수익권은 경제적으로 금전채권에 대한 담보로 기능할 뿐 금전채권과는 독립한 신탁계약상의 별개의 권리이므로, 대여금채권이 전부명령에 따라 전부채권자인에게 전부되었다고 하더라도 그러한 사정만으로 담보신탁계약에 따른 우선수익권이 대여금채권의 전부에 수반하여 전부채권자에게 이전되었다고 볼 수 없고, 대여금채권과 우선수익권의 귀속주체가 달라졌다고 하여 곧바로 우선수익권이나 이를 목적으로 한 권리질권이 소멸한다고 볼 수도 없다(대법원 2017.6.22. 선고 2014다225809 전원합의체 판결)"는 취지로 판시한 것을 참고할 때, 연대보증인의 우선수익권의 피담보채권에 대한 대위변제만으로 보증인이 우선수익권을 그대로 변제자대위할 수 있다고 판단하기는 어렵다 할 것이다.

다만 위와 같은 사항은 일반론에 불과한 것으로서 보증인의 대위변제가 발생하는 경우 변제자대위 가능여부는 신탁계약의 내용, 우선수익권의 범위, 대위변제한 사유 및 그로 인하여 우선수익권의 피담보채권 전액이 소멸되었는지 여부, 신탁사업의 진행정도, 소송 및 보전처분 현황 등을 종합하여 판단하여 할 것이다. 다만 수탁자로서는 가능한 한 공탁하는 것이 가장 안전한 방법이라고 판단되고, 담보신탁에서 나온 판결을 토지신탁에 그대로 적용하는 것도 위험할 수 있으므로 면밀한 검토가 필요한 사안이라 판단된다.

3) 채무자 소유 수개의 부동산에 관하여 선순위 또는 후순위 우선수익자가 있는 담보신탁에서 공매진행시 후순위 우선수익자 사이 형평을 고려하여야 하는지 여부

가) 사실관계

① 11개의 건물에 관하여 대출금융기관을 제1순위 우선수익자로 하는 담보신탁이 체결되고 신탁등기가 경료되었다. ② 담보신탁계약에는 수탁자는 채무자인 건설사가 대출금융기관인 우선수익자에게 부담하는 채무 내지 책임의 이행을 보장하기 위하여 11개 건물의 소유권을 보전 관리하며, 채무불이행시에는 이를 환가·정산하고, 채무이행 후 신탁 종료시에는 그 소유권을 건설사에게 귀속시키기로 하는 내용이 포함되어 있었다. ③ 3개 건물에 관하여 대출금융기관인 제1순위 우선수익자에 이은 제2순위 우선수익자로 원고를 추가하면서 "수탁자는 신탁부동산 등 처분대금으로 제2순위 우선수익자의 채무가 완제될 수 있도록 제2순위 우선수익자에게 최대한 협조하여야 한다"라는 특약이 추가되었다. ④ 나머지 8개 건물은 공매가 아닌 수의계약 방식으로 제3자에게 처분되었고, 처분대금 중 일부만이 제1순위 우선수익자들의 우선변제에 충당되었으며 나머지 금액은 수익자에게 지급되었다. ⑤ 그 후 수탁자는 3개 건물 중 2개를 공매절차에 의하여 매각하였는데 그 매각 대금의 일부를 제1순위 우선수익자에게 지급하였다. ⑥ 3개건물의 제2순위 우선수익자인 원고는 자신이 3개 건물의 처분대금에서 수익권리금을 모두 지급받을 수 있도록 수탁자는 8개 건물의 처분에 동의하지 아니하거나, 처분에 동의하더라도 그 처분은 공개시장에서의 입찰을 통하여서 하며, 처분대금은 피고 은행들의 수익권리금 변제에 우선 충당하는 등 신탁계약에 의한 선량한 관리자로서의 주의의무를 다했어야 함에도 불구하고 8개 건물을 처분 또는 신탁해지하면서 그 대금을 제1순위 우선수익자들의 수익권리금 변제에 우선 사용하지 아니한 채 수익자에 반 이상이 지급되도록 하였고, 결국 채권을 완제받지 못한 제1순위 우선수익권자가 3개 건물의 처분대금에서도 우선 변제받게 됨으로써 원고는 수익권리금 5억 원을 지급받지 못하는 손해를 입었으므로 수탁자는 손해배상의무가 있다고 주장하며 소를 제기하였다.

나) 하급심의 판단

1심은 원고의 청구를 기각하였으나, 항소심은 ① 수탁자는 신탁계약의 취지에 따라 11개 건물 전체의 감정평가금액을 고려하면서 8개 건물의 처분대금 정산과정에서 원고의 채권변제 가능성이 침해될 위험성을 최소화시키는 방향으로 최대한의 노력을 하는 신의칙상 보호의무를 부담한다. ② 수탁자는 8개 건물의 처분대금을 정산하면서 원고의 제2순위 우선수익권이 침해되지 않도록 제1순위 우선수익자인들에게 우선적으로 금액을 배분할 의무가 있었음에도 불구하고, 이에 위반하여 수익자에게 반 이상의 금액이 배분되도록 한 결과, 3개 건물 중 2개나 처분되고도 원고에게 제2순위 우선수익금이 전혀 배당되지 못하는 손해가 발생하였다. ③ 따라서 수탁자는 위와 같은 채무불이행으로 인하여 원고가 입은 손해를 배상할 책임이 있다고 판단하였다.

다) 대법원의 판단

대법원은 8개 건물의 처분은 수익자에 의하여 이루어졌고 다만 수탁자는 수익자와 우선수익자들 전원의 해지요청에 따라 신탁계약을 해지해 준 것에 불과하다고 볼 여지가 크고, 비록 8개 건물 중 일부에 관한 등기부등본에 신탁등기의 말소원인이 '신탁재산처분'이라고 기재되어 있기는 하나, 그러한 사정만으로 수탁자가 8개 건물을 처분한 것이라고 단정하기는 어렵다는 점, "수탁자는 제2순위 우선수익자의 채무가 완제될 수 있도록 제2순위 우선수익자에게 최대한 협조하여야 한다"는 신탁 특약사항의 취지를 고려한다 하더라도 일반적으로 "최대한 협조한다."는 것은 당사자가 그러한 의무를 법적으로 부담하지는 않고 다만 사정이 허락하는 한 그 이행을 하겠다는 취지에 불과한 것이므로(대법원 1996.10.25. 선고 96다16049 판결 등 참조) 수탁자가 원고의 이익을 고려하여 8개 건물의 처분 시 제1순위 우선수익자들에 우선적으로 금액이 배분되도록 하였어야 한다든가 제1순위 우선수익자들의 신탁계약 해지요청을 거절하였어야 한다고 보기는 어렵다는 점 등을 이유로 수탁자의 손해배상 책임을 인정한 원심 판결을 파기하고 사건을 원심법원에 환송하였다(대법원 2013.6.27. 선고 2012다79347 판결).

또한 대법원은 채무자 소유의 수개의 부동산에 관하여 채권자들을 선순위 또는 후순위 우선수익자로 한 담보신탁계약이 체결되어 있는 경우, 당사자 사이의 약정 등 특별한 사정이 없는 한, 선순위 우선수익자가 어느 부동산의 처분대금에서 자신의 채권을 회수함에 있어 각 부동산에 존재하는 후순위 우선수익자들 사이의 형평까지 고려하여야 할 제약을 받는다고 볼 근거는 없다. 그리고 설령 선순위 우선수익자가 특정 부동산에서 다액의 채권을 회수함으로써 후순위 우선수익자들 사이에서 불공평한 결과가 발생하였다고 하더라도, 그러한 사정만으로 선순위 우선수익자가 특정 후순위 우선수익자에 대한 관계에서 부당이득을 취하였다고 볼 수도 없다고 덧붙였다.

다만 대법원은 11개 건물의 처분 순서 및 처분대금의 채무변제 충당금액에 따라 원고의 채권이 이 사건 3개 건물의 처분대금에서 변제될 수 있는지가 달라지므로, 원고는 이 사건 8개 건물의 처분 및 처분대금 충당 등에 대해서 큰 이해관계가 있고, 이러한 사정에 비추어 신탁회사는 원고의 이익을 고려하여야 할 수탁자로서의 의무가 있다고 볼 여지는 있다고 판시하였으나 구체적으로 ① 8개건물과 3개건물의 감정가 비율에서 각 부동산별로 제1순위 우선수익자가 변제받은 금액이 원고에게 과도하게 불리하다고 보이지 않는 점, ② 8개 건물 일부에도 제2순위 우선수익권이 설정되어 있었는데 신탁회사가 이들의 이익을 도외시하고 제1순위 우선수익자의 대출금 전액이 우선적으로 변제되도록 조치할 수는 없었을 것으로 보이는 점, ③ 8개 건물 처분 당시만 해도 3개 건물 감정가가 제1순위 우선수익자의 잔여채무를 완납하더라도 원고가 채무상환을 받을 수 있을 정도여서 11개 건물이 동시에 처분되는 경우와 비교해 보더라도 원고의 지위가 크게 열악하게 되었다고 단정하기 어려운 점 등을 종합하여 신탁회사가 8개 건물의 처분대금으로 제1순위 우선수익자들의 채권이 우선적으로 변제되도록 하지 않았거나 제1순위 우선수익자들의 신탁계약 해지요청을 거절하지 않았다고 하여 그것이 원고에 대한 관계에서 채무불이행이 된다고 단정하기는 어렵다고 판시하였다.

라) 실무 TIP

일각에서는 위 대법원 판결을 근거로 채무자 소유의 수 개의 부동산에 관하여 채권자들을 선순위 또는 후순위 우선수익자로 한 담보신탁계약이 체결되어 있는 경우, 선순위 수익자가 어느 부동산의 처분대금에서 자신의 채권을 회수할 때 각 부동산에 존재하는 후순위 우선수익자들 사이의 형평을 고려할 의무가 없기 때문에 수탁자도 위와 같이 업무를 진행하여야 한다고 주장하는 경우가 있으나 필자의 생각은 조금 다르다.

위 대법원 판결은 선순위 우선수익자가 어느 부동산의 처분대금에서 자신의 채권을 회수함에 있어 각 부동산에 존재하는 후순위 우선수익자들 사이의 형평까지 고려하여야 할 제약을 받는다고 볼 근거는 없고 설령 선순위 우선수익자가 특정 부동산에서 다액의 채권을 회수함으로써 후순위 우선수익자들 사이에서 불공평한 결과가 발생하였다고 하더라도, 그러한 사정만으로 선순위 우선수익자가 특정 후순위 우선수익자에 대한 관계에서 부당이득을 취하였다고 볼 수도 없다는 것으로 선순위 우선수익자가 후순위 우선수익자들 사이의 형평을 고려하거나 불공평한 결과가 발생되었다하더라도 손해배상 책임을 지지 않는다는 것이다.

하지만 수탁자의 경우는 조금 다를 수 있다. 위 대법원 판결에서도 "11개 건물의 처분순서 및 처분대금의 채무변제 충당금액에 따라 원고의 채권이 이 사건 3개 건물의 처분대금에서 변제될 수 있는지가 달라지므로, 원고는 이 사건 8개 건물의 처분 및 처분대금 충당 등에 대해서 큰 이해관계가 있고, 이러한 사정에 비추어 신탁회사는 원고의 이익을 고려하여야 할 수탁자로서의 의무가 있다고 볼 여지는 있다."고 판시하였으므로 수탁자가 무조건적으로 우선수익자간의 형평을 고려할 필요가 없다는 것이 아니다.

따라서 수탁자는 채무자 소유의 수개의 부동산에 관하여 채권자들을 선순위 또는 후순위 우선수익자로 한 담보신탁계약이 체결되어 있는 경우 최대한 신탁부동산을 일괄 매각하는 방식으로 신탁부동산을 처분한 뒤, 정산시 제1순위 우선수익자에게 처분대금을 지급한 후 후순위 우선수익자 사이 분쟁이 발생하는 경우 잔여 처분대금을 공탁하는 방식으로 업무를 처리하는 것이 바람직하다.

만약 불가피한 사유로 신탁부동산 중 일부를 먼저 처분하여 후순위 우선수익자 사이 형평의 문제가 발생하는 경우 ① 신탁부동산 처분대금에서 제1순위 우선수익자에게 지급될 처분대금 비율을 전체 대출금에서 매각된 부동산과 매각되지 않은 부동산의 감정가 비율에 맞춰 제1순위 우선수익자의 대출금 중 일부를 상환하고, ② 매각된 부동산에 후순위 우선수익자가 있다면 후순위 우선수익자에게 처분대금을 직접 지급하고, 나머지 금액을 수익자에게 상환하기에 앞서 매각되지 않은 제2순위 우선수익자에게 통지하여 동의를 구하고, 동의하지 아니하는 경우 공탁하는 방법을 고려할 필요가 있으며, ③ 일부 부동산을 처분하는 경우라도 전체 부동산의 가격감정을 하여 일부 부동산이 처분되는 경우와 전체 부동산이 일괄 처분되는 경우를 비교하여 매각되지 않는 부동산의 후순위 우선수익자의 지위가 크게 열악하게 되는지 여부를 확인할 필요가 있다. 만약 위와 같은 분배방식에 대하여 이의를 제기하는 우선수익자가 존재하는 경우 이의를 제기하는 금원 상당액의 수익금은 공탁처리하는 것도 검토할 필요가 있다. 가장 중요한 점은 수탁자가 소송이나 분쟁리스크를 최대한 부담하지 아니하는 방향으로 업무를 처리하여야 한다는 것이다.

마지막으로 거듭 강조하건대 대법원 2013.6.27. 선고 2012다79347 판결은 우선수익자를 면책하는 판결이지 수탁자를 면책하는 판결이 아니라는 점을 인지하고, 복수의 부동산이 신탁된 상태에서 일부 부동산마다 후순위 우선수익자가 상이한 경우 가능한 한 전체 신탁부동산을 일괄 공매하는 형식으로 업무를 진행하여 불필요한 분쟁을 방지하는 것이 바람직할 것이다.

다만 실무적으로 어려운 점은 1순위 우선수익자가 공매 절차, 대상 부동산 등을 특정하여 공매 요청을 해올 경우 수탁자가 막연한 형평성 논리만 가지고 수탁자가 제1순위 우선수익자의 요청을 거부하기는 힘들다는 것이다. 신탁계약에 따른 적법한 제1순위 우선수익자의 공매요청을 수탁자가 반대할 명백한 근거가 없는 경우가 대부분이기 때문이다. 따라서 담보신탁 부동산에 서로 다른 후순위 우선수익자가 설정되는 경우 신탁계약 체결 시부터 이러한 쟁점을 인지하고 공매절차 및 대상 부동산에 따라 제2순위 우선수익자의 이익이 침해될 수 있고, 이에 대하여 제2순위 우선수익자는 수탁자에게 이의를 제기할 수 없다는 취지의 내용을 신탁계약에 기재하는 것이 바람직하다. 하지만 위와 같은 기재만으로 수탁자의 선관주의의무가 무조건적으로 면탈된다고 보기는 어려우므로, 공매진행시 신탁관계인 사이 형평이 침해되지 않도록 신탁관계인간 적절한 협의를 거치거나 공탁 등으로 수탁자가 최대한 중립적인 위치에서 업무를 처리하는 것이 중요하다.

4) 공매공고문과 매매계약의 내용이 약관에 해당하는지 여부

가) 문제의 소재

신탁공매 낙찰자와 분쟁이 발생하는 경우 통상 낙찰자는 공매공고문 및 매매계약서에서 낙찰자에게 불리한 내용은 수탁자가 설명의무를 다하지 않았다거나 공매공고 등의 내용이 약관으로서 불공정하여 무효라거나 고객에게 유리하게 해석되어야 한다는 등의 이유로 약관규제법상 효력이 없다고 주장하는 사례가 종종 발생하는바, 공매공고문 및 매매계약서의 내용이 약관에 해당하는지 여부에 관하여 문제된다.

이에 관하여 수탁자가 진행한 공매절차에서 낙찰자가 부동산을 낙찰받아 위 부동산에 관한 매매계약을 체결하였는데, 공매 공고문과 매매계약의 내용에 '매매계약 이후에 발생하는 처분금지가처분은 매수인의 책임으로 처리·해결해야 한다.'는 특약이 포함되어 있었던 경우, 위 공고문 등이 약관에 해당하는지 문제 된 사안이 있었는바, 이에 대한 대법원의 판단을 알아보자.

나) 사실관계

① 낙찰자는 수탁자가 진행한 공매절차에서 이 사건 부동산을 낙찰받은 다음 수탁자와 매매계약을 체결하고 계약금을 지급하였다. 공매 공고문과 매매계약의 내용에는 '매매계약 이후에 발생하는 처분금지가처분은 매수인의 책임으로 처리·해결해야 한다.'는 처분금지가처분 특약이 포함되어 있었다. ② 매매계약 체결 이후 이 사건 부동산에 관하여 처분금지가처분결정이 집행되자, 낙찰자는 잔금 지급기일을 연장하고 가등기를 해달라고 요청하였다. ③ 그러나 수탁자는 낙찰자가 잔금을 지급하지 않았다는 이유로 이 사건 매매계약을 해제하고 계약금을 몰취한다고 통보하였다. ④ 낙찰자는 수탁자에 대하여 공매 공고문은 신탁회사가 다수의 당사자와 계약하기 위하여 일방적으로 미리 마련한 약관에 해당하는 이 사건 매매계약 및 공매 공고문의 내용 중 매매계약 체결 이후 발생하는 처분금지가처분을 매수인의 책임으로 처리, 해결해야 한다는 처분금지가처분 특약은 약관규제법상 설명의무 위반이므로 계약의 내용으로 주장할 수 없거나, 불공정하여 효력이 없으므로 무효이거나 약관의 뜻이 명백하지 아니한 경우 고객에게 유리하게 해석되어야 한다는 이유 등에 의하여 효력이 없으므로 수탁자가 몰취한 계약금을 낙찰자에게 반환하라는 소송을 제기하였다.

다) 대법원의 판단

대법원은 이 사건 처분금지가처분 특약이 포함된 이 사건 공매 공고문과 이 사건 매매계약이 약관에 해당하는지 여부에 관하여 약관의 규제에 관한 법률(이하 '약관법'이라 한다) 제2조 제1호에 따르면, 약관이란 그 명칭이나 형태 또는 범위와 상관없이 계약의 한쪽 당사자가 여러 명의 상대방과 계약을 체결하기 위해 일정한 형식으로 미리 마련한 계약 내용을 말한다. 구체적인 계약에서 당사자 사이에 개별적으로 이루어진 합의는 약관법의 규율대상인 약관에 해당하지 않는다는 전제에서 아래와 같이 판단하였다.

갑 주식회사가 진행한 공매절차에서 을 주식회사가 부동산을 낙찰받아 위 부동산에 관한 매매계약을 체결하였는데, 공매 공고문과 매매계약의 내용에 '매매계약 이후 발생하는 처분금지가처분은 매수인의 책임으로 처리·해결해야 한다.'는 특약이 포함되어 있었던 경우, 위 공고문과 매매계약이 약관에 해당하는지 문제 된 사안에서, 매매계약 이후 설정된 처분금지가처분의 처리를 매수인의 책임으로 돌리는 내용은 공매 공고문과 매매계약의 일부 조항에 포함되어 있는데, 모든 부동산에 관한 공고문에 일률적으로 규정된 것이 아니라 개별 공매 목적물의 특성을 고려하여 목적물에 따라 상이하게 규정되고, 매매계약의 내용도 위 부동산에 한정하여 개별적으로 정해진 것으로서 갑 회사가 다수의 상대방과 동종의 계약을 반복적으로 체결할 목적으로 마련한 것이라고 보기 어려운 점, 갑 회사가 공매 공고문과 매매계약서를 미리 작성하는 것은 공매절차의 특성에서 비롯되는 것이지 다수의 상대방과 동종의 계약을 반복적으로 체결하기 위해 미리 작성하는 것이 아닌 점 등에 비추어 위 특약이 포함된 공매 공고문 등은 약관의 규제에 관한 법률의 규율대상인 약관에 해당하지 않는다고 한 사례(대법원 2020.11.26. 선고 2020다253379 판결).

다만 원심은 몰취되는 계약금의 액수가 상당히 고액인 점, 매매계약 이후 발생된 처분금지가처분이 낙찰자의 잔금 대출에 영향을 끼쳤을 것으로 보이는 점, 낙찰자가 몰취되는 위약금 외에도 추가적인 손실은 입인 것으로 보이는 점 등을 고려하여 계약금 상당액의 손해배상 예정액을 40% 감액하였고 대법원은 이에 대한 수탁자의 상고를 기각하며 원심을 확정하였다.

라) 실무 TIP

공매공고문과 공매시 작성되는 매매계약서의 내용이 약관에 해당하여 약관규제법의 규율을 받는지 여부에 관하여는 일률적으로 판단할 수 없고 개별적인 사안에 따라 약관성이 인정되기도 하고 인정되지 않기도 하는 특성을 지니고 있다. 약관성의 인정 표지 중 하나는 공매공고문과 매매계약의 내용 다수의 상대방과 동종의 계약을 반복적으로 체결하기 위하여 미리 작성된 것인지 여부이므로, 만약 신탁공매를 진행하면서 신탁부동산 또는 신탁사업 진행시 특이사항이 있다면 그 모든 사항을 공매 공고와 매매계약서에 기재하는 것이 바람직하다.

더불어 엄격히 보자면 공매 공고는 매매계약서와 상이한 문서이므로 공매 공고에 적혀 있었다는 이유만으로 매매계약의 내용에 자동편입되지는 않을 수 있으니 공매공고에 적은 내용은 매매계약에 편입시키는 것이 바람직하다. 실무상 매매계약 내에 "공매 공고문의 내용은 매매계약에 자동으로 편입·포함된다"는 취지의 내용을 기재하는 사례도 있으나, 이 경우에도 약관규제법상 설명의무 등이 문제될 수 있는바, 가급적 사업상 특이사항은 매매계약에 반영하는 것이 바람직하다.

특히 위 사례와 같이 공매 진행 전부터 분쟁 발생이 예측가능한 특정 법률적 이슈가 존재하는 경우 매매계약 체결 전 매매계약서 외에 별도로 낙찰자에게 "특정 법률적 이슈에 대하여 인지하고 있고, 그 위험성을 고려하여 입찰에 응한 것으로서 그 이슈로 인하여 낮은 낙찰가액에 낙찰받을 수 있었음에 동의하므로 특정 법률적 이슈에 관하여 공매진행 당사자인 수탁자에 손해배상 등 이의를 제기하지 아니한다"는 취지의 별도 확인서를 징구하는 것도 고려할 수 있다. 공매공고나 매매계약서에 특이사항을 기재하더라도 약관법이 문제될 수 있으므로 실무상 수탁자는 적극적으로 확약서 징구를 검토할 필요가 있다. 공매는 문제가 자주 발생하는 업무 중 하나이므로 쟁점 발생시 보수적으로 판단하고 공매진행시 항상 신중하여야 할 것이다.

5) 신탁 공매에서 낙찰받지 못한 입찰자 또는 매수제안자가 신탁회사와 낙찰자간 체결된 매매계약에 대한 무효 확인의 이익을 가지는지 여부

신탁 공매를 진행하다보면 수 명이상이 입찰에 참여하는 비교적 인기가 많은 부동산에 관하여 공매절차 종료 후 낙찰을 받지 못한 입찰자나 입찰에 참여하지 아니한 매수제안자가 신탁회사에 대하여 수탁자와 낙찰자가 공모(타인의 입찰가액을 유출하였다거나 공매진행절차상 특정인에게만 편의를 제공하였다는 등 그 이유는 다양하다)를 하였다거나 공매절차가 부당하였다는 등의 이유로 공매결과가 무효이고 수탁자와 낙찰자간 체결된 매매계약도 무효다라는 취지의 주장을 하는 경우가 종종 있다. 이러한 경우 공매과정에서 낙찰을 받지 못한 입찰자나 입찰에 참여하지 아니한 매수제안자가 수탁자와 낙찰자간 체결한 매매계약의 무효를 확인할 수 있는 확인의 이익을 가지는지 문제된다.

가) 사실관계

① 위탁자는 대주단으로부터 토지 매수자금 등을 대출 받고 담보를 위하여 대주단을 공동 1순위 우선수익자로 하여 매수한 토지를 수탁자에게 신탁하는 담보신탁계약을 체결하고 신탁등기를 경료하였다. ② 채무자인 위탁자가 대출금 채무를 연체하자 수탁자는 공동 1순위 우선수익자인 대주단의 요청에 따라 공매 절차를 진행하였으나 입찰자가 없어 모두 유찰되었다. ③ 그 후 수탁자는 공매 절차에서 정해진 공매 조건에 따라 처분방법을 수의계약으로 바꾸어 공고하였고, 8개 업체가 매수제안서를 제출하였다. 수탁자는 대주단의 승인을 거쳐 매수제안자 중 갑을 매수인으로 결정하고 갑과 매매계약을 체결하였다. ④ 원고 을은 위와 같은 수의계약 절차에 참여하여 매수인인 갑 다음으로 높은 매수희망가를 기재하여 매수제안서를 제출한 회사이고, 원고 병은 위 수의계약 절차에 참여하지 않은 회사인데, 원고들은 수탁자가 처음부터 갑을 매수인으로 정해놓고 경쟁회사의 매수제안 가격을 누설하는 등의 위법행위를 하였으므로 그에 따라 체결된 매매계약은 반사회적 법률행위에 해당하여 무효라고 주장하며, 수탁자와 공매 매수인에 대하여 수탁자와 공매 매수인 사이 체결된 매매계약은 무효임을 확인하는 매매계약무효확인의 소를 제기하였다.

나) 대법원의 판단

1심과 2심은 수탁자와 낙찰자 사이 체결된 매매계약이 무효라는 확인판결에는 행정처분의 취소판결과 같이 기속력이 없는 점, 수탁자가 이 사건 부동산에 관한 매각절차를 수의계약 방식으로 다시 진행하거나 원고들이 제출한 매수제안서를 재심사할 의무를 부담하지 않는 점 등을 이유로 수의계약 절차에 참여하였는지 여부를 불문하고 을과 병의 청구를 각하하였다. 하지만 대법원은 수의계약 절차에서 입찰에 참여한 원고 을의 경우에는 매매계약의 무효·확인을 구할 이익이 있으나 수의계약 절차에서 입찰에 참여하지 아니한 원고 병의 경우에는 무효·확인을 구할 이익이 없다고 하여 공매절차에서 입찰에 참가하였는지 여부에 따라 무효확인의 이익을 달리 판단하였다(대법원 2021.5.7. 선고 2021다201320 판결).

(1) 입찰에 참여한 원고 을이 계약의 무효 확인을 구할 이익이 있는지 여부

담보신탁계약에서 정한 신탁재산의 처분사유가 발생하여 신탁재산이 공매 절차에 따라 처분되거나 공매 절차에서 정해진 공매 조건에 따라 수의계약으로 처분되는 경우, 해당 처분절차에서 매수인으로 결정된 사람과 수탁자 사이에 체결된 매매계약의 효력에 따라 그와 경쟁하여 신탁재산을 취득하고자 했던 입찰자 또는 매수제안자(이하 '입찰자 등'이라 한다)의 법적 지위나 법률상 보호되는 이익이 직접 영향을 받게 된다. 따라서 이러한 입찰자 등은 특별한 사정이 없는 한 그에 관한 불안이나 위험을 유효·적절하게 제거하기 위하여 매매계약에 대하여 무효 확인을 구할 수 있다. 이 경우 소를 제기하기 위해 매매계약이 무효로 확인되면 이후의 신탁재산 처분절차에서 반드시 매수인이 된다거나 될 개연성이 있다는 요건까지 갖추어야 하는 것은 아니지만(대법원 2013.11.28. 선고 2011다80449 판결 참조), 적어도 기존에 실시한 공매 또는 수의계약 절차 등 처분절차에 참여하여 입찰자 등의 지위에 있었을 것이 요구된다.

수탁자는 신탁재산인 이 사건 각 부동산에 대한 공매가 모두 유찰되자 수의계약으로 이를 처분하되 공고를 통해 매수제안서를 받아 그중에서 매수인을 선정하는 방식을 채택하였고, 원고 을은 그 절차에 참여하여 매수제안서를 제출한 매수제안자이므로 수탁자와 매수인 사이에 체결된 매매계약의 효력에 따라 그 법적 지위나 법률상 보호되는 이익이

직접 영향을 받게 된다고 볼 수 있다. 따라서 원고 을은 그에 관한 불안이나 위험을 유효·적절하게 제거하기 위해 이 사건 매매계약에 대하여 무효 확인을 구할 수 있다.

(2) 입찰에 참여하지 않은 원고 병이 계약의 무효 확인을 구할 이익이 있는지 여부

원고 병은 자신이 이 사건 각 부동산을 매수하기 위해 (입찰에는 참여하지 아니하였지만) 별도의 매수요청을 한 적이 있고, 수탁자의 권유에 따라 불가피하게 공매에 참여하지 못한 사정도 있으므로, 이러한 부분을 고려하면 이 사건 매매계약의 무효 확인을 구할 이익이 있다고 주장하였다. 그러나 원심은 원고 병이 수탁자와 매수인을 상대로 이 사건 매매계약의 무효 확인을 구하는 것은 당사자의 권리관계에 대한 불안·위험을 해소시키기 위한 유효·적절한 수단이 될 수 없어 확인의 이익이 없다고 판단하였다. 원심판결은 정당하고, 확인의 이익에 관한 법리 등을 오해하여 판결에 영향을 미친 잘못이 없다.

다) 실무 TIP

본 건 대법원 판결은 신탁 공매에서 낙찰 받지 못한 입찰자의 지위에 관한 리딩케이스에 해당한다 할 것이다. 본 건 판결은 신탁공매에서 낙찰 받지 못한 입찰자가 무효확인을 구할 수 있는지 여부에 대한 판단자료로 활용할 수 있어 신탁업무를 진행하는데 있어 도움이 되므로 수탁자 담당자는 숙지하고 있는 것이 바람직하다. 입찰에 참여한 자라 하더라도 무효확인의 이익이 있을 뿐 무조건 낙찰결과가 무효로 되는 것은 아니라는 점도 더불어 밝혀 둔다. 참고로 위 판결의 파기환송심에서도 낙찰결과는 무효가 아니라고 판시하였다.

공매 과정에서 복수의 입찰자가 경쟁하는 신탁부동산의 경우 낙찰 받지 못한 입찰자 등이 신탁회사에 민사상 무효확인, 손해배상 등을 청구하거나, 공매를 진행한 임직원 등에 대하여 형사상 사기, 배임 등으로 고소를 하는 경우가 종종 있다. 이렇게 공매 업무는 여러 이해관계인들의 이해관계가 첨예하게 대립되어 분쟁발생가능성이 높은 업무 중 하나라는 점을 인식하고, 공매진행에 있어서는 만반의 준비를 할 필요가 있다.

법적 분쟁을 방지하기 위하여 가급적 수탁자 회의실 보다는 캠코 온비드를 통하여 공매절차를 진행하는 것이 바람직하고 여러 명의 경쟁자가 있는 경우 수의계약 공고 기간

을 충분히 두고 홈페이지 공고(분쟁발생가능성이 있는 경우 팝업을 추가하는 것도 고려할만하다) 뿐만 아니라 신문 광고를 병행하는 등 신탁회사의 객관성을 담보할 여러 장치들을 구비하는 것이 향후 분쟁발생시 수탁자 임직원을 방어하는데 도움이 될 것으로 보인다.

6) 신탁 공매와 기업구조조정 촉진법

가) 사실관계

① 담보신탁의 위탁자에 대하여 기업구조조정 촉진법에 따라 채권금융기관협의회가 개최되고 협의회에서 3개월 간 채권행사 유예기간을 두기로 의결하였다. ② 그 후 우선수익자가 수탁자에게 신탁 공매 진행을 요청하여 수탁자가 공매절차를 진행하자 위탁자가 법원에 공매절차진행중지가처분을 신청하였다.

나) 당사자 주장 및 쟁점

(1) 위탁자 주장

채권금융기관협의회에서 기업구조조정 촉진법에 따라 위탁자에 대하여 3개월간 채권행사 유예기간을 두기로 의결한 이상 신탁계약의 우선수익자인 대출금융기관이 위 의결을 반대하였다고 하더라도 위 의결은 대출금융기관인 우선수익자들을 구속하는 효력이 있어 우선수익자들은 3개월간 담보권의 실행을 포함한 채권행사를 할 수 없고, 신탁계약상 우선수익자들이 신탁부동산에 대하여 가지는 우선수익권에 기한 공매절차 등 처분행위 역시 유예되어야 할 담보권의 실행에 해당하여 공매절차는 그 요건을 갖추지 못한 것으로 위법하므로, 신탁계약의 위탁자는 수탁자에 대하여 신탁부동산에 대한 처분절차의 중단을 구할 피보전권리 및 보전의 필요성 등이 있다.

(2) 수탁자의 항변

① 위탁자는 신탁 특약사항에서 기업구조조정 촉진법의 적용을 받아 신탁부동산에 대한 처분절차가 진행되는 경우 이에 일체의 이의를 제기하지 아니하기로 약정하였다. ② 회생절차가 개시되어 담보권의 실행이 금지되는 경우에도 담보신탁계약에 의하여 수탁자의

소유로 귀속된 부동산에 관한 수익권에 대해서는 회생절차의 효력이 미치지 않은 것과 마찬가지로 담보신탁계약에 의하여 수탁자 소유로 귀속된 부동산에 관한 수익권에 기한 처분절차는 기업구조조정 촉진법상 유예되는 채권행사에 포함되지 않으며, 신탁부동산에 대한 처분절차는 신탁계약에서 위탁자와 수탁자가 서로 합의하여 약정한 처분사유에 따른 것이므로 기업구조조정 촉진법상 유예의결과 상관없이 공매절차 진행은 가능하다.

다) 하급심의 판단

서울중앙지방법원은 "담보신탁계약에 의하여 수탁자의 소유로 귀속된 부동산에 관한 수익권에 대해서 회생절차의 효력이 미치지 않는 것은 회생계획의 효력범위를 한정하는 채무자회생법 제250조 제2항[12])의 규정이 있기 때문인데, 기업구조조정 촉진법의 제9조 제2항[13])에 따른 채권행사의 유예의결에는 위와 같은 효력범위를 제한하는 규정이 없고, 담보신탁계약에 의하여 수탁자의 소유로 귀속된 부동산에 관한 수익권이 비록 물상보증인의 재산에 설정된 담보와 유사한 성격을 가지고 있다고 하더라도 그 피담보채권의 행사가 유예되는 이상 그 수익권에 기한 처분절차 역시 유예의 효력을 받는 채권행사에 포함된다고 보아야 할 것이며, 이는 신탁계약에 위탁자가 기업구조조정 촉진법의 적용을 받게 되는 경우 수탁자는 처분절차를 진행하고 위탁자는 그 처분절차에 일체의 이의를 제기하지 않기로 하는 규정을 두었다고 하더라도 마찬가지라고 할 것이다."라는 취지로 판시하며 위탁자의 공매절차중지가처분신청을 인용하였다. 한편, 서울중앙지방법원은 위 사건에서 공매절차중지기간을 기업구조조정 촉진법상 채권행사 유예기간 의결일로부터 3개월로 한정하였다.

기업구조조정 촉진법이 채무자회생법과 유사하므로 채무자회생법에서 담보신탁이 도산절연성을 인정받는 것과 마찬가지로 기업구조조정 촉진법에서도 도산절연성과 유사한

---

12) 채무자회생법 제250조(회생계획의 효력범위) ② 회생계획은 다음 각호의 권리 또는 담보에 영향을 미치지 아니한다.
   1. 회생채권자 또는 회생담보권자가 회생절차가 개시된 채무자의 보증인 그 밖에 회생절차가 개시된 채무자와 함께 채무를 부담하는 자에 대하여 가지는 권리
   2. 채무자 외의 자가 회생채권자 또는 회생담보권자를 위하여 제공한 담보
13) 기촉법 제9조 (채권행사의 유예) ② 채권금융기관은 대상기업의 규모, 채권금융기관의 수 등을 감안하여 소집이 통보된 날부터 7일 이내에 소집되는 1차 협의회에서 채권행사의 유예기간을 유예 개시일부터 1개월(자산부채의 실사가 필요한 경우에는 3개월)을 초과하지 아니하는 범위에서 정하되, 1회에 한하여 1개월의 범위 내에서 연장할 수 있다.

효과가 발생하는지가 문제될 수 있으나, 채무자회생법에서는 회생계획이 채무자 외의 자가 회생채권자 또는 회생담보권자를 위하여 제공한 담보에는 미치지 아니한다는 명문의 규정(채무자회생법 제250조 제2항 제2호)이 있으나 기업구조조정 촉진법에는 위와 같은 규정이 없어, 다른 하급심에서도 기업구조조정 촉진법에 따른 채권행사 유예기간 의결시에는 그 기간동안(통상 3개월) 공매절차를 중지하라는 결정을 내려진 바 있다. 대법원의 명시적인 판단이 내려진 사례는 없는 것으로 보이는데 이는 항소과정에서 채권행사 유예기간(3개월) 종료하기 때문에 항소의 실익이 없어지는 것이 그 원인으로 보인다.

라) 실무 TIP

위와 같은 과거 하급심에서 기업구조조정 촉진법상 채권행사 유예기간 의결시 공매절차를 중지하여야 한다는 취지의 하급심 판결이 내려진 바 있으므로, 공매 진행 도중 위탁자에게 기업구조조정 촉진법상 채권행사 유예기간 의결이 내려지는 경우 공매절차를 중지하는 것이 바람직하다.

다만 이 경우 이미 매매계약을 체결하고 계약금 또는 잔금을 지급한 매수인이 이의를 제기하는 경우 신탁회사에 손해배상 위험이 전혀 없다고 할 수는 없으므로, 수탁자 담당 직원은 공매 진행시 공매공고 및 매매계약에 아래 내용을 포함하여 공매 도중 기촉법상 채권행사 유예기간 의결이 내려지더라도 수탁자가 매수인에게 손해배상 등의 책임을 부담하지 않도록 하는 것이 바람직하다(다만 현재 대부분의 수탁자는 아래 내용을 신탁공매공고문에 포함시키고 있다). "공매물건에 관하여 매매계약이 체결된 이후에도, 위탁자에게 기업구조조정 촉진법에 따른 채무유예결정이 있는 경우 매도인은 매수인이 기지급한 매매대금(이자는 제외한다)의 반환 이외에 매수인에게 별도의 손해배상 또는 비용의 지급 없이 매매계약을 해제할 수 있다"

라 기타 신탁 공매 관련 판결

1) 후순위 우선수익자(제2순위 우선수익자 등) 요청·동의 없이 신탁 공매를 진행할 수 있는지 여부

후순위 우선수익자의 요청 또는 동의 없이 제1순위 우선수익자의 요청만으로 신탁 공매를 개시할 수 있는지 여부가 문제된다.

담보신탁 기본계약에서는 우선수익자의 청구에 의하여 신탁부동산을 처분할 수 있다고 규정하고 있고, 담보신탁 특약에서는 "신탁계약의 중도해지, 일부해지 및 신탁종료(신탁부동산의 처분, 환가, 수익교부 포함)를 위해서는 사전에 제1순위 우선수익자 및 제2순위 우선수익자의 동의를 득하여야 한다.", "해지 또는 종료시 위탁자는 사전에 제1순위 우선수익권 증서 및 제2순위 우선수익권 증서 원본을 회수하여 수탁자에게 제출하여야 한다."고 규정되어 있는데 제2순위 우선수익자의 동의없이 신탁 공매가 진행되어 위탁자가 공매절차중지가처분을 청구한 사례에서 서울중앙지방법원은 제1순위 우선수익자의 요청만으로 공매를 개시할 수 있다는 취지로 판시하였다.

특약사항을 살펴보면, 그 내용은 위탁자와 수탁자가 신탁부동산의 처분을 위해서는 1, 2순위 우선수익자 모두의 동의를 얻어야 하는 것으로 되어 있을 뿐이고, 기본계약에 의한 처분(우선수익자의 요청에 의한 처분)의 경우에도 우선수익자 모두의 동의를 얻어야 한다는 내용은 포함하고 있지 않았다. 이처럼 그 문언상 우선수익자 모두의 동의를 얻어야 가능한 처분은 위탁자가 신탁부동산을 처분하려는 경우로 한정되어 있다. 이 점은 특약사항에 의한 처분시 위탁자는 사전에 1, 2순위 우선수익권증서의 원본을 회수하여 제출하도록 규정하고 있는 점에 비추어 보면 더욱 분명해진다. 결국 특약사항에서 우선수익자 모두의 동의를 얻도록 한 취지는 우선수익자의 신탁부동산 처분권을 제한하려는 것이 아니라 오히려 위탁자의 의사에 기한 신탁부동산 처분시 우선수익자의 우선수익권을 보호하려는 것이다. 따라서 특약사항은 우선수익자의 요청에 의하여 신탁부동산을 처분하는 경우에는 적용되지 아니한다(서울중앙지방법원 2011.4.4.자 2011카합839 결정).

위 사례에서 위탁자의 공매절차중지가처분 신청은 기각되었으나, 신탁관계인간 분쟁 발생 소지를 없애기 위하여 위와 같이 제1순위 우선수익자의 요청만으로(한하여) 공매를 진행하려는 경우에는 제1순위 우선수익자의 요청만으로 공매를 진행할 수 있고, 후순위 우선수익자는 제1순위 우선수익자의 동의없이 공매를 요청할 수 없다는 취지의 내용을 신탁 특약에 명확히 기재하는 것이 바람직하다.

또한 위와 유사하게 1순위 우선수익자의 요청만으로 신탁공매가 진행되자 위탁자가 공매중지가처분을 신청한 사례에서 인천지방법원은 선순위 우선수익자 중 1인의 요청에 의하여 진행된 공매절차를 적법하다 판단하였다.

신탁법 제71조 제1항에서 '수익자가 여럿인 신탁에서 수익자의 의사는 수익자 전원의 동의로 결정한다'고 규정하고 있으나, 제3항에서 '제71조 제1항 본문에도 불구하고 신탁행위로 달리 정한 경우에는 그에 따른다'고 규정하고 있고, 신탁계약 특약사항에서 '신탁계약에 따라 신탁부동산을 처분할 경우에는 선순위 우선수익자(공동 우선수익자 중에서 개별 우선수익자의 공매권을 인정함)는 후순위 우선수익자의 동의 없이 단독으로 처분권을 행사할 수 있다'고 규정하고 있는 바, 제1순위 우선수익자 중 하나의 공매요청에 따라 진행된 이 사건 공매절차는 적법하다 할 것이다(인천지방법원 2018.3.23. 선고 2018카합10079 결정).

2) 신탁사업 관련 소송 중 공매 진행 가부

일반적으로 신탁재산에 대한 소송이 진행되고 있는 도중 신탁공매를 진행하는 것은 원칙적으로 바람직하지 아니하다. 수탁자의 고유계정 손실 위험이 있기 때문이다. 다만 우선수익자가 소송원리금 및 소송비용의 140% 이상의 금전을 신탁계좌에 유보하는 것에 동의하는 경우, 수탁자의 판단에 따라 공매를 진행하여야 할 필요가 있는 경우, 소송의 원인이 공매를 필요로 하는 경우 등 예외적으로 수탁자의 판단에 따라 공매를 진행하는 사례도 존재하는데, 위탁자가 공매중지가처분신청을 하면서 소송이 진행 중이므로 수탁자는 공매를 진행할 수 없다고 주장하는 경우 수탁자가 위 주장에 구속되는지 여부가 문제된다.

다수의 소송이 진행 중에 우선수익자의 공매요청 및 (일부) 정산요청에 대하여 수탁자가 다수의 소송이 진행 중이라는 이유로 이를 거부하자 우선수익자가 수탁자에 대하여 손해배상을 청구한 사안에서 소송이 완료되기 전에는 수탁자는 공매 및 정산을 거부할 수 있는 권리가 존재하므로, 우선수익자의 공매 및 정산 요청을 수탁자가 거부한 것은 정당하다는 취지의 판결이 존재한다.

다수의 소송이 계속중이라는 사실만으로 신탁 공매절차를 진행할 수 없는 것은 아니나, 소송의 종류에 따라 수탁자 고유계정 손실이 발생할 가능성을 배제할 수 없으므로, 다수의 소송이 계속되고 있는 경우 공매로 인하여 수탁자에게 손실이 발생할 가능성이 있는지 면밀히 검토한 후 공매를 진행하여야 하고, 공매를 진행한다 하더라도 소가 및 변호사 선임비용, 소송비용의 140%(비율 및 유보사항은 사안에 따라 수정변경될 수 있다)를 유보할 수 있도록 미리 우선수익자와 협의하는 것이 필요하다. 당연히 검토결과 수탁자가 고유계정 손실 위험 등을 이유로 공매를 거부하는 것도 가능하다. 다만 이러한 경우 재판부를 설득할 수 있도록 사안에 따라 공문, 법률자문, 기타 적절한 공매 거부 사유를 미리 만들어 놓는 것이 필요하다.

소송이 계속중이라는 사유만으로 공매가 불가인 것은 아니지만, 실무적으로 소송이 진행되고 있는 경우 수탁자의 판단에 의하여 공매를 진행하지 아니할 수 있고, 이러한 경우 공매 미진행이 위법한 것은 아니다. 특히 소송 진행 중 원고 청구금액이 증액될 수 있는 점, 소송 진행 중 소송 목적물의 소유권을 이전하는 행위로 인하여 손해배상책임을 부담할 가능성이 존재하는 점 등을 고려하면, 일단 소송이 진행중인 경우에는 원칙적으로 공매를 진행하지 아니하는 것이 수탁자의 바람직한 태도라고 할 것이다. 특히 위 하급심 등은 소송 진행 중에도 수탁자가 공매를 진행하여야 하는 근거 판결이라고 할 수 없음을 양지하여야 한다.

다시한번 더 강조하건데, 소송이 진행중인 신탁부동산은 공매진행 불가가 원칙이다. 위 판결은 수탁자가 수탁자의 필요로 인하여 공매를 진행하는 경우에만 인용할 수 있는 것이고, 어떠한 이유로든 수탁자가 공매를 진행하지 아니하는 경우 수탁자에게 공매를 진행하기 위한 수단으로서 기능할 수 없다. 특히 소송 도중에 공매가 진행되어 신탁부동산이 없어진 후 수탁자가 소송에서 패소하여 수탁자가 고유계정 손실을 입은 사례가 존재한다는 점에서 더욱 그러하다.

한편, 수탁자가 소송 도중에 공매를 진행하여야 할 필요가 있는 경우에는 담보신탁과 관련하여 다수의 소송에 계속중이라는 이유로 신탁 공매를 진행할 수 없다는 취지로 위탁자가 공매절차중지가처분을 신청한 사안에서 서울중앙지방법원은 "이 사건 부동산에 관하여 다수의 소송이 계속 중인 사실은 인정되나, 신탁회사는 이 사건 공매절차의 진행을 공고하면서 소송이 계속 중인 사실을 함께 공고하였고 소송이 계속 중이라는 사정만으로 공매절차를 진행할 실익이 없다고 볼 수도 없으므로 위탁자의 주장은 이유없다(서울중앙지방법원 2011.4.4.자 2011카합839 결정)."는 취지로 판시한 사례가 있으므로, 수탁자는 위 하급심을 참고할 필요가 있다.

3) 우선수익자에게 공매중지가처분의 피고적격이 인정되는지 여부

공매는 수탁자가 신탁재산에 대한 처분절차를 진행하는 것이므로 공매중지가처분의 피고적격 역시 수탁자가 가지게 된다. 하지만 공매를 요청하는 자는 통상 신탁계약의 우선수익자이므로, 공매를 중지하고자 하는 위탁자 등이 신탁계약의 우선수익자를 채무자로 하여 공매중지가처분을 신청할 수 있는지 여부가 문제된다.

우선수익자를 공매절차중지가처분의 피신청인으로 하여 공매절차중지가처분을 신청한 사례에서 서울중앙지방법원은 『신탁계약상 부동산의 수탁자는 신탁회사이고, 부동산의 처분절차를 진행할 수 있는 권한이 있는자도 신탁회사일 뿐이다. 우선수익자들에게는 신탁계약상 공동1순위 우선수익자로서 신탁회사에게 처분절차의 진행을 요구하고 그 진행방법을 협의할 수 있는 권한은 있으나 신탁부동산을 처분할 수 있는 권한은 없다. 따라서 공매절차중지가처분으로 우선수익자들에 대하여 부동산의 처분절차의 중단을 구할 피보전권리 및 보전의 필요성이 있다고 할 수 없다. 그렇다면 위탁자의 우선수익자들에 대한 신청은 이유 없다(서울중앙지방법원 2010.7.23. 선고 2010카합2225 판결).』는 취지로 판시하여 위탁자의 제1순위 우선수익자에 대한 공매절차중지가처분 신청을 기각하였다. 우선수익자는 신탁 공매에 관한 처분요청·동의권만 지니고 있을 뿐 처분권을 행사할 수는 없다는 점에서 위 판결의 결론은 타당하다 판단된다.

한편, 실무에서 간혹 일부 대출기관이 우선수익자에게 주어진 우선수익권의 권한에 신탁부동산의 처분권한을 포함시켜 달라는 요청을 하는 경우가 있으나, 이는 위탁자와 수탁자간의 신임관계에 기하여 위탁자가 수탁자에게 특정의 재산을 이전하거나 담보권의 설정 또는 그 밖의 처분을 하고 수탁자로 하여금 수익자의 이익 또는 특정의 목적을 위하여 그 재산의 관리, 처분, 운용, 개발, 그 밖에 신탁 목적의 달성을 위하여 필요한 행위를 하게 하는 법률관계를 말한다고 규정한 신탁법 제2항에 위반될 소지가 있고, 부동산의 신탁에 있어서 수탁자 앞으로 소유권이전등기를 마치게 되면 대내외적으로 소유권이 수탁자에게 완전히 이전되고, 위탁자와의 내부관계에 있어서 소유권이 위탁자에게 유보되어 있는 것은 아니라 할 것이며, 이와 같이 신탁의 효력으로서 신탁재산의 소유권이 수탁자에게 이전되는 결과 수탁자는 대내외적으로 신탁재산에 대한 관리권을 갖는 것(대법원 2002.4.12. 선고 2000다70460 판결 등 다수 대법원 판결 참조)이라는 대법원의 입장과도 배치되므로, 우선수익자에게 신탁부동산의 처분권한을 부여하는 취지의 내용을 신탁특약을 추가하는 것은 바람직하지 않다.

4) 신탁 공매와 낙찰자 변경

가) 문재의 소재

신탁사 공매를 통하여 공매 대상 부동산을 낙찰받은 낙찰자가 잔금을 지급하기 전 신탁사에게 낙찰자가 가진 매수인 명의를 제3자로 변경해달라고 요청하는 경우가 있다. 이러한 경우 신탁사가 낙찰자가 아닌 제3자에게 잔금을 지급받고 공매 대상 부동산의 소유권을 이전해줄 수 있는지 문제된다.

우선 신탁회사가 갑과 매매계약 체결 후 계약금을 수취한 후 매매계약을 해제하지 않고 매수인 명의(낙찰자)를 을로 변경하는 경우 부동산등기특별조치법에 위반되는지 여부가 문제된다.

부동산등기 특별조치법 제2조 제1항 제1호[14]는 부동산의 소유권이전을 내용으로 하는 계약을 체결한 자는 계약의 당사자가 서로 대가적인 채무를 부담하는 경우에는 반대급부의 이행이 완료된 날부터 60일 이내에 소유권이전등기를 신청하여야 한다고 규정하고

---

14) 부동산등기특별조치법 제2조 (소유권이전등기등 신청의무) ①부동산의 소유권이전을 내용으로 하는 계약을 체결한 자는 다음 각호의 1에 정하여진 날부터 60일 이내에 소유권이전등기를 신청하여야 한다. 다만, 그 계약이 취소·해제되거나 무효인 경우에는 그러하지 아니하다.
  1. 계약의 당사자가 서로 대가적인 채무를 부담하는 경우에는 반대급부의 이행이 완료된 날

있고, 동법 제2조 제3항15)은 부동산의 소유권을 이전받을 것을 내용으로 하는 계약을 체결한 자가 반대급부의 이행이 완료된 날 전에 그 부동산에 대하여 다시 제3자와 소유권이전을 내용으로 하는 계약을 체결한 때에는 먼저 체결된 계약의 반대급부의 이행이 완료되거나 계약의 효력이 발생한 날부터 60일 이내에 먼저 체결된 계약에 따라 소유권이전등기를 신청하여야 한다고 규정하고 있다.

동법 제8조 제1호16)는 조세부과를 면하려 하거나 다른 시점간의 가격변동에 따른 이득을 얻으려 하거나 소유권등 권리변동을 규제하는 법령의 제한을 회피할 목적으로 제2조제2항 또는 제3항의 규정에 위반한 자를 처벌한다고 규정하고 있어, 공매대상 부동산의 낙찰자가 잔금을 지급하고 등기를 경료하지 아니한 채 제3자에게 낙찰자 명의를 이전할 수 있는지가 문제되는 것이다.

이에 대하여 판례는 거의 없는 것으로 보이는데 신탁 공매사안은 아니지만 파산관재인이 파산재산을 공개매각 하면서 매수희망자의 참여를 증대시키기 위하여 잔금 납부 완료 이전 1회에 한하여 매수인의 계약자 지위를 변경할 수 있도록 하는 조건을 붙이기로 하였고, 법원의 허가를 받아 이러한 매매조건이 포함된 매각 공고를 하였고, 매각 공고에 따라 최초 낙찰자에서 새로운 매수인으로 낙찰자 명의를 변경하는 권리의무승계계약이 체결되고 새로운 매수인이 중도금 및 잔금을 지급한 경우 낙찰자가 부동산등기특별조치법 제8조를 위반한 것이 아니라는 취지의 대법원 판결(대법원 2007.5.11. 선고 2006도5560 판결)이 있다.

나) 대법원 판결

① 파산관재인은 파산재산인 이 사건 아파트를 입찰방식으로 공개매각하기로 하면서 매수희망자의 참여를 증대시키기 위하여 잔금 납부 완료 이전 1회에 한하여 매수인의

---

15) 부동산등기특별조치법 ③제1항의 경우에 부동산의 소유권을 이전받을 것을 내용으로 하는 계약을 체결한 자가 제1항 각호에 정하여진 날 전에 그 부동산에 대하여 다시 제3자와 소유권이전을 내용으로 하는 계약을 체결한 때에는 먼저 체결된 계약의 반대급부의 이행이 완료되거나 계약의 효력이 발생한 날부터 60일 이내에 먼저 체결된 계약에 따라 소유권이전등기를 신청하여야 한다.
16) 부동산등기특별조치법 제8조(벌칙) 다음 각호의 1에 해당하는 자는 3년 이하의 징역이나 1억원 이하의 벌금에 처한다.
   1. 조세부과를 면하려 하거나 다른 시점간의 가격변동에 따른 이득을 얻으려 하거나 소유권등 권리변동을 규제하는 법령의 제한을 회피할 목적으로 제2조제2항 또는 제3항의 규정에 위반한 때

계약자 지위를 변경할 수 있도록 하는 조건을 붙이기로 하였고, 법원의 허가를 받아 이러한 매매조건이 포함된 매각 공고를 하였다. ② 피고인 2는 공매절차에서 아파트 3세대를 낙찰받아 파산관재인과 매매계약을 체결하고 계약금을 납부하였고, 그 상태에서 부동산중개인인 피고인 1을 통해 소개받은 새로운 매수인들과 "양도인은 상기 부동산의 계약 및 계약이행에 따른 권리의무 일체를 양수인에게 양도하고 양수인은 이를 양수하며 양도인과 양수인은 본 권리의무 승계와 관련하여 향후 파산회사에 어떠한 이의도 제기하지 않을 것을 확약합니다."라는 내용 등이 이미 인쇄되어 있는 파산회사의 양식을 이용하여 권리의무 승계신청서를 작성한 후 제출하였다. ③ 그 후 새로운 매수인들과 파산관재인 사이에서 피고인 2가 작성하였던 것과 동일한 내용의 매매계약서가 작성되었고, 중도금 및 잔금은 새로운 매수인들이 지급하였다. ④ 피고인 1과 2 등은 부동산등기 특별조치법 위반으로 기소되었다.

1심은 피고인들에게 무죄를 선고하였으나 2심은 『파산자 회사가 공매를 하면서 법원의 허가를 얻어 "1회에 한하여 계약변경 가능"이라는 조건을 붙였다고 하더라도, 이와 같은 조건이 특별조치법에서 금지하는 행위를 파산자 회사의 결정에 따라 허용하는 것으로 변경한 것으로는 볼 수 없다. 다만, 특별조치법의 제한범위 안에서 당사자의 지위를 변경하는 것 등이 가능하다는 뜻으로 해석할 수 있을 뿐이다. 그렇지 않으면, 공매를 하는 주체가 그 편의에 따라 이 사건에서처럼 개별적으로 조건을 붙임으로써 특별조치법의 금지규정을 실질적으로 잠탈할 수 있게 되는데, 이와 같은 결론이 부당함은 명백하다』는 이유로 피고인 1, 2 등에게 유죄를 선고하였다.

하지만 대법원은 공매조건에서 매수인을 변경할 수 있다는 취지의 내용이 존재한다는 등의 이유로 원심판결을 파기환송하였다.

1. 피고인 1, 2 공모의 부동산등기 특별조치법 위반의 점에 관한 상고이유에 대하여 판단한다.

   피고인 2는 공고된 매매조건과 이를 위하여 파산회사에서 마련해 둔 절차에 따라 매수인을 변경한 것이고, 그러한 매수인 지위이전의 대가로서 새로운 매수인들로부터 매도인에게 지급할 매매대금과는 별도로 웃돈을 수수한 것이라고 볼 수 있으므로, 피고인 2가 새로운 매수인들과 체결한 계약에 나타난 의사를 해석함에 있어 권리의무 승계신청서 등의 객관적인 문언 내용을 쉽사리 배척할 것은 아니라고 할 것이며, 그 밖에 계약의 성격을 달리 보아야 할 특별한 사정을 찾기 어렵다.

그럼에도 불구하고, 원심은 그 판시와 같은 이유만으로 먼저 체결된 매매계약의 반대급부 이행이 완료되기 전에 피고인 2가 새로운 매수인들과 체결한 계약이 약정 문언과는 달리 실질적으로 소유권이전을 내용으로 하는 계약이라고 판단하여 피고인 2가 피고인 1과 공모하였다는 부동산등기 특별조치법 제8조 제1호, 제2조 제3항 위반의 이 부분 공소사실을 유죄로 인정하였으니, 원심에는 부동산등기 특별조치법 소정의 계약당사자의 지위를 이전하는 계약에 관한 법리를 오해하거나 채증법칙을 위반하여 사실을 오인함으로써 판결에 영향을 미친 위법이 있다 할 것이다.

2. 피고인 1, 3 공모의 부동산등기 특별조치법 위반의 점에 관한 상고이유의 판단에 앞서 직권으로 판단한다.

가. 부동산등기 특별조치법 소정의 소유권이전등기 신청의무가 있는 자로서 부동산등기 특별조치법 위반의 범죄주체가 되는 '소유권이전을 내용으로 하는 계약을 체결한 자'는 매매·교환·증여 등 소유권이전을 내용으로 하는 계약의 당사자를 가리키는바, 어떤 사람이 타인을 통하여 부동산을 매수함에 있어 매수인 명의를 그 타인 명의로 하기로 하였다면 이와 같은 매수인 명의의 신탁관계는 그들 사이의 내부적인 관계에 불과한 것이어서 대외적으로는 그 타인을 매매당사자로 보아야 할 것이므로(대법원 1993.4.23. 선고 92다909 판결 등 참조), 달리 특별한 사정이 없는 한 그 사람은 소유권이전을 내용으로 하는 계약을 체결한 자라고 볼 수 없다.

나. 기록에 의하면, 피고인 3은 이 사건 공매절차에서 어머니인 공소외 1 명의로 아파트 3세대를 낙찰받고 매수인을 공소외 1로 하여 파산관재인과 사이에 매매계약을 체결한 사실을 알 수 있으므로, 그 매매당사자는 공소외 1이라고 보아야 할 것이고, 피고인 3은 소유권이전을 내용으로 하는 계약을 체결한 자에 해당한다고 볼 수 없다.

그렇다면 범죄의 주체가 될 수 있는 신분을 가진 공소외 1과의 공범관계로 기소된 것이 아닌 이 사건에서, 피고인 3 및 그와 공모하였다는 피고인 1을 부동산등기 특별조치법 제8조 제1호, 제2조 제3항 위반죄로 처벌할 수 없다고 할 것이다.(대법원 2007.5.11. 선고 2006도5560 판결).

다) 실무 TIP

원칙적으로 수탁자는 공매 매수인 변경을 처음부터 허용하지 아니하는 것이 바람직하다. 위 대법원 판결은 형사적인 책임을 지지 아니할 수 있다는 점에 국한되어야 하지,

민사적, 행정적으로 공매 매수인 변경이 언제나 유효하다고 선언한 것은 아니기 때문이다.

다만 위 대법원 판결의 취지를 살펴볼 때 공매절차에서 부동산을 낙찰받아 미등기 전매함에 있어서 공고된 매매조건과 이에 부합하게 마련된 절차에 따라 매수인을 변경하고 새로운 매수인과 권리의무 승계신청서를 작성하여 제출하였다면 최소한 수탁자에게 부동산등기 특별조치법상 유죄가 선고되지 않을 것으로 보인다. 더욱이 위 대법원 판결에서도 기소된 것은 제1매수인과 제2매수인 등이지 공매절차를 진행했던 파산관재인은 기소되지 않았다는 점을 볼 때 더욱 그러하다.

하지만 부동산등기 특별조치법 외에도 수탁자가 제1매수인과 매매계약을 체결하였다면 그 매매계약을 취소하기 위하여는 계약금을 몰취하고 매매계약을 해제하여 위탁자의 채무상환에 쓰여야 함에도 불구하고 제2매수인에게 매수인 명의를 승계하는데 동의한 것이 신탁법상 선관주의의무, 충실의무 등의 위반이라는 취지로 위탁자가 수탁자에게 소송을 제기하는 경우가 간혹 존재하기 때문에, 수탁자로서는 공매절차 진행 중 매수인 지위를 승계하는데 동의하는 것에 대하여 신중을 기할 필요가 있다.

따라서 공매절차 진행 중 매수인 지위를 승계하기 위하여는 공매공고상 매수인 지위가 승계될 수 있음이 명확히 기재되어 있고, 매수인이 잔금을 지급하지 아니하여(사실상 잔금을 지급한 것과 마찬가지로 남은 금액이 소액인 경우를 포함한다) 반대급부의 이행이 완료되지 않았으며, 우선수익자의 명확한 요청을 받아 진행하는 것이 바람직하다. 더불어 실무상 매수인 지위를 승계하는 경우에는 제1매수인이 제2매수인에게 프리미엄 등을 추가로 지급받았는데도 불구하고 그 사실을 숨기는 경우가 간혹 존재하는바, 만약 이러한 사항을 수탁자가 알게된다면 그 경우에는 매수인 지위 승계에 동의하지 아니하는 것이 바람직하다.

5) 신탁 공매와 지방세기본법상 사업양수인의 제2차 납세의무

위탁자가 개발사업 시행을 위하여 토지를 매입하는 과정에서 브릿지론 등의 대출을 일으키기 위하여 토지에 담보신탁을 설정하고 건축허가를 받은 후 사업시행이 좌초되어 공매가 진행되었는데 공매진행 중 편의상 건축주 지위가 위탁자-신탁회사-공매 매수인으로 변경되는 경우가 있다. 이 경우 위탁자의 체납세금을 신탁회사가 지방세기본법상 사업양수인의 제2차 납세의무자로서 납부책임을 부담하는지 여부가 문제된다.

가) 사실관계

① 위탁자는 개발사업의 시행을 위하여 대출금융기관으로부터 사업자금을 대출받으면서 그 담보를 위하여 대출금융기관을 제1순위 우선수익자로 지정하여 신탁회사와 사이에 토지와 철거예정인 건물에 관한 담보신탁계약을 체결하고 신탁등기를 경료하였다. ② 위탁자는 토지와 건물 매수시 개발사업 시행을 조건으로 지자체로부터 취득세 등을 면제받았다. 개발사업 시행이 지연되자 지자체는 위탁자의 재산을 압류하였다. ③ 위탁자가 대출금을 연체하자 신탁회사는 우선수익자의 요청 등에 따라 공매절차를 진행하였고, 매수인에게 토지의 소유권을 이전하였다. 공매진행 과정에서 건축주 명의는 위탁자-신탁회사-매수인 순으로 변경되었다. ④ 지자체는 신탁회사가 위탁자의 사업양수인으로서 개발사업에 관한 2차 납세의무자라 판단한 뒤 지방세기본법 제48조[17])를 적용하여 신탁회사에게 위탁자의 제2차 납세의무자로서 체납세액을 부과·납부 통지하였다. 이러한 처분에 관하여 신탁회사는 금융기관에 대한 채무 담보를 위하여 위탁자로부터 이 사건 토지와 건축주 지위를 수탁받았을 뿐, 이 사건 개발사업에 관한 위탁자의 사업 자체를 양수한 바 없어 사업양수인에 해당하지 아니하므로 이 사건 처분은 위법하다 주장하며 지자체의 2차 납세의무자 지정처분에 대한 취소소송을 제기하였다.

나) 서울고등법원의 판단

위 사안에 관하여 1심은 신탁회사의 청구를 기각하였으나 2심인 서울고등법원은 신탁회사가 토지에 관한 소유권이전등기를 보유하게 된 것은 담보신탁계약에 따른 것으로 이전등기 후에도 위탁자가 사업시행권을 그대로 보유하면서 토지를 계속 점유·사용하였고, 그 비용 부담하에 재산의 실질적인 보존행위 및 관리행위를 하였다는 점, 수탁자인 신탁회사는 신탁수수료를 받고 토지에 관한 등기 명의를 보유하고 있다가 우선수익자의

---

17) 지방세기본법 48조(사업양수인의 제2차 납세의무) ① 사업의 양도·양수가 있는 경우 그 사업에 관하여 양도일 이전에 양도인의 납세의무가 확정된 지방자치단체의 징수금을 양도인의 재산으로 충당하여도 부족할 때에는 양수인은 그 부족한 금액에 대하여 양수한 재산의 가액 한도 내에서 제2차 납세의무를 진다.
② 제1항에서 "양수인"이란 사업장별로 그 사업에 관한 모든 권리와 의무를 포괄승계(미수금에 관한 권리와 미지급금에 관한 의무의 경우에는 그 전부를 승계하지 아니하더라도 포괄승계로 본다)한 자로서 양도인이 사업을 경영하던 장소에서 양도인이 경영하던 사업과 같거나 유사한 종목의 사업을 경영하는 자를 말한다.

요청에 따라 토지를 처분하여 그 처분대금을 신탁계약에 정한 바에 따라 정산하였을 뿐인 점, 신탁회사는 매매계약 체결 후 대출 편의를 도모하려는 매수인의 요청에 따라 건축주 명의를 일시적으로 이전받았을 뿐인 점, 매수인으로부터 건축주 명의를 이전해 주는 대가를 별도로 수령한 바도 없는 점, 신탁회사는 위탁자인 시행사로부터 공사도급계약, 설계·감리용역계약 등과 관련하여 어떠한 권리의무도 승계한 바 없는 점, 공매 매매 목적물은 토지일 뿐 사업시행권은 공매 매매 목적물에 포함되지 않은 점 등을 이유로 신탁회사가 위탁자인 시행사로부터 개발사업에 관한 시행자 지위를 양수하였다고 보기 어려우므로 신탁회사를 지방세에 관한 2차 납세의무자로 지정한 처분을 취소하는 판결을 선고하였고, 이는 대법원에서 심리불속행 기각 판결로 확정되었다.

1. 수탁자가 사업시행자였던 위탁자로부터 이전받은 후 매수인에 넘겨 준 것은 이 사건 토지에 관한 소유권이전등기 및 이 사건 건축허가에 관한 건축주 명의이다. 그러나 이러한 사정만으로는 이 사건 개발사업의 양수인이라고 보기에 부족하다.
2. 수탁자는 위탁자로부터 공사도급계약, 설계·감리용역계약, 대출계약 등과 관련하여 어떠한 권리의무도 승계한 바 없다.
3. 수탁자와 매수인 사이의 매매 목적물은 이 사건 토지일 뿐 이 사건 사업시행권은 그 목적물이 아니다. 매수인이 이 사건 토지 매수 후 이 사건 건축허가를 이용하여 개발사업을 시행하고 있기는 하나, 이러한 사정으로 곧바로 수탁자로부터 사업시행권을 양수하였다고 볼 것은 아니다.
4. 국가나 지방자치단체에 대한 납세의무는 각 세법에 의하여 정해질 성질의 것이지 당사자 사이의 약정에 의하여 납세의무 없는 자에게 납세의무를 부담시킬 수는 없다. 따라서 설령 피고 주장과 같이 이 사건 매매계약상 사업시행사가 이미 체납하고 있던 세액은 매도인인 수탁자가 부담하기로 약정하였다고 하더라도, 그로써 수탁자에게 세금을 납부해야 할 의무가 생기는 것은 아니다.
5. 수탁자가 위탁자로부터 이 사건 개발사업에 관한 시행자 지위를 양수하였다고 볼 만한 증거가 부족하다. 따라서 수탁자를 지방세기본법 제48조에 정한 사업양수인에 해당한다고 할 수는 없으므로, 이와 다른 전제에서 수탁자를 위탁자가 체납하고 있던 별지1 기재 각 지방세에 관한 2차 납세의무자로 지정한 이 사건 처분은 위법하므로 취소되어야 한다(서울고등법원 2018.4.19. 선고 2017누81849 판결).

다) 실무 TIP

수탁자가 담보신탁 계약을 체결하다보면 간혹 위탁자로부터 건축주 명의를 승계받는 경우가 있는데, 이 경우 자칫 잘못하면 수탁자가 지방세기본법 제48조의 사업양수인의 제2차 납세의무 책임을 부담할 수 있으므로, 담보신탁계약에서 건축주 명의를 승계하는 것은 가급적 지양하여야 한다.

부득이한 경우로 건축주 명의를 승계한 상태에서 공매를 진행하거나 공매 진행 과정에서 일시적으로 건축주 지위를 승계하게 되는 경우 공매 목적물에 건축주 명의를 포함시키지 말고, 지자체 관할과에 위탁자가 체납한 지방세가 존재하는지, 신탁회사가 2차 납세의무자 책임을 부담할 여지가 있는지를 확인하여야 한다. 만약 위탁자 체납한 지방세가 존재하는 경우 처분대금에서 체납한 세금과 지연이자에 해당하는 금액에 관하여 유보하는 것이 필요하다. 공매 공고문 및 매매계약서에도 위와 같은 사항을 기재하여 체납된 세금이 발생하여 수탁자가 납부하게 되는 경우 수탁자가 납부한 세금 상당액에 관하여 매수인이 수탁자에게 배상하여야 한다는 취지의 특약을 추가하는 것이 바람직하다. 한편, 실무상 공매과정에서 매수인의 대출 편의를 위하여 신탁회사가 건축주 지위를 승계하는 것은 수탁자에게 2차 납세의무가 부과될 가능성이 있으므로 지양하여야 할 것이다.

6) 신탁 공매와 토양오염

토양오염이란 사업활동이나 그 밖의 사람의 활동에 의하여 토양이 오염되는 것으로서 사람의 건강·재산이나 환경에 피해를 주는 상태를 말한다. 통상 신탁공매시 공매 공고문 및 매매계약서에는 "매수인은 매매목적물의 현존상태를 인지하였으며 사실상, 법률상 불이익을 수인하기로 한다", "매도인(신탁회사)는 부동산에 대한 하자담보책임을 부담하지 않고, 이에 매수인은 동의한다", "토양오염으로 인한 정화비용은 매수인이 부담한다"는 취지의 내용이 포함되어 있다. 그럼에도 불구하고 신탁공매로 매매된 신탁부동산에서 건설폐기물 등에 의한 토양오염이 발생하는 경우 매도인인 신탁회사는 손해배상 책임을 부담하는지 여부가 문제된다.

폐기물이 매립되어 있는 토지를 매도한 경우 매도인이 하자담보책임 등을 부담하는지 여부에 관하여 원칙적으로 대법원은 매매의 목적물에 관한 하자 여부는 매매의 경위와 목적 등 매매 당시의 제반 사정을 고려하여 그 목적물이 통상 갖추어야 할 품질 내지 상태를 갖추었는지 여부에 의하여 판단되어야 할 것이고, 한편 매도인이 다량의 폐기물이 매립되어 있는 토지를 정상적인 토지임을 전제로 매도함으로써 매수인으로 하여금 그 토지의 폐기물처리비용 상당의 손해를 입게 하였다면 매도인은 토지의 매매로 인한 민법 제580조 소정의 하자담보책임과 불완전이행으로서 채무불이행으로 인한 손해배상책임을 경합적으로 부담한다(대법원 2004.7.22. 선고 2002다51586 판결 참조)는 입장이다.

위의 판결은 신탁 공매에도 그대로 적용되는데 다만 신탁공매에서는 공매 공고문 및 매매계약서에서 매도인인 수탁자는 담보신탁계약에 의한 공매로 신탁부동산을 매도하는 경우 토지 등 신탁부동산을 관리하지 않고 단순히 처분행위만을 주관하므로, 신탁회사가 폐기물 등으로 토양오염이 발생한 사실을 알지 못했으며, 위탁자의 과실로 일어난 것이고, 또한 공매 공고문 및 매매계약서에서 폐기물을 포함하여 공매목적물의 하자로 인한 일체의 하자담보책임이 면책된다는 사항에 매수인이 동의하였기 때문에 신탁회사는 면책된다는 주장을 펴게 되는 것이 일반적이다.

이에 대하여 복수의 하급심에서는 수탁자가 주장하는 면책규정은 신탁회사가 진행하는 통상적인 공매 공고문에 첨부된 표준약관으로 보이는 점, 매매계약서 역시 위와 같은 점, 수탁자가 토영오염이 없는 일반적인 부동산을 매매하는 경우에도 위 면책규정이 그대로 포함되어 있는 점, 토양오염이 발생한 부동산 공매시 토양오염에 관하여 매수인과 별도의 협의가 없는 점, 토양오염으로 인하여 공매가격이 통상의 경우보다 낮아졌다고 볼 증거가 없는 점 등을 이유로 위 면책규정은 개별약정이 아니라 약관규제법에 적용을 받는 약관에 해당하여 무효 또는 그 해석의 범위를 축소하여 매도인인 수탁자에게 하자담보책임을 인정하고 있다. 수탁자에게 토양오염으로 인한 하자담보책임이 인정되는 경우 그 손해배상의 범위는 토양을 정화시키는데 발생하는 비용 상당액이 된다.

따라서 수탁자 임직원으로서는 임야, 주유소, 공장, 산업단지 내 토지, 군부대 부근의 부동산 등 토양오염이 발생할 수 있는 가능성이 높은 부동산에 대하여 공매 절차를 진행하는 경우 첫째로는 관할 지자체(통상 군청, 구청, 시청의 환경과에서 주관)에 신탁부동산에 대하여 토양오염사실이 있는지 확인하고 토양오염 사실이 있다면 그 사실을 명확하게 추가로 기재하는 것이 필요하다. 특정토양오염관리대상시설의 경우 일정기간마다 토양오염도 검사를 하도록 관련법령에서 규정하고 있고, 토양오염 발생시 인근 부지에도 영향을 미치는 경우가 많은데, 인근 부지에 영향을 미치는 경우 그 토지 소유주가 이에 대하여 반발을 하면서 지자체 관련 부서가 알게되는 경우가 많으므로 관할 지자체 환경과가 가장 많은 정보를 가지고 있기 때문이다. 토양오염사실이 명확하게 밝혀지지는 않았으나 주유소 등 토양오염 가능성이 높은 부동산의 경우 그 사실을 통상의 공매공고 내용에 추가로 기재하고, 낙찰자와 매매계약을 체결하기 전 별도로 확약서를 징구하는 절차를 거치는 것이 바람직하다.

토양오염은 토지를 굴착하여 보기 전에는 알기 어려운 경우가 대부분이고, 토지 위에 건물이 있는 경우 건물을 철거하고 토지를 굴착하여야 확인할 수 있으므로 신탁공매시 토양오염으로 인한 수탁자의 손실발생가능성을 완전히 방지할 수 있는 명확한 방안을 찾기는 어려운 실정이다. 따라서 주유소, 공장 등 토양오염 발생 가능성이 높은 신탁부동산에 관하여는 위의 사항 외에도 수익자에 대한 잔여 수익지급을 일정기간 유보하는 것도 방법일 수 있다.

그런데 일을 하다보면, 오염토지를 공매하는 경우도 생기기 마련이다. 이러한 일이 벌어졌을 경우 수탁자의 항변 사유는 무엇일까. 토지오염이 발생한 토지를 공매로 매수한 매수인이 수탁자를 상대로 손해배상 소송을 제기한 사례에서 수탁자는 ① 매수인이 공매절차를 통하여 토지를 비교적 저렴한 가격인 감정가의 00%에 매수한 점, ② 매수인이 오염토지를 매수하기 전 현장 확인 등을 적극적으로 하였다고 볼 만한 사정이 없는 점, ③ 매수인이 토지오염 사실을 잔금지급 전 알게 되었는데도 수탁자에게 토지의 오염에 대한 이의를 제기하지 아니하고 잔금을 모두 입금한 점, ④ 매매계약 및 공매공고에 따르면 매수인은 이 사건 토지의 상태와 현황에 대한 조사 의무를 부담하고 있고, 매수인도 공매토지가 주유소 부지로 사용되어 왔음을 잘 알고 있었으므로, 비록 토양오염의 정도는 정확히 알 수 없었다고 하더라도 토양오염이 전혀 발생하지 않았을 것이라고 단정하고 매수하였다고 보기 어려운 점, ⑤ 매수인의 오염토양 정화비용 상당의 손해 중에는 토지가 오염되지 않은 상태에서 토지를 매수하였더라도 매수인이 부담했어야 할 것으로 보이는 부분이 일부 포함되어 있는 점 등을 주장하여 과실상계가 인정되었고, 위 판결에서 수탁자의 책임은 손해의 70%로 한정할 수 있었다(서울고등법원 2017.9.28. 선고

2017나2006663 판결). 따라서 일단 일이 벌어진 경우에는 과실상계의 법리를 반드시 주장하여 손실을 줄이는 것이 바람직하다.

한편, 운영종료된 주유소를 담보신탁한 수탁자에게 신탁 전 주유소 운영시 발생된 토양오염을 이유로 지자체가 수탁자에게 오염토양 정밀조사명령 및 오염토양 정화명령 처분을 내리자 수탁자가 위 처분의 취소를 청구한 사안에서 서울고등법원은 처분의 근거법령인 토양환경보전법 제10조의4 제1항 제2호가 규정한 것은 토양오염을 발생시키는 행위에 국한되고, 이미 발생한 토양오염이 심화되는 것까지 포함하는 것은 아니라는 이유로 지자체의 오염토양 정밀조사명령 및 오염토양 정화명령 처분을 취소하는 취지로 판시하였다(서울고등법원 2022.5.12. 선고 2021누68133 판결). 자세한 내용은 아래와 같다.

토양환경보전법 제2조 제3호가 규정한 '토양오염관리대상시설'의 의미["토양오염관리대상시설"이란 토양오염물질의 생산·운반·저장·취급·가공 또는 처리 등으로 토양을 오염시킬 우려가 있는 시설·장치·건물·구축물(構築物) 및 그 밖에 환경부령으로 정하는 것을 말한다.], 토양환경보전법 제10조의4 제1항 제2호의 규정내용(토양오염의 발생 당시 토양오염의 원인이 된 토양오염관리대상시설의 소유자·점유자 또는 운영자)을 종합하여 보면, 토양환경보전법 제10조의4 제1항 제2호가 규정한 '토양오염의 발생'은 문구 그대로 토양오염을 발생시키는 행위 즉, 토양오염관리대상시설에서 이루어지는 토양오염물질의 생산, 운반, 저장, 취급, 가공 또는 처리 등의 행위가 직접 원인이 되어 토양오염을 발생시키는 행위를 의미하는 것으로 보아야 하며, 그 발생의 개념에 이미 발생한 토양오염의 정도가 자연적으로 심화되는 것까지 포함되는 것으로 확대해석할 수는 없다(만일 피고의 주장과 같이 해석하게 되면, 일단 한번 토양오염물질의 생산, 운반, 저장, 취급, 가공 또는 처리 등의 행위로 인해 토양오염이 발생한 경우 그 후 추가로 토양오염을 발생시킨 위와 같은 행위가 없더라도 이미 발생한 토양오염이 지속되는 한 토양오염의 발생 개념에 포섭되어 그 발생의 범위가 무한히 확장되는 불합리한 결과가 초래된다)(서울고등법원 2022.5.12. 선고 2021누68133 판결).

위 판결사안은 운영종료된 주유소나 공장 등을 수탁한 수탁자에게 지자체가 오염토양 정밀조사명령 및 오염토양 정화명령 처분을 내리는 경우 수탁자가 이의를 제기할 수 있는 근거판결로서 모든 부동산신탁사가 공통으로 사용할 수 있는 판결이므로 신탁사 담당자는 숙지하고 있을 필요가 있다.

만약 위와 같이 수탁자가 할 수 있는 모든 조치를 취하였음에도 불구하고 신탁 공매 부동산이 낙찰된 후 토양오염이 발견되는 바람에 낙찰자가 수탁자에게 손해배상을 청구하여 수탁자에게 고유계정 손실이 발생된 경우 수탁자는 우선수익자를 상대로 위 손실에 대한 구상을 청구할 수 있는가. 하급심이기는 하나, 이에 대하여 긍정한 서울중앙지방법원 판결(서울중앙지방법원 2019.8.13. 선고 2017가단5014966 판결)이 존재하는바, 1심이긴 하지만 참고할 가치가 있다. 자세한 내용은 아래와 같다.

이 사건 특약의 내용, 이 사건 담보신탁계약의 특약사항 제8조 제2항이 신탁부동산 관련 위탁자의 수탁자에 대한 책임의 요건으로 수탁자의 귀책사유 없을 것을 요구하는 것과의 균형, 신탁법상 수탁자의 충실의무(제33조), 수탁자의 수익자에 대한 비용상환청구권(제46조)의 내용과 규정 형식, 그 취지 등을 종합하면, 이 사건 특약은 이 사건 담보신탁계약의 체결 및 이행과 관련하여, 즉 신탁사무의 처리 과정에서 수탁자가 손해를 입었고 그러한 내용이 재판으로 확정된 경우 위탁자 및 주채무자, 우선수익자가 연대하여 수탁자에게 판결원리금 및 소송비용 등 손해를 배상하되, 다만 수탁자의 과실로 위와 같은 손해가 발생하였다면 그렇지 아니하고, 이 경우 수탁자의 과실에 관한 증명책임은 위탁자 및 주채무자, 우선수익자가 부담하는 것으로 보아야 한다.

위 각 증거에 나타난 다음과 같은 사실 또는 사정, 즉 먼저 ①, ② 과실의 경우 이 사건 담보신탁계약의 특약사항 2조에 따르면, 원고의 업무는 등기부등본상의 소유권 관리와 우선수익자의 요청에 따른 처분업무 등이고, 그 외에 이 사건 부동산의 현실적 점유, 유지 및 관리 등 실질적 관리는 위탁자 또는 수익자인 피고들의 업무 범위에 속하는 점, 따라서 설령 피고 B 측이 2013.5.29. 서울특별시 성동구로부터 '이 사건 부동산에 대해 공사시행 전(착공 전) 오염토양 정화 후 이행완료보고서를 접수할 것'이라는 허가조건과 함께 건축허가를 받은 것과 관련하여 그 전에 원고가 이 사건 부동산의 소유자로서 피고 B의 건축허가신청에 동의하였다 하더라도 그러한 사정만으로 원고가 이 사건 토지의 오염 사실을 알았거나 알 수 있었다고 단정하기 어려운 점, 피고 C은 2014.4.7.경 공매 조건을 상세히 명시하여 원고에게 이 사건 부동산의 공매를 요청하였고, 원고는 피고 C이 명시한 조건에 따라 공매절차를 진행하였던 점, 서울특별시 성동구청장이 2014.5.8. 원고에 대하여, '원고가 공매 진행 중인 이 사건 토지와 그 인접토지는 현재 토양오염에 따른 행정처분(토양오염 정밀조사 및 정화조치) 진행 중으로 공매 낙찰자는 토양환경보전법 제10조의 4에 따라 토양오염 정밀조사 및 정화조치를 하여야 함을 사전 안내하기 바란다'는 취지의 공문을 발송하였으나, 원고가 이를 수령한 것은 K와 사이에 이 사건 부동산에 관한 매매계약 체결 후인 2014.5.13. 오후 1:30인 점, 달리 원고가 이 사건 매매계약 체결 당시 이 사건 토지의 오염 사실을 구체적으로 알았거나 알 수 있었다고 볼 만한 별다른 증거가 없는 점, 오히려 앞서 본 바와 같이 위 피고들은 원고에 대한 관계에서 이 사건 담보신탁계약에 따라 수익자로서 이 사건 부동산의 현실적 점유, 유지 관리 등 실질적 관리를 할 책임이 있었던 점, 위 피고들은 원고가 뒤늦게라도 토지 오염 사실을 고지하였다면 여러 가지 조치가 가능하여 원고가 청구하는 손해가 발생하지 않았을 것이라고 주장하나, 위 피고들 측에서 제시한 공매 최저가액, 이미 매매계약이 체결되고 이 사건 청구금액을 초과하는 650,100,000원에 이르는 거액의 계약금이 지급된 이후인 점 등을 감안할 때 위 피고들이 주장하는 조치들은 거래계의 사정 등에 비추어 합리성을 인정하기 어렵거나 단지 막연한 가능성이 있는 정도에 불과한 점, 한편 위 ③ 과실에 관한 주장 즉, 피고 B에게 배당이 실시되도록 방치한 과실이 있다는 취지의 주장의 경우, 이 부분 과실은 원고가 청구하는 손해(즉 판결금과 기타 소송 관련 비용)와 사이에 상당인과관계를 인정하기 어려운 점 등에 비추어 보면, 제출된 증거들만으로는 원고에게 상당한 과실이 있다고 단정하기 어렵고, 달리 이를 인정할 증거가 없다. 피고의 이 부분 주장은 받아들이지 않는다(서울중앙지방법원 2019.8.13. 선고 2017가단5014966 판결).

위 판결에서처럼, 만약 신탁 공매로 인하여 수탁자에게 고유계정 손실이 발생한 경우 수탁자는 위탁자나 우선수익자 등에게 그 손해의 배상을 청구할 수 있다. 위 판결에서 수탁자는 우선수익자에게 배당한 신탁수익에서 위탁자에게 분배한 신탁이익을 제외한 모든 손실을 배상받을 수 있었던 바, 위 판결이 1심이라 하더라도 신탁사 임직원들이 참고할 가치는 있다고 보인다.

다만 일부 우선수익자의 요청으로 인해 신탁계약 체결시 우선수익자에 대하여는 신탁사무처리비용이나 수탁자의 손해배상금을 청구할 수 없다는 취지의 특약을 신탁계약에 포함하는 경우가 간혹 있는데, 이러한 경우 수탁자는 수탁자에게 발생한 고유계정 손실금을 우선수익자에게 구상할 수 없을 가능성이 있으므로, 수탁자는 위와 같은 특약을 담보신탁계약에 반영하여서는 아니될 것이다.

7) 신탁 공매낙찰시 매수인의 매매대금 지급의무와 수탁자의 소유권이전등기 서류 교부의무는 동시이행관계인지 선이행관계인지 여부

신탁 공매낙찰시 매수인의 매매대금 지급의무와 수탁자의 소유권이전등기서류 교부의무는 동시이행관계인지 선이행관계인지 여부에 관하여 "매매계약서상 매수인이 매매대금을 완납한 경우 수탁자는 매수인에게 소유권이전등기서류를 교부한다"고 규정되어 있고, 매수인이 수탁자에게 잔금 납부기한 연장을 요청하면서 잔금 납부기한 후 매매계약이 해제될 수 있음을 인지한다는 내용의 확인서를 교부한 경우에 매수인의 매매대금 지급의무가 수탁자의 소유권이전등기서류 교부의무가 선이행이라는 취지로 판결한 서울고등법원 판결(서울고등법원 2019.10.11. 선고 2019나2023181 판결)이 있다. 자세한 내용은 아래와 같다.

1. 이 사건의 경우, 앞서 본 바와 같이 처분문서인 이 사건 매매계약서 제3조는 '원고가 제1조에서 정한 매매대금과 제비용을 완납하고 토지거래허가 등 소유권이전에 필요한 제반 사항을 이행한 경우 피고는 원고에게 소유권이전등기에 필요한 서류를 교부하여야 한다'고 규정하는바, 그 객관적 문언상 원고가 매매대금 지급의무를 이행하여야 피고가 소유권이전등기에 필요한 서류를 교부할 수 있는 것으로 정하고 있고, 여기에 앞서 본 사실 및 앞서 든 증거에 의하여 알 수 있는 다음과 같은 이 사건 매매계약의 체결 경위, 동기, 목적, 당사자의 지위 등을 살펴보더라도 원고가 매매대금 지급의무를 선이행하여야 피고가 소유권이전등기에 필요한 서류를 교부하도록 하는 의사로 위와 같은 계약서 조항을 두었음도 알 수 있다.

① 이 사건 매매계약은 C과 피고 간에 체결한 부동산담보신탁계약에 의하여 신탁계약의 우선수익자의 환가처분 요청에 따라 진행된 공매절차에서 체결된 것이다. ② 피고가 공고한 공매공고에서는 '대금납부'와 관련하여, '잔금은 계약체결일로부터 60일 이내에 납부하여야 한다.'고 정하면서, '유의사항'으로 '매매계약에 따른 소유권이전등기, 인허가 관련 비용과 책임은 매수인이 부담한다. 농지취득자격증명 등 관공서의 인허가가 필요한 경우 매수인 책임하에 잔금납부 약정일 이내로 허가 또는 자격을 증명하는 서류를 발급받아 당사에 제출하여야 하며, 이를 이행하지 아니한 경우 당사는 매매계약을 해제할 수 있고 계약이 해제될 경우 계약금은 당사로 귀속된다. 토지거래허가가 필요한 경우 매수인 책임하에 잔금납부 약정일 이내로 허가를 증명하는 서류를 발급받아 당사에 제출하여야 하며, 이를 득하지 못한 경우 당사는 매매계약을 해제할 수 있다.'고 정하고 있다.

이러한 공매공고의 유의사항에 의하면, 토지의 취득에 필요한 인허가 관련비용, 농지취득자격, 토지거래허가 등은 매수인이 잔금 납부 전에 자신의 책임으로 이를 납부하거나 제반 허가를 취득하여야 함을 알 수 있는바, 이 사건 매매계약 제3조 제1항은 이와 같은 공매공고의 내용을 구체화한 것으로 봄이 상당하다.

③ 원고는 피고에게 총 3차례에 걸쳐 잔금 납부기한 연장을 요청하였고, 이에 대하여 피고는 이행보증금을 납부하는 조건으로 잔금 납부기한을 연장하여 주었는데, 당시 원고는 '잔금 납부기한 후 30일 도래한 2017.7.6.자로 매매계약이 해제될 수 있음을 인지한다.'는 내용의 확인서(갑 제7호증)를 작성하여 피고에게 교부하였다. 이에 비추어 보면 원고 역시 잔금 납부의무가 선이행의무에 해당함을 알고 있었던 것으로 보인다.

2. 따라서 원고의 매매대금 지급의무는 피고의 소유권이전등기서류 교부의무에 대한 선이행의무라고 할 것이다. 이와 달리 원고의 잔금지급의무와 피고의 소유권이전등기서류 교부의무가 동시이행관계에 있음을 전제로 한 원고의 이 부분 주장은 나아가 살피지 않더라도 받아들일 수 없다(서울고등법원 2019.10.11. 선고 2019나2023181 판결).

위 판결은 매수인이 수탁자에게 3차례에 걸쳐 잔금 납부기한 연장을 요청하였고, 수탁자는 이행보증금 납부조건으로 잔금 납부기한을 연장해주었으며, 잔금 납부기한 후 매매계약이 해제된다는 취지의 확인서까지 교부받은 사안이고, 통상적인 공매 매매계약의 경우 동시이행에 해당할 가능성이 높다.

따라서 매수인의 매매대금 지급의무와 수탁자의 소유권이전등기서류 교부의무는 동시이행관계에 해당하는 경우 수탁자는 잔금 지급일에 소유권이전등기에 필요한 서류를 준비하여 신탁 공매의 낙찰자에게 알리는 등의 이행제공과 함께 상당한 기간 이행최고를 하여 이행지체에 빠지게 한 다음 매매계약을 해제할 수 있으므로, 수탁자 임직원은 신탁 공매 공고 및 매매계약서에 낙찰자의 잔금 지급의무가 수탁자의 소유권이전등기서류 교부의무보다 선이행이라는 취지의 내용을 기재할 필요가 있다. 또한 위와 같은 기재가 있다고 하더라도 소유권이전등기서류 이행제공 및 상당 기간의 이행최고를 하여 낙찰자를 이행지체에 빠지게 한 다음 매매계약을 해제하는 것이 바람직하다(이 경우 매수인이 동시이행항변권을 주장할 수 없도록 수탁자는 매도인으로서 소유권이전에 관련된 모든 서류를 구비하고 매수인에게 통지하는 등 매도인의 이행제공의무를 이행하여야 함은 물론이다). 토지신탁의 경우 수분양자와의 매매계약해제시에도 위와 마찬가지다.

8) 담보신탁 공매에서 민사집행법과 민사집행규칙이 적용되는지 여부

담보신탁 공매에서 담보신탁의 채무자와 사실상 동일한 법인이 공매 낙찰자가 된 경우에 채무자는 매수신청을 할 수 없다고 규정되어 있는 민사집행규칙 제59조에 위반되어 신탁 공매에 의한 매매계약이 무효인지 여부, 즉 담보신탁 공매절차에 부동산의 강제집행 절차 규정인 민사집행법 또는 민사집행규칙 규정이 적용되는지 여부가 문제된다.

이와 관련하여 서울고등법원은 민사집행규칙 제59조 제1호는 채무자는 매수신청을 할 수 없다고 규정하고 있으나, 이러한 규정은 부동산의 강제집행 절차에서 적용되는 것이고, 신탁재산을 공개경쟁입찰방식에 의한 매각, 즉 공매 절차에 따라 처분하거나 공매 절차에서 정해진 공매 조건에 따라 수의계약으로 처분하는 경우에도 적용된다고 볼 수는 없다는 취지로 판시하였다. 자세한 내용은 아래와 같다.

1. 민사집행규칙 제59조 제1호 위반 주장 부분
   가. 민사집행규칙 제59조 제1호는 채무자는 매수신청을 할 수 없다고 규정하고 있으나, 이러한 규정은 부동산의 강제집행 절차에서 적용되는 것이고, 신탁재산을 공개경쟁입찰방식에 의한 매각, 즉 공매 절차에 따라 처분하거나 공매 절차에서 정해진 공매 조건에 따라 수의계약으로 처분하는 경우에도 적용된다고 볼 수는 없다(아래에서 보는 바와 같이 법원의 매각허가결정 등에 관한 민사집행법의 규정이 적용될 수 없는 점에서 보아도 그러하다).

   또한 체육시설의 설치·이용에 관한 법률 제27조 제2항은 민사집행법에 따른 경매(제1호), 채무자 회생 및 파산에 관한 법률에 의한 환가(제2호), 국세징수법·관세법 또는 지방세징수법에 따른 압류 재산의 매각(제3호), 그 밖에 이에 준하는 절차(제4호)에 따라 체육필수시설을 인수한 자가 그 체육시설업의 등록 또는 신고에 따른 권리·의무를 승계하도록 규정하고 있는데, 체육필수시설에 관한 담보신탁계약이 체결된 다음 그 계약에서 정한 공매나 수의계약으로 체육필수시설이 일괄하여 이전되는 경우에 체육시설업의 등록 또는 신고에 따른 권리·의무가 승계되는 효과를 인정할 수 있으나(대법원 2018.10.18. 선고 2016다220143 전원합의체 판결 참조), 이는 신탁재산을 처분하는 절차가 위 규정 중 제4호가 정한 '그 밖에 이에 준하는 절차'에 해당하는 것으로 볼 수 있기 때문이므로, 강제집행에 관한 민사집행법과 민사집행규칙의 규정이 신탁재산의 처분에 있어서도 일반적으로 적용된다고 보는 근거가 될 수 없다.

   따라서 원고의 주장과 같이 피고 D이 민사집행규칙 제59조 제1호에 따라 이 사건 각 부동산에 대한 공매에 입찰하거나 그 수의계약에 있어 매수제안자가 될 수 있는 자격이 제한되더라도, 이 사건 매매계약의 체결에 있어 강제집행의 경우와 같이 법원의 매각허가를 받아야 한다거나, 나아가 매각불허가의 사유가 있다고 해서 곧바로 매각을 불허하는 결정이 있는 것과 같이 취급할 수 없을 뿐만 아니라, 피고 D이 이 사건 매매계약에 따른 매매대금을 모두 지급하였고(을나 14호증), 그 매매대금이 H의 대주단에 대한 대출금 채무의 변제에 충당된 이상, 피고 D이 H과 사실상 동일한 법인일 경우 잔여 대출금 채무로 인하여 이미 매각된 이 사건 각 부동산이 다시 압류될 가능성이 있다는 것만으로 이 사건 매매계약을 무효라고 보기는 어렵다(서울고등법원 2021.12.16. 선고 2021나2015947 판결).

신탁 공매는 민사집행법상 경매 또는 국세징수법상 공매와 구별된다는 것이 신탁업계의 일반적인 의견이었는데, 항소심에서 실제 판결에서도 신탁 공매가 민사집행법상 경매와 구별되므로 민사집행법 및 민사집행규칙이 적용되지 아니한다는 취지의 판결이 선고된 바, 수탁자 임직원들은 숙지하고 있으면 좋겠다. 일부 민원인들이 신탁 공매진행시 민사집행법 또는 민사집행규칙을 근거로 공매절차가 위법하다고 주장할 때 위 판결을 근거로 항변할 수 있기 때문이다. 위 판결은 대법원에 상고되어 심리불속행 기각 판결로 확정된 바 있다.

9) 공매금지가처분 결정이 인용된 후 가처분 이의절차가 진행되고 있는 경우 수탁자가 공매를 진행하여야 할 의무를 부담하는지 여부

공매금지가처분결정이 인용된 후 가처분 이의절차가 진행되고 있다는 이유로 담보신탁의 제1순위 우선수익자가 공매 절차 진행을 요청하는 경우에는 수탁자는 공매절차를 진행하여야 할 의무를 부담하는지 여부가 문제된다.

담보신탁 공매를 진행하는 과정에서 수탁자를 상대로 신탁부동산에 관한 부동산공매절차금지가처분 결정이 이루어져 수탁자가 공매 절차 진행을 중단하였으나 가처분 이의절차 등이 진행되고 있다는 등의 이유로 담보신탁 제1순위 우선수익자가 공매금지가처분 결정에도 불구하고 제1순위 우선수익자의 요청에 따라 수탁자는 공매를 진행하여야 할 의무가 있다고 주장하면서 수탁자를 상대로 공매절차 이행의 소를 제기한 사안에서 대법원은 부동산공매절차금지가처분 결정이 인용된 이상, 수탁자는 가처분결정에서 명한 부작위의무를 이행하여야 하므로 공매절차를 진행할 수 없다는 취지로 판시하였다. 자세한 내용은 아래와 같다.

1. 위와 같은 사실관계를 앞서 본 법리에 비추어 살펴본다.

 임시의 지위를 정하기 위한 가처분 중 채무자에 대하여 단순한 부작위를 명하는 가 처분에 해당하는 이 사건 가처분결정이 채무자인 피고에게 고지된 이상, 이 사건 가처분은 별도의 집행절차 없이 바로 피고에 대하여 그 효력이 발생한다. 이에 따라 피고는 이 사건 가처분결정에서 명한 부작위의무를 이행하여야 하고, 이를 위반할 경우에는 간접강제 등을 통해 그 이행을 강제당하게 되며, 이는 가처분이의 등을 통해 이 사건 가처분결정이 취소되거나 그 피보권권리에 관한 본안사건에서 피보전권리가 없다는 점이 확정되지 아니한 이상 그 가처분이의 사건에 대한 항고사건과 부인결정 이의의소가 계속 중이더라도 다르지 않다.

이러한 이 사건 가처분결정의 효력과 아울러, 위 대출금을 담보하기 위하여 체결된 이 사건 신탁계약의 내용, 그 환가처분 절차에 관하여 정한 위 특약사항 제10조 제4항의 문언과 그 취지 및 신탁계약의 당사자 등 이해관계인 모두를 위하여 적정하게 환가 처분 절차를 진행하여야 하는 피고의 수탁자로서의 의무 등을 종합적으로 고려하여 보면, 이 사건 가처분결정은 위 특약사항 제10조 제4항에서 말하는 환가처분 절차를 진행할 수 없는 '법적인 처분 제한사항'에 해당한다고 해석함이 타당하다.

2. 그럼에도 이와 달리 원심은, 이 사건 가처분결정의 효력이 이 사건 신탁계약의 당사자인 피고와 위탁자 내지 피고보조참가인에게만 미치고 수익자인 원고에게는 미치지 않는다는 이유만을 들어, 피고가 이 사건 가처분결정을 주장하여 원고의 공매요청을 거절할 수 없다고 판단하였다. 따라서 이러한 원심판결에는 임시의 지위를 정하는 가처분으로서 부작위를 명하는 가처분의 효력 및 계약 해석에 관한 법리를 오해하여 이 사건 신탁계약 특약사항 제10조 제4항에 관한 해석을 그르침으로써 판결에 영향을 미친 위법이 있다. 이를 지적하는 피고보조참가인의 상고이유 주장은 이유 있다(대법원 2015.3.20. 선고 2012다107549 판결).

위 사안은 부동산공매절차금지가처분 결정이 인용된 후 가처분 이의절차가 진행되고 있다면, 수탁자는 공매를 진행하여야 할 의무를 지는지가 쟁점이었다. 당연하게도 가처분 이의절차는 집행정지의 효과가 없으므로 수탁자는 공매금지가처분이 인용된 후 가처분 이의절차가 진행중이라는 이유만으로 공매를 진행하여야 할 의무를 부담하는 것은 아니다. 실무적으로 공매절차금지가처분이 인용된 후 가처분 이의를 신청하였다는 이유만으로 공매를 진행하여야 한다고 우선수익자가 주장하는 경우가 간혹 있는데 그러한 경우에는 위 판결이 신탁사 임직원의 의사결정에 도움이 될 수 있으므로 숙지하고 있는 것이 바람직하다.

6 면책적 계약인수(분양자 지위 승계약정)약정의 효력

가 면책적 계약인수 약정의 의의

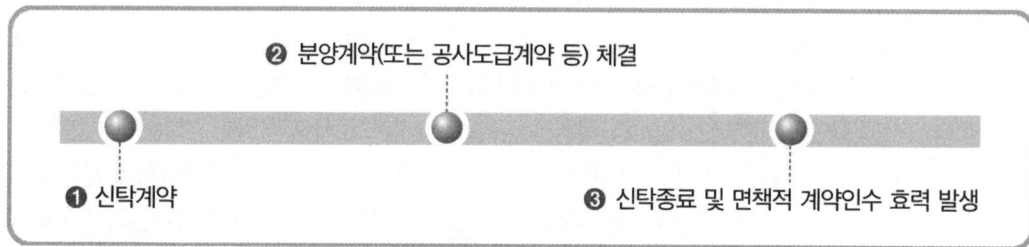

❶ 신탁계약　❷ 분양계약(또는 공사도급계약 등) 체결　❸ 신탁종료 및 면책적 계약인수 효력 발생

면책적 계약인수 약정이란 신탁이 종료된 경우 신탁 사업과 관련한 수탁자의 모든 권리와 의무가 수익자(신탁특약으로 신탁재산의 귀속권리자를 별도로 정한 경우에는 그 귀속권리자)에게 면책적·포괄적으로 승계되는 약정을 뜻한다.

대법원은 다수의 판결에서 분양계약 당시 수분양자와 신탁사, 위탁자가 "수탁자와 위탁자 사이의 신탁계약의 해지 또는 종료와 동시에 신탁에 기한 수탁자의 모든 행위 및 권리 의무는 위탁자에게 포괄승계되며 아울러 본 계약에 기한 수분양자들의 수탁자에 대한 모든 권리와 의무도 계약변경 등 별도의 조치 없이 위탁자가 승계한다"는 약정을 하였다면 신탁계약의 해지 또는 종료를 불확정기한으로 한 면책적 계약인수 약정을 하였다(대법원 2007.12.27. 선고 2005다23674 판결 등)고 판단하여 면책적 계약인수 약정의 효력을 인정하는 입장이다.

나 면책적 계약인수 약정의 쟁점

1) 면책적 계약인수 약정과 법정신탁과의 관계

신탁법 제101조는 신탁이 종료한 경우에 신탁재산이 그 귀속권리자에게 이전할 때까지는 신탁은 존속하는 것으로 간주한다고 규정하고 있는데, 이 규정은 신탁이 종료하여도 그 잔여재산을 귀속권리자에게 완전히 이전시킬 때까지 상당한 시일이 걸리므로, 귀속권리자의 권리를 보호하고 수탁자가 신탁의 나머지 업무를 마치도록 하기 위한 것에 불과하므로, 위 조항에 의하여 존속하는 것으로 간주되는 신탁을 그 목적에 한정하는 법정신탁이라 한다.

신탁계약이 종료된 후 법정신탁관계가 계속되는 경우 면책적 계약인수 약정의 효력이 발생하는지 여부에 관하여 대법원은 신탁계약의 해지 또는 종료란 신탁계약 자체의 해지 또는 종료를 의미할 뿐 수탁자와 위탁자 사이에 신탁법에 의한 법정신탁관계까지 모두 해소될 것을 의미하는 것은 아니므로, 신탁계약이 종료된 이상 수탁자와 위탁자 사이에 법정신탁관계가 존속하는지의 여부에 관계없이 각 분양계약에 기한 수탁자의 수분양자들에 대한 모든 권리 의무는 면책적으로 위탁자에게 이전되었고 따라서 수분양자들과 수탁자 사이에서는 분양계약으로 인한 채권채무관계가 더 이상 존재하지 아니한다(대법원 2007.12.27. 선고 2005다23674 판결)고 판시하며, 법정신탁관계가 존속하는지의 여부와 관계없이 신탁계약이 종료되면 면책적 계약인수 약정의 효력이 발생하여 수분양자들과 수탁자 사이에서는 분양계약으로 인한 채권채무관계가 더 이상 존재하지 아니한다고 판시하였다.

2) 제3자를 위한 계약과의 관계

수탁자와 위탁자 사이에 신탁이 종료된 경우 채권자의 동의를 조건으로 수탁자의 채무를 위탁자가 승계하기로 한 신탁계약서 조항이 수분양자들을 위하여 마련된 제3자를 위한 계약에 해당하고 이에 대하여 수분양자들이 수익의 의사표시를 한 이상 수탁자는 수분양자들의 동의 없이 채무를 면할 수 없다는 주장에 관하여 대법원은 수분양자들이 위 신탁계약서 조항이 있는데도 수탁자와 위탁자를 포함하여 3당사자 사이의 합의로 면책적 계약인수조항을 분양계약의 내용에 포함시키기로 합의한 이상 새삼 위 신탁계약서 규정을 들어 수분양자들의 동의가 없었다는 이유로 면책적 계약인수의 효력을 부정할 수는 없다(대법원 2007.12.27. 선고 2005다23674 판결)고 판시하며, 제3자를 위한 계약 법리로 면책적 계약인수 약정의 효력을 부정할 수 없다고 판단하였다.

3) 약관의 규제에 관한 법률 위반 여부

면책적 계약인수 약정이 약관의 규제에 관한 법률 위반을 이유로 무효가 되는지 여부에 관하여 대법원은 분양계약에 포함된 면책적 계약인수조항은 분양형 토지신탁계약의 수탁자들이 분양을 실시하는 경우 일반적이고 공통적으로 사용하는 조항으로서 계약상대방이 별도의 설명 없이도 충분히 예상할 수 있었던 사항이기 때문에 수탁자가 분양계약 당시 수분양자들에게 이에 대한 자세한 설명을 하지 않았다고 하더라도 분양계약의 내용에 포함되지 않았다고 할 수 없고, 또한 이 사건 면책적 계약인수조항의 뜻이 명백하지 아니하고 고객에 대하여 부당하게 불리한 조항이라거나 고객이 계약의 거래행태 등 제반사정에 비추어 예상하기 어려운 조항 또는 계약의 목적을 달성할 수 없을 정도로 계약에 따르는 본질적 권리를 제한하는 조항이라고 할 수 없으며 면책적 계약인수조항은 권리의무의 포괄적 승계에 관한 규정일 뿐 수분양자들의 해제권, 해지권을 제한하거나 원상회복의무 자체를 경감하는 조항이라고 할 수 없으므로, 분양계약에 포함된 면책적 계약인수조항이 약관의 규제에 관한 법률에 위반되어 무효라고 볼 수 없다(대법원 2007.12.27. 선고 2005다23674 판결)고 판시하였다. 위 판결 외에도 복수의 판결에서 대법원은 반복적으로 면책적 계약인수 약정의 약관법 위반 여부에 대하여 부정하였으므로, 특별한 사정이 없는 한 면책적 계약인수 약정이 약관법 위반으로 인정될 가능성은 대단히 낮아 보인다.

4) 분양계약 해제시 면책적 계약인수 약정이 소급하여 효력을 상실하는지 여부

분양계약이 취소 또는 해제되는 경우에는 분양계약의 일부인 면책적 계약인수 약정도 소급하여 효력을 상실하는지 여부가 문제된다. 수분양자가 분양자인 신탁사에 대하여 분양계약 해제를 원인으로 매매대금 반환을 청구하며, 수분양자가 분양계약이 취소 또는 해제되었으므로 그 일부인 면책적 계약인수약정도 소급하여 효력을 상실하였다고 주장한 사안에서 대법원은 면책적 계약인수 약정은 분양계약의 취소·해제권을 포함하여 위탁자가 분양계약상의 지위를 인수하는 약정이므로 각 분양계약이 취소·해제되었다 하여 면책적 계약인수 약정까지 당연히 소급하여 효력을 잃는 것으로 볼 수 없다(대법원 2005.4.15. 선고 2004다24878 판결)는 취지로 판시하였다. 분양계약이 해제되더라고 면책적 계약인수 약정의 효력이 소멸하는 것은 아니라는 것이다.

5) 분양계약 취소와 면책적 계약인수 약정의 관계

분양계약이 의사표시상의 하자로 인한 취소권 또는 사기로 인하여 취소할 수 있는 법률행위에 해당하는 경우 신탁사에게 분양대금 반환을 청구할 수 있는지 여부에 관하여 대법원은 면책적 계약인수 약정은 그 약정 취지 및 문언의 내용에 비추어 신탁계약의 해지 또는 종료를 정지조건으로 하여 분양계약상의 분양자 지위를 위탁자로 이전하기로 하는 내용의 계약인수로서, 의사표시상의 하자로 인한 취소권과 그로 인한 부당이득반환의무까지도 이전하기로 한 것이라고 봄이 상당하고, 면책적 계약인수약정이 사회상규에 반하여 무효라 하기는 어려우며, 신탁사가 "정부투자기관이 출자한 시행사가 착공, 분양, 완공, 입주, 등기시까지 보증하하므로 부도 위험이 없고"등의 분양광고를 하였다고 하여 이를 신탁사가 신탁계약의 해지 또는 종료 후에도 면책적 계약인수약정에도 불구하고 분양계약상의 채무를 부담하겠다는 취지라고 볼 수는 없으므로, 수분양자들이 사기로 인한 법률행위로서 분양계약을 취소하고 그 원상회복으로서 부당이득의 반환을 구하는 이 사건에서 분양계약이 사기로 인하여 취소할 수 있는 법률행위에 해당하는지 여부에 관계없이 분양계약으로 인한 신탁사의 채권채무관계가 신탁의 종료와 동시에 위탁자에게 면책적으로 이전되었다(대법원 2005.1.13. 선고 2004다17177 판결)는 취지로 판시하였다.

따라서 위 대법원 판결에 따르면 면책적 계약인수 약정의 효력이 발생하는 경우 분양계약이 사기를 위한 법률행위로서 취소할 수 있는 법률행위에 해당하는지 여부와 관계없이 면책적 계약인수 약정의 효력이 발생하는 경우 신탁사의 분양자로서 수분양자와의 채권채무관계는 위탁자에게 면책적으로 이전된다 할 것이다.

다 하자보수청구와 면책적 계약인수 약정의 관계

토지신탁 방식으로 공동주택 신축사업을 진행하였는데, 신탁 종료 후 수분양자가 집합건물법 및 민법에 따라 분양자인 수탁자에게 건물의 하자보수를 청구할 수 있는지 여부가 문제된다.

수분양자가 분양자인 수탁자에 대하여 아파트의 하자와 관련하여 집합건물법 제9조 제1항, 민법 제667조 제2항에 따라 아파트의 하자보수에 갈음하는 손해배상을 청구한 사안에서 수탁자는 아래와 같이 항변하였다. ① 이 사건 신탁계약은 신탁기간의 만료, 신탁목적의 달성 또는 신탁목적 달성의 불능으로 인해 이미 종료되었거나, 수탁자의 위탁자에 대한 신탁계약 해지통보로 인해 해지되어, 이 사건 아파트에 관한 분양계약상 면책적 계약인수 약정에 따라 수탁자의 분양자 지위는 위탁자에 승계되었다. 따라서 수탁자는 하자담보책임을 부담하지 않는다. ② 이 사건 신탁계약 및 이 사건 아파트의 분양계약에서 수탁자는 이 사건 아파트에 대해 일체의 하자보수책임을 부담하지 않는다고 명시하였으므로, 수탁자는 이 사건 아파트에 대한 하자담보책임을 부담하지 아니한다. ③ 가사 수탁자의 하자담보책임이 인정된다고 하더라도 그 책임은 신탁재산의 범위 내로 제한되어야 한다.

이러한 사안에서 서울고등법원은 수탁자의 하자담보책임이 위탁자에게 면책적으로 승계되었는지 여부에 관하여, 『이 사건 분양계약 제19조 제3항은 '이 사건 신탁계약이 해지 또는 종료되는 경우 분양계약에 의한 수탁자의 권리 및 의무(지위 포함)는 자동으로 위탁자에게 귀속된다'고 정하고 있다. 이 사건 아파트의 수분양자와 수탁자는 이 사건 분양계약 당시 위와 같은 약정을 함으로써 이 사건 신탁계약의 해지 또는 종료를 불확정 기한으로 하는 면책적 계약인수약정을 하였다고 봄이 타당하다(대법원 2006.12.7. 선고 2004다49945 판결 참조). 그런데 이 사건 신탁계약이 종료 또는 해지되었음은 앞서 보았다. 따라서 수탁자가 이 사건 아파트의 수분양자들에 대하여 부담하는 하자담보책임은 위와 같은 계약인수로 인해 위탁자에게 면책적으로 승계되었고, 그에 따라 수탁자는 더 이상 하자담보책임을 부담하지 않게 된다고 보아야 한다(서울고등법원 2021.6.2. 선고 2019나2050534 판결).』는 취지로 판시하였다.

또한 원고인 수분양자는 수탁자의 하자담보책임을 배제하는 이 사건 분양계약상 면책적 계약인수 약정은 '분양자의 담보책임에 관하여 민법에 규정된 것보다 매수인에게 불리한 특약은 효력이 없다'는 내용의 강행규정인 구 집합건물법 제9조 제2항에 반하여 무효라는 취지로 주장하였는데, 이에 대하여 서울고등법원은 『구 집합건물법 제9조 제1항에 의한 손해배상책임은 분양계약에 따른 분양자 지위에서 부담하는 법정책임으로서 그 분양계약상 분양자로서의 지위가 계약인수에 따라 적법하게 승계되면 구 집합건물법에 기초한 손해배상책임 역시 당연히 승계되고, 분양자 지위에서 벗어난 당초 분양계약상 분양자는 그 손해배상책임에서 벗어난다고 봄이 타당한 점(대법원 2005.1.13. 선고

2004다17177 판결 참조), ② 이 사건 분양계약상 면책적 계약인수 약정은 수분양자의 분양자에 대한 하자보수에 갈음하는 손해배상청구권을 배제·제한하는 조항이 아니며, 이 사건 신탁계약이 종료된 경우에는 위탁자가 하자보수에 갈음하는 손해배상책임을 부담하게 되는 구조이므로, 위와 같은 약정의 내용 자체가 민법 규정보다 수분양자에게 불리하다고 단정하기는 어려운 점, ③ 분양계약 체결 당시 수분양자에게 그러한 사실이 고지되어 그 내용이 구체적으로 확인된 사실이 인정되는 점 등의 사정을 종합적으로 고려해 볼 때, 이 사건 분양계약상 면책적 계약인수 약정이 구 집합건물법 제9조 제2항에 위배되어 무효라고 보기는 어렵다(서울고등법원 2021.6.2. 선고 2019나2050534 판결).」는 취지로 판시하며 원고인 수분양자의 수탁자에 대한 집합건물법 및 민법에 따른 하자보수에 갈음하는 손해배상 청구를 기각하였다.

또 다른 서울고등법원 판결에서도 아파트 하자보수에 갈음하는 손해배상채무가 집합건물법 제1항에 기한 법정책임에 해당하기는 하나, 이러한 법정책임은 아파트 분양계약에 따른 분양자 지위에서 부담하는 것으로서 그 분양계약상 분양자 지위가 계약인수에 의해 적법하게 승계되면 그로 인하여 집합건물법에 기한 하자담보책임 역시 당연히 승계되고(대법원 2005.1.13. 선고 2004다17177 판결, 대법원 2012.2.9. 선고 2011다99030 판결 등 참조) 그 결과 분양계약상 분양자는 수분양자들과의 계약관계에서 탈퇴하여 분양자로서의 책임에서 완전히 벗어나는 한편, 수분양자들로서는 분양자 지위를 승계한 계약인수인에 대하여만 이 사건 손해배상채권을 행사할 수밖에 없는 지위에 놓이는 법률관계가 형성될 뿐이므로(이 사건 손해배상채권의 귀속 주체인 현재의 구분소유자들 역시 위와 같은 권리행사의 제한을 받을 수밖에 없다), 원고의 이 부분 주장은 이유 없다(서울고등법원 2012.9.26. 선고 2012나12346 판결)는 취지로 판시하며, 신탁종료로서 면책적 계약인수 약정의 효력이 발생한 후에도 신탁사가 집합건물법 제9조 상당의 담보책임을 부담한다는 원고의 주장을 배척하였다. 대법원도 위 판결의 결론에 동의하며 상고기각 판결을 선고하였다.

원심은 그 판시와 같은 이유로 이 사건 승계규정은 이 사건 신탁계약의 해지 또는 종료를 정지조건으로 하여 이 사건 분양계약상 분양자 지위를 수탁자에서 위탁자로 이전하기로 하는 계약인수 합의

에 해당하고, 이 사건 분양계약 체결 당시 이 사건 아파트 수분양자들 및 수탁자 그리고 위탁자 등 3자는 이 사건 승계규정에 동의 내지 승낙하였는바, 이후 이 사건 신탁계약이 2003.4.23.경까지 합의 해지 내지 기간 만료로 적법하게 종료됨으로써 이 사건 승계규정에 따른 계약인수의 정지조건이 성취된 이상, 수탁자는 이 사건 분양계약에서 탈퇴하게 되어 잔류당사자인 수분양자들 및 위탁자에 대하여 어떠한 계약관계도 존재하지 않게 되었고, 수탁자가 수분양자들에 대하여 부담하는 이 사건 손해배상채무 역시 계약인수로 인하여 위탁자에게 이전되어 소멸하게 되었다고 보아 수탁자에 대하여 이 사건 아파트에 대한 하자담보책임 또는 분양계약상의 채무불이행으로 인한 배상책임을 묻는 원고의 양수금 청구를 기각하였다.

기록에 비추어 살펴보면 원심의 위와 같은 사실인정과 판단은 정당하고, 거기에 상고이유의 주장과 같이 논리와 경험의 법칙을 위반하고 자유심증주의의 한계를 벗어나거나 분양계약의 이행과 신탁관계, 약관의 규제에 관한 법률에 관한 법리를 오해하는 등의 위법이 없다(대법원 2013.2.15. 선고 2012다99198 판결).

서울중앙지방법원 역시 유사한 사실관계에서 신탁종료 후 면책적 계약인수 약정의 효력을 인정하면서, 면책적 계약인수약정은 신탁계약의 종료 등을 전제로 한 것으로서 신탁법 제12조, 제13조, 제14조 등의 규정에 반한다고 할 수 없고, 분양계약의 전체적인 내용과 신탁재산에 관한 거래관행, 위 조항의 취지 및 그 문언 내용 등에 비추어 보면 원고 주장과 같이 위 조항이 이 사건 건물의 매수인에게 부당하게 불리한 조항 등에 해당한다고 보기 어려우므로, 위 약정이 집합건물의 소유 및 관리에 관한 법률의 취지에 정면으로 반하는 것으로서 공정성을 잃은 것이거나 수분양자들에게 부당하게 불리한 조항이거나 상당한 이유 없이 사업자의 손해배상 범위를 제한하거나 사업자가 부담하여야 할 위험을 고객에게 떠넘기는 조항 또는 상당한 이유 없이 사업자의 담보책임을 배제 또는 제한하거나 그 담보책임에 따르는 고객의 권리행사의 요건을 가중하는 조항에 해당하여 약관의 규제에 관한 법률 제6조 제1항, 제2항 제1호, 제7조 제2호, 제3호 등에 의하여 무효라고 보기 어렵다(서울중앙지방법원 2019.10.18. 선고 2018가단5212330 판결)는 취지로 판시하였다.

위 판결 및 다수의 판결들을 살펴볼 때 신탁계약이 종료하여 면책적 계약인수 약정의 효력이 발생하는 경우 집합건물법 제9조, 민법 제667조 등의 담보책임은 수탁자가 아닌 위탁자에게 물을 수 있을 것으로 판단된다.

라 시공사와 면책적 계약인수 약정의 관계

1) 의의

일반적으로 토지신탁에서 위탁자와 공사도급계약을 체결한 시공사는 신탁계약 체결 후 수탁자 및 위탁자와 공사도급승계계약을 체결한다. 이 공사도급승계계약에는 통상 '토지신탁의 종료와 동시에 수탁자가 이 사건 도급계약에 따라 부담하는 모든 의무와 책임(공사비지급의무를 포함하되 이에 한정되지 않음)은 계약상 지위 변경약정 체결 등 별도의 행위 없이 포괄적·면책적으로 위탁자에게 이전한다.'는 이른바 면책적 계약인수 약정이 포함되는데, 시공사와 위탁자, 수탁자와의 법률관계에서도 이러한 면책적 계약인수 약정의 효력이 인정되는지 여부가 문제된다.

이와 관련하여 최근 선고된 대법원 판결(대법원 2021.12.30. 선고 2021다264420 판결)이 존재하므로 해당 대법원 판결을 소개해본다. 사실관계는 아래와 같다.

2) 사실관계

① 위탁자와 수탁자는 건물을 신축하여 분양하는 사업을 시행하기 위하여 '신탁기간은 건물의 사용승인일로부터 3개월이 되는 날로 하고, 신탁계약은 신탁기간이 만료한 경우에 종료한다.'는 내용 및 '신탁기간이 만료된 이후에도 수탁자의 반대 의사표시가 있지 않는 한, 실제의 신탁사무가 종료하기 전까지는 신탁계약은 종료하지 않고 유효하다.'는 내용이 포함된 분양형 토지신탁계약을 체결하였다.

② 신탁계약 체결 후 위탁자와 수탁자 그리고 시공사 갑 사이에 '분양형 토지신탁의 종료와 동시에 수탁자가 부담하는 모든 권리와 의무는 별도의 행위 없이 포괄적·면책적으로 위탁자에게 이전한다.'는 내용이 포함된 건물의 신축공사에 관한 도급계약을 체결하였다.

③ 그 후 위탁자와 수탁자는 위 공사 중 전기공사 부분을 분리하여 시공사 을에게 도급하면서 시공사 갑 및 시공사 을과 기존 도급계약을 변경하는 계약을 체결하였다. 신축건물이 준공된 후 시공사 을은 전기공사를 완료하였는데도 일부 공사대금을 지급받지 못하였다며 수탁자를 상대로 미지급 공사대금의 지급을 구하는 소송을 제기하였다.

④ 수탁자는 위탁자에 대하여 더 이상 신탁계약을 유지할 의사가 없다고 통지한 다음 위 통지로 신탁계약이 종료하였으므로 변경계약에 따른 수탁자의 모든 채무가 포괄적·면책적으로 위탁자에게 이전되었다는 이른바 면책적 계약인수 약정의 효력이 발생하였고, 따라서 원고인 시공사 을은 수탁자에게 공사대금 지급을 청구할 수 없다는 취지로 주장하였다.

3) 원심의 판단

원심은 아래와 같이 판시하며, 신탁기간 만료로부터 11개월이 지난 후 수탁자가 위탁자에게 신탁종료를 통지한 것은 신탁기간이 만료된 시점으로부터 상당한 기간 내에 의사표시를 한 것으로 인정할 수 없으므로, 신탁계약은 종료되지 않았고 따라서 면책적 계약인수 약정의 효력이 발생하지 아니하였으므로 수탁자는 도급인으로서 시공사에 대하여 공사대금 지급 채무를 부담한다고 판단하였다.

가) 이 사건 신탁계약에서는 '신탁기간이 만료된 이후에도 수탁자의 반대 의사표시가 있지 않는 한, 실제의 신탁사무가 종료하기 전까지는 신탁계약은 종료하지 않고 유효하다.'고 정하고 있다. 위 조항에서 '반대 의사표시'는 신탁기간 만료일부터 상당한 기간 내에 행사되어야 하므로, 신탁기간이 만료된 시점부터 상당한 기간 내에 수탁자의 반대 의사표시가 있지 않으면 신탁계약은 종료하지 않고 유효하게 존속하는 것으로 해석해야 한다.

나) 그 이유는 다음과 같다. ① 이 사건 조항에서 정하는 수탁자의 '반대 의사표시'는 신탁계약의 효력을 연장하거나 종료할 것인지 여부를 선택할 수 있는 상황을 전제한다. ② 만약 신탁기간이 만료된 시점 이후 수탁자에게 언제라도 일방적인 의사표시에 의하여 신탁계약을 해지할 수 있는 권한을 부여하는 것이라면 그와 같은 취지를 적극적으로 규정하는 방법을 택했을 것이다. ③ 신탁계약의 종료 여부나 그 시점을 수탁자가 일방적인 의사표시로 자유롭게 선택할 수 있도록 하는 것은 신탁과 관련된 법률관계를 불안정하게 하고 공평의 원칙에 반한다.

다) 이 사건 신탁기간이 만료된 2019.6.22.부터 약 11개월이 지난 시점에 이루어진 수탁자인 피고의 통지를 두고 '신탁기간이 만료된 시점으로부터 상당한 기간 내'에 행

사된 경우에 해당한다고 보기는 어려우므로 위 통지로써 이 사건 신탁계약이 종료되었다는 수탁자의 주장은 받아들일 수 없다. 따라서 수탁자는 시공사 을에게 이 사건 변경계약에 따른 공사대금 채무를 부담한다.

4) 대법원의 판단

가) 이 사건 신탁계약서에 기재된 '신탁기간이 만료된 이후에도 수탁자의 반대 의사표시가 있지 않는 한, 실제의 신탁사무가 종료하기 전까지는 신탁계약은 종료하지 않고 유효하다.'라는 문구는 그 자체로 '신탁기간 만료 후 실제의 신탁사무가 종료하기 전까지는 수탁자가 반대하는 의사표시를 하지 않는 경우에 한하여 신탁계약이 존속한다.'는 의미가 명확하고, 달리 '수탁자가 반대하는 의사표시가 신탁기간 만료일부터 상당한 기간 내에 있어야 한다.'는 기재가 없다. 이 사건 신탁계약에 따른 신탁관계의 종료 시점을 판단하면서 계약서에 기재되지도 않은 내용을 추가하는 것은 처분문서인 이 사건 신탁계약서의 문언과 그로부터 알 수 있는 당사자의 명시적인 의사에 반한다.

나) 신탁법 제98조 제6호는 "신탁행위로 정한 종료사유가 발생한 경우 신탁은 종료한다."라고 정하고 있다. 이 사건 신탁계약 제24조 제3호는 신탁기간이 만료한 경우를 신탁계약의 종료사유로 정하고 있고 제22조는 신탁기간 만료일을 이 사건 건물의 사용 승인일부터 3개월이 되는 날로 정하고 있으므로, 이 사건 신탁계약은 기간 만료일인 2019. 6. 22. 종료하는 것이 원칙이다. 이 사건 조항은 신탁기간 만료일 이후에 수탁자의 사정이 허용하는 한도에서 추가적으로 신탁계약에 따른 사무를 처리할 수 있도록 예외를 둔 것이다. 이를 두고 신탁 관계 전반에 법적 불안정을 가져온다거나 공평의 원칙에 반하는 것이라고 보기 어렵다. 오히려 처분문서에 기재되지도 않는 내용을 추가하여 신탁계약 기간만료 초기에만 반대 의사표시를 할 수 있다고 하는 것은 수탁자에게 예견할 수 없는 부담을 지움으로써 법적 불안정을 가져오고 공평의 원칙에도 반할 여지가 있다.

다) 신탁계약의 종료에 따라 의무이행자가 소송 도중에 변경되거나 변경된 의무이행자의 변제자력이 부족할 가능성이 존재한다. 그러나 이는 원고인 시공사 을이 이 사건 변

경계약의 당사자로서 신탁계약 종료시 포괄적·면책적 계약인수를 받아들임으로써 부담하게 되는 위험이지 이 사건 조항으로 인해 비로소 발생하는 문제로 볼 수 없다.

라) 그런데도 원심은 이 사건 신탁계약에 '수탁자의 반대 의사표시는 신탁기간이 만료된 시점부터 상당한 기간 내에 있을 것'이라는 내용이 추가된 것이라고 봄으로써, 수탁자인 신탁사의 통지에도 불구하고 이 사건 신탁계약이 종료되지 않았고 수탁자가 여전히 이 사건 변경계약에 따른 공사대금 채무를 부담한다고 판단하였다. 원심판결에는 계약 해석에 관한 법리를 오해한 잘못이 있고, 이를 지적하는 상고이유는 정당하다고 판시하며, 수탁자의 신탁 종료 통지로 인하여 신탁계약이 종료되었고, 신탁계약 종료로서 면책적 계약인수 약정의 효력이 발생하였으므로 공사대금 지급 채무는 위탁자에게 승계되었다는 취지로 판단하였다(대법원 2021.12.30. 선고 2021다264420 판결).

5) 실무 TIP

토지신탁의 종료와 동시에 수탁자가 이 사건 도급계약에 따라 부담하는 모든 의무와 책임(공사비지급의무를 포함하되 이에 한정되지 않음)은 계약상 지위 변경약정 체결 등 별도의 행위 없이 포괄적·면책적으로 위탁자에게 이전한다는 취지의 이른바 면책적 계약인수 약정은 비단 수분양자와의 관계 뿐만아니라 시공사 등 신탁계약의 용역업체와의 관계에서도 적용되는바, 수탁자의 입장에서는 용역업체와 각종 승계계약 체결시 면책적 계약인수 약정을 포함시키는 것이 바람직할 것이다.

시공사와의 공사도급계약에서는 면책적 계약인수 약정 관련 내용이 포함되는 것이 일반적이지만, 감리, 전기, 소방, 통신 계약 등에서는 누락되는 경우가 간혹 있고, 일반적으로 수탁자가 계약주체로서 체결하는 계약이 아닌 분양대행용역계약 등에서 개별 사업의 특성에 따라 수탁자가 비전형적으로 계약을 체결하는 경우에는 반드시 계약 내용에 면책적 계약인수 약정의 내용이 포함되어 있는지 확인하는 것이 필요하다.

한편, 수탁자와 하도급업체가 하도급 직불계약 또는 하도급대금채권양도계약 등을 체결하면서 면책적 계약인수 약정을 포함시키는 경우에도 면책적 계약인수 약정의 효력이 발생하는지 여부에 관하여 명확한 대법원 판결은 없는 것으로 보이나, 시공사와의 공사도급승계계약에서도 면책적 계약인수 약정의 효력이 인정되는 점을 고려한다면 하도급직불계약 또는 하도급대금채권양도계약 등에서도 면책적 계약인수 약정의 효력이 인정될 가능성이 높으므로, 하도급직불계약 또는 하도급대금채권양도계약 등에 면책적 계약인수약정을 추가하는 것도 검토할 가치가 있다고 할 것이다.

마 신탁재산이 남아있더라도 신탁종료를 인정한 판결례

1) 위탁자가 신탁부동산에 대한 조세 등을 지급하지 아니하고, 위탁자와 수탁자 사이 정산합의가 이루어지지 아니한 경우에도 신탁종료가 인정되는지 여부

위탁자가 수탁자에게 신탁계약에 따라 신탁부동산에 대한 조세 등 지급해야 할 비용이 남아 있고, 위탁자와 수탁자 사이 신탁계약에 대한 정산합의를 하지 못하고 있다 하더라도 신탁종료에 따른 수탁자의 수분양자들에 대한 하자보수에 갈음하는 손해배상책임 등의 권리의무가 위탁자에게 면책적으로 승계되었음을 인정한 서울고등법원 판결이 있다. 자세한 내용은 아래와 같다.

1. ① 2014.5.15. 이 사건 아파트에 관하여 사용승인이 이루어진 점, ② 이 사건 아파트 전체 1,254 세대에 관하여 수분양자들이 모두 분양대금을 완납하고 소유권이전등기를 경료받은 점, ③ 이 사건 신탁계약의 제2차 변경계약상 제1순위 공동우선수익자들인 주식회사 H, I 주식회사, J 주식회사, L 주식회사(K 주식회사의 상호가 변경된 회사이다.)는 2014.6. 내지 7.경 대출금 전액을 상환받고 완납증명서, 대출종료확인서 등을 작성하여 준 점, ④ 이 사건 신탁계약의 제2차 변경계약상 시공자 겸 제2순위 우선수익자인 피고 D은 2019.2.26. 공사대금을 전액 회수 완료하였고 이 사건 신탁재산에 대한 시공사로서의 모든 권한이 없음을 확인하는 내용의 '관리형 토지신탁 관련 공사대금 등 채권회수 완료 확인서'를 작성하여 준 점, ⑤ 피고 B은 2019.9.6. 원고, 피고 C, D에게 이 사건 신탁계약상 신탁사업의 목적이 달성되어 2019.8.6.자로 신탁사업이 종료되었고 피고 B의 모든 권리의무가 피고 C에게 포괄승계되었다는 취지로 각 통보한 점 등의 사정을 위 1), 2)항의 각 규정에 비추어 살펴보면, 이 사건 신탁의 목적이 달성되었고, 또한 신탁기간도 만료되었다고 인정할 수 있다.

2. 피고 C가 피고 B에게 이 사건 신탁계약에 따라 신탁부동산에 대한 조세 등 지급해야 할 비용이 남아 있고(이 사건 신탁계약 제3조 제2항은 '위탁자 또는 수익자가 신탁기간의 만료 시까지 위와

같은 비용 및 신탁보수 등의 제비용을 상환하지 못한 경우 제비용 상환 시까지 신탁기간이 동일한 조건으로 자동 연장된다.'는 취지로 규정하고 있다.), 피고 C와 피고 B이 이 사건 신탁계약에 대한 정산합의를 하지 못하고 있더라도, ① 이 사건 신탁계약 제30조는 신탁종료의 사유로 '신탁기간이 만료된 경우' 뿐만 아니라 '신탁의 목적을 달성한 경우'도 규정하고 있고, 또한 이 사건 신탁계약 제3조 제4항은 '신탁기간 중이라도 수탁자가 우선수익자 등의 요청에 의거 신탁부동산을 처분하여 매수인에게 소유권이전등기를 경료한 때에는 신탁기간이 종료된 것으로 본다.'고 규정하고 있는 점, ② 이 사건 신탁계약 제31조 제1항이 '본 계약이 종료된 경우 수탁자는 신탁의 최종계산을 하여 신탁이익을 다음 각 호의 방법에 따라 수익자에게 지급한다.'고 규정하고, 신탁법 제103조 제1항도 '신탁이 종료한 경우 수탁자는 지체 없이 신탁사무에 관한 최종의 계산을 하고, 수익자 및 귀속권리자의 승인을 받아야 한다.'고 규정하고 있는바, 앞서 본 사정들은 신탁이익의 정산 또는 신탁사무의 계산에 관한 사항으로 신탁계약 종료 이후의 문제로 여겨지는 점을 감안하면, 앞서 본 사정들만으로는 신탁목적 달성 또는 신탁기간 만료로 이 사건 신탁계약이 종료되었음을 인정하는 데 방해가 된다고 보기 어렵다(서울고등법원 2020.12.11. 선고 2019나2032086 판결).

면책적 계약인수 약정의 효력이 발생하기 위하여는 원칙적으로 신탁종료가 인정되어야 한다. 그런데 면책적 계약인수 약정이 쟁점이 되는 재판에서 자주 문제되는 쟁점이 신탁금전이 남아있거나 위탁자와 수탁자간 정산합의를 하지 않은 경우 원고들이 신탁종료가 이루어지지 않았다고 주장하는 점이다. 일부 하급심은 신탁금전이 남아있거나, 정산합의가 이루어지지 아니한 경우 기계적으로 신탁종료 자체를 부정하는 판결을 선고하는 경우도 있는데, 신탁법상 법정신탁이 존재한다는 점에서 신탁금전이 남아있다는 이유만으로 신탁종료를 부정할 수 없는 점, 정산합의는 신탁종료의 요건이 아니라 종류에 불과하고 정산합의 없이도 신탁종료가 가능하다는 점에서 신탁금전의 존재 또는 정산합의 미존재를 이유로 신탁종료를 부정하는 것은 부당하다.

그럼에도 불구하고 신탁재산이 남아있거나 정산합의가 없는 경우 신탁종료를 부정하는 하급심이 발생할 수 있으므로, 수탁자 담당자로서는 위와 같이 신탁재산이 남아 있고, 정산합의가 없더라도 신탁종료를 인정한 하급심 또는 대법원 판결을 최대한 많이 정리하여 소송에서 참고판결로 제출하는 것이 필요하다. 필자의 경우 중요소송의 경우 최소 5개에서 많으면 십 수개의 참고 판결을 제출하는데, 제출하지 아니한 경우보다는 제출한 경우에 승소가능성이 높아지는 것으로 느껴졌다.

2) 신탁부동산이 수탁자 명의로 남아있는 경우에도 신탁종료를 인정한 사례

서울고등법원은 신탁부동산 중 일부가 수탁자 명의의 신탁재산으로 남아 있는 경우에도 신탁종료를 인정하고 수탁자의 분양자로서의 권리 의무가 위탁자에게 면책적 포괄적으로 승계되었다고 인정하였다. 자세한 내용은 아래와 같다.

1. 이와 같은 사실관계와 사정들을 종합하여 보면, 이 사건 호텔 중 대부분의 호실은 수분양자들에게 분양되어 그 분양대금이 공동 1, 2순위 우선수익자들에게 지급되거나 최후순위인 3순위 우선수익자인 P에게 대물변제의 방식으로 지급되었고, 나머지 호실도 M와 피고 사이의 최종 계산을 위해 피고 명의 신탁재산으로 남겨둔 것에 불과함을 알 수 있는바, 이 사건 신탁계약은 신탁재산을 운용하여 수익자에게 신탁이익을 지급한다는 신탁의 목적이 달성되어 종료되었다고 봄이 타당하다[신탁이 종료된 경우 신탁재산이 귀속권리자에게 이전될 때까지 그 신탁은 존속하는 것으로 보지만(신탁법 제101조 제4항), 이러한 법정신탁은 어디까지나 신탁관계의 종료를 전제로 하는 것으로, 수탁자의 직무권한도 귀속권리자 앞으로의 신탁재산 이전 등 남은 업무의 처리 및 그 완료시까지의 신탁재산 보전·수익에 한정되는 것이어서 법정신탁관계가 존속한다고 하여 신탁계약의 종료에 해당하지 않는 것으로 볼 수는 없다(대법원 2005.4.15. 선고 2004다24878 판결 등 참조)].

2. 따라서 이 사건 신탁계약이 이와 같이 종료되었다고 판단되는 이상, 이 사건 면책적 계약인수조항에 따라 피고의 분양자로서의 권리와 의무는 M에게 면책적·포괄적으로 승계되었다고 봄이 타당하다. 따라서 이와 다른 전제에 선 원고들의 주위적 및 예비적 청구원인 주장은 더 나아가 살필 필요 없이 모두 이유 없다(서울고등법원 2020.5.6. 선고 2018나2070586 판결).

신탁재산이 남아 있는 경우에도 신탁의 목적을 달성하였으므로 신탁 종료 및 면책적 계약인수 약정의 효력을 인정한 사안이다. 이러한 취지의 판결을 최대한 많이 찾아 놓고 관련 소송에서 법원에 제출하는 한편, 신탁 종료 업무를 처리할 때에도 참고하여 향후 소송 발생시 수탁자의 고유계정 손실을 방지하는 것이 바람직하다.

바 비토지신탁에서 면책적 계약인수 약정의 효력

통상적으로 수탁자는 토지신탁에서 건축주의 지위를 갖고 분양자(매도인)로서 수분양자와 분양계약을 체결하게 된다. 그런데 수탁자가 위탁자와 담보신탁, 처분신탁, 관리신탁 등 비토지신탁 계약 및 자금관리 대리사무계약을 체결하고, 분양자로서 수분양자와 분양계약을 체결하면서 분양계약에 면책적 계약인수 약정의 내용을 기재하는 경우 신탁 종료 후 면책적 계약인수 약정의 효력이 발생하는지 문제된다.

위와 같은 구도는 신탁실무상 건축물의 분양에 관한 법률이나 주택법이 적용되지 않는 건물 신축사업에서 아주 제한적으로 발생하는데, 이러한 구도에서 법원이 면책적 계약인수 약정의 효력을 인정할지 여부에 관하여는 선례가 드물기는 하나, 과거 유사한 사안에서 법원의 판단이 있었기에 소개해본다.

건축물의 분양에 관한 법률이 제정되기 전, 상가를 신축하는 사업을 진행하기 위하여 수탁자와 시행사간 부동산처분신탁계약 및 자금관리 대리사무 계약을 체결하고, 수탁자와 위탁자가 공동 분양자로서 수분양자와 상가에 대한 분양계약을 체결하였는데, 여러 이유로 사업 진행이 어려워져 신탁이 종료된 상태에서 수분양자가 수탁자에게 분양대금 반환을 청구한 사안에서 서울고등법원은 『신탁계약이 종료된 이상 면책적 계약인수 약정은 그 약정의 취지 및 문언의 내용에 비추어 신탁계약의 해지 또는 종료를 정지조건으로 하여 분양계약상의 분양자 지위를 위탁자로 이전하기로 하는 내용의 계약인수로서, 매도인의 사기 또는 하자담보책임에 의한 취소 또는 해제의 법률관계와 그로 인한 부당이득 반환의무 및 매도인의 불법행위에 의한 손해배상 의무까지도 이전하기로 한 것이라고 봄이 상당하다 할 것이므로 불법행위로 인한 손해배상의무 등을 비롯한 분양계약상의 수탁자의 수분양자들에 대한 모든 의무는 위탁자에게 면책적으로 승계되어 수탁자는 의무를 면하였다 할 것이므로, 수분양자들은 수탁자에 대하여 불법행위로 인한 책임을 물을 수 없다(서울고등법원 2008.11.5. 선고 2007나7227 판결).』는 취지로 판시하였다.

실무상 건축물의 분양에 관한 법률이나 주택법이 적용되지 않아 단순히 건축법이 적용되는 건물신축 사업에서 수탁자와 위탁자 사이 담보신탁계약 및 자금관리 대리사무계약을 체결하고 건축주의 지위를 수탁자가 승계한 후 수탁자가 분양자로서 수분양자와 분양계약을 체결하는 사례가 간혹 발생하는바, 이 경우에 주로 토지신탁에서 인정되었던 면책적 계약인수 약정의 효력이 그대로 발생할 것이라고 확정하기는 어려운 부분이 있으므로 항상 보수적으로 사안을 검토하는 것이 필요하다.

7 신탁종료

신탁은 다음 중 하나에 해당하는 경우 종료한다(신탁법 제98조). ① 신탁의 목적을 달성하였거나 달성할 수 없게 된 경우, ② 신탁이 합병된 경우 ③ 유한책임신탁에서 신탁재산에 대한 파산선고가 있는 경우, ④ 수탁자의 임무가 종료된 후 신수탁자가 취임하지 아니한 상태가 1년간 계속된 경우, ⑤ 목적신탁에서 신탁관리인이 취임하지 아니한 상태가 1년간 계속된 경우, ⑥ 신탁행위로 정한 종료사유가 발생한 경우

신탁이 종료되면 수탁자는 신탁사무에 관한 최종의 계산을 하고 수익자와 귀속권리자의 승인을 받아 신탁재산을 교부한다. 또한 토지신탁에서 신탁계약 종료시 분양계약 및 공사도급계약 등에 따른 공급자 또는 발주자로서 수탁자의 권리와 의무는 위탁자에게 포괄·면책적으로 승계된다.

실무상 신탁종료가 쟁점이 되는 경우는 수분양자가 수탁자에게 하자보수나 분양대금반환 등을 청구하는 경우, 시공사 등 수탁자와 용역계약을 체결하는 경우 등이 있다. 신탁종료가 인정되느냐에 따라 수탁자의 의무가 포괄 면책적으로 위탁자에게 이전되는지 여부가 결정되기 때문이다.

가 신탁종료 관련 쟁점

1) 신탁기간 만료 또는 신탁계약의 목적 달성 후 최종계산을 한 경우

실무적으로 신탁종료가 발생하였는지 여부에 관하여 법원은 통상 ① 신탁기간이 만료되었거나, ② 신탁계약의 목적을 달성한 후 신탁사무에 관한 최종계산을 한 경우 신탁종료를 인정하는 경향이 있다. ③ 또한 최종계산을 한 후 신탁재산 중 일부가 추가 취득세 유보금, 소송 유보금 등의 이유로 수익자(귀속권리자를 포함한다)에게 이전되지 않은 부분이 있어 법정신탁관계가 존속하는 경우에도, 법정신탁에서 수탁자의 직무권한은 잔무의 처리, 신탁재산의 귀속권리자에의 이전, 대항요건의 구비, 이들이 완료될 때까지 신탁재산을 보전하고 적절히 수익을 얻는 것에 한정되고 또한 법정신탁은 어디까지나 신탁관계의 종료를 전제로 하는 것이므로, 최종계산을 하였다면 법정신탁관계가 존속한다고 하더라도 신탁이 종료되지 아니한 것으로 볼 수는 없다는 취지의 판결이나, "신탁계약의 해지 또는 종료"란 신탁계약 자체의 해지 또는 종료를 의미할 뿐 위탁자과 수탁자 사이에 구 신탁법 제61조에 의한 법정신탁관계까지 모두 해소될 것을 의미하는 것은 아니므로, 신탁계약이 종료된 이상 위탁자와 수탁자 사이에 법정신탁관계가 존속하는지의 여부에 관계없이 분양계약에 기한 수탁자의 수분양자들에 대한 모든 권리·의무는 면책적으로 위탁자에게 이전되었고, 따라서 수분양자들과 수탁자 사이에서는 분양계약으로 인한 채권채무관계가 더 이상 존재하지 아니한다는 취지의 판결들이 있다.

또한 부산지방법원은 분양형 토지신탁에서 신축건물의 사용승인 후 신탁계약에 기재된 신탁기간이 도과하고(2018년경), 수탁자가 위탁자에게 '이 사건 신탁계약은 이 사건 사용승인일로부터 3개월이 지난 날 신탁기간 만료로 종료하였고, 신탁관계가 종료한 점을 명확히 하고자 본 공문으로 다시 한 번 종료 의사표시를 한다'는 이른바 신탁종료의 의사표시가 기재된 내용증면 우편을 발송하여 도달(2020년경)한 경우에 신탁종료 사실을 인정한 사례가 있다.

위 사안에서 원고는 수탁자가 신탁기간 도과 후 신탁부동산에 대하여 할인분양을 하거나 신탁원부변경을 통하여 토지신탁계약을 담보신탁계약으로 변경하거나, 분양계약 해제에 따라 수분양자에게 분양대금을 반환하는 등 신탁사무를 처리하였으므로 신탁종료가 발생하지 아니하였다고 주장하였으나, 부산지방법원은 위의 신탁사무처리는 신탁종료로 인한 정산사무 수행과정에서 신탁특약에 기재된 약정에 기한 자조매각권 등을 행사하여 정산사무를 수행한 것에 불과하므로, 이러한 사정들은 면책적 계약인수 요건인 신탁종료 사실 인정에 방해가 되지 않는다는 취지로 판시하였다.

2) 신탁 목적을 달성할 수 없게 된 경우 신탁종료 여부

가) 문제의 소재

신탁법 제98조는 신탁의 목적을 달성할 수 없게 된 경우 신탁은 종료한다고 규정하고

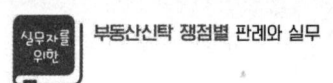

있는바, 토지에 부동산처분신탁계약이 체결된 후 신탁부동산의 소유권이 제3자에게 이전된 경우 신탁종료가 발생하는지 여부가 문제된다.

나) 사실관계

위탁자와 수탁자가 토지에 관하여 부동산처분신탁계약과 자금관리 대리사무계약을 체결하고 신탁등기를 경료한 후 신탁토지 지상의 쇼핑몰을 신축·분양하며, 위탁자, 수탁자, 수분양자가 함께 분양계약서에 날인하였는데, 그 분양계약서는 면책적 계약인수 약정이 포함되어 있었다.

건물 신축 중 위탁자인 시행사의 사정으로 건물신축공사가 어려워지고, 급기야 토지에 신탁등기 경료 전 설정된 근저당권이 실행되면서 경매로 토지의 소유권이 제3자에게 이전되어 신탁부동산이 소멸하였고, 수개월 뒤 수탁자는 위탁자에게 신탁계약 해지통보를 발송하였다.

다) 법원의 판단

위와 같이 수분양자가 위탁자와 수탁자를 상대로 분양대금 반환소송을 제기하였는데, 면책적 계약인수 약정의 효력발생 요건인 신탁종료사실이 발생하였는지 여부가 쟁점이 된 사안에서 서울고등법원은 수탁자와 위탁자 사이에 신탁계약의 목적이 되었던 토지가 임의경매절차에서 제3자에게 매각되어 그 소유권이전등기까지 경료되었고, 이 사건 신탁계약의 목적은 결국 위탁자가 상가의 신축 및 분양 사업을 시행함에 있어 위 사업이 원활히 진행되어 완료될 수 있도록 수탁자가 이 사건 토지 및 상가를 신탁받아 그 소유권을 보존하고 분양대금의 납부가 있는 경우 구분소유권이전등기를 해 주는 것인데, 토지가 임의경매절차에서 제3자에게 매각되어 수분양자들에게 토지 지분에 관한 소유권을 이전할 수 없게 됨으로써, 이 사건 신탁계약은 그 목적을 달성할 수 없게 되었다 할 것이므로 이 사건 신탁계약은 신탁법 제98조에 따라 종료되었고, 설령 그렇지 않다하더라도 수탁자의 신탁계약 해지통보에 의하여 신탁계약은 종료되었다는 취지로 판시하였다.

라) 실무 TIP

위의 판결에서도 볼 수 있듯이, 신탁목적 달성불능은 신탁법에서 규정한 신탁종료사유로서 신탁목적을 달성할 수 없는 경우 신탁은 종료하게 된다. 신탁목적 달성불능 시점의 산정에 어려움이 있거나 다툼이 있는 경우 수탁자 임직원은 위탁자에게 신탁종료 의사표시 또는 신탁계약 해지통보 등을 발송하여 신탁종료선언으로써 신탁종료사실을 명확히 하는 것이 바람직한 업무진행절차라 할 것이다.

통상 신탁종료 선언에는 다음과 같은 내용이 포함된다. ① 신탁목적 달성 및 정산완료 여부, ② 구체적인 신탁종료 사유 발생 여부 및 그 근거조항, ③ 신탁종료 일시 명기 및 그에 대한 종료 선언, ④ 우선수익자의 피담보채권액 상환 완료 및 우선수익권 상실 동의서 등의 징구 여부 등이 바로 신탁종료 선언에 포함되어야 할 내용이다. 또한 구체적인 사실관계에 따라 위 내용뿐만 아니라 신탁종료선언으로 인하여 수탁자가 달성하고자 하는 목적, 효과 등을 위하여 추가적인 내용이 기재되어야 할지 여부도 수탁자 임직원은 검토할 필요가 있다.

3) 약관규제법 적용 여부

신탁 종료 여부가 쟁점이 된 소송에서 원고들은 통상 면책적 계약자지위 승계 조항이 약관규제법에 위반되어 무효라고 주장하는 경우가 종종 있는데, 이에 대하여 수탁자가 항변할 수 있는 내용을 소개해 본다.

원고가 면책적 계약자지위 승계 조항이 약관에 해당함을 전제로 약관규제법상 설명의무 위반, 불공정 약관 해당 등의 사유로 무효라고 주장한 사안에서 부산고등법원은 면책적 계약자 지위 승계조항은 약관이라 할 수 없고, 약관법상 설명의무 대상이 아니며, 불공정 약관조항에 해당하지 아니한다고 판시하며 원고의 주장을 기각하였다. 수탁자가 인용하기 좋은 판결이므로 아래에 소개해본다.

이 사건 면책규정은 이 사건 신탁계약과 같은 분양형 토지신탁계약 체결에 의한 건설 등 사업 시행의 경우 일반적이고 공통적으로 사용되는 조항으로서 약관규제법 제3조 제1항에서 정한 명시·설명의

무의 대상이라고 볼 수 없고(대법원 2007.12.27. 선고 2005다23674 판결 등의 취지 참조), ② 신탁계약의 본질에 비추어 볼 때, 이 사건 신탁계약에서 정한 바에 따라 신탁재산인 이 사건 토지에 이 사건 건물을 신축하여 분양하는 범위 내에서만 이 사건 사업의 시행자로서의 지위를 보유하는 분양형 토지신탁계약의 수탁자에 불과한 피고가 미지급 공사대금 채무에 관하여 최종적인 책임을 부담하여야 할 아무런 이유가 없으므로, 이 사건 면책규정이 원고들에게 부당하게 불리하거나 원고들의 본질적 권리를 제한하는 등으로 신의성실의 원칙을 위반하여 공정성을 잃은 약관조항에 해당한다고 볼 수 없으며, ③ 신탁법 제98조 제6호가 '신탁행위로 정한 종료사유가 발생한 경우'를 신탁의 종료사유의 하나로 규정하고 있고, 이에 따라 이 사건 신탁계약 기본계약 제24조 제3호는 '신탁기간이 만료한 경우'를 신탁계약의 종료사유로 정하고 있는 점에 비추어 보면, 이 사건 면책규정의 '신탁의 종료'는 '신탁계약의 종료'를 의미하는 것임이 명백하므로, 원고의 주장과 같이 약관규제법 제5조 제2항에 따른 해석의 여지가 있다고 볼 수 없다.

4) 위탁자와 수탁자간 분쟁이 발생하여 정산합의가 이루어지지 아니한 경우 신탁이 종료되지 아니하는지 여부

관리형토지신탁 사업에서 건물신축사업이 완료되었음에도 불구하고, 위탁자와 2순위 우선수익자인 시공사간 공사비 분쟁이 발생하여 신탁사업의 최종계산이 지연되다가 2순위 우선수익자인 시공사가 공사비를 지급받고 채권회수 완료 확인서를 작성하였고, 수탁자가 신탁종료의 의사표시를 위탁자에게 통보한 경우 신탁종료 효과가 발생하지 여부에 관하여

서울고등법원은 ① 이 사건 아파트에 관하여 사용승인이 이루어진 점, ② 이 사건 아파트 전체 세대에 관하여 수분양자들이 모두 분양대금을 완납하고 소유권이전등기를 경료받은 점, ③ 이 사건 신탁계약의 제2차 변경계약상 제1순위 공동우선수익자들은 대출금 전액을 상환받고 완납증명서, 대출종료확인서 등을 작성하여 준 점, ④ 이 사건 신탁계약의 제2차 변경계약상 제2순위 우선수익자 겸 시공사는 공사대금을 전액 회수 완료하였고 이 사건 신탁재산에 대한 시공사로서의 모든 권한이 없음을 확인하는 내용의 '관리형토지신탁 관련 공사대금 등 채권회수 완료 확인서'를 작성하여 준 점, ⑤ 신탁사는 입주자대표회의, 위탁자, 시공사에게 이 사건 신탁계약상 신탁사업의 목적이 달성되어 신탁사업이 종료되었고 수탁자의 모든 권리의무가 위탁자에게 포괄승계되었다는 취지로 각

통보한 점 등의 사정을 살펴보면, 이 사건 신탁의 목적이 달성되었고, 또한 신탁기간도 만료되었다고 인정할 수 있다는 취지로 판시하며, 위와 같은 경우 신탁종료를 인정하였다.

한편 위 사안에서 서울고등법원은 위탁자가 수탁자에게 신탁계약에 따라 신탁부동산에 대한 조세 등 지급해야 할 비용이 남아 있고(신탁계약 제3조 제2항은 '위탁자 또는 수익자가 신탁기간의 만료 시까지 위와 같은 비용 및 신탁보수 등의 제비용을 상환하지 못한 경우 제비용 상환 시까지 신탁기간이 동일한 조건으로 자동 연장된다.'는 취지로 규정하고 있다.), 위탁자와 수탁자 사이 신탁계약에 대한 정산합의를 하지 못하고 있더라도, ① 신탁계약 제30조는 신탁종료의 사유로 '신탁기간이 만료된 경우' 뿐만 아니라 '신탁의 목적을 달성한 경우'도 규정하고 있고, 또한 이 사건 신탁계약 제3조 제4항은 '신탁기간 중이라도 수탁자가 우선수익자 등의 요청에 의거 신탁부동산을 처분하여 매수인에게 소유권이전등기를 경료한 때에는 신탁기간이 종료된 것으로 본다.'고 규정하고 있는 점, ② 신탁계약 제31조 제1항이 '본 계약이 종료된 경우 수탁자는 신탁의 최종계산을 하여 신탁이익을 다음 각 호의 방법에 따라 수익자에게 지급한다.'고 규정하고, 신탁법 제103조 제1항도 '신탁이 종료한 경우 수탁자는 지체 없이 신탁사무에 관한 최종의 계산을 하고, 수익자 및 귀속권리자의 승인을 받아야 한다.'고 규정하고 있는바, 앞서 본 사정들은 신탁이익의 정산 또는 신탁사무의 계산에 관한 사항으로 신탁계약 종료 이후의 문제로 여겨지는 점을 감안하면, 앞서 본 사정들만으로는 신탁목적 달성 또는 신탁기간 만료로 이 사건 신탁계약이 종료되었음을 인정하는 데 방해가 된다고 보기 어렵다는 취지로 판시하며, 수탁자가 추가취득세 유보금을 유보하고 있고 위탁자와 수탁자간 정산합의서가 체결되지 아니하였기 때문에 신탁이 종료되지 않았다는 위탁자 등의 주장을 배척하였다.

법정신탁의 경우에도 신탁종료가 가능하다는 취지의 판결인바, 수탁자가 여러소송에서 참고판결로 제출하기 좋은 판결이므로 수탁자 담당자는 숙지해놓고 관련 소송에서 참고판결로 제출하여 수탁자의 승소가능성을 높이는 것이 바람직하다.

나 토지신탁사업에서 신탁종료시 신축중인 건물이 신탁재산에 포함되는지 여부

토지신탁사업에서 신탁종료시 신축중으로서 아직 건축물 대장과 보존등기가 경료되지 않은 신축건물이 신탁재산에 포함되는지 여부가 문제된다.

토지신탁의 경우 대법원은 신탁법 제27조는 "신탁재산의 관리, 처분, 멸실, 훼손 기타의 사유로 수탁자가 얻은 재산은 신탁재산에 속한다."고 규정하고 있으므로, 토지 소유자가 부동산신탁회사에게 토지를 신탁하고 부동산신탁회사가 그 토지 상에 건물을 신축하여 이를 분양한 후 그 수입으로 투입비용을 회수하고 수익자에게 수익을 교부하는 내용의 분양형 토지신탁계약에서, 토지와 신축 건물을 신탁재산으로 정하여 분양하되 건물 신축을 위한 차용금채무도 신탁재산에 포함시키기로 약정하였으나 건물을 신축하는 도중에 신탁계약이 해지된 경우, 완공 전 건물의 소유권 귀속에 관하여 특별한 정함이 없는 한, 신축중인 건물도 신탁재산에 포함되는 것으로 보아야 할 것이고, 따라서 신탁이 종료되면 수탁자는 신탁법 제59조 또는 제60조에 의하여 신축중인 건물에 관한 권리를 수익자 또는 위탁자나 그 상속인에게 귀속시켜야 한다고 할 것이다(대법원 2007.9.7. 선고 2005다9685 판결)라는 취지로 판시한 판결이 있다.

토지신탁은 위탁자 소유의 토지를 수탁자에게 신탁하여 수탁자가 그 지상에 건물을 신축, 분양하여 그 수익금에서 투입비용을 회수하고 위탁자 겸 수익자에게 수익을 교부하기로 하는 것을 내용으로 하는 신탁계약으로서 신탁계약 내용상 토지와 건물을 신탁재산으로 규정하고, 건물 신축을 위한 차입금도 신탁재산에 포함시키는 것이 통상이다. 또한 건축주 명의도 위탁자로부터 승계하여 수탁자에게 이전하여 건물신축사업이 진행되는 점을 종합하여 볼 때 토지신탁계약에 따라 수탁자 명의로 신축중인 건물도 신탁재산에 포함된다 할 것이다. 토지신탁에서 신탁종료 전에도 신축 중인 건물은 신탁재산에 해당하므로 신탁종료시에도 신탁재산에 해당한다 할 것이다. 다만 분양관리신탁 등 수탁자가 건축주가 아닌 신축 중인 건물의 소유권은 통상 수탁자가 아니라 건축주인 위탁자 또는 건설주체인 시공사에게 소유권이 인정되므로 신탁등기를 경료하기 전에는 신탁재산이 아닌 경우가 있다. 따라서 신축중인 건물의 소유권이나 신탁재산 해당 여부는 신탁계약의 종류에 따라 상이할 수 있으므로 신중한 검토가 필요하다.

참고로, 대법원은 신축건물의 소유권은 원칙상 자기의 노력과 재료를 들여 이를 건축한 사람이 원시취득하는 것임은 물론이나, 건물신축도급계약에 있어서는 수급인이 자기의 노력과 재료를 들여 건물을 완성하더라도 도급인과 수급인 사이에 도급인 명의로 건축허가를 받아 소유권보존등기를 하기로 하는 등 완성된 건물의 소유권을 도급인에게 귀속시키기로 합의한 경우에는 그 건물의 소유권은 도급인에게 원시적으로 귀속되는바, 이때 신축건물이 집합건물로서 여러 사람이 공동으로 건축주가 되어 도급계약을 체결한 것이라면, 그 집합건물의 각 전유부분 소유권이 누구에게 원시적으로 귀속되느냐는 공동건축주들의 약정에 따라야 한다(대법원 2010.1.28. 선고 2009다66990 판결)는 입장인바, 토지신탁의 경우에도 완성된 건물의 소유권을 도급인에게 귀속시키기로 하는 합의가 도급계약 승계계약서 또는 신탁계약서에 포함되어 있는지 여부도 확인할 필요가 있다.

한편, 위탁자가 건축주 명의를 가지고 신탁을 통한 건물신축 사업 진행 중 신탁 공매를 진행할 때 신축 중인 건물은 언제나 공매의 대상에 포함되는가? 일단 토지신탁의 경우 대부분 포함된다고 할 것이지만, 건축주 명의를 위탁자가 가지고 있는 경우에는 별도로 검토할 필요가 있다. 신탁계약서에 건축주 명의를 위탁자가 가지고 있다하더라도 공매시 신축 건물을 공매 대상에 포함한다는 취지의 특약이 존재하는 경우 사안은 더욱 복잡해지게 된다.

건축주 명의를 위탁자가 가지고 있는데 신탁공매를 진행하는 경우에는 신축 건물이 독립된 부동산인지(독립된 부동산으로서의 건물이라고 함은 최소한의 기둥과 지붕 그리고 주벽이 이루어지면 법률상 건물로 평가할 수 있다) 토지 또는 기존 건물에 부합부분인지(증축 부분의 기존 건물에 부합 여부는 증축 부분이 기존 건물에 부착된 물리적 구조뿐만 아니라, 그 용도와 기능면에서 기존 건물과 독립한 경제적 효용을 가지고 거래상 별개의 소유권의 객체가 될 수 있는지의 여부 및 증축하여 이를 소유하는 자의 의사 등을 종합하여 판단하여야 한다) 여부도 검토하여야 한다.

또한 법원경매의 사안이지만, 등기부에 등재되지 않은 건물이 존재하는 경우에는 소유자가 건축하여 소유하는 것으로 판명되어 경매신청인이 대위에 의한 보존등기를 하여 일괄경매신청을 하거나 그것이 경매 대상 부동산의 종물이거나 부합물임이 명백한 경우가 아닌 한 입찰물건에 포함시켜서는 안 된다(대법원 1999.8.9.자 99마504 결정)는 점과 토지 지하에 설치된 유류저장탱크와 건물에 설치된 주유기가 토지에 부합되거나 건물의 상용에 공하기 위하여 부속시킨 종물로서 토지 및 건물에 대한 경매의 목적물이 된다(대법원 2000.10.28.자 2000마5527 결정)는 점 등의 쟁점도 종합적으로 검토할 필요가 있다.

다 신탁종료시 신탁재산의 귀속에 관한 법률관계

개정 신탁법 제101조는 신탁의 목적을 달성하였거나 달성할 수 없게 된 경우, 신탁행위로 정한 종료사유가 발생한 경우, 위탁자와 수익자간 합의가 있는 경우, 법원의 명령에 의한 경우 등의 사유가 있는 경우 신탁을 종료할 수 있다고 규정하고 있고, 위와 같이 신탁이 종료된 경우 신탁재산은 수익자(잔여재산수익자를 정한 경우에는 그 잔여재산수익자를 말한다)에게 귀속한다. 다만, 신탁행위로 신탁재산의 잔여재산이 귀속될 자(이하 "귀속권리자"라 한다)를 정한 경우에는 그 귀속권리자에게 귀속한다고 규정하고 있다. 또한 수익자와 수익자와 귀속권리자로 지정된 자가 신탁의 잔여재산에 대한 권리를 포기한 경우 잔여재산은 위탁자와 그 상속인에게 귀속하고, 수탁자가 신탁재산을 귀속권리자에게 이전할 때까지는 귀속권리자를 수익자로 하여 신탁재산을 관리하고 이전하는 것을 목적으로 하는 법정신탁관계로 존속한다. 따라서 신탁 종료 시 수탁자는 귀속권리자에게 신탁행위에서 정한 바에 따라 잔여 신탁재산을 반환할 의무가 있다.

신탁종료시 신탁재산의 귀속에 관한 법률관계와 관련하여 대법원이 명확하게 판시한 사례는 드문 것으로 알려져 있는데, 이와 관련하여 갑 주식회사가 토지구획정리사업의 시행자인 을 조합으로부터 체비지를 양도받아 체비지대장에 양수인등재를 마친 다음 신탁회사인 병 주식회사와 신탁목적을 신탁부동산의 소유권 관리·보존 등으로 하고 수익자를 정 주식회사로 하는 내용의 관리신탁계약을 체결하여 병 회사가 위 체비지의 체비지대장에 양수인등재를 마쳤는데, 신탁계약 체결 전 갑 회사로부터 대물변제조로 위 체비지를 양도받았다며 갑 회사를 상대로 토지 인도 등을 구하는 소를 제기하여 승소판결을 받은 무가, 신탁계약 종료 후 위 체비지 중 일부에 관하여 부동산 인도집행을 마친 다음, 갑 회사를 대위하여 체비지대장상 병 회사 명의의 신탁등재 말소절차 이행을 구한 사안에서, 대법원은 병 회사는 신탁계약 종료 시 신탁계약에 신탁재산의 귀속권리자로 정해진 자에게 신탁재산을 반환하여야 하고, 위탁자인 갑 회사에 대하여는 신탁계약에 아무런 정함이 없는 경우에만 신탁재산 반환의무를 지는데, 위 신탁계약의 수익자를 정 회사로 인정하면서도 신탁계약 당시 신탁재산의 귀속권리자를 누구로 정하였는지 제대로 살피지 않은 채, 신탁 종료로 병 회사는 위탁자인 갑 회사에 대하여 체비지대장상 병 회사 명의의 신탁등재를 말소할 의무가 있다고 본 원심판단에는 신탁 종료 시 신탁재산의 귀속에 관한 법리오해 등의 잘못이 있다고 판시한 사례(대법원 2019.10.31. 선고 2015다49170 판결)가 있다.

또한 구 신탁법이 적용된 사안에서 분양형 토지신탁계약에서 건물을 신축하는 도중에 신탁계약이 종료되어 이를 제3자에게 분양할 수 없게 된 경우 신축 중인 건물을 누구에게 귀속시킬 것인가에 대하여는 아무런 약정이 없는 경우 그 신축 중인 건물의 소유권 귀속주체는 구 신탁법 제60조에 따라 위탁자에게 귀속된다는 취지로 판시한 대법원 판결(대법원 2008.12.24. 선고 2006두8372 판결)이 있다.

개정 신탁법에 따르면 신탁이 종료된 경우 수탁자는 잔여 신탁재산을 수익자나 잔여재산수익자를 정한 경우에는 그 잔여재산수익자에게 귀속하여야 한다. 다만 신탁행위로 신탁재산의 귀속권리자를 정한 경우에는 그 귀속권리자에게 귀속하여야 한다. 수익자와 귀속권리자로 지정된 자가 신탁의 잔여재산에 대한 권리를 포기한 경우 잔여재산은 위탁자와 그 상속인에게 귀속하여야 한다. 한편 위탁자가 집행의 면탈이나 그 밖의 부정한 목적으로 신탁선언에 의한 신탁을 설정하였다가 법원에 의하여 신탁이 종료된 경우 신탁재산은 위탁자에게 귀속한다. 신탁법 제101조 제1항 및 제2항에 따라 잔여재산의 귀속이 정하여지지 아니하는 경우 잔여재산은 국가에 귀속된다.

한편, 의용 신탁법 제63조 본문에 의하여 법정신탁이 존속하는 것으로 간주되는 경우, 귀속권리자의 신탁재산반환청구권의 소멸시효 기산점 및 소멸시효 기간에 관하여 대법원은 소멸시효 기산점은 원래의 신탁이 종료한 때이고, 소멸시효 기간은 10년이라고 판시한 사례가 있다.

의용 신탁법 제63조 본문은 신탁이 종료한 경우에 신탁재산이 그 귀속권리자에게 이전할 때까지는 신탁은 존속하는 것으로 간주한다고 규정하고 있는데, 이 규정은 신탁이 종료하여도 그 잔여재산을 귀속권리자에게 완전히 이전시킬 때까지 상당한 시일이 걸리므로, 귀속권리자의 권리를 보호하고 수탁자가 신탁의 나머지 업무를 마치도록 하기 위한 것에 불과하여, 위 조항에 의하여 존속하는 것으로 간주되는 신탁은 그 목적에 한정하는 법정신탁이라 할 것이다. 이러한 법정신탁은 어디까지나 신탁관계의 종료를 전제로 하는 것이므로 법정신탁관계가 존속한다고 하여 원래의 신탁관계가 종료되지 않는 것으로 볼 수는 없다. 또한 귀속권리자를 위하여 신탁재산을 관리하고 이전하는 것을 목적으로 하는 법정신탁관계의 존재가 귀속권리자의 수탁자에 대한 권리행사에 장애가 될 수도 없다. 따라서 귀속권리자는 특별한 사정이 없는 한 신탁이 종료하면 바로 수탁자에 대하여 신탁행위의 내용에 따라 잔여 신탁재산을 반환할 것을 청구할 수 있다고 할 것이므로, 귀속권리자의 신탁재산반환청구권은 특별한 사정이 없는 한 원래의 신탁이 종료한 때로부터 이를 10년간 행사하지 아니하면 시효로 소멸한다(대법원 2014.1.16. 선고 2012다101626 판결).

라. 수탁자 개인이 수익자에 대하여 갖는 고유의 채권과 수익자의 수익채권 등을 상계하는 것이 허용되는지 여부

수탁자가 개인이 수익자와의 신탁계약과 무관한 채권으로 수익자가 신탁종료시 수탁자에 대하여 갖는 원본반환채권 내지 수익채권 등과 상계하는 것이 신탁법상 허용되는지 여부가 문제된다.

수탁자가 수익자에 대하여 신탁재산에 속하지 아니하는 채권을 가지고 있으면서 수익자에게 신탁종료시 신탁재산의 원본반환채무 또는 수익채무를 가지는 경우, 채권과 채무를 상계할 수 있는지 여부가 문제되는 것이다.

서울고등법원은 이에 대하여 수탁자가 신탁재산에 속하는 채무를 그의 고유재산과 같이 다루어 수동채권으로 상계하는 것은 신탁법 제20조의 취지에 반하므로 역시 허용되지 아니한다고 판시하였다.

신탁법상 신탁은 위탁자가 법률행위에 의하여 수탁자에게 재산권을 귀속시키는 동시에 수익자를 위하여 또는 일정한 목적을 위하여 그 재산을 관리·처분하게 하는 법률관계이다(제1조).

즉, 수탁자가 재산권의 명의자가 되고 재산의 관리·처분권한을 취득하지만 그 권한은 자기를 위하여 주어진 것은 아니고, 타인을 위하여 일정한 목적에 따라 행사하여야 하므로 신탁재산은 실체적으로 수탁자의 고유재산과 구별되는 특성을 가지고 있다(신탁재산의 독립성).

신탁법 제20조는 수탁자가 상계에 의하여 신탁재산을 자기를 위하여 사용하지 못하도록 하고 신탁재산이 형식적으로 수탁자의 명의로 되어 있더라도 수탁자 개인의 재산에서 독립하여 존재한다는 것을 명확히 하기 위하여 '신탁재산에 속하는 채권'과 '신탁재산에 속하지 아니하는 채무'와는 상계하지 못하다고 규정하고 있다.

그리고 신탁재산에 속하는 채무와 신탁재산에 속하지 아니하는 채권과 상계가 허용되느냐 여부는 명문의 규정이 없으나, 신탁재산은 수탁자의 고유재산과 독립된 위치를 부여받는 존재이므로, 수탁자가 신탁재산에 속하는 채무를 그의 고유재산과 같이 다루어 수동채권으로 상계하는 것은 신탁법 제20조의 취지에 반하므로 역시 허용되지 아니한다 할 것이다(서울고등법원 2005.6.30. 선고 2004나35320 판결).

그러나 대법원은 수탁자가 수익자에 대하여 갖는 고유의 채권을 자동채권으로 하여 수익자가 신탁종료시 수탁자에 대하여 갖는 원본반환채권 등과 상계하는 것이 신탁관계에 신탁재산 독립의 원칙이 적용된다는 이유만으로 신탁법상 금지된 것이라고 할 수는 없다고 판시하며 원심을 파기환송하였다. 구체적인 이유는 아래와 같다.

수탁자 개인이 수익자에 대하여 갖는 고유의 채권을 자동채권으로 하여 수익자가 신탁종료시 수탁자에 대하여 갖는 원본반환채권 내지 수익채권 등(이하 '원본반환채권 등'이라고 한다)과 상계하는 것은, 우선 신탁법 제20조가 금지하는 상계의 유형에 해당하지 아니할 뿐만 아니라, 위와 같은 상계로 인하여 신탁재산의 감소가 초래되거나 초래될 위험이 전혀 없는 점, 수익자는 상계로 소멸하는 원본반환채권 등과 대등액의 범위 내에서 자신의 채무를 면하는 경제적 이익을 향수하게 되는 점, 신탁법 제42조 자체가 수탁자에게 자기의 고유재산으로 일단 신탁재산에 속하는 채무를 변제한 다음 그 비용을 신탁의 이익이 귀속하는 신탁재산 또는 수익자로부터 보상받을 수 있는 권리를 인정하고 있는 점, 수탁자가 수익자와의 거래로 생긴 채권 등을 자동채권으로 하여 수익자의 수탁자에 대한 원본반환채권 등과 상계할 것을 기대하는 것이 거래통념상 법적으로 보호받을 가치가 없는 비합리적인 기대라고 볼 수 없는 점 등에 비추어 볼 때, 수탁자의 위와 같은 상계는 수익자의 반대채권과의 상계를 통한 채권회수를 둘러싸고 신탁재산에 속하는 채권과 수탁자 고유의 채권이 경합하는 관계에 있어 이익상반행위에 해당한다거나 일반 민법상의 권리남용에 해당한다는 등의 특별한 사정이 없는 한 적법·유효한 것으로서 허용된다.

그리고 신탁재산 독립의 원칙은 신탁재산의 감소 방지와 수익자의 보호 등을 위하여 수탁자의 고유재산과 신탁재산은 분별하여 관리되어야 하고 양자는 별개 독립의 것으로서 취급되어야 한다는 것을 의미함에 그칠 뿐, 신탁재산 자체가 그 소유자 내지 명의자인 수탁자와 구별되는 별개의 법인격을 가진다는 것까지 의미하는 것은 아니므로, 수탁자가 수익자에 대하여 갖는 고유의 채권을 자동채권으로 하여 수익자가 신탁종료시 수탁자에 대하여 갖는 원본반환채권 등과 상계하는 것이 신탁관계에 신탁재산 독립의 원칙이 적용된다는 이유만으로 신탁법상 금지된 것이라고 할 수는 없다(대법원 2007.9.20. 선고 2005다48956 판결).

위 대법원 판결의 취지에 따르면, 수탁자가 수익자에 대하여 갖는 고유의 채권을 자동채권으로 하여 수익자가 신탁종료시 수탁자에 대하여 갖는 원본반환채권 등과 상계하는 것이 신탁법상 금지된 것이라고 할 수는 없으므로, 수탁자는 고유의 채권을 자동채권으로 하여 수익자가 갖는 신탁수익채권 등을 상계할 수 있다.

참고로 수탁자와 수익자가 토지신탁계약 및 컨설팅 계약을 체결한 후 수탁자가 컨설팅 계약에 따른 보수채권을 자동채권으로하여 수익자가 수탁자에 대하여 가지는 신탁수익금 반환채권을 상계한 사안에서 서울중앙지방법원은 컨설팅계약에 따른 보수채권을 자동채권으로 한 상계가 신탁법에 위반되어 무효라고 할 수는 없다고 판시하여 상계를 허용하였고, 이 판결은 대법원에서 그대로 확정되었다.

이 사건에서 피고의 이 사건 상계 통지에 따른 자동채권인 이 사건 컨설팅계약에 따른 보수채권은 수탁자인 피고와 수익자인 원고의 거래로 생긴 채권에 해당하는바, 이를 수동채권인 수익자인 원고의 수탁자인 피고에 대한 신탁수익금 반환채권과 상계하는 것은 신탁법 제25조가 금지하는 상계의 유형에 해당하지 않고, 이와 같은 상계가 허용되더라도 원고는 이 사건 컨설팅계약에 따른 보수 지급 채무를 면하는 경제적 이익을 향수하게 되며, 이 사건에서 이 사건 상계 통지가 이익상반행위에 해당한다거나 민법상의 권리남용에 해당한다고 볼 만한 특별한 사정도 없다. 따라서 이 사건컨설팅계약에 따른 보수채권을 자동채권으로 한 상계가 신탁법에 위반되어 무효라고 할 수는 없으므로, 이 부분에 대한 원고의 주장도 이유 없다.

수익자가 동일한 복수의 신탁계약이 존재하는 경우 A 신탁에서 수탁자가 수익자에게 채권을 가지고 B 신탁에서 수익자가 신탁재산에 대하여 갖는 신탁수익채권을 수탁자가 상계하는 것도 허용된다고 볼 여지가 있으므로, 수탁자의 임직원들은 고유계정 손실 방지를 위하여 위 판결의 취지를 숙지할 필요가 있다.

특히 책임준공확약형 관리형 토지신탁 사업에서 수탁자가 준공을 위하여 필요한 비용을 투입한 경우 그 토지신탁 사업의 위탁자, 수익자, 시공사는 수탁자에 대하여 채무를 갖게 되므로, 위의 위탁자, 수익자, 시공사가 수탁자와 별도의 신탁계약을 체결하였고, 그 신탁계약에 따라 위 당사자들이 수취할 금원이 있다면, 수탁자가 토지신탁사업에서 발생한 채권을 가지고 별개의 신탁계약에 의하여 채무자(위탁자, 수익자, 시공사 등)가 수취할 신탁수익에 대하여 상계할 수 있는 것은 아닌지 구체적인 사실관계를 확인하여 검토할 필요가 있다.

8 신탁과 분양대금 반환

　토지신탁, 분양관리신탁, 담보신탁 및 자금관리 대리사무 구도에서 수탁자가 분양계약의 당사자로 참여하는 경우 수분양자가 수탁자에게 분양대금반환을 청구하는 사례가 있다.

　대법원은 분양관리신탁이나 담보신탁 및 자금관리 대리사무 구도에서 수탁자가 매도인이 아닌 자금관리 대리사무사 등으로 참여한 경우 수탁자의 분양대금반환책임을 부정하는 입장이다.

　토지신탁의 경우에는 수탁자가 매도인의 지위를 가지고 있기 때문에 분양계약해제 사유가 인정되고 신탁이 종료되지 아니한 경우 수탁자가 분양대금반환책임을 부담할 여지가 있다. 다만 수탁자의 책임은 신탁재산 범위 내로 한정된다는 취지의 하급심 판례가 다수 존재한다. 이하에서는 수탁자의 분양대금반환청구와 관련한 구체적인 판례논리를 설명하고자 한다.

수탁자의 분양대금반환 책임 유무 정리표

신탁유형	수탁자 청구가부	비고
담보신탁 및 대리사무	불가	
분양관리신탁	불가	
토지신탁(종료 전)	가능	수탁자의 반환범위는 신탁재산 범위 내로 한정된다는 것이 주류 하급심의 태도
토지신탁(종료 후)	불가	

가 담보신탁 및 자금관리 대리사무

1) 수분양자의 채권자가 '분양계약이 해제될 경우 지급받을 분양대금반환채권'에 대하여 채권압류 및 추심명령을 받은 후 신탁사에 추심금 소송을 청구하는 경우

가) 사실관계

① 아파트를 신축·분양하는 시행사 겸 시공사와 수분양자가 분양계약을 체결하였다. 분양계약에 따른 분양대금은 부동산신탁사 명의로 개설된 계좌로 입금받았는데, 이는 시행사와 신탁사 등이 분양수입금 등 사업과 관련한 수익금 일체를 신탁사 명의의 자금관리계좌로 입금하기로 하는 등의 사업약정을 하였기 때문이다.

② 수탁자는 시행사와 아파트에 관하여 시행사를 위탁자, 대출금융기관을 1순위 우선수익자 등으로 하는 담보신탁계약을 체결하였다. 이후 분양계약이 해제되자, 수분양자의 채권자는 수분양자를 채무자로, 수탁자를 제3채무자로 한 '수분양자가 신탁사가 분양한 아파트에 대한 분양권을 취득함으로써 분양계약이 해제될 경우 지급받을 분양대금반환채권'에 대하여 채권압류 및 추심명령을 받은 후 수탁자에게 추심금 소송을 청구하였다.

나) 원고(수분양자의 추심채권자)의 주장

아래와 같은 이유로 수분양자는 수탁자에 대하여 신탁재산반환채권, 분양대금반환채권, 부당이득반환채권을 가지므로, 수탁자는 추심채권자인 원고에게 신탁재산반환 등으로 분양대금 상당액의 금원을 지급할 의무가 있다.

① 수분양자가 분양받은 아파트는 제3자에게 다시 매도되었는데 이는 신탁기간 종료 전에 신탁부동산을 처분한 경우에 해당하므로, 위 아파트에 관한 신탁계약이 종료된바, 수분양자는 그 부분 신탁계약의 종료를 이류로 수탁자에게 신탁재산반환채권을 가진다.

② 분양계약이 해제되었으므로 신탁계약을 정산할 경우 수분양자에 대한 분양대금반환채무는 신탁계약과 관련된 비용 또는 신탁처리비용에 해당하는 채무에 해당하므로 수탁자는 분양계약 해제로 인한 원상회복으로 수분양자가 납입했던 분양대금을 반환할

의무가 있다.

③ 이 사건 사업약정은 수탁자에게 제3자인 수분양자에 대하여 자금을 집행할 의무를 부담시키는 내용의 제3자를 위한 계약이고, 신탁처리비용에는 신탁목적물이 재분양의 방식으로 처분되어 기존의 분양계약이 해제될 경우 정산을 위한 비용도 포함되므로, 수분양자는 직접 수탁자를 상대로 분양대금반환을 청구할 수 있다.

④ 수탁자가 시행사와의 관계에서 분양대금을 보유하는 것이 법률상 원인이 있더라도, 수분양자와의 관계에서는 법률상 원인이 없으므로, 수탁자는 수분양자에게 분양대금 상당의 부당이득 반환의무가 있다.

다) 대법원의 판단

(1) 신탁사의 수분양자에 대한 부당이득반환의무의 존부

계약의 한쪽 당사자가 상대방의 지시 등으로 급부과정을 단축하여 상대방과 또 다른 계약관계를 맺고 있는 제3자에게 직접 급부를 하는 경우(이른바 삼각관계에서 급부가 이루어진 경우), 그 급부로써 급부를 한 계약당사자가 상대방에게 급부를 한 것일 뿐만 아니라 그 상대방이 제3자에게 급부를 한 것이다. 따라서 계약의 한쪽 당사자는 제3자를 상대로 법률상 원인 없이 급부를 수령하였다는 이유로 부당이득반환청구를 할 수 없다. 이러한 경우에 계약의 한쪽 당사자가 상대방에게 급부를 한 원인관계인 법률관계에 무효 등의 흠이 있거나 그 계약이 해제되었다는 이유로 제3자를 상대로 직접 부당이득반환청구를 할 수 있다고 보면, 자기 책임 아래 체결된 계약에 따른 위험부담을 제3자에게 전가하는 것이 되어 계약법의 원리에 반하는 결과를 초래할 뿐만 아니라 수익자인 제3자가 상대방에 대하여 가지는 항변권 등을 침해하게 되어 부당하다(대법원 2003.12.26. 선고 2001다46730 판결, 대법원 2017.7.11. 선고 2013다55447 판결 등 참조).

수분양자가 분양계약에 따라 수탁자의 계좌에 분양대금을 입금한 것은 이른바 '단축급부'에 해당하고, 수탁자는 시행사와의 사업약정에 따라 수분양자로부터 정당하게 분양대금을 수령한 것이다. 수분양자는 사업약정의 당사자가 아니고, 또한 수분양자와 시행사의 분양계약이 해제되었다고 하더라도 수탁자와 시행사가 맺은 사업약정의 효력에 영향을 미치지는 않는다. 따라서 분양계약이 해제된 것만으로 곧바로 수탁자가 수분양자로부

터 수령한 분양대금을 보유할 원인이 없어지지 않고, 나아가 수분양자에게 분양대금을 부당이득으로 반환할 의무가 생기는 것은 아니다.

(2) 신탁사의 수분양자에 대한 분양대금반환의무의 존부

계약은 일반적으로 그 효력을 당사자 사이에서만 발생시킬 의사로 체결되지만, 제3자를 위한 계약은 당사자가 자기들 명의로 체결한 계약으로 제3자로 하여금 직접 계약당사자의 일방에 대하여 권리를 취득하게 하는 것을 목적으로 하는 계약이다. 따라서 어떤 계약이 제3자를 위한 계약에 해당하는지는 당사자의 의사가 그 계약으로 제3자에게 직접 권리를 취득하게 하려는 것인지에 관한 의사해석의 문제로서, 계약 체결의 목적, 당사자가 한 행위의 성질, 계약으로 당사자 사이 또는 당사자와 제3자 사이에 생기는 이해득실, 거래 관행, 제3자를 위한 계약제도가 갖는 사회적 기능 등을 종합하여 계약당사자의 의사를 합리적으로 해석함으로써 판별할 수 있다(대법원 1997.10.24. 선고 97다28698 판결, 대법원 2006.9.14. 선고 2004다18804 판결 등 참조).

신탁계약과 사업약정은 시행사와 수탁자 등 사이에 체결된 것이 분명할 뿐만 아니라, 신탁계약과 사업약정 관련 규정의 문언, 체계, 취지 등에 비추어 신탁계약의 처분대금 정산규정, 사업약정의 자금 집행순서 규정은 신탁사업에 드는 비용의 부담주체를 정한 것이거나 비용 지출순서, 지출방법, 절차 등을 정한 것에 불과하다. 따라서 위 조항들은 신탁계약 등의 당사자가 아닌 제3자로 하여금 수탁자인 신탁사에 대한 권리를 직접 취득하게 하는 것을 목적으로 한 규정이라고 해석할 수 없다.

라) 실무 TIP

위 대법원 판결에서 판시한 바와 같이, 단순히 시행사와 수탁자, 대출금융기관, 시공사 등이 담보신탁 및 자금관리 대리사무 계약(사업약정) 등을 체결하고 시행사가 분양자이자, 매도인으로서 수분양자와 분양계약을 체결하였는데, 시행사와 수분양자 간 분양계약이 해제된 경우 수분양자는 특별한 사정이 없는 한 수탁자를 상대로 곧바로 분양대금 반환을 청구할 수는 없다.

다만 실무적인 관점에서 분양계약이 해제되더라도 수분양자가 중도금 대출을 실행하였

고, 수탁자도 시행사, 시공사 등과 함께 중도금 대출협약에 날인한 경우에 중도금 대출금 상당액과 관련하여 분쟁 발생의 여지가 있으므로, 수탁자가 중도금 대출금을 상환할 의무를 지는지 여부에 관하여 검토할 필요가 있다. 위 중도금 대출협약상 신탁재산 범위 내에서만 수탁자가 그 의무를 부담한다는 취지의 내용이 들어가 있어야 하는 점은 당연히 잊지 말아야 한다.

다시 말해 수분양자가 수탁자에 대하여 직접 분양대금반환을 청구하거나 시행사를 대위하여 분양대금반환을 청구할 수 없다고 하더라도 중도금 대출협약에 수탁자가 날인하는 경우 중도금 대출협약의 내용에 따라 중도금 대출기관은 수탁자에게 중도금 대출금의 상환을 청구할 수 있을 가능성이 존재하는바, 수탁자로서는 중도금 대출협약에 날인하기 전에 ① 신탁계약의 제1순위 우선수익자에 대하여 동의서를 징구하고 ② 중도금 대출협약에 신탁재산 범위 내에서만 수탁자가 책임을 부담한다는 내용이 포함되어 있는지 확인하여야 하며, ③ 그 외 신탁계약 목적 달성을 방해하는 내용이 중도금 대출협약에 기재되어 있는지 여부 등을 검토할 필요가 있다.

2) 담보신탁에서 수분양자에 대한 분양대금반환채무는 1순위로 정산하여야 하는 채무에 해당하는지 여부

가) 사실관계

① 시행사는 건물 리모델링 사업 추진을 위하여 대출금융기관으로부터 대출을 받기 위하여 이 사건 건물 및 그 부지를 목적물로 하여 수탁자와 부동산담보신탁계약 및 자금관리 대리사무계약을 체결하고, 신탁등기를 경료하였다. 시행사는 대출금융기관과 여신거래약정을 체결하고, 대출을 받았다.

② 일부 호실은 분양되고 일부는 분양되지 않은 상태에서, 분양된 호실에서 발생한 분양대금으로 대출금융기관의 대출상환, 공사비, 신탁보수, 조세 등을 지출하였다. 이후 사업 진행과정에서 분양실적이 저조하자, 1순위 우선수익자는 수탁자에게 공개매각 실시를 요청하였고, 공개 매각 결과 일부 호실에 관하여 기존 수분양자들로 이루어진 분양채권자조합이 매수자로 결정되었고, 시행사는 분양채권자조합과 시행사 사이 체결한 분양계약에 관하여 합의해제하고 분양대금반환채무는 낙찰대금에서 상계처리하

기로 하였으므로 분양채권자조합이 지급할 공매대금은 기 납부된 분양대금을 상계한 잔액만 수령하고 소유권이전등기 해 줄 것을 수탁자에 요청하였다.

③ 수탁자는 분양채권자조합 사이에 공매에 따른 부동산매매계약을 체결하면서, 부동산매매계약에 따른 매매대금 중 일부를 분양채권자조합이 시행사와 사이에 이미 체결하였던 분양계약을 해제함으로 인하여 발생한 시행사에 대한 분양대금반환채권과 상계하기로 합의하였고, 그 외의 수분양자들에 대한 계약금 반환채무 상당액은 공탁하였다.

④ 수탁자가 공매과정에서 위와 같이 매매대금 중 일부를 상계하거나 공탁함에 따라 2순위 우선수익자가 배당을 받지 못하게 되었고, 이에 따라 2순위 우선수익자는 신탁계약상 정산의무를 위반하여 2순위 우선수익자의 우선수익권을 침해한 것이라는 이유 등으로 수탁자에 대하여 손해배상소송을 제기하였다.

나) 원·피고의 주장

원고인 제2순위 우선수익자는, 공개매각에 따른 매각대금의 정산은 신탁계약 정산조항에서 정해진 순서에 따라 정산하여야 함에도, 수탁자는 분양채권자조합이 공매 목적물을 매수함으로 인하여 발생한 매각대금채권과, 분양채권과조합과 시행사 사이의 분양계약 해제로 인한 계약금반환채무를 상계하거나 공탁하였는바, 이는 신탁계약 정산조항을 위반한 것이고, 그로 인해 제2순위 우선수익자는 그 상계 및 공탁된 금액 상당의 대출금채권을 변제받지 못한 손해를 입었으므로, 손해상당액을 수탁자가 배상하여야 한다고 주장하였다.

이에 대하여 피고인 수탁자는, 제2순위 우선수익자는 신탁계약의 우선수익자인 동시에 대리사무계약에 관하여 동의하였고, 대리사무계약에 의하면, 부동산담보신탁계약과 대리사무계약은 이 사건 건물의 리모델링 사업의 원활한 진행을 위해 시행사가 수탁자에게 부동산을 담보신탁한 후 대리사무를 수행하도록 하는 내용으로 전체적으로 유기적 일체로 대리사무계약의 내용이 담보신탁계약의 일부를 이루고 있으므로, 신탁부동산에 대한 분양사무도 신탁사무의 하나라 할 것이고, 이 사건 건물 중 일부에 관한 분양계약이 해제된 경우 그에 따른 계약금 등의 반환채무는 신탁계약 정산조항이나 대리사무계약 자금집행순서조항 중 어디에도 해당하지 않아, 결국 분양계약 해제에 따른 수분양채권자들에대한 계약금반환비용은 담보신탁계약 정산조항에서 정한 "신탁계약 및 처분절차와 관련하여 발생된 비용"에 해당한다거나, 이 사건 신탁계약 신탁사무처리비용조항의 "기타 신탁사무의 처리에 필요한 제비용"에 해당한다고 주장하면서 신탁사의 그와 같은 상계처리는 정당한 것이라는 취지로 항변하였다.

다) 대법원의 판단

대법원은, 원심이 미분양건물을 처분하여 정산하는 경우와 달리 이미 분양된 건물 부분을 처분하여 정산하는 경우에 있어서 수분양자에 대하여 부담하는 분양대금 반환채무는 이 사건 부동산담보신탁계약 정산조항에서 정한 1순위로 정산하여야 하는 채무 또는 그보다 앞선 순위로 정산하여야 할 채무에 해당하는 것으로 보아야 한다고 전제한 다음, 수탁자가 위탁자인 시행사의 요청을 받아 이미 분양된 건물 부분을 매각한 대금으로 먼저 수분양자에 대한 분양대금과 상계하거나 공탁한 행위는 위 신탁계약 정산조항의 정산의무를 위반하여 제2순위 우선수익자의 우선수익권을 침해한 것이라고 볼 수 없다고 판단하여 제2순위 우선수익자의 이 부분 손해배상청구를 배척하였는데, 이 사건 부동산담보신탁계약, 이 사건 대리사무계약의 관련 규정 내용 등에 비추어 살펴보면 위와 같은 원심의 판단은 정당한 것으로서 수긍할 수 있고, 거기에 이 사건 신탁계약 정산조항의 해석에 관한 법리오해 등의 위법이 없다는 취지로 판시하며, 미분양물건을 처분하는 경우와는 달리 이미 분양된 건물 부분을 처분하여 정산하는 경우에 있어서 수분양자에 대하여 부담하는 분양대금 반환채무는 우선수익권에 우선한다고 판단하였다(대법원 2009.7.9. 선고 2008다19034 판결).

라) 실무 TIP

담보신탁 및 자금관리 대리사무 구도에서 수탁자가 매도인의 지위를 가지지 않고 단순 자금관리 대리사무 수임자의 지위를 가지는 경우 특별한 사유가 없는 한 수분양자는 수탁자에 대하여 분양대금 반환을 청구할 수 없다. 수분양자가 단순 자금관리 대리사무 수임자인 신탁사에게 분양대금 반환을 청구하면서 본 건 판결을 근거로 수분양자의 분양대금 반환청구가 인정되어야 한다고 주장하는 경우가 다수 있는데, 대법원 2009.7.8. 선고 2008다19034 판결은 부동산담보신탁의 우선수익자가 수탁자를 상대로 제기한 손해배상청구사건에서, 수탁자가 분양된 신탁부동산을 매각한 후 매매대금을 정산하면서 그 매각대금채권과 분양계약해제로 인한 분양대금반환채무를 상계하거나 공탁한 것이 정당한지 여부가 쟁점인 사안이므로, 수분양자가 수탁자에 대하여 직접 분양계약 해제로 인한 분양대금반환채권 등을 가지는지 여부가 쟁점인 사건과는 그 기초가 되는 사실관계와 쟁점이 상이하다. 따라서 위 대법원 판결은 수분양자가 수탁자에 대하여 직접 분양대금 반환채권을 가진다고 주장하는 사건에 원용하기에는 적절하지 않은 것으로 보인다.

그렇다면, 수분양자가 수탁자에 대하여 직접 분양대금반환채권을 청구하는 경우와 본건 판결사안의 근본적인 차이는 무엇인지 여부가 문제된다. 일반적인 담보신탁계약에 의하면 신탁부동산을 환가하여 정산하는 경우 우선수익권자는 그 수익권증서 금액의 범위 내에서 다른 일반 채권자들보다 우선변제권을 가지고 수탁자는 선량한 관리자의 주의의무를 다하여 정산사무를 처리하여야 함은 물론이다. 그러나 이미 분양되어 있는 신탁재산에 대하여 기 체결된 분양계약이 해제되기 이전에 분양목적물을 공매하는 경우에는, 공매부동산에 대하여 위탁자인 시행사와 분양계약을 체결한 수분양자와, 공매절차를 통하여 수탁자와 분양계약을 체결한 매수인이 동시에 발생하게 되므로 이는 이중매매와 유사한 결과를 초래하게 된다.

예를 들어 매매대금이 1억원인 부동산에 대하여 시행사와 분양계약을 체결한 수분양자가 1억원의 분양대금을 지급하고, 공매절차를 통하여 매수한 매수인이 1억원의 매매대금을 지급하였는데, 우선수익자가 그 매매대금의 합계액인 2억원을 모두 정산받을 수 있다면 우선수익자는 이중의 만족을 얻게 되는 불합리한 결과가 발생하게 되는 것이다.

다시말해, 우선수익자로서는 수분양자가 이미 납부한 분양금으로 건축공사를 함으로써 신탁건물의 담보가치가 분양대금 만큼 증가되거나, 우선수익권자로서 대출금의 이자 등 채권을 일부 변제받았음에도 또 다시 수분양자에게 분양금을 반환하지 아니한 채 공매절차를 통하여 수분양된 물건을 매각한 대금에 관하여 우선권을 행사함으로써 기존 수분양자의 희생하에 이중의 만족을 얻게 되는 매우 불합리한 결과에 이르게 되기 때문에, 미분양건물을 처분하여 정산을 하는 경우와 달리 위탁자인 시행사가 분양한 건물을 처분하여 정산하는 경우 수탁자는 신탁계약 정산조항에 정한 처분대금의 정산시 위탁자인 시행사의 요청이 있으면 시행사와 수분양자들 사이의 분양계약 해제로 인한 분양대금을 수분양자에게 우선적으로 반환할 수 있어야 하고, 이러한 사정이 있으므로 대법원은 이미 분양된 건물 부분을 공매절차를 통하여 재처분하여 공매대금을 정산하는 경우에 있어서 공매절차 이전에 시행사와 분양계약을 체결하고 분양대금을 납부한 수분양자에 대하여 부담하는 분양대금 반환채무는 부동산담보신탁계약 정산조항에서 정한 1순위로 정산하여야 하는 채무 또는 그보다 앞선 순위로 정산하여야 할 채무에 해당하는 것으로 보아야 한다고 판시한 것으로 해석할 수 있다.

따라서 대법원 2009.7.8. 선고 2008다19034 판결은 담보신탁 및 자금관리 대리사무계약이 체결된 후 위탁자인 시행사와 분양계약을 체결한 수분양자가 수탁자에게 직접 분양대금반환을 청구하는 경우와는 사실관계와 쟁점이 상이하므로, 시행사와 분양계약을 체결한 수분양자가 수탁자에 대하여 분양대금 반환을 청구하는 소송에서는 위 대법원 판결을 원용하기에 적절하지 아니한 것으로 보인다. 실제로 원용하기 적절하지 아니하다는 취지로 판결한 사례들이 다수 있다.

한편, 통상적으로 위 대법원 판결은 분양대금반환의 쟁점에서 주로 인용되는데, 분양대금반환과 별개로, 담보신탁 및 자금관리 대리사무계약 구도에서는 신축건물의 건축주 명의를 위탁자가 갖게 되므로, 위탁자가 신축건물이 준공되기 전에 수탁자나 대출금융기관의 동의 없이 제3자와 매매계약을 체결하고 신축건물의 보존등기가 경료됨과 동시에 신탁등기를 경료하지 않고 무단으로 제3자에게 소유권을 이전하거나, 건축주인 위탁자의 채권자가 자신의 채권을 보전하기 위하여 신축건물에 대하여 부동산처분금지가처분결정을 받고, 가처분결정에 따른 소유권보전등기의 촉탁으로 소유권보존등기를 경료함과 동시에 가처분결정이 집행되는 등으로 신축건물 중 일부가 신탁등기되지 않는 경우, 수탁자는 우선수익자인 대출금융기관에 대하여 손해배상 책임을 부담하는지 여부가 문제된다.

위 대법원 판결에서는 신탁등기가 경료되기 전에는 신탁재산에 해당되지 않는 점, 담보신탁계약에 의하면 분양업무는 위탁자인 시행사가 수행하도록 규정되어 있었고, 수탁자는 분양수입금을 관리하는 소극적 지위에 있었던 점, 분양계약의 당사자가 아닌 수탁자는 매매대금을 분양수입금 관리계좌로 입금하도록 강제할 방법이 없는 점, 수탁자가 매매계약 체결을 알선하거나 적극 가담한 사실이 없는 점 등을 이유로 하여 수탁자의 공동불법행위로 인한 손해배상책임을 부정하였다. 이에 대하여는 뒤에서 더 자세히 살펴보기로 한다.

3) 담보신탁에서 수분양자가 매도인인 시행사를 대위하여 수탁자를 상대로 매매대금의 반환을 구할 수 있는지 여부

가) 사실관계

① 시행사는 갑 신탁사를 수탁자로, 대주들을 우선수익자로 하여 담보신탁계약을 체결하고 신탁등기를 마쳤다.

② 이 사건 부동산담보신탁계약서에서는, 이 사건 신탁은 신탁부동산의 소유권 관리와 위탁자가 부담하는 채무 내지는 책임의 이행을 보장하기 위하여 수탁자가 신탁부동산을 보전·관리하고 채무불이행 시 환가·정산하는 데 그 목적이 있고(제1조), 신탁의 원본은 신탁부동산 또는 그 물상대위로 취득한 재산, 수탁자인 갑 신탁사가 임대인으로서 취득·보관하는 임차보증금, 신탁부동산의 처분대금 및 처분절차와 관련하여 발생되는 위약금 등, 신탁재산에 속하는 금전의 운용에 의하여 발생하는 이익, 기타 이에 준하는 것으로 하며(제4조), 신탁부동산은 공개시장에서 경쟁을 통하여 처분하는 것을 원칙으로 하되, 유찰 시 다음 처분일 공고 전까지 직전 처분 시 조건으로 수의계약할 수 있고(제19조), 신탁부동산 처분대금은 처분계약을 체결한 날로부터 60일 이내에 완납하는 것을 원칙으로 하며(제21조), 수탁자가 신탁부동산을 환가하여 정산할 때에는 그 지급순위에 따라 정산하여야 한다(제22조)고 규정하고 있다.

③ 또한 이 사건 부동산담보신탁계약서 특약사항에서는, 개발사업과 관련한 수분양자의 보호, 개발사업의 원활한 수행, 신탁부동산의 담보가치보전 등 기타 사업상 필요에 의하여 위탁자 및 우선수익자 전원이 매수인을 지정하여 수탁자에게 신탁부동산의 처분을 요청하는 경우에는 수탁자는 지정된 매수인에게 신탁부동산을 처분할 수 있으며, 위탁자가 우선수익자의 서면 동의를 득한 후 위탁자가 매수인과 매매계약을 체결하고 위탁자가 매매대금을 직접 수령할 경우에는 수탁자는 매매계약서에 수탁자로서 날인 후 매수인에게 소유권을 이전하기로 규정(제10조)하고 있다.

④ 위탁자인 시행사는 담보신탁계약의 우선수익자들인 대주들의 대출 원리금 회수를 위하여 을 신탁사 및 대주들과 사이에 자금관리 대리사무계약을 체결하고 을 신탁사에게 분양계약과 관련한 위탁자 겸 시행사의 자금관리 업무를 위임하였다.

⑤ 이 사건 자금관리계약서에서는, 시행사가 을 신탁사에게 분양대금수입계좌인 신탁관리계좌에서 자금인출을 요청할 때에는 위 자금관리 대리사무계약서 규정의 사업비 예산서 범위 내에서 인출요청서를 해당 증빙과 함께 을 신탁사와 대주들 중 하나인 대리금융기관에게 제출하여야 하고, 을 신탁사는 대리금융기관의 사전 동의를 받아 자금을 인출하여야 한다고 규정하고 있다(제7조).

⑥ 수분양자들이 위탁자 겸 시행사와 매매계약을 체결할 당시 을 신탁사도 자금관리 대리사무 수임자로서 위 매매계약에 참여하였는데, 매매계약서에서는 매수인(원고들)이 시행사에 대한 매매대금을 을 신탁사 명의 계좌에 입금하고, 을 신탁사는 매매대금 등의 자금관리를 담당하며 그 외 사업주체 및 매도인으로서 책임을 지지 아니하고, 매매계약과 관련한 일체의 책임도 사업주체인 매도인(시행사)에게 있으며(제1조), 매도인(시행사)은 매매대금의 잔금 수령과 동시에 매수인에게 위 부동산을 인도하여야 하며, 신탁해지 등 소유권이전등기에 필요한 모든 서류를 교부하여 등기절차에 협력한다고 규정(제3조)하고 있다.

⑦ 수분양자들은 공사 과정에서 내부 구조가 변경되는 등의 사유로 시행사에게 매매계약 해지를 통보하였다. 수분양자들은 시행사를 대위하여 을 신탁사를 상대로 매매대금 반환을 청구하였다.

나) 원심의 판단

원심은, ① 위탁자인 시행사가 갑 신탁사와의 사이 체결한 부동산담보신탁계약에 따라 갑 신탁사에 부동산을 신탁하였고, 신탁부동산에 관한 매매계약에 따라 수분양자들이 을 신탁사의 분양수입금관리계좌로 매매대금(분양수입금)을 입금하였으므로, 위 매매대금은 결국 신탁부동산에 속하는 금전으로서 위 부동산담보신탁계약상 신탁의 원본인 신탁재산인 점, ② 을 신탁사가 매매계약의 해제를 이유로 을 신탁사 명의의 분양수입금관리계좌로 수납된 매매대금을 위탁자인 시행사에 반환하고, 위탁자인 시행사가 이를 다시 수분양자들인 원고들에게 반환하더라도, 해제된 매매계약의 목적물 자체가 다시 미분양 상태의 신탁재산으로 환원되므로, 위탁자인 시행사나 수탁자인 갑 신탁사는 신탁부동산 자체를 다시 분양하거나 처분할 수 있어 신탁재산의 전체적인 가치는 그대로 유지된다고 볼 수 있는 점, ③ 이처럼 신탁재산의 전체적인 가치는 그대로 유지되므로, 매매계약의 해제로 매매대금이 수분양자들에게 반환되는 것만으로는 대주들 등의 이익이나 권리를 침해한다고 보기는 어려운 점, ④ 만일 을 신탁사가 이 사건 매매계약이 해제되었음에도 이 사건 매매대금을 위탁자인 시행사에게 반환하지 않는다면, 위탁자인 시행사 내지 수탁자인 갑 신탁사은 수납된 매매대금을 그대로 보유하게 되어, 미분양 상태로 환원된 이 사건 오피스텔에 더하여 매매대금도 신탁재산으로 남게 되는 부당한 결과가 초래되는 점 등에 비추어 보면, 매매계약의 해제로 매매계약의 목적물 자체가 다시 미분양 상태의 신탁재산으로 환원되면, 매매 목적물과 대가관계에 있는 매매대금은 자금관리 대리사무 계약에 규정된 분양수입금의 성격을 상실한다고 할 것이므로, 매매계약의 해제로 인하여 매매대금을 원상회복함에 있어서는 이 사건 자금관리 대리사무계약 자금 집행 절차 및 순서 조항 등의 제한을 받지 않는다고 할 것이어서, 을 신탁사는 위탁자인 시행사를 대위한 수분양자들에게 그 명의의 분양수입금관리계좌에 입금되어 있는 금액의 한도 내에서 수분양자들의 매매대금을 반환할 의무가 있다고 판단하였다.

다) 대법원의 판단

대법원은 다음과 같이 판시하며, 파기환송 판결을 선고하였다.

『위탁자인 시행사의 채무불이행 시 신탁부동산을 환가·처분하여 수익자에게 우선변제하는 것을 목적으로 하는 이 사건 부동산담보신탁계약과 수분양자가 자신이 분양받은 오피스텔의 매매대금을 피고 계좌에 완납함과 동시에 위탁자인 시행사가 부동산담보신탁계약 중 위 오피스텔에 관한 부분을 일부 해지하여 그 앞으로 소유권을 회복한 후 다시 수분양자에게 소유권이전등기를 마쳐줄 의무를 부담하는 이 사건 매매계약의 각 내용과 성격에 비추어 볼 때, 신탁재산인 이 사건 오피스텔은 그 분양대금이 완납되고 신탁계약이 해지되어 매매계약에 기한 소유권이전등기가 마쳐지기 전까지는 그대로 수탁자인 갑 신탁사 소유의 신탁재산으로서 권리관계에 변동이 없고, 이 사건 오피스텔에 관한 분양수입금은 위탁자인 시행사와 을 신탁사 사이에 체결된 자금관리 대리사무계약에 의하여

을 신탁사가 관리함으로써 대주들의 대출 원리금 회수가 보장되도록 하였을 뿐 신탁재산이 아니라 위탁자인 시행사의 재산으로 봄이 타당하다. 나아가 자금관리 대리사무 계약에 따른 을 신탁사의 자금관리 대리사무가 종료되어 정산이 실시되기 이전에 위탁자인 시행사가 분양수입금계좌인 신탁관리계좌에 있는 자금을 인출하기 위해서는 대주의 사전 동의가 필요하다고 할 것이며, 이는 매매계약의 해제로 인하여 매매대금을 원상회복하는 경우에도 마찬가지라고 할 것이다.

따라서 위탁자인 시행사가 대주의 사전 동의를 받지 않은 이상, 매매계약이 해제되고 위탁자인 시행사 또는 위탁자인 시행사를 대위한 수분양자들이 을 신탁사에게 그 매매대금의 지급을 요청하였다 하더라도 을 신탁사가 위탁자인 시행사 또는 이를 대위한 수분양자들에게 곧바로 위 신탁관리계좌에 있는 매매대금 상당액을 반환하여야 하는 의무가 있다고 할 수 없다.

그럼에도 원심은 이와 달리 매매계약을 해제한 수분양자들이 대주의 사전동의 없이도 위탁자인 시행자를 대위하여 을 신탁사에게 매매대금의 반환을 청구할 수 있다고 판단하고 말았다. 이러한 원심의 판단에는 신탁재산의 범위나 처분문서 해석에 관한 법리를 오해하여 판결 결과에 영향을 미친 위법이 있다고 할 것이다(대법원 2014.11.27. 선고 2012다21621 판결).』

라) 실무 TIP

담보신탁 및 자금관리 대리사무 구도에서 위탁자인 시행사와 분양계약을 체결한 수분양자가 자금관리 대리사무 수임자인 수탁자에게 곧바로 혹은 시행사를 대위하여 분양대금 반환을 청구할 수 있는지 여부에 관하여는 종래 하급심에서 판결이 엇갈렸다. 그 후 2014년경 대법원이 위와 같은 구도에서 수분양자가 수탁자에게 분양대금반환을 청구할 수 없다는 취지로 반복하여 판결을 선고하면서 현재에는 하급심의 혼란이 다소 해결되었다고 보이나, 현재에도 일각에서는 수분양자가 자금관리 대리사무 수임자인 수탁자에게 직접 또는 위탁자인 시행사를 대위하여 분양대금 반환을 청구할 수 있어야 한다는 취지로 주장하기도 한다. 다만 수분양자가 수탁자에게 직접 또는 위탁자인 시행사를 대위하여 분양대금반환을 청구하는 것이 허용되는 경우에도 수탁자는 단순히 자금관리 대리사무만을 수행할 의무만을 부담한다는 점에서 그 범위는 자금관리 대리사무 계좌 범위 내로 한정되어야 할 것이다. 통상적인 경우 자금관리 대리사무 계약은 신탁계약과 별개의 계약이므로 수분양자의 청구가 신탁재산에까지 허용되는 것은 매매계약의 효력을 지나치게 확장하는 결과를 초래 할 것으로 보인다.

한편 앞에서 살펴본 바와 같이, 위탁자인 시행사와 매매계약 등을 체결하였음에도 담보신탁의 수탁자 겸 자금관리 대리사무 계약의 수임자인 수탁자에게 분양대금 반환을 청구하는 경우, 통상적으로는 자금관리 대리사무계약의 자금 집행동의자인 대출금융기관의 동의를 받지 않고서는 허용되지 않는다.

이는 비단 수분양자 뿐만 아니라 위탁자 겸 시행사의 일반 채권자가 자금관리 대리사무 계약에 따른 신탁계좌에 입금된 금원을 채권자에게 지급하라고 수탁자에게 청구하는 경우에도 동일하게 항변할 수 있으므로, 수탁자의 소송 담당자는 위탁자 겸 시행사의 채권자가 수탁자에게 소송을 제기하는 경우에도 위와 같은 판례들을 인용하면 좋은 결과를 얻을 수 있을 것으로 보인다.

또한 사업약정에 "분양대금이 완납된 피분양자에게 소유권을 이전하기 위하여 주식회사 서두리가 신탁해지를 요청하는 경우 피고는 신탁해지와 동시에 피분양자에게 소유권이전등기가 되도록 하거나 피고가 피분양자에게 직접 소유권이전등기할 수 있다."고 규정하고 있는 경우, 수분양자가 수탁자에 대하여 직접적인 소유권이전등기청구권을 가지는지 여부에 관하여 대법원은 "위 규정은 신탁계약 해지 시 수탁자가 위탁자에 대하여 신탁재산의 소유권을 이전하고 다시 위탁자로 하여금 수분양자들에게 소유권을 이전하게 하거나 수탁자가 직접 수분양자들에게 소유권이전등기를 마쳐줄 수 있는 선택권을 수탁자에게 부여한 것일 뿐, 위탁자와 수탁자가 제3자인 수분양자들로 하여금 수탁자에 대한 직접적인 소유권이전등기청구권을 취득하게 하려는 제3자를 위한 계약을 체결하려는 의사를 표시한 것이라고 볼 수 없고, 수분양자들이 주장하는 사유만으로는 수분양자들의 수탁자에 대한 직접적인 소유권이전등기청구권을 인정하기 어렵다(대법원 2013.10.24. 선고 2010다90661, 90678 판결)."는 취지로 판시하였다.

4) 부당이득 반환 청구 가부

앞에서 살펴본 것처럼, 위탁자인 시행사와 분양계약을 체결한 수분양자가 담보신탁 및 자금관리 대리사무계약을 체결한 수탁자에게 직접 또는 위탁자인 시행사를 대위하여 분양대금 반환을 청구할 수 없다.

그렇다면 위탁자 겸 시행사와 수분양자 사이 체결한 분양계약이 해제되어 소급적으로 그 효력을 상실하는 경우에는 위탁자인 시행사를 대리사는 수탁자가 그 분양대금을 수납·관리할 법률상 원인이 없게되는 것이므로 위탁자 겸 시행사는 자신을 대리하여 분양대금을 수납한 수탁자에 대하여 그 분양대금의 반환을 요구할 수 있다는 주장에 대하여 대법원은 "① 담보신탁계약과 자금관리 대리사무 약정은 그 계약 체결의 목적이나 규율내용이 전혀 다른 별개의 계약으로 보아야 하고, 위탁자인 시행사와 수분양자들과 사이에 체결한 분양계약을 토대로 수탁자가 자금관리 대리사무계약에 따라 수령하게 되는 '분양대금'은 담보신탁계약에서 정하고 있는 '신탁부동산의 처분대금이나 이에 준하는 것'에 해당한다고 볼 수 없고, ② 위탁자인 시행사와 수분양자 사이에 체결된 분양계약이 해제되어 소급적으로 그 효력을 상실한다고 하더라도, '본인'인 위탁자 겸 시행사가 당해 분양계약의 수분양자들로부터 분양대금을 더 이상 수령하지 못하게 됨에 따라 '대리인'인 수탁자로서도 당해 분양계약의 수분양자들로부터 분양대금을 더 이상 수령하지 못하게 되는 것일 뿐이지 곧바로 자금관리 대리사무계약의 효력이 소급적으로 상실되어 피고가 이미 수령한 분양대금을 수납·관리할 법률상 원인이 없게 된다고 볼 수 없는 것은 아니(대법원 2015.1.15. 선고 2013다26838 판결)"라는 취지로 판시한 바 있다.

5) 자금관리 대리사무 계약의 성질

담보신탁 및 자금관리 대리사무 구도에서 건물 신축 및 분양사업을 진행함에 있어 시행사와 분양계약을 체결한 수분양자가 신탁재산으로 분양대금을 반환하라는 주장을 하는 경우가 종종 있는데, 이러한 주장은 법리적으로 타당하다고 보기는 어렵다고 판단된다. 위와 같은 주장의 전제는 자금관리 대리사무를 통해 지급받은 분양대금이 건물 신축 과정에서 사업비로 사용되었으므로, 분양대금을 지급한 수분양자는 신탁재산에서도 분양대금을 반환받을 수 있다는 논리구성을 지니고 있는데, 거친 예시이기는 하나, 예를 들어 운동을 하기 위하여 체육단련장 소유자와 체육단련장 이용계약을 체결하고 1년간 이용료를 선납한 이용자가 있다고 가정하자. 이 이용자가 개인사정으로 6개월 후 적법하게 이용계약을 해제하였다 하더라도 체육단련장 소유자와 시설대여(리스)계약을 체결한 운동시설 소유자에 대하여 "내(이용자)가 지급한 이용료가 운동시설의 비용으로 지급되었으니, 운동시설 소유자보다 내(이용자)가 우선하여 운동시설에 대하여 권리를 행사할 수 있다"고 주장할 수 있는가.

특별한 사정이 없는 한, A(이용자)와 B(체육단련장 소유자)가 체결한 체력단련장 이용계약과 B(체육단련장 소유자)와 C(운동시설 소유자)가 체결한 시설대여(리스)계약은 별개의 계약이므로, A가 B에 대하여 채권을 지니고 있다고 하여 C에게 그 채권을 곧바로 행사하건, B를 대위하더라도 B의 권한을 넘어서서 C에게 어떠한 권리를 주장할 수는 없다.

위와 같이, 건물신축사업에서 시행사와 분양계약을 체결한 수분양자는 원칙적으로 자금관리 대리사무계약의 당사자가 아니므로 분양계약이 해제되었다고 하여 자금관리 대리사무계약에 권리를 주장할 수 없고, 더불어 수분양자는 신탁계약과 무관한 자이므로 신탁계약에 권리를 행사할 수 없다. 이는 수분양자가 지급한 분양대금이 사실상 건물 신축 사업에 사용되었다 하더라도 마찬가지이다.

수분양자가 지급한 분양대금이 건물 신축사업에 투여되었으므로 수분양자가 신탁재산 그 자체에 대하여 권리를 주장할 수 있다고 한다면, 대출금융기관이 기표한 대출금이 건물 신축사업에 투여되었으므로, 대출금융기관도 대출금이 변제되지 아니하였음을 이유로 수분양자와 시행사간 체결한 분양계약에 권리를 주장할 수 있다는 주장도 합리적이라고 평가할 수 있어야 한다. 누가봐도 후자의 주장이 타당하지 않다고 생각된다면, 전자의 주장 역시 타당하지 아니하다고 생각된다.

자금관리 대리사무 계약은 시행사와 수탁자뿐만 아니라 대출금융기관 및 시공사가 함께 체결한 것으로서 건물 신축 사업에 있어서 각자의 역할분담과 권리의무를 정하는 기본적인 계약에 해당한다. 그리고 담보신탁계약과 자금관리 대리사무 계약은 위탁자인 시행사와 수탁자 사이에 체결된 개별계약의 성격을 가진 것으로서, 그 계약 체결의 목적이나 규율내용이 전혀 다른 별개의 계약으로 보아야 한다.

담보신탁계약의 내용 중 신탁계약의 목적, 신탁부동산의 처분시기, 처분방법, 처분대금의 정산방법 등의 규정에 비추어 보면, 담보신탁계약은 위탁자의 우선수익자(=대출금융기관 등)에 대한 채무의 이행을 보장하기 위하여 수탁자가 신탁부동산을 보전·관리하는 한편 위탁자가 여신거래계약을 불이행하는 등의 경우에는 수탁자가 그 처분주체로서 신탁부동산을 환가·처분하여 우선수익자의 채권을 만족시키는 것을 주된 목적으로 하는 것이다.

한편, 자금관리 대리사무 계약의 내용 중 자금관리 대리사무 계약의 목적, 분양계약 체결의 주체와 사업비의 집행방법 등의 규정에 비추어 보면, 자금관리 대리사무 계약은 시행사가 그 분양주체로서 이 사건 상가를 분양하는 것을 전제로, 시행사가 대출금융기관으로부터 대출받은 금원이나 이 사건 상가의 분양수입금 등을 수탁자가 관리하는 것을 주된 목적으로 하는 것이다. 결국, 신탁계약은 위탁자인 시행사의 채무불이행 등으로 인해 건물 신축 및 분양사업이 정상적으로 진행되지 아니할 경우에, 대출금융기관 등의 우선수익자가 채권을 회수할 수 있도록 하기 위하여 체결된 것(채권담보의 목적)인 반면에, 자금관리 대리사무계약은 시행사가 신축건물을 제대로 분양하는 등 건물 신축 및 분양사업이 정상적으로 진행되는 경우에, 사업자금의 수납과 지출이 제3자에 의하여 적정하고 투명하게 이루어질 수 있도록 하기 위하여 체결된 것(제3자에 의한 재원관리의 목적)으로 볼 수 있다.

통상 신탁계약이 '채권담보의 목적'으로 체결된 것이라는 점과 신탁계약에서는 신탁부동산의 처분주체를 수탁자로 정하고 있는 반면에 자금관리 대리사무계약에서는 신축 건물의 분양주체를 시행사로 정하고 있는 점 등을 종합하면, 시행사와 수분양자들과 사이에 체결한 분양계약을 토대로 수탁자가 자금관리 대리사무계약에 따라 수령하게 되는 '분양대금'은 '신탁부동산의 처분대금이나 이에 준하는 것'에 해당한다고 볼 수 없다.

예를 들어, 시행사가 자금관리 대리사무계약은 '갑 신탁사'와 체결하고, 신탁계약은 '을 신탁사'와 체결한 경우에, '갑 신탁사'가 자금관리 대리사무계약에 따라 수령하게 되는 분양대금이 '을 신탁사'의 수탁재산이 될 수는 없는 것으로서, 이러한 법리는 시행사가 자금관리 대리사무계약과 신탁계약을 동일한 회사인 수탁자와 체결한 경우에도 마찬가지로 적용된다.

신탁계약에 따라 우선수익자로서의 지위를 부여받은 대출금융기관의 경우에도, 그 우선수익권의 효력은 분양대금에 대하여 직접적으로 미치는 것은 아니다. 다만 우선수익자는 분양대금으로 자신의 채권이 변제된 경우에는 당해 목적물에 대한 신탁해지 즉 담보해지에 동의하여 줄 수도 있으나(분양대금으로 채권이 변제되지 아니하면, 분양계약에도 불구하고 신탁해지에 대한 동의를 거절함으로써 대출금융기관은 채권에 대한 담보를 계속 보유할 수 있다), 이는 당해 부동산과 관련하여 우선수익권을 취득한 목적(채권회수를 위한 담보목적)이 성취된 데에 따라 우선수익자가 신탁해지에 동의하여 줌으로써 생긴 결과일 뿐이므로, 그와 같은 사정을 들어 분양대금 자체가 신탁재산이 된다고 볼 수도 없는 것이다.

결국, 신탁계약에서 정하고 있는 신탁재산에 '분양대금'이 포함되는 것임을 전제로, 분양계약이 실효된 경우 수탁자가 그 분양대금을 시행사인 위탁자에게 반환하지 않는다면 신탁부동산 자체에 더하여 위와 같이 수납된 분양대금도 신탁재산으로 남게 되는 부당한 결과가 초래된다는 취지의 주장은 타당하지 아니하다.

게다가 수분양자의 주장은 분양계약이 해제될 당시까지 분양대금이 그대로 남아있다는 것을 전제로 하고 있다. 그러나 건물 신축 및 분양사업과 같은 대규모 부동산개발사업에 있어서는, 대출금융기관으로부터 대출받은 금원과 수분양자들로부터 수령한 분양대금이 주된 재원이 되어 토지매입 및 건물신축공사가 진행되고 그에 따라 신축건물과 같은 신탁부동산이 형성되는 것이므로, 신축 건물과 더불어 분양대금이 신탁재산으로 남게 된다는 취지의 위 주장은 경제적 관점에서도 그 합리성을 수긍하기 어렵다. 다만 신축 건물이 완공되는데 분양 대금이 쓰였다는 점은 인정되나, 신축 건물의 완공 재원으로 분양 대금이 쓰여졌다는 것만으로 신탁계약과 무관하고 단순히 위탁자와 계약을 체결한 수분양자가 신탁재산에 직접 청구권을 가진다는 주장은 합리적이라 할 수 없다.

6) 분양계약을 해제한 수분양자들이 시행사를 대위하여 수탁자를 상대로 사업비 지출 요청권을 행사하는 경우 자금 집행 동의자의 동의가 필요한지 여부

분양계약을 해제한 수분양자 甲이 분양대금 반환채권을 보전하기 위해 분양자 乙 주식회사를 대위하여 그로부터 분양수입금 등의 자금관리를 위탁받은 수탁자를 상대로 사업비 지출 요청권을 행사한 사안에서 대법원은 甲이 乙 회사를 대위하여 수탁자에 분양대금 상당의 사업비 지출 요청권을 행사할 수 있으나, 사업비 지출은 시공사와 대출금융기관의 확인을 얻은 乙의 서면요청에 의하여 수탁자가 집행하여야 하는데, 시공사와 대출금융기관의 확인이 없는 이상 乙은 수탁자에게 분양대금 반환을 청구할 수 없어 사업비 지출 요청권을 행사할 수 없다는 취지로 판시하였다. 자세한 내용은 아래와 같다.

1. 채권자대위 청구에 관하여

   원심은 이 사건 분양계약 해제에 따라 피고가 위탁자에게 이 사건 대리사무 약정에 의하여 이 사건 분양대금을 반환할 의무를 지는지에 관하여 살펴보면서, (가) 판시와 같은 이유를 들어, 이 사건 대리사무 약정이 해지되었다거나 이 사건 분양계약의 해제와 관련하여 위탁자와 피고 사이에 이 사건 분양대금의 반환에 관한 어떠한 약정이 있다는 등의 특별한 사정이 없으면 이 사건 분양계약이 해제되었다는 사정만을 들어 피고가 이 사건 분양대금을 위탁자에게 반환하여야 하는 법률관계가 형성된다고 볼 수 없고, (나) 또한 이 사건 대리사무 약정 제12조 제2항에 의하면 분양 개시 후 분양수입금관리계좌에 입금된 수입금 중 공사비를 제외한 모든 사업비의 지출은 시공사와 대출금융기관의 확인을 얻은 위탁자의 서면요청에 의하여 피고가 집행하여야 하는데, 위 확인을 얻었다고 인정할만한 증거가 없는 이상, 위탁자가 이 사건 대리사무 약정에 의하여 피고에게 바로 이 사건 분양대금 반환을 청구할 수 없어 이 사건 사업비 지출 요청권을 행사할 수 없다는 취지로 판단하였다.

   이러한 원심판결 이유를 앞서 본 사실관계 및 적법하게 채택된 증거들에 비추어 살펴보면, 위와 같은 원심의 판단 역시 수긍할 수 있다.

2. 직접 청구에 관한 상고이유에 대하여

   원심은, 분양계약의 해제에 따른 부당이득으로서 또는 이 사건 담보신탁계약 제14조 제1항, 제21조 제1항 제1호나 신탁법 제22조 제1항 단서에 의하여 원고에게 직접 분양대금을 반환할 의무가 있다는 원고의 주장에 대하여, 피고는 이 사건 분양계약의 당사자가 아니고 원고는 이 사건 담보신탁계약이나 이 사건 대리사무 약정의 당사자가 아니라는 취지에서, 원고가 피고에 대하여 직접 이 사건 분양대금의 반환을 구할 수 없다고 판단하여, 원고의 위 주장을 모두 배척하였다.

   원심판결 이유를 앞서 본 사실관계 및 위 1. 나. (1)항의 판단에 비추어 살펴보면, 위와 같은 원심의 판단을 수긍할 수 있으므로, 이를 다투는 취지의 상고이유 주장은 받아들이지 아니한다(대법원 2014.12.11. 선고 2013다71784 판결).

위와 같이 대법원은 자금관리 대리사무 약정에 의하면 분양 개시 후 분양수입금관리계좌에 입금된 수입금 중 공사비를 제외한 모든 사업비의 지출은 시공사와 대출금융기관의 확인을 얻은 乙 회사의 서면요청에 의하여 수탁자가 집행하여야 하는데, 위 확인을 얻었다고 인정할만한 증거가 없는 이상, 乙 회사가 이 사건 대리사무 약정에 의하여 수탁자에게 바로 이 사건 분양대금 반환을 청구할 수 없어 이 사건 사업비 지출 요청권을 행사할 수 없다는 취지로 판단하고, 분양대금을 반환하라는 수분양자의 청구를 기각하였다.

실무적으로 위 판결에서 판결요지만 보면, 마치 분양계약을 해제한 수분양자가 분양자를 대위하여 자금관리를 위탁받은 수탁자를 상대로 사업비 지출 요청권을 행사할 수 있다는 취지로 읽혀지는 부분이 있어 오해가 생기는 경우가 종종 있어 판결 내용을 길게 소개해본다. 또한 위 판결은 결국 수분양자 또는 시행사의 채권자라 하더라도 자금관리 대리사무의 자금 집행 절차 규정에 따라 자금집행 동의인의 동의가 없는 한 자금지출을 청구할 수 없다는 취지로 항변할 때 많이 인용되는 판결이기도 하다.

더불어 위 대법원 판결과 유사한 사실관계에서 대법원은, 분양계약을 해제한 수분양자가 시행사를 대위하여 자금관리 대리사무 수임자인 수탁자에게 분양대금 반환을 청구하였는데 1심과 2심에서는 모두 자금집행동의자인 대출금융기관과 시공사의 동의를 받지 아니하였음에도 수분양자에 대한 분양대금반환을 인정한 사안에 관하여 시공사와 대출금융기관의 동의없이 수탁자가 수분양자에게 분양대금 반환을 목적으로 사업약정 및 대리사무계약의 자금을 집행하여야 할 의무가 없다는 취지로 판시하였다. 자세한 내용은 아래와 같다.

시행사는 사업약정 및 대리사무계약에 의하여 수탁자에게 분양수입금 등의 자금관리를 위탁하면서 공사비를 제외한 사업비 지출을 위하여 필요한 경우 시공사와 대출금융기관들의 확인을 받은 후 지급을 요청할 수 있도록 약정하였는데, 그 사업비에는 분양계약이 해제될 경우 수분양자에게 반환하여야 할 분양대금도 포함된다고 보아야 할 것이다.

그러나 그 지급을 요청하기 위해서는 사업약정 및 대리사무계약에서 정한 바에 따라 먼저 시공사와 대출금융기관들의 확인을 받아야 하므로, 시행사가 시공사와 대출금융기관들의 확인을 받지 않은 이상 분양계약이 해제되고 시행사가 그 분양대금의 지급을 요청하였다고 하더라도 수탁자는 시행사에게 그 분양대금 상당액을 반환하여야 하는 의무가 있다고 할 수 없다.

그리고 수탁자는 사업약정 및 대리사무계약에 기하여 시행사로부터 위탁받은 자금을 관리하는 것인데, 수분양자는 자금관리 대리사무 약정의 당사자가 아니고 또한 수분양자와 시행사 사이의 분양계약이 해제되었다고 하여 수탁자와 시행사 사이의 사업약정 및 대리사무계약의 효력이 상실되지는 아니하므로, 이 사건 분양계약이 해제된 것만으로 곧바로 수탁자가 시행사에게 그 분양대금을 반환하여야 한다고 볼 수도 없다.

그럼에도 이와 달리 원심은, 이 사건 분양계약이 해제되었다는 사정만을 이유를 들어 시행사가 수탁자에게 그 분양대금의 반환을 구할 수 있는 채권을 가진다고 보아 수분양자가 시행사를 대위하여 그 채권을 청구할 수 있다고 판단하였다. 따라서 이러한 원심의 판단에는 계약해석에 관한 법리나 부당이득에 관한 법리를 오해하여 이 사건 사업약정과 위 대리사무계약의 해석을 그르침으로써 판결에 영향을 미친 위법이 있다(대법원 2014.12.11. 선고 2012다70852 판결).

위와 같이 담보신탁 및 자금관리 대리사무 구도에서 수분양자가 직접 또는 시행사를 대위하여 수탁자에게 분양대금반환을 청구할 수 있는지 여부에 관하여는 하급심에서 그 결과가 서로 엇갈렸는데, 2014년경 대법원이 다수의 판결을 선고하면서 그 혼란이 일단락되었고, 현재까지는 대법원의 입장이 확고하다 평가할 수 있다.

한편, 자금관리 대리사무 계약의 금전의 소유권은 위탁자인 시행사에게 있고, 담보신탁의 신탁재산의 소유권은 수탁자에게 있으므로, 위탁자가 회생 또는 파산하는 경우 자금관리 대리사무 계약에 따른 금전은 회생재단 또는 파산재단에 편입되는 경우가 있으므로 주의를 요한다.

나 토지신탁과 분양대금 반환

1) 토지신탁 분양대금 반환의 구조

토지신탁에서는 수탁자가 분양자로서 수분양자와 분양계약을 체결하게 되므로, 원칙적으로 분양계약이 해지·해제되는 경우 수탁자는 수분양자에게 분양대금 반환책임을 부담한다. 간혹 분양계약서에 "분양과 관련하여 매도인으로서의 일체의 의무(분양대금 반환의무를 포함하며 이에 한정되지 아니한다)는 위탁자가 부담하고, 수탁자는 소유권이전

업무 외 일체의 책임을 지지 아니한다."는 취지의 기재가 있는 경우 위 기재 사항을 이유로 수탁자에게 분양자(매도인)로서의 분양대금 반환의무가 성립하지 아니한다고 주장하기도 하지만 통상의 경우 소송에서 잘 받아들여지지 않는 느낌이다.

토지신탁에서 분양대금 반환 청구의 소가 제기되는 경우 피고인 수탁자는 수분양자가 주장하는 분양계약 해제사유가 적법한지 여부를 일차적으로 다투고 만약 수분양자의 분양계약 해제사유가 인정된다고 가정한 후의 쟁점은 ① 신탁종료로 인하여 수탁자의 매도인으로서의 책임이 면책·포괄적으로 위탁자에게 이전되었는지 여부, ② 신탁종료가 되지 않은 상태에서 수탁자의 수분양자에 대한 분양대금 반환책임이 신탁재산 범위 내로 한정되는지 여부 등이다. 그 외에도 수분양자가 중도금대출을 받은 경우 대출시 분양대금 반환채권을 중도금 대출기관에게 채권양도하게 되므로, 수분양자는 대출받은 중도금 상당액은 물론 경우에 따라 계약금까지도 수탁자에게 반환을 청구할 수 없다는 등의 쟁점도 있다. 또한 수분양자 기타 시공사와 옵션계약을 체결하고 옵션대금을 시공사에게 지급한 경우에는 매도인인 수탁자에게 옵션대금 상당액을 청구할 수 없으므로, 수탁자의 실무 및 소송담당자는 위와 같은 쟁점에 대하여 사실관계 및 쟁점을 정확히 확인할 필요가 있다.

2) 토지신탁 계약에서 수탁자의 수분양자에 대한 분양대금 반환 책임이 신탁재산 범위 내로 제한되는지 여부

위탁자와 수탁자 사이에 관리형 토지신탁 계약이 체결되고 수분양자와 분양계약이 체결되었는데, 사업을 실질적으로 시행하는 위탁자와 수분양자간 검수장 및 주차장 설치 등에 관한 합의가 이루어지지 아니하여, 수분양자가 위탁자와 수탁자를 상대로 분양계약 해제 및 분양대금 반환을 청구한 사안에서 대전고등법원(청주)은 분양계약이 위탁자의 채무불이행으로 인하여 해제되었다는 사실을 인정하면서 분양계약 해제에 따른 원상회복에 관하여 아래와 같은 취지로 판시하였다. 이 판결은 대법원에서 심리불속행 기각판결을 받아 그대로 확정되었다.

분양계약서에 '수탁자는 분양물건에 대한 매도인의 지위를 가지는 자로서 신탁계약에 의거 신탁재산의 범위 내에서만 매도인으로서의 책임을 부담하고, 신탁재산으로 분양과 관련한 매도인으로서의 일체의 의무(분양계약 해제/해지시 분양대금 반환 채무 이행, 입주지연 지체상금 등을 말하며 이에 한하지 아니함)는 위탁자가 부담하고, 수탁자는 소유권이전업무 외 일체의 책임이 없습니다.'라고 기재되어 있다.

위와 같은 분양계약서 기재는 분양계약 해제로 인한 원상회복의무는 위탁자가 부담하되, 신탁 및 대리사무의 업무를 수행하는 수탁자는 그 업무 목적을 초과하여서는 분양계약에 따른 책임이 없음을 명확히 한 것일 뿐, 분양계약이 적법하게 해제된 경우까지 수탁자를 면책하는 취지라고 할 수 없다. 오히려 신탁계약서에 의하면, 수탁자는 분양계약이 적법하게 해제되었을 경우 남은 신탁재산의 범위 내에서 분양대금의 반환의무가 있고, 수탁자도 당심에서 이를 인정하고 있으므로 수탁자는 신탁재산의 한도 내에서만 반환책임이 있다고 할 것이다[수탁자가 신탁재산의 한도 내에서 책임을 부담하는 경우 채권의 수탁자에 대한 이행판결 주문에는 수탁자의 고유재산에 대한 강제집행을 할 수 없도록 집행력을 제한하기 위하여 신탁재산의 한도에서 지급을 명하는 취지를 명시하여야 한다(대법원 2010.2.25. 선고 2009다83797 판결 등 참조)].

따라서 특별한 사정이 없는 한 수탁자는 분양계약 해제에 따른 원상회복으로 수분양자가 분양청약서 및 분양계약에 따라 기납부한 각 분양대금에 대하여 원금 및 지연손해금을 지급할 의무가 있고, 수탁자는 신탁재산의 범위 내에서 위 금원을 지급할 의무가 있다(대전고등법원 2018.1.9. 선고 (청주)2017나5304(본소), (청주)2017나5991(반소) 판결).

또한 서울중앙지방법원은 토지신탁 사업에서 수탁자의 수분양자에 대한 분양대금 반환 책임이 신탁재산 범위 내로 한정되는지 여부에 관하여 이를 긍정하면서 신탁재산 범위 내로 한정될 수 없다는 취지의 원고 주장을 기각하였다. 자세한 내용은 아래와 같다.

1. 유한책임 주장에 대한 판단

피고는 원고에 대한 책임이 신탁재산의 범위 내로 제한되어야 한다고 주장하므로 보건대, 원피고가 이 사건 분양계약 당시 피고가 이 사건 분양계약에 따라 부담하는 모든 의무에 대하여 이 사건 신탁계약에서 정한 신탁재산에 속하는 금전 범위로 그 책임을 한정하기로 약정(이하 '이 사건 책임한정특약'이라 한다)한 사실은 앞서 본 바와 같으므로, 이 사건 분양계약의 해제로 인하여 피고가 원고에 대하여 부담하는 모든 채무에 대한 책임은 신탁재산의 범위 내로 제한되어야 한다. 따라서 피고의 위 주장은 이유 있다(원고는, 이 사건 책임한정특약이 이 사건 신탁계약 내지 신탁변경계약 당사자 상호간의 내부적 분담관계를 정한 것에 불과하므로, 원피고 사이의 법률관계에까지 효력이 미치지는 않는다고 주장하나, 이는 이 사건 분양계약에 대한 문언적 해석의 범위를 벗어나는 주장이므로 받아들이지 아니한다).

2. 원고의 주장에 대한 판단

가. 신탁법위반 주장에 대한 판단

원고는, 신탁법에 따르면 유한책임신탁은 등기하여야 효력이 있고(제114조 제1항), 수탁자는 거래상대방에게 유한책임신탁이라는 뜻을 명시하고 그 내용을 서면으로 교부하여야 하며(제116조 제1항), 유한책임신탁의 명칭에는 "유한책임신탁"이라는 문자를 사용하여야 하는바(제115조 제1항), 이 사건 책임한정특약은 신탁법에서 요구하는 요건을 갖추지 못하였으므로 효력이 없다고 주장한다.

살피건대, 유한책임신탁제도는 2011.7.25. 신탁법이 전부개정되면서 새로이 도입된 것인바, 그 도입 이유로는, ① 수탁자에게 무한책임을 인정하는 전통적 신탁과 달리 최근 신탁에서는 수탁자의 신용보다 신탁 자산의 가치가 더 중요한 경우가 있고, 수탁자가 신탁재산의 운용과 관련하여 과거에 비해 거액의 대외적 책임을 부담하는 경우가 증가하여 신탁의 인수를 꺼리게 되므로 수탁자의 무한책임을 한정할 필요가 있는 점, ② 상사신탁이 이른바 '사업형 신탁'의 형태로 향후 활성화되기 위해서는 수탁자의 고유재산이 신탁재산과 함께 책임재산이 되는 구조보다는 책임재산의 범위를 신탁재산만으로 제한하는 유한책임신탁의 형태를 도입할 필요성이 있는 점, ③ 유한책임신탁 제도가 도입되면 수탁자가 신탁사무처리를 위하여 행한 거래에 대하여 일일이 거래 상대방과 개별적으로 별도의 책임재산한정특약을 체결하지 않더라도 거래안전과 신속을 위하여 일률적으로 수탁자의 책임이 제한되어 거래 상대방의 보호와 거래안전에 유리한 점 등이 제시되었다(2010.2. 법무부 발행의 신탁법 개정안 해설 참조).

따라서 이와 같은 제도의 도입 취지에 비추어 보면, 신탁법에서 정한 유한책임신탁의 요건을 갖추면 수탁자와 거래상대방 사이에 별도의 합의가 없더라도 그 책임이 신탁재산의 범위로 일률적으로 제한됨으로써 거래의 안전과 신속을 기하게 되었다는데 의미가 있을 뿐, 위 제도가 도입되었다고 하여 수탁자와 제3자 사이의 개별적인 책임한정특약이 금지된다거나 그러한 특약의 효력이 부정된다고 볼 이유는 없으므로, 이 사건 책임한정특약은 유효하다 할 것이어서, 원고의 위 주장은 이유 없다.

나. 약관의 규제에 관한 법률위반 주장에 대한 판단

원고는, 이 사건 사업의 진행 현황에 비추어 볼 때 이 사건 타운하우스의 준공 가능성은 희박하여 신탁재산은 사실상 이 사건 사업부지 정도에 불과하므로, 원고에 대한 책임을 신탁재산의 범위 내로 제한하는 이 사건 책임한정특약은 신의성실의 원칙을 위반하여 공정을 잃은 약관 내지 상당한 이유 없이 사업자가 부담하여야 할 위험을 고객에게 떠넘기는 약관 또는 계약의 해제로 인한 사업자의 원상회복의무를 부당하게 경감하는 약관으로서 약관의 규제에 관한 법률(이하 '약관규제법'이라 한다)에 따라 무효라고 주장한다(약관규제법 제6조, 제7조 제2호, 제9조 제5호). 그러나 ① 앞서 본 바와 같이 수탁자의 무한책임을 한정할 필요성이 대두되어 유한책임신탁제도가 새로이 도입되었는바, 유한책임신탁제도의 도입 이유에 비추어 볼 때 이 사건 사업의 진행상황과 같이 이 사건에만 해당하는 구체적인 사정을 들어 이 사건 책임한정특약이 불공정한 약관이라거나 상당한 이유 없이 사업자의 위험을 고객에게 전가하거나 사업자의 원상회복의무를 부당하게 경감하는 약관이라고 단정하기는 어려운 점, ② 수탁자가 신탁재산을 이용하여 자기의 이익을 도모하는 것이 아니고 신탁재산에 대한 고유의 이해를 갖고 있지도 않음에도 수탁자가 무한책임을 부담하도록 하는 것은 가혹한 점, ③ 수탁자의 일반채권자가 신탁재산에 대하여 강제집행을 할 수 없는 것과 형평상 신탁채권자가 수탁자의 고유재산에 대하여 강제집행을 할 수 없다고 하더라도 신탁채권자의 이익을 과도하게 해하는 것은 아닌 점, ④ 원고도 이 사건 타운하우스가 피고와 위탁자 사이의 관리형토지신탁사업에 의하여 공급되는 사정을 알고서 이 사건 분양계약을 체결한 점, ⑤ 이 사건 책임한정특약에 의하면, 신탁재산의 한도를 넘는 책임에 대해서는 위탁자가 부담하는 점 등을 감안하면, 이 사건 책임한정특약이 불공정한 약관에 해당한다거나 상당한 이유 없이 사업자의 위험을 고객에게 떠넘기는 약관 내지 계약의 해제로 인한 사업자의 원상회복의무를 부당하게 경감하는 약관에 해당한다고 보기 어렵다. 따라서 원고의 위 주장은 이유 없다

나아가 원고는 이 사건 변론종결일 이후인 2023.6.16. 제출한 참고서면에서 피고가 이 사건 책임한정특약에 대한 약관규제법상의 설명의무를 위반하였으므로 이를 이 사건 분양계약의 내용으로 삼을 수 없다는 취지의 주장도 하고 있으나, 앞서 든 증거에 변론 전체의 취지를 종합하여 인정되는 다음과 같은 사정, 즉 ① 원고가 이 사건 분양계약 당시 '이 사건 분양계약의 내용을 충분히 숙지하고 이에 대하여 동의한 후 자필 기재한 것을 확인하고, 특히 관리형 토지신탁 유의사항을 비롯한 모든 사항의 내용 전부를 인지하고 이에 대하여 동의하며 일체의 이의를 제기하지 않는다'는 취지가 기재된, 이 사건 분양계약서의 '계약자 확인'란에 자필 서명한 점, ② 원고는 이 사건 타운하우스가 피고와 위탁자 사이의 관리형토지신탁사업에 의하여 공급되는 사정을 알고서 이 사건 분양계약을 체결하였고 이 사건 책임한정특약은 그러한 신탁사업의 특수성에서 비롯된 것이므로 원고로서는 이 사건 책임한정특약과 같은 약관의 존재를 충분히 예상할 수 있었을 것으로 보이는 점 등을 감안하면, 원고는 이 사건 책임한정특약의 존재와 의미를 알고서 이 사건 분양계약을 체결하였다 할 것이므로 이 사건 책임한정 특약은 별도의 설명 없이도 구속력을 갖는다고 봄이 타당하다(대법원 1998.4.14. 선고 97다39308 판결 등 참조). 따라서 원고의 위 주장도 이유 없다(서울중앙지방법원 2023.6.22. 선고 2022가단5307778 판결).

한편 서울중앙지방법원의 다른 판결에서도 토지신탁사업에서 수탁자의 분양대금 반환 의무가 신탁재산 범위 내로 한정된다는 점을 인정하였다. 자세한 내용은 아래와 같다.

원고는 신탁법 제114조에 의한 유한책임신탁을 설정하지 않은 채 원고와의 계약에서 책임한정특약을 두는 것은 유한책임신탁에 관한 규정을 회피하고자 하는 것으로서 효력이 없다고 주장하나, 유한책임신탁의 제도가 제3자와의 계약을 통해 개별적으로 책임을 한정하는 것까지 금지한다고 보기 어려우므로 위 주장은 받아들이지 아니한다.

또한 원고는 위 책임한정특약은 수분양자인 원고와 피고 사이에 귀속되는 대외적인 법률 효과가 아닌, 관리신탁에 따른 신탁사, 시행사, 시공사 사이의 대내적인 법률관계를 규정하는 조항에 지나지 않는다고 주장하나, 그 문언에 비추어 볼 때 위와 같이 해석하기는 어려우므로 위 주장도 받아들일 수 없다.

마지막으로 원고는 이 사건 계약서는 약관의 규제에 관한 법률의 적용을 받는 약관인데, 위 책임한정특약은 약관의 규제에 관한 법률 제6조 내지 제9조에 위반하여 효력이 없다고 주장하나, 앞에서 든 증거 및 변론 전체의 취지에 의하여 인정할 수 있는 다음의 사정, 즉 위 책임한정특약은 신탁계약의 특수성 및 수탁자의 지위 등에 기인한 특약에 불과하다고 할 것인데, 원고는 이 사건 오피스텔이 피고와 C 사이의 관리형 토지신탁사업에 의하여 공급됨을 인지하고 이 사건 계약을 체결한 것으로 보이는 점, 신탁재산의 한도를 넘는 책임은 위탁자와 시공사가 부담하는 점 등을 종합할 때, 위 책임한정특약이 약관의 규제에 관한 법률 제6조 내지 제9조에 위반된다고 보기 어려우므로, 원고의 위 주장 역시 이유 없다(서울중앙지방법원 2022.12.6. 선고 2021가단5313059 판결).

또한 서울중앙지방법원 2023.3.16. 선고 2020가단5243818 판결은 "① 이 사건 신탁계약은 신탁원부에 포함되어 신탁등기의 일부로서 공시된 점, ② 이 사건 공급계약 특약사항 제1조 제2항의 책임한정특약은 이 사건 공급계약 내용의 일부로서 포함된 점, ③ 원고는 이러한 특약 등을 포함한 계약의 내용에 관하여 그 조항을 자세히 읽고 설명을 들어 이해하였고 위 계약내용에 동의한다는 취지를 계약서에 자필로 기재한 점까지 종합하여 볼 때, 위 책임한정특약은 계약당사자들 사이의 합의에 따라 이 사건 공급계약의 내용을 이루게 되었고, 수탁자가 이 사건 공급계약의 해제로 인하여 수분양자에게 부담하는 각종 채무에 관한 책임(이는 위 특약사항 제1조 제2항의 공급계약상의 책임 범위에

포함된다)도 위 책임한정특약에 따라 신탁재산의 범위 내로 제한되어야 함이 상당하다."고 판시하였고,

서울고등법원 2021.11.10. 선고 2021나2008895 판결은 "살피건대, 갑 1호증, 갑 15호증의 각 기재 및 변론 전체의 취지에 의하면, 분양계약서 제17조 제6항은 분양계약과 관련하여 수탁자는 분양공급자(매도인)로서의 일체 의무(분양계약 해제/해지시 분양대금 반환의무, 소유권이전 관련 업무, 입주지연 지체상금, 하자보수책임 등)를 신탁재산의 한도 내에서만 부담하여, 이를 초과하는 책임은 관리형토지신탁계약에 따라 위탁자 또는 시공사가 부담한다고 되어 있고, 신탁계약 특약사항 제14조는 수탁자는 본 신탁계약에서 정한 업무 범위 및 신탁재산의 범위 내에서 사업시행주체 및 분양업무 주체로서 책임을 부담하고, 따라서 수분양자에 대한 일체의 의무를 신탁재산의 범위 내에서 부담한다는 취지를 정하고 있는 사실이 인정된다. 위 각 인정사실에 의하면, 수탁자는 위탁자와 수탁자 간의 관리형토지신탁계약의 종료 여부와 관계없이 수분양자에 대하여는 분양사업자 겸 분양계약자(매도인)로서 분양계약과 관련한 의무를 부담한다고 할 것이고, 다만 수탁자의 의무는 위 신탁계약 특약사항에 따라서 '신탁재산의 범위 내'로 제한된다고 봄이 상당하다"고 판시하였으며,

서울중앙지방법원 2023.1.27. 선고 2020가단5262468 판결은 "보건대, 앞서 본 바와 같이 이 사건 공급계약 특약사항 제1조 제1항은 이 사건 오피스텔이 피고와 위탁자 사이의 관리형 토지신탁사업에 의하여 공급된다는 점을 명시하고 있고, 같은 조 제2항은 피고가 매수인에게 공급계약상의 책임을 부담하는 경우 신탁재산 및 신탁계약의 업무범위 내에서만 책임을 부담한다는 내용의 이른바 '책임한정특약'을 명시적으로 두고 있으며, 매수인은 등기부로 공시되는 신탁원부의 내용을 확인하여야 한다는 점까지 기재하고 있는 사실을 인정할 수 있는바, 앞서 채택한 증거들에 의하여 알 수 있는 다음의 사정 즉, ① 이 사건 신탁계약은 신탁원부에 포함되어 신탁등기의 일부로서 공시된 점, ② 피고가 이 사건 공급계약상 매도인으로서 부담하는 책임은 신탁재산 및 신탁계약의 업무범위에 한정된다는 위 책임한정특약은 이 사건 공급계약 내용의 일부로서 포함되었다고 볼 수 있는 점, ③ 원고는 이러한 특약 등을 포함한 계약의 내용에 관하여 그 조항을 자세히 읽고 설명을 들어 이해하였고 위 계약내용에 동의한다는 취지를 계약서에 자필로 기재한

점까지 종합하여 볼 때, 위 책임한정특약은 계약당사자들 사이의 합의에 따라 이 사건 공급계약의 내용을 이루게 되었다고 볼 수 있다. 그렇다면 피고가 이 사건 공급계약의 해제로 인하여 원고에게 부담하는 각종 채무에 관한 책임(이는 위 특약사항 제1조 제2항의 공급계약상의 책임 범위에 포함된다고 할 것이다)도 위 책임한정특약에 따라 신탁재산의 범위 내로 제한되어야 함이 상당하다."고 판시하였고,

광주고등법원 2020.12.9. 선고 (제주)2019나10868 판결도 "이 사건 각 분양계약 제22조 제1, 6항 및 제23조에서는 수탁자가 신탁재산의 범위 내에서만 모든 채무와 의무를 부담하고 고유재산에 대해서는 책임을 부담하지 않는다고 정하고 있는바, 수탁자의 손해배상책임은 신탁재산의 한도 내에서 인정된다고 봄이 타당하다. 따라서 피고의 위 주장은 위 인정 범위 내에서 이유 있다."고 판시하였다.

한편, 수탁자가 신탁재산을 한도로 책임을 부담하는 것에 관하여 대법원은 신탁법 제48조 제3항에서 수탁자가 경질된 경우 신탁사무의 처리에 관하여 생긴 채권을 신탁재산의 한도 내에서 신수탁자에 대하여도 행사할 수 있게 한 것은 신 수탁자가 전 수탁자의 채무를 승계하되 신탁재산의 한도 내에서 책임을 부담하도록 한 취지이므로, 그 경우 채권자의 신수탁자에 대한 이행판결 주문에는 신 수탁자의 고유재산에 대한 강제집행을 할 수 없도록 집행력을 제한하기 위하여 신탁재산의 한도에서 지급을 명하는 취지를 명시하여야 한다고 판시한 바, 현재 신탁법 제48조 제3항 뿐만 아니라 신탁사무 처리에 관하여 생긴 채권에 대한 신탁사의 배상책임이 신탁재산 한도 내로 한정되는 경우 이행판결 주문에는 신탁재산 범위 내라는 내용이 포함되는 것이 일반적이다.

또한 대법원도 신탁법 제48조 제3항에 따른 채권자의 신수탁자에 대한 이행판결 주문에 신탁재산의 한도를 금액으로 특정하여 표시할 경우 그 주문의 기재로는 신 수탁자가 신탁재산뿐 아니라 자신의 고유재산으로도 변제해야 할 위험이 있으므로, 신탁재산의 한도를 금액으로 특정할 필요 없이 그 주문에 신탁재산의 한도에서만 지급을 명하는 취지를 따로 명시하여야 한다고 판시하며, 신탁재산 범위 내로 한정된 판결의 경우 신탁사의 고유계정에 대한 강제집행이 허용되지 아니함을 명시적으로 선언한 바 있다(대법원 2010.2.25. 선고 2009다83797 판결 [추심금]).

관리형 토지신탁에서 수탁자의 분양대금 반환책임이 반드시 신탁재산 범위 내로 한정

되는지 여부에 관하여는 아직 명확한 대법원 판결은 없는 것으로 보인다. 하급심에서는 신탁재산 범위 내로 한정된다는 판결과 한정되지 아니한다는 판결이 서로 엇갈려 선고되고 있다. 현재는 분양계약이 체결된 경위, 신탁계약서와 분양계약서에 기재된 사항, 토지신탁계약의 성격, 분양해제 사유의 적법성 등의 이유로 수탁자의 책임 제한 규정이 인정되기도 하고 인정되지 않기도 하는 실정이다.

그렇기 때문에 수탁자를 피고로 한 분양대금반환청구가 제소되는 경우 신탁재산의 한도 내에서의 책임 쟁점은 석명권 행사의 문제가 아니므로, 당연히 변론주의원칙상 수탁자가 별도로 신탁재산 한도 내 책임을 주장하여야 할 것이다. 신탁사 소송을 자주 다뤄본 소송대리인의 경우 위와 같은 주장을 당연히 할 것이지만, 신탁사 소송을 자주 다뤄보지 않은 소송대리인을 선임한 경우 신탁사 사업팀 또는 법무, 리스크팀에서 쟁점 및 관련 판결을 송부하여 서면 제출을 요청하는 것이 바람직하다. 특히 수탁자가 신탁재산 한도 내에서 책임을 부담한다는 취지로 판시된 하급심 판결문을 최소 5개 이상(10개 이상 추천) 참고판결로 제출하는 것이 바람직하다.

한편, 신탁재산 범위 내에서만 책임을 부담하는 경우 실제로 압류 등 강제집행의 범위 및 분양계약자가 신탁재산을 공매처분 할 수 있는지는 구체적인 실행방법의 부분에서 실무상 문제되는 지점이 있다는 사실을 아울러 밝혀둔다.

또한 수분양자가 중도금 대출을 받은 경우에는 중도금 대출약정상 수분양자가 중도금 대출기관에 분양대금 반환채권을 양도담보로 제공하게 되므로, 수분양자는 분양자인 수탁자에게 양도담보된 분양대금 반환채권을 행사할 수 없음을 잊어서는 안된다. 간혹 수분양자가 계약금은 수분양자가 지급한 것이므로 계약금에 한하여는 반환받을 수 있다는 취지로 주장하는 경우도 있으나, 통상 양도담보계약상 양도담보로 제공되는 분양대금 반환채권은 중도금 부분으로 한정하고 있지 아니하는바, 수분양자의 계약금 반환 주장은 이유없다 할 것이다. 그리고 중도금 대출이자를 분양자가 대납한 경우에는 대납한 중도금 대출이자만큼 수분양자의 청구금액에서 상계하여야 한다는 주장을 하여야 한다는 사실도 잊지 말아야 할 것이다. 왜냐하면 분양자의 대출이자 부담약정은 분양계약의 존속을 전제로 하는 것이어서 분양계약이 해제되면 소급적으로 효력을 상실하기 때문이다.

또한 대납이자의 법정이자는 계약해제일이 아니라 수탁자가 대납한 날부터 기산한다는 취지의 대법원 판결이 있으므로, 대납이자 반환시 법정이자 부담 주장을 잊어서는 안된다.

원고와 피고는 이 사건 분양계약을 체결하면서 원고가 중도금납부를 위하여 금융기관으로부터 대출을 받으면 피고가 최초 입주지정일까지의 대출이자를 부담하기로 약정하였고, 피고는 그 약정의 이행으로 원고의 대출이자를 대납하였다.

위 대출이자 부담약정은 이 사건 분양계약의 존속을 전제로 하는 것이어서 분양계약이 해제됨에 따라 대출이자 부담약정 또한 소급적으로 효력을 잃었다고 보아야 하므로, 원고는 그 원상회복을 위하여 대납 대출이자 상당액의 금전을 피고에게 지급하여야 한다.

그런데도 원심은, 원고에게 반환될 분양대금에서 피고가 대납한 대출이자 상당액을 공제하여야 한다는 피고의 주장에 대하여, 피고가 대납 대출이자 상당액의 공제를 구하는 것은 성질상 원상회복이 아닌 손해배상에 해당한다고 단정하고서는, 이 사건 분양계약상 피고가 최초 입주지정일까지의 대출이자를 부담하기로 약정하였을 뿐만 아니라, 피고에게 대납 대출이자 상당액의 손해가 발생하였다고 볼 수 없고, 피고가 앞서 본 위약금과 별도로 손해배상을 구할 수도 없다고 하여 그 주장을 배척하였으니, 이 부분 원심판결에는 계약해제 또는 그로 인한 원상회복의무에 관한 법리를 오해하거나 대출이자 부담약정의 해석을 그르침으로써 판결 결과에 영향을 미친 위법이 있다(대법원 2009.1.30. 선고 2008다31690 판결).

『갑 주식회사와 을 등이 아파트 분양계약을 체결하면서 '갑 회사가 을 등의 중도금 대출이자를 대출금융기관에 우선 대납하면 을 등이 아파트에 입주할 때 갑 회사에 대납이자를 지급하기로 하고, 분양계약이 해제된 경우 을 등은 대납이자를 일괄하여 상환하여야 한다.'고 정한 후 을 등이 중도금을 대출받아 갑 회사에 납부하였고, 갑 회사가 중도금 대출이자를 대출금융기관에 대납하였는데, 을 등이 잔금을 납부하지 못하자 분양계약이 해제된 사안에서, 을 등의 잔금 미지급에 따라 분양계약이 해제되었으므로 을 등은 원상회복의무를 부담하는데, 갑 회사가 중도금 대출이자를 부담하기로 하는 약정도 분양계약이 해제됨으로써 소급적으로 소멸하였으므로, 을 등은 계약해제의 효과로서 갑 회사에 대납이자를 반환하여야 하고, 특별한 사정이 없는 한 갑 회사가 대납한 날로부터 법정이자를 가산하여 지급하여야 하는데도, 을 등의 대납이자 반환채무의 변제기를 계약해제한 날로 보고 이때부터 대납이자에 대한 지연손해금을 부담한다고 본 원심판단에 법리오해

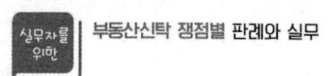

의 잘못이 있다고 한 사례(대법원 2022.4.28. 선고 2018다290801(본소), 2018다290818(반소) 판결)』

3) 토지신탁에서 수탁자의 중도금대출기관에 대한 대위변제 책임 존부 및 수탁자의 책임제한 여부

토지신탁 사업을 진행하면서 위탁자, 수탁자, 시공사, 중도금 대출기관이 중도금 대출협약을 체결하고 중도금 대출기관이 중도금을 지급하였는데 분양계약이 해제된 경우 수탁자는 중도금대출기관에 대하여 대위변제 책임을 부담하는지, 부담한다면 그 책임은 신탁재산 범위 내로 한정되는지 여부가 문제된다.

토지신탁 사업 진행 중 위탁자, 수탁자, 시공사 중도금 대출기관이 중도금 대출협약을 체결하고 중도금을 기표하였는데, 중도금 대출기관과 중도금 대출계약을 체결한 수분양자들이 기한의 이익을 상실하게 되자, 중도금 대출기관이 수탁자에게 대하여 수분양자들의 중도금 대출기관에 대한 대출금 채무를 대위변제할 것을 요청하였다. 대위변제가 이루어지지 않자 중도금 대출기관이 수탁자를 상대로 중도금 대출원리금의 상환을 청구한 사안에서 서울중앙지방법원은 수탁자가 중도금 대출기관에 대하여 중도금 대출원리금을 상환할 의무가 있으나 이는 책임한정특약에 따라 신탁재산의 범위 내로 한정된다는 취지로 판시하였다. 자세한 내용은 아래와 같다.

1. 책임한정특약에 따라 책임이 제한된다는 주장
   가. 주장의 요지
   설령 피고에게 이행책임이 인정된다고 하더라도 이 사건 업무협약에서는 피고의 책임이 신탁재산의 범위 내로 제한됨을 명시하였으므로 피고의 고유재산에 대하여 강제집행을 할 수 없도록 '신탁재산의 한도 내에서 지급을 명하는 취지'가 주문에 명시되어야 한다.

   나. 판단
   앞서 본 바와 같이 이 사건 업무협약 제20조는 "신탁사의 본 협약에 따른 책임은 관리형토지신탁계약에 따른 신탁업무 및 신탁재산의 범위 내에서 부담하는 것으로 한다."라고 정하여 신탁사인 피고의 책임을 신탁재산 범위 내로 한정하는 책임한정특약을 두고 있다. 따라서 피고가 이 사건 업무협약에 따라 원고들에게 부담하는 채무는 위 약정에 따라 '신탁재산의 범위 내'로 제한되어야 한다. 피고의 이 부분 주장은 이유 있다.

결국 피고는 이 사건 신탁계약에 따른 신탁재산의 범위 내에서 원고들에게 이 사건 건물 수분양자들의 중도금 대출원리금을 대위변제하여야 한다. 구체적으로 피고는 각 원고들에게 2022.5.31.을 기준으로 계산된 별지 1 내지 6 목록의 '대출원리금'란 기재 돈의 합계 및 그 중 대출원금에 대하여 2022.6.1.부터의 지연손해금을 지급하여야 한다(서울중앙지방법원 2022.11.9. 선고 2021가합530924 판결).

위 소송에서 수탁자의 책임제한특약이 인정된 이유는 위탁자, 시공사, 수탁자, 중도금 대출기관이 날인한 중도금 업무협약에 수탁자의 책임제한 규정이 존재하였기 때문이므로, 수탁자 업무담당자는 중도금 업무협약 체결시 반드시 수탁자 책임제한 규정이 존재하는지 여부에 관하여 확인하여야 한다. 또한 위와 같이 중도금 대출기관이 수탁자에 대하여 중도금 지급을 청구하는 경우 신탁재산 한도 내에서 그 청구가 인용될 가능성이 있고, 이러한 경우 제1순위 우선수익자와 중도금 대출기관간에 신탁재산을 누가 먼저 가져갈 수 있는지 여부 등에 대하여 분쟁이 발생할 수 있으므로, 중도금 업무협약 체결시 제1순위 우선수익자의 동의를 득하는 것이 바람직하다. 아직까지는 제1순위 우선수익자와 중도금 대출기관 중 누가 신탁재산 지급에 대한 우선권을 가지는지 여부에 관하여 대법원 판결은 없는 것으로 보이는데, 괜히 수탁자가 양 당사자 사이에 끼여서 난처한 상황이 발생할 수 있으므로, 중도금 대출협약 체결시 제1순위 우선수익자의 동의를 받는 것이 바람직하다 할 것이다. 특히 중도금대출협약에 중도금대출금이 완제되지 아니한 경우 관리형 토지신탁의 신탁재산을 담보신탁으로 전환하고 제1순위 우선수익권을 중도금 대주에게 설정하기로 한다는 취지의 내용 등이 포함되는 경우가 있는데, 위와 같은 내용은 관리형 토지신탁의 제1순위 우선수익자의 권한과 충돌할 가능성이 존재한다는 점에서 더욱 그러하다.

노파심에서 덧붙이자면 중도금 대출협약 체결시 제1순위 우선수익자의 동의를 득하지 아니하였다고 하여 수탁자가 선관주의의무 등을 위반한 것은 아니고, 수탁자가 제1순위 우선수익자에게 어떤 책임을 부담하는 것이라고는 할 수 없다. 다만 불필요한 분쟁을 미연에 방지하는 것이 바람직하다는 차원에서 제1순위 우선수익자 동의를 득하는 것이 낫다는 취지다.

다 분양관리신탁과 분양대금반환

분양관리신탁이란 건축물의 분양에 관한 법률에 따라 신탁사업을 수행하기 위하여, 위탁자는 신탁부동산의 소유권을 수탁자에게 이전하고, 수탁자는 신탁부동산의 소유권을 보전·관리하며, 신탁계약에서 정해진 사유 발생시 신탁부동산을 처분하여 그 처분대가 등 신탁재산을 신탁계약에 정해진 바에 따라 지급하는 것을 목적으로 하는 신탁유형을 말한다.

∥ 분양관리신탁 구조도 ∥

[분양관리신탁 구조도: 피분양자 - 위탁자(분양사업자) - 건설사 - 수탁자 - 우선수익자(금융기관)의 관계를 나타내는 도식. 피분양자와 위탁자는 분양계약 체결, 피분양자는 수탁자에 분양대금 입금, 위탁자와 수탁자는 분양관리 신탁계약 체결, 위탁자와 건설사는 공사도급 계약체결, 수탁자는 건설사에 공사비 지급, 우선수익자는 위탁자에 대출, 건설사는 우선수익자에 책임준공 지급보증, 수탁자는 우선수익자 지정]

건축물의 분양에 관한 법률 적용 사업에서 위탁자와 수탁자, 대출금융기관, 시공사 등이 분양관리신탁과 자금관리 대리사무 계약을 체결하고, 위탁자를 분양자로 하여 수분양자와 분양계약을 체결하였는데 수분양자가 분양대금을 자금관리 대리사무사인 수탁자에게 지급한 경우 수분양자가 수탁자를 상대로 직접 또는 시행사인 위탁자를 대위하여 분양대금 반환을 청구할 수 있는지 여부가 문제된다.

결론적으로 말하면, 분양관리신탁 구도에서 수분양자는 수탁자에 대하여 분양대금을 직접 청구할 수 없다. 위와 관련하여 2015년 이전까지 하급심에서는 판결이 엇갈렸는데, 대법원은 2015.4.23. 선고 2014다77956 판결을 통하여 수탁자에게 분양대금 반환을 청구할 수 없다는 취지로 혼란을 마무리하였다.

또한 건분법상 절차규정을 위반하여 건축물을 분양한 경우에도 그 분양행위 자체가 분양계약의 사법상의 효력까지 부인하지 않으면 안될정도로 현저히 반사회성, 반도덕성을 지닌 것이라고 할 수 없고, 그 행위의 사법상의 효력을 부인하여야만 비로소 입법 목적을 달성할 수 있다고 볼 수도 없으므로, 건분법상 분양 관련 규정은 효력규정이 아니라 단속규정에 해당한다고 판단된다.

1) 분양관리신탁에서 수분양자가 시행사와의 분양계약을 해제한 후 수탁자에 대하여 부당이득반환 청구 가부

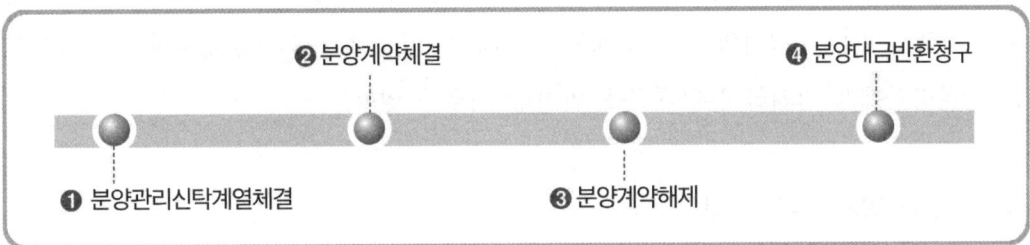

가) 사실관계

① 시행사는 건축물의 분양에 관한 법률이 적용되는 건물 신축사업과 관련하여 수탁자에게 사업부지를 신탁하는 내용의 분양관리신탁계약을 체결하고, 시행사, 수탁자, 시공사, 대출금융기관은 사업약정 및 대리사무계약을 체결하였다. 위 대리사무계약에 의하면, 시행사는 신축 건물의 분양수입금 등의 수납, 관리, 집행을 수탁자에게 위임하고, 위 사업과 관련한 분양대금채권을 수탁자에게 양도하여야 한다.

② 수분양자는 수탁자와 시공사가 참여한 가운데 시행사(분양자)와 상가를 분양받는 내용의 분양계약을 체결하였다. 위 분양계약에는 다음과 같은 내용이 포함되어 있다. "시행사는 수분양자게에 대한 분양대금채권을 수탁자에게 양도하고 수분양자는 이를 승낙한다.", "수분양자는 분양대금을 수탁자 명의 계좌에 입금한다.", "수분양자는 분양관리신탁계약과 대리사무계약에 따라 수탁자가 분양대금을 관리하는 데 동의한다."

③ 수분양자는 분양대금 중 계약금과 중도금을 수탁자 명의계좌에 입금하였고, 시행사와 수분양자는 분양계약을 합의해제하였다. 수분양자는 수탁자를 피고로 하여 분양대금 반환소송을 청구하였다.

나) 원고(수분양자) 주장 사항

① 건축물의분양에관한법률 및 동법 시행령, 분양관리신탁계약서, 대리사무계약서 등의 규정 등에 따라 수탁자는 수분양자에게 이 사건 분양계약 합의해제에 따라 기지급 분양대금을 최우선적으로 반환하여야 할 의무가 있고, ② 분양관리신탁계약과 대리사무계약은 분양계약 해제를 조건으로 한 조건부 제3자를 위한 계약으로 수분양자는 수탁자에게 분양계약 해제를 원인으로 한 분양대금반환청구권을 행사할 수 있으며, ③ 수분양자는 시행사 또는 시공사의 피고에 대한 분양해약반환금 채권을 대위행사하는바, 수탁자는 수분양자에게 기지급 분양대금을 반환할 의무가 있다.

다) 피고(수탁자) 주장 사항

① 수분양자와 시행사가 체결한 분양계약의 해제로 인한 원상회복으로서 분양대금반환의무는 분양계약의 당사자인 시행사에 있고, 분양계약서에도 매도자로서의 책임은 분양자인 시행사에 있고 수탁자는 매도자로서의 책임을 부담하지 않는 것으로 명시하고 있으므로 분양계약의 당사자가 아닌 피고는 분양대금반환의무를 부담하지 않는다. ② 수분양자와 시행사 사이의 분양계약이 해제되었다는 사정만으로 시행사와 수탁자 사이의 사업약정 및 대리사무약정까지 실효된 것은 아니므로 수탁자가 분양대금을 보유하는 데에 법률상 원인이 없다고 할 수 없다. ③ 설령 그렇지 않다고 하더라도 시행사와 수탁자는 분양관리신탁계약에서 신탁사업의 추진이 불가능한 사태가 발생한 경우에 신탁부동산을 처분하여 수분양자에게 분양대금을 우선적으로 반환하여 정산하기로 약정하였을 뿐이고, 건물 신축과 분양이라는 신탁사업의 추진이 좌초되거나 객관적으로 불가능한 사태가 발생하지 않았으므로 분양관리신탁계약에 따라 신탁부동산을 처분하여 수분양자에게 분양대금을 우선적으로 반환해야할 의무가 발생하지 않았으며, 신탁부동산의 처분과 정산이라는 조건이 성취되지도 않았다. ④ 그리고 사업약정 및 대리사무약정에 정해진 자금집행의 요건으로서 우선수익자의 동의가 없어 자금을 집행할 수도 없다. ⑤ 더욱이 수분

양자의 분양대금반환채권은 수분양자와 시행사 사이의 계약해제로 발생한 권리이지 수탁자가 시행사와의 신탁사무를 처리하면서 발생한 권리가 아니고 분양대금이 신탁재산이라고 할 수도 없으므로 신탁법 22조 1항에 따라 그 신탁재산에 관하여 강제집행을 할 수도 없다.

라) 원심의 판단

원심은 아래와 같은 사유로 수탁자의 수분양자에 대한 분양대금반환책임을 인정하였다.

수분양자와 시행사는 상가 분양계약을 체결하면서 매도인으로서의 책임은 시행사가 부담하고, 수탁자는 신탁회사로서 분양계약대리사무를 수행하기로 하는 한편, 시행사는 수분양자에 대한 분양대금채권을 수탁자에게 양도하였고, 수분양자는 이를 승낙하였다. 이에 따라 시행사의 수분양자에 대한 분양대금채권이 양도됨으로써 채무자인 수분양자와 양수인인 수탁자 사이에는 직접적인 채권·채무관계가 설정되었다.

그런데 그 기초가 된 상가 분양계약이 해제되어 소급적으로 무효로 되었다면 특별한 사정이 없는 한 이러한 채권·채무관계에 의하여 수분양자가 수탁자에게 이행한 급부는 법률상 원인이 없게 되었으므로 급부를 이행받은 수탁자는 수분양자에게 이를 반환할 의무가 있다. 그리고 수탁자가 부담하는 부당이득반환의무는 상가 분양계약의 매도인 또는 그 대리인의 지위에서 발생하는 것이 아닐뿐더러 수탁자가 시행사와 체결한 분양관리신탁계약의 신탁회사로서 그 분양관리신탁계약에서 정한 사유로 인하여 신탁계약이 해지될 경우 신탁부동산 처분대금을 정산하는 과정에서 부담하는 의무도 아니다. 그러므로 수탁자는 사업약정 및 대리사무변경계약의 실효 여부나 수탁자와 시행사 사이의 내부 규정에 불과한 사업약정 및 대리사무변경계약에 따른 자금집행의 요건과 관계없이 수분양자에 대하여 부당이득반환의무를 부담한다.

그리고 수탁자가 수분양자로부터 받은 분양대금은 시행사와 사이의 분양관리신탁계약에 따른 신탁재산에 포함되고, 수탁자는 분양관리신탁계약 및 대리사무변경계약에 따라 이를 관리하고 있는 것이다. 상가 분양계약이 해제됨에 따라 분양대금채권 양수인으로서 수탁자가 수분양자에게 부담하는 부당이득반환의무는 신탁사무의 처리와 관련하여 발생한 채무에 해당한다. 따라서 수탁자는 시행사와 사이의 분양관리신탁계약과 사업약정 및 대리사무변경계약에 따라 관리하고 있는 신탁재산의 한도 내에서 분양대금을 반환할 의무가 있다(서울고등법원 2014.10.16. 선고 2014나9252 판결).

마) 대법원의 판단

대법원은 아래와 같이 설시하며, 파기환송 판결을 선고하였다. 대법원은 본건 판결로서 하급심의 혼란을 정리하고 이후 반복적으로 같은 취지의 판결을 선고한바, 현재 분양관리신탁에서 수분양자가 수탁자에 대하여 분양대금반환을 청구하는 것은 하급심에서도 인정되지 않는 것이 일반적이다.

『시행사는 수탁자와의 대리사무계약에 따라 수탁자에게 분양대금채권을 양도하고, 수분양자로 하여금 수탁자에게 분양대금을 직접 납부하도록 하는 내용의 분양계약을 수분양자와 체결하였다. 그리고 수분양자는 분양계약에 따라 분양대금 지급 과정을 단축하여 수탁자에게 직접 분양대금을 납부하였다. 앞서 본 법리에 의하면, 수탁자의 분양대금 수령은 시행사와의 대리사무계약을 법률상 원인으로 하여 실질적으로 시행사로부터 분양대금을 수령한 것으로서 그 법률상 원인이 없다고 볼 수 없다.

또한, 수탁자는 대리사무계약이 해지되지 않는 한 적법하게 분양대금을 보유할 권리가 있고, 수분양자는 대리사무계약에 기한 수탁자의 위와 같은 권리 행사에 동의하면서 분양계약을 체결하였다. 만약 수분양자가 분양계약 해제에 따라 수탁자를 상대로 분양대금의 반환을 구하는 것을 허용한다면, 이는 수분양자가 자기 책임하에 체결된 계약에 따른 위험부담을 수탁자에게 전가하는 것이 되어 계약법의 원리에 반하는 결과를 초래할 뿐만 아니라, 수탁자가 시행사와의 대리사무계약에 기하여 가지는 권리를 침해하게 되어 부당하다.

따라서 수분양자는 시행사와의 분양계약 해제를 이유로 하여 수탁자를 상대로 부당이득반환청구를 할 수 없다고 보아야 한다. 그런데도 수탁자가 수분양자로부터 분양대금을 수령함으로써 이를 부당이득하였다고 보아 수분양자의 부당이득반환청구를 인용한 원심판결에는 부당이득에 관한 법리를 오해한 잘못이 있다(대법원 2015.4.23. 선고 2014다77956 판결).』

바) 실무TIP

위 판결 이후 대법원은 일관적으로 분양관리신탁 구도에서 수탁자가 자금관리대리사무사로서 분양대금을 수취하였을뿐 매도인은 시행사인 경우 수분양자가 수탁자에게 분양대금반환을 청구하는 것을 인정하지 않고 있다.

다만 건축물의 분양에 관한 법률이 적용되는 사업이라도 분양관리신탁 및 자금관리 대리사무 계약을 체결하는 것이 아니라 토지신탁 계약을 체결하고 사업을 진행하는 것이 가능한데, 토지신탁을 체결하고 분양계약을 맺은 경우에는 위 판결이 적용되지 아니하므로 주의를 요한다.

더불어 아래에서 소개하는 것과 같이 분양관리신탁 구도에서도 수탁자가 분양대금반환 책임을 지는 것처럼 착각하기 쉬운 판결들이 있는데, 그 판결들은 수탁자가 상고를 하지 아니하는 등 민사소송법적 쟁점이 적용되어 판결의 결론이 위 판결과 상이해진 것이므로 오해하지 말아야 한다.

한편, 건축물의분양에관한법률에서 신탁계약에 포함되어야 하는 사항으로 규정하고 있는 '신탁을 정산할 때에 분양받은 자가 납부한 분양대금을 다른 채권 및 수익자의 권리보다 우선하여 정산하여야 한다는 사항'의 효력이 무엇인지 문제되는데, 위 판결의 파기후 환송심인 서울고등법원[18]은 위 규정은 정산시 분양대금을 다른 채권보다 우선하여 정산한다는 일반적인 규정에 불과하여 신탁사업 추진 불가능한 사태 등이 발생하여 신탁재산을 처분할 때 적용되는 것이므로, 그러한 사정이 없는 상태에서 수탁자가 분양대금 반환의무를 부담하지 아니한다는 취지로 판시하였다.

『건분법 제4조 제1항 제1호, 동법 시행령 제3조 제1항 제3호의 규정은 분양사업자가 신탁업자와 신탁계약 및 대리사무계약을 체결할 경우 수분양자의 분양대금에 관한 권리를 보호하기 위하여 '신탁을 정산할 때에 수분양자가 납부한 분양대금을 다른 채권 및 수익자의 권리보다 우선하여 정산한다.'는 사항이 포함되어야 한다는 일반적인 규정에 불과하다.

이들 규정은 신탁사업의 추진이 불가능한 사태 등의 발생에 의하여 신탁부동산을 처분하여 정산하는 경우에 관한 것들인데, 이 사건에서 위와 같은 사태 등이 발생하였음을 인정할 아무런 증거가 없는 이상, 이들 규정을 근거로 들어 수탁자에게 기납입 분양대금 3억 3,000만 원의 반환의무가 있다고 할 수는 없다(서울고등법원 2015.7.9. 선고 2015나13609 판결).』

---

18) 서울고등법원 2015.7.9. 선고 2015나13609 판결

위 하급심의 판단처럼 건축물의분양에관한법률 및 동법 시행령에서 규정하고 있는 '신탁을 정산할 때에 분양받은 자가 납부한 분양대금을 다른 채권 및 수익자의 권리보다 우선하여 정산하여야 한다는 사항'이란 사업추진이 불가하여 신탁부동산을 처분하고 정산할 때 적용되는 규정이라 할 것이므로, 신탁사업이 정상적으로 진행되고 있으면서 일부 수분양자들이 단순변심 등으로 분양대금반환을 청구하는 경우에는 적용되지 아니한다고 해석하는 것이 바람직하다.

다만 일부 하급심의 경우 위 대법원 판결에도 불구하고 대법원 판결의 취지와 상이한 판단을 하는 경우가 아주 간혹 있는데, 그러한 판결은 일반적으로 사실관계에서 특별한 사정이 있는 경우가 대부분이므로 그러한 일부 하급심을 가지고 위 대법원 판결이 사실상 달라졌다는 식으로 평가하는 것은 옳지 않다 사료된다.

2) 분양관리신탁에서 수분양자가 시행사와의 분양계약을 해제한 후 수탁자에 대하여 원상회복청구나 부당이득반환청구가 가능한지 여부

가) 사실관계 및 주장

① 시행사는 수탁자와 분양관리신탁계약을 체결하고 건물신축사업을 진행하면서 수분양자와 상가 분양계약을 체결하고, 상가 면적에 비례하여 주차장 중 일부를 함께 분양받되, 주차장에 관한 공유지분을 이전받기로 하는 내용의 계약을 체결하였다. ② 수분양자들은 분양계약에 기한 분양대금을 납부하였고, 상가에 대한 소유권이전등기를 마쳤으나 분양받은 주차장에 관한 지분이전등기를 마치지 못하였다. ③ 수분양자들은 시행사와 수탁자를 상대로 이 사건 분양계약이 채무불이행이나 기망 또는 착오를 이유로 취소 또는 해제되었다고 주장하며, 분양대금반환을 청구하였다.

나) 원심의 판단

원심은, 상가 분양계약 및 이와 일체로 체결된 주차장 분양계약은 시행사의 기망행위에 의하여 체결된 것으로서 원고인 수분양자들의 취소의 의사표시가 포함된 소장부본 송달로써 적법하게 취소되었다고 판단하면서, 시행사가 분양계약 체결당시 분양대금 채권을 수탁자에게 양도하였고, 수분양자들이 이를 승낙하였다는 사실관계를 전제한 후, 분양계약이 취소된 경우의 법률관계에 관하여 보건대 분양대금채권이 양도됨으로써 수분양자들과 양수인인 수탁자 사이에는 직접적인 채권·채무관계가 설정되었는바, 그 기초가 된 분양계약이 취소되어 소급적으로 무효로 된 경우에는 특별한 사정이 없는 한 위 채권·채무관계에 의하여 수분양자들이 수탁자에게 이행한 급부는 법률상 원인이 없게 되었다고 할 것이므로, 급부를 이행받은 수탁자는 수분양자들에게 이를 반환할 의무가 있고, 시행사 역시 수분양자들에 대하여 부당이득반환의무를 부담하며, 시행사와 수탁자의 각 부당이득반환채무는 서로 동일한 경제적 목적을 가지고 어느 일방이 채무를 이행함으로써 다른 일방의 채무도 함께 소멸되는 관계에 있으므로 각 채무가 중첩되는 범위 내에서는 서로 부진정연대채무의 관계에 있다(서울고등법원 2013.5.30. 선고 2011나82454 판결)는 취지로 판시하였다.

다) 대법원의 판단

대법원은 일단, 계약의 일방당사자가 계약상대방의 지시 등으로 급부과정을 단축하여 계약상대방과 또 다른 계약관계를 맺고 있는 제3자에게 직접 급부한 경우(이른바 삼각관계에서의 급부가 이루어진 경우), 그 급부로써 급부를 한 계약당사자의 상대방에 대한 급부가 이루어질 뿐 아니라 그 상대방의 제3자에 대한 급부도 이루어지는 것이므로 계약의 일방당사자는 제3자를 상대로 하여 법률상 원인 없이 급부를 수령하였다는 이유로 부당이득반환청구를 할 수 없다. 이러한 경우에 계약의 일방당사자가 계약상대방에 대하여 급부를 한 원인관계인 법률관계에 무효 등의 흠이 있거나 그 계약이 해제되었다는 이유로 제3자를 상대로 하여 직접 부당이득반환청구를 할 수 있다고 보면 자기 책임 아래 체결된 계약에 따른 위험부담을 제3자에게 전가하는 것이 되어 계약법의 원리에 반하는 결과를 초래할 뿐만 아니라 수익자인 제3자가 계약상대방에 대하여 가지는 항변권 등을 침해하게 되어 부당하다고 전제한 다음

수분양자들이 분양계약에 따라 수탁자 명의의 계좌에 분양대금을 입금한 것은 이른바 '단축급부'에 해당하고, 이러한 경우 수탁자는 시행사와의 분양관리신탁계약 및 대리사무계약에 따른 변제로서 정당하게 분양대금을 수령한 것이므로, 수분양자들이 수탁자를 상대로 법률상 원인 없이 급부를 수령하였다는 이유로 원상회복청구나 부당이득반환청

구를 할 수 없다고 판단하였다.

다만, 본건 사안에서는 수탁자가 상고를 하지 아니하였기 때문에, 원심이 수분양자의 청구를 일부 인용한 것은 잘못이지만, 원고인 수분양자들만이 상고한 이 사건에서 불이익변경금지의 원칙상 원고들에게 더 불리한 청구기각 판결을 선고할 수는 없으므로 원심판결을 그대로 유지할 수 밖에 없다(대법원 2017.7.11. 선고 2013다55447 판결)는 취지로 판시하였다..

라) 실무 TIP

본건 사안에서 원고들은 수탁자가 시행사의 사기행위를 잘 알고 있었다거나 더 나아가 이에 가담하였다고 주장하면서, 수탁자는 적어도 시행사와 체결한 분양관리신탁 및 대리사무계약에 기하여 부담하는 선량한 관리자의 주의의무를 위반하였다는 취지로 주장하였으나, 원심 및 대법원은 수탁자의 선량한 관리자의 주의의무 위반을 인정하기 부족하고, 설령 수탁자가 분양관리신탁 및 대리사무계약에서 약정한 선량한 관리자의 주의의무를 위반하였다고 하더라도 이로 인하여 곧바로 수탁자가 수분양자들에 대한 손해배상책임을 부담한다고 할 수 없다는 취지로 판시하였다.

위 판시사항은 신탁사업을 진행하면서 발생할 수 있는 여러 가지 쟁점에서 인용할 여지가 있으므로, 신탁사 실무자라면 한번쯤 눈여겨 볼만 하다. 또한 본건 판결에서는 수탁자가 상고를 하지 아니하여 원심이 그대로 확정된 것이므로, 원심이 확정되었다고 하여 수탁자에게 수분양자에 대한 분양대금 반환책임이 인정되었다고 오해하면 안된다.

3) 분양관리신탁에서 수탁자가 매도인 책임 부담하므로 분양대금반환책임을 지는지 여부

가) 사실관계

① 시행사와 수탁자가 분양관리신탁 및 대리사무계약을 체결하고 시행사가 건축주 및 매도인으로서 상가 신축사업을 진행하면서 수분양자와 분양계약을 체결한 후 분양금은 신탁사 명의 계좌로 수령하였다. ② 시행사 및 분양대행사가 분양홍보 과정에서 허위·

과장광고를 하였고, 수분양자들은 시행사 및 수탁자 등에게 시행사 등이 허위·과장 광고를 통하여 수분양자들을 기망하였고, 수분양자들은 시행사 등의 기망행위로 인하여 착오에 빠져 분양계약을 체결하였으므로 분양계약을 취소하고 분양대금을 반환하라는 등의 취지로 소송을 제기하였다. ③ 이때 시행사가 분양계약의 취소 또는 해제에 따른 부당이득 또는 원상회복으로 수분양자들이 납부한 분양대금 및 이에 대한 지연손해금을 지급할 의무가 인정된다면, 수탁자에도 위와 같은 의무가 인정되는지 여부가 쟁점이 되었다.

나) 원심의 판단

원심은, ① 원심 판시 이 사건 각 분양계약서 제13조 제1항(이하 '이 사건 분양계약 조항'이라 한다)은 "신탁 및 대리사무"라는 제목 아래에서 수탁자가 사업부지 신탁등기 및 분양수입금 등의 자금관리를 담당하며, 그 외 매도인으로서의 책임을 지지 아니한다고 정하고 있고, 제2항은 시행사가 수탁자에 분양대금채권을 양도하도록 정하고 있는데, ② 이는 수탁자가 신탁 및 대리사무의 업무를 수행하는 수탁자로서 분양수입금의 관리를 위하여 분양대금채권을 양도받은 것이고 그 업무 목적을 초과하여서는 이 사건 각 분양계약에 따른 책임이 없음을 명확히 한 것으로 해석된다는 등의 판시와 같은 이유를 들어, 수탁자는 이 사건 분양관리신탁계약 및 대리사무계약에 따라 관리하고 있는 신탁재산의 한도 내에서만 수분양자인 원고들에게 분양대금을 반환할 책임이 있다(서울고등법원 2012.11.29. 선고 2011나106145 판결)는 취지로 판단하였다.

다) 대법원의 판단

원심은 수탁자도 신탁재산의 한도 내에서는 분양대금을 반환할 책임이 있다는 취지로 판단하였으나, 대법원은 수탁자가 분양대금 반환책임을 부담하지 아니한다고 분명하게 밝혔다.

1. 분양관리신탁계약 및 대리사무계약의 내용 및 건축물분양법령 규정들에 비추어 보면, ① 시행사와 수탁자들은 건축물분양법 및 건축물분양법 시행령의 관련 규정들에 근거하여 이 사건 상가의 분양에 관하여 위 분양관리신탁계약 및 대리사무계약을 맺은 후, 원고인 수분양자들과 이 사건

각 분양계약을 맺으면서 그 내용을 반영하여 이 사건 분양계약 조항과 같이 약정하였다고 보이고, ② 수탁자가 이 사건 분양계약 조항에 따라 수분양자들에 대한 분양대금채권을 양도받았다 하더라도 이는 건축물분양법령과 위 분양관리신탁계약 및 대리사무계약에서 정한 바에 따라 신탁재산을 이루는 분양수입금의 관리 및 그 분양수입금에 의한 분양대금의 우선적 정산 등의 업무 처리를 위한 것으로 보이며, ③ 결국 수탁자는 수분양자들에 대한 관계에서 이 사건 각 분양계약에 관하여 시행사와 같은 매도인으로서의 책임을 지지 아니하고 다만 위 분양관리신탁계약 및 대리사무계약에 의하여 위 분양수입금을 보유하면서 그 관리 및 정산 등의 사무를 처리할 뿐이므로, 시행사가 이 사건 각 분양계약에 의한 분양대금 수령자로서 분양계약의 취소에 따라 분양대금에 관한 부당이득반환의무를 지며, 수분양자들은 분양계약의 취소를 이유로 수탁자를 상대로 부당이득반환청구를 할 수 없다고 할 수 있다(대법원 2015.4.23. 선고 2014다77956 판결 등 참조).

2. 위와 같은 사정들과 아울러 위 법리에 비추어 원심판결 이유를 살펴보면, 수분양자들만이 상고한 이 사건에서 위와 같이 원심이 인용한 수탁자의 책임 범위를 넘어서서 수탁자가 수분양자들에게 부당이득 반환의무를 진다는 수분양자들의 주장은 받아들일 수 없으므로, 이와 다른 전제에서 원심의 결론에 법률행위의 해석 및 신탁법에 관한 법리를 오해하고 필요한 심리를 다하지 아니하거나 판단을 누락하며 논리와 경험의 법칙에 반하여 자유심증주의의 한계를 벗어나는 등의 사유로 판결에 영향을 미친 위법이 있다는 상고이유 주장은 이유 없다(대법원 2017.6.15. 선고 2013다8960 판결).

라) 실무 TIP

본건 소송에서 원고인 수분양자들은 부당이득을 반환함에 있어서 선의의 수익자는 그가 받은 이익이 현존하는 한도에서 그 반환 의무를 지고 악의의 수익자는 그가 받은 이익에 이자를 붙여 반환할 의무가 있다는 민법 제748조 및 수익자가 이익을 받은 후 법률상 원인 없음을 안 때에는 그 때부터 악의의 수익자로서 이익반환의 책임이 있고, 선의의 수익자가 패소한 때에는 그 소를 제기한 때부터 악의의 수익자로 본다는 민법 제749조를 근거로 시행사와 수탁자에게 기 납부한 분양대금과 최종 납부일 다음날부터 발생한 이자의 지급을 구했다.

이에 대하여 대법원은 '악의'라고 함은 자신의 이익 보유가 법률상 원인 없는 것임을 인식하는 것을 말하고, 그 이익의 보유를 법률상 원인이 없는 것이 되도록 하는 사정, 즉 부당이득반환의무의 발생요건에 해당하는 사실이 있음을 인식하는 것만으로는 부족하다. 그리고 악의의 수익자라는 점에 대하여는 이를 주장하는 측에서 입증책임을 진다는 입장인데 본건 소송의 원심과 대법원은 수탁자가 위와 같은 악의의 수익자에 해당하는지 여부에 관하여 분양계약서에 기망과 관련된 자료가 첨부되어 있다는 사정이나 관계자의 증언만으로는 수탁자가 악의 수익자임을 인정하기 부족하다고 판시하였다(물론 시행사는 악의의 수익자로 인정되었다).

허위·과장광고 등을 사유로 분양대금반환을 청구하는 경우 원고인 수분양자들이 민법 제748조 내지 제749조를 근거로 수탁자도 악의 수익자라 주장하며, 기 납부한 분양대금과 최종 납부일 다음날부터 발생한 이자의 지급을 구하는 경우가 실무상 종종 있는데, 이러한 경우 구체적인 사정을 들어 수탁자가 악의 수익자가 아님을 항변하면서 동시에 본건 판결을 참고판결로 하여 수탁자의 주장을 보강한다면 수탁자의 고유계정 손실을 조금이라도 방지할 수 있을 것으로 보인다. 다만 토지신탁에서 수탁자가 패소하는 경우 민법 제749조 제2항에 따라 소 제기시부터 악의의 수익자로 의제될 수 있으므로 그 실익이 크지는 않다.

4) 건축물분양법상 시정명령 등 처분과 분양계약 해제

건축물의 분양에 관한 법률(이하 '건축물분양법') 및 동법 시행령은 분양사업자가 건축물분양법에 따른 시정명령, 벌금형 이상의 형 선고, 과태료 부과처분 등을 받은 경우 수분양자는 분양계약을 해약할 수 있다는 사항을 분양계약서에 포함되도록 규정하고 있다.

이와 관련하여 최근 아주 사소한 사항으로 시정명령을 받은 경우에도 수분양자는 분양계약 전체를 해제할 수 있다고 주장하며 분양계약 해제 및 분양대금 반환을 청구하는 사례가 자주 발생하고 있는바, 시정명령을 받았다는 사실만으로 분양계약 해제 및 분양대금 반환책임이 발생하는지 여부가 문제된다.

위와 관련하여 분양계약서에 분양계약해제 사유를 '건축물분양법상 시정명령을 받은 경우(단, 시정명령을 공표하고 2개월 내 조치를 취한 경우는 제외함)'이라는 취지로 규정한 사안에서 서울고등법원은 "분양계약에서는 '피고가 건축물분양법 제9조 제1항에 의하여 허가권자로부터 시정명령을 받은 경우'를 분양계약의 원칙적인 해제 사유로 규정하면서도, 단서조항을 통하여 수분양자의 해제권 행사에 제한을 두어 피고가 건축물분양법

제9조에 따른 공표의무 등을 이행하고 시정명령에 따른 조치를 조속히 취한 경우에는 분양계약 관계가 그대로 유지되도록 하였다. 이는 분양계약의 유지에 관하여 수분양자인 원고 등과 분양사업자인 피고 사이에 상충될 수 있는 이해관계를 합리적으로 조정하면서 호텔의 분양사업이 원활하게 추진될 수 있도록 하는 데 그 의미가 있다고 판단된다. 또 수분양자가 분양사업자에 대하여 건축물분양법 제9조 제1항에 의한 시정명령이 있었다는 이유만으로 그 시정명령의 효력과 무관하게 언제나 분양계약을 확정적으로 해제할 수 있다고 새기게 되면, 이 사건 단서조항을 둔 취지가 무색해질 수 있을 뿐 아니라 실질적으로는 해제의 정당한 사유가 없었음에도 분양 관계가 해소되는 불합리한 결과를 낳고, 이로 말미암아 많은 사람들의 권리·의무에 영향을 미치는 건축물 분양사업의 추진에 중대한 차질이 발생할 수 있다(서울고등법원 2018.10.19. 선고 2018나2036357 판결)."는 취지로 판시하며, 수분양자의 분양대금반환청구를 기각하였다.

또한 위와 다른 사건에서 서울고등법원은 분양계약서에 시정명령을 이유로 분양받은 자가 분양계약을 해약할 수 있다는 취지의 조항이 포함되어 있지 않은 경우에는 시정명령을 받았다는 사유만으로 분양계약을 해제할 수 없고, 시정명령의 사유가 분양받을 자의 선정방식에서의 문제정도라면 분양계약을 해제할 정도의 사유가 발생하였다고 볼 수 없다(서울고등법원 2019.8.22. 선고 2019나2012808 판결)는 취지로 판시하며 분양사업자가 시정명령을 받았기 때문에 분양대금을 반환하여야 한다는 수분양자의 청구를 기각하였다.

서울중앙지방법원은 건축물분양법상 시정명령이 법원의 집행정지 인용 결정으로 효력이 정지되어 있고, 시정명령 처분의 적법여부에 관하여 행정소송 중이라면 분양사업자가 건축물분양법을 위반하여 시정명령 등의 처분을 받아 그에 따른 계약해제 사유가 발생하였다고 볼 수 없다(서울중앙지방법원 2021.6.3. 선고 2020가합591717 판결)는 취지로 판시한 사례도 있다.

한편, 부산지방법원 동부지원은 건축물분양법상 시정명령 등에 따른 해약규정은 단속규정에 불과하고 강행규정이 아니므로 분양사업자가 시정명령을 받은 사실만으로 당연히 법정해제권이 발생하는 것은 아니고, 분양계약 해제를 위해서는 시정명령 존재사실만으로는 부족하고, 시정명령의 내용과 취지에 비춰 건축물분양법 위반 사항으로 인하여 계약의 목적이 달성되지 아니하거나 아주 중대한 정도에 이르러야 한다는 취지로 판시하였다.

『건축물분양법은 분양시기, 분양신고, 분양방법 등에 관하여 일정한 제한을 두고 있고 이를 이행하지 아니할 경우 시정명령, 벌칙 등 일정한 행정·형사상의 제재 방법을 마련하여 두고 있다. 그러나 건축물분양법의 목적은 건축물의 '분양절차 및 방법'에 관한 사항을 정함으로써 '건축물 분양과정의 투명성'과 '거래 안전성'을 확보하여 분양받는 자를 보호하고 국민경제의 건전한 발전에 이바지함에 있는 점, 원고들이 주장하는 건축물분양법 규정들에 위반한 분양을 사법상 무효로 하는 명문의 규정이 존재하지 않을 뿐만 아니라 당해 법규에 무효화하는 효력 규정이 명문으로 존재하지 않는 이상 입법자의 객관적 의사는 단속규정으로 봄이 타당한 점 등에 비추어 보면, 원고들이 주장하는 관련 규정은 강행의 효력규정이 아닌 행정상의 목적달성을 위하여 일정한 행위를 금지하거나 제한하는 단속규정에 불과하다고 봄이 타당하다. 따라서 건축물분양법 제6조 제4항 및 같은 법 시행령 제9조 제1항 제11호에서 '분양사업자가 허가권자로부터 위 법 제9조에 따른 시정명령을 받은 경우 수분양자가 계약을 해약할 수 있다'는 내용을 분양계약서에 포함하도록 요구하고 있다고 하더라도, 이를 두고 위 건축물분양법 규정을 강행규정으로 보아 분양사업자가 시정명령을 받은 사실만으로 당연히 법정해제권이 발생한다고 볼 수는 없다.

원고들이 이 사건 해제조항에 따라 이 사건 분양계약을 해제하기 위해서는 허가권자의 시정명령이 있었다는 사실만으로는 부족하고, 그 시정명령의 내용과 취지에 비추어 피고 C 측의 건축물분양법 위반 사항으로 인하여 계약의 목적이 달성되지 아니하거나 이러한 위반사실을 알았더라면 매매계약을 체결하지 아니하였을 것이라고 여겨질 정도에 이르러야 한다고 봄이 타당하다.

당사자들은 건축물분양법 제6조 제4항 및 같은 법 시행령 제9조 제1항 제11호에 따라 이 사건 해제조항을 분양계약의 체결에 영향을 줄 사항으로서 계약 해제사유에 포함한 것으로 보이는데, 건축물분양법은 행정상의 목적달성을 위하여 일정한 행위를 금지하거나 제한하는 단속규정에 불과한 점, 사안의 경중을 따지지 아니하고 피고 C이 시정명령을 받았다는 사실만으로 곧바로 계약해제권이 발생한다고 본다면 대규모 분양사업의 성패가 사소한 위반행위에 좌우될 수도 있는 점 등에 비추어 보면, 사소한 건축물분양법 위반행위로 시정명령을 받은 경우까지 이 사건 분양계약 전부를 해제할 수 있도록 하는 것이 당사자들의 진정한 의사였다고 보기는 어렵다. 오히려, 분양 광고에 분양계약의 주요 내용에 관한 사항을 허위로 기재하거나 누락하는 등의 사유로 시정명령을 받음으로써 원고들이 이 사건 상가 각 호실을 정상적으로 소유 및 사용할 수 없는 정도로 계약이행에 장애가 발생한 경우에 이 사건 해제조항을 이유로 계약을 해제하도록 한 것이 당사자들의 의사였다고 봄이 상당하다(부산지방법원 동부지원 2023.9.21. 선고 2021가합106318 판결).』

최근 아주 사소한 분양대금 반환을 목적으로 아주 사소한 법 위반사항을 트집잡아 지자체 등에 민원을 제기하고 시정명령을 받은 후 이를 근거로 분양계약 해제 및 분양대금 반환을 청구하는 수분양자가 늘어가고 있는 추세이므로 수탁자 임직원들은 위 부산지방법원 동부지원이 설시한 논리를 바탕으로 사소한 법 위반사항에 따른 시정명령 등으로는 분양계약 해제가 발생하지 아니한다고 강력히 주장할 필요가 있다.

라 기타 쟁점

1) 분양대금을 신탁사가 아닌 시행사 등에게 지급한 경우 수분양자가 분양대금 지급의 효력을 신탁사에게 주장할 수 있는지 여부

신탁계약이 체결된 부동산을 분양하는 경우 분양계약 체결 시 분양대금 납부는 시행사가 지정하는 분양대금 수납대행 기관인 신탁사의 계좌에 반드시 본인 명의로 무통장 입금하여야 하고, 타 계좌 및 타 방법으로 납부하였을 경우 분양대금 납부로 인정되지 않으며, 이 경우 무효로 간주하고 이로 인하여 발생한 제반 손해 및 손실 등은 매수인이 책임지기로 약정하는 것이 대부분이다.

경우에 따라 위와 같이 약정하였음에도 불구하고 매수인이나 수분양자가 신탁사 계좌가 아닌 제3의 계좌(통상적으로는 시행사 명의 계좌)에 분양대금을 입금하는 사례가 있는데, 이 경우 적법한 분양대금 지급으로 인정받을 수 있는지 여부가 문제된다.

대법원은, 신축되는 오피스텔 등에 관하여 부동산 담보신탁계약을 체결한 신탁회사인

甲 주식회사와 위탁회사인 乙 주식회사가 丙과 오피스텔 상가 분양계약을 체결하면서 분양대금을 甲 회사의 지정계좌로 납부하도록 약정하였는데도, 丙의 분양계약상 지위를 양수한 丁이 乙 회사의 요청에 따라 중도금을 乙 회사에 지급하여 상가를 인도받았는데, 그 후 乙 회사가 이미 지급받은 중도금을 포함한 잔금 등의 납부를 독촉한 후 분양계약의 해제를 통보하여 상가 인도를 요구하였으나 丁이 이행하지 않자, 甲 회사가 상가 인도와 부당이득 반환을 구한 사안에서, 乙 회사가 이미 지급받은 중도금을 포함한 잔금 등의 이행을 최고한 것은 적법한 최고가 아니어서 분양계약 해제를 적법하다고 볼 수 없는데도 이를 적법하다고 본 원심판단 부분은 잘못이나, 丁이 잔금도 지급하지 않은 이상 상가 인도를 받았다는 사정만으로 소유자인 甲 회사에 대한 관계에서 상가를 점유할 정당한 권원이 있다고 볼 수 없으므로, 丁이 甲 회사에 상가를 인도하고 임료 상당의 부당이득을 반환하여야 하고, 丁은 중도금 지급의 효력을 甲 회사에 주장할 수 없다(대법원 2011.11.24. 선고 2010다75921,75938 판결)는 취지로 판시하였다.

위 대법원 판결 및 기타 판결들을 볼 때, 분양계약상 분양대금을 수탁자 계좌로 납부하도록 약정하였는데도 불구하고 제3의 계좌에 분양대금 중 일부를 납부한 경우 분양대금 지급의 효력을 수탁자에게 주장할 수 없다는 점을 대법원이 분명히 밝혔다고 평가할 수 있을 것이다.

대법원은 다른 사안에서도, 분양사업의 시행자인 위탁자가 수탁자와 담보신탁계약을 체결하면서 위탁자가 우선수익자에 대한 채무를 변제하는 경우 신탁계약을 해지할 수 있도록 약정하였고, 같은 날 대리사무계약을 체결하면서 분양수입금은 수탁자 명의로 개설한 계좌에 입금하기로 약정한 사실, 수분양자는 위탁자와의 사이에 이 사건 아파트에 관한 분양계약을 체결하였는데 분양계약서에는 분양대금 납부는 위탁자가 지정하는 분양대금 수납관리 기관인 수탁자 명의의 계좌에 반드시 본인 명의로 무통장입금하여야 하며, 타계좌 및 타방법으로 납부하였을 경우 분양대금 납부로 인정되지 않으며, 이 경우 무효로 간주하고 이로 인하여 발생한 제반 손해 및 손실은 수분양자의 책임으로 한다라고 인쇄되어 있음에도 분양대금을 할인받는 대가로 계약금만 위 관리계좌에 입금하고 나머지 분양대금은 위탁자에게 직접 교부한 사실, 위탁자가 우선수익자인 시공사에 대한 채무를 변제하였다는 점 등을 인정할 증거가 없으므로 위탁자가 위 분양목적물에 관한 신탁계약을 해지할 권한이 없으며 중도금 및 잔금을 수탁자 명의의 관리계좌에 입금하지 아니하고 위탁자에게 직접 지급한 수분양자로서는 수탁자에 대하여 분양대금 전액이 유효하게 납입되었다고 주장할 수 없으므로 분양대금을 완납한 수분양자에 해당하지 않는 바, 분양목적물에 관한 신탁해지를 원인으로 한 위탁자 명의로의 소유권이전등기 내지는 매매를 원인으로 한 수분양자 명의로의 소유권이전등기를 구하는 수분양자의 청구를 기각하는 것은 타당하다(대법원 2009.11.12. 선고 2009다43317 판결)는 취지로 판시하였다.

서울중앙지방법원도, 매수인이 분양대금을 납입하였는지 여부에 대하여 살피건대, 분양계약서 제1조에는 '분양대금 납부는 시행사가 지정하는 분양대금 수납관리 기관인 수탁자 계좌에 반드시 본인 명의로 무통장 입금하여야 하고, 타 계좌 및 타 방법으로 납부하였을 경우 분양대금 납부로 인정되지 않으며, 이 경우 무효로 간주하고 이로 인하여 발생한 제반손해 및 손실은 수분양자의 책임으로 한다'고 기재되어 있는 사실, 시행사와 수탁자가 분양대금은 수탁자 명의의 자금관리계좌에 입금되어 관리되도록 정한 사실을 인정할 수 있고, 매수인은 계약금 30,000,000원은 위 지정계좌에 입금하였으나 나머지 분양대금은 시행사에게 직접 지급하였다고 자인하고 있는 바, 그렇다면 앞서 인정한 사실만으로 매수인이 수탁자와의 관계에서도 분양대금을 모두 지급하였다고 인정하기에 부족하고, 달리 이를 인정할 증거가 없다는 취지로 판시하며, 매수인인 원고가 수탁자에 대하여 한 분양계약을 원인으로 한 소유권이전등기절차를 이행하라는 취지의 청구를 기각한 사례가 있다.

한편 다른 사례에서 대법원은, 분양대금 중 일부를 시행사에게 지급한 후 신탁 부동산을 인도받아 점유하고 있는 수분양자에 대하여 수탁자에게 분양대금을 완납하지 아니하였으므로 수탁자와의 관계에서 적법한 점유권원이 있다고 보기 어렵다고 판시하며, 수탁자가 수분양자에 대하여 제기한 부동산 인도청구를 인용하는 취지로 판시하였다.

이 사건 신탁계약 및 대리사무계약에서 시행사가 이 사건 신탁부동산을 분양할 수 있다고 규정하고 있는 취지는, 시행사가 자신의 책임과 부담으로 계약당사자가 되어 이 사건 신탁부동산을 분양하고 그 분양대금이 이 사건 지정계좌를 통해 완납되면 우선수익자의 동의를 받아 수탁자에게 해당 부동

산에 대한 신탁해지를 요청하여 수분양자에게 소유권을 이전할 수 있는 권한을 가진다는 의미일 뿐, 이를 넘어서서 수탁자가 시행사에 수탁자를 분양자 또는 공동분양자로 하여 이 사건 신탁부동산에 관한 분양계약을 체결할 권한을 위임한 것이라고 보기 어려우므로, 수분양자로서는 시행사로 하여금 위와 같은 절차를 취하도록 요구할 수 있음은 별론으로 하고, 수분양자들이 시행사와 사이에 신탁부동산에 관하여 체결한 분양계약의 효력이 그 분양계약의 당사자가 아닌 수탁자에게 곧바로 미친다고 볼 수 없다.

또한 구 신탁법(2011.7.25. 법률 제10924호로 전부개정되기 전의 것) 제3조는 등기등록하여야 할 재산에 관하여는 신탁은 그 등기 또는 등록을 함으로써 제3자에 대항할 수 있다고 규정하고 있는데, 구 부동산등기법(2008.3.21. 법률 제8922호로 개정되기 전의 것) 제123조, 제124조는 신탁의 등기를 신청하는 경우에 신탁재산의 관리방법, 신탁종료사유, 기타 신탁의 조항을 기재한 서면을 그 신청서에 첨부하도록 하고 있고 그 서면을 신탁원부로 보며 나아가 신탁원부를 등기부의 일부로 보고 그 기재를 등기로 본다고 규정하고 있는데, 부동산관리처분신탁계약서 및 등기부등본의 각 기재 등에 의하면 이 사건 신탁계약서가 이 사건 신탁의 등기에 첨부되어 신탁원부로 등기되어 있음을 알 수 있으므로, 이에 의하더라도 수탁자인 원고는 이 사건 신탁계약서의 특약사항에 따라 유효한 분양계약 및 신탁해지를 위하여 시행사가 거쳐야 하는 절차를 가지고 제3자인 수분양자들에게도 당연히 대항할 수 있다(대법원 2012.5.9. 선고 2012다13590 판결 참조).

따라서 피고 수분양자들이 시행사와 사이에 위 각 부동산에 관하여 분양계약을 체결하고 시행사에 분양대금 중 일부를 지급한 다음 위 각 부동산을 인도받아 이를 점유하고 있으며, 수분양자가 이 사건 지정계좌에 계약금 중 일부를 입금하였다고 하더라도, 이 사건 지정계좌를 통해 위 각 부동산에 대한 분양대금이 완납되지 않아 이 사건 신탁계약의 특약사항에서 정한 해지사유가 발생하지 않은 이상 수탁자에 대한 관계에서 적법한 점유권원이 있다고 보기 어렵다(대법원 2014.1.23. 선고 2012다49414 판결).

위에서 살펴볼 수 있듯이, 대법원과 하급심법원은 일관되어 분양계약상 분양대금을 수탁자 계좌에 지급하기로 약정하였음에도 불구하고 수분양자가 수탁자의 동의 없이 분양대금을 시행사 등에게 지급하는 경우 수분양자는 수탁자에 대하여 분양대금 지급의 효력을 주장할 수 없다는 취지로 판시하고 있다. 그런데 실무에서 일부 시행사들이 수탁자 계좌가 아니라 시행사 계좌에 분양대금을 납부하는 경우 분양대금을 할인받을 수 있다는 식으로 매수인 등을 현혹하는 경우가 있어 문제된다. 분양계약상 신탁사 계좌에 분양대금을 납입하기로 약정하였음에도 불구하고 신탁사 계좌가 아닌 제3의 계좌에 분양대금을 지급하는 경우 분양대금 지급의 효력을 수탁자에게 주장할 수 없으므로, 수분양자들은

시행사의 불법적인 유혹에 넘어가지 않도록 주의하여야 한다.

2) 자금집행동의권자의 불법행위 책임

시행사와 시공사 그리고 수탁자간 상가를 분양하기 위한 사업약정을 체결하고 분양사업과 관련된 수입금 일체를 수임자인 수탁자 명의로 개설한 분양수입금 관리계좌에 입금받았기로 하고 건물 신축 및 분양사업을 진행하였다. 위임자인 시행사와 분양계약을 체결한 수분양자가 시행사와 분양계약을 합의해제하고 시행사는 수분양자의 분양대금반환을 위하여 위 분양수입금 관리계좌에서 분양계약 해약금을 인출해달라고 요청하였으나 자금집행동의권자인 시공사가 인출동의권을 행사하지 아니하고 시공사의 공사대금만을 지속적으로 인출하여 결국 위 분양수입금 관리계좌의 잔고가 부족해진 경우 수분양자는 시공사에게 불법행위를 원인으로 한 손해배상을 청구할 수 있는지 여부가 문제된다.

위와 같은 쟁점이 문제된 사안에서 대법원은 시공사는 수분양자에게 불법행위를 원인으로 해약금 상당의 손해를 배상할 책임이 있다는 취지로 판시하였다. 구체적인 내용은 아래와 같다.

피고는 자신의 동의 없이는 이 사건 관리계좌에서 돈이 인출될 수 없다는 것을 기화로 시행사의 이 사건 해약금 반환을 위한 금원 인출 요청을 거부한 채 이 사건 관리계좌에서 자신의 공사대금을 변제받고자 우선적으로 금원을 인출함으로써 이 사건 관리계좌의 잔고가 부족하게 되어 원고가 이 사건 해약금을 반환받지 못하도록 하였다. 피고는 원고의 이 사건 해약금 반환채권이 자신의 행위로 침해됨을 알면서도 원고에 대한 관계에서 법률상 우선변제권이 인정되지 않는 피고의 공사대금을 우선적으로 추심하기 위하여 금원을 인출하였다. 피고의 이러한 행위는 이 사건과 같은 부동산 선분양 개발사업 시장에서 거래의 공정성과 건전성을 침해하고 사회통념상 요구되는 경제질서에 위반하는 위법한 행위이다. 원고는 피고의 위와 같은 위법행위로 말미암아 시행사로부터 이 사건 해약금을 반환받지 못하는 손해를 입었다. 따라서 피고는 원고에게 그 손해를 배상할 책임이 있다(대법원 2021.6.30. 선고 2016다10827 판결).

위 판결은 수분양자가 사업약정 대리사무계약의 수임자인 수탁자가 아닌 사업약정 대리사무계약의 자금집행동의권자인 시공사에 대하여 불법행위를 원인으로 한 손해배상을 청구한 사안이라는 점에서 특이점이 있다. 수분양자와 사업약정 대리사무계약의 자금집행동의권자인 시공사간에는 계약관계가 없기 때문에 수분양자측에서는 제3자 채권침해의 법리를 기초로 시공사를 상대로 한 손해배상청구를 진행하였는데, 이러한 취지에서 자금집행동의권자에 대하여 불법행위책임이 인정된 사례가 거의 없었다는 점에서 눈여겨볼 가치가 있는 판결이다.

3) 수탁자의 동의없이 임의로 체결한 분양계약의 효력

위탁자가 수탁자와 토지신탁 또는 분양관리신탁계약을 체결하였으나 수탁자의 동의 없이 임의로 수분양자와 분양계약을 체결하고 분양대금을 위탁자명의계좌로 수취한 경우 수분양자가 수탁자에게 분양목적물의 소유권이전등기를 청구할 권원이 있는지 여부가 문제된다.

실무에서는 생각보다 종종 일어나는 일인데, 위탁자가 수탁자와 토지신탁 또는 분양관리신탁계약을 체결하고도, 수탁자의 동의없이 임의로 분양계약을 체결하고 분양대금을 위탁자 명의로 수취한 경우 수분양자가 분양목적물의 소유권을 이전받을 권한이 있는지 여부가 문제되는 것이다.

서울중앙지방법원은, 위탁자가 수탁자와 분양관리신탁 및 사업약정을 체결한 이후 수탁자의 동의없이 임의로 수분양자와 분양계약을 체결하고 분양대금도 위탁자 명의로 수취하였는데, 위 분양계약이 신탁계약의 절차와 요건을 갖추지 못하여 정상적인 분양계약으로 인정받지 못하자 위 수분양자들이 수탁자에게 소유권이전등기절차를 이행하라는 취지로 소를 제기한 사안에서,

위탁자와 수탁자가 작성한 사업약정 및 대리사무계약서에는 분양계약서에는 위탁자를 매도인으로, 시공사를 책임준공사로, 수탁자를 대리사무신탁사로 기재하여 날인하기로 한다고 정하고 있고, 분양대금은 지정된 분양수입금 계좌 외의 입금에 대하여는 입금을 인정하지 않는다고 정하고 있는바, 이 사건 분양계약은 위탁자와 수탁자가 위 사업약정 및 대리사무계약과 그에 따른 분양관리신탁계약을 체결한 이후에 체결된 것임에도 분양계약서에 별도로 수탁자 명의의 기재나 날인이 없는 점, 분양계약서 및 분양관리신탁계약서, 사업약정 및 대리사무계약서에 분양대금의 납부와 관련하여 분양대금은 위탁자가 지정하는 분양수입금의 수입 및 관리기관인 수탁자의 지정계좌에 반드시 본인명의로 입

금하여야 하고 타계좌, 직원수납 등의 납부는 분양대금납부로 인정되지 않는다는 취지로 기재되어 있는 점, 수탁자로부터 분양대금 납부와 관련한 어떠한 확인도 받지 아니한 점 등에 비추어 볼 때 수탁자가 이 사건 분양계약에 따라 위탁자와 계약한 수분양자들에 대하여 소유권이전등기절차를 이행할 의무를 부담한다고 인정하기 부족하다는 취지로 판시한 사례가 있다.

위와 같은 사실관계에서 특별한 사정이 없는 한 수탁자의 동의없이 임의로 위탁자와 계약한 수분양자들에게 수탁자가 소유권이전등기절차를 이행할 의무는 없을 것으로 사료된다. 토지신탁에서도 당연히 위와 동일하게 판결이 선고될 것으로 보인다.

4) 신축아파트의 구분건물 각각에 대하여 분양계약을 체결한 후 토지에 관한 담보신탁계약을 체결하고 신탁등기를 경료한 경우 그 담보신탁등기가 유효한지 여부

집합건물의 소유 및 관리에 관한 법률(이하 '집합건물법'이라고 한다)은 "1동의 건물 중 구조상 구분된 여러 개의 부분이 독립한 건물로서 사용될 수 있을 때에는 그 각 부분은 이 법이 정하는 바에 따라 각각 소유권의 목적으로 할 수 있다."고 규정하고(제1조), 1동의 건물 중 독립한 건물로서 사용될 수 있는 건물부분, 즉 전유부분을 목적으로 하는 소유권을 구분소유권이라고 정의하고 있다(제2조 제1호, 제3호). 그리고 이와 같이 1동의 건물에 대하여 구분소유권이 성립하는 경우, 그 1동의 건물을 집합건물이라고 하고 1동의 건물 중 구분된 건물부분을 구분건물이라고 한다.

1동의 건물에 대하여 구분소유가 성립하기 위해서는 객관적·물리적인 측면에서 1동의 건물이 존재하고 구분된 건물부분이 구조상·이용상 독립성을 갖추어야 할 뿐 아니라 1동의 건물 중 물리적으로 구획된 건물부분을 각각 구분소유권의 객체로 하려는 구분행위가 있어야 한다(대법원 1999.7.27. 선고 98다35020 판결 등 참조). 여기서 구분행위는 건물의 물리적 형질에 변경을 가함이 없이 법률관념상 그 건물의 특정 부분을 구분하여 별개의 소유권의 객체로 하려는 일종의 법률행위로서, 그 시기나 방식에 특별한 제한이 있는 것은 아니고 처분권자의 구분의사가 객관적으로 외부에 표시되면 인정된다. 따라서 구분건물이 물리적으로 완성되기 전에도 건축허가신청이나 분양계약 등을 통하여 장래 신축되는 건물을 구분건물로 하겠다는 구분의사가 객관적으로 표시되면 구분행위의 존재를 인정할 수 있고, 이후 1동의 건물 및 그 구분행위에 상응하는 구분건물이 객관적·물리적으로 완성되면 아직 그 건물이 집합건축물대장에 등록되거나 구분건물로서 등기부에 등기되지 않았더라도 그 시점에서 구분소유가 성립한다(대법원 2006.3.10. 선고 2004다742 판결 등 참조).

그렇다면, 구분소유권이 성립한 상태에서 토지에 대한 담보신탁계약이 체결되고 신탁등기가 경료된 경우 그 신탁등기는 유효한 등기인지 여부가 문제된다. 대법원은 그러한 신탁등기는 무효라는 입장이다.

甲이 아파트를 신축하면서 내부 구분건물 각각에 대하여 분양계약을 체결한 후 토지에 관하여 乙 주식회사와 부동산담보신탁계약을 체결하고 신탁등기를 마쳐 준 사안에서, 신탁등기를 마친 당시 아파트 각 층의 기둥, 주벽 및 천장 슬래브 공사가 이루어져 건물 내부의 각 전유부분이 구조상·이용상의 독립성을 갖추었고, 그보다 앞서 甲이 구분건물 각각에 대하여 분양계약을 체결함으로써 구분의사를 외부에 표시하였으므로 구분행위의 존재도 인정된다고 보아, 아파트의 전유부분에 관하여 이미 구분소유권이 성립한 이상 부동산담보신탁계약은 집합건물의 소유 및 관리에 관한 법률 제20조에 위배되어 무효이므로 신탁등기는 말소되어야 하고, 신탁계약 체결 당시 아파트가 집합건물로서 모습을 갖춘 점 등에 비추어 乙 회사는 위 토지가 집합건물의 대지로 되어 있는 사정을 알고 있었다고 보이므로 선의의 제3자에 해당하지 않는다고 본 원심판단이 정당하다고 한 사례(대법원 2013.1.17. 선고 2010다71578 전원합의체 판결).

위 대법원 판결의 취지에 따라 수탁자가 토지에 대한 담보신탁계약을 체결하는 경우에는 토지 위에 전용부분의 구조상·이용상의 독립성을 갖춘 신축건물이 존재하는 경우에는 토지에 대한 담보신탁계약이 무효가 될 수 있는 가능성이 있다는 점을 유념하고 수탁자 담당자는 관련 업무를 수행하는 것이 바람직하다. 건축중인 건물이 존재하는 토지에 대하여 토지만 신탁하는 경우에는 토지의 신탁등기가 무효로 취급될 수 있으므로 거듭 주의를 요한다.

9 토지신탁 사업중단의 법리

 토지신탁계약에서 수탁자가 경제사정의 변화 등으로 말미암아 당초의 예상과 달리 신탁사업의 수익성이 떨어져 이를 계속 수행하는 경우 손실이 예상되는 경우 수탁자는 위탁자 등 신탁관계인과 토지신탁 구도 변경 또는 토지신탁 사업 중단을 협의할 수 있다.

 토지신탁 사업의 중단은 비단 수탁자의 이익을 위한 것이 아니라 위탁자, 시공사, 우선수익자의 이익을 위한 것이어야 하고, 이를 위하여 토지신탁 사업을 계속하는 경우 손실의 발생이나 확대가 예상된다는 점, 수탁자가 토지신탁사업의 추진을 중지하고 위탁자에게 수차례 설계변경의 필요성을 설명하고 그에 대한 동의를 구하기 위하여 노력하였으나, 위탁자의 부동의로 결국 사업이 중단되었다는 점 등이 입증되는 경우 수탁자의 선관주의의무 위반은 인정되지 아니한다. 이러한 경우 수탁자에 대한 신탁계약상의 채무 불이행 책임도 인정되지 아니한다는 것이 대법원의 입장이다(대법원 2006.6.9. 선고 2004다24557 판결).

 구체적인 사례를 살펴보자. 대법원은 토지신탁계약 체결 후 경제적인 상황의 변화가 생겨 토지신탁사업이 중단되고, 수탁자가 여러 가지 대응 방안을 제시하였음에도 불구하고 위탁자가 이를 거부한 경우 위탁자는 수탁자와 협의하여 신탁계약으로 인하여 발생한 비용을 정산하고 신탁계약을 해지함으로써 신탁목적물을 조기에 회수할 수 있었으므로, 수탁자는 신탁계약상 수탁자로서의 선관주의의무를 다하였다고 인정한 사안이 있다. 구체적인 내용은 아래와 같다.

구 신탁법 제28조(2011.7.25. 법률 제10924호로 개정되기 전의 것)에 의하면, 수탁자는 신탁의 본지에 따라 선량한 관리자의 주의로써 신탁재산을 관리 또는 처분하여야 하는바, 이러한 주의의무에는 위탁자의 지시에 따라 신탁사업을 추진하는 것이 신탁의 취지에 적합하지 않거나 경제성이 없는 것으로 판단될 경우 그러한 내용을 위탁자에게 알려주고 그 지시를 변경하도록 조언할 의무도 포함된다고 할 것이다(대법원 2006.6.9. 선고 2004다24557 판결 참조).

그런데 원심판결 이유와 원심이 적법하게 채택한 증거에 의하면, ① 피고는 2008.9.경 원주시장으로부터 이 사건 주택건설 사업계획의 변경승인과 착공승인 등을 받았고, 공사착공 및 분양절차 개시 등 이 사건 신탁계약에서 예정한 후속조치는 취하지 아니한 상태에서 2008.11.4.경 원고에게 '경제상황의 변동 등을 이유로 2009.3. 이후 부동산 경기 회복시까지 사업을 순연한다'는 취지의 사업중단을 통보하였으며, 이에 원고는 2009.2.6. 피고의 신탁사무 중단이 부당함을 이유로 손해배상을 구하는 이 사건 소를 제기한 사실, ② 피고는 2009.4.13.경 원고에게 일정기간 동안의 이 사건 사업 잠정 중단 및 일정기간 후 재개 방안, 분양가 할인 및 추가담보 제공을 통한 사업추진 방안, 분양형 토지신탁에서 관리형 토지신탁으로 신탁방식을 변경하는 방안, 즉각적인 이 사건 사업 및 신탁 종료 방안 등을 제시하였으나, 원고가 위와 같은 피고의 제안을 모두 거부한 사실, ③ 원고는 이 사건 2009.10.21.자 준비서면을 통하여 피고에게 '사업을 계속할 의사인지 아니면 사업을 중단하고 포기할 의사인지'에 관하여 석명을 구하였으나 이때에도 피고는 '입장에 변함이 없고, 계약해지도 가능하지만 원고의 의사를 최대한 존중하여 사업을 순연한다는 결정만을 내린 것이며, 사업여건의 변화가 생길 때까지는 현재 상태를 유지할 수밖에 없어, 원고의 사업재개 요구에 응할 수 없다'는 취지로 답변한 사실, ④ 그 후 진행된 이 사건 원심 조정 과정에서도 피고는 원고에게 이 사건 신탁계약의 합의해지 방안을 제시한 바 있는 사실, ⑤ 피고는 이 사건 2011.4.19.자 준비서면을 통하여 '피고는 원고가 원한다면 언제든지 이 사건 신탁계약을 합의 해지할 의사가 있었고 그러한 의사를 일찍부터 표시하여 왔으나 원고의 강력한 반대로 합의 해지는 이루어지지 못하였는바, 그 후 조정과정에서 드러난 당사자간 현격한 입장 차이를 고려하면 현 상태에서 피고가 제시할 수 있는 방안은 신탁계약을 종료시키고 신탁비용을 정산한 후 남은 신탁재산을 원고에게 반환하는 것이다'라는 입장을 또다시 원고에게 밝힌 사실, ⑥ 피고의 위와 같은 입장 표명에 대하여 원고는 이 사건 2011.4.20.자 준비서면을 통하여 '원고의 종국적 의사표명 요구에 대하여 피고가 종국적 답변은 거부한 채 중단만 계속하는 것은 부당하다'는 취지로 답변한 사실 등을 알 수 있고, 한편 기록에 의하면 원고가 당초에는 '피고의 사업 중단'만을 손해배상의 청구원인으로 주장하다가 원심 소송계속 중인 2011.6.9.에 이르러서야 청구원인을 변경하면서 '피고의 해지의무 위반'을 청구원인으로 주장하기 시작하였음을 알 수 있다.

위와 같은 사실관계를 앞서 본 법리에 비추어 보면, 피고는 원고가 이 사건 소를 제기한 직후부터 원고에게 경제상황의 변화에 따른 여러 가지 대응 방안을 제시하였고, 이에 따라 원고는 피고와 협의하여 이 사건 신탁계약으로 인하여 발생된 비용을 정산하고 이 사건 신탁계약을 해지함으로써 신탁목적물을 조기에 회수할 수 있었다고 보이므로 이로써 피고는 이 사건 신탁계약상 수탁자로서의 선관주의의무를 다하였다고 봄이 타당하고, 나아가 피고가 해지권을 행사함으로써 이 사건 신탁계약의 일방적 해지 조치를 취하지 아니한 것이 손해배상의 원인이 될 만한 어떠한 의무 위반에 해당한다고 보기도 어렵다(대법원 2014.6.26. 선고 2012다26770 판결).

위 판결사안에서 수탁자는 위탁자에 대하여 ① 일정기간 동안의 이 사건 사업 잠정 중단 및 일정기간 후 재개 방안, ② 분양가 할인 및 추가담보 제공을 통한 사업추진 방안, ③ 분양형 토지신탁에서 관리형 토지신탁으로 신탁방식을 변경하는 방안, ④ 즉각적인 이 사건 사업 및 신탁 종료 방안 등을 제시하였으나, 위탁자는 위와 같은 수탁자의 조언을 전부 거절하였다. 이처럼 토지신탁사업 계속으로 손실이 예상된다 하더라도 수탁자는 위탁자에 대하여 다양한 조언을 하여야 하고, 이러한 조언에 대하여 위탁자가 합리적인 대체방안 제시 없이 단순히 거절만 하는 경우에는 수탁자에게 선관주의의무 위반등이 인정되지 아니하는바, 토지신탁사업을 중단하기 전에 수탁자 담당자는 위와 같이 객관적이고 타당한 사업진행 방안을 선제시하여야 한다는 사실을 잊어서는 안된다.

또한 최근 차입형 토지신탁사업을 진행하던 도중 저조한 분양결과로 인하여 공사가 중지되었으나, 위탁자가 수탁자에게 공사 재개만을 요구할 뿐 우호적인 분양조건의 변경 또는 개선에 관한 의견을 제시하지 못하고, 지역 부동산 투자 수요가 더욱 위축되었으며, 회계법인 재무분석결과 사업 계속시 손실이 확대될 것으로 예상되어 수탁자가 신탁사업 진행을 중단하자 위탁자가 수탁자를 상대로 손해배상을 청구한 사안에서 서울중앙지방법원은 토지신탁사업의 초기 분양률이 예상보다 매우 저조한 사정 등으로 인해, 자금을 조달하여 공사를 계속하더라도 향후 손실이 발생할 것으로 예상되는 상황에서조차 수탁자에게 무조건적으로 자금을 조달하여야 할 의무가 있다고 보기는 어렵다고 판시하였다. 이 판결은 그대로 대법원에서 확정되었다. 자세한 내용은 아래와 같다.

피고는 당초의 예상과는 달리 이 사건 사업의 수익성이 떨어져 이를 계속 수행하는 경우 손실의 발생과 확대가 예상되어 이 사건 사업의 추진을 중지한 것으로 봄이 옳은데, 비록 피고가 토지신탁을 업으로 하는 전문가로서 전문지식에 기초하여 분양률과 수익성을 예측하였다가 경기침체 등으로 그 예측이 어긋나는 상황이 발생하였다고 하더라도 이 사건 사업 수행에 따른 손실의 발생과 확대가 예상되는 상황에서 이 사건 사업의 추진을 중단한 것을 두고 피고가 선관주의의무를 위반하였다고 보기는 어려우며, 원고가 제출한 증거들만으로는 피고가 이 사건 신탁계약상 수탁자로서 위탁자와의 협의의무를 위반하였다거나 수탁자로서의 업무 수행에 선관주의의무를 위반한 잘못이 있다고 인정하기에 부족하고 달리 이를 인정할 만한 증거가 없다. 따라서 원고의 주장은 받아들이지 아니한다.

1. 원고는 이 사건 사업약정에 앞서 2016.5.17. 이 사건 사업부지에 관한 매매계약을 체결하고 이 사건 사업을 추진하였다. 피고는 2016.8.29. 원고 및 시공사와 사이에 이 사건 사업약정을 체결하였고, 2016.9.경 내부심의와 2016.11.경 경영위원회의 의결을 거쳐 2016.12.1. 원고와 사이에 이 사건 신탁계약을 체결하였다. 이 사건 신탁계약 당시 이 사건 호텔 2, 3, 20층 근린생활시설에 관하여 사전 예약이 이루어진 상태였고, 한 달 이내에 30% 분양률 달성을 예측하였다.

2. 그러나 2017.3. 초순경 분양이 개시된 이후 2017.3.17.경 숙박시설의 분양률이 약 1.12%(360개 호실 중 5개 호실)로서 이를 통하여 얻을 수 있는 분양수익금이 10억 원 정도에 불과하였고, 이에 따라 피고는 I에게 잠정적인 공사 중단을 하도록 하였다. 다만 공사기간이 34개월로서 2개월 정도의 공기 여유가 있었던 것으로 보이고, 피고는 이러한 사정을 참작하여 시공사로 하여금 공사를 잠정적으로 중지하도록 한 것으로 보인다. 피고는 2017.3.21. 원고 및 시공사과 함께 공사와 관련한 협의를 진행하였으나, 분양 진행 상황이 나아지지 아니하여 공사가 재개되지 아니하였다.

3. 2017.4.4.에는 이 사건 호텔의 2, 3, 20층 근린생활시설의 사전예약자가 철회 및 청약금의 반환을 요구하였다. 피고는 2017.4. 및 5.경 입찰에 참여한 분양대행사들로부터 분양형 호텔의 위험성에 관한 언론의 집중 보도로 인한 시장 분위기가 좋지 않은 점과 다른 분양형 호텔이 장기간의 확정수익을 보장하고 있는 것에 반하여 이 사건 호텔의 경우 1년간 6%의 확정수익만 보장하는 점 등을 지적받고, 2017.7.경 원고에게 '높은 분양가와 낮은 분양혜택, 분양형 호텔의 과잉공급, 포항 지역 분양형 호텔에 대한 수요자의 이해 부족'을 분양 저조의 원인으로 제시하였다.

4. 그런데 원고는 피고에게 공사의 재개를 요구하거나 광고비 등의 집행을 요구하면서도 수분양자에게 우호적인 분양조건의 변경 또는 개선에 관하여는 별다른 의견을 제시하지 아니하였던 것으로 보인다. 또한 사전예약이 철회된 이 사건 호텔의 2, 3, 20층 근린생활시설에 대한 분양계약이 이루어지지 아니하였고, 2017.11.경까지 숙박시설의 분양률은 약 3.82%(360개 호실 중 17개 호실)에 불과하였다. 2017.11.15. 포항시에서 지진이 발생하였고, 이로 인하여 지역 부동산 투자 수요가 더욱 위축된 것으로 보인다.

5. 2019.1.경 회계법인의 재무분석 결과 이 사건 사업을 계속 수행할 경우 신규차입금 378억 9,300만 원이 투입되는 반면 279억 6,200만 원이 상환되어, 향후 신규차입금의 미상환금액이 99억 3,100만 원에 달할 것으로 예상되었다.

6. 이 사건 신탁계약이 '차입형' 토지신탁계약으로서 자금조달의 책임이 기본적으로 수탁자인 피고에게 있다고 하더라도, 위와 같이 초기 분양률이 예상보다 매우 저조한 사정 등으로 인해, 자금을 조달하여 공사를 계속하더라도 향후 손실이 발생할 것으로 예상되는 상황에서조차 피고에게 무조건적으로 자금을 조달하여야 할 의무가 있다고 보기는 어렵다.

위에서 살펴본 것처럼 원칙적으로 토지신탁계약의 수탁자는 우선적으로 위탁자의 지시에 따라 사무처리를 하여야 하나, 그 지시에 따라 신탁사업을 추진하는 것이 신탁의 취지에 적합하지 않거나 경제성이 없는 것으로 판단되어 위탁자에게 불이익할 때에는 그러한 내용을 위탁자에게 알려주고 그 지시를 변경하도록 조언할 의무를 진다. 따라서 토지신탁계약에서 수탁자가 경제사정의 변화 등으로 말미암아 당초의 예상과 달리 신탁사업의 수익성이 떨어져 이를 계속 수행하는 경우 손실의 발생이나 확대가 예상되자, 그 사업의 추진을 중지하고 그러한 내용을 위탁자에게 알려주고 그 지시를 변경하도록 조언하였다면 수탁자로서의 주의의무 위반을 인정할 수 없(대법원 2006.6.9. 선고 2004다24557 판결 참조)는 것으로 보인다.

또한 수탁자로서는 위의 판례를 유추적용하여 신탁계약 특약에 "천재지변, 법령의 개폐 등 제도의 변경, 급격한 경제사정의 변화, 위탁자 또는 수익자의 부도, 그 밖의 부득이한 사유가 발생하여 신탁목적을 달성할 수 없거나 신탁사무 수행이 불가능하여 현저히 곤란할 경우 수탁자는 위탁자 또는 수익자에게 신탁계약의 해지를 통지함으로써 신탁계약을 해지할 수 있다."는 취지의 내용을 반영하는 것도 고려할 필요가 있다.

한편, 서울고등법원은 수탁자가 신탁업무처리로 인한 손실을 최소화하기 위해 신탁재산을 건설회사에 매도하여 그 잔여공사가 시행되게 한 것은 궁극적으로는 위탁자에게도 이익이 되는 행위라고 할 것이므로 단지 수탁자가 신탁재산을 신탁계약 과정에 참여한 시공사에게 양도하였다는 사정만으로 위 매도행위 자체가 신탁의 본지에 반하는 신탁재산의 처분이라거나 그 행위가 무효가 되는 반사회질서의 법률행위라고 볼 수는 없다는 취지로 판시한 바 있고, 위 판결은 대법원에서 심리불속행 기각 판결로 확정되었다. 수탁자가 신탁사업을 완전 중단하기 어려운 경우 사업담당자는 위와 같은 전략도 고민할 필요가 있다는 점에서 소개해본다.

10 신탁해지권

수탁자는 신탁행위로 정한 바에 따라 수익자의 이익을 위하여 선량한 관리자의 주의로 신탁사무를 처리할 의무가 있고(신탁법 제32조, 제33조), 따라서 일정한 요건을 갖춘 경우 수익자, 우선수익자, 수분양자 등은 수탁자를 상대로 신탁부동산의 해지를 청구할 수 있는 이른바 신탁해지권을 가진다. 통상 수탁자와 매매계약을 체결한 수분양자나 위탁자 또는 위탁자의 채권자 등이 신탁해지권을 주장하며 수탁자를 상대로 소송을 제기하는 경우가 많은데, 이와 관련하여 구체적인 판례를 살펴보기로 한다.

가 위탁자 또는 수분양자의 신탁해지권이 부정된 사례

건축물의 분양에 관한 법률에 따른 분양관리신탁 및 자금관리 대리사무계약을 토대로 분양사업을 진행하는 경우 신탁계약 및 자금관리 대리사무계약의 규정 취지에 비추어 수탁자는 분양수입금을 재원으로 하여 신탁업무를 수행함으로써 수분양자 외에 수익자의 이익도 아울러 보호할 의무가 있다. 나아가 신탁계약으로 인하여 분양목적물인 신탁부동산의 소유명의가 분양자(시행사, 위탁자)가 아닌 수탁자에게 귀속하게 되므로, 위탁자와 수탁자 사이에서 정한 절차와 내용에 따른 정상적인 분양계약이 이루어진 경우 소유명의자인 수탁자로부터 궁극적으로 수분양자에게 분양된 목적물의 소유권이전등기가 용이하게 마쳐질 수 있도록 하기 위하여 위탁자는 분양된 목적물에 관하여 신탁을 해지할 수 있는 권리를 가지고, 다만 그와 같이 신탁이 해지된 경우 수탁자로 하여금 분양목적물에 관한 소유권이전등기를 위탁자에게 마쳐주는 대신 수분양자에게 직접 마쳐주는 것을 허용하는 것인바, 만일 위탁자의 신탁해지권 행사가 수익자의 이익을 심각하게 해치게 될 것임이 명백하여 신탁계약의 본지에 반하게 되는 경우라면 위탁자에게 위 조항에 따른 신탁해지권을 부여할 수는 없다(대법원 2011.3.10. 선고 2009다50353 판결 등 참조).

위와 같은 신탁해지권에 관하여 대법원은 상가건물을 신축분양하는 사업의 시행사가 구 건축물의 분양에 관한 법률(2007.8.3. 법률 제8635호로 개정되기 전의 것)에 따라 신탁회사와 체결한 신탁계약에서 "위탁자가 피분양자에게 소유권을 이전하기 위하여 신탁해지를 요청하는 경우 수탁자는 신탁해지와 동시에 피분양자에게 소유권이전등기가 경료되도록 하거나 피분양자에게 직접 소유권이전등기를 할 수 있다."라고 정한 사안에서, 위 조항은 신탁계약으로 인하여 분양목적물인 신탁부동산의 소유명의가 분양자가 아닌 수탁자에게 귀속하게 되므로, 위탁자와 수탁자 사이에서 정한 절차와 내용에 따른 정상적인 분양계약이 이루어진 경우 소유명의자인 수탁자로부터 궁극적으로 피분양자에게 분양된 목적물의 소유권이전등기가 용이하게 경료될 수 있도록 하기 위하여 위탁자는 분양된 목적물에 관하여 신탁을 해지할 수 있는 권리를 가지고, 다만 그와 같이 신탁이 해지된 경우 수탁자로 하여금 분양목적물에 관한 소유권이전등기를 위탁자에게 경료하는 대신 피분양자에게 직접 경료하게 하는 것도 허용하는 취지를 규정하고 있다고 해석하여야 하나, 위 분양사업의 예상매출액과 예상비용을 세부 항목별로 구체적으로 기재한 사업성 분석표에 기재된 분양가격의 4분의 1에도 미치지 아니하는 정도의 현저한 저가에 분양이 이루어진 경우까지 피분양자 앞으로 신탁해지에 기한 소유권이전등기가 허용된다면 수익자의 이익을 심각하게 해치게 될 것임이 명백하여 신탁계약의 본지에 반하게 되므로, 이러한 경우에도 위탁자에게 위 조항에 따른 신탁해지권이 부여된다고 해석할 수는 없다고 판시한 사례가 있다(대법원 2011.3.10. 선고 2009다50353 판결 등 참조).

원분양가에서 얼마나 적은 금액에 분양받으면 위 대법원 판결에서 말하는 현저한 저가에 해당하는지 여부는 할인율의 정도, 일반적인 건축물의 분양관행, 그 당시의 경제상황, 인근 유사 부동산의 할인율 등을 종합적으로 검토하여야 할 것이다.

광주고등법원은 분양관리신탁에서 수탁자 및 우선수익자의 허가 없이 원분양가 대비 약 35% 할인된 금액으로 위탁자와 분양계약을 체결한 수분양자의 경우 할인의 폭이 이례적으로 커 분양계약이 현저한 저가로 이루어져 수익자의 이익을 심각하게 침해하였다고 볼 여지가 상당하므로, 우선수익자가 분양계약의 분양대금이 현저히 낮음을 문제삼아 소유권이전등기에 동의하지 않는 상황에서 수탁자가 신탁해지의 효력을 다투면서 법원이 최종적인 판단을 내리기 전까지 수분양자에 대한 소유권이전등기의무 이행을 거부하는 것은 합리적이고 정당한 이유가 있다고 판시한 사례가 있다.

한편, 할인분양의 정당성에 관하여, 관리형 토지신탁사업에서 분양률이 저조하자 시공사가 1순위 우선수익자의 대출금을 대위 변제한 후 수탁자에게 신탁부동산에 관하여 분양가 대비 약 40%를 할인하여 일괄매각을 요청하였는데 후순위 우선수익자가 반대하였음에도 불구하고 약 40% 할인된 가격으로 일괄 할인매각이 이루어지자 후순위 우선수익자가 수탁자 및 시공사에 대하여 손해배상소송을 제기한 사안에서 대법원은 ① 사업약정 및 신탁계약상 시공사가 할인분양 요청권을 행사함에 있어 후순위 우선수익자의 동의가 필요하다고 볼 수 없고, 신탁계약 제15조 제1호에서 수탁자는 시공사가 지정하는 자에게 시공사가 지정하는 금액으로 미분양 아파트를 처분하여야 하며 이에 대해 어떠한 이의를 제기할 수 없도록 약정하였으므로, 수탁자와 시공사가 할인분양에 관한 사업약정 및 신탁계약을 위반하였다고 볼 수 없고, ② 수탁자는 신탁계약에서 정한 바에 따라 할인분양계약을 체결한 것으로 미분양 아파트를 현저하게 불공정한 가격에 매각하였다고 단정하기 어려우므로 수탁자가 신탁법상 충실의무를 위반하였다고 볼 수 없다고 보아 후순위 우선수익자들의 수탁자 및 시공사에 대한 신탁계약 위반 내지 신탁법상의 충실의무 위반 등에 기한 손해배상청구를 배척한 사례가 있다(대법원 2015.11.17. 선고 2015다40067 판결).

또한 수분양자가 정상적인 분양계약을 체결하지 아니하였거나, 분양대금을 신탁계좌에 입금하지 아니하는 경우 당연히 수분양자나 위탁자에게 신탁해지권이 발생하지 않는다. 서울고등법원도 신탁계약에서 정한 절차와 내용에 따른 정상적인 분양계약서를 체결하지 아니하였거나 분양대금을 지정한 수탁자의 분양수입금관리계좌로 입금하지 아니한 경우 수분양자는 매매계약에 기하여 수탁자에 대하여 신탁부동산에 관한 신탁해지권을 행사할 수 없다고 판시한 사례도 있다.

서울중앙지방법원도 하도급업체가 위탁자와 대물변제조로 수탁자 및 우선수익자의 동의 없이 임의로 분양계약을 체결하고 수탁자에게 신탁해지권을 주장하며 소유권이전등기청구소송을 제기한 사안에서 원고인 하도급업체와 위탁자 사이에 이루어진 대물변제약정은 원고와 위탁자 사이에 임의로 체결된 것에 불과하고, 달리 수탁자나 우선수익자의 동의나 승낙이 있었음을 인정할 증거가 없고, 나아가 대물변제약정은 PF 계약에 따라 정하기로 한 분양대금 지급방법도 충족하지 못하였다. 따라서 수탁자 및 우선수익자에 대하여 유효한 분양계약의 체결 및 분양대금의 완납의 효력이 미친다고 할 수 없으므로, 위탁자가 수탁자를 상대로 신탁부동산에 관한 신탁을 해지할 수 있다거나 우선수익자에게 신탁일부 해지에 관한 동의 의무가 있다는 전제에서 한 원고의 청구는 더 나아가 살필 필요 없이 이유 없다고 판시하며, 하도급업체의 신탁해지권을 부정한 사례가 있다.

나 신탁해지권이 인정된 사례

그렇다면 어떠한 경우 신탁해지권이 인정되는 것일까. 대법원은 시행사가 상가를 신축·분양하면서 금융기관에 대한 대출금 채무 및 시공사에 대한 공사대금 채무의 이행을 담보하기 위하여 신탁회사와 사이에 대출 금융기관 및 시공사를 우선수익자로 하는 신축 상가에 관한 신탁계약을 체결한 사안에서, 그 신탁계약의 목적과 구조, 분양대금의 관리와 운영, 위탁자와 수탁자, 우선수익자 등 신탁계약 당사자들의 지위와 역할 등을 종합하여 보면 신탁계약상 위탁자인 시행사와 수탁자인 신탁회사, 우선수익자인 대출 금융기관 및 시공사는, 상가에 관하여 유효한 분양계약이 이루어지고 그에 따른 분양대금에 의해 우선수익자가 시행사에 대한 채권을 변제받거나 적어도 위 시행사가 임의로 인출할 수 없도록 별도로 지정된 분양대금 수납계좌로 분양대금이 전액 입금되는 등으로 그 분양대금에 의한 우선수익자의 채권 변제가 확보된 상태에 이르면, 시행사는 피분양자에게 분양된 부동산에 관한 소유권이전등기를 경료해 주기 위하여 그 부분에 관한 신탁을 일부 해지할 수 있고, 우선수익자는 그 신탁 일부 해지의 의사표시에 관하여 동의의 의사표시를 하기로 하는 묵시적 약정을 하였다고 판단한 사례가 있다(대법원 2010.12.9. 선고 2009다81289 판결).

위 판결은 건축물의 분양에 관한 법률이 적용되는 사업에서 분양관리신탁 및 자금관리대리사무계약 구도로 사업이 진행된 사안에서 판시된 사안이지만, 위 법리는 토지신탁에서도 동일하게 적용될 것이다. 대법원은 담보신탁 사안에서도 위와 동일하게, 부동산 신탁계약에서 분양대금에 의한 우선수익자의 채권 변제가 확보된 상태에 이르면, 위탁자인 시행사는 매수인에게 분양된 부동산에 관한 소유권이전등기를 마쳐 주기 위하여 그 부분에 관한 신탁을 일부 해지할 수 있고, 우선수익자는 그 신탁 일부 해지의 의사표시에 관하여 동의의 의사표시를 하기로 하는 묵시적 약정을 한 것으로 볼 수 있다(대법원

2018.12.27. 선고 2018다237329 판결)고 판시한 바 있다.

다만 담보신탁에서 수탁자가 분양자의 지위에 있지 않은 구도에서 분양목적물에 대하여 소유권이전등기청구권 가압류나 가처분이 발령된 경우에도 수분양자가 신탁해지권을 주장할 수 있는지 여부가 문제된다.

서울고등법원은 소유권이전등기청구권의 가압류나 가처분은 등기청구권의 목적물인 부동산 자체의 처분을 금지하는 대물적 효력은 없고 채무자가 제3채무자에게서 현실로 급부를 추심하는 것을 금지하는 것뿐이므로 채무자는 제3채무자를 상대로 이행을 구하는 소송을 제기할 수 있고 법원은 가압류가 되어 있음을 이유로 이를 배척할 수 없으나, 소유권이전등기를 명하는 판결은 의사의 진술을 명하는 판결이어서 이것이 확정되면 채무자는 일방적으로 이전등기를 신청할 수 있고 제3채무자는 이를 저지할 방법이 없으므로, 가압류의 해제를 조건으로 하지 않는 한 법원은 이를 인용하여서는 아니되므로, 수분양자가 존재하더라도 위탁자가 수탁자로부터 신탁부동산의 소유권을 이전받기에 앞서 소유권이전등기청구권 압류 및 가압류결정에 의한 집행을 해제하여야 하고, 이를 해제하기 전까지는 수분양자들이 신탁해지권을 행사할 수 없다는 취지로 판시한 사례가 있다.

이에 대하여 일각에서는 신탁계약의 규율 영역인 신탁수익권과 대리사무계약의 규율영역인 신탁부동산의 분양은 그 계약 체결 목적이나 규율 내용이 전혀 다른 별개의 독립된 법률관계이므로, 소유권이전등기청구권을 포함한 신탁수익권에 대하여 위탁자 겸 수익자의 일반채권자들의 압류, 가압류가 존재하더라도 그와 별개의 법률관계인 분양계약에 근거한 수분양자들의 소유권이전등기청구는 전부 인용되어야 하고, 채무자가 제3채무자로부터 현실로 급부를 추심하기 위한 소유권이전등기청구가 아닌 경우에는 압류 또는 가압류의 해제조건부로 수분양자들의 청구를 인용하여서는 안된다는 취지의 주장도 존재한다.

하지만 신탁수익권과 신탁부동산의 분양이 서로 전혀 영향을 미치지 않는 독립된 법률관계라고 보기는 어려운 면이 있고, 수분양자들의 청구를 전부 인용한다면 수분양자들이 위탁자 겸 수익자의 일반채권자들에 비하여 우대받는 결과가 되어 일반채권자의 이익을 해치게 되어 부당하므로, 일반적인 경우와 같이 가압류 해제 조건부의 판결이 선고되는 것이 타당하다는 의견이 있다. 위탁자와 분양계약을 체결한 수분양자만을 위탁자의 다른 채권자에 비하여 우대해야하는 근거가 부족한 부분이 있기 때문이다. 예를 들어 위탁자와 분양대행계약을 체결하고 신탁부동산에 대하여 분양대행업무를 수행하여 신탁부동산의 가치를 상승시킨 용역업체의 채권보다 수분양자의 분양대금채권이 우선하여 변제받아야 하는 명확한 근거는 없기 때문에 수분양자의 분양대금채권은 일반채권에 우선한다는 류의 논리는 선뜻 받아들여지기 어려운 면이 있다.

다 담보신탁의 위탁자와 신탁부동산에 대한 매매계약을 체결한 매수인이 수탁자에게 직접 소유권이전등기절차 이행을 청구할 수 있는지 여부

담보신탁의 위탁자가 신탁부동산에 대하여 매수인과 매매계약을 체결한 후 수탁자에 대하여 위탁자에게 매매대금을 완납하였음을 원인으로 신탁계약상 신탁계약상 '우선수익자의 서면요청이 있는 경우 수탁자는 매수인으로부터 확약서를 징구한 다음 신탁부동산의 소유권을 매수인에게 직접 이전할 수 있다'는 취지의 특약을 근거로 직접 소유권이전을 청구할 수 있는가.

대법원은 부동산 신탁계약에서 분양대금에 의한 우선수익자의 채권 변제가 확보된 상태에 이르면, 위탁자인 시행사는 매수인에게 분양된 부동산에 관한 소유권이전등기를 마쳐 주기 위하여 그 부분에 관한 신탁을 일부 해지할 수 있고, 우선수익자는 그 신탁 일부 해지의 의사표시에 관하여 동의의 의사표시를 하기로 하는 묵시적 약정을 한 것으로 볼 수 있다는 취지로 판시한 사례가 있다(대법원 2010.12.9. 선고 2009다81289 판결 참조).

그리고 이와 같이 신탁계약이 해지된 후에는 '신탁재산귀속'을 원인으로 하여 위탁자 앞으로 소유권이전등기를 한 다음 다시 '분양계약'을 원인으로 하여 매수인 앞으로 소유권이전등기가 이루어지게 된다. 그런데 신탁계약상 '우선수익자의 서면요청이 있는 경우 수탁자는 매수인으로부터 확약서를 징구한 다음 신탁부동산의 소유권을 매수인에게 직접 이전할 수 있다'는 취지의 특약사항의 의미는 수탁자로 하여금 분양목적물에 관한 소유권이전등기를 위탁자에게 하는 대신 매수인에게 직접 하게 하는 것도 허용하는 취지를 규정하는 것일 뿐이다. 이와 달리 위 특약사항을 매수인에게 수탁자에 대한 소유권이전등기청구권을 직접 취득하게 하기 위한 규정으로 볼 수는 없다는 취지로 판시하기도 하였다(대법원 2018.12.27. 선고 2018다237329 판결).

대법원은 반복하여 위와 같이, 부동산 담보신탁계약이 해지된 경우에는 '신탁재산 귀속'을 원인으로 위탁자에게 소유권이전등기를 한 다음 '분양계약'을 원인으로 매수인에게 소유권이전등기를 하는 것이 원칙이다. 이 경우에도 우선수익자의 서면요청에 따라 수탁자가 매도인으로서의 책임을 부담하지 않는 조건으로 신탁부동산의 소유권을 매수인에게 직접 이전할 수 있다는 내용을 특약사항으로 정하였다면, 이는 신탁계약 해지에 따른 소유권이전등기절차를 간편하게 처리하기 위하여 위탁자 대신 수탁자로 하여금 매수인에게 직접 신탁부동산에 관한 소유권이전등기를 하는 것을 예외적으로 허용하는 취지일 뿐 수탁자에게 신탁부동산에 관한 처분권한을 부여하거나 매수인에게 수탁자에 대하여 소유권이전등기청구권을 직접 취득할 수 있음을 정한 규정으로 볼 수는 없다. 따라서 위 특약사항에 따른 소유권이전등기는 수탁자가 신탁계약에 따라 신탁부동산을 처분하여 마쳐준 것이 아니고, 신탁계약 해지에 따른 수탁자의 위탁자에 대한 소유권이전등기와 이를 전제로 한 위탁자의 매수인에 대한 소유권이전등기가 단축되어 이행된 것에 불과하다(대법원 2022.12.15. 선고 2022다247750 판결)고 판시하고 있는바, 현재로서는 신탁부동산에 대하여 위탁자와 분양(매매)계약을 체결한 매수인이 수탁자에게 직접 소유권이전을 청구하는 것은 허용되지 않는다 할 것이다.

따라서 신탁계약상 '우선수익자의 서면요청이 있는 경우 수탁자는 매수인으로부터 확약서를 징구한 다음 신탁부동산의 소유권을 매수인에게 직접 이전할 수 있다'는 취지의 특약이 존재하더라도 매수인은 수탁자에게 신탁부동산을 매수인에게 직접 소유권이전하라는 취지의 주장을 할 수 없을 것으로 보인다. 수분양자가 분양대금을 모두 지급하였고, 신탁계약 및 신탁부동산에 관하여 소송 및 보전처분 등이 없는 경우 수분양자는 수탁자에 대하여는 신탁부동산을 위탁자에게 귀속하라고 청구하고 위탁자에 대하여는 수분양자에게 소유권이전등기청구를 하라는 취지로 주장해야 할 것으로 보인다. 이 경우 우선수익자의 동의가 존재하여야 한다는 점은 기본전제가 된다.

한편, 매수인이 위탁자에 매매계약 체결 전 우선수익자 및 수탁자의 동의를 득하고, 매매대금 전부를 수탁자에게 지급하였으며, 담보신탁에 매수인이 직접 소유권이전을 청구할 수 있다는 취지의 특약과 이를 위한 자금관리 대리사무 계약이 별도로 체결되어 있는 경우이면서 소송 및 수익권에 대한 보전처분 또는 강제집행이 없다면 신탁부동산에 대하여 수탁자로부터 매수인에게 직접 소유권을 이전하라는 취지의 청구도 가능하다는 일부의 의견이 있다.

그러나 위와 같은 견해에 관하여 대법원이 부정하는 판결을 선고한 바 있으므로, 담보신탁과 자금관리 대리사무 계약이 체결된 경우에도 수분양자의 직접 청구권이 발생한다고 단언하기는 어렵다 할 것이다(다만 아래 대법원 사안은 수탁자가 아닌 위탁자에게 분양대금을 납부한 경우로서 위의 견해와 사실관계가 상이한 부분은 존재한다).

부동산담보신탁에서는 통상 수분양자가 정상적으로 분양을 받아 분양대금을 납입한 경우에는 우선수익자의 동의를 받아 위탁자와 수탁자가 해당 신탁재산 부분에 대한 신탁계약을 해지한 후 '신탁재산귀속'을 원인으로 하여 위탁자 앞으로 소유권이전등기를 한 다음 다시 '분양계약'을 원인으로 하여 수분양자 앞으로 소유권이전등기가 이루어지게 되는데, 특약사항 제5조의 의미는 그 문언의 내용 등에 비추어 수탁자로 하여금 분양목적물에 관한 소유권이전등기를 위탁자에게 마치는 대신 수분양자에게 직접 마치게 하는 것도 허용하는 취지를 규정하는 것일 뿐, 수분양자에게 수탁자에 대한 소유권이전등기청구권을 직접 취득하게 하기 위한 규정으로 볼 수는 없다고 해석하는 것이 타당하다.

또한 이 사건 대리사무 사업약정 제19조 제4항(분양대금을 완납한 수분양자에 대하여는 대출은행의 담보신탁목적물이 환가된 것으로 보아 대출은행은 피고가 수분양자 앞으로 소유권을 이전하는 데 동의하기로 한다)도 우선수익자인 대출은행이 일정한 경우, 즉 수분양자가 분양대금을 완납한 경우에는 그 해당 부분의 신탁해지에 대하여 동의하여야 한다는 의무를 규정한 것에 불과할 뿐, 이를 근거로 수탁자인 피고가 수분양자에게 직접 소유권이전등기의무를 부담한다고 볼 수는 없다. 그 밖에 이 사건 신탁계약, 대리사무 사업약정의 전체 규정의 내용을 살펴보아도 수탁자인 피고가 위탁자와 분양계약을 체결한 수분양자인 원고에게 직접 소유권이전등기를 마쳐 줄 의무가 있다고 보기 어렵다(대법원 2012.7.12. 선고 2010다19433 판결)

라 신탁원부 변경등기절차이행 청구권

신탁원부를 변경할 수 있는 권한은 누구에게 있는가. 일반적으로는 신탁법 및 신탁계약의 내용에 따라 결정될 것이다. 이에 대하여 하급심이기는 하나 법원의 판단이 있어 소개해본다.

1) 문제의 제기

분양관리신탁 계약을 체결하고 건물신축사업을 진행하여 준공을 마쳤으나 공사비를 완납받지 못한 시공사가 위탁자 및 수탁자를 상대로 시공사를 우선수익자로 하는 신탁원부 변경등기절차이행을 청구할 수 있는지 여부가 문제된다.

2) 시공사 및 수탁자의 주장

시공사는 공사를 완성하고도 공사비를 지급받지 못하였다는 이유로 수탁자를 상대로 신탁원부 기재사항의 변경등기절차를 이행하고, 시공사를 우선수익자로 하는 우선수익권증서를 발행, 교부하라는 청구를, 위탁자를 상대로는 신탁원부 기재사항의 변경등기에 대하여 승낙의 의사표시를 하고, 수탁자에게 신탁재산에 대하여 시공사에 대한 공사대금 지급 요청절차를 이행하라는 취지의 소송을 제기하였다.

수탁자는 위 소송에서 시공사는 신탁계약의 당사자가 아니므로 수탁자는 시공사를 우선수익자로 지정해줄 의무를 부담하지 않고, 설령 수탁자가 시공사를 우선수익자로 지정해줄 의무를 부담한다 하더라도 위탁자의 수탁자에 대한 수익금채권 및 소유권이전등기청구권에 관하여 이루어진 다수의 가압류 및 압류가 해제된기 전까지는 시공사를 우선수익자로 지정해줄 의무를 부담하지 않는다고 항변하였다.

3) 서울중앙지방법원 및 서울고등법원의 판단

본건 사안에 관한 서울중앙지방법원 및 서울고등법원의 판결을 정리해보면 아래와 같다.

가) 신탁원부 기재사항 변경등기절차 이행청구 및 우선수익권증서 발행 청구에 관한 판단

분양관리신탁계약에 의한 신탁부동산에 건물을 신축 또는 증축하는 경우 준공 즉시 해당 부동산을 수탁자에게 추가로 신탁하기로 하였고, 추가신탁시 시공사의 위탁자에 대한 공사대금채권이 존재하는 이상 수탁자는 이 사건 신탁계약에 따라 이 사건 대지 및 이 사건 상가에 관하여 마친 신탁원부에 시공사를 후순위 우선수익자로 하는 신탁원부 기재사항의 변경등기절차를 이행할 의무가 있고, 위탁자는 위 변경등기에 대하여 승낙의 의사표시를 할 의무가 있으며, 수탁자는 시공사에게 시공사를 우선수익자로 하는 우선수익권증서를 발행, 교부할 의무가 있다.

한편, 위탁자 겸 수익자의 채권자들이 이 사건 대리사무계약에 따라 위탁자 겸 수익자가 수탁자에 대하여 가지는 정산금 또는 수익금 및 기타 지급채권과 소유권이전등기청구권에 관하여 가압류 내지 압류결정을 받은 사실은 앞서 인정한 바와 같으나, 이 사건 대리사무계약서 제23조에 의하면, 수탁자 명의의 자금관리계좌에 입금된 수입금은 신축건물에 대한 사용승인 이후 1. 대출금융기관의 대출금에 대한 발생이자, 2. 신탁재산의 제세공과금, 등기비용, 신탁보수, 3. 대출금융기관의 대출원금, 4. 시공사의 공사비 잔금, 5. 위탁자의 사업추진비, 6. 위탁자의 사업수익금의 순으로 집행하기로 한 사실 또한 앞서 인정한 바와 같으므로, 이에 따르면, 비록 위탁자 겸 수익자의 채권자들이 이 사건 대리사무계약에 따라 위탁자 겸 수익자가 수탁자에 대하여 가지는 정산금 또는 수익금 및 기타 지급채권과 소유권이전등기청구권에 관하여 가압류 내지 압류결정을 받았다 하더라도 이는 이 사건 대리사무계약서 제23조에 따른 자금집행 후 남는 수익금이 존재하는 경우에 한하여 효력이 발생한다고 봄이 상당하고, 시공사의 공사비 잔금을 위탁자 겸 수익자의 사업수익금보다 우선적으로 집행하기로 한 이상 수탁자가 시공사를 후순위 우선수익자로 지정하는 데 있어 위 가압류 내지 압류결정은 장애가 되지 않는다.

나) 공사대금 지급요청절차 이행청구에 관한 판단

살피건대, 이 사건 대리사무계약서 제11조에 의하면, 시공사가 공사기성확인서에 따라 위탁자에게 공사대금을 청구하면 위탁자는 수탁자에게 공사비지급 요청을 하고, 그 요청을 받은 수탁자는 청구받은 날로부터 7영업일 이내에 공사대금을 지급해야 한다고 규정하고 있고, 시공사가 위탁자에 대하여 공사대금채권을 가지고 있는 사실은 앞서 인정한 바와 같으므로, 이에 따르면, 위탁자는 수탁자를 상대로 시공사의 공사대금 및 그 지연손해금에 대한 지급요청절차를 이행할 의무를 부담한다.

다) 위탁자 겸 수익자의 수익권 또는 소유권이전등기청구권 (가)압류의 효력으로 인하여 시공사를 우선수익자로 지정해줄 수 없다는 주장에 대한 판단

신탁계약 제19조에 따른 처분대금에 대하여는 시공사의 공사대금 채권이 위탁자 겸 수익자의 사업수익금 채권에 우선하지 못한다는 점을 인정할 증거가 없고, 오히려 앞서 인정한 사실에 의하면, 이 사건 신탁계약 제24조가 이 사건 신탁계약 제19조에 따른 처분대금에 대하여도 시공사의 공사대금 채권을 위탁자 겸 수익자의 수익금 채권보다 우선하여 지급할 대상으로 정하고 있는 사실이 인정된다.

게다가 설령 위탁자의 주장대로 시공사의 공사대금 채권의 우선권이 인정되지 않는다고 하더라도, 위와 같은 압류 및 가압류는 수탁자로 하여금 위탁자 겸 수익자에 압류 또는 가압류된 금원의 지급을 금지하는 효력만 가질 뿐이지, 나아가 위탁자가 이 사건 대리사무계약 및 신탁계약에 기하여 시공사에게 직접 부담하는 신탁원부 기재사항 변경등기 의무까지 제한하는 효력을 가지는 것은 아니다.

4) 실무 TIP

위 하급심 판결에서 시사하는 바는 분양관리신탁계약 등에서 신축건물 추가신탁시 시공사의 미지급 공사비가 잔존할 경우에는 시공사를 후순위 우선수익자로 지정한다는 취지의 기재가 있는 경우 시공사는 신탁원부 변경등기절차이행 청구권을 가진다는 것이다. 이는 비단 시공사 뿐만 아니라 그와 유사한 경우에서도 신탁계약에 명확히 기재되어 있는 경우 적용될 여지가 있다.

특히 위탁자 겸 수익자가 수탁자에 대하여 가지는 수익권 또는 소유권이전등기청구권에 보전처분 또는 강제집행결정 등이 집행되더라도 신탁원부 변경등기절차이행 청구권을 가진 자의 채권이 그보다 선순위라면, 후순위인 수익권에 대한 보전처분 또는 강제집행을 이유로하여 신탁원부 변경등기절차이행 청구권이 제한되지 않는다는 것은 여러 쟁점에서 쓸 수 있으므로 수탁자나 대주 임직원 등은 숙지하고 있을 필요가 있다.

또한 최근 신탁해지를 원인으로 소유권이전등기 및 신탁등기의 말소등기를 신청할 때의 우선수익자의 동의서 제공 여부(제정 2018.5.4. [부동산등기선례 제201805-3호, 시행]에 관하여 등기관은 등기기록과 신청정보 및 첨부정보만에 의하여 등기신청의 수리 여부를 결정하여야 하는 바, 신탁원부는 등기기록의 일부로 보게 되므로 "위탁자와 수탁자가 신탁계약을 중도 해지할 경우에는 우선수익자의 서면동의가 있어야 한다"는 내용이 신탁원부에 기록되어 있다면 신탁해지를 원인으로 소유권이전등기 및 신탁등기의 말소등기를 신청할 때에는 일반적인 첨부정보 외에 신탁계약의 중도해지에 대한 우선수익자의 동의가 있었음을 증명하는 정보(동의서)와 그의 인감증명을 첨부정보로서 제공하여야 한다(2018.05.04. 부동산등기과 - 1056 질의회답)는 등기선례가 나온바, 신탁원부 변경 쟁점에 관하여는 위 등기선례도 아울러 숙지하고 있어야 하겠다.

한편, 담보신탁 및 자금관리 대리사무 구도 또는 분양관리신탁 구도에서 특별한 사정이 없는 한, 위탁자와 도급계약을 체결하고 공사를 완성한 시공사는 자금관리 대리사무사 겸 신탁부동산에 대한 수탁자에 불과한 수탁자에게 직접 공사대금을 청구할 수 없다는 점도 수탁자나 대주 임직원이라면 숙지할 필요가 있다.

마 여신승인품의서에 '개별 담보물건의 대출금 120% 이상 상환시 신탁해지'라 기재를 근거로 위탁자가 일부 부동산의 신탁해지를 요청할 수 있는지 여부

복수의 부동산을 담보로 대출을 받으면서 대출금융기관과 채무자간에 개별호실에 대한 대출금의 120%를 상환하는 경우 개별호실에 대한 담보를 해지해 주는 취지로 협의하는 사례가 있다. 이러한 경우 여신거래약정 당시 채무자인 위탁자에 대한 심사의견서 및 여신승인품의서에 '개별 담보물건의 대출금 120% 이상 상환시 신탁해지'라 기재를 하는 경우가 많은데, 통상적으로 '개별 담보물건의 대출금 120% 이상 상환시 신탁해지'라는 사항은 여신거래약정서나 신탁계약서에는 기재되지 않는 것이 일반적이다. 그렇다면 채무자인 위탁자는 심사의견서 및 여신승인품의서상 '개별 담보물건의 대출금 120% 이상 상환시 신탁해지'라는 기재를 근거로 우선수익자의 대출금융기관의 동의없이 개별호실의 대출금 120%를 대출금융기관에 상환하고 수탁자에게 개별호실의 신탁해지를 청구할 권리를 가지는지 여부가 문제된다.

위와 같은 사안이 문제된 사건에서 서울고등법원은 대출금 중 일부만을 변제하고 개별호실에 관한 신탁계약을 해지하려면 신탁계약에 관련된 특약이 있어야 하는데 위 사안에서는 그러한 특약이 없었음을 이유로 위탁자의 해지청구를 배척하였다. 구체적인 이유는 아래와 같다.

1. 갑 제10호증의 2, 갑 제11호증의 각 기재, 이 법원의 OO은행에 대한 사실조회 결과 및 변론 전체의 취지를 종합해 보면, ① 이 사건 여신거래약정 체결 당시 작성된 원고에 대한 심사의견서 및 여신승인품의서에 '개별 담보물건의 대출금 120% 이상 상환시 신탁해지'라고 기재되어 있는 사실, ② 이 사건 대출 당시 OO은행의 여신업무 담당자였던 J이 작성·제출한 증인진술서(갑 제11호증)에 '실제 위와 같은 기재 내용을 그대로 실행하기로 하는 은행 내부의 의사결정이 있었다'는 취지의 기재가 있는 사실이 각 인정된다.

2. 그러나 앞서 든 증거들 및 변론 전체의 취지를 종합하여 알 수 있는 다음과 같은 사정들에 비추어 보면, 전항 기재 사정들만으로 원고와 피고 사이에 이 사건 제1동 부동산에 관한 신탁계약으로 담보된 대출금의 120% 이상을 변제할 경우 위 부동산에 관한 신탁을 해지하기로 하는 약정이 있었음을 인정하기는 어렵고, 달리 이를 인정할 증거가 없다.

가) 이 사건 여신거래약정이 이 사건 각 부동산 전체에 관한 수익권증서를 담보로 하여 체결되었으므로, 특별한 사정이 없는 한, 담보권자인 OO은행은 피담보채권인 대출금 채권을 모두 변제받을 때까지 위 수익권증서 전부에 대하여 권리를 행사할 수 있음은 앞서 본 것과 같다. 따라서 이 사건 대출금 중 일부만을 변제하고 이 사건 제1동 부동산에

관한 신탁계약을 해지하려면 신탁계약 당사자들 사이에 그에 관한 특약이 있어야 하는데, 그러한 특약이 있었음을 인정할 증거가 없다.

나) 심사의견서와 여신승인품의서는 이 사건 여신거래약정 체결 및 대출 과정에서 작성된 문서일 뿐, 이 사건 대출에 관한 종국적인 처분문서가 아니다. 만약 원고와 피고 사이에 이 사건 제1동 부동산 관련 대출금의 120% 이상을 상환하면 위 부동산에 관한 신탁계약을 해지하기로 하는 약정이 있었다면, 이는 여신거래약정의 중요한 사항이므로 그 처분문서인 여신거래약정서에 그에 관한 기재가 있었을 것이다. 그럼에도이 사건 여신거래약정서에는 그에 관한 아무런 기재가 없다. 또한 위 문서들은 OO은행 내부 문서에 불과하여 그것이 외부자인 피고에게까지 구속력이 있다고 볼 수도 없다.

다) J 작성 증인진술서(갑 제11호증) 기재에 따르더라도, 위 기재사항에 관한 은행 내부적 의사결정이 있었다는 취지일 뿐, 대외적·공식적으로 위 사항에 관한 OO은행의 의사결정이 있었음을 인정할 수 있는 증거는 없다.

라) 설령 원고, 피고 및 OO은행 사이에 원고 주장과 같은 약정이 있었다고 하더라도 이 사건 신탁계약 본계약 제25조 제1항에 따르면 신탁계약 해지를 위해서는 우선수익자 전원에 대한 채무를 변제하여야 한다. 그런데 원고는 이 사건 제1동 부동산에 관한 3순위 우선수익자에 대한 채무를 모두 변제하였다거나, 위 우선수익자 또한 채무액의 120%를 변제하는 조건으로 이 사건 신탁계약을 해지하는 데에 동의하였다는 것에 관하여 아무런 주장·증명을 하고 있지 않다.

실무에서 위와 같이 위탁자가 신탁사 사업팀 담당자에게 120%의 대출금을 상환하면 대출금융기관인 우선수익자의 동의없이도 신탁해지가 가능하다는 취지로 민원을 넣는 사례가 간혹 있다. 이러한 주장은 우선수익자의 동의없이 신탁해지가 가능하다고 주장하는 점에서 당연히 그 타당성이 낮지만, 하급심이라도 구체적인 판결을 보여주면 민원이 상당히 해소되는 경우가 있어 소개해보았다. 다만 신탁계약에서 특별히 정함이 있는 경우에는 결론이 달라질 수 있으므로 신탁계약 특약 기재사항을 잘 살펴보아야 함은 물론이다.

11 사해신탁 취소소송

가 사해신탁 취소소송의 개념

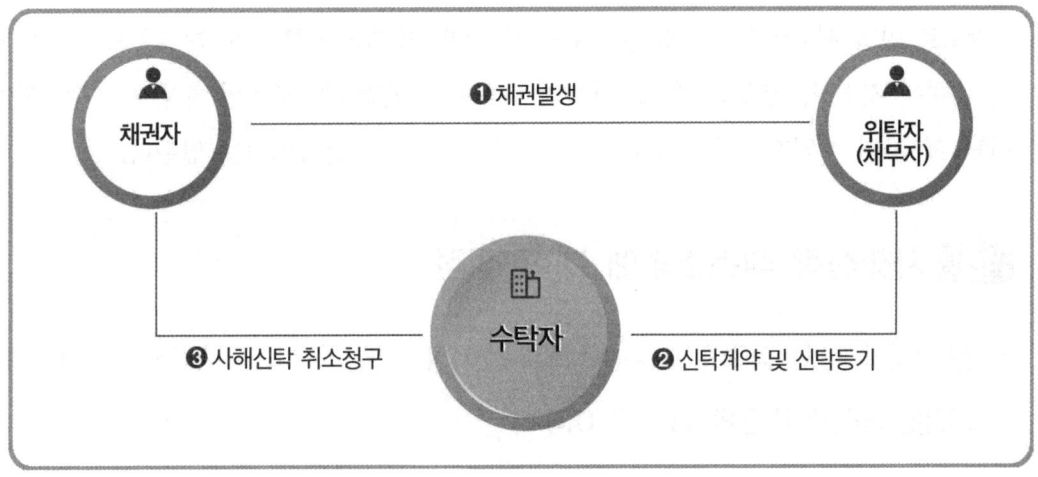

∥ 사해신탁 취소소송 구조도 ∥

신탁법 제8조 제1항에서는 채무자가 채권자를 해함을 알면서 신탁을 설정한 경우 채권자는 수탁자가 선의일지라도 수탁자나 수익자에게 「민법」 제406조제1항의 취소 및 원상회복을 청구할 수 있다. 다만, 수익자가 수익권을 취득할 당시 채권자를 해함을 알지 못한 경우에는 그러하지 아니하다고 규정하여 사해행위로 신탁을 설정한 경우 수탁자가 선의일지라도 신탁계약의 취소 및 원상회복을 청구할 수 있음을 규정하고 있다.

채권자는 수탁자가 선의일지라도 수탁자나 수익자에게 민법 제406조 제1항의 취소 및 원상회복을 청구할 수 있고, 다만 수익자가 수익권을 취득할 당시 채권자를 해함을 알지 못한 경우에는 사해신탁을 이유로 그 취소를 구할 수 없다. 다만 대출금융기관이 위탁자 겸 수익자에 대한 대출금 채권을 담보할 목적으로 대출금융기관을 우선수익자로 하여 체결된 부동산 담보신탁계약의 경우 채권자는 수탁자가 선의일지라도 수탁자에게 사해신탁취소를 청구할 수 있으나, 이 경우 신탁계약의 우선수익자가 신탁계약 당시 채권자를 해함을 알고 있었는지 여부를 심리하여 그 취소 여부를 판단하여야 한다는 것이 대법원의 입장이다(대법원 2020.2.27. 선고 2018다286697 판결).

실무상 신탁법 제22조 제1항에서 원칙적으로 신탁재산에 대하여는 강제집행, 담보권 실행 등을 위한 경매, 보전처분(이하 "강제집행등"이라 한다) 또는 국세 등 체납처분을 할 수 없다고 규정하고 있는바, 위탁자의 채권자는 원칙적으로 신탁재산에 강제집행을 할 수 없으므로 신탁계약 체결 전 발생한 채권을 근거로 사해신탁취소소송을 제기하는 경우가 다수 있다.

참고로 민법 제406조에서 말하는 수익자는 신탁법 제8조 본문의 수탁자 또는 수익자를 말하는 것이고, 신탁법 제8조 단서의 수익자는 민법 제406조의 채무자나 수익자가 아닌 제3자인 수익자나 우선수익자를 뜻하는 것이므로 혼동해서는 안된다.

나 사해신탁 취소소송에 대한 쟁점

1) 신탁계약 당시 위탁자가 사해행위를 하였더라도 우선수익자가 선의인 경우 사해신탁취소가 인정되는지 여부

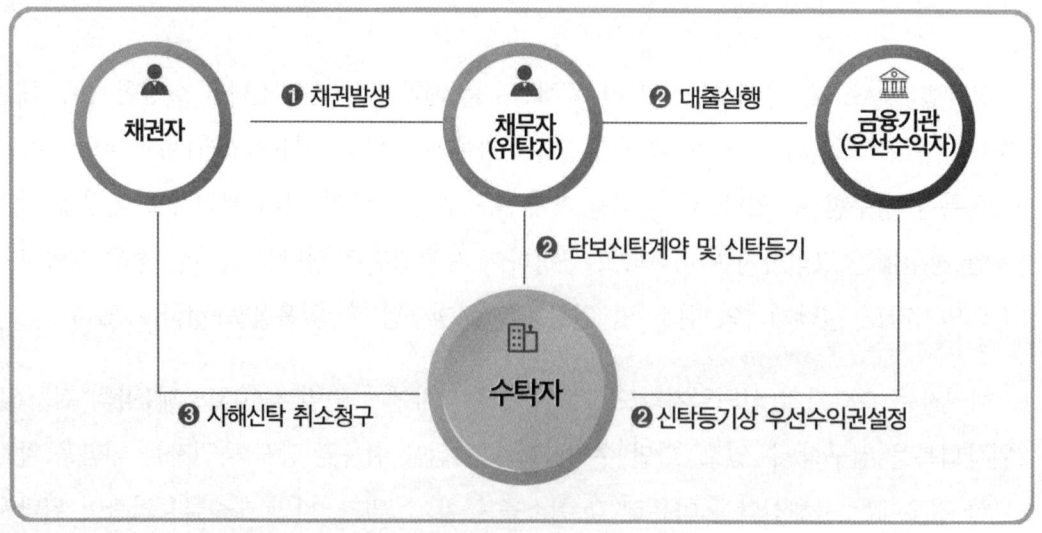

앞서 언급한 바와 같이 사해신탁취소의 경우 채무자가 채권자를 해함을 알면서 신탁을 설정한 경우 채권자는 수탁자가 선의일지라도 수탁자에게 사해신탁취소를 청구할 수 있다.

하지만 우선수익자가 선의인 경우에도 사해신탁취소가 인정되는지 여부가 문제된다.

대법원은 우선수익권이 존재하는 담보신탁의 경우 우선수익자가 신탁계약 당시 채권자를 해함을 알고 있었는지 여부를 심리하여 그 취소 여부를 판단하여야 함에도 불구하고 수탁자를 기준으로 그 선의 여부를 판단한 경우에는 사해신탁에 관한 법리를 오해한 것이라 판시하였다(대법원 2020.2.27. 선고 2018다286697 판결). 본 건 대법원 판결의 파기환송심에서는 우선수익자의 선의가 입증되는 경우 채권자는 신탁계약의 취소를 구할 수 없다는 취지로 판시하였다. 자세한 사항은 아래와 같다.

우선수익자 I의 선의 여부

1. 신탁법 제8조 제1항은 "채무자가 채권자를 해함을 알면서 신탁을 설정한 경우 채권자는 수탁자가 선의일지라도 수탁자나 수익자에게 민법 제406조 제1항의 취소 및 원상회복을 청구할 수 있다. 다만, 수익자가 수익권을 취득할 당시 채권자를 해함을 알지 못한 경우에는 그러하지 아니하다."고 규정하여, 신탁수익자가 수익권을 취득할 당시 선의인 경우 사해신탁의 취소를 인정하지 않고 있다.

2. 앞서 채택한 증거들에 을 제1 내지 7호증의 각 기재 및 변론 전체의 취지를 종합하여 인정되는 다음과 같은 사실 내지 사정들을 위 법리에 비추어 보면, 우선수익자인 I는 이 사건 신탁계약에 따른 수익권을 취득할 당시 위 신탁계약이 원고를 비롯한 A의 채권자들을 해함을 알지 못하였다고 봄이 타당하므로, 신탁법 제8조 제1항 단서에 따라 원고는 피고를 상대로 위 신탁계약의 취소를 구할 수 없다(대전지방법원 2021.1.21. 선고 2020나104574 판결).

위 판결의 쟁점은 실무상 사해신탁취소소송이 제기된 경우 수탁자가 가장 먼저 찾아보면서 가장 자주 인용하는 것이다. 신탁사의 임직원이라면 위탁자의 사해행위가 인정된다 하더라도 우선수익자가 선의인 경우 채권자는 사해신탁취소 청구를 할 수 없다는 점을 숙지하고, 우선수익자인 대주가 대출 당시 선의라는 취지의 입증자료 및 서면을 법원에 제출하여 사해신탁취소소송을 잘 대비하여야 할 것이다.

참고로 우선수익자의 선의입증 쟁점에 대하여 잘 설명된 광주고등법원 판결(광주고등법원 2022.9.22. 선고 (전주)2021나11638 판결), 대전고등법원 판결(대전고등법원

2022.5.11. 선고 2022나10666 판결)을 소개하니, 신탁사 및 대출금융기관의 임직원들은 아래 판결 및 유사 판결에서 우선수익자의 선의가 입증된 이유를 파악하고 제기된 소송에서 잘 활용할 필요가 있다.

1. 이 사건 우선수익자들은 G조합조직을 바탕으로 그 구성원의 경제적·사회적 지위 함양과 지역경제 발전에 이바지하는 목적을 달성하기 위해 설립된 비영리법인으로서(G조합법 제1조), 소외 회사와는 이 사건 대출계약 외에 그간 별다른 거래 관계가 없었던 것으로 보이고, 이 사건 신탁계약의 취소로 인한 담보 상실의 위험을 감수하면서까지 소외 회사에 대출을 실시할 만한 특별한 이유가 있었던 것으로 보이지 않는다.

2. 이 사건 우선수익자들은 이 사건 각 부동산에 관하여 감정평가법인의 감정평가를 거친 후 이 사건 부동산을 담보로 대출을 해주었는데, 감정평가법인이 평가한 이 사건 각 부동산의 가액은 약 79억 원이고, 이 사건 대출계약에 따른 대출원금 55억 원은 이 사건 각 부동산 가치의 약 70%에 해당한다. 소외 회사가 이 사건 각 부동산을 매수한 경매절차에서 이 사건 각 부동산의 가액이 약 76억 원으로 평가된 점, 소외 회사가 중소기업은행으로부터 이 사건 각 부동산의 매수대금을 대출받을 당시 중소기업은행이 평가한 이 사건 각 부동산의 가치 또한 약 70억 원인 점에 비추어 보면, 이 사건 수익자들이 이 사건 각 부동산의 담보가치를 과대평가하였다고 보기 어렵고, 소외 회사에 대출해준 대출금이 이 사건 각 부동산의 담보가치에 비해 지나치게 다액이라고 보기도 어렵다. 이 사건 대출계약의 이율이 연 4.5%로서 기존 소외 회사가 부담하던 중소기업은행에 대한 대출금 이율 연 2.833%보다 대출조건이 좋지 않기는 하나, 이 사건 대출계약 및 신탁계약 당시 소외 회사가 H(실제 채무자 Q)이나 I에게 부담하던 근저당권부사채의 이율은 금융기관의 통상적인 대출금리보다 상당히 높았던 것으로 보이는 점, 소외 회사는 기존 채무로 인한 자금난을 타개하기 위하여 이 사건 대출계약을 체결하였는데, 이 사건 우선수익자들로부터 대출받은 돈은 위 각 근저당권부 피담보채무 전부[대출원금 합계 46억 5,000만 원= 중소기업은행 40억 원 + H(Q) 5억 5,000만 원 + I 1억 원]을 변제하고도 약 8억 원이 남는 금액으로서 이와 같은 대출금액에 비추어 볼 때 위와 같은 대출금리 등 이 사건 대출계약의 내용이 소외 회사 또는 이 사건 우선수익자 일방에게 비정상적으로 유리한 조건이라고 보기도 어렵다.

3. 이 사건 우선수익자들은 소외 회사의 자산 및 신용 평가, 위와 같은 감정평가와 현장답사 등을 통한 담보물 현황 및 가치 파악, 연대보증인 확보, 소외 회사의 자금사용계획 확인 등에 대한 조사를 실시한 후 내부평가인 사전여신심의회를 거쳐 소외 회사에 대한 대출 실행을 결정하였다. 위 사전여신심의회 심의자료에 첨부된 소외 회사의 재무제표에 기재된 2019년도 자산총계는 5,363,000,000원, 부채총계는 4,839,000,000원, 영업이익은 39,000,000원, 당기순이익은

-22,000,000원으로서, 이 사건 신탁계약이 체결된 2020.10.6.을 기준으로 소외 회사가 채무초과상태에 있다거나 소외 회사의 변제자력이 부족하다는 사정은 나타나지 않는다. 비록 2019년도 소외 회사가 당기순손실을 기록하기는 하였으나, 소외 회사가 2019.4.경에서야 설립된 회사인 점, 앞서 본 바와 같이 이 사건 각 부동산의 담보가치가 충분해 보이는 점 등에 비추어 볼 때, 위와 같은 단기적인 당기순손실만으로 소외 회사의 변제자력이 부족하다고 평가할 수는 없다. 나아가 이 사건 대출계약 당시 소외 회사가 제출하거나 이 사건 우선수익자들이 확인한 서류 중 소외 회사가 세금을 미납하거나 채무변제를 연체한 내역 등이 확인되지도 않는다.

4. 이 사건 대출계약 당시 이 사건 각 부동산의 등기사항전부증명서상 압류나 가압류는 없었고, 근저당권자를 중소기업은행, 채권최고액을 4,800,000,000원으로 하는 공동근저당권, 근저당권자를 H, 채권최고액을 700,000,000원으로 하는 공동근저당권, 근저당권자를 I, 채권최고액을 140,000,000원으로 하는 공동근저당권이 각 설정되어 있었을 뿐이다. 그런데 이 사건 대출계약은 소외 회사가 대출받은 돈으로 중소기업은행, H, I에 대한 각 피담보채무를 모두 변제하고, 위 공동근저당권설정등기를 모두 말소할 것을 전제로 이루어졌고, 실제로 위 대출계약 체결 직후인 2020.10.7. 위 대출금으로 중소기업은행, H, I에 대한 피담보채무를 모두 상환하고, 위 공동근저당권설정등기를 모두 말소하였다.

5. 이 사건 각 부동산 중 순번 3, 4번 각 부동산에 관하여 원고 앞으로 마쳐진 2014.7.28.자 전세권설정등기와 이 사건 각 부동산 중 순번 1, 2번 각 부동산에 관하여 원고 앞으로 마쳐진 2018.11.20.자 가압류등기는 이 사건 대출계약 및 신탁계약 체결 전인 2019.7.31. 이미 말소되었고, 이 사건 대출계약 무렵 원고가 이 사건 점포를 점유하고 있던 상태도 아니었으므로(원고는 2019.9.11. 이 사건 점포에서 운영하던 약국을 폐업하였다), 이 사건 우선수익자들이 이 사건 대출계약 및 신탁계약 당시 소외 회사의 원고에 대한 채무의 존재를 알았다고 보기 어렵다. 이 사건 대출계약 무렵 작성된 감정평가법인의 감정평가서나 이 사건 우선수익자들의 사전여신심의회 심의자료에서도 원고의 채권은 나타나지 않고, 소외 회사가 이 사건 대출계약에 따른 대출금으로 자신의 채권자들에 대한 변제를 요청하며 이 사건 우선수익자들에게 발송한 대출금 송금 요청서에도 원고의 채권은 기재되어 있지 않았다.

6. 소외 회사와 이 사건 수익자들이 이 사건 대출계약을 체결하면서 대출금이 입금된 소외 회사의 계좌에 4개월분의 이자를 예치금으로 남겨두기로 약정한 사실은 당사자 사이에 다툼이 없으나, 그와 같은 사실만으로 이 사건 수익자들이 소외 회사의 변제자력이 부족하다는 점을 인식하고 있었다고 보기는 어렵고, 오히려 원고는 이 사건 소를 제기하기 전까지 소외 회사는 이 사건 대출계약에 따른 원리금을 이 사건 우선수익자들에게 정상적으로 변제하였다(광주고등법원 2022.9.22. 선고 (전주)2021나11638 판결).

가. K조합은 농업협동조합법에 따라 설립된 비영리법인으로서 C와는 이 사건 신탁계약과 함께 이루어진 대출 외에 별다른 거래관계가 없었던 것으로 보이고, 이 사건 신탁계약의 취소로 인한 담보 상실의 위험을 감수하면서까지 C에 대출을 실시할 만한 특별한 이유가 있었던 것으로 보이지 않는다.

나. K조합은 2020.8.5. C와 여신거래약정을 체결할 당시 관련 내규에 따라 C에 관하여 대출에 필요한 서류들을 확인하였고, 신용정보활동 동의서를 통해 금융기관 대출 채무를 전산으로 확인한 것으로 보인다.

다. K조합이 C에 대한 대출 심사를 위하여 위 회사로부터 제출받은 자료들과 이 사건 신탁계약 당시의 이 사건 부동산에 관한 등기부등본의 기재를 살펴보아도, C가 이 사건 신탁계약 체결 당시 채무초과상태에 있었다는 점을 보여주는 내용을 찾아볼 수 없다.

라. C가 이 사건 부동산을 매수하면서 정한 매매대금이 55억 원이고 K조합의 C에 대한 대출원금이 44억 원이므로, 대출원금은 담보부동산 가치의 약 80% 정도인바 그 대출과정이나 내용에 있어 특별히 거래관행이나 사회통념에 어긋나는 사정이 보이지 않는다. 또한 이 사건 신탁계약에서 우선수익권금액이 대출원금 44억 원의 1.2배인 52억 8,000만 원으로 정하여진 점을 고려하면, 이 사건 신탁계약상의 우선수익권금액 평가와 대출 실행에 있어서 이례적인 사정이 있었다고 볼 수도 없다(대전고등법원 2022.5.11. 선고 2022나10666 판결).

우선수익자가 선의라는 점은 담보신탁에 관한 사해신탁 취소소송에서 수탁자가 가장 핵심적으로 주장할 수 있고, 주장하여야 하는 쟁점이므로 수탁자 및 대출금융기관 담당자는 위의 쟁점 및 판결례를 반드시 숙지하고 있어야 할 것이다.

2) 토지신탁의 사해신탁취소소송

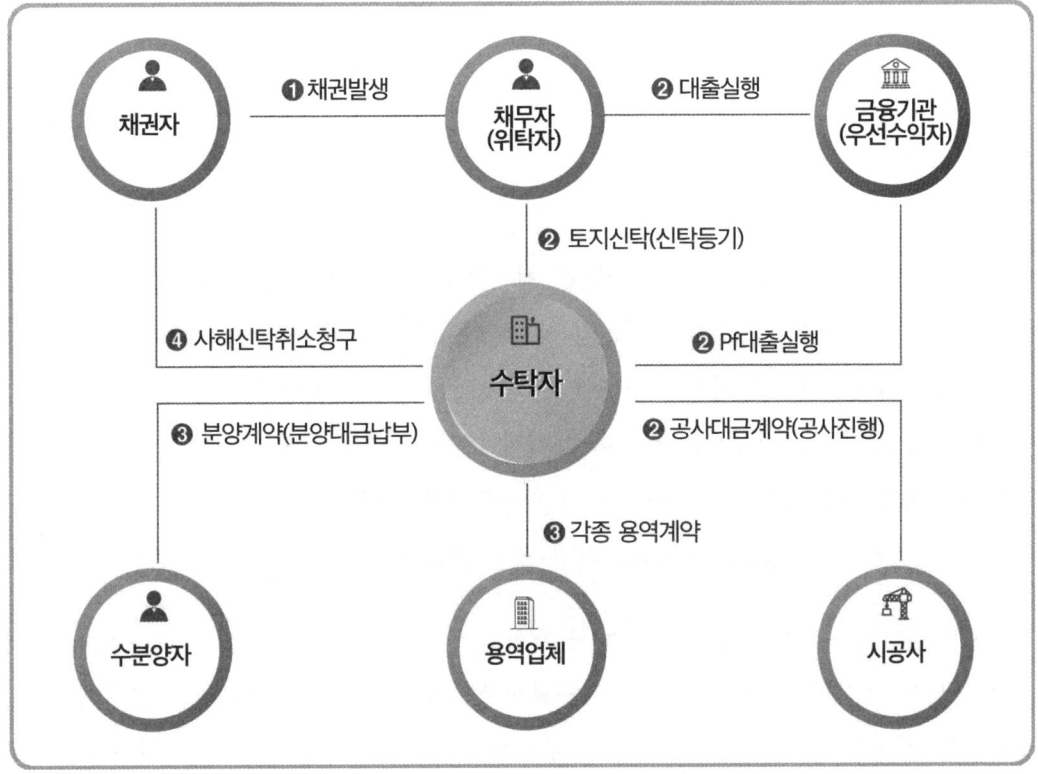

 대법원은 토지신탁에 관하여는 토지신탁 수탁 전 위탁자가 채무초과 상태였다하더라도 자금난으로 사업을 계속 추진하기 어려운 상황에 처한 채무자가 자금을 융통하여 사업을 계속 추진하는 것이 채무 변제력을 갖게 되는 최선의 방법이라고 생각하고 자금을 융통하기 위하여 부득이 부동산을 특정 채권자에게 담보로 제공하고 그로부터 신규자금을 추가로 융통받았다면 특별한 사정이 없는 한 채무자의 담보권 설정행위는 사해행위에 해당하지 아니하는바, 이러한 법리는 위 담보권 설정에 갈음하여 신규로 자금을 제공하는 채권자와 사이에 위 채권자 혹은 그가 지정하는 제3자를 수익자로 하는 신탁계약을 체결하고 신탁을 원인으로 소유권이전등기를 하는 경우에도 마찬가지로 적용된다 할 것이고, 이러한 방식의 신탁행위의 사해성 여부는 신탁계약 당시의 채권채무관계를 비롯하여 신탁의 경위 및 목적과 경제적 의미, 신탁을 통하여 제공받은 자금의 사용처 등 관련 사정들을 종합적으로 고려하여 합목적적으로 판단하여야 한다는 입장으로서 사해신탁을 잘 인정하지 않는 경향이 있다.

대법원은 건물 신축 사업 진행 중 토지신탁계약을 체결한 사례에서도, 채무자의 사해의사를 판단함에 있어 사해행위 당시의 사정을 기준으로 하여야 할 것임은 물론이나, 사해행위라고 주장되는 행위 이후의 채무자의 변제 노력과 채권자의 태도 등도 사해의사의 유무를 판단함에 있어 다른 사정과 더불어 간접사실로 삼을 수도 있다는 전제하에, 위탁자가 토지에 집합건물을 지어 분양하는 사업을 추진하던 중 이미 일부가 분양되었는데도 공정률 45.8%의 상태에서 자금난으로 공사를 계속할 수 없게 되자 건축을 계속 추진하여 건물을 완공하는 것이 이미 분양받은 채권자들을 포함하여 채권자들의 피해를 줄이고 자신도 채무변제력을 회복하는 최선의 방법이라고 생각하고, 사업을 계속하기 위한 방법으로 신탁업법상의 신탁회사와 사이에 신탁계약을 체결한 것으로 자금난으로 공사를 계속할 수 없었던 위탁자로서는 최대한의 변제력을 확보하는 최선의 방법이었고 또한 공사를 완공하기 위한 부득이한 조치였다고 판단되므로 사해행위에 해당되지 않는다(대법원 2003.12.12. 선고 2001다57884 판결)고 판단한 바 있다.

또한 대법원은 반복하여 건물신축 사업 진행도중 공사비 부족 등으로 채무초과 상태에서 중도에 토지신탁계약을 체결하고 건물신축사업을 계속하여 진행하는 경우에는 분양사업을 계속 추진하는 것이 위탁자의 채무변제력이나 자력을 회복하고, 관련 금융기관, 대다수의 수분양자, 시공자를 위한 최선의 방법이라는 판단 아래 토지신탁계약이 이루어진 것으로서, 일반채권자를 해하고 채무를 회피할 목적으로 이루어진 사해행위에 해당한다고 볼 수 없다(대법원 2014.6.26. 선고 2014다18988 판결 등)는 취지로 판단하는 경향이 있다.

3) 담보신탁 등 비토지신탁

대법원은 甲 회사가 담보신탁을 통하여 회사의 전 재산인 골프장 부지와 시설에 관한 소유 명의를 乙에게 이전한 행위가 사해행위에 해당하는지 문제된 사안에서, 신규 자금의 조달을 통한 골프장 시설 개선을 하지 않고는 영업을 계속할 수 없는 상황에서 골프장 부지 등을 담보신탁의 목적물로 제공하고 이를 통해 융통한 자금으로 영업시설을 개선하여 사업을 계속 추진하는 것이 일반 채권자들에 대하여도 채무변제력을 갖게 되는 최선의 방법이라고 생각하여 신탁계약의 체결에 이르게 되었다고 볼 수 있고, 위탁자인 甲 회사 등이 신탁수익에 대한 수익자일 뿐만 아니라 신탁원본에 대하여도 위 골프장 개선공사 자금을 제공하는 乙 등에 대한 대출채무와 신탁에 따른 비용을 정산한 나머지를 돌려받을 수 있는 수익자의 지위에 있어 이러한 수익권을 통한 채권만족의 가능성이 남아 있으며, 특히 채권자의 甲 회사에 대한 대여금채권은 위 회사의 설립목적에 따른 제한으로 신탁계약 전에도 개별적인 지급청구나 이를 위한 강제집행 등 권리행사를 할 수 없도록 정관에 규정되어 있었던 이상 위 신탁으로 집행상 새로운 장애가 발생하였다고 볼 수도 없으므로, 위 신탁계약이 채권자를 해하는 사해행위에 해당한다고 단정하기 어렵다(대법원 2011.5.23.자 2009마1176 결정)고 판시하며, 채무초과 상태의 위탁자가 유일한 재산인 부동산을 담보신탁한 경우에도 사해신탁에 해당하지 아니한다고 판단하였다.

한편, 위탁자와 수탁자가 분양관리신탁계약(1신탁계약)을 체결하고 건물을 준공한 후 토지 및 신축건물에 대하여 담보신탁계약(2신탁계약)을 체결하자 위탁자의 채권자가 담보신탁계약(2신탁계약)이 사해신탁이라 주장하며 부동산처분금지가처분을 신청한 사례에서 대법원은 위탁자는 이 사건 사업부지를 구입하여 그 지상에 이 사건 리조트를 신축하여 분양하는 사업을 추진하면서 금융기관으로부터 자금을 융통하기 위한 방편으로 이 사건 1, 2신탁계약의 체결에 이르게 된 사실, 위탁자는 위 각 신탁계약에 따라 이 사건 사업부지와 리조트의 소유 명의를 순차로 수탁자인 채무자에게 이전하게 되나 이를 통해 융통한 자금으로 리조트 신축을 계속할 수 있게 되고 리조트가 완공된 후에는 채무자의 사전승낙하에 이를 분양함으로써 위와 같이 융통한 자금의 상환과 일반 채권자에 대한 변제자력의 회복을 기대할 수 있게 되는 사실, 만일 이 사건 1신탁계약 체결 당시에 장차 완공될 이 사건 리조트가 담보신탁의 목적물로 추가되거나 종전의 신탁목적물을 대체하는 것이 전제되지 않았다면 처음부터 위와 같은 자금융통을 통한 리조트신축공사의 계속은 불가능하였던 사실, 위탁자는 이 사건 1신탁계약 체결 후에도 이 사건 2신탁계약 체결 전까지 건물신축공사의 계속을 위하여 상당한 자금을 추가로 제공받았는데 이 역시 이 사건 2신탁계약의 체결을 전제하지 않고서는 불가능하였던 사실을 알 수 있다.

그렇다면 이 사건 리조트는 처음부터 위탁자가 스스로의 자력으로 소유하고 있던 재산이 아니라 위 일련의 신탁계약과 이를 통해 융통한 자금으로 만들어진 것이라고 할 수 있으므로 이러한 전체적 취득과정을 도외시한 채 이 사건 2신탁계약을 분리해 내어 그 직전과 직후의 일반 채권자의 지위를 비교하는 것만으로 사해행위성을 판단하는 것은 타당하다고 볼 수 없다. 그럼에도 원심은 이 사건 2신탁계약이 이 사건 1신탁계약과 별개의 계약이라는 점에만 주목하여 양자 사이의 관계나 그를 전후하여 연속적으로 이루어진 자금 융통의 과정, 이를 통한 사업의 계속 등의 사정은 고려하지 않은 채, 위탁자가 채권자에 대하여 약정금 채권을 부담하고 있는 상태에서 유일한 부동산인 이 사건 리조트에 관하여 채무자(수탁자)와 사이에 이 사건 2신탁계약을 체결하고 그에 따라 이 사건 등기를 맞춰주었다는 이유만으로 이 사건 2신탁계약이 사해행위에 해당한다고 판단하였으니, 이러한 원심결정에는 사해행위에 관한 법리를 오해하여 결론에 영향을 미친 위법이 있다고 할 것이고, 이를 지적하는 재항고 이유에는 정당한 이유가 있다(대법원 2012.10.11.자 2010마2066 결정)고 판시하며 원심판결을 파기환송하였다.

또한 위탁자가 담보신탁된 부동산을 당초 예정된 신탁계약의 종료사유가 발생하기 전에 우선수익자 및 수탁자의 동의를 받아 제3자에게 처분하는 등으로 담보신탁계약상의 수익권을 소멸하게 하고, 그로써 위탁자의 소극재산이 적극재산을 초과하게 되거나 채무초과상태가 더 나빠지게 되었다면 이러한 위탁자의 처분행위는 위탁자의 일반채권자들을 해하는 행위로서 사해행위에 해당한다. 다만 처분 당시 위탁자가 가지고 있는 담보신탁계약상의 수익권이 적극재산으로서의 가치가 없다면 위탁자가 위와 같이 신탁되어 있던 부동산을 매각하면서 신탁계약을 종료하고 부동산을 환수하여 제3자 앞으로 소유권이전등기를 넘겨주어도 이는 사해행위에 해당하지 않는다. 이는 위탁자가 「건축물의 분양에 관한 법률」에 따른 분양관리신탁을 해 둔 경우에도 마찬가지이다(대법원 2021.6.10. 선고 2017다254891 판결).

4) 신탁부동산이 위탁자의 유일한 재산인 사례

대법원은 원칙적으로 채무자가 채무를 변제하지 아니한 채 그의 유일한 재산인 부동산에 관하여 제3자와 사이에 신탁계약을 체결하고 그 제3자 명의로 소유권이전등기를 경료한 경우, 그 신탁계약은 채권자를 해함을 알고서 한 사해행위라는 입장이다(대법원 1999.9.7. 선고 98다41490 판결). 다만 아래와 같이 채무초과 상태에서 유일한 재산인 부동산을 신탁하더라도 사해신탁에 해당하지 아니하는 경우가 있으므로 유의를 요한다.

타인에 대하여 채무를 부담하는 사람이 자신이 소유한 재산 전부인 부동산에 관하여 제3자와 신탁계약을 체결하고 그에 따라 위 부동산을 수탁자인 제3자에게 신탁재산으로 이전하는 경우 위탁자에게는 그 채권자가 강제집행을 할 수 있는 책임재산이 더 이상 남아 있지 아니하므로 신탁법 제8조에서 정한 사해신탁에 해당할 수 있다. 그러나 자금난으로 사업을 계속 추진하기 어려운 상황에 처한 채무자가 자금을 융통하여 사업을 계속 추진하는 것이 채무변제력을 갖게 되는 최선의 방법이라고 생각하고 자금을 융통하기 위한 방편으로 신탁계약의 체결에 이르게 된 경우 이를 사해행위라고 보기 어려울 뿐만 아니라, 신탁계약상 위탁자가 스스로 수익자가 되는 이른바 자익신탁(自益信託)의 경우 신탁재산은 위탁자의 책임재산에서 제외되지만 다른 한편으로 위탁자는 신탁계약에 따른 수익권을 갖게 되어 위탁자의 채권자가 이에 대하여 강제집행을 할 수 있고, 이러한 수익권은 채무자가 유일한 재산인 부동산을 매각하여 소비하기 쉬운 금전으로 바꾸는 등의 행위와 달리 일반채권자들의 강제집행을 피해 은밀한 방법으로 처분되기 어려우며, 특히 수탁자가 「자본시장과 금융투자업에 관한 법률」에 따라 인가받아 신탁을 영업으로 하는 신탁업자인 경우 공신력 있는 신탁사무의 처리를 기대할 수 있으므로, 위탁자가 사업의 계속을 위하여 자익신탁을 설정한 것이 사해행위에 해당하는지 여부를 판단할 때는 단순히 신탁재산이 위탁자의 책임재산에서 이탈하여 외견상 무자력에 이르게 된다는 측면에만 주목할 것이 아니라, 신탁의 동기와 신탁계약의 내용, 이에 따른 위탁자의 지위, 신탁의 상대방 등을 두루 살펴 신탁의 설정으로 위탁자의 책임재산이나 변제능력에 실질적인 감소가 초래되었는지, 이에 따라 위탁자의 채무면탈이 가능해지거나 수탁자 등 제3자에게 부당한 이익이 귀속되는지, 채권자들의 실효적 강제집행이나 그밖의 채권 만족의 가능성에 새로운 장애가 생겨났는지 여부를 신중히 검토하여 판단하여야 한다(대법원 2011.5.23.자 2009마1176 결정).

위 사례에서 대법원은 위탁자가 담보신탁을 통하여 회사의 전 재산인 골프장 부지와 시설에 관한 소유 명의를 채무자에게 이전하기는 하였으나, 이는 신규 자금의 조달을 통한 골프장 시설 개선을 하지 않고는 영업을 계속할 수 없는 상황에서 골프장 부지 등을 담보신탁의 목적물로 제공하고 이를 통해 융통한 자금으로 골프장의 영업시설을 개선하여 사업을 계속 추진하는 것이 일반 채권자들에 대하여도 채무변제력을 갖게 되는 최선의 방법이라고 생각하여 신탁계약의 체결에 이르게 되었다고 볼 수 있고, 이 사건 신탁의 경우 위탁자 등이 신탁수익에 대한 수익자일 뿐만 아니라 신탁원본에 대하여도 골프장 개선공사 자금을 제공하는 채무자 등에 대한 대출채무와 신탁에 따른 비용을 정산한 나머지를 돌려받을 수 있는 수익자의 지위에 있어 이러한 수익권을 통한 채권만족의 가능성이 남아 있으며, 특히 채권자의 위탁자에 대한 대여금채권은 회사의 설립목적에 따른 제한으로 신탁계약 전에도 개별적인 지급청구나 이를 위한 강제집행 등 권리행사를 할 수 없도록 정관에 규정되어 있었던 이상 이 사건 신탁으로 집행상 새로운 장애가 발생하였다고 볼 수도 없으므로, 이 사건 신탁계약이 채권자를 해하는 사해행위에 해당하지 아니한다고 판단하였다.

따라서 채무초과 상태인 위탁자가 유일한 재산을 신탁한 경우에도 신탁의 동기와 신탁계약의 내용, 이에 따른 위탁자의 지위, 신탁의 상대방 등을 두루 살펴 신탁의 설정으로 위탁자의 책임재산이나 변제능력에 실질적인 감소가 초래되었는지, 이에 따라 위탁자의 채무면탈이 가능해지거나 수탁자 등 제3자에게 부당한 이익이 귀속되는지, 채권자들의 실효적 강제집행이나 그밖의 채권 만족의 가능성에 새로운 장애가 생겨났는지 여부에 따라 사해신탁 여부가 달라지므로, 수탁자 임직원은 수탁과정에서 위와 같은 요건들을 면밀히 검토할 필요가 있다.

한편, 이미 채무초과 상태에 빠진 채무자 및 그의 일반채권자에 대한 관계에서 사업활동에 실제로 활용할 수 있는 신규자금의 유입과 기존채무의 이행기의 연장 내지 채권회수의 유예는 사업의 갱생이나 계속적 추진을 위하여 가지는 경제적 의미가 동일하다고 볼 수 없다. 따라서 비록 사업의 갱생이나 계속 추진의 의도에서 이루어진 행위라 하더라도, 기존 채무의 이행을 유예받기 위하여 채권자 중 한 사람에게 그 소유의 부동산을 담보로 제공하거나 그 채권자를 수익자로 하는 신탁계약을 체결하고 신탁을 원인으로 소유권이전등기를 하는 행위는 다른 특별한 사정이 없는 한 사해행위에 해당한다고 볼 수 있다(대법원 2009.3.12. 선고 2008다29215 판결, 대법원 2010.4.29. 선고 2009다104564 판결 등 참조).

이에 비추어 보면, 채무초과 상태인 채무자가 새로운 채권자에게 그 소유의 부동산을 담보로 제공하거나 그를 수익자로 하는 신탁계약을 체결하고 자금을 빌려 그 자금의 전부 또는 대부분으로 기존 채무를 변제하는 경우에도, 그 실질은 신규자금의 유입 없이 단지 기존채무의 이행을 유예받기 위하여 특정채권자에게 담보를 제공하거나 담보 목적의 신탁계약을 체결하는 것과 크게 다르지 않으므로, 이러한 사정을 참작하여 그 신탁행위의 사해성 여부를 판단하여야 한다.

위와 같은 법리에 비추어 대법원은 위탁자가 신탁계약 당시 채무초과 상태였고, 신규대출 자금의 전부 또는 대부분을 기존 채무의 변제에 사용하였다면, 설령 위탁자가 골프장 조성사업의 갱생이나 계속적 추진을 위한 의도에서 신규자금을 대출받았다 하더라도, 골프장의 조성사업을 위하여 실제로 활용할 수 있는 자금이 새로 유입되었다 할 수 없고 실질적으로 이는 위 변제액 상당의 기존 채무에 관하여 담보를 제공하고 기한의 유예를 받은 것과 마찬가지에 불과하여, 별다른 사정이 없는 한 이 사건 신탁계약이 일반 채권자들에 대한 관계에서 공동담보를 해치는 결과를 초래함을 쉽게 부정할 수 없으므로, 이러한 사정에 불구하고 이 사건 신탁계약의 사해성이 인정되지 아니한다고 보기 위해서는, 신탁계약 당시 위탁자의 채무초과 여부 및 정도, 기존 채무의 내용 및 위 신규자금의 사용처, 기존 채무 변제에 의한 기한의 유예가 골프장 조성사업의 갱생이나 계속적 추진에 대하여 기여한 내용 및 실질적인 효과를 구체적으로 밝히고, 이러한 사정들을 종합하여 볼 때에 신탁계약에 의한 신규 대출이 객관적으로 다른 일반 채권자들에 대한 채무 변제력을 높이거나 유지하는 데에 기여할 수 있었다고 인정될 수 있어야 한다(대법원 2015.12.23. 선고 2013다83428 판결)고 판시한바, 특정 신탁계약이 사해신탁에 해당되는지 해당되지 아니하는지 여부를 신탁계약 체결 단계에서 판단하는 것은 실무상 쉽지 않은 일이다.

또한 위탁자가 위와 같이 담보신탁된 부동산을 당초 예정된 신탁계약의 종료사유가 발생하기 전에 우선수익자 및 수탁자의 동의를 받아 제3자에게 처분하는 등으로 담보신탁계약상의 수익권을 소멸하게 하고, 그로써 위탁자의 소극재산이 적극재산을 초과하게 되거나 채무초과상태가 더 나빠지게 되었다면 위탁자의 처분행위는 위탁자의 일반채권자들을 해하는 행위로서 사해행위에 해당한다(대법원 2016.11.25. 선고 2016다20732 판결).

따라서 위탁자가 부동산을 수탁자에 담보신탁하여 둔 상태에서의 책임재산은 신탁부동산에 대한 신탁계약상의 수익권이라 할 것이다. 그리고 위탁자가 담보신탁된 부동산을 당초 예정된 신탁계약의 종료사유가 발생하기 전에 우선수익자인 대주단 및 수탁자의 동의를 받아 제3자에게 처분하고 신탁부동산에 관하여 신탁계약 해지에 따른 신탁재산귀속을 원인으로 위탁자 앞으로 소유권이전등기를 마친 다음 제3자 앞으로 소유권이전등기를 마쳐 준 일련의 행위로 인하여 위탁자의 책임재산인 신탁부동산에 대한 신탁계약상의 수익권이 소멸하게 됨으로써 위탁자의 소극재산이 적극재산을 초과하게 되거나 채무초과상태가 더 나빠지게 되고 위탁자도 그러한 사실을 인식하고 있었다면 이 사건 각 매매계약은 위탁자의 일반채권자들을 해하는 행위로서 사해행위에 해당한다고 평가될 여지가 있다.

신탁부동산에 대한 신탁계약상의 수익권이 적극재산으로서의 가치가 있는지 여부가 관건이므로, 만일 적극재산으로서의 가치가 없다면 위탁자가 신탁부동산을 매각하면서 신탁계약을 종료하고 신탁부동산을 환수하여 제3자 앞으로 소유권이전등기를 넘겨주어도 이는 사해행위로 되지 아니한다고 할 것이다. 반면 신탁계약상의 수익권이 적극재산으로서의 가치가 있다면, 수익권의 소멸로 위탁자가 채무초과 상태에 빠지게 되었거나 채무초과 상태가 더 악화되었는지 여부에 따라 위탁자와 제3자간 매매계약이 사해행위에 해당하는지 여부가 결정될 것이다.

다 저당권설정등기 말소

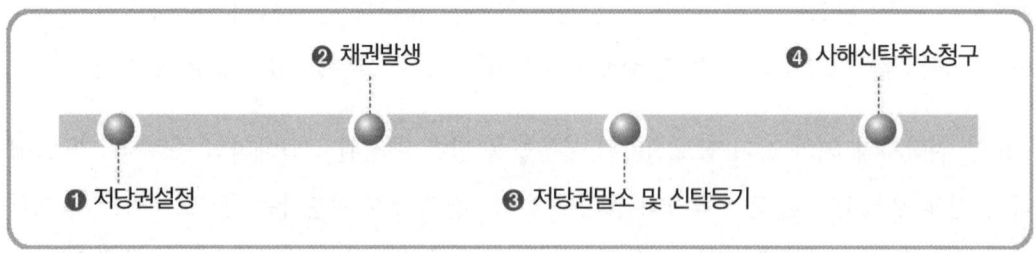

저당권이 설정되어 있던 부동산에 신탁등기가 경료 후 신탁부동산에 대한 저당권설정등기가 말소된 경우 사해신탁 취소의 범위와 원상회복 방법은 어떻게 판단하여야 하는지 문제된다.

대법원은 부동산에 관한 법률행위가 사해행위에 해당하는 경우에는 원칙적으로 그 사해행위를 취소하고 소유권이전등기의 말소 등 부동산 자체의 회복을 명하는 것이 원칙이지만, 저당권이 설정되어 있는 부동산에 관하여 사해행위가 이루어진 경우에 그 사해행위는 부동산의 가액에서 저당권의 피담보채권액을 공제한 잔액의 범위 내에서만 성립한다고 보아야 하므로, 사해행위 후 변제 등에 의하여 저당권설정등기가 말소된 경우, 사해행위를 취소하여 그 부동산의 자체의 회복을 명하는 것은 당초 일반 채권자들의 공동담보로 되어 있지 아니하던 부분까지 회복을 명하는 것이 되어 공평에 반하는 결과가 되므로, 그 부동산의 가액에서 저당권의 피담보채무액을 공제한 잔액의 한도에서 사해행위를 취소하고 그 가액의 배상을 구할 수 있을 뿐이고, 그와 같은 가액 산정은 사실심변론 종결시를 기준으로 하여야 한다(대법원 1999.9.7. 선고 98다41490 판결)는 입장이다.

따라서 위와 같은 경우 가액배상 금액 산정은 신탁계약을 체결할 당시 신탁재산의 가액에서 말소된 근저당권의 피담보채무액 합계를 공제한 나머지에서 채권자들의 채권에 대한 보전의 필요성이 인정되는 범위인 채권액 합계 부분에 한하여 신탁계약을 취소하고 그 원상회복으로서 채권자의 채권액을 각 반환하라는 판결이 선고된다.

그렇다면 근저당설정등기의 말소등기와 담보신탁등기가 같은 날 접수되어 함께 처리되고 원인일자가 동일한 경우는 어떠한가. 대법원은 근저당권이 설정된 부동산이 사해행위로 이전되면 그 이전이 양도담보를 위한 경우에도 사해행위는 부동산의 가액에서 근저당권의 피담보채무액을 공제한 잔액의 범위 내에서만 성립한다고 보아야 하므로, 사해행위 후 변제 등에 의하여 근저당권설정등기가 말소된 경우 그 부동산의 가액에서 근저당권의 피담보채무액을 공제한 잔액의 한도에서 사해행위를 취소하고 그 가액의 배상을 구할 수 있을 뿐이고(대법원 1999.9.7. 선고 98다41490 판결, 2001.6.12. 선고 99다20612 판결, 대법원 2002.4.12. 선고 2000다63912 판결 등 참조), 이러한 법리는 그 부동산이 담보신탁을 목적으로 이전된 경우에도 마찬가지라고 보아야 할 것이며, 또한 근저당권설정등기가 사해행위로 인한 소유권이전등기보다 나중에 말소된 경우뿐만 아니라 근저당권설정등기의 말소등기와 소유권이전등기가 같은 날 접수되어 함께 처리되고 그 원인일자가 동일한 경우에도 마찬가지라고 할 것이다(대법원 2014.1.23. 선고 2013다72169 판결)라고 판시하였다.

따라서 위와 같은 경우 담보신탁계약이 사해행위에 해당하더라도, 신탁부동산 전부에 관하여 담보신탁계약을 취소하고 신탁부동산 자체의 반환을 명할 수는 없고, 신탁부동산의 가액에서 근저당권의 피담보채무액 중 신탁부동산이 부담하는 부분을 공제한 잔액의 한도에서 신탁계약을 취소하고 채무자인 수탁자에 대하여 그 가액의 배상을 명하는 판결이 선고되어야 할 것이다.

한편, 채무자가 제3자에 대한 채무 담보 목적으로 신탁법에 의하여 신탁한 부동산의 매도행위가 사해행위에 해당하지만 매수인이 채무자를 대위하여 제3자에 대한 채무를 변제하고 신탁계약을 해지하여 소유권을 이전받은 경우, 위 사해행위 취소의 범위와 원상회복의 방법이 문제된다.

대법원은 채무자의 부동산 매도행위가 사해행위에 해당하면 채권자는 채권자취소권을 행사하여 그 매매계약을 취소하고 소유권이전등기의 말소 등 부동산 소유권 자체의 회복을 구할 수 있는 것이 원칙이지만, 채무자가 제3자에 대한 채무 담보의 목적으로 신탁법에 의하여 신탁한 부동산을 매도한 행위가 사해행위에 해당하는 경우, 매수인이 채무자를 대위하여 제3자에 대한 채무를 변제하고 신탁계약을 해지하여 그 부동산의 소유권을 이전받았다면, 그 매매계약을 취소하여 신탁계약이 해지되기 전의 상태로 원상회복하는 것은 현저히 곤란하고, 그렇다고 부동산의 소유권 자체를 채무자에게 환원시키는 것은 당초 일반 채권자들의 공동담보로 되어 있지 아니한 부분까지 회복시키는 결과가 되어 공평에 반하므로, 결국 채권자는 부동산의 가액에서 매수인이 대위변제한 채무액을 공제한 잔액의 한도 내에서 매매계약의 일부 취소와 그 가액의 배상을 청구할 수밖에 없다고 보아야 하고, 매수인 앞으로 소유권이전등기가 마쳐지기 전에 채무자 앞으로 신탁재산의 귀속을 원인으로 한 소유권이전등기가 마쳐지는 중간과정을 거쳤다 하여 달리 볼 것은 아니다(대법원 1999.11.9. 선고 99다50101 판결)라고 판시하였다.

따라서 위탁자가 신탁부동산을 사해행위로서 매수인에게 매도하였는데 매수인이 위탁자를 대위하여 우선수익자인 대출금융기관의 대출금을 변제한 경우에는 위탁자의 채권자는 채권자취소권의 행사로서 매수인에 대하여 부동산에 관한 소유권이전등기의 말소를 구할 수는 없고, 부동산의 가액에서 매수인이 대위변제한 대출금을 공제한 잔액에 대한 가액배상을 청구할 수 있다.

라 사해신탁 취소소송의 쟁점

1) 수익권이 적극재산에 포함되는지 여부

대법원의 판시에 따르면, 위탁자가 금전채권을 담보하기 위하여 금전채권자를 우선수익자로, 위탁자를 수익자로 하여 위탁자 소유의 부동산을 신탁법에 따라 수탁자에게 이전하면서 채무불이행 시에는 신탁부동산을 처분하여 우선수익자의 채권 변제 등에 충당하고 나머지를 위탁자에게 반환하기로 하는 내용의 담보신탁을 해 둔 경우, 신탁부동산에 대하여 위탁자가 가지고 있는 담보신탁계약상의 수익권은 위탁자의 일반채권자들에게 공동담보로 제공되는 책임재산에 해당한다.

위탁자가 위와 같이 담보신탁된 부동산을 당초 예정된 신탁계약의 종료사유가 발생하기 전에 우선수익자 및 수탁자의 동의를 받아 제3자에게 처분하는 등으로 담보신탁계약상의 수익권을 소멸하게 하고, 그로써 위탁자의 소극재산이 적극재산을 초과하게 되거나 채무초과상태가 더 나빠지게 되었다면 위탁자의 처분행위는 위탁자의 일반채권자들을 해하는 행위로서 사해행위에 해당한다.

그 경우 사해행위취소에 따른 원상회복의 방법으로 제3자 앞으로 마쳐진 소유권이전등기를 단순히 말소하게 되면 당초 일반채권자들의 공동담보로 되어 있지 아니한 부분까지 회복시키는 것이 되어 공평에 반하는 결과가 된다. 이때는 부동산에 대하여 위탁자가 가지고 있던 담보신탁계약상 수익권의 평가금액 한도 내에서 위탁자의 법률행위를 취소하고 가액의 배상을 명하여야 한다(대법원 2016.11.25. 선고 2016다20732 판결).

또한, 사해행위의 요건 중 하나인 채무자 무자력에 관하여 채무자의 수익권도 적극재산에 포함되는지, 포함된다면 그 가치 측정 방법은 어떠한지 여부에 관하여 대법원은 사해행위취소소송에서 채무자의 무자력 여부를 판단하기 위하여 적극재산을 산정함에 있어서는 실질적으로 재산적 가치가 없어 채권의 공동담보로서의 역할을 할 수 없는 재산은 특별한 사정이 없는 한 이를 제외하여야 하고, 그 재산이 채권인 경우에는 그것이 용이하게 변제받을 수 있는 확실성이 있다는 것이 합리적으로 긍정되는 경우에 한하여 적극재산에 포함시켜야 한다. 그리고 이는 그 재산이 신탁재산에 대한 수익권인 경우에도 마찬가지이다.

또한 신탁재산에 대한 수익권의 가치는 장차 신탁이 종료되었을 때 예상되는 신탁재산 가액에서 소요비용과 신탁보수 등을 공제하고 거기에서 다시 우선수익자들에 대한 채무를 공제한 후 남은 금액을 사해행위 당시의 현가로 할인하는 방식으로 평가하여야 하고, 단순히 사해행위 당시의 신탁재산의 시가를 기초로 그 가치를 평가해서는 아니 된다(대법원 2013.12.12. 선고 2012다111401 판결)는 입장이다.

따라서 위탁자의 유일한 재산에 신탁계약에 의한 신탁등기가 경료된 상태에서 제3자와 매매계약을 체결하고 소유권이전등기절차를 마친 경우 위 매매계약이 사해행위에 해당하는지 여부를 결정하기 위하여 위탁자의 채무초과 상태를 판단하려면, 위탁자가 신탁부동산을 수탁자에게 신탁해 둔 상태에서의 적극재산은 신탁부동산에 대한 신탁계약상의 수익권이라 할 것이므로, 채무초과 상태에 있었는지 여부도 그 수익권에 대한 평가액을 기준으로 판단하여야 할 것이다.

위와 같은 사해행위 취소소송의 재판과정에서 신탁부동산에 대한 수익권을 감정 평가하여 적극재산으로서의 가치가 있는지 여부를 확정하여야 할 것이고(만일 위 수익권이 적극재산으로서의 가치가 없다면 위탁자가 신탁계약을 종료하고 신탁부동산을 환수하여 매각하더라도 이는 적극재산의 감소가 없어 사해행위로 되지 아니한다고 보아야 할 것이다), 나아가 위 수익권이 적극재산으로서의 가치가 있는 경우라면, 신탁부동산에 대한 수익권을 평가하여 신탁부동산에 대한 수익권 등 적극재산의 가액이 모든 채권자에 대한 채무를 합친 소극재산을 능가하는지 여부를 확인한 다음 나아가 신탁부동산에 대한 수익권의 처분으로 인하여 위탁자가 채무초과 상태에 빠지게 되었거나 채무초과 상태가 심화되었는지 여부 등에 관하여 심리하여 위 매매계약이 사해행위에 해당하는지 여부를 판단하여야 한다.

결국 신탁계약 이후에 제3자에 대한 매매계약 등이 체결된 경우 사해행위 취소소송에서 채무자의 채무초과 상태를 확인하기 위해서는 사해행위 당시 기존 신탁계약에 의한 위탁자의 수익권의 가치를 파악하여야 하고 그 수익권의 가치는, 그때까지 사업을 진행하면서 발생한 비용과 신탁보수, 앞으로 예상되는 비용과 신탁보수, 분양에 따른 수익금, 앞으로 예상되는 추가 수익 등을 산정하여 신탁이 종료되었을 때 예상되는 신탁재산에서 비용과 신탁보수 등을 공제한 금액을 산정한 후 다시 수익한도금액 내에서 우선수익자들에 대한 채무를 공제하고 남은 금액을 기존 신탁계약 당시의 현가로 할인하는 방식으로 평가하여야 하고, 단순히 기존 신탁계약 당시의 토지 및 건물의 시가를 기초로 그 가치를 평가할 수는 없다(대법원 2013.10.31. 선고 2012다14449 판결).

단순히 사해행위 취소소송의 채무자(이 경우 위탁자)의 적극재산을 산정함에 있어서 신탁계약에 의한 수익권을 단순히 이 사건 토지 및 건물의 시가에서 신탁계약 및 처분절차와 관련하여 발생된 비용과 신탁보수의 합계금액을 공제한 금액이라고 전제하고, 잘못된 시가에 기초하여 사해행위 취소소송의 채무자의 적극재산을 산정한 후, 사해행위 취소소송의 채무자의 적극재산이 소극재산을 훨씬 초과한다고 보아 사해행위 당시 사해행위 취소소송의 채무자이 채무초과 상태에 있었다거나 사해행위로 인하여 채무초과 상태에 이르게 되었다고 볼 수 없다고 단정해서는 안된다는 것이 대법원의 판단이다.

위탁자의 소유권이전등기청구권이 위탁자의 책임재산에 해당하는지 여부에 관하여, 신탁이 존속하는 동안 위탁자가 언제든지 신탁계약을 종료시키고 신탁계약에서 정한 절차에 따라 위탁자 앞으로 소유권이전등기를 마칠 수 있다는 것이 합리적으로 긍정되는 경우에는 위탁자의 신탁부동산에 관한 소유권이전등기청구권이 위탁자의 일반채권자들에게 공동담보로 제공되는 책임재산에 해당된다고 볼 여지가 있다. 그러나 신탁계약상 신탁부동산을 처분하는 데 수익권자의 동의를 받도록 정해진 경우에는 그 처분에 관하여 수익권자의 동의를 받거나 받을 수 있다는 등의 특별한 사정이 없는 한 위탁자가 신탁을 종료시키고 위탁자 앞으로 신탁부동산에 관한 소유권이전등기를 마치는 것은 허용되지 않는다. 이러한 경우에는 위탁자의 신탁부동산에 관한 소유권이전등기청구권은 실질적으로 재산적 가치가 없어 채권의 공동담보로서의 역할을 할 수 없으므로 그 소유권이전등기청구권을 위탁자의 적극재산에 포함시킬 수 없다. 또한 신탁재산에 대한 후순위 수익권의 가치는 장차 신탁이 종료되었을 때 예상되는 신탁재산 가액에서 소요비용과 신탁보수 등을 공제하고 거기에서 다시 우선수익자들에 대한 채무를 공제한 후 남은 금액을 사해행위 당시의 현가로 할인하는 방식으로 평가하여야 하고, 단순히 사해행위 당시의 신탁재산의 시가를 기초로 그 가치를 평가해서는 아니 된다(대법원 2021.6.10. 선고 2017다254891 판결).

2) 위탁자와 수익자가 상이한 타익신탁에서 신탁부동산에 관하여 위탁자의 처분행위가 사해행위에 해당하는지 여부

신탁법상 신탁계약이 체결되고 신탁등기가 경료되는 경우 신탁부동산은 위탁자 또는 수익자의 책임재산이 아니다. 신탁부동산의 대내외적인 소유권이 수탁자에게 이전되기 때문이다. 타익신탁과 같이 위탁자와 수익자가 서로 상이한 경우 수익권은 수익자의 책임재산이 되므로 수익권 역시 위탁자의 책임재산이 아니다. 따라서 위탁자가 신탁부동산에 관하여 제3자와 매매계약을 체결하는 등 처분행위를 하였다고 하더라도 위탁자의 채권자들에 대하여 채권의 공동담보에 부족이 생겼다고 할 수 없으므로, 위탁자의 신탁부동산에 대한 처분행위는 사해행위가 아니라 할 수 있다. 위와 같은 쟁점에 관한 대법원 판결(대법원 2023.7.27. 선고 2023다234096 판결)은 아래와 같다.

『채무자의 재산처분행위가 사해행위가 되려면 그 행위로 채무자의 총재산이 감소되어 채권의 공동담보가 부족한 상태를 유발 또는 심화시켜야 하므로, 기존 채권자들의 공동담보가 감소되었다고 볼 수 없다면 그 재산처분행위를 사해행위라고 할 수 없다.

그런데 B은 이 사건 매매계약 체결 당시 별다른 재산을 가지고 있지 않았다. B이 소유하였던 이 사건 아파트의 경우 신탁에 따라 신탁법상 신탁재산이 되어 그 소유권이 대내외적으로 수탁자에게 귀속되고 위탁자인 B의 재산권으로부터 분리되어 독립성을 갖게 되므로, B의 일반채권자의 공동담보로 제공되는 책임재산이 되지 않는다. 나아가 위탁자와 수탁자의 신탁행위에 의하여 이 사건 담보신탁계약의 우선수익자가 F단체로, 수익자가 피고로 지정되었고 위탁자인 B이 수익자로 지정되지 아니하였으므로, B은 특별한 사정이 없는 한 신탁계약상 수익권을 갖지 아니하여 이 역시 B의 일반채권자의 공동담보로 제공되는 책임재산으로 볼 수 없다. 그렇다면 이 사건 매매계약 당시나 피고 명의의 소유권이전등기가 마쳐진 시점을 전후하여 B의 재산상태가 변동되었다고 단정할 수 없다. 따라서 이 사건 매매계약의 체결로 인해 B의 채권자들에 대하여 채권의 공동담보에 부족이 생기게 되었다고 할 수 없으므로, B이 피고와 이 사건 매매계약을 체결한 행위는 사해행위라고 하기 어렵다.

그럼에도 원심은 그 판시와 같은 이유로 이 사건 매매계약이 B의 채권자에 대한 사해행위가 된다고 판단하였다. 이러한 원심의 판단에는 신탁법상 신탁재산의 소유권, 사해행위취소에 있어 책임재산 및 사해행위의 성립에 관한 법리를 오해하여 판결에 영향을 미친 잘못이 있다. 이를 지적하는 취지의 상고이유는 이유 있다(대법원 2023.7.27. 선고 2023다234096 판결).』

3) 체육시설(골프장) 담보신탁시 사해신탁 여부 판단기준

체육시설업자가 체육필수시설을 포함한 그 소유의 재산을 담보신탁한 행위 등이 사해행위에 해당하는지를 판단함에 있어서는 그 목적물에 이미 설정되어 있는 담보권의 피담보채무뿐만 아니라 회원들에 대한 입회금반환채무 금액 부분도 일반채권자들의 공동담보에 제공되는 책임재산에 포함되지 않는다고 보아 그 상당액을 공제하여야 하고, 위와 같이 책임재산의 범위에서 공제되는 금액이 목적물의 가액을 초과하고 있는 때에는 담보신탁행위 등이 사해행위에 해당한다고 할 수 없다.

한편 담보신탁재산에 대하여 위탁자가 가지는 담보신탁계약상의 수익권도 일반채권자들의 공동담보에 제공되는 위탁자의 책임재산에 해당한다(대법원 2016.11.25. 선고 2016다20732 판결 참조).

따라서 위탁자가 이미 담보권이 설정되어 있는 위탁자 소유의 재산을 그 담보권의 피담보채무를 다시금 담보하기 위하여 그 담보권자를 우선수익자로, 위탁자를 수익자로 하여 담보신탁한 경우에는 이로 인해 위탁자의 책임재산이 담보권의 피담보채무 등이 공제된 담보신탁재산의 잔존가치에서 담보신탁계약상 수익권의 가치로 형태만 변경될 뿐, 위탁자의 자력에 아무런 변동이 생기지 아니하므로, 이러한 담보신탁행위는 사해행위에 해당하지 않는다(대법원 2018.11.29. 선고 2016다238113 판결).

위 판결은 체육시설업자가 체육시설을 담보신탁하는 것이 사해행위에 해당하는지 여부를 판단할 때 참고할 판결로서, 체육필수시설에 관하여 담보신탁계약이 체결되었다가 그 계약에서 정한 공개경쟁입찰방식의 매각 절차나 수의계약으로 위 시설이 일괄하여 이전되는 경우, 인수인이 체육시설업자와 회원 간에 약정한 사항을 포함하여 체육시설업의 등록 또는 신고에 따른 권리·의무를 승계하는지 여부(대법원 2018.10.18. 선고 2016다220143 전원합의체 판결)에 관한 대법원 전원합의체 판결사안과는 사실관계 및 쟁점이 다르므로 혼동하지 않도록 유의할 필요가 있다.

4) 일련의 약정과 최종적인 법률행위

당사자 사이에 일련의 약정과 그 이행으로 최종적인 법률행위를 한 경우, 일련의 약정과 최종적인 법률행위를 동일한 법률행위로 평가할 수 없다면, 일련의 약정과는 별도로 최종적인 법률행위에 대하여 사해행위의 성립 여부를 판단하여야 하고, 이때 동일한 법률행위로 평가할 수 있는지는 당사자가 같은지 여부, 일련의 약정에서 최종적인 법률행위의 내용이 특정되어 있거나 특정할 수 있는 방법과 기준이 정해져 있는지 여부, 조건 없이 최종적인 법률행위가 예정되어 있는지 여부 등을 종합하여 판단하여야 한다.

위탁자가 건물신축 사업을 진행하면서 토지에 대하여 사업약정 및 부동산관리신탁계약(1차 신탁계약)을 체결하면서 건물 보존등기시 대출원리금 및 공사대금 미지급금이 잔존하는 경우 신축건물을 보존등기함과 동시에 담보신탁(또는 처분신탁)을 경료키로 한다는 취지로 약정하고 건물 보존 등기 후 신축건물에 대한 담보신탁계약(2차 신탁계약)을 체결하고 신탁등기를 경료하였다면, 2차 신탁계약은 사업약정 및 1차 신탁계약 등 일련의 약정에 의한 최종적인 법률행위로서 동일한 법률행위인지 여부가 문제된다.

위 사례에서 대법원은 제1차 신탁계약은 이 사건 상가부지가 될 토지에 대한 부동산관리신탁에 지나지 않으며, 사업약정 등은 '이 사건 상가 신축건물의 보존등기시까지 소외 회사의 농협에 대한 채무가 완제되지 않았을 경우'라는 조건부로 담보신탁계약을 체결할 의무를 부과하는 약정에 불과하여 향후 체결할 담보신탁계약의 신탁재산, 신탁기간, 수익자 등 그 구체적인 내용에 관하여 전혀 정함이 없으므로, 이 사건 제2차 신탁계약과 종전의 일련의 제1차 신탁계약 및 사업약정 등의 약정은 동일한 법률행위라고 볼 수 없다.

따라서 채권자취소권의 피보전채권이 될 수 있는 요건을 갖추었는지 여부를 비롯하여 사해의사 등 사해행위에 대한 판단은 종전의 일련의 약정과는 별도로 신축건물 61개 점포에 대한 신탁등기의 원인이 된 법률행위인 제2차 신탁계약 당시를 기준으로 판단하여야 한다(대법원 2009.11.12. 선고 2009다53437 판결)는 취지로 판시하였다.

반면에, 시행사, 시공사, 대주 등이 건물신축사업을 진행을 위한 자금 조달 등을 위하여 사업약정을 체결하고 건물신축사업을 진행하였는데, 사용승인시까지 대출금을 상환하지 못하여 미분양 건축물 등에 대하여 신탁계약이 체결된 경우 이 신탁계약이 사업약정 및 이에 이은 일련의 변경약정과는 별개의 법률행위로서 독립적으로 사해행위에 해당하는지 여부가 문제된 사안에서 대법원은 신탁계약을 분리하여 그 직전과 직후의 일반 채권자의 지위를 비교하는 것만으로 사해행위성을 판단하는 것은 타당하다고 볼 수 없다는 취지로 판시하였다.

1. 이 사건 사업약정상의 최대 대주이자 자금관리자인 은행은 이 사건 사업약정에 따라 사업부지에 대한 신탁계약의 수탁자가 되었음은 물론 그 후 '대주가 지정하는 자'로서 이 사건 신탁계약의 수탁자가 되었던 것으로 보이고, 이 사건 사업약정에 신탁재산을 '대주가 지정하는 자'에게 신탁하도록 되어 있다는 사정만으로 이 사건 사업약정과 이 사건 신탁계약의 당사자가 다르다고 할 수 없다.

2. 이 사건 신탁계약은 신탁계약의 내용을 특정하는 핵심적 요소인 신탁목적, 신탁부동산, 우선수익자 및 그 수익권에 관하여 이 사건 사업약정이 예정한 신탁계약과 동일한 내용으로 체결되었다. 비록 이 사건 사업약정에서 원심이 지적하는 것처럼 신탁기간, 신탁부동산의 처분사유, 처분가격, 처분방법, 절차 등이 구체적으로 정하여져 있지 아니하더라도 이러한 사정만으로 이 사건 사업약정에서 이 사건 신탁계약의 핵심적인 내용이 특정되어 있지 아니하거나 특정할 수 있는 방법과 기준이 정하여져 있지 아니한 것으로 볼 수 없다. 또한 신탁기간을 제외하고 이 사건 신탁계약이 정한 신탁부동산의 처분사유, 처분가격, 처분방법, 절차 등은 일반조항에 가까운 것이거나 이 사건 사업약정에서 예상되는 신탁계약 내용의 범위를 벗어나는 것으로 보기도 어렵다.

3. 한편 이 사건 사업약정 제15조 제5항의 '본건 사업의 분양 부진으로 사용승인일까지 상환되지 아니한 대출원리금 및 미지급 공사대금이 존재하는 경우'는 미분양 건축물 등에 대한 신탁계약 체결의 '조건'이라기보다는 이 사건 사업약정이 차주의 담보제공의무에 관하여 정한 다양한 담보제공방법의 하나를 특정하는 요소에 가깝다.

4. 그리고 앞서 살펴본 사정에 의하면 이 사건 주상복합건물은 처음부터 차주가 스스로의 자력으로 소유하고 있던 재산이 아니라 일련의 사업약정 및 신탁계약과 이를 통하여 융통한 자금으로 만들어진 것이라고 할 수 있으므로, 이러한 전체적인 취득과정을 고려하지 아니한 채 이 사건 신탁계약을 분리하여 그 직전과 직후의 일반 채권자의 지위를 비교하는 것만으로 사해행위성을 판단하는 것은 타당하다고 볼 수 없다.

5. 그럼에도 원심은 그 판시와 같은 이유로 이 사건 신탁계약이 이 사건 사업약정과 별개의 계약이라고 보고 양자 사이의 관계나 그를 전후하여 이루어진 자금 융통의 과정, 이를 통한 사업의 계속 등의 사정은 고려하지 아니한 채, 차주가 채무초과의 상태에서 그 소유의 미분양 건축물 등에 대하여 은행과 이 사건 신탁계약을 체결하고 소유권이전등기를 마쳐주었음을 들어 이 사건 신탁계약이 사해행위에 해당한다고 보았으니, 이러한 원심의 판단에는 사해행위와 채권자취소권의 대상에 관한 법리를 오해하여 판결 결과에 영향을 미친 위법이 있다. 이를 지적하는 취지의 상고이유의 주장은 이유 있다.(대법원 2016.9.23. 선고 2015다223480 판결)

이렇듯이 사업약정 또는 1차 신탁계약에 따라 건물신축사업을 진행하다 신축건물의 보존등기가 경료됨에 따라 2차 신탁계약이 체결되는 경우, 2차 신탁계약이 사업약정 또는 1차 신탁계약과 일련의 법률관계로서 동일한 법률행위에 해당하는지, 별도의 법률행위에 해당하는지 여부는 신탁계약의 당사자, 신탁계약의 내용을 특정하는 핵심적 요소인 신탁목적, 신탁부동산, 우선수익자 및 그 수익권에 관하여 사업약정이 예정한 신탁계약과 동일한 내용으로 체결되었는지 여부, 사업약정에 신탁기간, 신탁부동산의 처분사유, 처분가격, 처분방법, 절차 등이 구체적으로 정해졌는지 여부, 신축건물이 일련의 사업약정 및 신탁계약과 이를 통하여 융통한 자금으로 만들어진 것인지 여부, 자금 융통의 과정, 이를 통한 사업의 계속 등의 다양한 요건을 종합적으로 면밀히 검토하여야 할 것이다.

또한, 앞서 살펴보았듯이 대법원은 위탁자와 수탁자가 분양관리신탁계약(1신탁계약)을 체결하고 건물을 준공한 후 토지 및 신축건물에 대하여 담보신탁계약(2신탁계약)을 체결하자 위탁자의 채권자가 담보신탁계약(2신탁계약)이 사해신탁이라 주장한 사안에서는 전체적 취득과정을 도외시한 채 2신탁계약을 분리해 내어 그 직전과 직후의 일반 채권자의 지위를 비교하는 것만으로 사해행위성을 판단하는 것은 타당하다고 볼 수 없다(대법원 2012.10.11.자 2010마2066 결정)는 취지로 판시한 바, 사실관계에 따라 1신탁계약과 2신탁계약이 일련의 법률관계로 인정될 수도 있고 아닐수도 있다는 사실을 숙지하여야 하겠다.

5) 조세채권과 사해신탁

조세채권도 사해행위 전에 발생되었거나, 사해행위 당시에 이미 채권 성립의 기초가 되는 법률관계가 발생되어 있고, 가까운 장래에 그 법률관계에 터잡아 채권이 성립되리라는 점에 대한 고도의 개연성이 있었으며, 실제로 가까운 장래에 그 개연성이 현실화되어 채권이 성립된 경우에는 그 채권도 채권자취소권의 피보전채권이 될 수 있다.

다만 서울고등법원은 부가가치세의 경우 신탁계약 당시 과세기간이 개시되어 있지 않았다면 그 성립의 기초가 되는 법률관계가 발생되어 있었다고 할 수 없어 이 사건 채권자취소권의 피보전채권이 될 수 없다는 취지로 판시한 사례가 있으므로 참고할만 하다.

또한 신탁계약과 그에 기한 수익권에 관한 근질권설정계약은 위탁자가 변제기가 도래한 종전 대출금채무를 변제하고 사업을 계속하기 위한 것으로서 위탁자의 책임재산이나 변제능력에 실질적인 감소를 초래하였다고 할 수 없고, 수탁자이자 담보권자인 수탁자 등에게 부당한 이익이 돌아갔다고 보기 어려우며, 위탁자의 채권자들은 여전히 이 사건 신탁계약에 기한 수익권이나 신탁종료시 반환될 이 사건 부동산에 대한 집행을 통하여 채권을 만족시킬 가능성이 남아있고, 조세채권 대부분은 종전 대출금채권보다 후순위로서 신탁과 근질권설정으로 그 집행에 새로운 장애가 생겼다고 할 수도 없는 경우라면, 신탁계약과 수익권의 근질권설정계약을 사해행위라고 인정하기 어렵다고 판단한 대법원 판결(대법원 2014.6.12. 선고 2013다5145 판결)이 있다.

따라서 사해신탁 취소소송의 업무 담당자라면 소송과정에서 신탁계약으로 인하여 집행상 새로운 장애가 생기지 않았음을 증명하는 것이 중요하다.

6) 우선수익권과 사해신탁

신탁행위로 정한 바에 따라 수익자로 지정된 사람은 당연히 수익권을 취득한다(신탁법 제56조 제1항). 신탁재산에 속한 재산의 인도와 그 밖에 신탁재산에 기한 급부를 요구하는 청구권이 수익권의 주된 내용을 이루지만, 수익자는 그 외에도 신탁법상 수익자의 지위에서 여러 가지 권능을 가지며, 수익권의 구체적인 내용은 특별한 사정이 없는한 계약자유의 원칙에 따라 신탁계약에서 다양한 내용으로 정할 수 있다.

우선수익권은 구 신탁법이나 신탁법에서 규정한 법률 용어는 아니나, 거래 관행상 통상 부동산담보신탁계약에서 우선수익자로 지정된 채권자가 채무자의 채무불이행 시에 신탁재산 처분을 요청하고 그 처분대금에서 자신의 채권을 위탁자인 채무자나 그 밖의 다른 채권자들에 우선하여 변제받을 수 있는 권리를 말한다. 우선수익권은 수익급부의 순위가 다른 수익자에 앞선다는 점을 제외하면 그 법적 성질은 일반적인 수익권과 다르지 않다. 채권자는 담보신탁을 통하여 담보물권을 얻는 것이 아니라 신탁이라는 법적 형식을 통하여 도산 절연 및 담보적 기능이라는 경제적 효과를 달성하게 되는 것일 뿐이므로, 그 우선수익권은 우선 변제적 효과를 채권자에게 귀속시킬 수 있는 신탁계약상 권리이다(대법원 2017.6.22. 선고 2014다225809 전원합의체 판결).

그렇다면 담보신탁의 신탁부동산에 관하여 위탁자가 우선수익자의 동의를 받아 신탁해지를 하고 위탁자로 소유권을 이전한 후 대물변제계약에 따라 우선수익자에게 소유권을 이전하였다면, 이는 신탁부동산의 정산·환가의 일환으로서 우선수익권에 기한 소유권 이전으로 평가할 수 있는지 여부가 문제된다.

대법원은 위와 관련하여, 갑 주식회사가 을 주식회사에 대한 채무를 담보하기 위해 신탁회사인 병 주식회사와 갑 회사 소유의 아파트에 관하여 우선수익자를 을 회사로 하는 부동산담보신탁계약을 체결하였는데, 그 후 갑 회사가 을 회사의 동의를 받아 신탁계약을 해지하고 갑 회사 명의로 아파트에 관한 소유권이전등기를 마친 다음, 같은 날 을 회사와 대물변제계약을 체결하여 을 회사에 아파트에 관한 소유권이전등기를 마쳐주자, 갑 회사의 채권자인 국가가 대물변제계약이 사해행위에 해당한다며 을 회사를 상대로 사해행위취소를 구한 사안에서, 대물변제계약의 이행을 위하여 작성한 분양계약서에 매도인이 병 회사가 아닌 갑 회사로 기재되어 있는 점, 을 회사에 아파트에 관한 소유권이전등기를 마쳐준 것도 병 회사가 아닌 갑 회사인 점 등에 비추어 대물변제계약이 신탁계약에서 정한 처분·환가의 일환으로 체결된 것이라고 보기 어렵고, 오히려 신탁계약이 해지로 종료하여 '우선수익자가 갖는 수익권의 유효기간은 신탁계약에 따른 우선수익자의 채권발생일부터 신탁계약 종료일까지로 한다'는 내용의 신탁계약 조항에 따라 을 회사가 더 이상 우선수익자로서 수익권을 행사할 수 없으므로, 대물변제계약이 사해행위에 해당한다는 취지로 판결하였다(대법원 2018.4.12. 선고 2016다223357 판결).

한편, 관리형 토지신탁 사업을 진행하던 중 후순위 우선수익자가 추가된 경우 후순위 우선수익자를 추가한 행위도 사해행위에 해당할 수 있는지 여부에 관하여 서울고등법원은 채무초과 상태에 있는 채무자가 그 소유의 재산을 특정 채권자에게 채권 담보로 제공함으로써 그 채권자에게만 다른 채권자에 비하여 우선변제를 받을 수 있도록 하여 다른 일반 채권자의 공동담보를 감소시키는 결과를 초래하는 경우 다른 채권자들에 대한 관계에서 사해행위에 해당하므로, 특정 채권자에게 우선수익권을 설정해 준 행위 역시 사해행위에 해당한다는 취지로 판시한 사례가 있으므로, 위탁자의 채권자에게 담보조로 우선수익권을 추가하는 경우에는 사해신탁취소소송의 피소 위험이 존재한다는 점을 수탁자 및 대주 담당자는 숙지하고 있을 필요가 있다.

위 소송에서 우선수익권을 설정해 준 수탁자에 대하여 사해행위 취소소송의 피고적격이 인정되는지 여부가 문제되었는데, 서울고등법원은 신탁변경계약 중 우선수익권 설정 부분은 제3자를 위한 계약에 해당하고, 우선수익자들은 수탁자에 대하여 수익의 의사표시를 하여 우선수익권증서를 교부받음으로써 우선수익권을 취득하고, 수탁자는 위 우선수익자에게 수익자에 우선하여 신탁수익을 교부할 의무를 부담하게 되므로, 우선수익권 부분에 관하여 사해행위취소를 구하는 소에서는 수탁자가 일종의 수익자로서 피고적격이 인정된다는 취지로 판시하였다.

7) 수익권 근질권과 사해행위

채무초과상태의 위탁자가 신탁계약상 수익권의 근질권자와 신탁부동산에 대한 대물변제 약정을 체결하고 신탁계약의 해지를 원인으로 신탁부동산을 위탁자 앞으로 귀속한 뒤 수익권의 근질권자에게 소유권을 이전하였다면, 이는 위탁자의 채권자에 대한 사해행위로서 수익권의 근질권자가 손해배상 책임 등을 부담하는지 여부가 문제된다.

이에 대하여 대법원은, 위와 같은 토지의 대물변제는 실질적으로 근질권자가 확보하고 있던 담보가치의 실현에 다름 아니어서, 토지의 시가가 대물변제 가격 또는 근질권 채권최고액을 초과하지 아니하는 이상 사해행위가 아니라는 취지로 판시하였다.

이 사건 토지에 관한 신탁계약 상의 수익권에 대하여 수익권의 근질권자 앞으로 근질권이 설정되어 있었고, 그 근질권설정계약에 따라 피담보채권의 변제를 위하여 근질권자는 수탁자에게 신탁재산의 처분을 요구할 수 있고 이 경우 수탁자는 신탁재산의 처분대금에서 채무를 이행하거나 협의에 의하여 채무의 변제를 신탁재산에 대한 근저당권설정 행위로 대체할 수 있도록 약정되어 있었다면, 수익권에 대한 근질권의 약정은 실질적으로는 신탁재산인 이 사건 토지 자체에 대한 담보권의 설정과 마찬가지라고 할 것이고, 따라서 이 사건 토지 중에서 일반 채권자들의 공동담보에 공하여진 책임재산은 위 근질권의 채권최고액을 공제한 나머지 부분에 한하는 것이라 할 것이다.

그리고 근질권의 실행으로서 이 사건 토지를 처분하여 그 처분대금으로써 채무를 변제하는 대신 신탁자, 수탁자, 근질권자 3자의 협의에 의하여 신탁계약을 해지하고 이 사건 토지의 소유권을 일단 신탁자인 위탁자 앞으로 환원시킨 다음 위탁자가 근질권자에게 대물변제로 양도하는 방식을 따랐다고 하더라도, 이 사건 토지의 대물변제는 실질적으로는 근질권자가 확보하고 있던 담보가치의 실현에 다름아니라고 할 것이어서, 이 사건 토지의 실제 시가가 대물변제 가격 또는 위 근질권의 채권최고액을 초과하지 아니하는 이상 그 대물변제가 일반 채권자를 해하는 사해행위가 될 수는 없는 것이다(대법원 2000.11.10. 선고 2000다48005 판결).

채무자가 양도한 목적물에 담보권이 설정되어 있는 경우라면 그 목적물 중에서 일반 채권자들의 공동담보에 공하여지는 책임재산은 피담보채권액을 공제한 나머지 부분만이라 할 것이고 피담보채권액이 목적물의 가격을 초과하고 있는 때에는 당해 목적물의 양도는 사해행위에 해당한다고 할 수 없다(대법원 1997.9.9. 선고 97다10864 판결 참조)는 법리에 따라 채무초과상태의 위탁자가 신탁계약상 수익권의 근질권자와 신탁부동산에 대한 대물변제 약정을 체결하고 신탁계약의 해지를 원인으로 신탁부동산을 위탁자 앞으로 귀속한 뒤 수익권의 근질권자에게 소유권을 이전하였다면, 수익권 근질권의 피담보채권액이 신탁부동산의 가액을 초과하고 있는 경우에는 사해행위에 해당하지 아니할 것이고, 만약 신탁부동산의 가액이 수익권 근질권의 피담보채권액보다 초과하는 경우에는 그 가액만큼은 사해행위에 해당할 여지가 높을 것이다.

다만 대법원은 담보신탁계약을 해지하고 신탁부동산을 위탁자에게 귀속한 후 위탁자와 담보신탁 우선수익자간 대물변제계약을 체결하여 우선수익자에게 신탁부동산에 관한 소유권이전등기를 마친 경우 신탁계약 종료로 담보신탁 우선수익자는 우선수익자로서 수익권을 행사할 수 없으므로 위 대물변제계약은 사해행위에 해당하지 않는 것은 아니다(대법원 2018.4.12. 선고 2016다223357 판결)는 취지로 판시한 사례도 있으므로 대물변제 약정이 체결된 시기, 대물변제약정이 신탁계약에서 정한 처분·환가의 일환으로 체결되었는지 여부, 대물변제약정이 실질적으로 근질권자가 확보하고 있던 담보가치의 실현에 불과한지 여부 등에 관한 면밀한 검토가 필요하다.

8) 유치권과 사해신탁

공사대금을 지급받지 못한 아파트 공사 수급인이 신축 아파트에 대한 유치권을 포기하는 대신 수분양자들로부터 미납입 분양대금을 직접 지급받기로 하고, 그 담보를 위해 도급인과의 사이에 당해 아파트를 대상으로 수익자를 수급인으로 하는 신탁계약을 체결하고 수급인이 지정하는 자 앞으로 소유권이전등기를 경료하게 한 행위가 사해행위에 해당하는지 여부가 문제된다.

대법원은 공사대금을 지급받지 못한 아파트 공사 수급인이 신축 아파트에 대한 유치권을 포기하는 대신 수분양자들로부터 미납입 분양대금을 직접 지급받기로 하고, 그 담보를 위해 도급인과의 사이에 당해 아파트를 대상으로 수익자를 수급인으로 하는 신탁계약을 체결하고 수급인이 지정하는 자 앞으로 소유권이전등기를 경료하게 한 경우, 수급인의 지위가 유치권을 행사할 수 있는 지위보다 강화된 것이 아니고, 도급인의 일반채권자들 입장에서도 수급인이 유치권을 행사하여 도급인의 분양사업 수행이 불가능해지는 경우와 비교할 때 더 불리해지는 것은 아니므로 위 신탁계약이 사해행위에 해당하지 않는다(대법원 2001.7.27. 선고 2001다13709 판결)는 취지로 판시하였다.

신탁계약에 의하여 수급인은 신축 아파트의 분양대금으로부터 자신의 공사대금채권을 우선적으로 변제받을 수 있는 지위를 확보함으로써 신축 아파트에 관한 담보권을 획득한 것과 같은 경제적 효과를 얻게 되었다고 할 것이나, 수급인이 위와 같은 지위와 경제적 효과를 얻은 것은 분양대금이 완납된 아파트에 대하여는 유치권을 포기하여 수분양자에게 아파트를 인도하기로 하는 대신 얻은 것이고, 이로 인하여 수급인의 지위가 아파트 전체에 대한 담보권인 유치권을 행사할 수 있는 지위보다 강화된 것이 아니며, 도급인으로서는 수분양자들에게 분양계약에 따른 아파트 인도의무를 이행할 수 있게 됨으로써 수급인의 유치권 행사로 인하여 분양사업 수행이 불가능해 지는 상황을 막을 수 있게 된 반면 도급인에 대한 일반채권자들에게도 수급인이 아파트 전체에 대한 유치권을 행사하여 도급인의 분양사업 수행이 불가능해 지는 경우와 비교할 때 더 불리해지지는 않게 되었다는 이유에서 대법원은 도급인의 사해의사를 부정한 것이다. 다만 유치권을 행사할 수 없는 부동산을 신탁하였다거나 채권가액에 비하여 너무 많은 부동산을 신탁하는 경우 법원의 판단이 다를 수 있으므로 유의를 요한다.

9) 근저당권과 사해신탁

근저당권이 설정된 부동산에 대하여 근저당권설정등기의 말소등기와 함께 담보신탁등기가 경료된 경우 신탁계약이 사해행위에 해당한다면 채권자는 신탁계약 취소 및 신탁등기의 말소등기절차이행을 청구할 수 있는지 여부가 문제된다.

대법원은 위와 같은 사안에서는 부동산 가액에서 근저당권의 피담보채무액을 공제한 잔액의 한도에서 사해행위를 취소하고 그 가액의 배상을 청구할 수 있을 뿐이라는 취지로 판시하였다. 자세한 사항은 아래와 같다.

근저당권이 설정된 부동산이 사해행위로 이전되면 그 이전이 양도담보를 위한 경우에도 사해행위는 부동산의 가액에서 근저당권의 피담보채무액을 공제한 잔액의 범위 내에서만 성립한다고 보아야 하므로, 사해행위 후 변제 등에 의하여 근저당권설정등기가 말소된 경우 그 부동산의 가액에서 근저당권의 피담보채무액을 공제한 잔액의 한도에서 사해행위를 취소하고 그 가액의 배상을 구할 수 있을 뿐이고(대법원 1999.9.7. 선고 98다41490 판결, 2001.6.12. 선고 99다20612 판결, 대법원 2002.4.12. 선고 2000다63912 판결 등 참조), 이러한 법리는 그 부동산이 담보신탁을 목적으로 이전된 경우에도 마찬가지라고 보아야 할 것이며, 또한 근저당권설정등기가 사해행위로 인한 소유권이전등기보다 나중에 말소된 경우뿐만 아니라 근저당권설정등기의 말소등기와 소유권이전등기가 같은 날 접수되어 함께 처리되고 그 원인일자가 동일한 경우에도 마찬가지라고 할 것이다.

1. 원심은, 위탁자와 피고 사이의 이 사건 신탁계약으로 이 사건 부동산 전부에 관하여 사해행위가 성립하였다는 전제 아래, 이 사건 부동산 전부에 관한 이 사건 신탁계약이 취소되어야 하고, 그 원상회복으로 피고는 위탁자에 이 사건 부동산에 관한 그 명의 소유권이전등기의 말소등기절차를 이행할 의무가 있다고 판단하였다.

2. 그러나 사해행위 취소의 범위와 방법에 관한 원심의 위와 같은 판단은 그대로 수긍하기 어렵다.

원심이 채용한 증거들에 의하면, 위탁자는 2009.10.1. AA은행으로부터 8억 원을 대출받고, 같은 날 이 사건 부동산을 비롯한 이 사건 상가에 관하여 AA은행 명의의 근저당권설정등기를 마쳐준 사실, 이후 위탁자는 이 사건 상가를 담보신탁에 제공하고 추가자금을 융통하기 위하여 2010.1.13. BB은행으로부터 25억 원을 대출받아 그중 8억 원가량은 위 근저당권의 피담보채무 변제에 사용하는 한편(위탁자는 위 대출신청 당시 8억 원을 AA은행에 대한 대출금 상환에 사용하겠다고 자금사용계획을 밝히기도 하였다), 피고와 사이에 BB은행을 1순위 우선수익자로 하는 이 사건 신탁계약을 체결한 사실, 이에 따라 2013.1.13. 해지를 원인으로 한 위 근저당권설정등기의 말소등기신청서와 2013.1.13. 신탁을 원인으로 한 피고 명의 소유권이전등기신청서가 2013.1.13. 함께 접수·처리되어 이 사건 상가에 관하여 위 근저당권설정등기가 말소된 직후에 피고 명의의 소유권이전등기가 마쳐진 사실을 알 수 있다.

위와 같은 사실관계를 앞서 본 법리에 비추어 볼 때, 이 사건 신탁계약이 사해행위에 해당하더라도, 이 사건 부동산 전부에 관하여 이 사건 신탁계약을 취소하고 이 사건 부동산 자체의 반환을 명할 수는 없고, 이 사건 부동산의 가액에서 위 근저당권의 피담보채무액 중 이 사건 부동산이 부담하는 부분을 공제한 잔액의 한도에서 이 사건 신탁계약을 취소하고 피고에 대하여 그 가액의 배상을 명하여야 할 것이다(대법원 2014.1.23. 선고 2013다72169 판결).

따라서 (근)저당권이 설정되어 있는 부동산에 관하여 (근)저당권을 말소하면서 사해신탁이 이루어진 경우에 사해신탁취소소송의 원고인 채권자는 가액배상만을 구할 수 있는데, 담보신탁의 경우 현금 시재가 없는 경우가 대부분이라 가액배상 판결이 이루어지는 경우 수탁자의 고유계정이 일시적으로 사용되는 결과가 초래되므로, 수탁자 담당자는 사해신탁 취소소송에서 가액배상 항변을 하여야 할지 여부를 전략적으로 판단할 필요가 있고, 특히 신탁법 제8조 제3항에 따라 채권자는 선의의 수탁자에게 현존하는 신탁재산의 범위 내에서 원상회복을 청구할 수 있는바, 가액배상의 경우에도 선의의 수탁자는 신탁재산 한도 내에서만 책임을 부담한다는 항변을 적극적으로 주장하여 행여 가액배상금이 신탁부동산의 공매가격을 초과하더라도 고유계정 손실이 발생하지 않을 수 있도록 적극 대응하여야 한다.

마 실무에서 자주 쓰이는 판결

1) 채권자취소권(사해행위취소권)은 채권자의 공동담보인 채무자의 책임재산의 감소를 방지하기 위한 것이므로 특정물에 대한 소유권이전등기청구권을 보전하기 위하여는 채권자취소권을 행사할 수 없고 또 채권자취소의 소에 있어 상대방은 채무자가 아니라 그 수익자나 전득자가 되어야 한다(대법원 1988.2.23. 선고 87다카1586 판결)는 것은 사해행위 취소소송에서 너무나도 당연한 법리이다.

그렇다면 사해신탁 취소소송에서는 어떨까. 결론은 같다. 신탁법 제8조 소정의 사해신탁의 취소는 민법상의 채권자취소권과 마찬가지로 책임재산의 보전을 위한 것이므로 피보전채권은 금전채권이어야 하고, 특정물에 대한 소유권이전등기청구권을 보전하기 위하여 행사하는 것은 허용되지 않는다(대법원 2001.12.27. 선고 2001다32236 판결). 신탁등기 이전의 신탁부동산에 대하여 매매계약을 체결한 매수인 등이 사해신탁 취소소송을 제기하는 경우가 간혹 있는데, 이 경우에는 위 판례를 들어 방어가능하다.

2) 사해신탁 취소소송이 제기되었는데 위탁자에게 신탁재산을 귀속시킬 수 있는가. 실무에서는 소송이 계류중인 경우에는 소송이 확정되어 그에 따른 권리의무관계가 확립될 때까지 신탁을 해지하지 않는 것이 원칙이다. 하지만 사해신탁 취소소송도 그러한가. 아니다. 사해신탁 취소소송이 제기되는 경우 수탁자는 일단 신탁을 해지하고 위탁자로 신탁재산을 귀속시킬 수 있는지 여부부터 검토하게 된다.

사해행위의 취소 및 원상회복을 구하는 소송계속 중 사해행위가 해제 또는 해지되어 그 목적부동산이 이전등기의 말소 또는 소유권이전등기의 형식으로 채무자에게 복귀한 경우, 소의 이익이 없다는 것이 대법원의 입장이기 때문이다. 대법원은 채권자가 채무자의 부동산에 관한 사해행위를 이유로 수익자를 상대로 그 사해행위의 취소 및 원상회복을 구하는 소송을 제기하여 그 소송계속 중 위 사해행위가 해제 또는 해지되고 채권자가 그 사해행위의 취소에 의해 복귀를 구하는 재산이 벌써 채무자에게 복귀한 경우에는, 특별한 사정이 없는 한, 그 채권자취소소송은 이미 그 목적이 실현되어 더 이상 그 소에 의해 확보할 권리보호의 이익이 없어지는 것이고, 이는 그 목적재산인 부동산의 복귀가 그 이전등기의 말소 형식이 아니라 소유권이전등기의 형식을 취하였다고 하여 달라지는 것은 아니(대법원 2008.3.27. 선고 2007다85157 판결)라고 판단한다. 따라서 수탁자는 사해신탁 취소소송이 진행중이라 하더라도 판결 확정 전에는 언제든지 신탁부동산을 위탁자에게 귀속시킬 수 있다. 다만 귀속 후에는 당연히 그 사실을 재판부에 알려야 한다.

3) 그렇다면 사해신탁 취소소송의 원고인 위탁자의 채권자는 신탁부동산에 처분금지가처분을 발령받아 수탁자가 위탁자에게 신탁부동산을 귀속시키는 것을 방지할 수 있는가. 아니다. 사해행위취소로 인한 원상회복청구권을 피보전권리로 하여 수익자를 상대로 그 목적부동산에 대한 처분금지가처분을 받은 경우, 수익자가 계약의 해제 또는 해지 등의 사유로 채무자에게 그 부동산을 반환하는 것이 처분금지가처분의 처분금지 효력에 저촉되지 않기 때문이다.

대법원은 채권자가 수익자를 상대로 사해행위취소로 인한 원상회복을 위하여 소유권이전등기 말소등기청구권을 피보전권리로 하여 그 목적부동산에 대한 처분금지가처분을 발령받은 경우, 그 후 수익자가 계약의 해제 또는 해지 등의 사유로 채무자에게 그 부동산을 반환하는 것은 가처분채권자의 피보전권리인 채권자취소권에 의한 원상회복청구권을 침해하는 것이 아니라 오히려 그 피보전권리에 부합하는 것이므로 위 가처분의 처분금지 효력에 저촉된다고 할 수 없다(대법원 2008.3.27. 선고 2007다85157 판결)고 판시하고 있다.

따라서 사해행위취소로 인한 원상회복을 위하여 소유권이전등기 말소등기청구권을 피보전권리로 하여 그 목적부동산에 대한 처분금지가처분을 발령받은 경우에 수탁자가 위탁자에게 신탁부동산을 귀속하는 경우에는 특별사정에 의한 가처분취소(민사집행법 제307조 제1항)절차도 필수적인 것은 아니라 할 것이다. 다만 신탁부동산이 수탁자로부터 위탁자에게 귀속한 후에도 등기사항증명서상 가처분이 자동으로 말소되는 것이 아닌 점을 감안, 사전 또는 사후에 특별사정에 의한 가처분취소 또는 사정변경 등에 의한 가처분취소신청을 구하는 것이 바람직하다 할 것이다.

참고로 민사집행법 제307조에서 '특별한 사정이 있는 때'라 함은 가처분에 의하여 보전되는 권리가 금전적 보상으로써 그 종국의 목적을 달할 수 있다는 사정이 있거나 또는 가처분 집행으로 가처분 채무자가 특히 현저한 손해를 받고 있는 사정이 있는 경우를 말하고, 여기에서 금전보상이 가능한가의 여부는 장래 본안소송에 있어서의 청구의 내용, 당해 가처분의 목적 등 모든 사정을 참작하여 사회통념에 따라 객관적으로 판단하여야 한다(대법원 1997.3.14. 선고 96다21188 판결).

한편, 대법원은 채권자가 채무자의 부동산에 관한 사해행위를 이유로 수익자를 상대로 사해행위의 취소 및 원상회복을 구하는 소송을 제기한 후 소송계속 중에 사해행위가 해제 또는 해지되고 채권자가 사해행위의 취소에 의해 복귀를 구하는 재산이 벌써 채무자에게 복귀한 경우에는, 특별한 사정이 없는 한 사해행위취소소송의 목적은 이미 실현되어 더 이상 소에 의해 확보할 권리보호의 이익이 없어진다. 그리고 이러한 법리는 사해행위취소소송이 제기되기 전에 사해행위의 취소에 의해 복귀를 구하는 재산이 채무자에게 복귀한 경우에도 마찬가지로 타당하다(대법원 2015.5.21. 선고 2012다952 전원합의체 판결)는 입장이므로, 사해신탁 취소소송 중 위탁자에게 신탁부동산을 귀속하는 것은 특별한 사정이 없는 한, 가능하다 판단된다.

갑이 신탁부동산에 사해행위취소로 인한 원상회복청구권을 피보전권리로 하여 그 피양수채권에 대한 처분금지가처분을 발령받았는데, 을이 신탁부동산에 사해신탁 취소소송을 제기하여 승소 확정된 후 그에 기하여 수탁자가 위탁자에게 신탁부동산을 귀속하였다면, 이는 갑이 발령받은 처분금지가처분에 위반되는가. 대법원은 아니라는 입장이다.

채권자취소권은 사해행위로 이루어진 채무자의 재산처분행위를 취소하고 그 원상회복을 구하기 위한 권리로서 사해행위에 의해 일탈된 채무자의 책임재산을 총채권자를 위하여 채무자에게 복귀시키기 위한 것이지 채권자취소권을 행사하는 특정 채권자에게만 독점적 만족을 주기 위한 권리가 아니므로, 지명채권이 양도되어 제3자에 대하여 대항요건까지 갖춘 후 양도인의 채권자가 양수인을 상대로 사해행위취소로 인한 원상회복청구권을 피보전권리로 하여 그 피양수채권에 대한 처분금지가처분을 발령받은 경우에, 위 가처분 채권자가 본안소송으로 제기한 사해행위취소소송에서 승소 확정된 후 그에 기하여 채무자에게 그 채권이 원상회복되는 때뿐만 아니라, 양수인이 임의로 양도인에게 그 채권을 반환하거나 양도인의 다른 채권자가 양수인을 상대로 제기한 사해행위취소소송의 결과에 따라 원상회복의무의 이행으로서 그 채권을 반환하더라도, 이는 위 가처분채권자의 피보전권리인 채권자취소권에 의한 원상회복청구권을 침해하는 것이 아니라 채권자취소권의 목적을 실현시키는 것과 동일한 결과가 되어 오히려 그 피보전권리에 부합하는 것이므로 위 가처분의 처분금지효력에 저촉된다고 할 수 없고, 양수인의 원상회복의무의 발생이 다른 채권자가 제기한 사해행위취소소송에서의 청구인낙에 따른 것이라고 하여 달리 볼 것은 아니기 때문이다(대법원 2006.8.24. 선고 2004다23110 판결).

4) 신탁법 제8조에 규정된 사해신탁의 취소에도 민법 제406조 제2항에 정한 제척기간의 규정이 적용되는지 문제된다.

신탁법 제8조가 규정하고 있는 사해신탁의 취소도 민법상의 채권자취소권과 마찬가지로 책임재산의 보전을 위한 것이므로 피보전채권은 금전채권이어야 하고, 특정물에 대한 소유권이전등기청구권을 보전하기 위하여 행사하는 것은 허용되지 않는 점, 위 신탁법 규정에서도 '민법 제406조 제1항의 취소 및 원상회복 청구'라고 명시하고 있는 점 등에 비추어 보면, 신탁법에 규정된 사해신탁도 민법상의 사해행위와 그 본질적인 성격을 같이 한다 할 것이고, 또한 신탁법 제8조는 민법 제406조 제1항에 대한 특칙의 형태로 규정되어 있는바, 제척기간에 대하여 이러한 특칙의 규정이 없는 이상 오히려 민법의 제척기간에 관한 규정이 당연히 적용된다고 해석하여야 할 것이다.

이에 대하여 명확히 설시한 대법원 판결은 찾지 못하였으나, 서울지방법원, 인천지방법원 등 다수의 하급심 법원에서 사해신탁취소소송도 민법 제406조 제2항의 제소기간 규정이 적용된다고 판시하였다.

5) 신탁계약이 사해행위가 아니라는 취지로 주장할 때 수탁자가 주장할 사항을 참고할 만한 대법원 판결은 아래와 같다. 아래 대법원 판결은 토지신탁에 관한 것이나, 담보신탁에서도 동일한 취지로 주장할 수 있으므로 수탁자 및 시행사, 대출금융기관 업무 담당자는 아래 판결의 취지를 숙지하고 있을 필요가 있다.

1. 앞서 본 신탁계약의 내용에 의하면, 건축중인 건물의 건축주명의와 그 대지의 소유명의가 수탁자로 변경되지만, 이를 바탕으로 위탁자가 잔여공사에 대한 수급인으로 되어 수탁자로부터 잔여공사에 필요한 비용인 22,502,141,000원뿐 아니라 이미 완성된 부분에 대한 공사대금인 10,144,644,000원을 지급받기로 하였고, 위탁자와 수탁자는 신탁부동산에서 발생한 분양금, 보증금, 신탁재산에 속하는 금전의 운용수익 및 이에 준하는 것도 신탁수익으로 하고, 여기에서 뉴탁자가 부담하기로 한 신탁계약 제18조의 제비용을 차감하는 방식으로 매년 12월 말일과 신탁종료시에 신탁계산을 하여 그 수익을 채무자에게 교부하며, 수탁자는 신탁보수로 개발업무신탁보수는 공사도급금액 및 설계감리비의 100분의 3.5, 분양업무신탁보수는 분양수입금의 100분의 1을 취득하기로 한 사실을 인정할 수 있고, 한편 이 사건 건물이 완공되지 아니할 경우 이미 분양받은 사람들에 대한 채무불이행으로 인한 손해배상채무까지 증가하게 되어 총 채무는 증가하는데도, 오히려 토지는 지상건물로 인하여 법정지상권 등의 부담이 발생할 여지가 있을 뿐만 아니라, 건물은 공정률이 45.8%에 불과하여 강제집행이 용이하지 아니하므로, 적정 가격으로 매각될 가능성은 없는 등, 결국 책임재산은 줄어들고 채무만 증가할 가능성이 있는 상황이었던 반면에, 원심이 인정한 바에 따르더라도 위탁자와 수탁자는 이 사건 신탁을 통하여 건물을 완공하여 분양할 경우 신탁계산 전의 예상분양수익만도 108억 원 정도를 예상하고 있었음을 알 수 있고, 실제로 수차에 걸쳐 수탁자로부터 공사완공에 필요한 201억 원 이상의 현금이 지급되어, 이로 인하여 건물이 완공될 수 있었다.

2. 더구나 이 사건 신탁은 신탁법상의 신탁으로서, 신탁재산은 위탁자의 재산권으로부터 분리될 뿐만 아니라 수탁자의 고유재산으로부터 구별되어 관리되고(신탁법 제22조, 제23조, 제30조, 대법원 1987.5.12. 선고 86다545, 86다카2876 판결, 2002.12.6.자 2002마2754 결정), 수탁자 고유의 이해관계로부터 분리되므로 수탁자의 일반채권자의 공동담보로 되는 것은 아니어서 수탁자의 채권자가 신탁재산에 강제집행을 할 수도 없으며(신탁법 제21조, 대법원 2003.5.16.

선고 2003다11134 판결), 심지어 수탁자의 고유재산이 된 것을 제외하고는 수탁자의 파산재단을 구성하지 아니하는 등(신탁법 제22조) 독립성을 갖게 되고, 또한 신탁의 공시를 한 신탁재산을 수탁자가 신탁의 본지에 위반하여 처분한 때에는 수익자는 상대방 또는 전득자에 대하여 그 처분을 취소할 수 있을 뿐 아니라(신탁법 제52조), 신탁행위로 정한 사유가 발생한 때 또는 신탁의 목적을 달성하였거나 달성할 수 없게 된 때에는 신탁은 종료하고(신탁법 제55조) 신탁이 종료된 경우에 신탁재산의 귀속권리자가 신탁행위에 정하여 있지 아니한 때에는 그 신탁재산은 위탁자 또는 그 상속인에게 귀속하는데(신탁법 제60조), 이 사건 신탁계약에서는 '신탁의 목적을 달성할 수 없는 경우, 신탁의 목적을 달성한 경우, 신탁기간이 만료한 경우'에는 신탁이 종료하고, 신탁종료시에는 일정한 방법으로 신탁재산을 수익자(채무자)에게 반환하기로 한 사실을 인정할 수 있다.

3. 그리고 수탁자는 신탁업법에 의하여 설립된 신탁회사로서 일정한 자본금을 갖추어야 하고, 관할 관청의 관리·감독을 받으며(신탁업법 제2조, 제3조, 제4조 및 제5장 참조), 또한 신탁의무의 위반으로 인하여 수익자에게 생기게 될 손해의 담보로서 일정한 금액에 상당하는 현금 또는 국채를 공탁하여야 하고, 이 공탁금 또는 공탁물에 대하여는 수익자의 우선변제권이 인정되는 등(신탁업법 제16조, 제17조), 관계법에 의하여 위탁자(신탁설정자)나 수익자의 보호를 위한 제도적 장치가 마련되어 있음도 간과해서는 안될 것이다.

4. 이처럼 이 사건 신탁으로 인하여 소유권이 수탁자에게 이전되지만, 이 사건 신탁은 신탁법상의 신탁으로서 신탁재산을 소비하기 쉽게 현금화하는 것이 아니고, 부동산등기부의 일부인 신탁원부에 위탁자, 수탁자, 수익자 등과 신탁의 목적, 신탁재산의 관리방법, 신탁종료 사유, 기타 신탁의 조항을 기재하도록 되어 있으므로 결국 신탁에 관한 모든 사항이 공시되어 위탁자의 채권자도 위탁재산의 운용상태를 확인·감시할 수 있고, 심지어 이 사건 신탁이 이루어졌음이 이 사건 공사현장에도 공시되었다.

따라서 위탁자의 채권자들인 원고들로서는 쉽사리 신탁계약의 내용을 알 수 있으므로, 경우에 따라 위탁자 겸 수익자인 채무자가 피고로부터 지급받을 공사대금이나 신탁수익, 또는 신탁종료 후 반환받을 재산을 집행재산으로 삼을 수 있었고, 그 책임재산으로서의 가치는 결코 신탁 전의 신탁재산의 가치보다 적다고 보여지지 않는다.

5. 따라서 원심은 이 사건 신탁계약이 사해행위에 해당하는지 여부에 대한 판단을 하기 위해서 이 사건 건물의 신축공사가 45.8% 정도 진행된 상태에서의 집행가능한 책임재산으로서의 이 사건 토지 및 미완공 건축물의 가치와 채무자가 이 사건 신탁을 통하여 이 사건 토지 위에 이 사건 건물을 완공·분양함으로써 얻을 수 있는 재산적 가치에 대하여 심리하여 이를 비교형량하였어야 할 것이다(대법원 2003.12.12. 선고 2001다57884 판결).

12 신탁과 민사집행

부동산신탁사는 매우 많은 부동산 및 자금을 관리하고 있고, 필연적으로 갖가지 강제집행 및 보전처분이 집행되기 때문에 부동산신탁사의 업무담당자는 민사집행에 관하여 기본적인 내용을 습득하고 있을 필요가 있다. 아래에서는 부동산신탁과 관련된 각종 강제집행, 보전처분, 추심금 소송, 수익권 압류, 가처분 등에 관한 판례의 태도를 살펴보기로 한다.

가 신탁과 보전처분, 강제집행

1) 갑 신탁사업에서 발생한 채권으로 수탁자에 대한 집행권원을 얻은 채권자가 을 신탁사업의 신탁재산을 추심한 경우 채권자는 부당이득반환책임을 부담하는지 여부

	(수탁자에대한)채권발생	신탁재산 강제집행	비고
갑 신탁재산	O	가능	위탁자와 수탁자가 동일하더라도 별개의 신탁재산에 압류 및 추심 불가
을 신탁재산	X	불가	

채권자가 갑 신탁사업과 관련하여 수탁자를 상대로 "신탁재산 한도 내에서" 금원을 지급하라는 취지의 확정판결 등을 얻은 경우 갑 신탁사업의 신탁재산만을 추심하여야 하고, 수탁자의 고유재산이나 재판과 별개의 신탁사업에 대한 신탁재산을 추심할 수 없다. 그럼에도 불구하고, 채권자가 집행권원을 가진 갑 신탁재산이 아닌 별개의 신탁재산에서 채권만족을 얻은 경우 수탁자가 채권자에게 부당이득반환을 청구할 수 있는지 여부가 문제된다.

갑 신탁사업과 관련하여 수탁자를 상대로 분양대금 반환소송을 제기한 수분양자에 대하여 "수탁자는 신탁재산(2015.11.8.자 위탁자와 수탁자 사이의 신탁계약에 기한 신탁재산)의 한도 내에서, 수분양자에게 000원을 지급한다."는 내용의 강제조정결정이 확정된 후 수분양자가 수탁자의 전혀 별개의 신탁재산의 계좌에서 위 강제조정결정에 의한 금원을 추심하자 수탁자가 수분양자는 "2015.11.8.자 위탁자와 수탁자 사이의 신탁계약에 기한 신탁재산"에서 금원을 추심하여야 함에도 불구하고 전혀 별개의 신탁재산인 신탁계좌에서 금원을 추심하였음을 이유로 수분양자에게 부당이득반환을 청구한 사안에서 서울중앙지방법원은 수탁자의 부당이득반환청구를 인정하였다. 자세한 사항은 아래와 같다.

신탁법 제22조 제1항에 의하면 신탁재산에 대한 강제집행은 원칙적으로 금지되고, 다만 '신탁 전의 원인으로 발생한 권리' 또는 '신탁사무의 처리상 발생한 권리'에 기한 경우에만 예외적으로 해당 신탁재산에 대한 강제집행이 허용되는 점, 피고는 원고 및 위탁자를 상대로 분양대금반환청구의 소를 제기하여 이 사건 강제조정결정을 받았고, 이 사건 강제조정결정에 기하여 이 사건 압류 및 추심명령을 받은 점, 이 사건 강제조정결정에 의하면, 원고는 '이 사건 신탁재산의 한도 내에서'만 원고에게 106,925,000원을 지급하도록 되어 있는바, 이는 위탁자와 관련된 이 사건 신탁재산으로만 해당 금원을 지급하도록 하고 원고의 고유재산 및 다른 신탁재산에 대한 강제집행을 할 수 없도록 집행력을 제한하기 위한 규정으로 보이는 점, 하지만 이 사건 압류 및 추심명령은 '이 사건 신탁재산의 한도'라는 제한 없이 원고의 00은행에 대한 현재 및 장래의 모든 예금채권에 대하여 청구금액의 범위에서 압류 및 추심명령이 내려진 점, 이에 00은행은 이 사건 압류 및 추심명령에 기하여 피고에게 이 사건 신탁재산이 아닌 J 요양병원 시행사업에 관한 원고의 예금계좌에서 이 사건 금원을 지급한 점, 신탁사무와 관련하여 발생한 채권을 원인으로 하여 해당 신탁재산이 아닌 다른 신탁재산을 대상으로 압류 및 추심을 허용하는 경우 제3의 신탁상의 수익자의 수익권을 부당하게 침해하게 되는 점, 신탁법 제4조 제1항에 의하면 등기 또는 등록된 신탁재산은 제3자에 대해 대항력을 가지는바, 이 사건 신탁의 경우, 분양관리신탁계약서의 내용이 부동산등기법 제81조 및 부동산등기규칙 제139조 제3항에 의거 신탁원부로 등기되어 있고 기본계약에 신탁재산의 정의(제2조 제5항), 신탁의 원본(제5조), 분양수입금에 대한 내용(제6조)을 담고 있어 이 사건 신탁재산의 내용 등을 확인할 수 있는 점 등을 종합하여 보면, 이 사건 압류 및 추심명령은 강제집행의 대상을 이 사건 신탁재산에 한정하도록 한 이 사건 강제조정결정에 반하여 내려진 것이어서 당연 무효라 할 것인바, 피고는 이 사건 압류 및 추심명령으로 추심한 이 사건 금원을 부당이득금으로 원고에게 반환할 의무가 있다(서울중앙지방법원 2021.1.20. 선고 2019가단5223993 판결).

한편, 갑 신탁사업에서 발생한 채권을 근거로 수탁자에 대하여 "신탁재산 한도 내에서" 금원을 지급하라는 집행권원을 얻은 채권자가 수탁자의 을 신탁사업의 신탁재산을 추심한 경우 복수의 하급심 법원은 채권자에게 부당이득반환의무가 발생함을 인정하였다. 구체적인 내용은 아래와 같다.

원고 명의의 ○○은행계좌는 원고가 H 주식회사와 관리형 토지신탁계약을 체결하고, 그에 따라 위 회사가 인천 중구 G에서 시행하는 'I 오피스텔 분양사업'에 대하여 자금관리업무 등을 수행하면서 그 분양대금 등을 입금받은 계좌로 신탁재산인 사실이 인정된다. 그런데 이 사건 압류 및 추심명령의 집행권원이 된 이 사건 화해권고결정에 기한 금전채권은 이 사건 신탁계약과 전혀 관련이 없는 것으로서 신탁법 제22조 제1항 단서에서 말하는 '신탁 전의 원인으로 발생한 권리' 또는 '신탁사무의 처리상 발생한 권리'에 해당하지 않으므로, 위 계좌의 예금채권에 대한 이 사건 압류 및 추심명령은 강행법규에 위반되어 실체법상 무효라고 할 것이다. 따라서 피고는 원고에게 추심금 상당액을 부당이득으로 반환할 의무가 있다.

이에 대하여 피고는, 원고가 신탁재산을 분별하여 관리하지 않았으므로 이 사건 예금채권이 신탁재산에 속한 것임을 피고에게 대항할 수 없다는 취지로 주장한다. 살피건대, 신탁법 제4조 제1항은 "등기 또는 등록할 수 있는 재산권에 관하여는 신탁의 등기 또는 등록을 함으로써 그 재산이 신탁재산에 속한 것임을 제3자에게 대항할 수 있다."라고 규정하고 있고, 같은 조 제2항은 "등기 또는 등록할 수 없는 재산권에 관하여는 다른 재산과 분별하여 관리하는 등의 방법으로 신탁재산임을 표시함으로써 그 재산이 신탁재산에 속한 것임을 제3자에게 대항할 수 있다."라고 규정하고 있는바, 등기 또는 등록할 수 없는 예금채권의 경우에는 통상적으로 별도의 예금계좌를 개설하는 등의 방법으로 신탁재산임을 표시할 수 있다고 할 것이다. 앞서 든 증거에 변론 전체의 취지를 종합하면, 원고가 이 사건 신탁계약과 관련하여 위와 같이 별도의 계좌를 개설하여 분양대금을 납입받아 보관·관리하여 온 사실이 인정되므로, 원고는 위와 같은 방법으로 이 사건 예금채권이 위 신탁계약의 신탁재산임을 표시하였다고 할 것이고, 위 계좌에 원고의 고유재산이나 다른 신탁재산이 혼용되어 있다고 볼만한 사정도 없다. 따라서 피고의 위 주장은 이유 없다(서울중앙지방법원 2020.7.22. 선고 2019가단5224118 판결).

한편, 신탁재산 한도 내에서 금원을 지급하라는 취지의 판결이 확정된 채권자가 전혀 별개의 신탁재산에서 금원을 추심한 경우 채권자 입장에서는 수탁자가 신탁재산의 공시와 대항요건(신탁법 제4조) 및 신탁재산의 분별관리의무(신탁법 제37조)를 위반하였다고 주장하게 되는데 이와 관련하여 예금계좌의 경우 별도로 등기 등록을 통한 공시방법이 마련되어 있지 않아 실무상 자주 문제되는데, 이 경우에도 신탁사업별로 계좌를 신설하고, 신탁사업별로 구별되게 금원을 입출금하였으며, 분양계약서 등에 기재하여 제3자에게 알린 경우 신탁재산의 공시, 대항요건, 분별관리의무를 충족하므로 제3자에게 대항할 수 있다는 취지의 서울중앙지방법원 판결이 있다. 자세한 사항은 아래와 같다.

1. 앞서 본 각 규정의 취지에 따르면, 이 사건 제주도 신탁사업계좌나, P 신탁사업계좌에 관한 예금채권과 같이 등기 또는 등록할 수 없는 신탁재산에 대하여 수탁자가 해야 하는 분별관리의무는 결국 원고가 신탁재산을 다른 신탁재산과 구별하여 관리하고, 제3자에 대하여 위 각 신탁사업계좌를 신탁재산으로 표시를 하였는지 여부에 따라 판단해야 함이 타당하다.

2. 이 사건 제주도 신탁사업계좌에서 중소기업은행 계좌들(계좌번호 Q, 계좌번호 R, 계좌번호 S, 계좌번호 T)로 금원이 각각 송금되기는 하였으나, 위 각 계좌에 대한 입금경위, 입금된 금원의 사용출처에 비추어 보면, 위 각 계좌들은 원고의 고유재산에 관한 계좌로 보일 뿐만 아니라, 위 각 계좌들과 P 신탁사업계좌는 모두 계좌번호가 다르고, 이 사건 제주도 신탁사업계좌와 P 신탁사업계좌 사이에 금원이 입·출금된 사실도 없으므로, 원고가 분별관리의무를 해태하여 위 각 신탁사업계좌를 혼용하였다고 볼 수는 없다.

3. 그리고 원고는 이 사건 신탁계약에 관하여 이 사건 제주도 신탁사업계좌를, P 신탁계약에 관하여 P 신탁사업계좌를 수분양자가 납입한 분양대금의 입금계좌로 각각 지정하고, 위와 같은 사실을 분양계약서에 각각 기재하였다. 그런데 앞서 본 바와 같이 예금채권(지명채권)에 대하여 등기 또는 등록을 통한 공시방법이 마련되어 있지 않고, 위 각 신탁사업계좌에 대한 거래내역조회를 통하더라도 계좌번호, 예금주, 예금상품 등을 알 수 있을 뿐, 그 밖에 위 각 신탁사업계좌를 통해 이루어지는 사업내용을 알 수 없다는 점에 비추어 보면, 원고가 신탁사업에 사용하는 신탁계좌를 분양계약서에 기재하여 수분양자 등 제3자에게 알리고, 위 각 신탁사업계좌의 예금재산을 원고의 다른 신탁재산과 구별하여 관리함으로써 원고는 신탁법상 분별관리의무를 이행하였고, 이에 따라 위 각 신탁사업계좌에 관한 신탁재산의 표시 역시 이루어졌다고 봄이 옳다(서울중앙지방법원 2021.1.28. 선고 2019가합566654 판결).

한편, 만약 신탁재산 또는 계좌 잔액 한도 내에서 금원을 지급하라는 취지의 판결이 확정된 채권자가 전혀 별개의 신탁재산인 신탁계좌에서 금원을 추심하려고 할 때, 수탁자가 해당 은행에 대하여 별개의 신탁재산이므로 출금하지 말 것을 강하게 항의하였음에도 불구하고 은행이 이를 무시하고 금원을 출금하여 채권자에게 지급하였다면, 은행은 수탁자에 대하여 출금액 상당의 손해배상책임을 부담하는지 여부도 함께 문제된다.

위와 유사한 사실관계를 가진 사건에서 서울중앙지방법원은 해당 은행의 직원은 추심명령에 지정한 계좌에서만 추심금을 지급하여야 함에도 이를 간과하고 수탁자의 다른 계좌에서 추심금을 지급한 과실이 인정되므로, 은행은 수탁자에게 수탁자가 입은 손해를 배상할 의무가 있다고 판시하였다. 자세한 내용은 아래와 같다.

피고는 원고가 예금계좌의 채권액수에 손실이 있으나, 그 금액에 상응하는 채무를 면하는 이득을 얻었기 때문에 손해가 발생하지 아니하였다고 주장한다. 그러나 위 인정사실 및 위에서 든 증거에 의하여 인정되는 다음과 같은 사정들 즉, 원고는 신탁업을 목적으로 설립된 주식회사로서 위탁자로부터 수탁받은 자금의 관리 등을 주요 업무로 하며, 이에 따라 위탁자별로 별도로 계좌를 개설하여 자금을 관리하는 점, 그리고 각 계좌는 위탁자와 체결한 신탁계약에 의하여 엄격히 구별되어 관리되고 있으며, 신탁계약에 따라 각 계좌 사이의 전용은 허용되지 않는 점, 이 사건 압류 및 추심명령결정문 별지에 기재된 「압류할 채권의 표시」에 따르면 압류채권은 원고가 (가칭) D 지역주택조합으로부터 수탁받은 자금을 관리하는 'D 사업장 계좌'로 엄격히 제한되어 있는 점(이 사건 각 계좌로 계좌번호가 특정되어 있다), 관련 각 화해권고결정에도 명시적으로 원고는 자금관리대리사무계좌의 잔액 한도 범위 내에서만 금원을 지급할 의무가 있다고 정한 점 등의 사정에 비추어 볼 때 원고는 이 사건 각 계좌 잔액을 초과하여서는 채무를 이행할 의무가 없음에도 피고로 인하여 이를 초과하여 추심금을 지급하게 되어 초과로 지급한 추심금액 만큼의 손해를 입었음이 인정된다(서울중앙지방법원 2023.9.27. 선고 2022가단5186391 판결).

2) 위탁자를 납세의무자로 한 조세채권 체납을 이유로 신탁재산을 압류하거나 신탁재산에 대한 집행법원의 경매절차에서 배당을 받을 수 있는지 여부

납세의무자별 압류 배당 정리표

납세의무자	신탁재산	경공매 배당	수익권
위탁자	압류추심불가	배당불가	압류추심가능
수탁자	압류추심가능(조세채권과무관한신탁재산압류불가)	배당가능(조세채권과무관한신탁재산배당불가)	압류추심불가
수탁자의물적납세의무	(신탁재산범위내)압류추심가능	배당가능(조세채권과무관한신탁재산배당불가)	압류추심가능

신탁법 제22조 제1항은 신탁재산에 대하여는 강제집행, 담보권 실행 등을 위한 경매, 보전처분 또는 국세 등 체납처분을 할 수 없다. 다만, 신탁 전의 원인으로 발생한 권리 또는 신탁사무의 처리상 발생한 권리에 기한 경우에는 그러하지 아니하다라고 규정하고 있다. 신탁 전의 원인으로 발생한 권리에 기한 경우에는 신탁재산에 대하여 강제집행 등이 가능한 바, 조세당국에서 위탁자를 납세의무자로 한 조세체납을 이유로 신탁재산에 강제집행을 할 수 있는지 여부가 문제된다.

신탁법 제1조 제2항의 취지에 의하면 신탁법에 의한 신탁재산은 대내외적으로 소유권이 수탁자에게 완전히 귀속되고 위탁자와 내부관계에서 그 소유권이 위탁자에게 유보되어 있는 것이 아닌 점, 신탁법 제22조 제1항은 신탁의 목적을 원활하게 달성하기 위하여 신탁재산의 독립성을 보장하는 데 입법 취지가 있는 점 등을 종합적으로 고려하면, 신탁법 제22조 제1항 단서에서 예외적으로 신탁재산에 대하여 강제집행 또는 경매할 수 있다고 규정한 '신탁사무의 처리상 발생한 권리'에는 수탁자를 채무자로 하는 것만이 포함되며, 위탁자를 채무자로 하는 것은 포함되지 않는다는 것이 대법원의 일관적인 태도다.

또한 체납처분으로서 압류의 요건을 규정한 국세징수법 제31조 각 항의 규정을 보면 어느 경우에나 압류의 대상을 납세자의 재산에 국한하고 있으므로, 납세자가 아닌 제3자의 재산을 대상으로 한 압류처분은 그 처분의 내용이 법률상 실현될 수 없는 것이어서 당연무효이다. 다만 물적 납세의무 등 2차 납세의무를 부담하는 경우 예외적으로 압류가 가능하다.

대법원은, 토지신탁회사인 甲 주식회사가 乙 주식회사와 토지를 신탁받아 그 지상에 상가건물을 신축하고 토지와 상가건물을 신탁재산으로 하여 이를 분양 또는 임대한 후 이익을 乙 회사에 환원하여 주기로 하는 분양형 토지개발신탁계약을 체결하고 그에 따라 상가건물을 신축하여 분양하면서 乙 회사를 공급자로 하는 세금계산서를 발행하였는데, 乙 회사가 관할 세무서장에게 부가가치세 신고를 하고 이를 납부하지 않자 세무서장이 乙 회사를 체납자로 하여 신탁재산인 甲 회사의 예금채권을 압류하는 처분을 한 사안에서, 구 신탁법 제21조 제1항 단서(개정 신탁법 제22조 제1항 단서)에서 말하는 '신탁사무의 처리상 발생한 권리'는 수탁자가 신탁사무와 관련한 행위를 함으로써 수탁자에 대하여 발생한 권리를 의미하는데, 위 처분에 관계된 부가가치세 채권은 위탁자인 乙 회사에 대한 채권으로서 여기에 해당하지 않는다는 이유로, 乙 회사에 대한 부가가치세 채권을 근거로 수탁자인 甲 회사 소유의 신탁재산을 압류한 처분은 무효라고 판시하였다(대법원 2012.4.12. 선고 2010두4612 판결).

또한 신탁재산에 관하여 부과된 당해세인 재산세와 가산금 채권도 신탁재산에 대한 강제집행 또는 경매를 할 수 있는 신탁법 제22조 제1항 단서에서 규정한 '신탁사무의 처리상 발생한 권리'에 해당하므로 그 징수를 위하여 집행법원이 신탁재산에 대한 경매절차를 진행하고 있을 때에 교부청구를 하여 배당받을 수 있는지 여부에 관하여 대법원은, 구 신탁법 제21조 제1항 단서에서 예외적으로 신탁재산에 대하여 강제집행 또는 경매를 할 수 있다고 규정한 '신탁사무의 처리상 발생한 권리'에는 수탁자를 채무자로 하는 것만이 포함되며, 위탁자를 채무자로 하는 것은 여기에 포함되지 아니하므로 위탁자에 대한 조세채권에 기하여는 그 신탁재산에 대한 집행법원의 경매절차에서 배당을 받을 수 없다(대법원 2013.2.28. 선고 2012다34047 판결)고 판시하였다.

그 밖에도 대법원은 甲 주식회사가 乙 주식회사에 신탁을 원인으로 한 부동산 소유권이전등기를 마쳤는데, 甲 회사가 위 부동산을 과세대상으로 하는 재산세를 체납하자 지방자치단체가 위 부동산에 대한 경매절차에서 재산세와 가산금을 당해세로 교부청구하여 우선배당받은 사안에서, 위탁자에 대한 조세채권에 기하여는 수탁자 소유의 신탁재산을 압류하거나 그 신탁재산에 대한 집행법원의 경매절차에서 배당을 받을 수 없는데도, 이와 달리 위탁자인 甲 회사에 대한 재산세 및 가산금 채권이 신탁법 제21조 제1항 단서의

'신탁사무의 처리상 발생한 권리'에 해당하여 수탁자인 乙 회사 소유의 신탁재산에 대한 경매절차에서 배당받을 수 있다고 본 원심판결에 법리오해의 위법이 있다(대법원 2012.7.12. 선고 2010다67593 판결)고 판시하며 원심판결을 파기환송하였다.

또한 대법원은 세무서가 위탁자를 납세의무자로 한 종합부동산세 체납을 이유로 신탁부동산을 압류한 사안에서 신탁법 제21조 제1항 단서에서 말하는 '신탁사무의 처리상 발생한 권리'라 함은 수탁자가 신탁사무와 관련한 행위를 함으로써 수탁자에 대하여 발생한 권리를 의미한다고 전제하고, 종합부동산세 체납을 이유로 한 조세채권은 위탁자에 대한 채권으로서 신탁사무의 처리상 발생한 수탁자에 대한 채권이라고 볼 수 없다는 이유로 위탁자에 대한 종합부동산세 관련 조세채권을 근거로 하여 수탁자 소유의 신탁재산을 압류한 압류처분은 무효라고 판단하였다(대법원 2012.4.13. 선고 2011두686 판결).

또한 대법원은 토지 신탁회사인 갑 주식회사가 을 주식회사와 분양형 토지개발신탁계약을 체결하고 그에 따라 상가건물을 신축하여 분양하면서 을 회사를 공급자로 하는 세금계산서를 발행하였는데, 을 회사가 관할 세무서장에게 부가가치세 신고를 하고 이를 납부하지 않자 세무서장이 을 회사를 체납자로 하여 신탁재산인 갑 회사의 예금채권을 압류하는 처분을 한 사안에서, 위 처분이 무효라고 본 원심판단을 정당하다(대법원 2012.4.12. 선고 2010두4612 판결)는 취지로 판단하였다.

위 대법원 판결들의 취지는 현재에도 동일하게 적용된다. 다만 현재에는 부가가치세법, 재산세법, 종합부동산세법에서 수탁자의 물적 납세의무 규정이 존재하는바, 현재로서는 위탁자가 납세의무자인 부가가치세, 재산세, 종합부동산세도 조세당국이 수탁자에 대하여 물적납세의무통지를 하는 경우 신탁재산에 강제집행이 가능하다. 다만 이러한 경우에도 신탁 설정일 이후에 법정기일이 도래하는 조세로서 해당 신탁재산과 관련하여 발생한 것에 한하여 물적 납세의무가 부과되는바, 체납된 조세와 별개의 신탁재산에 대하여 강제집행을 하는 것은 위법하다. 조세당국에서 간혹 신탁재산이 아닌 수탁자의 고유재산에 대한 강제집행을 하는 경우도 있는데 이러한 강제집행 처분 또한 위법하다 할 것이다.

한편, 수탁자가 조세당국의 위법한 처분에 대하여 무효확인을 구하는 소가 계속 중인 상태에서 조세당국이 압류처분을 직권으로 취소하는 경우 행정처분이 취소되면 그 처분은 효력을 상실하여 더는 존재하지 않는 것이고, 직권으로 취소된 처분에 관하여 무효확인을 구하는 소는 존재하지 않는 행정처분을 대상으로 하거나 과거의 법률관계의 효력을 다투는 것에 불과하므로 소의 이익이 없어 부적법하다(대법원 2012.6.28. 선고 2011두16865 판결)는 것이 대법원의 입장인바, 수탁자가 조세당국의 위법한 처분에 대하여 무효확인을 구하는 소가 계속 중인 상태에서 조세당국이 압류처분을 직권으로 취소한 경우에는 소의 이익이 없다는 이유로 해당 소송은 각하 판결이 선고될 것이다.

3) 신탁계약 정산조항을 근거로 위탁자를 납세의무자로 한 조세채권 체납에 따라 신탁재산을 압류하거나 수탁자에게 직접 지급을 청구할 수 있는지 여부

앞서 살펴본 바와 같이 신탁법 제22조 제1항 단서 규정을 근거로 하여 위탁자를 납세의무자로 한 조세채권 체납을 이유로 신탁사업의 예금채권 또는 토지신탁사업의 미분양 신탁부동산을 압류하거나 신탁재산에 대한 집행법원의 경매절차에서 배당을 받을 수 없다는 것은 대법원의 일관적인 태도이다.

이에 대하여 조세당국에서는 신탁계약 또는 사업약정, 대리사무계약의 자금집행순서 또는 정산순서 규정 등에서 "신탁재산에 대한 제세공과금"이 1순위로 규정되어 있다는 점을 근거로 하여 신탁재산을 압류하는 움직임을 나타내었다. 신탁계약 등에서 신탁재산에 대한 제세공과금이 자금집행순서 등에서 1순위로 규정되어 있다면 위탁자를 체납자로 한 조세채권으로도 신탁재산을 압류할 수 있는지 여부가 문제된다.

2006년 수탁된 담보신탁 부동산에서 2010년부터 2013년까지 발생한 종합부동산세 등이 체납되고, 신탁부동산이 공매로 환가되자 세무당국에서 수탁자에 대하여 종합부동산세 등의 체납금에 대한 배분을 요구하였고, 수탁자가 매매대금을 공탁하자 우선수익자와 세무서간 공탁금 출급청구권 확인의 소가 제기된 사안에서 세무당국은 신탁계약의 정산조항의 당해세와 제세공과금에는 위탁자가 부담하는 당해세도 포함된다고 주장하였으나 이에 대하여 서울고등법원은 세무당국이 수탁자에 대해 '직접' 위탁자 부담의 당해세 지급을 구할 수 없는 점, 이 사건 정산조항이 '수탁자'의 당해세만을 규정한 것인 점 등을 이유로 세무당국의 배분 주장을 기각하였고, 대법원은 심리불속행 기각 판결로 원심을 확정하였다.

또한 위탁자와 수탁자 등이 분양관리신탁 및 대리사무계약을 체결하고 사업을 진행하던 중 위탁자가 재산세 등을 체납하자 신탁재산의 제세공과금을 1순위로 지급하기로 하는 대리사무계약 규정에도 불구하고 신탁재산에 대하여 발생하였으나 위탁자가 납세의무자인 재산세 등을 수탁자가 조세당국에게 지급하지 아니하였으므로 수탁자가 조세당국에게 손해배상책임을 부담하여야 한다는 취지의 소송을 제기한 사안에서, 대법원은 대리사무계약의 규정만으로 대리사무계약이 조세당국을 수익자로 하는 제3자를 위한 계약이라고 인정하기에 부족하고, 대리사무계약에서 정한 '신탁재산의 제세공과금'은 신탁재산과 관련하여 수탁자에게 부과된 제세공과금을 의미할 뿐 위탁자에게 부과된 조세당국의 지방세 채권을 포함한다고 볼 수 없고, 달리 위탁자가 수탁자에 대하여 신탁재산에서 지방세를 지급해 줄 것을 요구할 권리가 있다는 점을 인정할 증거가 없다고 판단하여, 조세당국의 손해배상청구 및 위탁자를 대위한 금전지급청구를 모두 기각하였다(대법원 2017.11.9. 선고 2014다202806 판결).

토지신탁의 정산규정에서 1순위로 신탁부동산에 대한 제세공과금 등이 규정되어 있다 하더라도 위탁자를 채무자로 한 제세공과금은 위 규정에 포함되지 않는다. 이에 대하여 토지신탁사업약정 정산규정은 신탁토지를 포함한 사업장이 매각될 경우 매각대금의 집행순위를 규정한 것으로, 수탁자는 위 규정의 집행순위에 따라 매각대금을 순차적으로 정산하여야 할 선량한 관리자의 주의의무를 부담하고 있음에도, 수탁자는 이를 위반하여 제1순위 집행순위에 있는 이 사건 토지에 관한 위탁자를 채무자로한 체납재산세를 정산하지 아니하여 위탁자에게 위 체납재산세와 이에 대한 지방세기본법에 따른 가산금과 중가산금 상당의 손해를 가하였으므로, 수탁자는 위탁자에게 이를 배상할 책임이 있다는 취지로 위탁자가 수탁자에게 손해배상을 청구한 사안이 있었다.

위 사안에서 서울중앙지방법원은 토지신탁사업약정 정산 관련 조항에서 규정한 제세공과금에 이 사건 토지에 관하여 위탁자를 채무자로 하여 부과된 재산세가 포함되는지 여부에 관하여 보건대, 이 사건 신탁사업약정은 신탁사업의 추진에 따라 부과되는 제세공과금은 위탁자가 부담하는 것으로 정하고 있고, 신탁계약에서도 신탁재산에 대한 조세는 수익자인 위탁자가 부담하는 것으로 정하고 있는 점, 이 사건 신탁사업약정 제16조 제1항은 수탁자가 자금을 집행함에 있어 자금청구의 경합이 있을 경우 우선순위를 규정하고 있는데, 그 집행순서는 위 신탁사업약정 제34조 제2항에서 정한 집행순위와 별다른 차이가 없고, 위 제16조 제1항에서 정한 피고의 자금집행의 기준이 되는 사업수지표상 제세금(토지건물 보유 및 취득) 항목에는 재산세, 종합부동산세 항목이 없는 점 등에 비추어 보면, 이 사건 신탁사업약정 제34조 제2항의 제세공과금에는 위 제16조 제1항과 같이 이 사건 토지에 관한 재산세가 포함되지 않는다고 봄이 상당하다는 취지로 판시하여, 위탁자를 채무자로 한 제세공과금은 신탁계약에서 규정하는 신탁부동산의 제세공과금에 해당하지 아니한다고 판단하였으며, 대법원도 위탁자의 상고를 기각하며 원심을 확정하였다.

한편 조세채권은 국세징수법에 의하여 우선권 및 자력집행권 등이 인정되는 권리로서 사적 자치가 인정되는 사법상의 채권과 그 성질을 달리할 뿐 아니라, 부당한 조세징수로부터 국민을 보호하고 조세부담의 공평을 기하기 위하여 그 성립과 행사는 법률에 의해서만 가능하고 법률의 규정과 달리 당사자가 그 내용 등을 임의로 정할 수 없으며, 조세채무관계는 공법상의 법률관계로서 그에 관한 쟁송은 원칙적으로 행정소송법의 적용을 받고, 조세는 공익성과 공공성 등의 특성을 갖는다는 점에서도 사법상의 채권과 구별된다. 따라서 조세에 관한 법률이 아닌 사법상 계약에 의하여 납세의무 없는 자에게 조세채무를 부담하게 하거나 이를 보증하게 하여 이들로부터 조세채권의 종국적 만족을 실현하는 것은 앞서 본 조세의 본질적 성격에 반할 뿐 아니라 과세관청이 과세징수상의 편의만을 위해 법률의 규정 없이 조세채권의 성립 및 행사 범위를 임의로 확대하는 것으로서 허용될 수 없으므로(대법원 1976.3.23. 선고 76다284 판결, 대법원 1988.6.14. 선고 87다카2939 판결 등 참조)

지방자치단체가 신탁계약 정산규정 중 수탁자가 신탁재산을 환가하여 정산할 경우 '처분대금 수납 시까지 고지된 재산세 등 당해세'를 제2순위로 충당하도록 한 내용을 근거로, 수탁자에 대하여 위탁자에게 부과된 재산세 등 상당액을 지방자치단체에게 집접 지급할 것은 요구하는 것은 조세법률주의의 원칙상 원래의 납세의무자가 아닌 수탁자가 사법상 계약에 불과한 신탁계약에 기하여 조세채무를 부담한다고 볼 수 없는 점, 신탁계약을 지방자치단체로 하여금 수탁자에 대한 권리를 직접 취득하게 하는 '제3자를 위한 계약'으로도 볼 수 없는 점, 위탁자에 대한 조세채권에 기하여는 수탁자 소유의 신탁재산을 압류하거나 그 신탁재산에 대한 집행법원의 경매절차에서 배당을 받을 수도 없는 점 등을 종합하면, 지방자치단체는 수탁자를 상대로 위탁자를 납세의무자로 하는 재산세 등 상당액의 지급을 구할 수 없고, 따라서 신탁재산인 신탁부동산의 처분대금에 관하여 우선수익자들보다 우선하여 정산받을 권리도 없다(대법원 2017.8.29. 선고 2016다224961 판결)는 것이 대법원의 입장이다.

위와 같은 대법원의 입장이 형성되기 전에 선고된 과거 하급심에서는, 신탁이 종료될 경우 신탁재산의 귀속에 관한 내용은 신탁행위로 정할 수 있는 것인데, 이 사건 신탁계약은 '처분대금 수납 시까지 고지된 재산세 등 당해세'를 우선수익자의 채권보다 우선하여 정산하도록 규정하고 있는 점, 앞서 살펴본 바와 같이 재산세와 종합부동산세의 납세의무자는 '재산세 과세기준일 현재 재산을 사실상 소유하고 있는 자'여서 이 사건 부동산과 관련한 재산세와 종합부동산세의 납세의무자는 이 사건 신탁계약의 체결과 관계없이 소외 회사여서 이 사건 신탁계약 제22조 제1항에서 정한 '처분대금 수납시까지 고지된 재산세'를 처분대금 수납시까지 '수탁자에게' 고지된 재산세로 한정하여 해석할 수는 없고 달리 그럴 만한 특별한 근거도 없는 점에 비추어 보면, 이 사건 신탁계약의 위탁자와 수탁자는 신탁행위로 이 사건 부동산의 처분대금의 정산방법에 관하여 당해세를 우선수익자의 채권보다 우선하여 정산하는 것으로 정한 것으로 볼 수 있다는 취지로 판시된 것이 꽤 있으나, 현재에는 사실상 폐기된 하급심판결이라고 생각해도 되므로, 위와 같은 취지의 하급심 판결 등이 현재에도 적용되는 것으로 오해하지 않아야 한다.

4) 조세당국이 신탁계약을 근거로 위탁자를 대위하여 우선수익자보다 우선하여 수탁자에게 신탁재산의 지급을 청구할 수 있는지 여부

조세당국이 신탁계약 중 신탁부동산에 관한 제세공과금 정산 규정 등을 근거로 위탁자를 대위하여 우선수익자보다 먼저 수탁자에게 신탁재산의 지급을 청구할 수 있는지 여부가 문제된다.

신탁회사인 갑 주식회사가 을 주식회사와 담보신탁용 부동산관리처분신탁계약을 체결한 후 신탁계약에 근거하여 신탁부동산을 처분하였는데, 신탁계약에서 '처분대금 수납 시까지 고지된 당해세'를 우선수익자 등에 우선하여 정산하도록 정하였음을 근거로 을 회사에 대한 조세채권자인 국가가 갑 회사를 상대로 을 회사를 대위하여 정산금채권의 지급을 구한 사안이 발생하였다.

위 사안에서 대법원은 신탁계약의 목적, 규정 내용, 신탁 이후에 신탁재산에 대하여 위탁자를 납세의무자로 하여 부과된 재산세는 신탁법 제22조 제1항에서 정한 '신탁 전의 원인으로 발생한 권리'에 해당되지 아니하고, 이러한 재산세는 같은 항이 규정한 '신탁사무의 처리상 발생한 권리'에도 포함되지 않는 점을 고려하면, 신탁계약에서 정한 '처분대금 수납 시까지 고지된 재산세 등 당해세'는 신탁재산과 관련하여 수탁자인 갑 회사에 부과된 당해세만을 의미하고 신탁자인 을 회사에 부과된 당해세를 포함한다고 볼 수 없으므로, 을 회사는 갑 회사에 대한 당해세 상당의 정산금채권을 가지지 못하고 따라서 국가가 을 회사를 대위하여 정산금채권의 지급을 구할 수 없다(대법원 2019.4.11. 선고 2017다269862 판결)고 판시하였다.

여기서 중요한 쟁점 중 하나는 위탁자를 채무자로 한 조세채권은 수탁자에게 물적납세의무 통지가 없는 한, 우선수익자보다 선순위가 아니라는 점이다. 만약 수탁자가 이를 간과하고 위탁자를 채무자로 한 조세를 우선수익자 채권보다 우선하여 임의로 납부하는 경우 우선수익자와 분쟁이 발생할 수 있으므로 수탁자 담당자는 업무처리에 있어 유의를 요한다. 실제로 위탁자가 납세의무자인 세금을 수탁자가 임의로 납부한 것에 대하여 수탁자는 우선수익자에게 손해배상책임을 부담한다는 취지의 하급심도 존재하므로 수탁자 담당자는 특히 유의할 필요가 있다. 만약 특별한 사정으로 세금을 납부하여야 하는지 우선수익자에게 배당하여야 하는지에 대한 판단이 어려운 경우에는 공탁처리하거나, 물적납세의무가 부과될때까지 판단을 유보하는 등 수탁자가 불법행위책임을 부담하지 아니하도록 충분히 검토하는 것이 필요하다.

특히 서울고등법원은 신탁재산에 대하여 위탁자를 납세의무자로 하여 부과된 재산세는 신탁법 제22조 제1항 소정의 '신탁 전의 원인으로 발생한 권리'에 해당되지 아니하고, 이러한 재산세는 같은 항이 규정한 '신탁사무의 처리상 발생한 권리'에도 포함되지 않는 점 등을 고려하면, 이 사건 신탁계약 제23조 제1항 제2호에서 정한 '처분대금 수납시까지 고지된 재산세 등 당해세'는 신탁재산과 관련하여 수탁자인 피고에게 부과된 당해세만을 의미하고 위탁자에게 부과된 당해세를 포함한다고 볼 수 없으므로 수탁자가 신탁공매 정산시 신탁재산 처분대금을 우선수익자보다 선순위로 세금 납부에 충당한 것은 위법하다는 취지로 판시한 사례가 있으므로, 수탁자 담당자는 반드시 주의할 필요가 있다.

5) 위탁자가 납세의무자인 조세의 체납을 원인으로 토지신탁의 신탁재산인 수탁자의 예금채권을 압류할 수 있는지 여부

위탁자가 납세의무자인 조세의 체납을 원인으로 토지신탁의 신탁재산 중 하나인 수탁자의 예금채권을 압류할 수 있는지 여부가 문제된다. 대법원은 불가능하다는 취지로 판시한 사례가 있다.

1. 신탁법 제1조 제2항의 취지에 의하면 신탁법에 의한 신탁재산은 대내외적으로 소유권이 수탁자에게 완전히 귀속되고 위탁자와 내부관계에서 그 소유권이 위탁자에게 유보되어 있는 것이 아닌 점, 신탁법 제21조 제1항은 신탁의 목적을 원활하게 달성하기 위하여 신탁재산의 독립성을 보장하는 데 입법 취지가 있는 점 등을 종합적으로 고려하면, 신탁법 제21조 제1항 단서에서 예외적으로 신탁재산에 대하여 강제집행 또는 경매할 수 있다고 규정한 '신탁사무의 처리상 발생한 권리'에는 수탁자를 채무자로 하는 것만이 포함되며, 위탁자를 채무자로 하는 것은 포함되지 않는다고 해석된다.

2. 체납처분으로서 압류의 요건을 규정한 국세징수법 제24조 각 항의 규정을 보면 어느 경우에나 압류의 대상을 납세자의 재산에 국한하고 있으므로, 납세자가 아닌 제3자의 재산을 대상으로 한 압류처분은 그 처분의 내용이 법률상 실현될 수 없는 것이어서 당연무효이다.

3. 토지신탁회사인 甲 주식회사가 乙 주식회사와 토지를 신탁받아 그 지상에 상가건물을 신축하고 토지와 상가건물을 신탁재산으로 하여 이를 분양 또는 임대한 후 이익을 乙 회사에 환원하여 주기로 하는 분양형 토지개발신탁계약을 체결하고 그에 따라 상가건물을 신축하여 분양하면서 乙 회사를 공급자로 하는 세금계산서를 발행하였는데, 乙 회사가 관할 세무서장에게 부가가치세 신고를 하고 이를 납부하지 않자 세무서장이 乙 회사를 체납자로 하여 신탁재산인 甲 회사의 예금채권을 압류하는 처분을 한 사안에서, 신탁법 제21조 제1항 단서에서 말하는 '신탁사무의 처리상 발생한 권리'는 수탁자가 신탁사무와 관련한 행위를 함으로써 수탁자에 대하여 발생한 권리를 의미하는데, 위 처분에 관계된 부가가치세 채권은 위탁자인 乙 회사에 대한 채권으로서 여기에 해당하지 않는다는 이유로, 乙 회사에 대한 부가가치세 채권을 근거로 수탁자인 甲 회사 소유의 신탁재산을 압류한 처분은 무효라고 본 원심판단을 정당하다고 한 사례(대법원 2012.4.12. 선고 2010두4612 판결).

6) 위탁자가 납세의무자인 조세의 체납을 원인으로 위탁자와 담보신탁 및 자금 관리 대리사무계약을 체결한 수탁자의 예금계좌를 압류할 수 있는지 여부

위탁자가 납세의무자인 조세의 체납을 원인으로 토지신탁의 신탁재산인 수탁자의 예금채권을 압류할 수 없다는 것은 위에서 살펴보았다. 그렇다면 위탁자와 수탁자가 담보신탁 및 신탁부동산 분양사업에 관한 자금관리업무 등을 위임받아 수행하기로 하는 대리사무계약을 체결하고 수탁자 명의로 예금계좌를 개설하여 분양대금 등을 입금받은 경우 조세당국은 위 예금계좌를 압류할 수 있는지 문제된다.

이에 대하여 대법원은 위탁자와 수탁자간 담보신탁 및 자금관리 대리사무계약을 체결하고 수탁자 명의로 예금계좌를 개설하여 분양대금 등을 입금받은 경우 위 예금계좌도 신탁재산이므로, 위탁자가 납세의무자인 조세의 체납을 원인으로 위 예금계좌를 압류할 수 없다는 취지로 판시하였다. 자세한 내용은 아래와 같다.

원심은 그 채용 증거를 종합하여, ① 원고와 위탁자는 2003.2.19. 및 2006.10.경 두차례에 걸쳐 원고가 신탁법에 의하여 소외 회사의 채권자들에 대한 채무의 담보를 위해 위탁자로부터 토지와 그 지상에 건축된 오피스텔을 신탁받아 그 토지와 오피스텔을 신탁재산으로 하여 이를 보전·관리하고 채무불이행 시 환가·정산하기로 하는 부동산담보신탁계약을 체결하는 한편, 원고가 위 오피스텔 분양사업에 관한 자금관리업무 등을 위임받아 수행하기로 하는 대리사무계약도 함께 체결한 사실, ② 그에 따라 위탁자가 위 오피스텔을 분양 또는 임대하면서 위탁자를 공급자로 하는 세금계산서를 발행하되, 그 분양대금 또는 임대보증금은 원고가 개설한 원고 명의의 이 사건 각 예금계좌에 입금된 사실, ③ 이에 관하여 위탁자가 피고에게 부가가치세를 신고하였으나 이를 납부하지 아니하자, 피고는 2008.5.27. 위탁자를 부가가치세 및 종합부동산세의 체납자로 하여 신탁재산인 원고의 이 사건 각 예금계좌에 관한 예금채권을 압류하는 이 사건 처분을 한 사실 등을 인정한 다음, 피고가 신탁법상의 신탁이 이루어지기 전에 그 당시 체납된 부가가치세 채권에 기하여 위 오피스텔을 압류하지 아니한 것으로 보이는 이상 이 사건 처분과 관계된 위 체납된 부가가치세 채권이 신탁법 제21조 제1항 단서 소정의 '신탁 전의 원인으로 발생한 권리'에 해당된다고 볼 수 없고, 이 사건 처분에 관계된 부가가치세 및 종합부동산세 채권은 위탁자에 대한 채권으로서 수탁자가 신탁사무와 관련한 행위를 함으로써 수탁자에 대하여 발생한 권리를 의미하는 신탁법 제21조 제1항 단서 소정의 '신탁사무의 처리상 발생한 권리'에 해당한다고 볼 수 없다는 이유로, 위탁자에 대한 부가가치세 및 종합부동산세 채권에 기하여 원고 소유의 신탁재산을 압류한 이 사건 처분은 무효라고 판단하였다.

앞서 본 규정과 법리 및 기록에 비추어 살펴보면, 원심의 위와 같은 판단은 정당하고 거기에 상고이유에서 주장하는 바와 같은 신탁법 제21조 제1항 단서에 관한 법리오해 등의 위법이 없다(대법원 2012.4.12. 선고 2011두24491 판결).

7) 당해세 우선의 원칙을 내세워 위탁자가 납세의무자인 조세 체납을 이유로 신탁재산을 압류한 압류처분이 당연무효인지 여부

당해세 우선의 원칙이란 부동산 자체에 대하여 부과된 조세와 가산금은 담보물권의 성립시기와 관계없이 저당권, 전세권의 피담보채권에 대하여 절대적으로 우선한다는 법원칙을 말한다. 실무에서 조세당국 담당자와 협의를 하다보면, 위탁자가 납세의무자라 하더라도 신탁부동산 자체에서 발생한 재산세, 종합부동산세 등은 당해세 우선의 원칙에 의하여 신탁부동산 자체를 압류할 수 있고, 신탁부동산을 처분하여 당해세를 우선으로 추징할 수 있다고 조세당국 담당자가 주장하는 경우가 종종 있다. 이러한 조세당국 담당자의 주장은 정당한가.

대법원은 그러하지 아니하다는 입장이다. 아래 당해세 우선의 원칙에도 불구하고 위탁자를 납세의무자로 한 조세채권을 근거로 신탁재산을 압류한 경우 그 압류 처분은 무효라는 취지의 판결을 소개하니 아래 판결을 잘 숙지하여 조세당국 담당자와의 협의과정에서 제시한다면 조세당국 담당자를 설득하는데 조금이나마 도움이 될 것이다.

대법원은 위탁자에 대한 상속세 채권에 기하여 신탁재산을 압류한 압류처분은 무효로서 당해 재산에 대하여 부과된 국세의 우선권(당해세 우선의 원칙)만을 내세워 신탁 이후에도 압류할 수 있다는 주장도 위법하다는 취지로 판시하였다. 구체적인 내용은 아래와 같다.

체납처분으로서의 압류의 요건을 규정하고 있는 국세징수법 제24조 각 항의 규정을 보면 어느 경우에나 압류의 대상을 납세자의 재산에 국한하고 있으므로, 납세자가 아닌 제3자의 재산을 대상으로 한 압류처분은 그 처분의 내용이 법률상 실현될 수 없는 것이어서 당연무효라 할 것인데(당원 1993.4.27. 선고 92누12117 판결 참조), 위탁자가 수탁자에게 부동산의 소유권을 이전하여 당사

자 사이에 신탁법에 의한 신탁관계가 설정되면 단순한 명의신탁과는 달리 신탁재산은 수탁자에게 귀속되고, 신탁 후에도 여전히 위탁자의 재산이라고 볼 수는 없으므로(당원 1993.4.27. 선고 92누8163 판결 참조), 위탁자에 대한 조세채권에 기하여 수탁자 명의의 신탁재산에 대하여 압류할 수 없다 할 것이다.

또한 국세기본법 제35조에 의하여 인정되는 국세의 우선권은 납세자의 재산에 대한 강제집행, 경매, 체납처분 등의 강제환가절차에서 국세를 다른 공과금 기타 채권에 우선하여 징수하는 효력을 의미할 뿐이고, 그 이상으로 납세자의 총재산에 대하여 조세채권을 위한 일반의 선취특권이나 특별담보권을 인정하는 것은 아니므로, 국세의 우선권을 근거로 이미 제3자 앞으로 소유권이 이전된 재산권을 압류할 수는 없다 할 것이고, 이는 당해 재산에 대하여 부과된 국세의 경우도 마찬가지 라 할 것이다. 한편 신탁법 제21조 제1항은 신탁재산에 대하여 신탁 전의 원인으로 발생한 권리 또는 신탁사무의 처리상 발생한 권리에 기한 경우에만 강제집행 또는 경매를 허용하고 있는바, 신탁대상재산이 신탁자에게 상속됨으로써 부과된 국세라 하더라도 신탁법상의 신탁이 이루어지기 전에 압류를 하지 아니한 이상, 그 조세채권이 위 신탁법 제21조 제1항 소정의 '신탁 전의 원인으로 발생한 권리'에 해당된다고 볼 수는 없고, 신탁자가 국세징수를 피하기 위해 위 제도를 악용하고 있다는 등의 사유는 그와 같은 경우를 대비하여 신탁법 제8조 또는 국세징수법 제30조 등의 사해행위취소 등의 제도가 있는 점을 고려해 볼 때, 그런 이유만으로 신탁법을 달리 해석할 근거는 되지 못한다 할 것인바, 당해 재산에 대하여 부과된 국세의 우선권만을 내세워 신탁 이후에도 압류할 수 있다는 논지는 받아들일 수 없다.

그렇다면 신탁법상의 신탁이 이루어진 후에 신탁자에 대한 상속세 채권에 기하여 신탁재산을 압류한 이 사건 압류처분은 당연무효라 할 것이고, 이와 같은 취지로 판시한 원심의 판단은 옳고, 거기에 소론과 같은 위법이 있다고 할 수 없다(대법원 1996.10.15. 선고 96다17424 판결).

8) 위탁자가 납세의무자인 취득세 체납을 이유로 신탁재산을 압류할 수 있는지 여부

수탁자에게 물적납세의무가 존재하지 아니하는한, 위탁자를 채무자(납세의무자)로 하는 조세채권 체납을 이유로한 신탁재산 압류처분은 무효라는 것이 대법원의 일관된 입장이다. 그렇다면 위탁자가 납세의무자인 취득세 체납을 이유로 관한 관청이 신탁재산을 압류할 수 있는지 문제된다.

위탁자가 납세의무자인 취득세, 등록세 등의 체납을 이유로 신탁재산에 대한 압류할 수 있는지 여부에 관하여 대법원은 신탁법 제22조 제1항 단서에서 말하는 '신탁사무의 처리상 발생한 권리'는 수탁자가 신탁사무와 관련한 행위를 함으로써 수탁자에 대하여 발생한 권리를 의미하므로, 위탁자를 납세의무자로 한 취득세, 등록세 채권에 기하여 신탁재산을 압류한 처분은 무효라고 판시하였다. 구체적인 내용은 아래와 같다.

1. 원심은 그 채용 증거를 종합하여, 위탁자는 2007.7.5. 및 2007.8.8. 원고와 이 사건 각 부동산 등에 관하여 부동산담보신탁계약을 체결하고 그 무렵 원고에게 신탁을 원인으로 한 소유권이전등기를 마쳐 준 사실, 위탁자가 취득세, 등록세 및 재산세를 체납하자 피고는 2009.9.22. 소외 회사를 체납자로 하여 신탁재산인 이 사건 각 부동산을 압류하는 이 사건 처분을 한 사실 등을 인정한 다음, 신탁법 제21조 제1항 단서에서 말하는 '신탁사무의 처리상 발생한 권리'는 수탁자가 신탁사무와 관련한 행위를 함으로써 수탁자에 대하여 발생한 권리를 의미한다고 전제하고, 이 사건 처분에 관계된 취득세, 등록세 및 재산세 채권은 위탁자에 대한 채권으로서 여기에 해당한다고 할 수 없다는 이유로, 위탁자에 대한 취득세, 등록세 및 재산세 채권에 기하여 원고 소유의 신탁재산을 압류한 이 사건 처분은 무효라고 판단하였다.

2. 앞서 본 규정과 법리 및 기록에 비추어 살펴보면, 원심의 이와 같은 판단은 정당하고 거기에 상고이유에서 주장하는 바와 같은 신탁법 제21조 제1항 단서에 관한 법리오해 등의 잘못이 없다 (대법원 2013.1.24. 선고 2010두27998 판결).

9) 신탁사무의 처리상 발생한 채권에 수탁자의 통상적인 사업활동상의 행위로 인하여 손해를 입은 제3자가 가지는 손해배상채권도 포함되는지 여부

분양형 토지신탁계약에 있어서 수탁자의 허위·과장의 분양광고로 인하여 수분양자에게 손해가 발생한 경우, 수분양자가 가지는 불법행위에 기한 손해배상채권이 비록 위자료청구권이라 할지라도 '신탁사무의 처리상 발생한 채권'에 해당하는지 여부가 문제된다. 대법원은 불법행위에 기한 손해배상채권이 위자료 청구권이라 하더라도 신탁법 제22조 제1항 단서조항에 의거 신탁재산에 대한 강제집행이 가능하다는 입장이다. 자세한 내용은 아래와 같다.

'신탁사무의 처리상 발생한 채권'을 가지고 있는 채권자는 수탁자의 일반채권자와는 달리 신탁재산에 대하여 강제집행을 할 수 있는데(신탁법 제21조 제1항), 여기서 말하는 '신탁사무의 처리상 발생한 채권'에는 신탁재산의 관리 또는 처분 등 신탁업무를 수행하는 수탁자의 통상적인 사업활동상의 행위로 인하여 제3자에게 손해가 발생한 경우 피해자인 제3자가 가지는 불법행위에 기한 손해배상채권도 포함되는 것으로 봄이 상당하다. 왜냐하면, 신탁자 또는 수탁자의 고유재산으로부터 신탁재산의 독립성을 보장하려는 것이 신탁법의 고유한 목적임을 감안한다 하더라도, 오늘날 수탁자의 사무가 전통적인 영역인 단순한 재산 관리의 수준을 넘어서서 활발한 대외적인 활동을 수반하기에 이른 만큼 그에 상응하여 피해자에 대한 보호방안의 필요성을 외면하기 어렵고, 다른 한편으로 대리인이나 고용인이 그 자신의 일반적인 권한 내에서 행동한 경우 본인이나 사용자에게 책임을 귀속시킬 수 있듯이 그 자신의 일반적인 권한 내에서 행동하는 수탁자는 비록 신탁자 개인에게 책임을 귀속시킬 수는 없다고 하더라도 신탁재산에 대하여는 책임을 귀속시킬 수 있다고 보는 것이 공평에 부합한다고 할 것이기 때문이다. 그리고 이러한 이유에서 피해자인 제3자로 하여금 신탁재산에 대한 강제집행을 할 수 있도록 허용하는 것이므로, 신탁업무를 수행하는 수탁자의 통상적인 사업활동상의 행위로 인하여 제3자에게 손해가 발생한 경우인 이상, 신탁재산에 속하는 공작물의 숨은 하자에서 생기는 불법행위에 기한 손해배상채권이나 신탁사무의 처리로서 매각한 신탁재산의 숨은 하자에 대한 담보책임과 같이 신탁재산 자체에서 연유하는 권리와 대비하여 원심이 지적하는 바와 같은 이른바 '신탁재산에 기인하지 않은 불법행위로 인한 손해배상채권' 중에서 그 불법행위로 증가된 신탁재산의 가치와 채권자의 손실 사이에 어떠한 대가적인 관련이 없는 경우라 할지라도 '신탁사무의 처리상 발생한 채권'에 해당하지 않는다고 보아 신탁재산에 대하여 강제집행이 허용되지 않는다고 할 수는 없다(대법원 2007.6.1. 선고 2005다5843 판결).

10) 신탁재산에 대한 법원경매 배당절차에서 신탁법 제22조 제1항 단서에 해당하지 아니한 채권자가 배당을 받을 수 있는지 여부

실무상 신탁재산에 대한 강제집행 또는 경매의 배당절차에서 신탁재산과 무관한 위탁자의 일반채권자 또는 신탁재산과 무관한 위탁자의 조세채권자(신탁사업과 무관한 국세 또는 지방세를 이유로한 조세당국 등)가 배당요구를 하는 경우가 있다. 특히 조세채권자인 경우에는 빈번하게 배당요구를 하는 실정이다. 이러한 배당요구는 타당한지 여부가 문제된다.

대법원은 신탁재산에 대한 강제집행 또는 경매에서 최고가매수인에 대한 매각허가결정이 확정되고 매각대금에 대한 배당절차가 진행되는 경우, 특별한 사정이 없는 한 '신탁 전의 원인으로 발생한 권리' 또는 '신탁사무의 처리상 발생한 권리'에 해당하는 채권을 가진 채권자가 아니라면 배당을 받을 수 없고, 배당이의소송에서 채무자가 채권자의 채권이 '신탁사무의 처리상 발생한 권리'에 해당하지 아니함을 주장하는 경우, 채권자가 그 채권이 신탁사무의 처리상 발생하였다는 사실을 증명할 책임을 부담한다는 취지로 판시한 바 있다.

최근 부가가치세, 재산세, 종합부동산세 등에 수탁자의 물적납세의무규정이 추가됨에 따라 조세당국이 물적납세의무통지 후 온비드 공매를 통하여 신탁부동산을 환가하는 과정에서 신탁재산과 무관한 위탁자의 조세채권자들이 배당요구를 하는 경우가 빈번하게 발생하고 있다. 그러한 경우 신탁재산과 무관한 위탁자의 조세채권자에게 위 대법원 판결을 송부하는 경우 배당요구를 취소하는 경우도 있다. 만약 배당요구를 취소하지 아니하는 경우 수탁자는 국세징수법 또는 지방세징수법 규정에 따라 배당이의 절차를 진행할 필요가 있다.

신탁재산에 대한 강제집행 또는 경매에서 최고가매수인에 대한 매각허가결정이 확정되고 매각대금에 대한 배당절차가 진행되는 경우, 특별한 사정이 없는 한 '신탁 전의 원인으로 발생한 권리' 또는 '신탁사무의 처리상 발생한 권리'에 해당하는 채권을 가진 채권자가 아니라면 배당을 받을 수 없다. 따라서 채무자는 배당금을 수령할 권리가 없는 채권자에게 배당이 이루어지는 것을 저지하기 위하여 배당절차에서 '신탁 전의 원인으로 발생한 권리' 또는 '신탁사무의 처리상 발생한 권리'에 해당하지 아니함을 주장하여 그 배당액에 대하여 이의하고, 나아가 채권자를 상대로 배당이의소송을 제기할 수 있다.

원심은, 신탁재산인 이 사건 토지의 매각대금에 대한 배당절차에서, 피고가 주장하는 구상금채권은 '신탁사무의 처리상 발생한 권리'에 해당하지 않는다는 원고의 주장이 적법한 배당이의사유에 해당함을 전제로 그 주장의 당부에 관하여 판단하였다.
원심판결 이유를 위에서 본 법리에 비추어 보면, 원심의 이러한 판단에 상고이유 주장과 같이 신탁재산에 설정된 근저당권의 효력이나 근저당권에 기한 경매절차에서의 배당이의사유 등에 관한 법리를 오해한 잘못이 없다(대법원 2018.2.28. 선고 2013다63950 판결).

나 신탁재산의 독립성

신탁법상 신탁등기가 경료되면, 그 신탁재산은 위탁자의 고유재산이 아니고 수탁자의 고유재산도 아니며, 신탁재산별로도 서로 구별된다. 따라서 위탁자의 채권자 또는 수탁자의 채권자의 강제집행이 원칙적으로 금지된다. 이를 신탁재산의 독립성이라 한다. 그런데 갑 신탁사업에서 발생한 채권을 가지고 을 신탁재산에 압류 또는 보전처분을 집행되는 경우가 종종 존재하는데, 이러한 강제집행 또는 보전처분이 유효한지 여부가 문제된다.

이에 대하여 대법원은 점유자가 수탁자의 원래 신탁재산에 속하던 부동산에 관하여 점유취득시효 완성을 원인으로 하는 소유권이전등기청구권을 가지고 있었다고 하여 수탁자가 별개의 신탁계약에 따라 수탁한 다른 신탁재산에 속하는 부동산에 대하여도 소유권이전등기청구권을 행사할 수 있다고 보는 것은 신탁재산을 수탁자의 고유재산이나 다른 신탁재산으로부터 분리하여 보호하려는 신탁재산 독립성 원칙의 취지를 반한다(대법원 2016.2.18. 선고 2014다61814 판결)거나, 신탁법상 신탁재산은 수탁자의 고유재산 또는 다른 신탁재산에 대하여 독립성이 있으므로 비록 어느 신탁재산이 외형상으로는 수탁자의 소유에 속하더라도 그에 관한 권리관계를 수탁자의 고유재산이나 다른 신탁재산과 동일하게 취급할 수 없다(대법원 2016.3.10. 선고 2015다226878 판결)고 판시하고 있다.

조세당국은 물론이고 법률전문가조차도 종종 갑 신탁재산에서 채무가 발생하였다는 이유로 을 신탁재산에 대하여 강제집행 또는 보전처분을 집행하는 것이 당연하다고 주장하며 을 신탁재산에 대하여 가압류신청을 하는 사례가 있고, 법원에서는 이러한 잘못된 가압류신청에 대하여 신청단계에서 걸러줘야 함에도 불구하고 채무자가 동일한 수탁자라는 이유만으로 잘못된 가압류 결정이 내려지는 경우가 생각보다 많은데, 잘못된 가압류 등이 집행된 경우에는 가압류 이의 등의 절차를 통하여 가압류를 취소할 수 있다.

1) 갑 신탁재산에서 발생한 채권을 근거로 을 신탁재산에 대한 압류의 효력

전술한 바와 같이, 신탁재산의 독립성 원칙에 따라 신탁재산은 각 신탁계약별로 구별되고, 수탁자의 의무도 신탁재산별로 구별된다. 따라서 갑 신탁재산에서 발생한 채권을 근거로 을 신탁재산에 압류 또는 가압류 등을 집행하는 경우 그 압류 또는 가압류는 당연 무효이다. 따라서 채권자가 을 신탁재산에서 부당하게 재산을 수취한 경우 수탁자는 채권자에 대하여 부당이득반환을 청구할 수 있다. 한편, 예금채권이 부당하게 압류되었는데도 불구하고 은행이 이를 간과하고 예금을 인출하여 채권자에게 지급한 경우에 수탁자가 은행을 상대로 부당이득반환을 청구하여 승소한 사례가 있으니 참고할 필요가 있다. 신탁재산의 독립성과 관련된 판결을 살펴보자.

수탁자는 신탁재산을 수탁자의 고유재산과 분별하여 관리하고 신탁재산임을 표시하여야 하며, 여러 개의 신탁을 인수한 수탁자는 각 신탁재산을 분별하여 관리하고 서로 다른 신탁재산임을 표시하여야 한다(신탁법 제37조 제1항, 제2항). 이 사건 토지신탁과 담보신탁은, 수탁자만 동일할 뿐 위탁자, 신탁목적(① 이 사건 토지신탁은, 이 사건 토지 위에 건물을 신축하고 그 신탁재산을 임대·처분하는 등 관리·운영하여 신탁이익을 수익자에게 지급함에 있어 그 사업을 안정적으로 진행함에 목적이 있는 반면, ② 이 사건 담보신탁은, 채무자가 우선수익자에게 부담하는 채무 이행을 담보하기 위하여 원고를 통해 신탁재산의 소유권을 보전 관리하며 채무자의 채무불이행시환가 정산하는 데 그 목적이 있다), 수익자, 우선수익자, 신탁재산이 모두 다르므로 동일한 신탁이라고 할 수 없다. 결국 이 사건 토지신탁과 담보신탁의 수탁자가 동일하더라도, 각 신탁의 신탁재산은 서로 분별하여 관리되어야 하고, 원고가 부담하는 수탁자의 물적납세의무도 각 신탁의 신탁재산별로 구별되어야 한다. 그런데 앞서 든 각 증거와 을 제11호증의 기재에 변론 전체의 취지를 더하여 인정되는 다음과 같은 사정들을 종합하면, 이 사건 납부고지처분으로 고지된 체납세액 대부분은 이 사건 담보신탁의 신탁재산과 관련 없는 것으로 봄이 상당하고, 기록에 나타난 증거만으로는 원고가 이 사건 담보신탁의 신탁재산과 관련하여 부담하는 물적납세의무의 범위를 산정할 수 없다. 따라서 피고의 원고에 대한 이 사건 납부고지처분은 과세대상이 되는 법률관계나 사실관계가 없는 자에 대한 것으로서 그 하자가 중대하고도 명백하여 무효이다(인천지방법원 2022.8.26. 선고 2021구합54082 판결).

앞서 본 사실과 앞서 든 증거에 변론 전체의 취지를 종합하여 인정할 수 있는 다음의 각 사정들, 즉 신탁법 제22조 제1항에 의하면 신탁재산에 대한 강제집행은 원칙적으로 금지되고, 다만 '신탁 전의 원인으로 발생한 권리' 또는 '신탁사무의 처리상 발생한 권리'에 기한 경우에만 예외적으로 해당

신탁재산에 대한 강제집행이 허용되는 점, 피고는 원고 및 F를 상대로 분양대금반환청구의 소를 제기하여 이 사건 강제조정결정을 받았고, 이 사건 강제조정결정에 기하여 이 사건 압류 및 추심명령을 받은 점, 이 사건 강제조정결정에 의하면, 원고는 '이 사건 신탁재산의 한도 내에서'만 원고에게 106,925,000원을 지급하도록 되어 있는바, 이는 F와 관련된 이 사건 신탁재산으로만 해당 금원을 지급하도록 하고 원고의 고유재산 및 다른 신탁재산에 대한 강제집행을 할 수 없도록 집행력을 제한하기 위한 규정으로 보이는 점, 하지만 이 사건 압류 및 추심명령은 '이 사건 신탁재산의 한도'라는 제한 없이 원고의 H에 대한 현재 및 장래의 모든 예금채권에 대하여 청구금액의 범위에서 압류 및 추심명령이 내려진 점, 이에 H은 이 사건 압류 및 추심명령에 기하여 피고에게 이 사건 신탁재산이 아닌 J 요양병원 시행사업에 관한 원고의 예금계좌에서 이 사건 금원을 지급한 점, 신탁사무와 관련하여 발생한 채권을 원인으로 하여 해당 신탁재산이 아닌 다른 신탁재산을 대상으로 압류 및 추심을 허용하는 경우 제3의 신탁상의 수익자의 수익권을 부당하게 침해하게 되는 점, 신탁법 제4조 제1항에 의하면 등기 또는 등록된 신탁재산은 제3자에 대해 대항력을 가지는바, 이 사건 신탁의 경우, 분양관리신탁계약서의 내용이 부동산등기법 제81조 및 부동산등기규칙 제139조 제3항에 의거 신탁원부 L로 등기되어 있고 기본계약에 신탁재산의 정의(제2조 제5항), 신탁의 원본(제5조), 분양수입금에 대한 내용(제6조)을 담고 있어 이 사건 신탁재산의 내용 등을 확인할 수 있는 점 등을 종합하여 보면, 이 사건 압류 및 추심명령은 강제집행의 대상을 이 사건 신탁재산에 한정하도록 한 이 사건 강제조정결정에 반하여 내려진 것이어서 당연 무효라 할 것인바, 피고는 이 사건 압류 및 추심명령으로 추심한 이 사건 금원을 부당이득금으로 원고에게 반환할 의무가 있다(서울중앙지방법원 2021.1.20. 선고 2019가단5223993 판결).

원고 명의의 F은행계좌(계좌번호 1 생략)는 원고가 H 주식회사와 관리형토지신탁계약(이하 '이 사건 신탁계약'이라 한다)을 체결하고, 그에 따라 위 회사가 인천 중구 G에서 시행하는 'I 오피스텔 분양사업'에 대하여 자금관리업무 등을 수행하면서 그 분양대금 등을 입금받은 계좌로 신탁재산인 사실이 인정된다. 그런데 이 사건 압류 및 추심명령의 집행권원이 된 이 사건 화해권고결정에 기한 금전채권은 이 사건 신탁계약과 전혀 관련이 없는 것으로서 신탁법 제22조 제1항 단서에서 말하는 '신탁 전의 원인으로 발생한 권리' 또는 '신탁사무의 처리상 발생한 권리'에 해당하지 않으므로, 위 계좌의 예금채권에 대한 이 사건 압류 및 추심명령은 강행법규에 위반되어 실체법상 무효라고 할 것이다. 따라서 피고는 원고에게 추심금 상당액을 부당이득으로 반환할 의무가 있다.

1. 이에 대하여 피고는, 원고가 신탁재산을 분별하여 관리하지 않았으므로 이 사건 예금채권이 신탁재산에 속한 것임을 피고에게 대항할 수 없다는 취지로 주장한다. 살피건대, 신탁법 제4조 제1항은 "등기 또는 등록할 수 있는 재산권에 관하여는 신탁의 등기 또는 등록을 함으로써 그 재산이

신탁재산에 속한 것임을 제3자에게 대항할 수 있다."라고 규정하고 있고, 같은 조 제2항은 "등기 또는 등록할 수 없는 재산권에 관하여는 다른 재산과 분별하여 관리하는 등의 방법으로 신탁재산임을 표시함으로써 그 재산이 신탁재산에 속한 것임을 제3자에게 대항할 수 있다."라고 규정하고 있는바, 등기 또는 등록할 수 없는 예금채권의 경우에는 통상적으로 별도의 예금계좌를 개설하는 등의 방법으로 신탁재산임을 표시할 수 있다고 할 것이다. 앞서 든 증거에 변론 전체의 취지를 종합하면, 원고가 이 사건 신탁계약과 관련하여 위와 같이 별도의 계좌를 개설하여 분양대금을 납입받아 보관·관리하여 온 사실이 인정되므로, 원고는 위와 같은 방법으로 이 사건 예금채권이 위 신탁계약의 신탁재산임을 표시하였다고 할 것이고, 위 계좌에 원고의 고유재산이나 다른 신탁재산이 혼용되어 있다고 볼만한 사정도 없다. 따라서 피고의 위 주장은 이유 없다(서울중앙지방법원 2021.8.11. 선고 2020나56782 판결).

제1, 2 신탁계약은 모두 동일 위탁자와 수탁자 사이에 체결된 것이기는 하나, 이해관계인인 우선수익자가 각각 다를 뿐만 아니라 신탁체결일, 신탁기간, 수익권리금 등도 일치하지 않는다. 따라서 피고가 제2 신탁계약의 목적 부동산에 대한 체납 재산세를 확보하기 위해 제1 신탁계약의 목적 부동산인 이 사건 각 부동산에 대해서까지 압류를 실시한 것은, 지방세법 제119조의2에 의하여 허용된 신탁재산에 대한 압류의 범위를 초과한 것으로서, 이를 신탁법 제22조 제1항이 신탁재산에 대해 예외적으로 체납처분이 가능한 경우로 예정한 '신탁사무의 처리상 발생한 권리'로 볼 수 없음이 분명하다. 결국 이 사건 처분은 그 하자가 신탁재산에 대한 체납처분을 제한한 지방세법 및 신탁법상의 해당 규정을 위반한 중대한 것일 뿐만 아니라 객관적으로도 명백하여 무효라고 봄이 타당하다(제주지방법원 2017.12.6. 선고 2017구합5526 판결).

2) 점유취득시효 완성 당시 신탁등기가 되어 있었는데 제3자에게 처분되고 다시 수탁자 명의로 신탁등기가 마쳐진 경우 점유자의 취득시효 주장 가부

수탁자 명의의 신탁등기가 경료되었다가 제3자에게 처분된 후 다시 같은 수탁자 명의로 신탁등기가 경료되었다면, 처음 신탁등기와 그 후의 신탁등기는 수탁자가 같으므로 동일한 신탁등기인가? 부연하여 설명하면, 같은 수탁자가 별개의 신탁계약에 따라 수탁한 같은 신탁재산에 관하여, 처음 신탁등기에 어떤 권리를 주장할 수 있었다면, 그 후의 신탁등기에도 동일하게 권리를 주장할 수 있는지 여부가 문제된다.

가) 사실관계

가. 피고 1은 이 사건 주택의 소유자로서 그 부지인 이 사건 ① 부분 토지를 전(전)점유자의 점유를 포함하여 20년간 소유의 의사로 점유함으로써 2009.10.11.경 그에 대한 취득시효가 완성되었다. 피고 2도 전(전) 점유자의 점유를 포함하여 이 사건 ③ 블록조 건물의 부지를 20년간 소유의 의사로 점유함으로써 2009.10.11.경 그 부지에 대한 취득시효가 완성되었다.

나. 피고들의 각 점유 부분을 포함한 이 사건 토지의 원래 소유자이던 소외인은 2009.6.29. 신탁회사인 원고와 신탁계약을 체결하고 원고 앞으로 이 사건 토지에 관한 소유권이전등기와 신탁등기를 마쳐 두어, 피고들의 취득시효 완성 당시 원고가 수탁자로서 이 사건 토지를 소유·관리하고 있었다.

다. 그 후 이 사건 저축은행들이 2011.8.31. 원고로부터 이 사건 토지를 공동으로 매수한 다음 그들의 공유 명의로 같은 날 매매를 원인으로 한 지분소유권이전등기를 마쳤다.

라. 이 사건 저축은행들은 같은 날 원고와 이 사건 토지에 관한 신탁계약을 체결한 다음 원고 앞으로 소유권이전등기와 신탁등기를 마쳤다.

나) 대법원의 판단

대법원은 점유자들은 점유취득시효 완성 당시에는 수탁자에게 시효취득에 의한 소유권이전등기청구권을 행사할 수 있었지만, 이를 등기하지 아니하는 사이에 토지가 제3자에게 처분되고 다시 별개의 신탁계약에 의하여 같은 수탁자에게 신탁등기가 마쳐짐으로써 토지가 원래의 신탁재산과 다른 신탁재산에 속하게 된 이상 외형상 취득시료 완성 당시의 소유자인 수탁자에게 소유권이 회복되는 결과가 되었더라도 점유자들은 새로운 신탁재산에 속하는 토지에 관하여 수탁자를 상대로 시효취득의 효과를 주장할 수 없다는 취지로 판시하였다. 구체적인 내용은 아래와 같다.

부동산에 대한 점유취득시효가 완성될 당시 그 부동산이 구 신탁법상의 신탁계약에 따라 수탁자 명의로 소유권이전등기와 신탁등기가 되어 있더라도 수탁자가 신탁재산에 대하여 대내외적인 소유권을 가지는 이상 점유자가 수탁자에 대하여 취득시효 완성을 주장하여 소유권이전등기청구권을 행사할 수 있을 것이지만, 이를 등기하지 아니하고 있는 사이에 부동산이 제3자에게 처분되어 그 명의로 소유권이전등기가 마쳐짐으로써 점유자가 그 제3자에 대하여 취득시효 완성을 주장할 수 없게 되었다면 그 제3자가 다시 별개의 신탁계약에 의하여 동일한 수탁자 명의로 소유권이전등기와 신탁등기를 마침으로써 부동산의 소유권이 취득시효 완성 당시의 소유자인 그 수탁자에게 회복되는 결과가 되었더라도 그 수탁자는 특별한 사정이 없는 한 취득시효 완성 후의 새로운 이해관계인에 해당하므로 점유자는 그에 대하여도 취득시효 완성을 주장할 수 없다고 할 것이다. 이 경우 점유자가 수탁자의 원래 신탁재산에 속하던 부동산에 관하여 점유취득시효 완성을 원인으로 하는 소유권이전등기청구권을 가지고 있었다고 하여 수탁자가 별개의 신탁계약에 따라 수탁한 다른 신탁재산에 속하는 부동산에 대하여도 소유권이전등기청구권을 행사할 수 있다고 보는 것은 위와 같이 신탁재산을 수탁자의 고유재산이나 다른 신탁재산으로부터 분리하여 보호하려는 신탁재산 독립의 원칙의 취지에 반하기 때문이다(대법원 2016.2.18. 선고 2014다61814 판결).

다) 실무 TIP

이 사건 판결은 비단 점유취득시효에 관한 사항뿐만 아니라 대출금 대환 등으로 신탁해지 후 같은 수탁자에게 다시 신탁등기가 경료된 경우 등에 사용할 수 있어 자주 언급되는 판결 중 하나이다.

이 사건에 대법원이 판시한 바와 같이 같은 수탁자에게 신탁등기를 경료하더라도 별개의 신탁계약에 의한 것이라면 신탁부동산은 개념상 다른 신탁재산으로 취급하여야 한다. 따라서 대출금 대환 등의 사유로 같은 수탁자가 다시 신탁등기를 경료하는 경우 처음 신탁계약에 따라 지출할 수 있었던 법무비용 등의 신탁사무처리비용이 발생하였다고 하더라도 위탁자 귀속 후에 다시 신탁한 경우에는 별개의 신탁재산이므로 처음 신탁계약에 따라 지출할 수 있었던 신탁사무처리비용을 지출하지 못할 가능성이 존재한다.

따라서 신탁사무처리비용 회수등이 필요한 상황에서 별개의 신탁계약에 따라 새롭게 신탁등기를 경료하는 것은 원칙적으로 지양할 필요가 있고, 부득이한 사정으로 새로운 신탁등기를 경료하여야 하는 경우 신탁계약 특약에 필요한 부분을 반영하고, 기존 신탁계약의 신탁사무처리비용을 피담보채권으로한 우선수익권을 설정하여야 하며, 위탁자나 우선수익자 등 이해관계인에 대하여 필요한 내용이 기재된 확약서를 징구받는 것이 바람직하다. 다만 이러한 조치를 취하더라도 사안에 따라 기존 신탁계약의 신탁사무처리비용을 신규 신탁계약에서 처리하는 것이 어려울 수 있으므로 수탁자는 위와 같은 구도로 진행하지 아니하는 것이 바람직하다.

다 신탁과 추심금

1) 수분양자의 채권자가 수탁자를 제3채무자로 하여 수분양자의 분양대금반환채권에 채권압류 및 추심명령을 받은 후 수탁자에게 추심금청구를 제기할 수 있는지 여부

수분양자의 채권자가 수탁자를 제3채무자로 하여 수분양자의 분양대금반환채권에 채권압류 및 추심명령을 집행한 경우 수분양자의 채권자는 수탁자에게 추심금 청구를 제기하여 승소할 수 있는지 여부가 문제된다.

이와 관련하여 위탁자와 수탁자, 우선수익자 등이 담보신탁 및 사업약정을 체결하고 위탁자를 분양자로 하여 수분양자와 분양계약을 체결하였는데 수분양자의 채권자가 수탁자를 제3채무자로 하여 '분양계약이 해제될 경우에 지급받을 분양대금반환채권'에 대하여 채권압류 및 추심명령을 받은 후 수탁자를 상대로 추심금 청구를 제기한 사안이 있었다.

위 소송에서 추심채권자인 원고는 수분양자가 분양계약 해제로 인하여 위탁자에 대하여 분양대금반환채권을 갖게 되었고, 위탁자는 사업약정상 수탁자에게 사업비지출요청권을 행사할 수 있으므로, 추심채권자인 원고는 수분양자와 위탁자를 순차 대위하여 수탁자에게 위 사업비지출 요청권을 행사할 수 있고, 따라서 수탁자는 사업약정 또는 담보신탁계약에 따라 수분양자에게 직접 분양대금을 반환하여야 하므로, 추심명령에 따라 원고에게 추심금을 지급할 의무가 있다는 취지로 주장하였다.

이에 대하여 서울중앙지방법원은 이 사건 추심명령의 대상 채권은 "수분양자가 수탁자가 분양한 이 사건 아파트 0000호에 대한 분양권을 취득함으로써 분양계약이 해제될 경우에 지급받을 분양대금반환채권"으로서 그 문언상 수분양자가 수탁자와 사이에 체결한 이 사건 아파트 0000호에 관한 분양계약이 해제됨에 따른 분양대금반환채권이라고 할 것인 반면, 원고가 청구원인으로 주장한 수분양자의 수탁자에 대한 채권은 수분양자가 위탁자을 대위하여 수탁자에 대하여 사업비지출 요청권을 행사 함으로써 이 사건 사업약정 또는 이 사건 담보신탁계약에 따라 발생하는 분양대금반환채권으로서 그 채권의 성질이나 발생원인이 달라 동일성이 인정되지 아니하므로 이 사건 추심명령의 효력이 원고가 주장하는 수분양자의 수탁자에 대한 분양대금반환채권에도 미친다고 볼 수 없다는 취지로 판단(서울중앙지방법원 2016.10.14. 선고 2016가합3565 판결)하였고, 대법원에서 원고 패소 확정되었다.

위 소송에서 추심채권자가 패소한 사유는 추심명령의 대상 채권과 추심채권자의 청구원인이 상이하다는 점 외에도 위 분양계약상으로도 수분양자가 수탁자에게 직접 분양대금반환을 청구할 수 없으므로 추심채권자도 수분양자가 가진 권한을 넘어서 수탁자에게 분양대금반환을 청구할 수 없다는 취지인바, 위 판결에서 추심채권자가 패소하였다 하여 모든 경우에서 수탁자가 승소할 수 있다고 단언할 수 없으므로, 수분양자의 채권자가 수탁자에 대하여 수분양자의 분양대금 반환채권에 대하여 채권압류 및 추심명령을 경료하는 경우 담당 임직원은 주의를 기울일 필요가 있다. 위의 판결이 하나 있다고 해서 수분양자의 분양대금반환채권에 대한 압류 추심명령이 효력이 없다고 단언해서는 안되고 구체적인 사실관계 등을 파악하여 충분한 검토를 거쳐야 할 것이다.

일률적으로 단언할 수는 없으나, 원칙적으로 수분양자의 채권자가 수분양자가 가지는 '분양계약이 해제될 경우에 지급받을 분양대금반환채권'에 대하여 채권압류 및 추심명령을 받은 후 수탁자를 상대로 추심금 청구를 제기한다면 수탁자 담당자로서는 ① 수분양자가 수탁자에게 직접 분양대금을 반환할 수 있는 권원이 존재하지 아니한다는 점, ② 신탁계약상 자금집행 순서 및 절차 규정에 적합하여야 한다는 점(우선수익자의 동의를 얻어야 한다는 등 이 부분은 신탁계약 규정에 따라 그 내용이 상이할 것이다), ③ 분양대금을 초과하는 신탁재산이 존재하지 아니한다는 점, ④ 신탁계약 종료 등의 사유로 수탁자의 분양자 지위가 위탁자에게 포괄 면책적으로 이전되었다는 점 등을 적절히 항변하여야 할 것으로 사료된다.

2) 분양계약이 해제되지 아니한 상태에서 그 해제를 전제로 장래 발생하게 될 분양대금반환채권을 미리 압류한 경우 압류가 유효한지 여부

수분양자의 채권자는 수분양자에 대한 채권만족을 위하여 수분양자의 재산을 압류할 수 있는데, 분양계약과 관련한 수분양자의 재산은 수분양자의 분양권과 수분양자의 분양계약해제시 발생할 분양대금반환금으로 분류할 수 있다. 이때 수분양자의 분양계약이 해제되지 아니하였음에도 그 해제를 전제로 장래 발생하게 될 분양대금반환채권을 미리 압류할 수 있는지 여부가 문제된다.

대법원은 장래 발생할 채권을 가압류하는 것은 가능하나 다만 가압류 당시 그 권리의 특정이 가능하고 가까운 장래에 발생할 것임이 상당정도 기대되어야 한다고 전제한 후 계약해제는 이례적이고 예외적인 것이므로 특별한 사정이 없는한 장래 발생할 분양대금반환채권은 미리 압류하기 어렵다는 취지로 판시한 사례가 있다.

장래 발생한 채권이나 조건부 채권을 압류 또는 가압류할 수 있음은 채권과 압류 또는 가압류의 성질상 이론이 있을 수 없으나 다만 현재 그 권리의 특정이 가능하고 그 가까운 장래에 발생할 것임이 상당정도 기대되어야 한다.

일반적으로 당사자간에 원상회복의무를 발생케하는 계약해제는 특히 이례적이고 예외적인 것이라 할 것이며 이 사건 매매계약에 있어서와 같이 중도금 및 잔대금의 지급이 여러 단계로 나누어져 있고 연체료 지체상금의 지급 등의 지급약정이 당사자간에 원만히 이행되지 않았던 사정이 인정되는 상황하에서는 장래 발생할 원상회복청구채권이 가압류당시 그 권리를 특정할 수 있고 가까운 장래에 그 발생이 상당정도 기대된다고 하기도 어렵다고 하지 않을 수 없다(대법원 1982.10.26. 선고 82다카508 판결).

또한 서울고등법원도 일반적으로 당사자 간에 원상회복의무를 발생케 하는 계약의 해제는 특히 이례적이고 예외적인 것으로서 분양계약이 아직 해제되지 아니한 상태에서 그 해제를 전제로 장래 발생하게 될 계약금반환청구권을 미리 가압류한 경우 그러한 반환청구권이 가압류당시 가까운 장래에 발생할 것임이 상당 정도 기대되는 때가 아니라면 그 압류는 효력이 없다는 취지로 판시(서울고등법원 2002.5.31. 선고 2002나6410 판결)

한 사례가 있는바, 분양계약 해제 전, 그 해제를 전제로 장래 발생하게될 분양대금반환대금 또는 분양대금반환청구권에 대한 가압류 결정의 효력발생여부는 그 사안마다 각 그 효력이 발생하는지 여부를 개별적으로 판단할 필요가 있다.

수탁자 임직원의 경우 위 가압류의 제3채무자로서 가압류 채권자 또는 채무자와 분양대금 반환 대상 결정에 관하여 직접적인 이해관계를 가지는 것이 아니라는 점, 분양계약 해제 전, 그 해제를 전제로 장래 발생하게될 분양대금반환대금 또는 분양대금반환청구권에 대한 가압류 결정이 언제나 무효인 것은 아니라는 점 등을 종합하여 볼 때 위 판결들이 있다고 하여 분양대금반환청구권에 대한 가압류 결정이 곧바로 무효라고 취급하기 보다는 채무자에게 가압류이의 등의 절차를 신청하게 하여 가압류를 취소하게 하거나 가압류 이의등의 절차가 여의치 아니한 경우 가급적 사안을 보수적으로 판단하는 것이 바람직할 것으로 생각된다.

3) 채권압류가 채권의 발생원인인 법률관계에 대한 채무자의 처분을 구속하는지 여부

신탁수익권에 압류가 된 후 신탁계약 또는 신탁사업구도 등을 변경하는 경우 실무에서 항상 문제되는 것이 해당 변경사항이 수익권에 대한 채권압류권자에 대한 위법행위가 되는지 여부이다.

채권의 압류는 제3채무자에 대하여 채무자에게 지급 금지를 명하는 것이므로 채무자는 채권을 소멸 또는 감소시키는 등의 행위를 할 수 없고 그와 같은 행위로 채권자에게 대항할 수 없는 것이지만, 채권의 발생원인인 법률관계에 대한 채무자의 처분까지도 구속하는 효력은 없(대법원 2015.5.14. 선고 2012다41359 판결 등 다수 판결 참조)기 때문에, 원칙적으로 수익권 압류 등에도 불구하고 원칙적으로 신탁계약 변경은 가능하다고 보인다.

하지만 대법원은 양도인의 제3채무자에 대한 채권이 압류된 후 원 계약의 당사자 지위에 대한 계약인수가 이루어진 경우 제3채무자는 계약인수에 의하여 계약관계가 소멸하였음을 이유로 압류채권자에게 대항할 수 없다고 판시한 바, 위 판결 등을 참고할 때 수익권 압류 후 신탁계약 변경이 유효한지 여부는 사안별로 개별적으로 판단할 필요가 있다.

부연하여 설명하면 수익권 또는 소유권이전등기청구권 압류에도 불구하고 무조건 신탁계약 변경이 가능하다는 뜻이 아니라 압류된 채권의 기재, 변경할 신탁계약의 내용 등 다양한 쟁점을 종합적으로 판단하여야 신탁계약 변경이 가능한지 여부를 판단할 수 있다.

계약 당사자로서의 지위 승계를 목적으로 하는 계약인수의 경우에는 양도인이 계약관계에서 탈퇴하는 까닭에 양도인과 상대방 당사자 사이의 계약관계가 소멸하지만, 양도인이 계약관계에 기하여 가지던 권리의무가 동일성을 유지한 채 양수인에게 그대로 승계된다. 따라서 양도인의 제3채무자에 대한 채권이 압류된 후 채권의 발생원인인 계약의 당사자 지위를 이전하는 계약인수가 이루어진 경우 양수인은 압류에 의하여 권리가 제한된 상태의 채권을 이전받게 되므로, 제3채무자는 계약인수에 의하여 그와 양도인 사이의 계약관계가 소멸하였음을 내세워 압류채권자에 대항할 수 없다(대법원 2015.5.14. 선고 2012다41359 판결).

수익권 또는 소유권이전등기청구권 압류 후에 우선수익권 등 신탁계약의 내용을 변경하는 경우 제3채무자인 수탁자에게 손해배상책임이 발생할 여지가 있는지 여부를 선검토하여야 하고, 이를 위하여 신탁계약 변경으로 인하여 수익권 압류권자에게 손해가 발생할 가능성이 존재하는지 여부, 수익권 압류의 효력을 피하기 위한 목적으로 신탁계약을 변경하는 것인지 여부, 신탁계약 변경사항이 신탁의 목적에 부합하는지 여부, 신탁계약 변경이 압류 전에 이미 예정되어 있었는지 여부, 신탁목적 달성을 이유로 신탁계약을 변경하여야 할 특별한 사정이 존재하는지 여부 등을 종합적으로 검토하여야 하고, 수탁자 입장에서는 최대한 보수적으로 해석할 필요가 있다. 한편, 우선수익자 변경이 필요한 경우 기존 우선수익자를 말소하고 신규 우선수익자를 설정하기보다는 기존 우선수익자의 지위 변경으로 처리하는 것이 바람직하다.

라 신탁계약에서 정한 자금집행순서의 법적 성격

1) 담보대리사업에서 위탁자의 수탁자에 대한 관리자금 청구채권에 대한 채권압류 및 추심명령이 내려진 경우 압류추심명령의 효력범위

가) 사실관계

① 위탁자와 수탁자, 시공사, 대출금융기간 사이 담보신탁 및 자금관리 대리사무계약이 체결되고 복합상가 신축사업을 진행하던 중 위탁자의 채권자가 위탁자를 채무자, 수탁자를 제3채무자로 하여 위탁자의 수탁자에 대한 관리자금 청구채권에 대한 채권압류 및 추심명령이 발령되었다.

> **피압류채권의 표시(압류금액 금1,380,000,000원)**
>
> 채무자(위탁자)과 제3채무자(수탁자)간 자금관리위탁계약에 의하여 채무자가 제3채무자에게 청구할 수 있는 모든 관리자금의 청구채권 중 위 청구금액에 이르기까지의 금액

② 그러나 복합상가 신축사업의 분양률 저조 등으로 인하여 대출상환이 이루어지지 아니하여 대출금융기관이 위탁자에 대하여 기한 이익상실을 통보함과 동시에 이 사건 사업의 시행권 및 모든 권리를 시공사에게 이전하고 시공사가 복합상가 신축사업을 진행하였다. 위탁자의 채권자인 압류추심권자는 제3채무자인 수탁자를 상대로 추심금 청구소송을 제기하였다.

나) 원고의 주장

시행사와 신탁회사 사이의 자금관리위탁계약(이 사건 대리사무계약)에 의하여 시행사가 신탁회사에게 청구할 수 있는 모든 관리자금의 청구채권 중 1,380,000,000원에 이르기까지의 금원을 피압류채권으로 하여 이 사건 채권압류 및 추심명령을 받았고, 여기서 이 사건 대리사무계약에 의하여 시행사가 신탁회사에게 청구할 수 있는 모든 관리자금의 청구채권에는 이 사건 사업약정서에 따라 개설된 이 사건 자금관리계좌를 통하여 신탁회사가 관리하고 있는 모든 자금, 즉 이 사건 자금관리계좌로부터 지출되는 명목이 공사관리비·설계비·공사비·분양수수료 등 무엇이든 간에 시행사가 신탁회사에 대하

여 지급을 청구할 수 있는 모든 자금을 포함하는 것이므로, 이 사건 채권압류 및 추심명령은 신탁회사에게 송달된 2003.10.20. 당시 신탁회사가 이 사건 사업약정에 기하여 관리하고있던 이 사건 자금관리계좌에 존재하던 1,992,669,361원 가량의 자금에 모두 그 효력이 미치고, 그 이후로도 계속하여 이 사건 자금관리계좌의 잔액이 증가하여 2003.10.20. 이후부터 2004.1.29. 사이에도 6,263,806,843원이 시행사에게 지급되었으므로, 제3채무자인 신탁회사는 채권압류 및 추심명령의 채권자인 원고에게 위 피압류채권액 1,380,000,000원 및 이에 대한 지연손해금을 지급할 의무가 있다.

다) 대법원의 판단

대법원은 시행사가 수탁자에게 관리를 위탁한 자금의 소유권은 시행사에게 있다고 하면서도, 이 사건 사업약정 등에 정하여진 조건이 충족되어야 시행사에게 확정적으로 귀속된다고 판단한 것은 정당하다고 판시하며, 원고의 청구를 기각하였다. 구체적인 내용은 아래와 같다.

1. 이 사건 자금관리계좌에 입금된 자금의 성격에 대하여

   시행사는 신탁회사와 사이에 이 사건 사업약정 및 대리사무계약 등을 체결하여 신탁회사로 하여금 이 사건 사업과 관련하여 시행사 명의로 차입하는 자금, 분양수입금, 수분양자의 연체료 등 일체의 자금을 신탁회사 명의로 개설한 계좌에 입금하여 관리하면서 이 사건 사업약정 등에서 정한 방식과 순서에 따라 집행하도록 위탁하였음을 알 수 있는바, 신탁회사에게 관리가 위탁된 위 자금은 목적이나 용도가 한정된 것이거나 대리사무를 처리하는 과정에서 시행사를 위하여 지급된 것이므로, 특별한 사정이 없는 한 시행사의 소유에 속한다고 볼 수 있다.

   그런데, 이 사건 사업약정 제5조 및 제7조에서 피고는 자금관리를 맡은 신탁회사로서 할인 분양 등의 방법으로 미분양물건을 처분하여 최우선적으로 대출약정서에 의한 금융기관의 차입원리금을 완제하고 다음으로 시공사의 공사비를 지급한 후, 나머지 잔액은 각종 제세공과금, 차입원리금 및 수분양자에 대한 중도금대출이자 대납금액, 피고의 신탁보수 및 시공사의 도급공사비, 사업경비(설계·감리비), 시행사의 일반관리비, 시행사의 사업수익금 순으로 집행하는 것으로 하였고, 시행사의 용역비, 분양대행수수료 등 필수적 사업추진비용을 청구할 경우 청구금액에 대한 신청근거를 피고에게 제출하면 피고가 신청근거에 의거 시행사의 계약업체 또는 납부처에 직접 이를 지급하기로 하였으며, 시행사의 사업수익금은 사업이 완료된 후 정산시점까지 유보하는 것을 원칙으로 하되, 사업의 분양계약률이 전체 분양금액 기준 80% 이상 도달하여 금융기관의 차입원리금 및 시공사의 도급공사비 지급에 문제가 없다고 판단되는 경우에만 분양수입금 집행 순서에 상관없이 시행사, 시공사, 피고가 합의하여 시행사의 수익금을 인출할 수 있도록 정하였던 점, 시행사와 피고 사이의 이 사건 대리사무계약은 이 사건 사업약정 및 대출약정과 불가분의 관계에 있는 점, 시행사 역시 이 사건 사업약정의 당사자로서 이 사건 사업약정에서 정해진 범위와 권한 내에서 해당 업무를 수행하는 지위에 있는 점 등에 비추어 보면,

피고에게 이 사건 사업과 관련하여 위탁된 자금은 이 사건 사업약정 및 대출약정에서 정한 바에 따라 금융기관의 차입원리금, 시공사에 대한 공사비, 제세공과금, 차입원리금 및 수분양자에 대한 중도금대출이자 대납금액 등으로 우선적으로 집행되도록 예정되어 있다 할 것이므로, 그 위탁된 자금은 금융기관의 차입원리금 등으로 우선 집행된 후에도 남게 되어야 일반관리비와 사업수익금 명목으로 시행사에게 확정적으로 귀속된다고 할 것이다.

원심이 같은 취지에서, 시행사가 피고에게 관리를 위탁한 자금의 소유권은 시행사에게 있다고 하면서도, 이 사건 사업약정 등에 정하여진 조건이 충족되어야 시행사에게 확정적으로 귀속된다고 판단한 것은 정당하여 수긍이 가고, 거기에 상고이유에서 주장하는 바와 같은 위탁된 자금의 소유권 귀속에 관한 법리오해 등의 위법이 없다.

2. 피압류채권의 대상 등에 대하여

원심판결 이유에 의하면, 원심은, 그 채택 증거를 종합하여 그 판시와 같은 사실을 인정한 다음, 그 인정된 사실관계에서 알 수 있는 여러 사정에 비추어, 시행사는 이 사건 대리사무계약에 기하여 피고에 대하여 그 관리자금 중 금융기관의 차입원리금, 시공사에 대한 공사비, 제세공과금, 차입원리금 및 수분양자에 대한 중도금대출이자 대납금액 등을 모두 공제한 나머지 일반관리비와 사업수익금에 대하여만 그 지급을 청구할 권리가 있고, 이 사건 채권압류 및 추심명령도 그러한 권리에 대하여만 효력이 미친다고 봄이 상당하다고 판단하였다.

기록에 비추어 살펴보면, 원고의 위와 같은 사실인정 및 판단은 정당한 것으로 수긍이 가고, 거기에 상고이유에서 주장하는 바와 같은 채권압류 및 추심명령의 효력이나, 피압류채권의 대상에 관한 법리오해 등의 위법이 없다(대법원 2008.12.24. 선고 2006다7426 판결).

라) 실무 TIP

본 건 판결은 시행사와 신탁회사 사이 체결된 자금관리 대리사무계약에 따라 신탁회사가 자금을 관리하는 도중 자금관리위탁계약에 의하여 채무자인 위임자가 제3채무자인

신탁회사에게 청구할 수 있는 모든 관리자금의 청구채권에 대하여 위탁자의 채권자 채권 압류 및 추심명령을 발령받아 신탁회사에 송달된 경우 신탁회사가 자금집행순서상 시행사에 대한 채권보다 선순위인 각종 제세공과금, 차입원리금 및 수분양자에 대한 중도금 대출이자 대납금액, 신탁회사의 신탁보수 및 시공사의 도급공사비, 사업경비(설계·감리비) 등을 지급할 수 있는지 여부에 관하여 대법원이 명확하게 판단한 리딩케이스와 같은 판결이라 할 수 있다.

사실 채권압류 및 추심명령이 발령된 경우에는 자금집행을 중지하는 것이 원칙이다. 다만 사업의 구체적인 진행상황에 따라 부득이 대출원리금 등을 반드시 지급하여야 하는 경우 본 건 판결의 내용을 잘 참고할 필요가 있다.

본 건 판결 등은 시행사 또는 위탁자의 관리자금 청구채권, 수익금 압류 등이 집행되는 경우에도 시행사 또는 위탁자의 일반관리비, 수익금보다 자금집행순서상 선순위 차입원리금, 공사대금 등 필수사업비는 자금집행이 가능하다는 취지이지만, 언제나 추심채권자의 추심금 청구가 기각될 것이라고 장담할 수는 없으므로, 채권압류결정 등이 발령되는 경우 공탁 등을 통하여 그 압류를 소멸시킨 후 사업을 진행하는 것이 원칙이다.

신탁계약 또는 자금관리 대리사무계약은 신탁유형 등에 따라 그 목적과 구체적인 계약 내용이 상이하므로, 본 건 판결이 어떠한 경우에도 무조건 적용된다고 말할 수 없다. 따라서 본 건 판결을 참고하면서도 구체적인 계약 내용에 따라 자금집행가능여부는 개별적으로 판단할 필요가 있다. 또한 추심금 청구는 신탁사업이 종료된 후 신탁재산이 모두 소멸한 이후에 제기되는 경우가 많다는 점을 감안하여, 수탁자에게 가압류, 채권압류 및 추심명령, 채권압류 및 전부명령 등이 송달되는 경우 신탁사 임직원은 자금집행에 관하여 매우 보수적으로 판단하는 것이 바람직하다.

한편, 담보신탁 및 자금관리 대리사무계약구도에서 위탁자가 수탁자에게 가지는 신탁예금 반환채권에 대한 채권압류 및 추심명령을 받은 위탁자의 채권자가 위탁자를 대위하여 자금관리 대리사무계약을 해지할 수 있는지 여부가 다투어진 사건에서 서울고등법원은, 추심권자의 해지권 행사는 추심채무자의 해지권 행사가 계약상 금지되거나 제한되어 있는 경우 등과 같은 특별한 사정이 있는 경우에는 허용되지 않고, 자력이 불안정한 위탁자와 거액의 대출을 해 준 금융기관들이 분양사업을 시행하면서 사업의 원활한 진행, 투하자본의 안정적인 회수, 위탁자의 자금유용 감시 등을 위하여 수탁자와 사이에 대리사무계약을 체결하여 자금관리를 위탁한 점, 대리사무계약의 계속 유지 여부는 자금을 대출해 준 금융기관들의 이해관계에 커다란 영향을 미칠 것으로 짐작되는 점 등에 비추어, 위탁자에 대한 위와 같은 해지권 제한이 위탁자에게 일방적으로 불리한 것으로 무효라고 판단되지 않는다(서울고등법원 2010.3.9. 선고 2009나115290 판결)고 판시하며 위탁자 채권자의 주장을 기각하였는데, 이러한 쟁점도 알고 있으면 좋겠다.

2) 토지신탁 사업에서 하도급 직불합의에 의한 하도급업체의 대금직불요청에 대하여 수탁자가 자금집행순서 약정을 이유로 대항할 수 있는지 여부

토지신탁 사업에서 발주자인 수탁자와 시공사인 원수급인, 그리고 하수급인간 하도급법에 따른 하도급 직불합의를 체결한 후 하수급인이 수탁자에게 공사대금 직불을 청구한 경우 발주자인 수탁자는 신탁계약서상 자금집행순서 약정을 이유로 공사대금 지급을 거부할 수 있는지 여부에 관하여 대법원은 수탁자, 원수급인, 하수급인간 하도급직불계약을 체결하면서 '수탁자가 부담하게 되는 공사대금의 범위는 수탁자와 원수급인 사이의 공사도급계약에 따라 수탁자가 원수급인에 지급해야 할 공사대금채무의 범위를 초과하지 않고, 수탁자는 하수급인의 직접 지급 요청이 있기 전에 원수급인에 대하여 대항할 수 있는 사유 등으로 하수급인에게 대항할 수 있다'는 취지의 약정을 하였다면, 수탁자는 하수급인에 대하여 신탁계약상 자금집행순서 약정을 근거로 대항할 수 있다고 판시하였다. 자세한 사항은 아래와 같다.

건축사업의 시행사인 갑 주식회사와 시공사인 을 주식회사가 공사도급계약을 체결한 다음, 신탁업자인 병 주식회사와 토지신탁사업약정, 관리형토지신탁계약, 위 공사도급계약의 승계계약을 체결하면서 위 공사도급계약에 관하여 '수탁자의 자금집행순서상 공사비의 90%는 7순위로 하여 매 2개월 단위로 지급하고, 잔여공사비는 13순위로 하여 1, 2, 3순위 우선수익자의 대출원리금이 모두 상환되고 수탁자의 신탁사무처리비용 정산이 완료된 이후 신탁재산의 범위 내에서 지급하며, 토지신탁사업약정서와 관리형토지신탁계약서는 승계계약서보다 우선 적용한다.'고 정하였고, 그 후 도급공사 중 일부 공사를 정 회사에 하도급한 을 회사가 병 회사 및 정 회사와 하도급대금 직불합의를 하면서, '병 회사가 부담하게 되는 공사대금의 범위는 병 회사와 을 회사 사이의 공사도급계약에 따라 병

회사가 을 회사에 지급해야 할 공사대금채무의 범위를 초과하지 않고, 병 회사는 정 회사의 직접 지급 요청이 있기 전에 을 회사에 대하여 대항할 수 있는 사유 등으로 정 회사에 대항할 수 있다.'고 약정하였는데, 공사비의 90% 이상이 지급된 상태에서 정 회사가 건물 완공 후 일정 기간이 지났다며 병 회사를 상대로 하도급대금 직접 지급을 요청한 사안에서, 하도급거래 공정화에 관한 법률(이하 '하도급법'이라 한다)상 원사업자이자 위 신탁약정, 신탁계약, 승계계약 등을 체결한 당사자인 을 회사가 병 회사 등과 사이에 신탁사업약정 등에 따른 자금집행순서에 따라 공사대금을 청구하기로 합의한 이상 병 회사는 을 회사가 공사대금을 청구할 경우 자금집행순서 약정을 이유로 지급을 거절할 수 있고, 발주자인 병 회사가 하도급법상 직접지급의무를 부담하는 공사대금 채권은 동일성을 유지한 채 수급사업자인 정 회사에 이전되고 병 회사는 새로운 부담을 지지 않는 범위 내에서 직접지급의무를 부담하므로, 정 회사의 직접청구에 대해서도 동일한 사유로 대항할 수 있는데도, 병 회사가 정 회사에 신탁자금 집행순서를 이유로 대항할 수 없다고 본 원심판단에는 하도급법상 직접 지급청구권의 범위 또는 발주자의 대항사유에 관한 법리오해 등의 잘못이 있고, 자금집행순서 관련 약정의 문언, 동기와 목적 등 제반 사정을 고려하면 위 자금집행순서의 성격은 정지조건으로 보는 것이 타당하고 그 정지조건이 성취되었다는 사실에 관한 증명책임은 정 회사 측이 부담한다고 보아야 하는데도, 자금집행순서의 성격을 불확정기한으로 본 다음 지급순서가 도래하지 않았다는 병 회사의 증명이 부족하다는 등의 이유로 병 회사의 공사대금 직접지급의무의 이행기가 도래하였다고 본 원심판단에는 조건과 기한, 정지조건 성취의 증명책임 등에 관한 법리오해 등의 잘못이 있다(대법원 2023.6.29. 선고 2023다221830 판결).

본건 대법원 판결은 수탁자, 시공사, 하수급인간 하도급직불약정을 체결한 경우에도 신탁계약상 자금집행순서 규정을 근거로 수탁자가 하수급인에게 대항할 수 있다는 취지로 대법원 판결이므로 수탁자 담당자는 숙지하고 있을 필요가 있다.

한편, 공사대금 하도급 직불과 관련하여 하도급 직불 합의와 채권양도는 다른 법률효과를 발생하게 하는 법률행위로서 하도급 직불 합의는 공사대금 압류채권자에게 대항할 수 없으나 채권양도는 공사대금 압류채권자에게 대항할 수 있는 바, 이러한 양자간의 차이를 알고 있는 것 또한 중요하다.

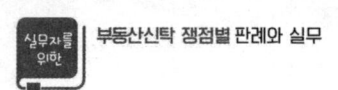

3) 지역주택조합추진위원회 조합원이 신탁업자를 상대로 추심금 청구를 제기한 경우 신탁업자가 자금집행순서 조항 등을 이유로 대항할 수 있는지 여부

주택법은 지역주택조합 설립인가를 받기 위한 추진위원회 등이 신탁업자와 사이에 계약금 등 자금의 보관업무를 대행하도록 규정하고 있다. 이에 따라 신탁업자 등은 지역주택조합 또는 지역주택조합 추진위원회와 자금관리 대리사무 계약을 체결하고, 조합원들의 분담금 등을 지급 받아 관리하고 있는바, 지역주택조합 또는 지역주택조합 추진위원회의 채권자가 지역주택조합 또는 지역주택조합 추진위원회를 채무자로, 신탁업자를 제3채무자로 한 채권압류 및 추심명령을 집행하고 지역주택조합 또는 지역주택조합 추진위원회를 대위하여 자금관리 대리사무계약상 자금집행 요청권을 행사하는 경우 신탁업자가 자금집행의 절차, 요건, 범위에 관한 자금관리 대리사무계약 조항을 이유로 대항할 수 있는지 여부가 문제된다.

대법원은 위와 같은 경우 신탁업자가 자금집행의 절차, 요건, 범위에 관한 자금관리 대리사무계약 조항을 이유로 대항할 수 있다고 판시하였다. 자세한 내용은 아래와 같다.

피고는 조합원 분담금의 환불을 위한 자금집행 절차 및 요건, 범위에 관한 자금관리 대리사무계약에 어긋나는 자금집행 요청을 거절할 수 있다. 설령 원심이 인정한 바와 같이 추진위원회의 환불요청서는 피고에게 제출되었더라도 자금집행 절차에 관한 추진위원회와 사이의 자금관리 대리사무계약 제12조 제7항에서 정한 업무대행사의 분담금 환불요청서가 제출되지 않았다. 또한 원고가 추진위원회로부터 교부받은 안심보장증서의 내용이 원고의 조합가입계약 내용과 다른 이 사건에서 추진위원회가 위 안심보장증서를 원고로부터 받아 그 사본을 피고에게 제출하였다는 등의 사정이 현출되지 않는 이상, 피고는 추진위원회에 대한 관계에서 이 사건 자금관리 대리사무계약 제18조 제2항에서 정한 자금집행의 범위에 관한 내용을 이유로 대항할 수 있다. 이는 설령 원고가 추진위원회를 상대로 공시송달에 의한 승소 판결을 받은 사정이 있더라도 달라지지 않는다(대법원 2023.5.18. 선고 2022다265987 판결).

지역주택조합 자금관리 대리사무계약은 통상 신탁업자와 지역주택조합 추진위원회, 업무대행사 3자간 체결되고, 자금집행을 위하여는 추진위원회 및 업무대행사의 요청 또는 동의가 있어야 한다. 그런데 탈퇴한 지역주택조합 추진위원회 조합원 등 지역주택조합에 대하여 채권을 가지고 있는 채권자가 채권압류 및 추심명령을 집행하고, 지역주택조합 추진위원회를 대위하여 신탁업자에게 자금집행을 청구하는 경우 자금관리 대리사무계약 규정에 따라 업무대행사의 동의가 없는 한 신탁업자는 지역주택조합 추진위원회의 채권자에게 자금지급의무가 없다는 것이 위 판결의 취지이다.

일부 하급심에서는 자금관리 대리사무계약서상 조합원이 탈퇴한 경우 조합원 분담금 반환사유로 규정하고 있으므로 신탁업자는 지역주택조합의 채권자인 탈퇴 조합원에게 분담금 상당의 자금지급의무가 있다거나, 신탁업자가 참여하지 아니한 별개의 소송에서 지역주택조합 추진위원회가 탈퇴 조합원에게 분담금을 반환하라는 취지로 판결이 선고되었으니 신탁업자도 이에 구속된다거나, 명확한 근거없이 자금관리 대리사무의 분담금에는 업무대행비가 포함되어 있으므로 업무대행비도 신탁업자가 지급해야할 책임이 있다는 식으로 신탁업자에 대한 패소판결이 선고되는 사례가 있는데, 이러한 경우 위 판결을 근거로 위와 같은 취지의 하급심 판결이 선고되는 것을 최대한 방지하여야 할 것이다.

또한 본건 판결과 유사한 사실관계에서 대법원은 동일하게 신탁업자가 자금집행의 절차, 요건, 범위에 관한 추진위원회와 사이의 자금관리 대리사무계약 조항을 이유로 추진위원회를 대위하여 자금집행 요청권을 행사하는 탈퇴 조합원 등에게 대항할 수 있다고 판시한 바, 아울러 숙지하고 있는 것이 바람직하다. 자세한 내용은 아래와 같다.

갑 등이 지역주택조합 추진위원회와 사이에 조합가입계약을 체결하였다가 탈퇴하기로 합의하면서 자신들이 납부한 조합원 분담금 및 업무대행비 전액을 반환받기로 약정하였다며 추진위원회를 상대로 소송을 제기하여 무변론 판결로 전부 승소한 다음, 승소판결에 따른 채권을 피보전채권으로 추진위원회를 대위하여 추진위원회와 자금관리 대리사무계약을 체결하고 조합원 분담금 등의 자금관리 업무를 수행하는 을 신탁회사를 상대로 자금관리 대리사무계약상 자금집행 요청권을 행사한 사안에서, 갑 등은 조합가입계약 및 갑 등이 조합가입계약 체결 시 제출한 '자금 인출·집행 동의서' 내용과 달리 추진위원회와 사이에 임의탈퇴 및 납부한 조합원 분담금과 업무추진비 전액을 반환받기로 합의한 것으로 보이므로, 을 회사가 자금집행의 절차, 요건, 범위에 관한 추진위원회와 사이의 자금관리 대리사무계약 조항을 이유로 추진위원회를 대위하여 자금집행 요청권을 행사하는 갑 등에게 대항할 수 있고, 이는 갑 등이 추진위원회를 상대로 무변론 승소판결을 받은 사정이 있더라도 달라

지지 않는다고 할 것임에도, 이와 달리 본 원심판단에 법리오해의 잘못이 있다고 한 사례 (대법원 2023.4.13. 선고 2022다244836 판결).

한편, 추진위원회가 신탁업자의 동의 없이 임의로 조합원에게 교부한 안심보장증서에 관하여 위 안심보장증서를 추진위원회가 신탁업자에게 교부하고, 신탁업자가 그에 대하여 아무런 대응을 하지 아니하는 경우 안심보장증서의 내용이 신탁업자에게까지 그 효력을 미칠 가능성이 있으므로, 신탁사 임직원들은 지역주택조합이나 추진위원회에서 안심보장증서를 발급하는 것을 금지하는 것이 바람직하다. 불가피한 사유로 안심보장증서를 발급하여야 하는 경우 안심보장증서 내 "본 문서에 기재된 내용은 신탁사와 무관하므로 신탁사에 대하여 효력이 없다"는 취지의 내용을 기재하거나, 신탁업자의 동의없는 안심보장증서가 발급된 경우 지역주택조합 또는 추진위원회에 공문으로 안심보장증서 발급을 중지하라는 취지로 고지하고, 조합원에게 안심보장증서는 신탁사에 대하여 효력을 가질 수 없다는 취지의 공문을 발송하는 업무를 진행하는 것이 필요하다.

4) 지역주택조합 추진위원회 조합원이 신탁업자를 상대로 추심금 청구시 신탁업자가 자금관리 대리사무계약상 절차적 요건을 이유로 항변할 수 있는지 여부

지역주택조합 추진위원회에 계약금반환채권을 가진 前 조합원이 신탁회사를 상대로 신탁회사와 추진위원회, 업무대행사간 체결된 자금관리 대리사무계약에 따라 추진위원회가 신탁회사에 대하여 갖는 금전채권에 관하여 채권압류 및 추심명령을 받아 추심금 청구를 제기하는 경우, 신탁회사는 자금관리 대리사무계약의 자금집행 절차 규정에서 정한 요건이 갖추어지지 아니하였다는 이유로 추심금 지급을 거절할 수 있는지 여부가 문제된다.

대법원은 위와 같은 쟁점이 문제된 사안에서 자금관리 대리사무계약 자금집행 절차 규정의 요건이 구비되었다고 볼 증명이 없는 이상, 신탁회사로서는 추진위원회의 청약금 등 반환청구에 대하여 지급을 거절할 수 있어 추진위원회에 금전지급의무를 부담한다고 볼 수 없으므로, 채권압류 및 추심명령의 채권자가 제기한 추심금 청구에도 대항할 수 있다는 취지로 판시하였다. 자세한 내용은 아래와 같다.

갑 등이 지역주택조합 추진위원회와 조합가입계약을 체결하고 추진위원회로부터 자금관리 대리사무를 수임한 을 신탁회사에 계약금 등을 지급하였다가 그 후 추진위원회를 상대로 조합가입계약의 무효를 주장하며 계약금 등 반환을 구하는 조정을 신청하여, 추진위원회로 하여금 갑 등에게 일정 금액을 반환하도록 하는 내용의 조정을 갈음하는 결정을 받아 위 결정이 확정되었는데, 위 결정이 확정되기 전에 을 회사와의 자금관리 대리사무계약을 해지하고 병 신탁회사와 자금관리 대리사무계약을 새로 체결한 추진위원회가 결정에 기한 채무를 이행하지 않자, 갑 등이 새로 체결된 자금관리 대리사무계약에 따라 추진위원회가 병 회사에 대하여 갖는 금전채권에 관하여 채권압류 및 추심명령을 받아 추심금 청구를 한 사안에서, 추진위원회와 병 회사가 체결한 자금관리 대리사무계약에 따라 병 회사의 관리계좌로부터 청약금과 조합원 분담금을 반환받기 위하여는 추진위원회의 서면동의를 받은 청약자의 신청해지요청서, 환불금지급요청서 및 추진위원회와 업무대행사 공동의 지급요청서가 필요함이 계약서 문언 자체로 명확하고, 위와 같은 절차적 요건이 구비되었다고 볼 증명이 없는 이상, 병 회사로서는 추진위원회의 청약금 등 반환청구에 대하여 지급을 거절할 수 있어 추진위원회에 금전지급의무를 부담한다고 볼 수 없는데도, 이와 달리 추진위원회가 병 회사에 청약금 등의 반환을 구할 수 있는 채권이 있음을 전제로 갑 등의 추심금 청구를 일부 인용한 원심판단에 법리오해의 잘못이 있다(대법원 2023.4.13. 선고 2022다279733, 2022다279740(병합) 판결).

채권압류 및 추심명령에 기한 추심의 소에서 피압류채권의 존재는 채권자가 증명하여야 한다. 피압류채권 자체가 없는 경우 제3채무자는 채권자에게 추심을 당할 이유가 없는바, 위 판결에서 판시한 바와 같이 제3채무자인 신탁회사가 채무자인 추진위원회에 금전지급의무를 부담하지 아니하는 경우 당연히 채권압류 및 추심명령의 채권자에게 대항할 수 있다.

5) 토지신탁 위탁자의 운영비 채권에 대한 압류추심 채권자가 위탁자를 대위하여 수탁자에게 위탁자의 운영비 지급을 청구할 수 있는지 여부

토지신탁 사업 진행 중 위탁자의 채권자가 위탁자를 채무자, 수탁자를 제3채무자로 하여, 위탁자가 신탁계약상 보유하고 있는 수익권이나 운영비 채권에 대하여 압류 및 추심명령을 집행하면 일반적으로 수탁자는 위탁자에 대하여 운영비 지급을 중단하게 된다. 이 경우 채권압류 및 추심명령의 채권자가 수탁자를 상대로 직접 위탁자의 운영비 지급을 청구할 수 있는지 여부가 문제된다.

토지신탁계약상 업무대행사가 수탁자에 대하여 가지는 운영비 채권에 대하여 채권압류 및 추심명령을 집행한 채권자가 수탁자를 상대로 위 업무대행사의 운영비 채권을 채권자에게 지급하라는 취지로 추심금 소송을 제기한 사안에서 대구고등법원은 위 업무대행사의 운영비 채권에 대하여 수탁자가 직접 채무를 부담하기로 약정한 것이 아니고, 운영비 지급의 자금집행절차 및 요건도 갖추지 못하였으므로 수탁자는 업무대행사에 대한 운영비 지급을 거절할 수 있으므로 채권압류 및 추심명령의 채권자의 청구는 이유없다는 취지로 판시하며, 원고청구를 기각하였다. 자세한 내용은 아래와 같다.

1. 이 사건 조합과 업무대행사 사이의 이 사건 시행대행계약은 2013.2.15.경 체결되었는데, 이 사건 신탁계약 이후 피고가 이 사건 시행대행계약을 승계하는 계약을 체결한 것으로 볼 만한 사정이 없고, 피고가 이 사건 시행대행계약상 채무를 인수할 특별한 이유도 없는 점[이 사건 신탁계약 특약사항 제6조, 제17조에 의하면 피고가 공동시행자의 지위에서 공동(승계)계약을 할 것이 요구되는 계약은 대외적으로 사업주체인 피고의 명의가 필요한 계약으로 보이는데, 이 사건 시행대행계약은 피고의 형식적인 명의가 필요한 계약으로 보이지 않는다], ② 이 사건 신탁계약 특약사항 제7조에 의하면 업무대행사는 5순위 우선수익자로서 업무대행 용역비 미수금 등을 우선수익권의 범위로 하여 그 지급 순위를 정한바, 위 채무에 대해 특별히 피고가 공동시행자로서 직접 지급할 의무를 부담하겠다고 합의한 것으로도 볼 수도 없는 점, ③ 피고가 2018.7.부터 2019.6.까지 업무대행사에 운영비로 월 4,000만 원씩을 지급하였으나, 이는 이 사건 조합의 자금집행요청에 따라 이를 집행한 것에 불과한 점 등을 고려할 때 이 사건 신탁계약에서 피고가 업무대행사에 대하여 직접 채무를 부담하기로 약정하였다고 볼 수도 없다.

2. 설령 원고의 주장과 같이 업무대행사가 이 사건 신탁계약에 따라 피고에 대하여 직접 운영비 등 채권을 가진다고 하더라도, 이 사건 신탁계약 특약사항 제10조 제3항은 '이 사건 조합이 사업비 지출 등 자금의 인출이 필요한 경우 자금집행요청서에 따라 인출자금의 용도, 지급처(계좌)를 지칭하여 인출예정일로부터 3영업일 전까지 증빙서류를 첨부하여 시공사와 대리금융기관의 동의를 받아 피고에게 자금지출을 요청하여야 한다.'라고 규정하고 있으므로, 원고가 업무대행사의 제3채무자인 피고로부터 추심금을 지급받기 위해서는 이 사건 조합이 위 조항에서 정한 요건을 갖추어 피고를 상대로 업무대행사에게 운영비 등을 지급할 것을 요청하는 절차를 거쳐야 하는바, 원고는 이러한 요건과 절차를 갖추지 않았다는 점을 자인하고 있으므로, 결국 피고는 업무대행사에 대한 운영비 등의 지급을 거절할 수 있다고 할 것이다(대구고등법원 2022.6.9. 선고 2021나25022 판결).

위 판결은 채권압류 및 추심명령의 채무자가 위탁자 겸 수익자가 아닌 업무대행사인 사안이나, 위탁자 겸 수익자 채무자인 경우에도 위와 같은 취지로 수탁자가 승소할 것으로 예상된다. 위탁자의 운영비 역시 위탁자가 임의로 지급받을 수 있는 권한이 있는 비용이 아니고, 가사 그렇다하더라도 그 운영비 채권을 집행하기 위하여는 시공사 및 우선수익자의 자금집행동의가 필요한데, 위탁자의 채권자는 위와 같은 동의를 받아낼 수 있는 권한이 없기 때문이다.

다만 위탁자 운영비의 경우 신탁계약서에 매달 당연히 지급되는 비용처럼 기재하는 경우 우선수익자의 대출금 등이 상환된 후에는 추심금 청구가 받아들여질 가능성도 존재하므로, 당연히 지급되는 비용으로 기재하여서는 안되고, 수탁자의 판단에 따라 지급가능할 수 있는 비용이라는 취지로 기재하는 것이 바람직하다. 과거 위탁자 운영비가 매달 어떠한 조건에도 불구하고 지급되는 비용이라는 취지로 신탁계약서에 기재된 사안에서 수탁자가 위탁자의 채권자에 의한 추심금 청구에서 패소한 사례가 있기 때문이다.

한편, 관리형 토지신탁 사업에서 위탁자와 설계용역계약을 체결하고 수탁자와 설계용역승계계약을 체결한 건축사사무소가 설계용역비 중 일부를 지급받지 못하였다는 이유로 수탁자에게 설계용역비 지급을 청구한 사안에서 서울중앙지방법원(항소심)은 신탁계약상 자금집행순서 규정에서 설계비 등 필수사업비(4순위)보다 우선하는 소송 등 신탁사무처리비용(2순위)이 선순위로 집행되어야 한다는 이유 등으로 건축사사무소의 설계비 지급 청구를 기각한 사례도 있으므로 참고삼아 소개해본다. 자세한 내용은 아래와 같다.

원고는 비록 신탁계약의 당사자는 아니지만 위와 같이 승계계약을 체결하면서 신탁계약을 우선하여 적용하기로 한 이상, 피고는 원고가 최종 설계용역비를 청구할 경우 신탁계약에서 정한 사항을 이유로 지급을 거절할 수 있다고 봄이 상당하다.

1. 신탁계약 특약사항에서 자금집행순서를 정하고 있고, '수분양자 분양해약 반환금, 신탁보수, 등기 및 소송 또는 젠한권리 해결비용 등 신탁사무처리비용'은 2순위, '설계비 감리비용 등 우선수익자가 인정하는 필수사업비'는 4순위이다. 원고가 피고에게 지급을 구하고 있는 최종 설계용역비는 위 자금집행순서 중 4순위로 지급될 비용에 해당한다.

2. 그런데 토지신탁 사업의 시공사의 채권자들이 시공사의 피고에 대한 채권에 대하여 압류 및 추심 명령을 받거나 가압류결정을 받은 사실, 위 시공사의 채권자들이 피고를 상대로 추심금 청구의 소를 제기한 사실이 인정된다. 위와 같은 소송 또는 제한권리 해결비용은 최종 설계용역비보다 선순위로 집행되어야 한다.

이에 대하여 원고는 피고가 주장하는 분쟁은 위탁자가 아닌 시공사 및 그 하도급업체들과 관련된 것들이므로 자금집행순서가 그 선순위에 해당할 수 없다는 취지로 주장하나, 시공사의 채권자들이라도 피고에게 추심금 청구의 소를 제기한 이상 피고가 이에 관련한 비용을 지출하여야 하는바, 위와 같이 소송을 하면서 지출되는 비용은 신탁사무처리비용(2순위)에 해당하므로 필수사업비(4순위)에 해당하는 최종 설계용역비보다 후순위 채권에 해당한다고 보기 어렵다(서울중앙지방법원 2023.12.20. 선고 2022나25485 판결).

6) 토지신탁 사업의 광고업체가 위탁자의 사업비 청구채권에 관하여 압류추심을 집행한 후 수탁자에게 광고홍보비 지급을 청구할 수 있는지 여부

토지신탁사업에서 신탁사업과 관련된 용역을 제공하였더라도 수탁자가 아닌 위탁자와 계약을 체결한 제3자는 신탁재산에 직접 강제집행을 할 수 없다. 그렇다면 위탁자와 계약을 체결한 제3자가 위탁자가 수탁자에게 갖는 사업비청구채권에 관하여 채권압류 및 추심명령을 집행한 후 수탁자에게 위 채권압류 및 추심명령에 따른 추심금을 청구하거나, 위탁자를 대위하여 자금집행요청권을 행사하는 경우 수탁자는 제3자에게 위 용역비를 지급할 책임을 부담하는지 여부가 문제된다.

광고업체가 토지신탁사업의 위탁자와 사이에 토지신탁사업에 관한 광고·홍보 제작 및 대행용역 계약을 체결하고 광고·홍보 업무를 수행하였으나 위탁자가 용역비를 지급하지 아니하였다. 광고업체는 위탁자에 대하여 지급명령을 확정받고 그 지급명령을 집행권원으로 하여 위탁자의 수탁자에 대한 신탁계약에 따른 사업비청구채권에 관하여 채권압류 및 추심명령을 받았고, 수탁자에 대하여 추심금 청구의 소를 제기하였다. 위와 같은 사안에서 서울고등법원은 위탁자의 수탁자에 대한 사업비청구채권이 존재한다고 보기 부족하다는 취지로 판시하며 광고업체의 청구를 기각하였다. 자세한 내용은 아래와 같다.

원고가 2018.6.경 위탁자와 사이에 이 사건 광고계약을 체결하고 이 사건 사업에 관한 광고·홍보 업무를 수행한 사실, 피고는 이 사건 신탁계약에 따라 수탁자 겸 신탁관리인으로서 피고 명의의 분양대금수납계좌를 개설하여 이 사건 사업의 분양수입금 수납 업무를 수행하여야 하는 사실(이 사건 신탁계약 제3조 제3항 제3호, 특약 제9조 제2항)은 앞서 본 바와 같다. 원고가 이 사건 광고계약에 따라 이 사건 사업에 관한 광고·홍보 업무를 수행하였고, 피고가 이 사건 신탁계약에 따라 이 사건 사업의 분양수입금을 수납하였다면 그 분양수입금 수납에 법률상 원인이 없다고 볼 수 없고, 피고가 분양수입금을 수납한 것 자체로 어떠한 이익을 얻었다고 볼 수도 없다.

또한 피고가 분양수입금을 수납함으로써 어떠한 이익을 얻었다고 보더라도, 계약상 급부가 계약 상대방뿐만 아니라 제3자의 이익으로 된 경우에 급부를 한 계약당사자는 이익의 귀속 주체인 제3자에게 직접 부당이득반환을 청구할 수는 없는바(대법원 2011.11.10. 선고 2011다48568 판결 등 참조), 원고는 이 사건 광고계약 상대방인 C에 대하여 3회차 광고대금을 청구하는 이외에 제3자인 피고에 대하여 직접 부당이득반환을 구할 수는 없다. 따라서 원고의 제2예비적 청구는 이유 없다(서울고등법원 2023.6.8. 선고 2022나2052585 판결).

위 판결에서 볼 수 있듯이 위탁자와 계약을 체결한 제3자가 수탁자에 대하여 위탁자의 사업비청구채권에 채권압류 및 추심명령을 집행하고 수탁자에게 추심금 청구의 소를 제기하더라도, 그 채권압류 및 추심명령은 무효이거나, 수탁자가 위탁자의 사업비청구채권에 무조건적으로 자금을 집행하여야 할 의무가 없다거나, 가사 그렇다하더라도 신탁계약상 자금집행 절차 및 요건을 갖추지 못하였다는 이유로 수탁자에 대한 추심금 청구는 각하 또는 청구기각 판결이 선고될 것으로 판단된다.

또한 위탁자와 계약을 체결한 제3자가, 위탁자의 수탁자에 대한 사업비청구채권에 관하여 채권압류 및 추심명령을 받은 후 수탁자를 상대로 채권자대위청구를 하는 경우에는, 채권에 대한 압류·추심명령이 있으면 제3채무자에 대한 이행의 소는 추심채권자만이 제기할 수 있고 채무자는 피압류채권에 관한 이행소송을 제기할 당사자적격을 상실하며(대법원 2000.4.11. 선고 99다23888 판결 등 참조), 대위채권자는 채무자가 갖는 권리를 초과하여 행사할 수 없으므로, 채권에 대한 압류·추심명령이 있는데도 추심채권자가 채무자를 대위하여 제기한 소는 당사자적격이 흠결되어 부적법(대법원 2014.2.13.

선고 2013다85462 판결 등 참조)하므로, 제3자의 청구는 각하판결을 받을 가능성이 높다. 또한 각하판결이 내려지지 아니하더라도 기각 판결이 선고될 것이다.

한편, 위탁자와 계약을 체결한 제3자가 자신의 용역으로 인하여 분양대금이 발생하였으므로 수탁자는 제3자에게 부당이득을 반환할 의무를 부담한다고 주장한다면, 수탁자는 신탁계약에 따라 분양대금을 수납하였으므로 법률상 원인이 없다고 볼 수 없는 점, 분양대금 수납 그 자체로 이익을 얻은 것도 아닌 점, 위탁자와 제3자간 계약과 부관한 수탁자에게 직접 부당이득반환을 청구할 수 없는 점 등을 적절히 항변한다면 청구기각 판결을 얻을 수 있을 것으로 보인다.

따라서 위와 같은 소송이 제기되는 경우 신탁사의 업무담당자 및 지원팀 담당자는 소송대리인과 협조하여 위와 같은 수탁자의 항변사항을 적절히 서면에 현출하여 소송을 진행한다면 특별한 사유가 없는 한 승소할 것으로 사료된다.

마 신탁과 수익권 (가)압류

1) 담보신탁계약에서 수익자의 채권자가 수익권을 압류한 후 수탁자가 제3자에게 담보신탁 목적물을 직접 처분할 수 있는지 여부

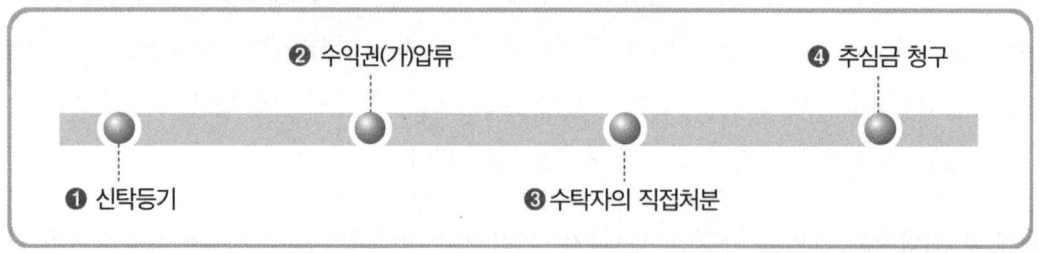

담보신탁계약 체결 이후 위탁자 겸 수익자의 채권자가 할 수 있는 가장 대표적인 보전처분 또는 강제집행은 ① 위탁자 겸 수익자의 수익권(가)압류 또는 ② 위탁자 겸 수익자의 소유권이전등기청구권(가)압류이다. 만약 담보신탁계약 체결이후 위 강제집행이 내려진 후 대출금융기관인 우선수익자와 위탁자 등의 요청·동의에 따라 수탁자가 신탁부동산을 제3자에게 직접 소유권 을 이전하는 것이 강제집행의 효력에 저촉되는지 여부가 문제된다.

가) 사실관계

① 위탁자와 수탁자는 2015.3.20.경 이 사건 오피스텔에 관하여 담보신탁계약을 체결하고 신탁등기를 마쳤다.

② 이 사건 신탁계약 특약사항 제6조 제1항은 '분양(매매)대금을 완납한 수분양자(매수자)에 대하여 우선수익자의 수분양자(매수자) 앞 소유권이전 서면요청이 있는 경우, 수탁자는 수분양자(매수자)로부터 붙임의 확약서를 징구한 다음, 신탁부동산의 소유권을 수분양자(매수자)에게 직접 이전할 수 있다'라고 규정하고 있다.

③ 위탁자의 채권자인 원고는 이 사건 오피스텔에 관하여 위탁자가 수탁자에 대하여 가지는 신탁수익청구권에 대하여 압류 및 추심명령을 받았고, 위 압류 및 추심명령은 2016.7.11. 수탁자에게 송달되었다.

> **피압류채권의 표시**
>
> 1. 경상북도 포항시 북구 0000오피스텔 000호
> 위 부동산에 관하여 대구지방법원 포항지원 등기과 2015년 00월 00일 등기접수 제00000호 신탁을 원인으로 마친 소유권이전등기 및 채무자와 2015년 00월 00일 제3채무자와의 사이에 체결된 신탁계약(신탁원부 제2015-000호)에 기하여 채무자가 제3채무자에 대하여 가지는 신탁수익청구권

④ 위탁자는 2016.10.18. 이 사건 오피스텔을 매수인들에게 매도하였고, 위탁자와 우선수익자는 수탁자에게 특약사항 제6조 제1항을 근거로 매수인들에 대하여 소유권을 직접 이전하여 줄 것을 요청하였다.

⑤ 이에 수탁자는 2016.10.18. 매수인들에게 해당 호실 오피스텔에 대한 이 사건 소유권이전등기를 마쳐 주었고, 위탁자는 매수인들로부터 수령한 매매대금 중 일부를 우선수익자에 대한 채무변제와 신탁보수 지급에 사용하였다.

나) 당사자의 주장

원고의 주장은 다음과 같다. ① 이 사건 신탁계약에 따라 수탁자인 피고만이 이 사건 201호 등 오피스텔에 대한 처분권한을 보유하고 있으므로, 위 각 오피스텔을 처분한 것은 피고이다. 따라서 피고는 이 사건 신탁계약 제21조에 따라 위 각 오피스텔의 매매대

금에서 우선수익자의 채권액 및 수탁자의 보수를 공제한 나머지 금액을 B에게 지급하여야 한다. 원고는 B의 위 신탁수익권에 대하여 이 사건 압류 및 추심명령을 받았으므로, 결국 피고는 원고에게 위와 같이 공제되고 남은 매매대금을 지급할 의무가 있다.

② 피고가 이 사건 압류 및 추심명령을 송달받고도 이 사건 매수인들에게 소유권이전등기를 경료하여 줌으로써 신탁수익채무를 이행한 것은 원고에 대한 불법행위가 되므로, 피고는 원고에게 그에 따른 손해를 배상할 의무가 있다.

피고의 주장은 다음과 같다. ① 피고가 이 사건 매수인들에게 마쳐준 이 사건 201호 등 오피스텔에 관한 소유권이전등기는 이 사건 압류 및 추심명령의 피압류채권인 이 사건 신탁계약상 신탁수익권에 해당하지 않고, 이 사건 소유권이전등기 또한 이 사건 압류 및 추심명령 효력 발생 이전에 체결된 이 사건 신탁계약 특약사항 제6조 제1항에 터 잡아 이루어진 것이어서 이 사건 압류 및 추심명령의 효력에 위반되지도 않으므로, 피고가 이 사건 소유권이전등기를 마친 것이 불법행위에 해당한다고 볼 수 없다.

② 나아가 이 사건 신탁계약의 우선수익자로부터 이 사건 신탁계약 특약사항 제6조 제1항에 터 잡은 매수인들에 대한 소유권 이전 요청이 있을 경우 피고로서는 이를 거부할 수 없으므로, 피고가 이 사건 소유권이전등기를 마친 데에 있어 불법행위가 성립할 만한 어떠한 귀책사유도 있다고 할 수 없다.

다) 대법원의 판단

대법원은 수익권 압류 및 추심명령의 효력은 위탁자의 신탁부동산에 관한 소유권이전등기청구권에 대하여 미치므로, 수익권 압류 및 추심명령이 수탁자에게 송달된 후 수탁자가 매수인에게 소유권이전등기를 마쳐준 것은 수익권 압류 및 추심명령의 효력을 위반한 불법행위라 판시하였다. 자세한 내용은 다음과 같다.

부동산 신탁계약에서 분양대금에 의한 우선수익자의 채권 변제가 확보된 상태에 이르면, 위탁자인 시행사는 매수인에게 분양된 부동산에 관한 소유권이전등기를 마쳐 주기 위하여 그 부분에 관한 신탁을 일부 해지할 수 있고, 우선수익자는 그 신탁 일부 해지의 의사표시에 관하여 동의의 의사표시

를 하기로 하는 묵시적 약정을 한 것으로 볼 수 있다(대법원 2010.12.9. 선고 2009다81289 판결 참조).

그리고 이와 같이 신탁계약이 해지된 후에는 '신탁재산귀속'을 원인으로 하여 위탁자 앞으로 소유권이전등기를 한 다음 다시 '분양계약'을 원인으로 하여 매수인 앞으로 소유권이전등기가 이루어지게 된다. 그런데 신탁계약상 '우선수익자의 서면요청이 있는 경우 수탁자는 매수인으로부터 확약서를 징구한 다음 신탁부동산의 소유권을 매수인에게 직접 이전할 수 있다'는 취지의 특약사항의 의미는 수탁자로 하여금 분양목적물에 관한 소유권이전등기를 위탁자에게 하는 대신 매수인에게 직접 하게 하는 것도 허용하는 취지를 규정하는 것일 뿐이다. 이와 달리 위 특약사항을 매수인에게 수탁자에 대한 소유권이전등기청구권을 직접 취득하게 하기 위한 규정으로 볼 수는 없다(대법원 2012.7.12. 선고 2010다19433 판결 참조).

한편 신탁행위로 수익자를 신탁재산의 귀속권리자로 정한 경우 수익자의 채권자가 수익자의 수탁자에 대한 신탁수익권의 내용인 급부청구권을 압류하였다면, 특별한 사정이 없는 한 그 압류의 효력은 수익자가 귀속권리자로서 가지는 신탁원본의 급부청구권에 미친다(대법원 2016.3.24. 선고 2013다15654 판결 참조).

이와 같은 사실관계를 앞서 본 법리에 비추어 살펴보면, 이 사건 신탁계약 특약사항 제6조 제1항은 신탁계약의 종료에 따른 소유권이전의 절차를 간편하게 처리하기 위한 합의사항에 불과할 뿐 이를 피고에게 신탁부동산의 처분권을 부여하는 조항으로 해석할 수는 없다. 따라서 이 사건 소유권이전등기는 특약사항 제6조 제1항에 의하여 신탁계약의 종료에 따른 피고의 위탁자에 대한 소유권이전등기의무와 이 사건 매매계약에 따른 위탁자의 매수인들에 대한 소유권이전등기의무가 단축되어 이행된 것에 불과하고, 그와 달리 피고가 신탁계약에서 정한 바대로 이 사건 오피스텔을 처분하여 그에 따른 소유권이전등기를 한 것으로 볼 수는 없다.

그런데 이 사건 압류 및 추심명령의 효력은 위탁자의 이 사건 오피스텔에 관한 소유권이전등기청구권에 대하여 미치므로, 결국 압류 및 추심명령이 피고에게 송달된 후 피고가 매수인들에게 이 사건 소유권이전등기를 마쳐준 것은 압류 및 추심명령의 효력을 위반한 불법행위에 해당한다.
원심이 이와 같은 취지에서 피고의 불법행위로 인한 손해배상책임을 인정한 것은 정당하고, 거기에 상고이유 주장과 같이 이 사건 소유권이전등기의 법적 성질과 압류 및 추심명령의 효력 범위에 대한 법리를 오해하는 등의 잘못이 없다(대법원 2018.12.27. 선고 2018다237329 판결).

라) 실무 TIP

신탁업계에서는 실무적으로 수익권압류의 경우 금전채권에 효력을 미치고, 소유권이전등기청구권압류의 경우 신탁부동산에 효력을 미치므로, 수익권압류는 소유권귀속에 영향을 줄 수 없고, 소유권이전등기청구권압류의 경우 금전에 영향을 미칠 수 없다는 전제하에서 각 압류의 성질을 달리 보아 업무를 처리하는 실무경향이 있었다. 또한 담보신탁의 신탁목적을 감안할 때 수익권압류가 존재한다 하더라도 우선수익자의 요청이 있는 경우 위탁자가 아닌 제3자에게 신탁부동산을 직접 처분하는 것은 가능하다고 생각해오던 실무경향이 있었다.

법원도 하급심의 경우 수익권 압류에도 불구하고 제3자에게 직접 처분하는 것은 위법하지 아니하다는 취지로 판단한 사례가 있었기 때문에 오랫동안 위와 같이 실무를 진행해왔던 것이다. 다만 일각에서는 위 대법원 판결처럼 수익권압류는 수익권을 압류한 것이므로 금전은 물론 부동산에도 효력을 미친다는 의견이 있었는데, 위 대법원 판결에서는 수익권압류의 효력이 신탁원본인 신탁부동산에까지 미친다는 점을 명확히 한 점에서 그 의의가 있다.

위 판결이 선고됨으로써 부동산신탁업계에서는 신탁수익권 (가)압류는 금전에 대한 (가)압류이므로 신탁부동산의 소유권이전등기에는 적용이 되지 않는다는 점, 신탁특약에 직접처분 조항이 존재하고, 이는 신탁수익권 (가)압류 집행이전에 등기되었다는 점, 제3채무자(수탁자)가 채무자(위탁자)에게 지급하는 것을 금지하는 것이므로 제3채무자에 대한 직접 처분은 가능하다는 점, 우선수익자의 요구를 수탁자가 거절하기 어렵다는 점 등을 이유로 신탁수익권 (가)압류가 송달되더라도 위탁자 및 우선수익자의 동의를 받아 수탁자가 직접 제3자에게 신탁부동산의 소유권을 이전하는 관행이 거의 사라지게 되었다.

현재에는 담보신탁에서 신탁수익권 (가)압류가 집행되는 경우 제3자에 대한 직접처분은 거의 하지 않고 있는 것이 실무이다. 다만 위 판결에도 불구하고 신탁수익권 (가)압류가 집행되었다 하더라도 공매를 통한 공매 매수인에 대한 소유권이전은 가능하고, 담보신탁이 아닌 토지신탁 등에서는 신탁수익권 (가)압류가 집행되어 있더라도 수분양자에게 직접 소유권을 이전하는 것이 가능하다.

한편, 본건 대법원 판결이 선고된 후 본건 대법원 판결의 취지가 담보신탁뿐만 아니라 토지신탁에서도 적용되는지 여부에 관하여 논의가 있으나, 토지신탁의 경우 수탁자가 매도인이라는 점, 신탁 목적이 건물 신축 및 분양으로서 수익권 가압류 전에 매매계약 체결이 예정되었다는 점 등을 비춰볼 때 토지신탁의 경우에는 수익권 가압류 등이 집행된 후에도 수탁자가 수분양자와 매매계약을 체결하고 직접 소유권이전등기를 경료하더라도 불법행위로 인정되지 아니할 것으로 판단된다. 서울고등법원에서도 본건 대법원 판결은 담보신탁에 관한 사안이므로 토지신탁의 경우 적용되지 아니한다는 취지로 판시한 사례가 있다.

대법원 2018.12.27. 선고 2018다237329 판결은 위탁자와 수탁자 사이에 담보신탁계약을 체결하고, 위탁자가 직접 수분양자들과 분양계약을 체결한 후 수분양자가 분양대금을 모두 납부한 경우 분양자인 위탁자가 수분양자들에게 소유권을 이전하여 주기 위해서 위탁자와 수탁자 사이에 그 부분에 한하여 신탁계약을 일부 해지하기로 하는 묵시적 합의를 하였음을 인정한 사안인데 반하여, 토지신탁은 수탁자가 직접 수분양자들과 분양계약을 체결하고 그 분양계약 및 이 사건 신탁계약에 따라 수탁자가 직접 수분양자들에게 소유권을 이전하여 주기로 하는 것이 신탁계약의 목적이므로 위탁자와 수탁자 사이에 신탁계약 일부 해지의 묵시적 합의가 있었다고 볼 수 없으므로, 대법원 2018.12.27. 선고 2018다237329 판결은 토지신탁의 경우 관리형과 차입형을 불문하고 적용되지 아니함은 당연할 것이다.

토지신탁에서는 수익권 가압류 등에도 불구하고 수분양자에게 신탁부동산의 소유권을 이전하여 줄 수 있다면, 분양관리신탁에서는 어떠한가. 분양관리신탁은 기본적으로 위탁자가 매도인이 되어 수분양자와 직접 분양계약을 체결하는 점, 원칙적으로 수분양자가 소유권을 이전받기 위하여는 수탁자가 위탁자에게 신탁재산의 귀속을 한 후 위탁자가 수분양자에게 소유권이전등기를 경료하는 형태로 이루어지는 점, 일반적으로 분양관리신탁계약과 담보신탁계약 내 제3자(수분양자)에 대한 직접처분 규정이 유사하게 규정되어 있는 점 등을 종합할 때, 분양관리신탁에서는 본건 대법원 판결 또는 대법원 2022.12.15. 선고 2022다 247750 판결이 적용될 가능성을 배제할 수는 없다 할 것이다.

분양관리신탁계약 체결 후 위탁자가 신탁계약 해지시 수탁자에게 가지는 소유권이전등기청구권 가압류결정이 집행되어 수탁자가 위탁자에게 신탁재산 귀속절차를 진행하지 못하자, 수분양자가 수탁자와 위탁자를 상대로 수탁자는 위탁자에게 분양목적물인 신탁재산의 귀속절차를 진행하고, 위탁자는 수분양자에게 소유권이전등기절차를 이행하라는 취지로 소송을 제기한 사안에서 대구지방법원은 수탁자는 소유권이전등기청구권 가압류 결정의 집행 해제를 조건으로 위탁자에게 신탁계약 해지를 원인으로 한 소유권이전등기절차를 이행하고, 위탁자는 수분양자에게 분양계약을 원인으로 한 소유권이전등기절차를 이행하라는 취지로 판시한 사례가 있다. 이는 사실상 본건 대법원 판결 또는 대법원 2022.12.15. 선고 2022다 247750 판결이 분양관리신탁에도 유사하게 적용되었다고 하급심이 판단한 것으로도 평가할 수 있으므로, 수탁자 담당자들은 가급적 보수적으로 판단할 필요가 있다.

2) 담보신탁계약에서 수익자의 채권자가 소유권이전등기청구권을 압류한 후 수탁자가 제3자에게 담보신탁 목적물을 직접 처분할 수 있는지 여부

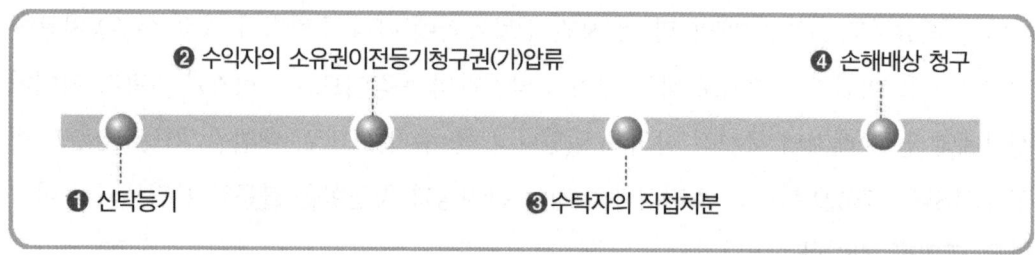

위에서 소개한 대법원 2018.12.27. 선고 2018다237329 판결을 통하여 위탁자 겸 수익자의 신탁수익권 (가)압류가 집행된 후 수탁자가 제3자에게 담보신탁 목적물을 직접 소유권 이전한 것은 압류 채권자에 대한 불법행위가 성립함을 알았다. 그렇다면 위탁자 겸 수익자가 수탁자에게 가지는 소유권이전등기청구권에 (가)압류가 집행된 후 수탁자가 제3자에게 담보신탁 목적물을 직접 소유권 이전하는 것이 압류 권자를 해하는 행위인지 여부가 문제된다.

가) 사실관계

① 위탁자는 2012.10.10. 피고와 이 사건 아파트에 관하여 이 사건 담보신탁계약을 체결하고 그 무렵 수탁자에게 신탁등기를 마쳐주었다.

② 이 사건 담보신탁계약 제17조 제1항 제1호는 '우선수익자와 채무자 사이에 체결한 여신거래계약을 불이행할 경우에는 신탁기간 종료 전이라도 우선수익자의 요청에 따라

신탁부동산을 처분할 수 있다.'고 정하였다. 한편, 이 사건 담보신탁계약 특약사항 제7조 제3항은 '처분대금을 완납한 매수인에 대한 소유권이전을 위하여 신탁자의 서면 요청 및 우선수익자의 서면동의가 있는 경우 신탁계약을 해지하고, 신탁자에게 신탁부동산의 소유권을 귀속시킬 수 있다.'고 정하였고, 같은 조 제4항은 '제3항에도 불구하고 수탁자는 우선수익자의 서면요청에 따라 매도인으로서의 책임을 부담하지 않는 조건으로 매수인과 매매계약을 체결하는 등의 방법으로 신탁부동산의 소유권을 매수인에게 직접 이전할 수 있으며 이에 대한 환가처분 보수를 수취한다.'고 정하였다.

③ 2013.10.18.경 및 2014.7.10.경 위탁자의 채권자인 원고들의 신청으로 이 사건 아파트 중 일부 호실에 관하여 위탁자가 수탁자에 대하여 갖는 '이 사건 담보신탁계약의 해지를 원인으로 한 소유권이전등기청구권' 또는 '이 사건 담보신탁계약의 종료(해지 포함)를 원인으로 한 소유권이전등기청구권'에 관하여 이 사건 압류 및 가압류결정이 내려졌고, 위 각 결정은 그 무렵 수탁자에게 송달되었다.

> **가압류할 채권목록**
> 채무자가 제3채무자에 대하여 가지는 인천광역시 중구 OOO아파트의 아래 기재 각 동호수에 관한 담보신탁계약의 해지를 원인으로 한 각 소유권이전등기청구권

④ 수탁자는 이 사건 압류 및 가압류결정에도 불구하고 그 후 우선수익자의 동의 및 위탁자의 요청에 따라 매수인들에게 이 사건 압류 및 가압류결정의 대상에 포함된 이 사건 아파트 중 일부 호실에 관하여 '매매'를 원인으로 소유권이전등기를 마쳐주었고, 이로 말미암아 위 호실에 관한 신탁등기는 '신탁재산의 처분'을 원인으로 말소되었다.

⑤ 피고와 매수인들 사이에 작성된 부동산매매계약서에는 이 사건 담보신탁계약 특약사항 제7조에 따라 작성되었다는 내용이 명시되어 있고(제1조), 매매대금은 위탁자와 매수인들 사이에 체결한 '분양계약'에 따라 지급되며(제2조), 수탁자인 피고는 이 사건 담보신탁계약 특약사항 제7조에 따라 매수인들의 잔금 납입에 따른 등기상 소유권이전에 관하여만 책임을 부담할 뿐 명도·하자담보·매매대금 반환 등 매도자로서의 제반 책임과 의무를 부담하지 않고, 그 책임과 의무는 위탁자에게 있으며, 매수인들도 수탁자인 피고에게 매도인의 책임을 묻지 않기로 하는 내용이 기재되어 있다(제3조).

나) 원심의 판단

원심은 위탁자가 우선수익자인 금융기관들에 대한 대출원리금 채무를 변제하지 못하여 피고가 이 사건 담보신탁계약의 본래의 목적을 달성하기 위하여 우선수익자인 금융기관들의 요청에 따라 이 사건 각 아파트를 제3자에게 매도하고 그 매매대금으로써 신탁비용 및 위 대출원리금 채무의 변제 등에 충당한 것으로 볼 여지가 많다는 이유로 원고의 청구를 기각하였다.

다) 대법원의 판단

대법원은 수탁자의 제3자에 대한 직접 처분은 담보신탁계약의 해지에 따른 수탁자의 위탁자에 대한 소유권이전등기의무와 위탁자의 매수인들에 대한 소유권이전등기의무를 단축하여 이행한 것에 해당하고, 이는 채권자들에게 손해를 입힌 때에 해당하므로 불법행위책임이 성립한다는 취지로 판시하여, 원심을 파기환송하였다. 구체적인 내용은 아래와 같다.

1. 위탁자·매수인 사이에 작성된 '분양계약서'와 별도로 피고·매수인들 사이에 '부동산매매계약서'가 작성된 후 이에 따라 소유권이전등기가 마쳐지기는 하였지만, 피고와 매수인들 사이에 작성된 부동산매매계약서는 이 사건 담보신탁계약 특약사항 제7조에 따라 작성되었음이 문언상 명백하고, 위 부동산매매계약서에 포함된 신탁부동산의 매매에 따른 권리·의무의 주체와 그 내용 등 핵심사항은 대부분 위탁자·매수인들 사이의 분양계약에서 정한 것을 그대로 따랐으며, 수탁자인 피고는 등기이전의무 이외에 매도인으로서 아무런 책임을 부담하지 않을 것을 조건으로 정하였다. 그러므로 피고가 매수인들에게 이 사건 아파트 중 일부 호실을 매도한 것이 이 사건 담보신탁계약 특약사항 제7조 제3항 및 이를 전제로 하는 같은 조 제4항에 따른 이 사건 담보신탁계약의 해지 및 신탁부동산의 귀속과 무관하게 이 사건 담보신탁계약 제17조 제1항 제1호 등에서 정한 바에 따라 이 사건 담보신탁계약의 본래 목적을 달성하기 위하여 신탁부동산을 처분하여 환가한 후 신탁비용 및 대출원리금 채무의 변제 등에 충당한 경우에 해당한다고 보기는 어렵다.

2. 즉, 이 사건 담보신탁계약 특약사항 제7조 제4항은 수탁자인 피고가 매수인들과 매매계약을 체결하는 등의 방법으로 신탁부동산의 소유권을 매수인들에게 직접 이전할 수 있다고 명시하였지만, 이 역시 같은 조 제3항에 따라 이 사건 담보신탁계약이 해지됨을 전제로 하여 피고의 위탁자에 대한 소유권이전등기의무와 위탁자의 매수인들에 대한 소유권이전등기의무를 단축하여 이행

하는 방법을 정한 것으로 보일 뿐 피고에게 신탁부동산의 독자적인 처분권을 부여하는 조항으로 해석할 수는 없다. 이 사건 담보신탁계약 특약사항 제7조 제3항은 이 사건 담보신탁계약이 해지됨을 전제로 매수인들에 대한 소유권이전등기를 이행하는 원칙적인 방법을 정한 것이고, 같은 조 제4항은 위 제3항에 따른 소유권이전등기절차를 간편하게 처리하기 위한 예외적인 방법을 정하였음이 분명하기 때문이다. 앞서 본 관련 법리도 부동산 담보신탁계약의 수탁자에 대한 분양 부동산의 소유권이전등기청구권을 매수인이 직접 취득·행사할 수 있는 특약이 적용될 수 있는 경우가 아닌 한, '분양대금에 의한 우선수익자의 채권변제가 확보된 상태'에서의 부동산 담보신탁계약 해지의 경우에만 한정하여 적용되는 것이 아니라, 그 실질에 있어서 부동산 담보신탁계약의 해지 및 그와 관련한 신탁재산 귀속과 분양계약을 원인으로 최종적으로 매수인에게 분양 부동산의 소유권이전등기가 이루어지는 경우에 전반적으로 적용되고, 이 사건 담보신탁계약의 해지 사유에 달리 특별한 제한이 명시되지 않은 이상, 이 사건 담보신탁계약 특약사항 제7조가 위탁자가 우선수익자인 이 사건 금융기관들에게 분양대금에 상응하는 대출금을 모두 변제한 경우에만 적용된다고 볼 수는 없다.

3. 소유권이전등기청구권에 관한 이 사건 압류 및 가압류결정의 변제금지 효력에 따라 제3채무자인 피고는 채무자인 위탁자에 대하여 이 사건 담보신탁계약의 해지 또는 종료를 원인으로 하여 임의로 소유권이전등기를 이행할 수 없다. 피고가 위 각결정을 송달받은 후 매수인들에게 그 각 결정의 대상에 포함된 이 사건 아파트 중 일부 호실에 관한 소유권이전등기를 마쳐준 것이 이 사건 담보신탁계약 특약사항 제7조에서 정한 이 사건 담보신탁계약의 해지에 따른 것이라면, 이는 이 사건 담보신탁계약의 해지에 따른 피고의 위탁자에 대한 소유권이전등기의무와 위탁자의 매수인들에 대한 소유권이전등기의무를 단축하여 이행한 것에 해당하는바, 이는 결과적으로 제3채무자인 피고가 이 사건 압류 및 가압류결정을 무시한 채 위탁자에 대한 소유권이전등기를 이행한 후 채무자인 위탁자가 다시 제3자인 매수인들에게 소유권이전등기를 마쳐줌으로써 채권자인 원고들에게 손해를 입힌 때에 해당하므로 불법행위책임이 성립한다고 볼 수 있다.

4. 그럼에도 원심은 피고가 매수인들에게 마쳐준 소유권이전등기가 이 사건 담보신탁계약의 해지 등 종료를 그 원인으로 한 것이 아니라고 보아 이 사건 압류 및 가압류결정에 위반되지 않는다고 판단하였는바, 이러한 원심의 판단에는 이 사건 담보신탁계약 특약사항 제7조 제3·4항의 해석 및 이 사건 압류 및 가압류결정의 효력 범위에 관한 법리를 오해하여 필요한 심리를 다하지 아니함으로써 판결에 영향을 미친 잘못이 있다(대법원 2022.12.15. 선고 2022다247750 판결).

라) 실무 TIP

위 판결이 선고되므로써 위탁자 겸 수익자의 신탁부동산에 대한 소유권이전등기청구권에 (가)압류가 집행되는 경우에도 수탁자는 제3자에 대하여 직접 소유권이전을 하지 못하는 것이 실무로서 정착되었다. 다만 불법행위 발생에도 불구하고 예외적으로 모든 분양대금을 수탁자가 수납받아 우선수익자에게 대출금 상환조로 지급하는 등의 방법으로 신탁부동산을 제3자에게 직접처분하는 경우 수탁자에게 손해배상 책임이 발생하지 아니한다는 취지의 일부 주장도 존재하지만, 이에 관한 대법원 판결은 현재 없으므로, 자칫 대출금 상환조로 지급하더라도 손해배상책임을 부담한다는 대법원 판결이 선고될 가능성이 존재하는 점, 계산이 잘못되거나 기타 예상치 못한 사유로 수탁자에 대하여 고유계정 손실 발생가능성이 존재하는 점 등을 종합할 때 원칙적으로는 위와 같은 방법을 사용한다면 우선수익자에게 수탁자의 고유계정 손실을 배상한다는 취지의 확약서를 징구한 후 진행 하는 것이 바람직하다.

신탁부동산에 대한 소유권이전등기청구권에 (가)압류가 집행되는 경우 수탁자의 업무처리방식은 신탁수익권에 (가)압류가 집행되는 경우와 대부분 동일하다. 신탁수익권에 (가)압류가 집행된 경우처럼, 공매를 통한 직접 소유권이전이나 토지신탁 등에서 수분양자에게 직접 소유권을 이전하는 것은 압류명령의 효력에 저촉되지 아니한다 할 것이다.

전술한 바와 같이, 소유권이전등기청구권에 대한 (가)압류가 있으면 변제금지의 효력에 따라 제3채무자인 수탁자는 채무자인 위탁자 또는 제3자에게 임의로 이전등기를 이행하여서는 아니 되나, 만약 수익자를 채무자로 하고 수탁자를 제3채무자로 한 소유권이전등기청구권 (가)압류에도 불구하고 신탁공매가 아닌 직접처분의 방식으로 제3자에게 신탁부동산의 소유권이전등기를 마쳐준 경우 수탁자는 소유권이전등기청구권 (가)압류 채권자에 대하여 불법행위책임을 부담하게 될 것이다.

그렇다면 수탁자의 구체적인 손해배상 범위 및 기준은 무엇일까? 서울중앙지방법원은 직접 처분 매수자에 대한 신탁부동산의 매매 및 소유권이전등기 시점을 기준으로 해당 호실 시가에서 우선수익자의 채무자에 대한 잔존채권과 신탁보수 등 신탁사무처리비용을 공제하고 남은 잉여금액이 손해배상금이 된다(서울중앙지방법원 2024.5.10. 선고 2022나77592 판결)는 취지로 판시한 바 있다.

또한 제3채무자의 고의 또는 과실로 소유권이전등기청구권이 압류된 부동산에 관하여 채무자, 제3자 명의의 소유권이전등기가 순차 경료됨으로써 채권자에 대한 불법행위책임이 성립하는 경우, 그로 인한 압류채권자의 손해액은 압류채권액 범위 내에서 압류채권자가 배당받을 금액이라고 보아야 하므로(대법원 2000.2.11. 선고 98다35327 판결 등), 만약 손해배상 소송을 제기한 원고 뿐만 아니라 다른 보전처분 또는 강제집행 채권자들이 존재하는 경우 잉여금액 상당의 손해배상금에서 원고가 배당받을 수 있는 금액이 수탁자가 지급하여야 하는 최종 패소금액으로 될 것으로 예상된다.

3) 신탁수익권 압류 후 신탁부동산에 관하여 수탁자가 제3자에게 직접 처분 시 수탁자의 손해배상책임을 인정하지 않은 사례

위에서 본 바와 같이, 담보신탁 수익권 또는 소유권이전등기청구권에 압류가 집행된 후 수탁자가 제3자에게 신탁부동산을 직접 처분하는 경우 압류채권자에 대한 수탁자의 손해배상책임이 인정된 사례가 있었다. 그런데 모든 경우에서 수탁자는 손해배상 책임을 부담하는가. 그렇지 않다. 하급심이긴 하나 본건 쟁점에서 수탁자가 손해배상책임을 부담하지 아니한다는 취지의 판결들이 쌓이고 있는바, 이를 살펴보자.

가) 담보신탁 수익자의 소유권이전등기청구권 압류가 집행된 후 수탁자가 신탁부동산을 직접처분한 경우 손해배상책임 발생 여부

(1) 사실관계

① 아파트 신축사업의 시행자를 위탁자로, 신탁회사를 수탁자로, 대출금융기관 및 한국주택금융공사 등을 우선수익자로 하는 담보신탁계약 및 자금관리 대리사무계약을 체결하였다.

② 위탁자의 채권자인 원고는 위탁자가 담보신탁계약에 따라 신탁해지 등 신탁종료 또는 신탁재산의 귀속 합의를 원인으로 수탁자에 대하여 가지는 신탁부동산 중 일부 세대에 관한 소유권이전등기청구권 압류를 신청하였고, 위 소유권이전등기청구권 압류결정이 수탁자에게 송달되었다.

③ 수탁자는 분양대금을 완납한 수분양자에게 압류된 신탁부동산에 대하여 매매를 원인으로한 소유권이전등기를 마쳐 주었다.

④ 압류채권자는 다음과 같이 주장하며 수탁자에 대하여 불법행위를 원인으로 한 손해배상을 청구하였다. 이 사건 아파트가 분양되면 수탁자는 먼저 신탁재산의 귀속을 원인으로 하여 위탁자 명의로 소유권이전등기를 마친 연후에, 위탁자가 매매계약을 원인으로 하여 수분양자 명의로 소유권이전등기를 마쳐야 한다. 그럼에도 수탁자는 이 사건 압류결정을 송달받은 이후 그로 인한 처분제한을 회피하기 위하여 이 사건 압류 세대 중 3개 세대에 관하여 위탁자 명의로 소유권이전등기를 하지 아니한상태에서 곧바로 수분양자 명의로 소유권이전등기를 마쳐주었는데, 이는 원고의 채권을 침해하는 불법행위에 해당한다. 따라서 수탁자는 위와 같은 불법행위로 원고가 입은 손해 및 이에 대한 지연손해금을 배상할 의무가 있다.

(2) 서울중앙지방법원의 판단

서울중앙지방법원은 수분양자에 대하여 소유권이전등기를 마쳐준 것은 수익자의 소유권이전등기청구권 압류 결정에 대한 불법행위를 구성하는 것이 아니므로 압류채권자의 수탁자에 대한 손해배상청구를 기각하였다. 자세한 내용은 아래와 같다.

1. 위 법리에 비추어 이 사건을 살피건대, 앞서 든 증거 및 을 제3호증의 1, 제6, 7호증의 각 기재, 이 법원의 H조합, X조합에 대한 각 사실조회 회신에 변론 전체의 취지를 종합하여 인정되는 다음과 같은 사정 등에 비추어 보면, 원고가 제출한 증거만으로는 수탁자가 이 사건 압류 세대 중 3개 세대에 관하여 위탁자 명의로 소유권이전등기를 하지 아니한 상태에서 곧바로 수분양자 명의로 소유권이전등기를 마쳐준 것이 원고의 위탁자에 대한 채권을 침해하는 불법행위를 구성한다고 평가할 수 없다.

    가. 이 사건 신탁계약 및 대리사무계약은, 수탁자이자 수임자인 신탁회사로 하여금 이 사건 아파트 신축사업의 완료시까지 신탁재산인 이 사건 아파트의 소유권과 담보가치를 보전하고 이 사건 아파트의 분양대금 등 사업 관련 수입금 일체를 기준과 절차에 따라 관리·집행하도록 함으로써, 신축사업 시행사인 위탁자의 대출금융기관, 시공사, 우선수익자, 수분양자에 대하여 진 채무의 이행을 보장하도록 하기 위하여 체결된 것이다. 다시 말해서, 이 사건 신탁계약 및 대리사무계약은 위탁자 등의 이익을 보호할 목적으로 체결된 계약이 아니다.

나. 이 사건 신탁계약 및 대리사무계약의 핵심 규정을 요약하여 보면, 수탁자는 이 사건 아파트의 분양대금을 지급받아 1순위 우선수익자인 대출금융기관의 대출금 채권, 우선수익자들의 채권 및 공사비의 변제 등에 우선 지출하고, 이 사건 아파트의 소유권 명의자로서 분양대금을 완납한 수분양자에게 이 사건 아파트 해당 세대의 소유권이전등기를 마쳐주어야 한다는 것인데, 이를 보더라도 이 사건 신탁계약 및 대리사무계약은 이 사건 아파트의 분양을 통하여 위탁자 등에 대한 위와 같은 관련 채권을 효율적으로 회수하는 것에 그 중점이 있음을 알 수 있다.

다. 이 사건 신탁계약 특약사항에는 '위탁자 등이 기한이익의 상실 등 채권회수사유가 발생하는 경우, 제1순위 우선수익자의 대리인 H조합가 대리금융기관으로서 신탁부동산의 처분을 요청할 수 있다'고 규정되어 있고, 이 사건 대리사무계약에는 '자금관리계좌로 분양대금을 완납하는 등 그 의무이행을 다한 피분양자에게 소유권을 이전하기 위하여 위탁자 등이 신탁해지를 요청하는 경우 수탁자는 신탁해지와 동시에 피분양자에게 소유권이전등기가 되도록 하거나 수탁자가 피분양자에게 직접 소유권이전등기 할 수 있다'고 명시되어 있다.

수탁자가 이 사건 압류 세대 중 3개 세대에 관하여 수분양자 명의로 소유권이전등기를 마쳐준 것은, 그 분양대금이 납부됨에 따라 위탁자 및 대출금융기관의 대리금융기관인 H조합이 서면으로 수분양자에 대한 소유권이전등기를 요청하였기 때문인바, 이는 이 사건 신탁계약 특약사항 및 대리사무계약의 규정에 따른 것임은 물론, 앞서 살펴본 이 사건 신탁계약 및 대리사무계약의 취지에도 부합하는 것이다.

라. 분양대금을 납부한 수분양자에게 소유권이전등기를 함에 있어 피고들이 원고의 주장처럼 반드시 위탁자의 명의로 소유권이전등기를 마친 다음 다시 수분양자 명의로 소유권이전등기를 마치는 절차를 밟아야 할 의무가 있다고 볼 근거가 없다. 나아가 위와 같은 절차를 밟지 않은 것이 이 사건 압류결정을 위반한 것으로 평가될 수 없을 뿐만 아니라, 위탁자의 채권자인 원고의 이익을 침해할 목적을 위함이었다거나 위탁자와 통모한 결과라고 볼 만한 자료나 정황 역시 전혀 없다.

마. 원고는 이 사건 압류 세대 중 3개 세대에 관한 수분양자 명의의 소유권이전등기가 이 사건 신탁계약 종료 후 위탁자, 수탁자, 우선수익자인 금융기관들의 통모에 의하여 마쳐진 것인 양 의심하기도 하나, 위 소유권이전등기는 이 사건 신탁계약이 존속하고 있던 중에 그에 정한 절차에 따라 적법하게 마쳐졌음이 명백한바, 원고의 의심은 근거가 박약한 추측에 불과하다.

2. 따라서 원고의 주장은 더 나아가 판단할 필요 없이 이유 없다(서울중앙지방법원 2021.12.7. 선고 2020가합597203 판결).

(3) 실무 TIP

신축건물이 준공된 후 PF대출자금 상환을 위하여 미분양 세대에 대하여 PF대출금 상환을 위하여 대환절차를 진행하면서 신규 대출금융기관의 담보확보를 위하여 담보신탁계약을 체결하는 경우가 종종 있고, 담보신탁계약을 체결하면서 분양수입금 관리를 위하여 자금관리 대리사무계약을 체결하는 사례도 있다. 이러한 경우 담보신탁을 체결한 미분양 세대를 하나씩 분양·처분하면서 우선수익자의 채권을 상환하게 되는데, 문제는 담보신탁계약의 위탁자 수익권 또는 소유권이전등기청구권에 압류가 집행된 후에 수탁자가 제3자에게 압류된 신탁부동산을 직접 처분하는 경우 압류채권자에 대하여 수탁자가 불법행위를 원인으로 한 손해배상책임을 부담한다는 취지의 대법원 판결이 선고된 후 실무상 많은 혼란이 발생하였다는 것이다.

수탁자 입장에서는 수익권 또는 소유권이전등기청구권 압류가 집행된 후 제3자에게 직접 처분을 하는 경우 압류 채권자에게 손해배상책임을 부담할 위험이 존재하고, 대출금융기관인 우선수익자의 담당자가 우선수익권이 수익권보다 우선하는 권리임에도 불구하고 대출금 상환을 위하여 신탁부동산을 처분할 수 없다는 것을 잘 이해하지 못하여 수탁자 담당자와 우선수익자 담당자간 갈등이 발생하는 사례까지 발생하기도 했다.

따라서 대출금융기관의 우선수익자의 대출채권을 선순위로 보호하면서도 수탁자가 압류채권자에게 손해배상책임을 부담하지 않을 수 있는 방법이 무엇인지를 찾는 것이 관건인데, 아직 대법원이 명확하게 담보신탁 수익권 또는 소유권이전등기청구권이 압류된 상태에서 수탁자가 제3자에게 신탁부동산을 직접 처분하는 경우 수탁자가 손해배상책임을 지지 아니하는 요건을 판시한 사례는 없는 것으로 보인다. 사실상 현재로서는 위와 같은 사실관계에서는 수탁자가 불법행위 책임을 부담한다는 것이 대법원의 입장으로 보인다.

본건 판결이 선고된 후 실무에서는 본건 판결의 판시내용을 참고하여 이른바 미분양 담보신탁 및 자금관리 대리사무 계약을 체결하는 사례가 있었다. 실무적으로 이른바 미분양 담보신탁 및 자금관리 대리사무 계약을 체결하면서 아래와 같은 사항들을 반영하였다.

① 담보신탁계약 및 대리사무계약의 목적 조항에 다음과 같은 내용을 반영할 것 " 본건 계약은 수탁자이자 수임자로 하여금 아파트 신축사업의 완료시까지 신탁재산인 아파트

의 소유권과 담보가치를 보전하고 아파트의 분양대금 등 사업 관련 수입금 일체를 기준과 절차에 따라 관리·집행하도록 함으로써, 신축사업 시행사인 위탁자가 대출금융기관, 시공사, 우선수익자, 수분양자에 대하여 진 채무의 이행을 보장하도록 하기 위하여 체결된 것으로서 위탁자의 이익을 보호할 목적으로 체결된 계약이 아니다"

② 수분양자의 분양대금은 수탁자 계좌로 수취하여야 하고, 1순위 우선수익자인 대출금융기관의 대출금 채권, 우선수익자들의 채권 및 공사비의 변제 등에 우선 지출하며, 압류의 효력이 존재하는 한 분양대금 등을 위탁자 겸 수익자에게는 지급하지 아니할 것.

③ 담보신탁 특약사항에는 "제1순위 우선수익자가 신탁부동산에 처분을 요청할 수 있다"는 취지의 규정을, 대리사무계약에는 "분양대금을 완납한 수분양자에게 소유권을 이전하기 위하여 수탁자가 수분양자에게 직접 소유권이전등기 할 수 있다"는 취지의 규정을 반영할 것.

④ 수분양자에 대한 신탁부동산 직접 처분시 담보신탁계약 및 대리사무계약에서 정한 절차를 준수하고 절차진행에 대한 증빙을 징구한 후 수분양자에 대한 소유권이전등기절차를 진행할 것.

⑤ 공사비, 분양대행수수료 등 각종 사업비 지출이 예정되어 있는 경우 사업비 지출 근거·현황 서류, 사업수지표 등을 자금관리 대리사무계약에 별첨으로 삽입할 것.

위와 같은 이른바 미분양 담보신탁 및 자금관리 대리사무 구도는 2018.12.27. 선고된 대법원 2018다237329 판결 이후에 신축 건물 준공 후 PF대출을 담보대출로 전환하며 미분양 물건을 매각하는 것을 목적으로 한 담보신탁 및 자금관리 대리사무계약 진행 중 수익권에 (가)압류 결정이 집행되는 경우 직접 처분이 전부 중지되는 사태를 막기 위함이었는데, 2022.12.15. 선고된 대법원 2022다247750 판결에서 수탁자와 위탁자가 신탁부동산의 매수자가 납부하는 매매대금의 수납과 관리 등에 관하여 자금관리대리사무계약을 맺고, 이에 따라 수탁자가 관리하는 대리사무계좌로 분양대금이 직접 지급되었다고 하더라도 위탁자 겸 수익자의 담보신탁계약의 해지를 원인으로 한 소유권이전청구권에 관하여 가압류 또는 압류결정이 집행된 후 담보신탁의 수탁자가 제3자에게 신탁부동산을 직접 처분한 경우 불법행위 책임을 부담한다는 취지로 판시하여, 위와 같은 이른바 미분양 담보신탁 및 자금관리 대리사무 구도는 실질적으로 사용하기 어렵게 되었다. 따라서 위와 같은 하급심 판결에도 불구하고 현재로서는 담보신탁에서 수익권 또는 소유권이전등기청구권 가압류결정이 집행된 경우 제3자에게 직접처분을 하여도 수탁자가 불법행위책임을 지지 아니한다는 명확한 근거는 없는 것이 현실이므로 수탁자 담당자는 최대한 보수적으로 사안을 판단할 필요가 있다.

나) 담보신탁 수익자의 소유권이전등기청구권이 압류된 후 수탁자가 신탁부동산을 직접처분하였더라도 수탁자에 대한 손해배상청구를 기각한 사례

서울중앙지방법원은 담보신탁계약의 신탁부동산에 대한 소유권이전등기청구권 압류가 집행된 후 수탁자가 압류부동산을 제3자에게 직접처분한 경우 수탁자의 불법행위가 성립하더라도 압류부동산의 처분대금을 정산하더라도 채무자인 수익자가 배당받을 금액이 없는 경우에는 압류채권자에게 손해가 발생하였다고 볼 수 없다는 이유로 압류채권자의 수탁자에 대한 손해배상 청구를 기각하였다. 자세한 내용은 아래와 같다.

1. 앞서 본 것처럼 이 사건 담보신탁계약 제22조 제1항에 따르면, 신탁부동산의 처분대금 정산은 처분대금으로 신탁계약 관련 비용 및 보수, 신탁등기 전 소액임대차보증금 및 임대차보증금, 그 외 수탁자에게 반환의무 있는 임대차보증금, 우선수익자의 채권을 순차적으로 변제한 다음, 잔여액이 있는 경우 이를 수익자(수익자가 없으면 위탁자)에게 지급하는 방식으로 이루어진다.

2. 그에 따라 이 사건 부동산의 처분대금(매매대금)을 정산하면, 아래 표 기재와 같이 매매대금에서 신탁보수와 세금 등 비용, 우선수익자의 채권을 차례로 공제하고, 남은 금액은 D과 C의 신탁원본수익권에 대한 근질권자인 F에게 절반씩 지급되므로(매매대금에서 공제되는 신탁보수와 각종 비용, 우선수익자 채권의 금액에 대해서는 당사자 사이에 별다른 다툼이 없는 것으로 보인다), C에게 별도로 배당할 신탁수익은 존재하지 않는다. 따라서 피고가 이 사건 부동산의 매수인들에게 이 사건 소유권이전등기를 마쳐 준 행위로 인해 원고에게 어떠한 재산적 손해가 발생하였다고 볼 수 없다.

3. 이에 대하여 원고는 'F가 C의 신탁원본수익권에 대하여 설정한 근질권은 그 피담보채권이 부존재하여 무효이므로, 이 사건 부동산의 매매대금 중 F에게 배당된 금액은 C에게 지급되어야 한다'는 취지로 주장한다.

그러나 앞서 채택한 증거에 변론 전체의 취지를 종합하면, ① G는 2017.6.29. 및 2017.9.15. 주식회사 W로부터 각 10억 원(합계 20억 원)을 차용하면서 위 차용금을 C의 계좌로 지급받는 방법으로 이를 다시 C에게 대여한 사실, ② G는 2019.2.25. F에게 C에 대한 위 대여금채권 20억 원을 양도하였고, C이 이를 승낙한 사실(이와 별도로 G는 2019.3.4. C에게 채권양도 통지도 하였다), ③ F는 위와 같이 양수한 C에 대한 대여금채권을 피담보채권으로 하여 이 사건 담보신탁계약에 따른 C의 신탁원본수익권에 대한 근질권을 설정하고, 이를 피고에게 통지한 사실, ④ 피고는 일정한 조건 하에 위 근질권 설정을 승낙한 사실을 인정할 수 있다. 위 인정사실에 의하면, F의 근질권은 그 피담보채권이 존재하는 등 적법하게 설정되어 유효하다고 볼 수 있다. 따라서 원고의 위 주장은 이유 없다(서울중앙지방법원 2022.4.22. 선고 2020가합561808 판결).

본건 판결은 소유권이전등기청구권압류에 관한 사례이나, 수익권에 대한 압류가 집행된 후 수탁자가 제3자에게 직접 처분한 경우에도 동일하게 적용될 것으로 보인다. 따라서 신탁사 임직원은 담보신탁계약 수익자의 수익권 또는 소유권이전등기청구권에 압류가 집행된 후 제3자에 대한 직접처분을 삼가고 부득이한 사유로 직접 처분을 하는 경우에는 수익권 또는 소유권이전등기청구권 압류채권자에게 손해가 발생하지 아니하는지 여부에 대한 충분한 검토가 필요하다 할 것이다.

한편 또 다른 서울중앙지방법원 판결에서는 수탁자가 수익자의 소유권이전등기청구권 압류 및 가압류 결정을 위반하여 신탁부동산을 제3자에게 소유권이전하였더라도, 채권자가 처분된 신탁부동산의 소유권이전등기 시점, 매매대금 수액 또는 시가를 특정하여 주장·증명하지 아니하였고, 신탁부동산 매매 및 소유권이전등기 시점을 기준으로 처분된 신탁부동산 시가에서 우선수익자의 잔존채권과 신탁사무처리비용을 공제하고 잉여금액이 존재함을 인정하기에 부족하다는 이유로 채권자의 청구를 기각한 사례(서울중앙지방법원 2024.5.10. 선고 2022나77592 판결)가 있다.

바 기타 중요 판결

1) 수탁자를 제3채무자로 하여 수익권 등 (가)압류가 집행되는 경우 결정문 송달일의 자금집행 또는 신탁재산 처분행위의 유효성 여부(이른바 '30분 판결')

신탁사에 수익권 또는 소유권이전등기청구권 등 (가)압류 결정문이 송달된 당일 (가)압류 채무자에 대한 자금집행 또는 신탁재산 처분행위 등이 이루어지는 경우 해당 자금집행 및 신탁재산 처분행위가 (가)압류 결정의 효력을 위반하는 것인지 여부가 문제된다.

부동산신탁사는 담보신탁 등 다수의 신탁부동산의 소유권을 보유하고 또한 토지신탁 등의 경우 수탁자 명의로 개발행위 전반을 진행하기 때문에 다수의 각종 분쟁에 빈번히 개입되고 그로 말미암아 하루에도 수십개의 각종 법원문서가 도달하게 된다.

통상은 우체국 집배원이 법원문서를 신탁사 데스크 직원에게 전달하면 데스크 직원은 (가)압류 등 법원문서를 리스크팀, 법무팀, 기획팀, 총무팀(주관부서 및 절차는 각 회사마다 상이함) 등에 전달하고 주관부서 담당 직원이 법원문서 중 채권압류, 가압류 등 자금집행 또는 신탁부동산 해지가 중단되어야 할 성질의 보전처분 또는 강제집행 결정문 등을 확인하고 위 결정문의 해당사업을 확인하여 재무팀이나 총무팀, 사업팀에 해당 신탁업무 진행 정지를 요청하게 되고 그 후 재무팀, 총무팀, 사업팀은 해당 사업의 강제집행 또는 보전처분 채무자에 대한 자금집행 또는 신탁부동산의 귀속, 처분 등의 업무 진행을 중단한다.

위 절차는 필연적으로 일정 시간을 요하게 되는데, 민사집행법 제227조 제3항에서 압류명령이 제3채무자에게 송달되면 압류의 효력이 생긴다고 규정하여 법문상 제3채무자에게 송달 즉시 압류의 효력이 발생하기 때문에 법 규정과 실무가 충돌하는 결과가 초래된다(민사집행법 291조에 따라 가압류도 동일하다). 채권가압류의 효력 발생 시점에 관하여 대법원도 가압류결정 정본이 제3채무자에게 송달된 때 즉시 발생하는 것이라는 입장이다.

따라서 강제집행 또는 보전처분 결정문이 신탁사 문서수발 직원에게는 도달하였으나 재무팀, 총무팀, 사업팀에는 연락이 가지 않은 상태에서 자금집행이 이루어진 경우 즉 가압류 결정문이 수탁자에게 13:00분에 도달하였는데 수탁자가 13:01분에 가압류 채무자에 대한 자금집행이 이루어진 경우 이 자금집행의 유효성이 문제될 수 있다는 것이다.

이와 관련하여 참고할만한 대법원 판결이 있어 소개해본다. 대법원 2004.2.13 선고 2003다58720 판결이 바로 그것이다. 이 판결은 이른바 30분 판결이라 하는데(이름은 필자가 명명함) 은행을 제3채무자로 한 채무자에 대한 예금반환채권 가압류결정이 은행에 송달된 시점(12:00)이 지난 후 채무자에게 예금을 지급(1차 12:25, 2차 13:41)해 준 은행이 가압류 결정 위반의 책임을 부담하는지 여부가 문제된 사건이었다.

가) 사실관계

① 원고가 1998.2.6. 소외 채무자 이○○에 대한 80,000,000원의 약속어음금 채권을 피보전채권으로 하여 채무자 이○○의 피고에 대한 30,000,000원에 이르기까지의 예금반환채권(계좌번호 ○○)에 관하여 서울지방법원 98카단43629호로 채권가압류결정(이하 이 사건 가압류라고 한다)을 받음

② 위 가압류결정 정본이 1998.2.11. 12:00경 피고의 본점에 송달됨

③ 피고 본점의 문서수발 담당직원은 1998.2.11. 12:00경 이 사건 가압류결정 정본을 포함한 191건 가량의 우편물들을 수령하여 이를 개봉 분류한 후 문서수발대장에 등재하는 절차를 거치느라 같은 날 12:30경 위 예금계좌의 소관지점인 피고의 구로동지점에 이 사건 가압류 사실을 통보함.

④ 피고의 구로동지점 예금담당자인 소외 심○○은 위 통보를 받은 뒤 같은 날 14:05경 이○○의 위 예금계좌에 대하여 지급정지조치를 취함

⑤ 채무자 이○○는 위와 같은 지급정지조치가 취하여지기 전인 같은 날 12:25경 위 예금계좌 잔고 중 20,000,000원을, 같은 날 13:41경 나머지 4,882,000원을 각 인출함

⑥ 통상 피고 및 다른 은행들의 경우 본점에서 매일 평균 100건이 넘는 등기우편물들을 일시에 송달받게 되고, 문서수발 담당직원이 이를 개봉·분류하여 문서수발대장에 등

재하고 직접 또는 본점 내의 예금 담당직원에게 가압류 사실을 알려 지급정지조치를 취하는 데에는 적어도 30분 가량의 시간이 소요됨

나) 대법원의 판단

민사소송법(2002.1.26. 법률 제6626호로 전문개정되기 전의 것, 이하 같다) 제707조, 제561조 제3항에 의하면 채권가압류는 제3채무자에 대한 송달이 있으면 그 효력이 발생하는 것인바, 여기에서 송달이라 함은 사회통념상 제3채무자가 그 내용을 알 수 있는 객관적 상태에 놓여졌다고 인정되는 것을 말하고 제3채무자가 그 내용을 알았을 것까지는 필요하지 않을 뿐만 아니라(대법원 1983.8.23. 선고 82다카439 판결 참조), 채권양수인과 동일 채권에 대하여 가압류명령을 집행한 자 사이의 우열은 확정일자 있는 채권양도 통지와 가압류결정 정본의 제3채무자(채권양도의 경우는 채무자)에 대한 도달의 선후에 의하여 결정되어야 한다는 점(대법원 1994.4.26. 선고 93다24223 전원합의체 판결 참조)까지 감안하여 보면, 채권가압류의 효력은 가압류결정 정본이 제3채무자에게 송달된 때, 즉 제3채무자가 그 내용을 알 수 있는 객관적 상태에 놓여졌다고 인정되는 때에 즉시 발생하는 것이고, 가압류된 채권이 은행에 대한 예금채권이라고 하여 달리 볼 것이 아니다.

다만 제3채무자가 전국에 많은 지점을 둔 은행인 관계로 가압류된 예금채권의 지급정지조치를 취하기 위하여 불가피한 시간이 소요되는 경우 제3채무자의 지점 등이 예금채권의 가압류 사실을 알지 못하고 또 과실도 없이 그 시간 내에 예금채권을 지급하고 말았다면, 채권의 준점유자에 대한 변제에 관한 민법 제470조를 유추 적용하여 제3채무자의 면책을 인정할 수 있고, 이 경우 선의·무과실의 주장·입증책임은 제3채무자에게 있다고 할 것인바, 제3채무자의 선의·무과실을 인정하기 위하여는 가압류결정 정본이 피고 본점에 송달된 후 그에 대한 지급정지조치를 취함에 통상 소요되는 시간이 어느 정도인지의 점 이외에도 위 예금인출 당시 피고 및 다른 은행이 운영하던 전산시스템의 구조와 내용, 피고가 취한 예금지급정지 방식 자체가 합당한 것인지 여부 및 피고 본점의 문서수발 직원의 인원수가 적정한 것이었는지 여부 등의 제반 사정을 두루 살펴야 할 것이다.

통상 피고 및 다른 은행들의 경우 본점에서 매일 평균 100건이 넘는 등기우편물들을 일시에 송달받게 되고, 문서수발 담당직원이 이를 개봉·분류하여 문서수발대장에 등재하고 직접 또는 본점 내의 예금 담당직원에게 가압류 사실을 알려 지급정지조치를 취하는 데에는 적어도 30분 가량의 시간이 소요되는 사실, 1998년 당시 다른 은행들의 경우 본점에서 가압류결정 정본을 송달받으면 본점에서 직접 가압류된 예금계좌에 대하여 바로 지급정지조치를 취할 수 있었는데, 피고는 소관지점에 가압류 사실을 연락하여 소관지점으로 하여금 예금지급정지조치를 취하도록 한 사실,

채권가압류의 효력은 가압류결정 정본이 제3채무자에게 송달된 때에 즉시 발생하는 것이므로, 피고가 이 사건 가압류결정 정본을 송달받은 1998.2.11. 12:00경 이 사건 가압류의 효력이 발생하였다고 할 것이나, 위 인정 사실에 의하면 피고가 가압류된 예금채권의 지급정지조치를 취하기 위하여 소요되는 불가피한 시간은 30분 정도라고 봄이 상당하므로(반면, 피고가 본점에서 바로 예금지급정지조치를 취하지 아니하고 소관지점에 이 사건 가압류 사실을 통보하여 지점으로 하여금 지급정지조치를 취하도록 한 방식은 비록 그것이 피고의 관행에 따른 것이라 하더라도 합당한 방식이라고 할 수 없으므로 피고가 구로동지점에 이 사건 가압류 사실을 통보한 12:30경 이후부터 구로동지점에서 지급정지조치가 취하여지기까지 걸린 시간은 가압류된 예금채권에 대한 지급정지조치를 취하기 위하여 불가피한 시간이라고 볼 수 없다), 피고가 가압류결정 정본을 송달받은 1998.2.11. 12:00경으로부터 30분이 경과되기 전인 같은 날 12:25경 이 사건 가압류 사실을 아직 통보받지 아니하여 그러한 사정을 모르는 구로동지점에서 예금주인 B에 의하여 인출된 20,000,000원에 대하여는 채권의 준점유자에 대한 선의·무과실의 변제로서 효력이 있다고 할 것이고, 다만 같은 날 13:41분경 인출된 4,882,000원은 지급정지조치를 위하여 불가피한 시간이 경과한 후에 인출되었을 뿐만 아니라, 앞서 보았듯이 구로동지점에 이 사건 가압류 사실이 12:30경 통보된 후 그 때로부터 1시간 10분 가량이나 지나서 인출되었고, 그 때까지도 구로동지점에서 예금지급정지조치를 취하지 아니하였으므로, 위 4,882,000원에 대하여는 선의·무과실의 변제라고 할 수 없어서 채권의 준점유자에 대한 변제로서 효력이 없다(대법원 2004.2.13. 선고 2003다58720 판결).

다) 실무 TIP

대법원은 제3채무자인 은행이 자신의 선의·무과실을 인정하기 위하여는 가압류결정 정본이 피고 본점에 송달된 후 그에 대한 지급정지조치를 취함에 통상 소요되는 시간이 어느 정도인지의 점, 위 예금인출 당시 피고 및 다른 은행이 운영하던 전산시스템의 구조와 내용, 은행이 취한 예금지급정지 방식 자체가 합당한 것인지 여부 및 은행 본점의 문서수발직원의 인원수가 적정한 것이었는지 여부를 두루 살펴야 할 것이라 판시하며, 위 사건에서는 그 시간을 30분으로 판단하였다.

그렇다면 부동산신탁사의 경우는 어떨까. 부동산신탁사의 경우도 지급정지처리시간이 30분까지 인정될지 여부에 관하여 부동산신탁사는 전국에 지점이 있는 경우가 드물어 대부분 본점 하나로 운영되는 점(지점이 있는 회사의 경우도 그 지점의 수가 매우 적다)을 감안할 때, 부동산신탁사의 경우 가압류 결정 정본이 본점에 송달된 후 지급정지조치를 취함에 있어 통상소요되는 시간은 인정되지 아니하거나 30분보다 매우 짧을 것으로 예상된다. 따라서 부동산신탁사의 경우에는 보수적으로 판단하여 30분의 여유시간이 없다고 생각하고 업무를 처리하는 것이 바람직하다.

통상 우체국 집배원이 법원문서를 가지고 오는 시간보다 1시간 전부터 당일 법원문서가 수령되고 1시간이 지날때까지 일체의 자금집행 및 소유권이전등기업무 절차를 진행하지 않는 것으로 업무프로세스를 짜는 것이 강제집행 또는 보전처분 결정문이 도달된 날과 같은날 발생하는 자금집행 등으로 인하여 부동산신탁사에게 리스크가 발생하는 것을 막는 방법이라 생각한다. 참고로 자금집행과 같은 날 보전처분 결정문이 도달하는 경우에는 우체국 집배원이 데스크에 들어오는 CCTV녹화파일을 보전하고, 우체국 전산상 등기우편의 도달시간이 정확히 기재되어 있는지 확인하는 절차가 필요하다. 과거 일부 우체국 집배원이 편의상 등기우편 도달시간을 일괄로 09:00으로 우체국 전산에 기록한 사례가 있었기 때문이다.

또한 집배원이 도착하는 시간이 간혹 빨라지거나 늦어질 수 잇으므로 통상적인 도착시간보다 앞뒤로 1시간 정도 여유를 두고 자금집행을 하는 것이 좋고, 하루에 2번 오거나 전혀 다른 시간이 우편이 도달하는 경우가 간혹 존재하는데 이러한 경우 일시적으로 자금집행 또는 소유권이전등기 업무를 중지할 수 있는 프로세스 구축도 필요하다.

한편, 법원문서를 수령하여 ERP에 등록할 때 사업장을 누락하는 경우 돌이킬 수 없는 결과를 초래하게 되므로, 법원문서를 ERP에 등록하는 직원은 신입사원이 아니라 다년의 경력을 가진 경력직원으로 배치하는 것도 필요하다 사료된다.

2) 채권가압류 경정결정의 효력발생 시기

지역주택조합의 채권자들이 지역주택조합이 신탁사에 가지고 있는 신탁계약 해제에 따른 소유권이전등기청구권 가압류를 법원에 신청하여 가압류 결정이 신탁사에 송달되었는데 송달된 가압류 결정에 첨부된 부동산 목록에 엉뚱한 부동산이 기재되었다. 신탁사는 지역주택조합의 요청 및 우선수익자의 동의를 받아 신탁부동산을 해지하였고 해지 후 부동산목록을 수정한 가압류 경정결정이 신탁사에 송달된 경우 신탁사가 손해배상책임을 지는지 여부가 문제된다.

대법원은 「채권가압류결정의 경정결정이 확정되는 경우 당초의 채권가압류결정은 그 경정결정과 일체가 되어 처음부터 경정된 내용의 채권가압류결정이 있었던 것과 같은 효력이 있으므로, 원칙적으로 당초의 채권가압류결정 정본이 제3채무자에게 송달된 때에 소급하여 경정된 내용의 채권가압류결정의 효력이 발생한다(대법원 1998.2.13. 선고 95다15667 판결, 1962.1.25.자 4294민재항674 결정 등 참조)」는 입장이다.

하지만 동시에 「채권가압류결정은 제3채무자를 심문하지 아니한 채 이루어지고, 제3채무자에게 송달함으로써 그 효력이 발생하는바, 직접의 당사자가 아닌 제3채무자는 피보전권리 존재와 내용을 모르고 있다가 채권가압류결정 정본의 송달을 받고 비로소 이를 알게 되는 것이 일반적이기 때문에 당초의 채권가압류결정에 위산, 오기 기타 이에 유사한 오류가 있는 것이 객관적으로는 명백하다 하더라도 제3채무자의 입장에서는 당초의 가압류결정 그 자체만으로 거기에 위산, 오기 기타 이에 유사한 오류가 있다는 것을 알 수 없는 경우가 있을 수 있는데, 그와 같은 경우에까지 일률적으로 채권가압류결정의 경정결정이 확정되면 당초의 채권가압류결정이 송달되었을 때에 소급하여 경정된 내용의 채권가압류결정이 있었던 것과 같은 효력이 있다고 하게 되면 순전히 타의에 의하여 다른 사람들 사이의 분쟁에 편입된 제3채무자 보호의 견지에서 타당하다고 할 수 없으므로, 제3채무자의 입장에서 볼 때에 객관적으로 경정결정이 당초의 채권가압류결정의 동일성에 실질적으로 변경을 가하는 것이라고 인정되는 경우에는 경정결정이 제3채무자에게 송달된 때에 비로소 경정된 내용의 채권가압류결정의 효력이 발생한다고 보아야 한다(대법원 1999.12.10. 선고 99다42346 판결 등).」고 판시하였다.

따라서 경정결정이 당초의 채권가압류결정의 동일성에 실질적으로 변경을 가하는 것이라고 인정되는 경우라면 경정결정송달시점에 효력이 발생하고, 경정결정이 당초의 채권가압류결정의 동일성에 실질적으로 변경을 가하는 것이라고 인정되지 않는 경우라면 당초 가압류결정 송달시 효력이 발생하게 된다.

그런데 실무를 하다보면 경정결정이 당초의 채권가압류결정의 동일성에 실질적으로 변경을 가하는 것이라고 인정되는 경우가 어느 정도까지를 말하는 것인지 항시 문제된다. 구체적 사실관계에 따라 달라질 수 있으므로 재판부마다 생각이 조금씩 다를 수 있기 때문에 동일성의 변경인지 여부를 판단하는 것은 결코 쉽지 않다.

예를 들어 과거 채권가압류 결정에 신탁부동산이 아닌 엉뚱한 부동산이 기재된 채로 수탁자에게 송달되었다가 신탁해지절차가 완료된 후 정확한 신탁부동산이 기재된 채권가압류 경정결정이 수탁자에게 송달된 경우, 이 경정결정의 효력은 최초 채권가압류 결정시 발생하는지, 아니면 경정결정 송달시 발생하는지 여부가 문제된 사안이 있었다. 위 사안에서 서울고등법원은 위 경정결정은 채권자압류결정의 동일성에 실질적인 변경을 가하는 것이므로, 경정결정이 송달된 날 경정된 내용의 채권가압류결정의 효력이 발생한다(서울고등법원 2014.10.17. 선고 2014나2002547 판결)는 취지로 판시하였다.

또한, 채무자의 상호는 '민성산업기계 주식회사'인데 당초의 채권가압류결정은 '만성기계산업 주식회사'를 채무자로 하여 이루어졌고, 경정결정에 의하여 채무자의 상호가 '민성산업기계 주식회사'로 경정된 사안에서 대법원은 채무자 상호의 경정은 당초의 채권가압류결정의 동일성에 실질적으로 변경을 가하는 것이라고 인정되므로 채권가압류결정의 효력은 이 사건 경정결정이 피고에게 송달된 때에 발생하였다(대법원 1999.12.10. 선고 99다42346 판결)는 취지로 판시하였다.

한편, 서울고등법원은 제3채무자로 "케이티비네트워크 주식회사"가 기재되어 있었으나, 이를 "케이티비영화다양성을 위한 투자조합 업무집행조합원 케이티비네트워크 주식회사"로 경정하는 결정이 내려진 경우에는 위 경정결정은 객관적으로 압류명령의 내용에 실질적인 변경을 가하는 것이라고 볼 수 없으므로 당초 위 압류명령이 제3채무자에게 송달된 때에 소급하여 그 경정된 내용대로 압류명령의 효력이 발생한다(서울고등법원 2014.10.24. 선고 2013나52945 판결)는 취지로 판시하기도 하였다.

따라서 채권압류결정에 경정결정이 내려지는 경우 그 효력이 당초 압류결정에 소급하여 미치는지 아니면 경정결정이 도달한 날부터 효력이 발생하는지 여부는 사안마다 개별적으로 판단할 필요가 있고, 제3채무자인 수탁자 입장에서는 원칙적으로 보수적인 입장에서 판단하는 것이 바람직하다 할 것이다.

3) 토지신탁 수익권 압류 및 추심명령 집행 뒤 추심금소송에서 단순 이행판결이 선고된 후 수탁자가 청구이의를 통하여 채권자의 강제집행을 신탁재산의 범위 내로 한정하도록 청구할 수 있는지 여부

토지신탁 사업 진행 중 위탁자의 채권자가 위탁자를 채무자, 제3채무자를 수탁자로 하여, '이 사건 신탁에 따라 수탁자가 위탁자에 지급하게 될 채권(도급공사비, 사업경비, 일반관리비, 수익금, 영업활동비로 정한 지급채권) 중 1,256,176,761원'에 대하여 채권 압류 및 추심명령을 집행하였다.

이후 채권자는 수탁자를 상대로 위 압류 및 추심명령에 기한 추심금 지급의 소를 제기하였다. 추심금 소송에서 수탁자는 구체적인 준비서면이나 서증을 제출하지 아니하였고, 법원은 "수탁자는 채권자에게 600.000,000원 및 이에 대한 2016.1.29.부터의 지연손해금을 지급하라"는 취지의 판결을 선고하였고, 확정되었다.

이후 수탁자는 채권자를 상대로, 수탁자는 신탁행위로 인하여 수익자에게 부담하는 채무에 대하여는 신탁재산만으로 책임을 지는데, 이 사건 신탁은 용적율 감소로 인한 일부 사업계획 변경, 분양 부진, 사업비용 증가 등으로 사업 수익이 발생하지 아니하여 현재 신탁재산으로는 별지 목록 기재와 같은 예금채권1)만이 존재하므로, 피고의 원고에 대한 이 사건 추심금 판결에 기초한 강제집행은 위 신탁재산의 범위를 초과하는 부분에 한하여는 불허되어야 한다는 취지로 청구이의 소송을 제기하였다.

위 소송에서 서울고등법원은 추심금 판결에서 수익금채무의 존재 및 범위가 확정되기는 하였으나 그 책임 범위에 관하여는 판단이 없었으므로 추심금 판결 확정 이후 청구이의의 소로써 신탁재산의 한도 내에서의 책임 제한을 구하는 것이 추심금 판결의 기판력에 저촉된다고 볼 수 없다는 취지로 판시하며, 수탁자의 청구이의의 소를 인용하였다. 구체적인 내용은 아래와 같다.

1심판결 : 『수탁자가 신탁행위로 인하여 채무를 부담함에도 수익자가 제기한 소송의 사실심 변론종결 시까지 그 사실을 주장하지 아니함으로써 책임의 범위에 관한 유보가 없는 판결이 선고되어 확정되었다고 하더라도, 수탁자는 그 후 신탁행위로 인하여 부담하는 채무라는 사실을 내세워 청구에 관한 이의의 소를 제기할 수 있다고 봄이 타당하다

(민법 제1028조는 한정승인의 효과로서 상속재산을 한도로 한 상속인의 물적 유한책임을 규정하고 있는데, 이러한 한정승인 사실을 내세워 청구에 관한 이의의 소를 제기할 수 있는지 여부에 관한 대법원 2006.10.13. 선고 2006다23138 판결도 같은 취지이다).

피고가 이 사건 추심의 소에서 수익자인 C이 수탁자인 원고로부터 지급받을 수익채권액은 적어도 17,838,267,084원이 존재한다고 주장하면서 원고에게 그 채무의 이행을 구하였음에도 원고가 신탁행위로 인하여 부담하는 채무라는 사실을 주장하지 아니함으로써 책임의 범위에 관한 유보 없이 이 사건 추심금 판결이 선고되어 확정된 사실은 앞서 본 바와 같은바, 이 사건 추심금 판결은 원고가 이 사건 신탁에 따라 C에 부담하는 채무의 존재 및 범위에 관하여만 기판력을 갖는 것이지 그 책임의 범위에 관하여서는 기판력을 갖는 것이 아니므로, 원고가 이 사건 추심금 판결 확정 후에 신탁행위로 인하여 부담하는 채무이므로 신탁재산으로만 책임을 진다고 주장하더라도 이 사건 추심금 판결의 기판력에 저촉되는 것이라고 볼 수 없다(서울중앙지방법원 2017.8.22. 선고 2016가합503744 판결).」

항소심 판결 : 『확정판결인 이 사건 추심금 판결에 따라 원고의 C에 대한 이 사건 신탁계약에 기한 수익금채무의 존재 및 범위가 확정되기는 하였으나 그 책임의 범위에 관하여는 아무런 판단도 이루어지지 않았으므로, 원고가 이 사건 추심금 판결의 확정 이후에 원고의 C에 대한 이 사건 신탁계약에 기한 수익금채무에 대하여 이 사건 청구이의의 소로써 신탁재산의 한도 내에서의 책임의 제한을 구하는 것이 이 사건 추심금 판결의 기판력에 저촉된다고 할 수는 없다. 따라서 피고의 위 주장은 받아들이지 아니한다(서울고등법원 2019.8.23. 선고 2019나2020588 판결).」

통상 소송에서 패소하여 판결이 확정되면 그 후에 아무것도 할 수 있는 것이 없다고 알고 있는 경우도 있는데, 수탁자의 경우에는 확정판결이 있다하더라도 확정판결 선고과정에서 신탁재산의 범위 부분에 대하여 제대로 된 항변을 하지 아니한 경우에는 청구이의의 소로 다툴 수 있다는 점을 수탁자 담당자는 기본적으로 알 필요가 있다.

본 건 판결과 같이 선행 소송에서 패소하였더라도 선행 소송에서 판단이 이루어지지 아니한 부분에 한하여는 청구이의의 소를 제기할 수 있으므로, 만약 여러 이후로 선행소송에서 적절한 대응을 하지 못하여 판결이 확정된 경우 청구이의의 소로 다툴지 여부에 관하여 수탁자 법무 담당자는 검토해볼 필요가 있다.

4) "A 아파트 및 B 아파트 신축공사에 대하여 채무자가 수탁자로부터 지급받아야할 공사잔대금 1,000,000,000원 중 100,000,000원"으로 표시된 압류 추심명령의 효력

수탁자가 A 아파트 현장과 B 아파트 현장에 토지신탁 사업을 진행하는 중 시공사의 채권자에 의하여 시공사가 수탁자에게 가지고 공사대금채권을 압류 추심하였는데, 피압류 채권의 표시를 "A 아파트 및 B 아파트 신축공사에 대하여 채무자가 수탁자로부터 지급받아야할 공사잔대금 1,000,000,000원 중 100,000,000원"로 기재한 경우 그 압류 추심명령은 유효한지 여부가 문제된다.

대법원은 채무자가 제3채무자에 대하여 여러 개의 채권을 가지고 있는 경우 채권자는 여러 개의 채권 중 어느 채권에 대하여 어느 범위에서 압류 등을 신청하는지 신청취지 자체로 명확하게 인식할 수 있도록 특정하여야 하는데, 압류의 대상과 범위를 특정하지 않고 단지 그 여러 개의 채권 전부를 압류의 대상인 채권으로 나열하고 집행채권액과 동등액에 대한 압류를 구하는 등의 압류 및 추심명령은 원칙적으로 무효라는 입장이다. 다만 공사대금의 경우에는 압류 및 추심명령이 수탁자에게 도달할 당시 남은 공사채권이 집행채권액을 초과하여야 한다. 자세한 이유는 아래와 같다.

시공사(이하 '채무자'라 한다.)과 피고 사이에 2006.12.11. A 신축공사 공사도급계약, 2007.4.25. B 신축공사 공사도급계약이 각 체결된 사실, 원고는 채무자를 상대로 가압류할 채권을 'A 및 B 신축공사에 관하여 채무자가 피고로부터 지급받아야 할 공사잔대금 1,000,000,000원 중 184,000,000원'으로 표시하여 가압류를 신청하였고, 법원은 2008.7.9. 원고의 신청내용대로 이 사건 가압류결정을 한 사실, 그리고 원고는 다시 채무자를 상대로 압류 및 추심할 채권을 'A 및 B 신축공사에 관하여 채무자가 피고로부터 지급받아야 할 공사잔대금 1,000,000,000원 중 170,270,455원'으로 표시하여 압류 및 추심명령을 신청하였고, 법원은 2009.8.10. 원고의 신청내용대로 이 사건 압류 및 추심명령을 한 사실, 이 사건 가압류결정과 이 사건 압류 및 추심명령이 피고에게 각 송달될 당시 위 각 신축공사대금채권액의 합계는 위 184,000,000원 또는 170,270,455원을 초과하고 있었던 사실을 알 수 있다.

위 사실관계를 앞서 본 법리에 비추어 보면, 이 사건 가압류결정과 압류 및 추심명령은 그 압류의 효력이 위 각 신축공사대금채권 중 어느 신축공사대금채권에 대하여 어느 범위에서 미치는지를 알 수 없는 것으로 압류의 대상 또는 범위가 특정되지 않아 효력이 없다 할 것이다. 같은 취지의 원심의 판단은 정당하고, 거기에 상고이유에서 지적하는 바와 같은 법리오해 등의 위법은 없다(대법원 2012.12.13. 선고 2011다23002 판결).

위 판결에서 대법원은 다른 채권자들이 이 사건 각 신축공사대금채권을 가압류하여 전체 가압류금액이 이 사건 각 신축공사대금채권액의 합계를 넘어서게 되었으므로, 위와 같은 압류경합 때문에 이 사건 가압류결정의 가압류할 채권은 이 사건 각 신축공사대금채권 전부로 특정된 것으로 보아야 하고, 이로써 이 사건 가압류결정과 압류 및 추심명령의 무효 사유는 치유되었다는 취지로 주장에 대하여 압류의 경합은 채권 일부에 대한 유효한 가압류나 압류가 있을 때 발생할 수 있는 것인데, 압류의 대상과 범위를 특정하지 않은 압류 및 추심명령은 무효이므로, 압류의 경합도 발생하지 아니한다고 판시한 바, 이 부분을 눈여겨 볼만 하다.

참고로 대법원은 채무자의 채권압계액이 집행채권액을 초과하여만 압류 추심명령이 무효인지 여부에 관하여, "압류의 대상인 수인의 채무자들의 채권 합계액이나 수인의 제3채무자들에 대한 채권 합계액이 집행채권액을 초과하지 않는다 하더라도, 개별 채무자 및 제3채무자로서는 자신을 제외한 다른 모든 채무자들의 채권액이나 모든 제3채무자들의 채무액을 구체적으로 알고 있는 특별한 경우가 아니라면 자신에 대한 집행의 범위를 알 수 없음은 마찬가지이므로 달리 볼 것은 아니(대법원 2014.5.16. 선고 2013다52547 판결)"라고 판시한 바, 참고삼아 숙지하고 있을 필요가 있다.

수탁자가 동일한 시공사와 별개의 신탁계약에 따른 복수의 공사도급(승계)계약을 체결하고 토지신탁사업 등을 진행하고 있는 상황에서 시공사를 채무자로 한 공사대금채권 가압류 결정이 도달하는 경우 공사현장별로 채권액을 확정하지 않고, 여러 공사를 일괄하여 공사대금을 압류하였다면, 공사대금채권 가압류 결정이 무효에 해당할 여지가 있다. 다만, 수탁자가 임의로 채권가압류 결정을 무효로 판단하는 것은 위험부담이 존재하므로 바람직하지 아니하다 할 것이므로 채권(가)압류 결정이 유효하다는 전제하에서 업무를 처리하되 채권가압류 결정에 대하여 이의신청을 진행하여 법원의 판단에 따라 업무를 처리하는 것이 타당하다.

5) 위탁자와 수분양자가 분양계약을 체결한 후 수분양자의 채권자가 수탁자에 대하여 "분양계약이 해제될 경우 수분양자가 지급받을 분양대금반환채권"에 대하여 압류 및 추심명령을 받은 경우 수탁자에게 추심금 청구가 가능한지 여부

위탁자와 수탁자가 담보신탁 및 자금관리대리사무계약을 체결하고 위탁자가 분양자로서 수분양자와 분양계약을 체결한 후 분양대금을 수탁자 명의 계좌에 입금한 경우 수분양자는 수탁자에게 분양대금반환을 청구할 수 없다는 것이 대법원의 입장이다. 그렇다면 수분양자의 채권자가 수탁자에 대하여 "분양계약이 해제될 경우 수분양자가 지급받을 분양대금반환채권"에 대하여 압류 및 추심명령을 받은 경우 수탁자에게 추심금 청구가 가능한지 여부가 문제된다.

대법원은 위와 같은 경우는 제3자를 위한 계약이라 볼 수 없으므로 수분양자의 채권자가 수탁자에 대하여 분양대금반환을 청구할 수 없다는 취지로 판시하였다. 구체적인 내용은 아래와 같다.

수분양자가 이 사건 분양계약에 따라 피고의 계좌에 분양대금을 입금한 것은 이른바 '단축급부'에 해당하고, 피고는 위탁자와의 이 사건 사업약정에 따라 수분양자로부터 정당하게 분양대금을 수령한 것이다. 수분양자는 이 사건 사업약정의 당사자가 아니고, 또한 수분양자와 위탁자의 분양계약이 해제되었다고 하더라도 피고와 위탁자가 맺은 사업약정의 효력에 영향을 미치지는 않는다. 따라서 분양계약이 해제된 것만으로 곧바로 피고가 수분양자로부터 수령한 분양대금을 보유할 원인이 없어지지 않고, 나아가 수분양자에게 분양대금을 부당이득으로 반환할 의무가 생기는 것은 아니다. 원고는 수분양자와 위탁자 사이에 체결된 이 사건 분양계약이 해제됨에 따라 수분양자가 피고에 대하여 직접 분양대금반환채권을 가진다고 주장하였으나, 원심은 다음과 같은 이유로 배척하였다.

이 사건 신탁계약과 이 사건 사업약정은 위탁자와 피고 등 사이에 체결된 것이 분명할 뿐만 아니라, 이 사건 신탁계약과 사업약정 관련 규정의 문언, 체계, 취지 등에 비추어 이 사건 신탁계약 제21조 제1항, 이 사건 사업약정 제20조 제1항은 신탁사업에 드는 비용의 부담주체를 정한 것이거나 비용 지출순서, 지출방법, 절차 등을 정한 것에 불과하다. 따라서 원고가 들고 있는 위 조항들은 이 사건 신탁계약 등의 당사자가 아닌 제3자로 하여금 수탁자인 피고에 대한 권리를 직접 취득하게 하는 것을 목적으로 한 규정이라고 해석할 수 없다.

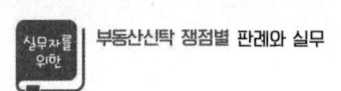

위에서 본 법리와 기록에 비추어 살펴보면, 원심의 위와 같은 판단에 상고이유 주장과 같이 제3자를 위한 계약에 관한 법리를 오해하거나 담보신탁과 자금관리대리사무 방식에 의한 부동산 PF 사업상 자금집행 순서에 관한 대법원 판례를 위반하거나 변론주의 또는 처분권주의를 위반하는 등의 잘못이 없다(대법원 2018.7.12. 선고 2018다204992 판결).

위 대법원 판결은 위탁자와 수탁자 등이 담보신탁 및 자금관리 대리사무 계약을 체결하고 위탁자를 건축주 겸 분양자, 수탁자를 자금관리 대리사무사로 한 분양계약을 기초로 하여 분양계약을 체결한 수분양자의 채권자가 "분양계약이 해제될 경우 수분양자가 지급받을 분양대금반환채권"을 피압류채권으로 하여 채권 압류 및 추심명령을 받은 사안이므로, 수탁자가 건축주 겸 분양자의 지위를 가지는 토지신탁 구도에서는 다른 결론이 도출될 가능성이 존재한다는 점도 아울러 유념하여야 할 것이다. 토지신탁 사업에서 수분양자는 사안에 따라 신탁재산 범위 내에서 수탁자에게 분양대금 반환을 청구하는 것이 가능한 경우가 있기 때문이다.

6) 토지신탁의 복수의 아파트 공사대금채권을 압류한 보전처분의 효력 및 소유권이전등기절차이행금지 및 분양자명의변경금지 가압류 명령의 효력 등

신탁과 관련한 판례는 아니나, 대법원은 시공사의 발주에 대한 복수의 아파트 신축공사대금채권을 한번에 압류한 결정에 대하여 무효라고 판시한 바, 수탁자 역시 특정 시공사와 복수의 토지신탁 사업을 진행하는 경우가 있어, 이러한 경우에 위와 같이 복수의 아파트 신축공사채권이 한번에 압류되는 경우에는 그 압류 결정이 무효일 수 있다.

채권자인 甲 주식회사의 신청내용대로 가압류와 압류 및 추심할 채권을 '채무자인 乙 주식회사가 丙 주식회사에 대하여 가지는 丁 아파트, 戊 아파트, 己 아파트 신축공사대금채권 중 집행채권액에 해당하는 금액'으로 표시한 가압류결정과 압류 및 추심명령이 있었는데, 가압류결정과 압류 및 추심명령이 丙 회사에 송달될 당시 위 각 신축공사대금채권액의 합계가 집행채권액을 현저히 초과하고 있었던 사안에서, 위 가압류결정과 압류 및 추심명령은 압류의 효력이 위 각 신축공사대금채권 중 어느 신축공사대금채권에 대하여 어느 범위에서 미치는지를 알 수 없는 것으로 압류의 대상 또는 범위가 특정되지 않아 효력이 없다고 한 사례(대법원 2012.11.15. 선고 2011다38394 판결).

다만 위 대법원 판결은 신탁공사대금 채권액의 합계가 집행채권액을 현저히 초과하고 있었던 경우에 한정된다 할 것이고, 법원 판결이 확정되기 이전에는 무조건적으로 보전처분이 무효라고 볼 수 없으므로, 위 판결을 숙지하고 있다하더라도 보전처분이 유효할 수 있다는 전제하에서 업무를 처리하는 것이 바람직하다.

한편, 토지신탁에서 위탁자 및 수탁자를 제3채무자로 한 소유권이전등기절차이행금지 및 분양자명의변경금지 가압류 명령이 도달한 후 수탁자가 분양대금을 완납받지 않고, 제3자에게 위 압류 부동산의 소유권이전등기절차를 진행한 경우 위 가압류 채권자에게 손해배상책임을 부담한다는 취지의 대법원 판결(대법원 2022.1.13. 선고 2019다272855 판결)이 존재하는바, 소유권이전등기절차이행금지 및 분양자명의변경금지 가압류 명령이 존재하는 경우 수탁자는 최대한 보수적으로 업무를 처리할 필요가 있다. 자세한 내용은 아래와 같다.

살피건대, 위 인정사실 및 앞서 든 증거들에 변론 전체의 취지를 종합하여 인정되는 다음의 각 사정을 위 법리에 비추어 보면, 피고가 2014.5.22. 이 사건 가압류결정을, 2014.5.28. 이 사건 가압류경정결정을 각 송달받아 그 내용을 잘 알고 있었음에도 위탁자의 요청을 받아들여 이 사건 각 상가에 관한 분양계약서를 작성하고, 피고 본인이 위 각 분양대금을 지급받은 바가 없고 분양대금의 실제 납부 여부를 제대로 알지 못함에도 분양금납부확인서를 작성한 후 소외 5, 소외 3 앞으로 각 소유권이전등기를 마쳐준 것은, 이 사건 가압류결정에 반하는 위탁자의 불법행위에 적극 가담하였거나 적어도 방조하였다고 봄이 상당하므로, 특별한 사정이 없는 한 피고는 원고에게 이로 인한 손해를 배상할 책임이 있다.

1. 이 사건 가압류결정의 효력에 의하여 채무자 소외 1은 이 사건 각 상가에 관한 소유권이전등기청구권을 양도하거나 처분하여서는 아니 되고, 제3채무자 위탁자는 이 사건 각 상가에 관한 분양권자의 명의를 변경하여서는 아니 되며, 제3자와 분양계약을 체결하여 분양대금을 채무자 소외 1에게 지급할 경우 청구금액에 이르기까지의 금액은 채무자 소외 1에게 지급하여서는 아니 된다.

2. 피고는 늦어도 이 사건 가압류경정결정을 송달받은 2014.5.28.에는 위탁자의 소외 1에 대한 제1차 대물변제계약상 의무 및 이 사건 가압류결정 및 경정결정의 내용 등을 모두 알게 되었음이 분명하다.

3. 그럼에도 불구하고 피고는 위탁자의 요청에 따라 2014.9.22. 소외 5에게 이 사건 상가 103호를 분양한다는 내용의 분양계약서를, 소외 3에게 이 사건 상가 104호를 분양한다는 내용의 각 분양계약서를 작성한 후, 2014.10.29. 소외 5 앞으로, 2014.10.31. 소외 3 앞으로 이 사건 각 상가에 관한 각 소유권이전등기를 마쳐주었다.

4. 한편 피고는 이 사건 상가 103호, 104호에 대한 분양계약 및 소유권이전등기 경위에 관하여 스스로 '피고는 이 사건 신탁계약을 체결하면서 위탁자의 제안에 따라 이 사건 건물 중 오피스텔 부분(8 내지 17층)에 대해서만 분양업무를 수행하였고, 이 사건 건물 중 상가 부분에 대하여는 위탁자의 요청사항에 단순히 협조해주는 정도에 불과하여 이 사건 각 상가의 경우 누구와 얼마에 분양계약을 체결하였는지, 그들로부터 분양대금을 모두 지급받았는지 등은 알지 못하고 관여할 필요도 없었다', '이에 피고는 위탁자가 이 사건 각 상가에 관하여 작성해온 각 분양계약서에 날인해준 것뿐이고, 피고가 직접 분양대금을 받은 바는 없으나 위탁자의 협조요청에 따라 분양대금을 완납하였다는 내용의 각 분양금납부확인서에 날인해주었으며, 그 밖에 소유권이전등기에 필요한 서류를 제공하였다'라는 취지로 주장하였다(2019.4.2.자 준비서면 참조).

5. 피고는 이 사건 신탁계약 제1조, 제16조 제2항 등을 근거로 자신에게는 책임이 없다는 취지로 주장하나, 위 규정들은 이 사건 신탁계약상 위탁자와 수탁자인 피고 사이의 최종적인 책임의 귀속이 위탁자에 있음을 규정한 것에 불과할 뿐이고, 피고 자신의 불법행위책임까지 피해자인 원고와의 관계에서 부담하지 않는다고 볼 수는 없다(서울고등법원 2019.8.28. 선고 2018나2057736 판결).

일반적인 수분양자와의 계약이 이루어진 후 그 분양계약에 가압류결정이 내려졌다면, 분양계약을 해제하지 아니하고 다른 수분양자와 새로운 분양계약을 체결하는 것은 이중매매에 해당할 여지가 있어 바람직하지 아니하다.

본건 사안은 가압류 결정의 피압류채권에 해당하는 분양계약도 대물변제계약이고, 새로운 분양계약도 대물변제계약으로서 신탁계좌에 분양대금이 입금되지 아니한 사안이라는 특수성이 있다. 본건 사안에서는 토지신탁에서 압류결정이 집행된 호실을 후행 매수인에게 소유권이전하는데 있어 선행 매수인과의 매매계약을 해제하지도 않았고, 후행 매수인이 신탁계좌에 분양대금을 지급하지 아니하였음에도 불구하고 만연히 소유권을 이전해주었다는 점이 수탁자에게 패소판결이 선고된 주요한 원인으로 보인다.

따라서 토지신탁의 경우 수탁자는 선행 분양계약에 관하여 보전처분이 내려진 경우 분양계약을 해제하고 반환할 분양대금을 공탁하는 등 보전처분의 효력을 위반하지 아니하여야 하고, 기존 분양계약의 효력을 종료한 후 신규 매수인과 분양계약을 체결한 경우에도 신규 매수인이 신탁계좌에 분양대금을 정상적으로 완납하였는지를 반드시 확인하고 신규 매수인에게 신탁부동산에 대한 소유권이전등기절차를 진행하여야 한다.

사 신탁과 가처분

1) 위탁자의 채권자가 신탁종료에 기한 신탁부동산 반환청구권을 피보전권리로 하여 처분금지가처분을 구한 사안에서, 공매 절차에 착수하였다면 위 가처분을 취소할 수 있는지 여부

담보신탁계약이 체결된 후 위탁자는 채권자에 대하여 채권자에 대한 대여금 채권 담보조로 신탁부동산에 관한 소유권이전등기를 마쳐주기로 하고 공급계약서를 교부하였다. 그 후 신탁부동산에 대한 공매절차가 진행되자 위탁자의 채권자는 위탁자에 대한 신탁부동산에 관한 소유권이전등기청구권을 보전하기 위하여 처분금지가처분을 신청하였고, 법원은 가처분을 결정하였다. 수탁자는 위 처분금지가처분에 대하여 가처분이의를 신청하였다.

이에 대하여 신탁부동산에 관하여 위탁자의 채권자가 위탁자와 체결한 공급계약을 이유로 처분금지가처분을 신청한 것이 ① 구 신탁법 제21조 제1항 본문에서 정한 신탁부동산 자체에 대한 강제집행에 해당하는지 여부 및 ② 공매절차에 착수한 경우에도 효력이 유지될 수 있는지 여부가 문제된다.

가) 원심의 판단

원심은, 이 사건 부동산에 관하여 항고외 1 주식회사 및 항고외 2에 대한 소유권이전등기청구권을 보전하기 위하여 그들을 대위하여 이 사건 신탁계약 종료시에 항고외 1 주식회사가 채무자에 대하여 가지는 신탁재산 귀속을 원인으로 한 소유권이전등기절차이행청구권을 피보전권리로 하여 그 처분금지가처분을 구하는 이 사건 신청에 대하여, 신탁법 제55조, 제60조 및 이 사건 신탁계약에 따라 장래 신탁계약이 해지 등의 사유로 종료될 경우 항고외 1 주식회사는 이를 원인으로 채무자에 대하여 이 사건 부동산에 관한 소유권이전등기절차의 이행을 청구할 권리를 가지고, 이러한 장래의 조건부·부담부 청구권도 가처분의 피보전권리가 될 수 있으므로 이 사건 가처분신청은 그 피보전권리에 대한 소명이 있고, 나아가 신탁 종료 이후 채무자가 이 사건 부동산을 처분하는 것을 방지하기 위해 그 보전의 필요성도 인정된다고 판단함으로써, 이와 달리 신탁법 제21조 제1항을 근거로 이 사건 신청을 기각한 제1심결정을 취소하고, 가처분결정을 인가하였다.

나) 대법원의 판단

대법원은 ① 신탁종료에 기한 신탁부동산 반환청구권을 피보전권리로 하는 처분금지가처분이 신탁법 제21조 제1항 본문에 정한 신탁부동산 자체에 대한 강제집행의 사전 조치로서의 보전처분에 해당하는 것은 아니나, ② 우선수익자의 채권회수를 위해 신탁계약에서 정한 바에 따라 신탁부동산의 처분절차에 착수한 이상 위 가처분의 피보전권리의 발생을 기대하기 어려우므로 가처분이 유지되기 어렵다는 취지로 판시하였다. 구체적인 내용은 아래와 같다.

먼저, 신탁법상의 신탁재산은 수탁자에게 귀속되면서도 그 고유재산과 구별되는 독립적인 성질을 가지는 것이어서, 신탁법 제21조 제1항 본문의 규정에 따라 원칙적으로 강제집행이나 경매 등이 금지되고, 다만 그 단서의 규정에 따라 신탁 전의 원인으로 발생한 권리 또는 신탁사무처리상 발생한 권리에 기한 경우에 한하여 예외적으로 강제집행이 허용되는 것이긴 하다. 그렇지만 이 사건 가처분의 피보전권리는 이 사건 신탁관계의 성립을 전제로 신탁계약에서 정한 신탁종료사유의 발생에 따라 신탁관계가 적법하게 해소될 경우 위탁자가 수탁자로부터 반환받게 되는 신탁부동산의 소유권이전등기청구권이라 할 것이어서, 이 사건 신탁계약에 기한 신탁관계의 성립·유지 및 신탁사무의 처리와 모순관계에 있지 아니하다. 따라서 이 사건 가처분은 신탁계약상 수익자나 수탁자의 권리 혹은 신탁부동산의 독립성을 침해하는 내용의 신탁법 제21조 제1항 본문에서 정한 신탁부동산 자체에 대한 강제집행의 사전 조치로서의 보전처분에는 해당하지 아니한다고 보아야 할 것이다. 이 점에 관하여 이와 전제를 달리하는 재항고이유의 주장은 이유 없다.

그러나 원심의 인정 사실과 기록에 의하면, 채무자는 항고외 1 주식회사의 우선수익자들에 대한 대출채무 연체에 따라 신탁계약 제18조, 제19조에 기한 우선수익자의 권리행사로서 신탁부동산의 공매절차에 착수하였으나, 이 사건 부동산의 경우 가처분등기 때문에 공매절차에 착수하지 못하고 있는 사실 및 우선수익자의 대출금채권 회수를 위하여 신탁부동산을 공매로 처분할 경우 그 처분대금은 신탁계약 관련비용 및 보수채무와 우선담보채권에 뒤이어 우선수익자의 채권까지 변제한 다음 잔액이 있으면 비로소 수익자(수익자가 없으면 위탁자)에게 지급·정산하는 것으로 되어 있는 사실을 알 수 있다. 사정이 이러하다면, 앞서 본 바와 같이 이 사건 피보전권리인 신탁종료에 기한 신탁부동산 반환청구권은 우선수익자의 채권 소멸을 원인으로 하는 신탁기간의 만료와 신탁기간 중 위탁자의 우선수익자에 대한 채무변제에 기한 신탁계약의 해지에 기하여 발생하는 것인데, 그 공통의 전제가 되는 위탁자인 항고외 1 주식회사의 우선수익자들에 대한 채무변제가 이루어지지 못해 그 채권 회수를 위해 신탁계약에서 정한 바에 따라 신탁부동산의 처분절차에 착수한 이상 달리 위 채무의 변제가 예상된다는 등의 다른 사정이 없는 한 이 사건 가처분의 피보전권리인 신탁부동산 반환청구권의 발생은 합리적으로 기대하기 어려운 상태에 있다고 보아야 할 것이다.

그렇다면 결국, 이 사건 가처분신청은 그 피보전권리의 장래의 발생 내지 보전의 필요성에 대한 소명이 부족하다고 볼 수밖에 없고, 이는 원심의 설시처럼 이 사건 가처분등기에도 불구하고 신탁계약에서 정한 적법한 권리행사로서 이루어지는 채무자의 이 사건 부동산 처분행위의 효력에는 법률상 영향을 미치지 아니한다 하여 달리 볼 것은 아니다(대법원 2008.10.27.자 2007마380 결정).

다) 실무 TIP

담보신탁 공매절차가 진행되는 경우 여러 이해관계자가 처분금지가처분 등을 신청하는 경우가 종종 있다. 이 사건처럼 위탁자의 채권자가 위탁자와 매매계약 또는 공급계약 등을 체결하였다는 이유로 처분금지가처분결정 또는 공매절차중지가처분을 받는 경우도 종종 일어나는데, 그러한 경우 가처분이의를 신청하면서 이 사건 판결을 법원에 제출하면 통상의 경우에는 위 가처분을 취소시킬 수 있을 것이다.

다만 법원이 발령한 가처분결정은 법원에 의하여 취소결정을 받지 아니하는한 형식적 효력이 살아 있으므로 신탁사 임직원의 경우 위 판결만을 가지고 임의로 판단하여서는 안되고, 원칙적으로 법적 절차를 진행하여 가처분을 취소한 후 공매를 진행하는 것이 바람직하다 할 것이다.

2) 처분금지가처분 등 가처분을 해방공탁으로 취소시킬 수 있는지 여부

부동산신탁사에서 근무하다보면 처분금지가처분 등 가처분도 해방공탁으로 취소시킬 수 있는지 여부를 질의받는 경우가 종종 있어 이 부분도 소개해본다.

원칙적으로 가압류는 해방공탁 등으로 취소시킬 수 있으나 대법원은, 금전채권이나 금전으로 환산할 수 있는 채권의 보전을 목적으로 하는 가압류와 달리 가처분은 금전채권을 제외한 특정물에 대한 이행청구권 또는 다툼이 있는 권리관계의 보전에 그 본래의 목적이 있다는 점과 민사집행법 제307조에서 특별사정으로 인한 가처분의 취소를 별도로 규정한 법의 등에 비추어 볼 때 해방공탁금에 관한 민사집행법 제282조의 규정은 가처분에는 준용할 수 없다고 해석함이 타당하다(대법원 1956.5.10. 선고 4289민상26 판결 참조)는 입장이므로, 원칙적으로 가처분은 해방공탁으로 취소시킬 수 없다.

실무적으로 부동산신탁에서 자주 문제되는 처분금지가처분이나 공매절차중지가처분 등에서는 위와 같은 특별사정에 의한 가처분취소는 사정에 따라 인용되는 경우도 있고, 그렇지 않은 경우도 있다. 경험상으로는 특히 공매절차중지가처분의 경우에는 신청횟수에 비하면 인용되는 경우가 다소 드물었다. 수분양자가 신청한 처분금지가처분의 경우에는 계약해제사유 발생에 따른 계약해제통지를 한 경우 현금공탁을 조건으로 인용된 사례가 있다. 또한 빠른 가처분 말소를 위하여 가처분 취소를 신청하면서 가처분 이의도 함께 신청하는 경우도 있다.

3) 사해신탁취소로 인한 원상회복청구권을 피보전권리로 한 처분금지가처분이 발령된 상태에서 수탁자가 위탁자에게 신탁재산을 귀속시킬 수 있는지 여부

대법원은, 채권자취소권은 사해행위로 이루어진 채무자의 재산처분행위를 취소하고 그 원상회복을 구하기 위한 권리로서 사해행위에 의해 일탈된 채무자의 책임재산을 총채권자를 위하여 채무자에게 복귀시키기 위한 것이지 채권자취소권을 행사하는 특정 채권자에게만 독점적 만족을 주기 위한 권리가 아니므로, 지명채권이 양도되어 제3자에 대하여 대항요건까지 갖춘 후 양도인의 채권자가 양수인을 상대로 사해행위취소로 인한 원상회복청구권을 피보전권리로 하여 그 피양수채권에 대한 처분금지가처분을 발령받은 경우에, 위 가처분 채권자가 본안소송으로 제기한 사해행위취소소송에서 승소 확정된 후 그에 기하여 채무자에게 그 채권이 원상회복되는 때뿐만 아니라, 양수인이 임의로 양도인에게 그 채권을 반환하거나 양도인의 다른 채권자가 양수인을 상대로 제기한 사해행위취소소송의 결과에 따라 원상회복의무의 이행으로서 그 채권을 반환하더라도, 이는 위 가처분채권자의 피보전권리인 채권자취소권에 의한 원상회복청구권을 침해하는 것이 아니라 채권자취소권의 목적을 실현시키는 것과 동일한 결과가 되어 오히려 그 피보전권리에 부합하는 것이므로 위 가처분의 처분금지효력에 저촉된다고 할 수 없고, 양수인의 원상회복의무의 발생이 다른 채권자가 제기한 사해행위취소소송에서의 청구인낙에 따른 것이라고 하여 달리 볼 것은 아니라 할 것이라는 입장이다.

따라서 위탁자의 채권자가 사해신탁취소로 인한 원상회복청구권을 피보전권리로 한 처분금지가처분이 발령된 상태에서 수탁자가 위탁자에게 신탁재산을 귀속시키는 행위 역시 처분금지가처분의 피보전권리에 부합하는 것이므로 원칙적으로 처분금지가처분의 처분금지효력에 저촉된다고 볼 수 없다 할 것이다.

다만, 처분금지가처분이 발령된 경우 그 형식적 효력에 의하여 수탁자의 행위가 부정될 가능성이 전혀 없다 말할 수 없으므로 처분금지가처분을 취소한 후 위탁자에게 귀속시키는 것이 가장 안전한 업무처리방안이라 할 것이다. 또한 필요에 따라 처분금지가처분 취소 없이 위탁자에게 신탁부동산을 귀속시키는 경우 가처분 채권자가 소송을 제기할 위험성이 있으므로, 소송비용은 별도 계좌에 유보하거나, 신탁재산 귀속과 동시에 처분금지가처분에 대하여 사정변경을 이유로 한 처분금지가처분 취소를 신청하는 것도 검토할 필요가 있다.

4) 소유권이전등기청구권에 대하여 가처분이 있은 후 그 등기청구권에 대한 압류가 이루어진 경우, 가처분이 압류에 우선하는지 여부

소유권이전등기청구권에 대하여 가처분이 있은 후 그 등기청구권에 대한 압류가 이루어진 경우, 가처분이 압류에 우선하는가. 대법원은 가처분이 압류에 우선하지 아니하고 경합한다는 입장이다. 구체적인 내용은 아래와 같다.

부동산의 매매로 인한 소유권이전등기청구권은 물권의 이전을 목적으로 하는 매매의 효과로서 매도인이 부담하는 재산권이전의무의 한 내용을 이루는 것이고, 매도인이 물권행위의 성립요건을 갖추도록 의무를 부담하는 경우에 발생하는 채권적 청구권으로 그 이행과정에 신뢰관계가 따르므로, 소유권이전등기청구권을 매수인으로부터 양도받은 양수인은 매도인이 그 양도에 대하여 동의하지 않고 있다면 매도인에 대하여 채권양도를 원인으로 하여 소유권이전등기절차의 이행을 청구할 수 없고, 따라서 매매로 인한 소유권이전등기청구권은 특별한 사정이 없는 이상 그 권리의 성질상 양도가 제한되고 그 양도에 채무자의 승낙이나 동의를 요한다고 할 것이므로 통상의 채권양도와 달리 양도인의 채무자에 대한 통지만으로는 채무자에 대한 대항력이 생기지 않으며 반드시 채무자의 동의나 승낙을 받아야 대항력이 생긴다.

소유권이전등기청구권에 대한 가압류가 있기 전에 소유권이전등기청구권을 보전하기 위하여 "채무자는 소유권이전등기청구권을 양도하거나 기타 일체의 처분행위를 하여서는 아니 된다. 제3채무자는 채무자에게 소유권이전등기절차를 이행하여서는 아니 된다."는 소유권이전등기청구권 처분금지가처분이 있었다고 하더라도 그 가처분이 뒤에 이루어진 가압류에 우선하는 효력은 없으므로, 그 가압류는 가처분채권자와 사이의 관계에서도 유효하고, 이는 소유권이전등기청구권에 대한 압류의 경우에도 마찬가지이다(대법원 2001.10.9. 선고 2000다51216 판결).

소유권이전등기청구권의 양도는 일반 채권의 양도와는 달리 그 양도에 채무자의 승낙이나 동의를 요한다는 것이 대법원의 입장이므로, 아울러 숙지하여야 할 것이다.

또한 신탁법상의 신탁이 해지되어 신탁이 종료되면 신탁관계는 장래를 향하여 그 효력을 잃게 되고, 수탁자가 신탁재산의 귀속권리자인 위탁자에게 신탁재산인 부동산의 소유권을 이전하면서 소유권이전등기의 방법에 의하지 아니하고 수탁자의 소유권이전등기를 말소하는 방법에 의하더라도, 위탁자는 수탁자의 소유권에 기하여 다시 소유권을 취득하고, 신탁법상의 신탁 해지로 신탁재산인 부동산의 소유권을 다시 이전받은 위탁자는 수탁자를 채무자로 한 가처분결정에 관하여 사정변경으로 인한 취소 신청을 할 수 있는 신청인적격을 가지며, 위탁자로부터 순차로 목적 부동산의 소유권을 전득한 사람도 마찬가지로 위 가처분결정에 관하여 사정변경으로 인한 취소 신청을 할 수 있다(대법원 2006.9.22. 선고 2004다50235 판결)는 취지의 대법원 판결이 존재하는바, 신탁사 담당자는 숙지할 필요가 있다.

13 신탁과 공탁

가 수탁자가 우선수익자의 우선수익금이 존재함에도 신탁재산을 수익자 수익권의 압류 추심명령에 대한 권리공탁으로 한 사례

통상적으로 우선수익자가 보유한 우선수익권이란 신탁계약에 따라 수탁자가 신탁부동산을 처분하는 등으로 발생한 신탁재산으로부터 수익자보다 우선하여 지급받을 권리를 뜻하는 바, 우선수익자는 수익자의 채권자보다 신탁재산을 우선하여 수취할 수 있다. 그런데 수탁자가 우선수익권이 존재함에도 불구하고 권리공탁의 방식으로 수익자의 채권자에게 신탁재산을 먼저 교부한 경우에는 수탁자는 우선수익자에게 선관주의의무 위반을 이유로한 신탁재산의 원상회복 책임을 부담할 수 있다.

대법원은 신탁계약상 우선수익자가 수익자보다 우선하여 신탁원본 및 신탁수익을 수취할 권리를 가짐에도 불구하고 수탁자가 이에 위반하여 수익자의 채권자들에 의한 가압류 등을 이유로 수익자의 채권자들을 피공탁자로 하여 신탁재산에 대한 권리공탁을 하여 우선수익자가 공탁액 상당의 손해를 입은 경우 수탁자의 신탁재산 원상회복 책임을 인정하는 취지로 판시하였다. 자세한 사항은 아래와 같다.

1) 사실관계

① 수탁자인 피고, 위탁자, 시공사 겸 우선수익자인 원고가 부동산에 관한 처분신탁계약과 개발사업 자금관리를 위한 자금관리대리사무계약을 체결하고 개발사업을 진행하던 중 원고와 위탁자의 채권자 OO은행이 원고와 위탁자가 이 사건 신탁계약에 따라 피고로부터 지급받을 수익금 및 부수채권에 채권가압류를 피고 신탁사에게 집행하였고, 위탁자의 채권자들이 위탁자의 신탁사에 대한 이사건 아파트의 분양수입금반환채권 중 일부에 대한 채권압류 및 추심명령을 받았고 집행되었다.

② 위 가압류결정과 압류추심명령이 집행될 당시 수탁자 자금관리계좌에는 약 14억원이 있었고, 우선수익자인 원고의 미지급 공사대금은 약 81억원, 가압류청구금액은 약 16억원, 채권압류추심명령 청구금액은 약 6억원이었다.

③ 그런데 수탁자는 위 가압류와 채권압류추심명령에 대한 민사집행법 제248조 제1항 권리공탁을 하면서 공탁원인으로 "수탁자가 이 사건 자금관리계약에 따라 위탁자에게 1,488,291,310원을 지급할 채무가 있는데, 위탁자의 채권자들에 의한 이 사건 가압류결정과 이 사건 압류 및 추심명령을 송달받았다."고 기재하였다.

④ 이후 수탁자가 이 사건 공탁에 관하여, 우선수익자인 원고에게 지급되어야 할 돈인데 위탁자에게 지급의무가 있는 것으로 잘못 알고 공탁하였다고 주장하며 공탁 불수리신청을 하였으나, 결국 특별항고를 거쳐 수탁자의 공탁이 수리되었다.

⑤ 수탁자는 다시 이 사건 공탁원인을 "이 사건 신탁계약의 우선수익자인 원고에게 1,488,291,310원을 지급할 의무가 있는데, ○○은행의 가압류결정과 소외인 등의 압류 및 추심명령을 송달받았으므로 위 금원을 공탁한다."는 취지로 변경해 달라는 공탁서정정신청을 하였으나, 그 정정신청도 받아들여지지 않았다. 결국 이 사건 공탁금은 2013.3.6. 열린 배당기일에서 압류추심권자인 소외인 등에게 배당되었다.

2) 대법원의 판단

1. 원심은 위 사실관계를 토대로 다음과 같이 판단하였다.
    가. 이 사건 자금관리계좌에 있던 1,488,291,310원은 원고, 피고, 위탁자 사이에 체결된 이 사건 신탁계약과 자금관리계약에 따라 우선수익권자인 원고에게 지급되어야 한다. 그러나 수탁자인 피고는 수익자에게 위 돈을 지급할 채무가 있다고 잘못 판단하여 피압류채권을 '수익자에 대한 이 사건 자금관리계약상의 채무'라고 특정하여 민사집행법 제248조 제1항에서 정한 이 사건 공탁을 하였다. 따라서 이 사건 공탁은 신탁법 제32조 등이 정한 수탁자로서의 선관의무 등을 위반하여 이루어진 것이다.
    이 사건 공탁으로 인해 이 사건 자금관리계좌에서 1,488,291,310원이 인출되어 신탁재산이 감소하였으므로 신탁재산에 손해가 발생하였다.

나. 민사집행법 제248조 제1항의 권리공탁에서도 공탁으로서 소멸시키고자 하는 채권인 피압류채권은 특정되어야 한다. 피고가 위에서 본 바와 같이 피압류채권을 특정한 이상 이 사건 공탁에 의한 배당은 '수익자의 채권'에 권리를 주장하는 자들 사이에 실시하여야 하므로 원고에 대한 채무를 소멸시키는 효력을 가질 수 없다.

원고가 피고에게 이 사건 통지를 보냈다는 등의 사정만으로는 이 사건 공탁에 대해 사전 또는 사후에 동의하였거나 원상회복채권 등의 권리를 포기하였다고 볼 수 없다. 그리고 원고와 피고 사이에 부제소합의가 이루어졌다고 볼 수도 없다.

다. 따라서 이 사건 공탁으로 이 사건 자금관리계좌에서 금전이 인출되어 신탁재산이 감소한 이상, 설령 그 후 배당 혹은 배당이의절차에서 원고와 수익자에 대하여 연대보증채권을 가진 주식회사 OO은행이 배당을 받음으로써 결과적으로 원고가 손해를 피할 가능성이 있었더라도 이는 사후적 회복이 될 수 있을 뿐이고, 수탁자인 피고의 선관의무 등 위반으로 신탁재산에 손해가 발생하였음은 변함이 없다.

라. 관련 법리와 기록에 비추어 살펴보면, 우선수익자인 원고가 신탁법 제43조 제1항에 따라 수탁자인 피고를 상대로 제기한 신탁재산 원상회복청구를 받아들인 원심판결에 상고이유 주장과 같은 집행공탁과 수탁자의 선관의무에 관한 법리오해, 의사해석에 관한 채증법칙 위반, 인과관계에 관한 법리오해 등의 잘못이 없다.

2. 수탁자의 원상회복의무와 지연손해금(상고이유 제4점)

가. 신탁법 제43조 제1항은 "수탁자가 그 의무를 위반하여 신탁재산에 손해가 생긴 경우 위탁자, 수익자 또는 수탁자가 여럿인 경우의 다른 수탁자는 그 수탁자에게 신탁재산의 원상회복을 청구할 수 있다."라고 정하고 있다. 수탁자가 신탁법 제32조에 따른 선관의무를 위반하여 신탁재산에 손해가 생겼다면, 위탁자, 수익자, 또는 수탁자가 복수인 경우에는 의무를 위반한 수탁자가 아닌 다른 수탁자 중 누구라도, 의무를 위반한 수탁자를 상대로 신탁재산의 원상회복을 청구할 수 있다. 이때 '신탁재산의 원상회복'이란 신탁재산의 원상회복을 청구하는 청구권자에게 신탁재산을 원상으로 회복한다는 뜻이 아니라, 신탁재산이었던 원물을 다시 취득하여 신탁재산에 편입시킴으로써 신탁재산을 원상으로 회복하는 것을 뜻한다. 따라서 의무를 위반한 수탁자가 부담하는 신탁재산의 원상회복 의무는 그 편입 대상인 원물이 금전인 경우라도 단순히 금전의 급부를 목적으로 하는 금전채무와는 구별된다. 따라서 신탁법 제43조 제1항에 따른 신탁재산의 원상회복을 원인으로 금전채무의 전부 또는 일부의 이행을 명하는 판결을 선고할 경우에는 달리 특별한 약정이 없는 한 민법과 그 특별규정인 소송촉진 등에 관한 특례법 제3조 제1항에 정한 이율에 따른 지연손해금의 지급을 명할 수 없다(대법원 2016.6.28. 선고 2012다44358, 44365 판결 참조).

나. 그런데도 원심은 신탁재산 원상회복의무의 성질을 단순한 금전채무로 보아 이 사건 자금관리계좌에서 인출된 1,488,291,310원에 대하여 이 사건 소장부본 송달 다음 날부터 다 갚는 날까지 소송촉진 등에 관한 특례법 제3조 제1항에서 정한 이율에 따른 지연손해금의 지급을 명하였다. 이는 신탁법 제43조 제1항에서 정한 신탁재산 원상회복의무의 성질에 관한 법리를 오해하여 판결에 영향을 미친 잘못이 있다. 이를 지적하는 상고이유 주장은 정당하다(대법원 2020.9.3. 선고 2017다269442 판결).

3) 실무 TIP

신탁업무를 진행하다보면 신탁계약의 당사자 또는 신탁계약 당사자의 채권자들간의 분쟁으로 인하여 수탁자가 신탁재산을 누구에게 교부할지 알기 어려운 상황이 빈번히 발생하곤 한다. 이 경우 수탁자는 공탁을 통하여 누구에게 교부하는 것이 타당한 것인지 여부를 결정할 책임에서 벗어날 수 있지만, 이러한 공탁이 정확하여야 한다는 부담을 지게 된다. 정확하지 아니한 공탁을 하는 경우 공탁이 무효가 되거나 최악의 경우 공탁으로 인하여 손해배상 책임을 부담할 수도 있는 것이다. 위 대법원 판례사안처럼 우선수익자에게 지급하여야 하는 금원을 수익자의 채권자에게 공탁하였다면, 수탁자는 우선수익자에게 손해배상책임을 지기도 하는 것이다. 따라서 신탁사 사업팀, 지원팀에서 공탁업무를 진행하는 경우 신탁계약에 따라 정확하게 공탁이 이루어지는지 여부를 반드시 잘 확인하는 것이 필요하다.

특히 공탁을 진행하는 경우에도 변제공탁, 집행공탁, 혼합공탁 중 어느 것에 해당하는지 여부를 면밀히 검토하고 업무를 진행하여야 한다. 간혹 공탁이 수리된 후에도 소송과정에서 공탁이 무효로 판단되는 경우가 존재하기 때문이다.

만약 수탁자의 과실로 신탁재산이 감소하여 우선수익자 등이 수탁자를 상대로 소를 제기한 경우 수탁자는 마지막 항변으로서 신탁재산의 원상회복을 원인으로 금전채무의 전부 또는 일부의 이행을 명하는 판결을 선고할 경우에는 달리 특별한 약정이 없는 한 민법과 그 특별규정인 소송촉진 등에 관한 특례법 제3조 제1항에 정한 이율에 따른 지연손해금의 지급을 명할 수 없((대법원 2020.9.3. 선고 2017다269442 판결))으므로 원고는 민법 또는 소촉법상 지연손해금은 수탁자에게 청구할 수 없다는 항변을 반드시 덧붙여야 한다.

나 신탁종료시 신탁재산 귀속에 대한 다툼이 있는 경우 수탁자가 채권자 불확지 변제공탁을 할 수 있는지 여부

신탁종료시 수탁자는 최종 계산을 거쳐 신탁재산 및 잔여재산을 정당한 수익자 또는 위탁자에게 반환하여야 한다. 그런데 실무에서는 위탁자와 수익자, 우선수익자 등이 수탁자를 상대로 서로 자신에게 신탁재산을 교부하여야 한다고 주장하는 경우가 종종 생기는데, 이러한 경우 수탁자가 신탁재산에 대하여 채권자 불확지를 원인으로한 변제공탁을 할 수 있는지 여부가 문제된다.

비록 금전채권신탁의 사례이기는 하나 대법원은 신탁재산을 수령할 권한이 있는 수익자인지에 관한 다툼이 있는데 만일 수탁자가 선량한 관리자의 주의를 다하여도 수익자라고 주장하는 자와 위탁자 중 누구에게 신탁재산을 지급하여야 하는지 알 수 없다면, 수탁자는 채권자 불확지를 원인으로 하여 신탁재산을 변제공탁할 수 있다는 취지로 판시하였다. 자세한 내용은 아래와 같다.

1. 원심의 판단과 같이 변제공탁의 목적인 채무는 현존하는 확정채무여야 하지만, 그 의미는 장래의 채무나 불확정채무는 원칙적으로 변제공탁의 목적이 되지 못한다는 것일 뿐, 채무자에 대한 각 채권자의 채권이 동일한 채권이어야 한다는 의미는 아니다. 따라서 원고의 신탁잔여재산 반환청구권과 피고의 퇴직급부금 지급청구권이 동일한 채권이 아니더라도, 채무자인 중소기업은행은 다른 요건이 충족되면 유효한 변제공탁을 할 수 있다.

2. 민법 제487조 후단의 '변제자가 과실 없이 채권자를 알 수 없는 경우'라고 함은 객관적으로 채권자 또는 변제수령권자가 존재하고 있으나 채무자가 선량한 관리자의 주의를 다하여도 채권자가 누구인지를 알 수 없는 경우를 말한다(대법원 2008.10.23. 선고 2007다35596 판결 등 참조). 위탁자와 수탁자 사이에 신탁계약이 해지 또는 종료되었을 때 수탁자가 최종 계산을 거쳐 수익자에게 신탁재산을 교부한 후 잔여재산이 있는 경우 이를 위탁자에게 반환하기로 약정하였다면, 수탁자는 그 절차에 따라 수익자에게 신탁재산을 교부하고 남은 재산이 있으면 이를 위탁자에게 반환하면 된다. 그러나 신탁재산을 수령할 권한이 있는 수익자인지 여부에 관한 다툼이 있다면, 수탁자는 그 사람이 정당한 수익자인지 여부에 따라 신탁재산을 수익자 또는 위탁자 중 누구에게 지급하여야 하는지가 결정된다. 만일 수탁자가 선량한 관리자의 주의를 다하여도 수익자라고 주장하는 자와 위탁자 중 누구에게 신탁재산을 지급하여야 하는지 알 수 없다면 '과실 없이 채권자

를 알 수 없는 경우'에 해당하므로, 수탁자는 민법 제487조 후단의 채권자 불확지를 원인으로 하여 신탁재산을 변제공탁할 수 있다.

3. 이 사건을 보면, 피고가 정당한 수익자인지 여부에 관한 다툼이 있어 수탁자인 중소기업은행으로서는 선량한 관리자의 주의를 다하여도 원고와 피고 중 누가 진정한 채권자인지를 알 수 없는 경우에 해당하므로, 중소기업은행은 채권자 불확지를 원인으로 하여 잔여재산을 변제공탁할 수 있다(대법원 2014.12.24. 선고 2014다207245,207252 판결).

부동산신탁의 경우 대부분 우선수익자가 존재하므로, 신탁종료시 잔여신탁재산을 우선수익자의 우선수익한도금액만큼 우선수익자에게 먼저 지급하고 나머지를 수익자에게 지급하는 형식으로 업무를 처리하는 것이 일반적이다.

하지만 (1) 시공사인 우선수익자가 수탁자의 동의없는 추가공사비도 우선수익권에 포함한다고 주장하는데 수익자는 그에 이의를 제기하는 경우, (2) 시공사가 목적물 준공을 지연하였으므로 지체상금이 발생하였고 지체상금과 공사비채권을 상계하면 시공사의 우선수익권이 소멸하였다고 수익자가 주장하는데 우선수익자인 시공사는 그에 이의를 제기하는 경우, (3) 수익자가 우선수익자의 대여금을 변제하였으므로 우선수익권이 소멸하였다고 주장하는데 우선수익자는 그에 이의를 제기하는 경우, (4) 수익자가 신탁계약 체결 후 추가로 대출한 금액은 기존 신탁계약의 우선수익권에 포함되지 않는다고 주장하는데 우선수익자는 그에 이의를 제기하는 경우, (5) 수익자는 우선수익권의 피담보채권을 변제하였다고 주장하는데 우선수익자는 변제를 인정하지 아니하는 경우 등 수익자와 우선수익자간 다양한 이유로 분쟁이 발생하여 수탁자가 선관주의 의무를 다하여도 위탁자와 수익자, 우선수익자 중 누구에게 신탁재산을 지급하여야 하는지 알 수 없는 상황이 발생하는 경우가 있다. 그러한 경우 수탁자는 잔여신탁재산을 채권자 불확지를 원인으로 하여 변제공탁하거나 혼합공탁할 수 있다고 판단된다.

다 수익금에 대한 추심금 소송 발생 후 수익금을 공탁할 때 변호사비용을 지출한 잔액을 공탁한 것이 수탁자의 선관주의의무 위반인지 여부

부동산신탁업을 영위하다보면, 수익자와 우선수익자, 수익권 질권자 등 간에 서로 다툼이 있거나 수익권에 보전처분, 강제집행 등이 발생하여 수익금을 공탁하여야 하는 경우가 종종 발생한다.

토지신탁 계약에서 발생한 수익금을 공탁함에 있어 추심금소송이 진행중이라는 이유로 ① 이미 제기된 소송에 대한 변호사비용을 지출한 것이 수탁자의 선관주의 의무 위반인지 여부 및 ② 남은 수익금에서 장래에 발생할 상고심을 대비하여 일부 비용을 변호사보수로 공제하고 남은 수익금을 공탁하는 것이 일부공탁 무효에 해당하는지 여부가 문제된 사안에서 서울고등법원은 이미 제기된 소송에 대한 변호사비용을 지출하는 것은 신탁사무처리비용에 해당하므로 정당하다 판단하였고, 대법원에서 심리불속행 기각판결로 확정되었다. 구체적인 내용은 아래와 같다.

(1) 이미 제기된 추심금 소송에 대한 변호사비용을 지출한 것이 수탁자의 선관주의의무 위반인지 여부(소극)

변론 전체의 취지를 종합하면, 앞서 본 2010.12. 기준 사업수익금에서 이 사건 소송에 따른 변호사보수를 지출하고 현재 약 3억원이 남아 있는 사실을 인정할 수 있는바, 이 사건 신탁계약 제17조, 제18조는, 신탁사업의 수행 및 관리에 필요한 각종 비용은 위탁자 겸 수익자의 부담으로 하여 수탁자는 그 비용을 신탁재산에서 지급할 수 있도록 정하고 있고, 구 신탁법 제46조 제1항 역시 수탁자는 신탁사무의 처리에 관하여 필요한 비용을 신탁재산에서 지출할 수 있는 것으로 규정하고 있으므로, 수탁자가 신탁사무의 처리에 필요한 비용인 위 변호사 보수를 신탁재산인 사업수익금에서 지출한 것은 정당하다고 할 것이다.

이에 대하여 원고들은 이 사건 소가 제기될 당시 이미 압류가 경합하고 있는 상태에서 수탁자가 민사집행법 제248조 제1항에 따라 당시의 잔존 신탁수익금 전액을 집행공탁하는 것이 가능하였음에도 불필요하게 이 사건 소송의 변호사보수를 지출한 것은 자본시장과 금융투자업에 관한 법률 위반에 해당하는 것으로서 이는 수탁자의 과실 없이 부담한 채무가 아니므로, 이 사건 수익금에서 지출할 수 없다는 취지로 주장한다.

살피건대, 수탁자가 신탁의 본지에 따라 신탁사업을 수행하면서 정당하게 지출하거나 부담한 신탁비용 등에 관하여는 위탁자에게 보상을 청구할 수 있고, 수탁자가 선량한 관리자의 주의를 위반하여 신탁비용을 지출한 경우에는 이러한 과실로 인하여 확대된 비용은 신탁비요의 지출 또는 부담에 정당한 사유가 없는 경우에 해당하여 수탁자는 비용상환청구를 할 수 없다고 할 것이다.

그러나 이 사건에서 원고들의 청구권인과 앞서 판단한 이 사건 채권양도의 효력, 특히 채권양도에 대한 수탁자의 승낙 요건과 방식에 관한 법리적 판단이 쉽지 아니한 상황에서 채권양수인이 파산하여 채권양수인의 악의 또는 중과실에 관한 증거관계도 당심에 이르기까지도 명백하지 아니하였던 사정 등을 종합하여 보면, 이 사건 소에 대하여 수탁자가 변호사 비용을 지출하여 다툰 행위가 수탁자의 이익만을 위한 행위라거나 선량한 관리자의 주의를 위반하여 신탁비용을 지출한 경우에 해당한다고 단정할 수 없다. 원고들의 위 주장은 이유 없다(서울고등법원 2013.8.29. 선고 2012나103655 판결).

(2) 실무 TIP

앞서 살펴보았듯이 추심금 소송에 대한 변호사 비용을 공제하고 수익금을 공탁하더라도 유효하다고 판단된다. 또한 수익금을 공탁할 때 이미 지출한 비용을 수익금에서 공제하고 나머지 금액을 공탁하는 경우는 통상적으로 문제가 되지 않는 것이 대부분이나, 아직 발생하지 아니하였으나 실무상 발생가능성이 높은 금원(취득세 유보금, 상고심 소송비용 등)을 유보하고 나머지 수익금을 공탁하는 경우 그 유보의 정당성을 입증하지 못하면 공탁이 무효로 처리되어 처음부터 공탁을 하지 아니한 것으로 간주될 가능성이 있으므로 유보의 필요성을 객관적으로 입증할 수 있는 자료 등을 미리 갖춘 후 공탁을 하는 방식으로 업무처리에 유의할 필요가 있다.

따라서 위와 같은 사안이 발생할 가능성이 존재하는 경우 신탁계약 체결시부터 발생가능성이 높은 명목을 특정하여 수익금 공탁시 수탁자의 판단에 따라 위의 금원을 유보하고 나머지 수익금을 공탁할 수 있다는 취지의 내용을 신탁계약 특약에 반영하는 것이 바람직하고, 아직 발생하지 아니하였으나 발생 가능성이 높은 명목의 금원을 유보할 경우에는 그 유보의 정당성을 입증할 수 있는 자료를 징구하고, 신탁관계인과 공문을 주고

받는 형식 등으로 재판장을 설득할만한 명분을 미리 쌓아두는 것이 중요하다.

또한 공탁시 법무사 비용에 관하여 신탁계약서에 공탁비용은 신탁재산으로 처리할 수 있다는 취지의 내용을 기재하는 것이 바람직하고, 지급한 공탁비용은 배당시 선지급받을 수 있도록 조치하여야 한다. 이와 관련한 법원실무제요의 설명은 다음과 같다.

> 민사집행법 248조의 규정에 따라 채무액을 공탁한 제3채무자는 압류의 효력이 미치는 부분에 해당하는 금액의 공탁을 위하여 지출한 비용 및 같은 조 4항의 공탁신고서 제출을 위한 비용을 배당법원에 신청하면 공탁금에서 지급받을 수 있다(민비 10조의2, 다만 권리공탁은 본질적으로 변제공탁의 성질을 가지고, 변제공탁의 비용은 채무자의 부담이므로 위 규정은 공탁의무의 이행으로 공탁한 경우에만 적용된다는 제한설이 있다). 제3채무자가 청구하는 비용의 우선순위에 대하여는 명문의 규정이 없지만, 배당법원이 제3채무자의 청구에 따라 공탁금 중에서 지급하는 것이고, 본질적으로는 배당절차 전에도 배당법원의 지급결정에 기초하여 지급할 수 있는 것이므로 집행비용 중 압류채권자의 절차비용보다 우선하여 지급하여야 한다.[19]

또한 수익금에서 공탁비용을 선지급 처리하고 나머지 잔액을 공탁하더라도 하더라도 공탁비용이 공탁금에 비하여 매우 소액인 경우에는 전체 공탁금이 무효로 평가받지는 않을 것으로 보인다. 또한 일부만 공탁하였다 하더라도 그 후 부족분을 추가로 공탁하였다면 그 때부터는 전 채무액에 대하여 유효한 공탁이 이루어진 것이라는 취지의 대법원 판결이 있으니 참고할 필요가 있다.

채무자가 채무액의 일부만을 변제공탁 하였으나 그 후 부족분을 추가로 공탁하였다면 그 때부터는 전 채무액에 대하여 유효한 공탁이 이루어진 것으로 볼 수 있는 것이고, 이 경우 채권자가 공탁물수령의 의사표시를 하기 전이라면 추가공탁을 하면서 제1차 공탁시에 지정된 공탁의 목적인 채무의 내용을 변경하는 것도 허용될 수 있다 할 것이다(대법원 1991.12.27. 선고 91다35670 판결).

한편, 담보신탁의 위탁자와 제2순위 우선수익자인 시공사 간 공사대금채권의 존부 등에 대한 분쟁이 있어 위탁자와 제2순위 우선수익자인 시공사 간 항소심 소송이 진행 중인 상태에서 1심 판결이 선고되었음에도 불구하고 항소심 진행 중이라는 이유로 수탁자

---

19) 사법연수원, 법원실무제요 민사집행 IV -동산·채권 등 집행-, 2020, 514쪽

가 잔여 신탁재산을 채권자 불확지를 원인으로 한 변제공탁을 진행한 경우 그 공탁행위는 적법한지 여부에 관하여 문제된 사안에서 수원지방법원 성남지원은 수탁자의 변제공탁은 적법하다는 취지로 판시한 바, 참고삼아 소개해 본다.

앞서 든 각 증거에 변론 전체의 취지를 종합하여 인정되는 다음과 같은 사실 내지 사정, 즉 ① 이 사건 공탁이 있기 전 위탁자는 수탁자에게 이 법원 2016가합208286 공사대금소송에서 위탁자가 승소할 것으로 예상되니 이 사건 잔액을 제2순위 우선수익자에게 지급하지 말고 공탁할 것을 요청하였고, 제2순위 우선수익자 또한 수탁자에게 이 사건 잔액을 위탁자가 아닌 제2순위 우선수익자에게 지급해달라고 요청하였던 점, ② 수탁자가 이 사건 공탁을 할 무렵 위탁자는 관련사건 1심 판결의 항소심에서 제2순위 우선수익자를 상대로 추가공사비의 존부, 불완전이행 등의 손해배상채권에 기한 상계, 지체상금 등을 이유로 치열하게 다투고 있었던 점 등에 비추어 보면, 제3자인 수탁자로서는 이 사건 공탁을 할 무렵 제2순위 우선수익자와 위탁자 사이의 법적 분쟁의 사실관계와 법률관계를 완벽하게 파악할 수 없었고, 선량한 관리자의 주의를 다하여도 수익자(원고)와 위탁자(피고) 중 누구에게 신탁재산을 지급하여야 하는지 알 수 없었다고 봄이 상당하다. 따라서 위탁자의 위 주장은 이유 없다(수원지방법원 성남지원 2019.12.10. 선고 2018가합1793 판결).

14 신탁과 체비지

도시개발법상 시행자는 도시개발상업에 필요한 경비를 충당하거나 규약·정관·시행규정 또는 실시계획으로 정하는 목적을 위하여 일정한 토지를 환지로 정하지 아니하고 보류지로 정할 수 있으며, 그 중 일부를 체비지로 정하여 도시개발사업에 필요한 경비에 충당할 수 있다(도시개발법 제34조 제1항 참조). 따라서 보류지 중 일부로서 도시개발사업에 필요한 경비를 충당하기 위한 목적으로 정해진 토지가 체비지다. 체비지는 그 특성상 등기부가 없는데, 통상 체비지대장에 양수인을 등재하는 형식으로 공시하는 것이 일반적이다.

대법원도 토지구획정리사업 시행자가 환지처분 전에 체비지 지정을 하여 이를 제3자에게 처분하는 경우 그 양수인이 토지의 인도 또는 체비지대장에의 등재 중 어느 하나의 요건을 갖추었다면 양수인은 당해 토지에 관하여 물권 유사의 사용수익권을 취득하여 당해 체비지를 배타적으로 사용·수익할 수 있음은 물론이고 다시 이를 제3자에게 처분할 수도 있는 권능을 가지며, 그 후 환지처분공고가 있으면 그 익일에 최종적으로 체비지를 점유하거나 체비지대장에 등재된 자가 그 소유권을 원시적으로 취득하게 된다(대법원 2007.9.21. 선고 2005다44886 판결 등 참조)는 입장이다.

그렇다면 수탁자가 신탁계약을 통하여 기존 체비지대장 및 변경된 체비지대장에 양수인으로 등재되었는데, 기존 신탁계약 기간 만료 후 신규 신탁계약이 체결되고 신규 신탁계약을 원인으로 하여 수탁자가 양수인으로 각 체비지대장에 등재되지 아니한 경우 수탁자는 제3자에게 대항할 수 있는 물권 유사의 배타적 사용·수익권을 취득한 것인지 여부가 문제된다. 이와 관련하여 대구지방법원은 위와 같은 경우에도 수탁자가 제3자에게 대항할 수 있는 물권 유사의 배타적 사용·수익권을 가진다는 취지로 판시하였고, 대법원도 상고기각 판결을 선고하며 확정되었다.

대구지방법원 : 『위탁자가 토지구획정리사업 시행자인 C조합으로부터 변경 전 D 6829.6㎡ 등을 양수하여 그 체비지대장에 소유자로 등재된 후, 수탁자와 위탁자 사이에 같은 체비지에 관하여 이 사건 신탁계약을 체결하고 같은 체비지대장은 물론 그 후 동일한 목적물에 관하여 변경된 체비지대장(변경 후 D 14381.2㎡)에도 이 사건 신탁계약을 원인으로 한 양수인으로 등재됨으로써 최소한 변경 전 D 6829.6㎡에 관하여는 제3자에게 대항할 수 있는 물권 유사의 배타적 사용·수익권을 취득하였고, 비록 이 사건 신탁계약의 신탁기간이 만료되었다고 하더라도 그 체비지대장에 신탁종료에 따른 위탁자 앞으로의 양수인 등재가 마쳐지지 않은 이상 수탁자의 위와 같은 권리는 그대로 존속된다고 할 것이다.

따라서 다른 특별한 사정이 없는 한, 위탁자의 채권자인 피고가 그 후 위탁자에 대한 이 사건 공정증서의 집행력 있는 정본에 기초하여 변경 전 D 6829.6㎡에 대하여 한 위 강제집행은, 수탁자가 제3자에게 대항할 수 있는 물권 유사의 배타적 사용·수익권을 가진 체비지에 대하여 한 것으로서 부당하므로 불허되어야 한다(대구고등법원 2014.12.17. 선고 2014나2038 판결).』

대법원 : 『원심은, 원고가 이 사건 신탁계약에 기하여 위탁자로부터 이 사건 체비지를 신탁받아 체비지대장에 양수인으로 명의를 마침으로써 이 사건 체비지에 관하여 제3자에게 대항할 수 있는 물권 유사의 배타적 사용·수익권을 취득하였으므로, 피고가 위탁자에 대한 이 사건 공정증서의 집행력 있는 정본에 기초하여 이 사건 체비지에 대하여 한 강제집행은 불허되어야 한다고 판단한 후, 이 사건 신탁계약은 무효이거나 신탁기간의 만료로 종료되어서 원고가 이 사건 체비지에 대한 강제집행을 저지할 수 있는 권리를 가지고 있지 않다는 피고의 주장을 배척하고, 원고의 청구를 받아들였다.

관련 법리와 기록에 의하여 살펴보아도, 원심의 위와 같은 판단에 상고이유의 주장과 같이 법정신탁관계, 신탁계약의 효력에 관한 법리를 오해한 잘못이 없다(대법원 2015.5.29. 선고 2015다5897 판결).』

더불어 위 판결은 개정신탁법 시행 전의 신탁계약에 관한 사안이었는데 개정신탁법 시행령은 신탁재산임을 표시하는 장부로서 재개발사업 등 법령에 따른 환지(換地) 방식의 사업을 할 때 환지, 체비지(替費地) 및 보류지(保留地)의 관리를 위하여 작성·관리하는 장부를 명시함으로서 체비지대장에 양수인으로서 등재하는 것을 통해 그 재산이 신탁재산에 속한 것임을 제3자에게 대항할 수 있음을 명확히 하고 있다[20].

한편, 갑 주식회사가 토지구획정리사업의 시행자인 을 조합으로부터 체비지를 양도받아 체비지대장에 양수인등재를 마친 다음 신탁회사인 병 주식회사와 신탁목적을 신탁부동산의 소유권 관리·보존 등으로 하고 수익자를 정 주식회사로 하는 내용의 관리신탁계약을 체결하여 병 회사가 위 체비지의 체비지대장에 양수인등재를 마쳤는데, 신탁계약 체결 전 갑 회사로부터 대물변제조로 위 체비지를 양도받았다며 갑 회사를 상대로 토지인도 등을 구하는 소를 제기하여 승소판결을 받은 무가, 신탁계약 종료 후 위 체비지 중 일부에 관하여 부동산 인도집행을 마친 다음, 갑 회사를 대위하여 체비지대장상 병 회사 명의의 신탁등재 말소절차 이행을 구하는 경우, 수탁자는 신탁등기의 말소절차를 진행할 의무가 존재하는지 여부가 문제된다.

이에 대하여 원심은 이 사건 관리신탁계약은 2007.1.26. 신탁기간 만료로 종료되었으므로 수탁자인 병 주식회사는 위탁자인 갑 주식회사에 이 사건 체비지에 관하여 체비지대장상 신탁등재를 말소할 의무가 있고, 위탁자의 채권자인 원고 무는 위탁자인 갑 주식회사에 대한 체비지대장상 명의변경청구권을 보전하기 위하여 위탁자인 갑 주식회사를 대위하여 그 신탁등재의 말소를 청구할 수 있다. 위탁자인 갑 주식회사와 수탁자인 병 주식회사가 2007.5.22. 이 사건 담보신탁계약을 체결하면서 기존 신탁등재를 유용하기로 합의하였다 하더라도, 위탁자의 채권자인 원고 무가 그 이전인 2007.2.7. 이 사건 체비지를 인도받아 제3자에게 대항할 수 있는 물권 유사의 배타적 사용·수익권을 취득하여 이해관계 있는 제3자가 되었으므로 그러한 유용 합의는 무효라는 취지로 판시하였다(대구고등법원 2015.6.23. 선고 2014나667 판결).

하지만 대법원은 병 회사는 신탁계약 종료 시 신탁계약에 신탁재산의 귀속권리자로 정

---

20) 신탁법 시행령 제2조(신탁재산의 표시 방법) 「신탁법」(이하 "법"이라 한다) 제4조제4항에서 "대통령령으로 정하는 장부"란 다음 각 호의 장부를 말한다. 이 경우 제2호의 건축물대장과 제4호의 토지대장 및 임야대장은 「공간정보의 구축 및 관리 등에 관한 법률」 제76조의3에 따른 부동산종합공부로 대체할 수 있다.
   5. 「도시개발법」 제2조제1항제2호에 따른 도시개발사업, 「농어촌정비법」 제2조제5호, 제10호 및 제18호에 따른 농업생산기반 정비사업, 생활환경정비사업 및 한계농지등의 정비사업, 「도시 및 주거환경정비법」 제2조제2호가목 및 나목에 따른 주거환경개선사업 및 재개발사업 등 법령에 따른 환지(換地) 방식의 사업을 할 때 환지, 체비지(替費地) 및 보류지(保留地)의 관리를 위하여 작성·관리하는 장부

해진 자에게 신탁재산을 반환하여야 하고, 위탁자인 갑 회사에 대하여는 신탁계약에 아무런 정함이 없는 경우에만 신탁재산 반환의무를 지는데, 위 신탁계약의 수익자를 정 회사로 인정하면서도 신탁계약 당시 신탁재산의 귀속권리자를 누구로 정하였는지 제대로 살피지 않은 채, 신탁 종료로 병 회사는 위탁자인 갑 회사에 대하여 체비지대장상 병 회사 명의의 신탁등재를 말소할 의무가 있다고 본 원심판단에는 신탁 종료 시 신탁재산의 귀속에 관한 법리오해 등의 잘못이 있다는 취지로 판시하며 원심판결을 파기환송하였다.

원심이 인정한 사실관계를 전제로 하더라도 수탁자인 병 주식회사는 이 사건 관리신탁계약 종료시 신탁계약상 신탁재산의 귀속권리자로 정해진 자에게 신탁재산을 반환하여야 하고, 신탁계약에 아무런 정함이 없는 경우에만 위탁자인 갑 주식회사에게 이를 반환할 의무가 있다. 그런데 원심은 이 사건 관리신탁계약의 수익자를 정 주식회사로 인정하면서도 이 사건 관리신탁계약 당시 신탁재산의 귀속권리자를 누구로 정하였는지에 대해서는 제대로 살피지 않은 채(원심이 적법하게 채택하여 조사한 갑 제20호증에 따르면 이 사건 관리신탁계약 제15조 제3항은 신탁 종료 시 수탁자는 신탁재산을 수익자에게 교부한다고 정하고 있음을 엿볼 수 있다) 신탁 종료로 인하여 수탁자인 병 주식회사가 위탁자인 갑 주식회사에게 체비지대장상 신탁등재를 말소할 의무가 있다고 판단하였다. 원심의 위 판단에는 신탁 종료 시 신탁재산의 귀속에 관한 법리를 오해하여 필요한 심리를 다하지 않음으로써 판결에 영향을 미친 잘못이 있다(대법원 2019.10.31. 선고 2015다49170 판결).

대법원은 신탁계약의 수익자를 정 회사로 인정하면서도 신탁계약 당시 신탁재산의 귀속권리자를 누구로 정하였는지 제대로 살피지 않은 채, 신탁 종료로 병 회사는 위탁자인 갑 회사에 대하여 체비지대장상 병 회사 명의의 신탁등재를 말소할 의무가 있다고 본 원심판단에는 신탁 종료 시 신탁재산의 귀속에 관한 법리오해 등의 잘못이 있다고 한 것이다.

한편, 구획정리사업시행자가 체비지대장에 수탁자 명의를 기재한 후 임의로 수탁자 명의를 말소하고 제3자 명의를 기재한 후 제3자 명의로 소유권보존등기가 마쳐졌다면, 수탁자는 제3자에게 체비지에 관하여 진정명의회복을 원인으로 한 소유권이전등기절차 이행을 청구할 수 있는지 여부가 문제된다.

이에 대하여 서울고등법원은 수탁자가 제3자에게 진정명의회복을 원인으로 한 소유권이전등기절차 이행을 청구할 수 있다는 취지로 판시하였고, 대법원은 상고기각 판결을 선고하여 확정되었다.

수탁자가 2007.12.26. 체비지대장인 체비지원부에 이 사건 토지의 양수인으로 등재된 사실, 이 사건 사업의 구획정리사업시행자인 조합이 2011.10.24. 이 사건 토지에 관하여 환지처분의 공고를 한 사실은 위 기초사실에서 본 바와 같으므로, 수탁자는 위 환지처분 공고일 다음 날인 2011.10.25. 이 사건 토지의 소유권을 원시적으로 취득하였다(따라서 수탁자가 소유권을 취득하기 위하여는 이 사건 토지에 대한 수탁자의 점유가 필요하고, 신탁에 있어서는 체비지대장의 등록만으로 체비지에 대한 소유권을 취득할 수 없다는 제3자의 주장은 받아들이지 아니한다).

그렇다면 토지에 관하여 경료된 제3자 명의의 소유권보존등기는 원인무효라고 할 것이므로, 제3자는 토지의 소유자인 수탁자에게 토지에 관하여 진정명의회복을 원인으로 한 소유권이전등기절차를 이행할 의무가 있다(서울고등법원 2015.7.16. 선고 2013나65064 판결).

또한 위 사건에서 제3자는, 수탁자가 체비지원부상 매수인으로 기재되었다고 하더라도 그 후 구획정리사업시행자가 토지에 관한 체비지원부에 제3자를 양수인으로 기재하고 그에 기하여 제3자 명의의 소유권보존등기가 경료되는 때에 구획정리사업시행자의 제1차 담보신탁계약에 의한 수탁자에 대한 소유권이전등기 의무는 이행불능상태에 이르렀으므로, 수탁자는 이 사건 토지에 대한 소유권을 원시취득하지 못하고, 환지처분 당시 토지에 관한 체비지원부에 양수인으로 기재되어 있던 제3자가 토지를 원시취득하였으므로, 제3자 명의의 이 사건 소유권보존등기는 유효하는 취지로 항변하였다.

하지만 서울고등법원은 체비지대장에 기재된 매수인은 당해 토지에 관하여 물권 유사의 사용수익권을 취득하므로, 체비지대장에의 매수인 기재는 권리 성립요건일 뿐 권리 존속요건이 아니어서 일단 체비지대장에 매수인으로 기재되었다면 그 후 매수인이 제3자에게 체비지를 양도하였다는 등의 정당한 사유 없이 구획정리사업시행자가 체비지대장의 매수인 명의를 임의로 말소하였다면 이는 무효이고, 따라서 환지 확정 당시 체비지의 원시취득자는 여전히 체비지대장에 최초로 매수인으로 기재되었던 자라고 할 것이므로, 이에 반하는 제3자의 주장은 이유 없다(서울고등법원 2015.7.16. 선고 2013나 65064 판결)는 취지로 판시하였고, 이는 대법원에서 확정되었다(대법원 2017.9.21. 선고 2015다52589 판결).

따라서 수탁자가 체비지대장에 매수인으로 등재된 후 정당한 사유없이 도시정비사업시행자가 체비지대장의 매수인 명의를 임의로 말소하는 것은 무효이므로, 수탁자는 정당한 사유없이 체비지대장에 매수인으로 등재된 제3자가 소유권보존등기를 경료하였더라도 제3자를 상대로 진정명의회복을 원인으로 한 소유권이전등기절차이행청구권을 행사할 수 있다 할 것이다.

15 수탁자의 비용상환청구권, 보수청구권, 자조매각권

가 수탁자의 비용상환청구권

수탁자는 신탁사무의 처리에 관하여 필요한 비용을 신탁재산에서 지출할 수 있고, 수탁자가 신탁사무의 처리에 관하여 필요한 비용을 고유재산에서 지출한 경우에는 지출한 비용과 지출한 날 이후의 이자를 신탁재산에서 상환(償還)받을 수 있는데 이를 수탁자의 비용상환청구권이라 한다(신탁법 제46조 제1항 내지 제2항).

수탁자가 신탁사무의 처리를 위하여 자기의 과실 없이 채무를 부담하거나 손해를 입은 경우에도 위와 같고, 수탁자는 신탁재산이 신탁사무의 처리에 관하여 필요한 비용을 충당하기에 부족하게 될 우려가 있을 때에는 수익자에게 그가 얻은 이익의 범위에서 그 비용을 청구하거나 그에 상당하는 담보의 제공을 요구할 수 있다. 다만, 수익자가 특정되어 있지 아니하거나 존재하지 아니하는 경우 또는 수익자가 수익권을 포기한 경우에는 그러하지 아니하다(신탁법 제46조 제3항 내지 제4항).

수탁자가 신탁사무의 처리를 위하여 자기의 과실 없이 입은 손해를 전보(塡補)하기에 신탁재산이 부족할 때에도 수익자에게 그 비용 등을 청구할 수 있고, 이러한 수탁자의 권리를 수탁자의 비용상환청구권이라 칭하는데 이는 신탁계약으로 달리 정할 수 있다(신탁법 제46조 제5항 내지 제6항). 대법원은 수탁자의 비용상환청구권 등에 관하여 아래와 같이 판시한 바 있다.

신탁재산에 관한 조세, 공과(公課), 기타 신탁사무를 처리하기 위한 비용은 신탁재산의 명의자이자 관리자인 수탁자가 제3자에 대하여 부담하게 되는바, 수탁자로서는 위와 같은 채무를 신탁재산으로 변제할 수도 있고, 자신의 고유재산에 속하는 금전으로 변제할 수도 있는데, 신탁사무가 정당하게 행해진 한 위와 같은 비용은 실질적으로 신탁재산의 채무이기 때문에 자신의 고유재산으로써 이를

변제한 수탁자는 신탁재산으로부터 보상을 받을 수 있어야 할 것이다. 신탁법 제42조에서 규정하고 있는 수탁자의 비용상환청구권은 수탁자가 신탁사무의 처리에 있어서 정당하게 부담하게 되는 비용 또는 과실 없이 입게 된 손해에 관하여 신탁재산 또는 수익자에 대하여 보상을 청구할 수 있는 권리라고 할 것인바, 수탁자가 재임중에는 신탁재산의 관리인이 수탁자 자신이어서 신탁재산에 대하여 비용상환청구권 강제집행과 같은 방법으로 행사할 수는 없고(수탁자의 임무가 종료한 후에는 신수탁자를 상대로 보상청구권을 행사하여 신탁재산에 대하여 강제집행을 할 수 있다.), 같은 조 제1항에서 규정하고 있는 바와 같이 신탁재산을 매각하여 그 매각대금으로 다른 권리자에 우선하여 비용상환청구권의 변제에 충당할 수 있을 뿐이지만, 수탁자의 신탁재산에 대한 비용상환청구권은 수탁자가 개인적으로 갖는 권리로서 독립성을 인정할 수 있으므로 양도될 수도 있고 권리질의 목적도 될 수 있다.

다만, 수탁자가 신탁법 제42조 제1항에 의하여 신탁재산에 대하여 행사하는 소위 자조매각권(自助賣却權)은 수탁자가 신탁재산의 명의인으로서 관리처분권을 가지는 데에 근거한 것이고, 수탁자가 자조매각권을 행사함에 있어서는 신탁재산의 관리인으로서 신탁의 목적에 따라 신탁재산을 처분하여야 하는 제한이 따르는 것이므로 개인으로서의 수탁자가 신탁재산에 대하여 가지는 비용상환청구권에 관한 질권자라고 하더라도 신탁재산에 대하여 자조매각권을 직접 행사할 수는 없다(대법원 2005.12.22. 선고 2003다55059 판결).

신탁법 제1조 및 제28조에 의하면, 신탁이란 수탁자가 수익자의 이익을 위하여 또는 특정의 목적을 위하여 위탁자로부터 이전받은 재산권을 관리, 처분하는 법률관계로서 수탁자는 신탁의 본지에 따라 선량한 관리자의 주의로써 신탁재산을 관리 또는 처분하여야 하고, 신탁법 제42조에 의하면, 수탁자가 신탁사무의 처리에 있어서 부담하게 되는 비용 또는 과실 없이 입게 된 손해에 관하여 신탁재산 또는 수익자에 대하여 보상을 청구할 수 있는 한편, 신탁법 제44조, 제38조에 의하면, 수탁자가 신탁재산의 관리를 적절히 하지 못하여 신탁재산의 멸실, 감소 기타의 손해를 발생하게 한 경우에는 수탁자는 위탁자 등에게 그 손해를 배상할 의무가 있고 이러한 손실보상의무를 이행한 후에만 위탁자 등에 대한 비용상환청구권을 행사할 수 있도록 규정하고 있는바, 위 규정의 취지에 의하면, 수탁자가 신탁의 본지에 따라 신탁사업을 수행하면서 정당하게 지출하거나 부담한 신탁비용 등에 관하여는 신탁자에게 보상을 청구할 수 있지만, 수탁자가 선량한 관리자의 주의를 위반하여 신탁비용을 지출한 경우에는 그 과실로 인하여 확대된 비용은 신탁비용의 지출 또는 부담에 정당한 사유가 없는 경우에 해당하여 수탁자는 비용상환청구를 할 수 없다고 봄이 상당하다.

토지개발신탁에 있어서는 장기간에 걸쳐 사업이 진행되고 부동산 경기를 예측한다는 것이 쉽지 않은 일이어서 경우에 따라 대규모의 손실이 발생할 수 있는 것인데, 수탁자가 부동산신탁을 업으로 하는 전문가로서 보수를 지급받기로 한 후 전문지식에 기초한 재량을 갖고 신탁사업을 수행하다가 당사자들이 예측하지 못한 경제상황의 변화로 신탁사업의 목적을 달성하지 못한 채 신탁계약이 중도에 종료되고, 이로 인하여 위탁자는 막대한 신탁비용채무를 부담하는 손실을 입게 된 사정이 인정된다면, 신탁비용의 지출 또는 부담에서의 수탁자의 과실과 함께 이러한 사정까지도 고려하여 신의칙과 손해의 분담이라는 관점에서 상당하다고 인정되는 한도로 수탁자의 비용상환청구권의 행사를 제한할 수 있다(대법원 2008.3.27. 선고 2006다7532,7549 판결).

신탁계약서에서 '신탁재산에 속하는 금전으로 차입금 및 그 이자의 상환, 신탁사무 처리상 수탁자의 과실 없이 받은 손해, 기타 신탁사무처리를 위한 제비용 및 수탁자의 대금지급을 충당하기에 부족한 경우에는 수익자에게 청구하고, 그래도 부족한 경우에는 수탁자가 상당하다고 인정하는 방법 및 가액으로 신탁재산의 일부 또는 전부를 매각하여 그 지급에 충당할 수 있다'고 정한 경우, 이는 수탁자가 신탁이 존속하는 동안이나 신탁이 종료한 후에 신탁재산에 관한 비용 등을 수익자에게 청구하였음에도 수익자가 이를 지급하지 않을 경우에는 수탁자가 신탁재산을 처분하여 그 대금으로 신탁재산에 관한 비용 등의 변제에 충당할 수 있게 함으로써 신탁재산에 관한 비용 등의 회수에 편의를 도모하기 위함에 그 목적이 있다. 그러므로 비록 구 신탁법 제61조에 의하여 신탁이 종료한 후 신탁재산이 그 귀속권리자에게 이전할 때까지는 귀속권리자를 수익자로 보는 신탁이 존속하는 것으로 간주된다고 하더라도, 수탁자로서는 신탁계약서에서 정한 방법에 따라 차입금을 비롯하여 신탁사무처리를 위한 제비용을 회수할 수 있고, 위와 같은 비용이 신탁기간 중의 신탁사무 또는 신탁종료 후의 잔존 신탁사무의 처리 내지 종결을 위하여 선량한 관리자의 주의로써 정당하게 지출 내지 부담한 것이라고 인정되는 한 그것이 신탁종료 전에 발생한 것인지 혹은 신탁종료 후에 발생한 것인지 여부에 관계없이 귀속권리자로 지정된 수익자에게 그 비용의 보상을 청구할 수 있다(대법원 2009.1.30. 선고 2006다62461 판결).

또한 대법원은 수탁자가 지출한 비용이 신탁기간 중의 신탁사무 또는 신탁종료 후의 잔존 신탁사무의 처리 내지 종결을 위하여 선량한 관리자의 주의로써 정당하게 지출 내지 부담한 것인지에 대하여 심리하지 아니한 채, 그 비용이 신탁계약 종료 이후 발생한 금융비용 내지 지연손해금으로서 법정신탁의 목적 달성에 필요한 비용이 아니라는 이유로 위탁자가 그에 관하여 비용보상을 할 의무가 없다는 취지로 판단하고, 또한 법정신탁의 목적 달성에 필요한 비용으로 볼 수 없는 지연손해금의 미변제로 인하여 위 경매절차가 개시되어 신탁재산 중 일부가 타에 매각됨으로써 위탁자가 그 매각대금 전액에 해당하는 손해를 입게 되었다는 이유로, 위 매각대금 전액을 위탁자의 비용보상의무의 범위에서 공제해야 한다는 취지로 판단한 원심의 판단에는 신탁종료 후 수익자 겸 귀속권리자의 비용보상의무의 범위에 관한 법리를 오해하여 판결에 영향을 미친 위법이 있다는 취지로 판시하기도 하였다(대법원 2009.6.11. 선고 2008다64959 판결).

따라서 신탁사 임직원들은 신탁종료 후에 발생한 신탁사무처리비용이 잔존 신탁사무의 처리 내지 종결을 위하여 선관주의의무에 에따라 정당하게 지출한 것이라면, 법정신탁의 목적 달성에 필요한 비용인지 여부와 무관하게 위탁자에게 비용보상을 청구할 수 있다는 점을 숙지하고 관련 소송이 제기되는 경우 적극적으로 주장할 필요가 있다.

1) 우선수익자가 수탁자를 상대로 제기한 소송에서 수탁자가 지출한 소송비용 등이 신탁사무처리비용에 해당하는지 여부

서울고등법원은 수탁자가 공매과정에서 신탁수익 배분에 과실이 있다는 취지로 제2순위 우선수익자가 수탁자 등에 대하여 소송을 제기하면서 수탁자가 신탁계정으로 지출한 ① 가지급금, ② 상고심비용, ③ 재상고심비용, ④ 부당이득 소송비용은 모두 신탁사무처리비용으로 인정하였고, 그 이유는 아래와 같다.

1. 신탁사무처리로 인한 비용 또는 손해 여부

    수탁자가 신탁계약상 신탁수익의 배분을 잘못하였다는 전제로 제2순위 우선수익자가 수탁자 등을 상대로 정산금 등 명목으로 5억 원의 지급을 구하는 소송에 대하여 수탁자가 소송에 응소하여 소송을 수행한 것은 신탁계약 상 신탁사무를 처리하는 것으로 볼 것이다. 따라서 ① 가지급금, ② 상고심비용, ③ 재상고심비용, ④ 부당이득 소송비용은 모두 신탁계약 제15조 제1항에서 정한 신탁사무의 처리에 필요한 정당한 비용 또는 신탁사무 처리에 있어서 수탁자의 책임 없는 사유로 발생한 손해에 해당하여, 신탁원본수익자가 부담하여야 한다고 봄이 상당하다. 그리고 이러한 점에 비추어, 수탁자가 위 각 비용 또는 손해를 부담한다고 하여 수탁자가 신탁법상 충실의무를 위반하였거나 신탁자인 원고의 이익에 반하는 행위를 하였다고 볼 수 없다.

2. 수탁자의 무과실 여부

    가집행선고는 판결이 확정되기 전에 승소자의 신속한 권리실현에 이바지하고 패소자가 강제집행의 지연만을 노려 상소를 제기하는 것을 억제하며 가집행을 피하기 위하여 당사자들이 제1심에서 모든 소송자료를 제출함으로써 심리가 제1심에 집중되도록 하기 위한 것으로, 만사소송법 제213조 제1항 본문은 재산권의 청구에 관한 판결에는 상당한 이유가 없는 한 당사자의 신청 유무를 불문하고 가집행선고를 붙여야 하는 것으로 규정하고 있다. 이러한 가집행선고의 성격 등에 비추어, 이 사건 소송의 환송전 항소심의 가집행부 판결에 의하여 수탁자가 가지급금을 추심당하였다고 하여 이를 수탁자의 잘못이라고 볼 수 없다. 뿐만 아니라, 수탁자는 위 항소심 판결을 받고 2012.8.7. 상고를 제기하면서 위 항소심 판결에 대하여 강제집행정지신청(서울고등법원 2012카기1216)을 한 사실, 그런데 제2순위 우선수익자가 위 강제집행정지신청의 담보제공기간 중인 2012.8.20. 수탁자의 국민은행 계좌에서 389,519,177원을 위 항소심 판결의 가지급금으로 추심한 사실, 위 강제집행정지신청은 2012.8.29. 각하된 사실을 인정할 수 있는바, 수탁자로서는 강제집행을 막기 위한 적정한 조치를 취하였다고 할 것이다. 그렇다면 가지급금 및 이를 반환받기 위한 부당이득 소송비용은 수탁자의 책임 없는 사유로 인한 비용 또는 손해로 볼 것이다(서울고등법원 2015.7.23. 선고 2015나2020429 판결).

실무상 수탁자와 우선수익자 또는 수익자간 소송이 발생하는 경우 소송비용을 신탁재산에서 사용할 수 있는지 여부가 문제되는데, 서울고등법원은 수탁자가 신탁계약상 신탁수익의 배분을 잘못하였다는 전제로 제2순위 우선수익자가 수탁자 등을 상대로 정산금 등 명목으로 신탁금전의 지급을 구하는 소송에 대하여 수탁자가 응소하여 소송을 수행한 것은 신탁계약상 신탁사무를 처리한 것으로 볼 것이라 판시한 바, 법원은 위와 같은 경우에서 사용한 소송비용은 신탁사무처리에 필요한 비용이나 신탁사무 처리상 발생한 손해로 규정하고 있음을 수탁자 담당자는 숙지할 필요가 있다.

특히 우선수익자와 수익자간 우선수익권의 구체적인 금액 산정 등 정산에 관하여 분쟁이 발생하여 수탁자가 소송에 참여하게 된 경우 법원에서는 해당 소송비용을 정당한 신탁사무처리비용으로 판단한 사례가 여러 차례 존재하므로, 해당 소송비용을 신탁재산에서 지급하였다하더라도 정당한 지출로 인정될 가능성이 있다 할 것이다. 다만 무조건적으로 정당화된다고까지 판단하기는 어렵고 구체적인 사실관계를 검토하여야 할 것이나, 무조건적으로 신탁재산을 사용해서는 안된다고 판단하기는 어렵다 사료된다.

한편, 수탁자 담당자가 곤란해질 수도 있으므로, 수익자나 우선수익자를 상대로 하는 소송의 소송비용을 신탁계정에서 지출하는 경우에는 승소시 반환받을 수 있는 금액 범위

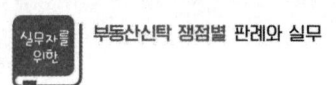

내에서 변호사 보수를 산정하는 것도 하나의 방법이 될 것이다.

2) 공매 부동산의 토양오염으로 수탁자에게 손실이 발생한 경우 그 손해에 대하여 수탁자가 우선수익자에게 비용상환청구권을 행사할 수 있는지 여부

담보신탁 공매 부동산에서 토양오염으로 인한 오염정화비용 등을 수탁자가 부담하게 되어 수탁자에게 고유계정손실이 발생한 경우 우선수익자는 수탁자에게 위 손해를 배상할 책임을 부담하는지 여부에 관하여 문제된 사안에서 서울중앙지방법원은 우선수익자가 받은 수익금 범위 내에서 수탁자에게 발생한 소송 판결금, 1, 2, 3심 소송 착수금, 인지대 및 송달료, 소송비용확정액 금원 모두를 우선수익자가 수탁자에게 배상하여야 한다는 취지로 판시하였다(서울중앙지방법원 2019.8.13. 선고 2017가단5014966 판결). 자세한 내용은 아래와 같다.

앞서 본 바와 같은 이 사건 특약의 내용, 이 사건 담보신탁계약의 특약사항 제8조 제2항이 신탁부동산 관련 위탁자의 수탁자에 대한 책임의 요건으로 수탁자의 귀책사유 없을 것을 요구하는 것과의 균형, 신탁법상 수탁자의 충실의무(제33조), 수탁자의 수익자에 대한 비용상환청구권(제46조)의 내용과 규정 형식, 그 취지 등을 종합하면, 이 사건 특약은 이 사건 담보신탁계약의 체결 및 이행과 관련하여, 즉 신탁사무의 처리 과정에서 수탁자가 손해를 입었고 그러한 내용이 재판으로 확정된 경우 위탁자 및 주채무자, 우선수익자가 연대하여 수탁자에게 판결원리금 및 소송비용 등 손해를 배상하되, 다만 수탁자의 과실로 위와 같은 손해가 발생하였다면 그렇지 아니하고, 이 경우 수탁자의 과실에 관한 증명책임은 위탁자 및 주채무자, 우선수익자가 부담하는 것으로 보아야 한다.

위 각 증거에 나타난 다음과 같은 사실 또는 사정, 즉 먼저 ①, ② 과실의 경우 이 사건 담보신탁계약의 특약사항 2조에 따르면, 원고의 업무는 등기부등본상의 소유권 관리와 우선수익자의 요청에 따른 처분업무 등이고, 그 외에 이 사건 부동산의 현실적 점유, 유지 및 관리 등 실질적 관리는 위탁자 또는 수익자인 피고들의 업무 범위에 속하는 점, 따라서 설령 피고 B 측이 2013.5.29. 서울특별시 성동구로부터 '이 사건 부동산에 대해 공사시행 전(착공 전) 오염토양 정화 후 이행완료보고서를 접수할 것'이라는 허가조건과 함께 건축허가를 받은 것과 관련하여 그 전에 원고가 이 사건 부동산의 소유자로서 피고 B의 건축허가신청에 동의하였다 하더라도 그러한 사정만으로 원고가 이 사건 토지의 오염 사실을 알았거나 알 수 있었다고 단정하기 어려운 점, 피고 C은 2014.4.7.경 공매 조건을 상세히 명시하여 원고에게 이 사건 부동산의 공매를 요청하였고, 원고는 피고 C이 명시한 조건에 따라 공매절차를 진행하였던 점, 서울특별시 성동구청장이 2014.5.8. 원고에 대하여, '원고가 공매

진행 중인 이 사건 토지와 그 인접토지는 현재 토양오염에 따른 행정처분(토양오염 정밀조사 및 정화조치) 진행 중으로 공매 낙찰자는 토양환경보전법 제10조의 4에 따라 토양오염 정밀조사 및 정화조치를 하여야 함을 사전 안내하기 바란다'는 취지의 공문을 발송하였으나, 원고가 이를 수령한 것은 K와 사이에 이 사건 부동산에 관한 매매계약 체결 후인 2014.5.13. 오후 1:30인 점, 달리 원고가 이 사건 매매계약 체결 당시 이 사건 토지의 오염 사실을 구체적으로 알았거나 알 수 있었다고 볼 만한 별다른 증거가 없는 점, 오히려 앞서 본 바와 같이 위 피고들은 원고에 대한 관계에서 이 사건 담보신탁계약에 따라 수익자로서 이 사건 부동산의 현실적 점유, 유지 관리 등 실질적 관리를 할 책임이 있었던 점, 위 피고들은 원고가 뒤늦게라도 토지 오염 사실을 고지하였다면 여러 가지 조치가 가능하여 원고가 청구하는 손해가 발생하지 않았을 것이라고 주장하나, 위 피고들 측에서 제시한 공매 최저가액, 이미 매매계약이 체결되고 이 사건 청구금액을 초과하는 650,100,000원에 이르는 거액의 계약금이 지급된 이후인 점 등을 감안할 때 위 피고들이 주장하는 조치들은 거래계의 사정 등에 비추어 합리성을 인정하기 어렵거나 단지 막연한 가능성이 있는 정도에 불과한 점, 한편 위 ③ 과실에 관한 주장 즉, 피고 B에게 배당이 실시되도록 방치한 과실이 있다는 취지의 주장의 경우, 이 부분 과실은 원고가 청구하는 손해(즉 판결금과 기타 소송 관련 비용)와 사이에 상당인과관계를 인정하기 어려운 점 등에 비추어 보면, 제출된 증거들만으로는 원고에게 상당한 과실이 있다고 단정하기 어렵고, 달리 이를 인정할 증거가 없다. 피고의 이 부분 주장은 받아들이지 않는다(서울중앙지방법원 2019.8.13. 선고 2017가단5014966 판결).

공매로 인하여 수탁자에게 손실이 발생한 경우에는 우선수익자에게 구상할 수 있다는 취지의 서울중앙지방법원 판결이다. 다만 수탁자에게 선관주의의무 위반 또는 업무상 과실이 존재하는 경우 구상이 어려울 수 있는바, 수탁자 담당자는 신탁 사업 진행시 고의 또는 과실로 선관주의의무 등을 위반하지 아니하도록 주의할 필요가 있다.

나 수탁자의 보수청구권

수탁자는 신탁행위에 정함이 있는 경우에만 보수를 받을 수 있다. 다만, 은행, 증권, 전업부동산신탁사 등과 같이 신탁을 영업으로 하는 수탁자의 경우에는 신탁행위에 정함이 없는 경우에도 보수를 받을 수 있다. 보수의 금액 또는 산정방법을 정하지 아니한 경우 수탁자는 신탁사무의 성질과 내용에 비추어 적당한 금액의 보수를 지급받을 수 있다. 신탁보수가 사정의 변경으로 신탁사무의 성질 및 내용에 비추어 적당하지 아니하게 된 경우 법원은 위탁자, 수익자 또는 수탁자의 청구에 의하여 수탁자의 보수를 증액하거나 감액할 수 있다. 수탁자의 보수 역시 비용상환청구권과 동일하게 수익자에게 그가 얻은 이익의 범위에서 그 비용을 청구하거나 그에 상당하는 담보의 제공을 요구할 수 있다. 다만 신탁행위로 달리 정한 사항이 있으면 그에 따른다(신탁법 제47조).

위탁자 또는 수익자가 부담하는 신탁비용 및 신탁보수 지급의무와 신탁종료시에 수탁자가 신탁재산의 귀속권리자인 수익자나 위탁자 등에 대하여 부담하는 신탁재산을 이전할 의무는 모두 신탁관계에서 발생된 채무들인바, 수탁자가 신탁종료 전에는 구 신탁법 제42조 제1항, 제43조에 의하여 비용 및 보수청구권에 관하여 신탁재산을 매각하여 그 매각대금으로 다른 권리자에 우선하여 변제에 충당할 수 있고, 신탁종료 후에 신탁재산이 수익자 등에게 귀속한 후라도 구 신탁법 제62조, 제49조에 의하여 비용보상청구권 또는 보수청구권에 기하여 신탁재산에 대하여 강제집행을 하거나 경매를 할 수 있으며 이를 위하여 신탁재산을 유치할 수 있는 점에 비추어, 신탁비용 및 신탁보수 지급의무는 적어도 신탁관계를 청산하는 신탁재산의 반환시까지는 변제됨이 형평에 맞는다는 점을 참작하여 보면, 위탁자 또는 수익자가 부담하는 신탁비용 및 신탁보수 지급의무와 신탁종료시에 수탁자가 신탁재산의 귀속권리자인 수익자나 위탁자 등에 대하여 부담하는 신탁재산을 이전할 의무는 이행상 견련관계에 있다고 인정되고, 따라서 양자는 특별한 사정이 없는 한 동시이행의 관계에 있다고 해석함이 공평의 관념 및 신의칙에 부합한다(대법원 2006.6.9. 선고 2004다24557 판결).

다. 수탁자의 우선변제권 및 자조매각권

수탁자는 신탁재산에 대한 민사집행절차 또는 「국세징수법」에 따른 공매절차에서 수익자나 그 밖의 채권자보다 우선하여 신탁의 목적에 따라 신탁재산의 보존, 개량을 위하여 지출한 필요비 또는 유익비(有益費)의 우선변제를 받을 권리가 있다(신탁법 제48조 제1항). 수탁자는 신탁재산을 매각하여 신탁법 제46조에 따른 비용상환청구권 또는 동법 제47조에 따른 보수청구권에 기한 채권의 변제에 충당할 수 있다. 다만, 그 신탁재산의 매각으로 신탁의 목적을 달성할 수 없게 되거나 그 밖의 상당한 이유가 있는 경우에는 그러하지 아니하다(신탁법 제48조 제2항).

신탁법 제48조의 비용상환청구권의 우선변제권의 범위에 대하여, 우선 신탁법 제46조의 '비용상환청구권'이 신탁법 제48조 제1항에 의하여 우선변제가 인정되는지에 관하여 ① 신탁법 제46조의 비용상환청구권은 신탁사무의 처리에 관하여 필요한 비용을 그 대상으로 삼고 있지만, 신탁법 제48조 제1항의 우선변제권은 그중에서도 신탁재산의 객관적 가치 증대에 기여하여 공익적인 성격을 갖고 있다고 할 수 있는 '필요비'와 '유익비'에 한정하고 있는 점, ② 특정한 채권의 우선변제권은 위와 같이 공익적 성격을 지닌 비용에 관하여 예외적으로 우선변제권을 인정하는 것으로 담보물권자 등 다른 이해관계인의 이해관계에 중대한 영향을 미칠수 있는 만큼 엄격하게 해석되어야 하는데, 막대한 비용이 소요되는 신탁사업의 특성상 소요비용을 쉽사리 예측하기 어렵고 소요비용의 성격 및 범위에 관하여 이해관계인들의 다툼이 있을 것이 예상되는 상황에서 수탁자가 '신탁사무의 처리에 관하여 지출한 비용' 전부에 관하여 우선변제권을 인정하는 것은 신탁계약의 취지에 맞지 않는 점, ③ 신탁법의 조문체계 및 문언상으로도 제48조 제1항은 '필요비, 유익비'에 한정적으로 우선변제권이 인정됨을 명시하고 있고, 제46조의 '비용상환청구권'과 별도로 규정하고 있는 점 등을 고려하면, 신탁법 제48조 제1항에 의하여 우선변제권이 인정되는 비용은 수탁자가 신탁사무에 관하여 지출한 비용 중 공익적 성격이 인정되는 '필요비·유익비'에 한정하여 인정하는 개념으로 보는 것이 타당하고, 신탁법 제48조 제1항은 명시적으로 '필요비·유익비'라는 표현으로 우선변제권을 인정하였을 뿐만 아니라 특정한 채권의 우선변제권은 담보물권자 등 다른 이해관계인의 이해관계에 중대한 영향을 미칠 수 있으므로 엄격하게 해석하여야 하고, 특히 신탁계약의 경우 소요비용에 관하여 이해관계인의 다툼이 예상되므로 이를 쉽게 확장하여 해석하기 어려운 점은 앞에서 설명한 바와 같은바, 신탁법 제48조 제1항의 '필요비·유익비'를 민법상 필요비·유익비의 개념보다 확장하여 해석하는 것은 신탁사업 이해관계인의 보호에 있어 불합리한 결과를 가져올 수 있어 허용될 수 없다. 따라서 신탁법 제48조 제1항의 '필요비·유익비'는 민법상 '필요비·유익비'의 해석과 마찬가지로 '수탁자가 신탁사무의 처리에 관하여 지출한 비용' 중 '수탁자가 신탁재산의 보존·관리를 위하여 지출한 비용'은 '필요비'로 '수탁자가 신탁재산을 개량하기 위하여 지출한 금액'은 '유익비'로 해석하는 것이 타당하다는 취지의 하급심의 판단이 있다(의정부지방법원 2018.8.29. 선고 2016가합56196 판결).

수탁자의 우선변제권과 관련하여 일반적으로 필요비란 목적물의 보존을 위하여 지출한 비용을 말하고 유익비란 목적물의 객관적 가치를 증가시키기 위하여 투입한 비용을 말하는바, 부동산신탁 관련 판례에서 필요비와 유익비를 명확하게 정의, 구별한 판결례는 많지 않고 특히 명확하게 신탁사무를 관리하기 위한 필요비로 인정한 판결은 더욱 드문 것이 사실이다. 다만 신탁사무처리비용으로 인정된 비용의 경우 수탁자가 충분히 신탁의 목적에 따라 신탁재산의 보존, 개량을 위하여 지출한 필요비 또는 유익비로 인정받을 가능성이 높다 할 것이므로, 물적납세의무 등을 원인으로 신탁재산에 대한 민사집행절차 또는 국세징수법에 따른 공매절차가 진행되는 경우 수탁자로서 신탁사 임직원들은 단순히 채권자들에 대한 배당이 끝난 후 잔여금을 지급받거나, 채권자 배당액에 대한 이의만을 주장할 것이 아니라, 수탁자가 지출한 비용이 있는 경우(가장 흔한 예로는 수탁자의 과실 없이 발생된 소송으로 인한 판결원리금 기타 소송비용을 들 수 있다) 신탁법 제48조 제1항을 주장하여 지출한 비용을 매각대금에서 우선 변제받는 결과를 도출하는 것이 필요하다.

필요비와 유익비에 관하여 대법원은 수탁자가 높은 대외신용도를 바탕으로 유리한 조건으로 외부차입금을 조달하여 이를 고유계정에 산입하였다가 신탁계정으로 대여하면서 차입비용에 붙인 가산이자와 관련하여, 수탁자가 가산이자는 신탁사업을 위해 보다 유리한 조건으로 자금을 차입한 데 따른 필요비 또는 유익비에 해당하므로 민법 제739조 제1항의 사무관리 규정에 따라 위 가산이자 상당의 비용보상을 청구할 수 있다고 주장한 사안에서, 수탁자는 의무 없이 타인을 위하여 사무를 관리하는 자가 아니라 신탁계약에 따라 수익자를 위하여 신탁사무를 관리하는 자이고, 이에 따라 신탁사업을 위하여 수탁자의 능력 범위 내에서 가장 유리한 조건으로 자금을 차입하는 것 또한 수탁자의 의무에 포함되므로 민법 제739조 제1항에 따른 사무관리자의 비용보상청구권은 인정되지 않고, 수탁자가 위와 같은 방법으로 자금을 차입하면서 차입금 이자 외에 추가 비용을 지출하였다 하더라도 위 가산이자 전부가 유리한 조건으로 자금을 차입한 데 따른 필요비 또는 유익비로 의제된다고는 할 수 없다고 판시한 사례가 있다 또한 서울고등법원은 부동산 매수인이 매매대상토지에 대한 토양오염정화공사비용을 유익비로 인정한 사례가 있다.

또한 신탁부동산이 강제경매로 매각된 후 신탁법 제48조의 필요비 또는 유익비에 해당하여 우선변제권이 인정되는 명목의 금원이 무엇인지가 문제된 사안에서 서울고등법원은 ① 신탁재산에 관하여 재산손해 및 기계손해를 담보하는 내용으로 재산종합보험에 가입하여 수탁자가 납부한 보험료, ② 신탁부동산에 부과되어 수탁자가 납부한 전기료, 가스료, 수도료, ③ 수탁자가 지출한 시설관리비(보일러 점검비, 세관비, 시설물 정기점검 용역비, 소방시설 점검비, 지하 집수정 및 바닥준설공사 비용 등), ④ 신탁부동산의 취·등록세에 대하여 모두 신탁법 제48조 제1항의 우선변제권을 인정하였고, 대법원에서 심리불속행 기각판결로 확정된 사례가 있다.

한편, 수탁자가 신탁종료 후 비용보상 등을 받기 위하여 신탁재산에 대하여 자조매각권을 행사할 수 있다 하더라도 그와 같은 사정만으로 신탁재산의 귀속권리자로 지정된 수익자의 신탁재산에 대한 소유권이전등기청구권이 부존재하거나 소멸한다고 볼 수는 없고, 수익자는 수탁자가 신탁재산에 대한 자조매각권을 행사하여 이를 처분하기 전에 수탁자에게 비용 등을 지급하고 신탁재산에 관한 소유권이전등기절차의 이행을 구할 수 있다고 할 것이다. 신탁종료시 수익자 겸 귀속권리자의 비용보상의무는 신탁재산에 관하여 자조매각권을 갖고 있는 수탁자의 소유권이전등기의무보다 선이행되어야 한다(대법원 2009.1.30. 선고 2006다62461 판결).

신탁이 존속하는 동안이나 종료된 이후에 신탁재산에 관한 비용 등을 수익자에게 청구하였음에도 수익자가 이를 지급하지 않을 경우에는 수탁자가 신탁재산을 처분하여 그 대금으로 신탁재산에 관한 비용 등의 변제에 충당할 수 있게 한 신탁계약 규정으로 수탁자가 비용보상청구권을 가지는 경우 수탁자는 신탁계약 종료 후에도 위 신탁계약 규정에 따라 자조매각권을 행사할 수 있다(대법원 2011.6.10. 선고 2011다18482 판결).

또한 수탁자가 신탁종료 후 비용보상 등을 받기 위하여 신탁재산에 대하여 자조매각권을 행사할 수 있다 하더라도, 그와 같은 사정만으로 신탁재산의 귀속권리자로 지정된 수익자의 신탁재산에 대한 소유권이전등기청구권이 부존재하거나 소멸한다고 볼 수는 없고, 수익자는 수탁자가 비용보상 등을 받기 위하여 신탁재산에 대한 자조매각권(自助賣却權)을 행사하여 이를 처분하기 전에 수탁자에게 비용 등을 지급하고 신탁재산에 관한 소유권이전등기절차의 이행을 구할 수 있다(대법원 2009.1.30. 선고 2006다60991 판결).

수탁자가 신탁종료 후 비용보상 등을 받기 위하여 신탁재산에 대하여 자조매각권을 행사할 수 있는 경우, 신탁재산의 귀속권리자로 지정된 수익자는 수탁자에 대하여 비용보상의무 등을 아직 이행하지 아니한 상태라 하더라도 신탁재산에 대한 소유권이전등기청구권을 보전하기 위하여 그 신탁재산에 대하여 처분금지가처분을 신청할 피보전권리가 있다고 할 것이고, 나아가 수탁자가 채무변제를 받고서도 신탁재산을 처분하는 것을 방지할 필요가 있는 경우 등에는 그러한 목적을 달성하기 위하여 필요한 범위 내에서 그 보전의 필요성도 인정할 수 있다(대법원 2009.1.30. 선고 2006다60991 판결).

라 구체적 사례

1) 토지신탁사업에서 하자보수금, 말소처분 취소소송 등 행정소송비용이 신탁사무처리비용에 해당하는지 여부

갑 주식회사 등으로부터 아파트 건설·분양을 목적으로 토지를 신탁받은 을 주식회사가 병 주식회사와 공사도급계약을 체결하였고, 병 회사가 아파트를 시공하면서 사업계획변경승인 없이 일부 공사를 변경 시공하였는데, 변경 시공된 공사 부분에 대한 하자보수금이 신탁비용에 해당하는지 문제 된 사안에서 대법원은 을 회사가 구 집합건물의 소유 및 관리에 관한 법률 제9조 제1항 등에 따라 부담하는 하자담보책임의 이행을 위하여 지출한 비용은 신탁계약상 수익자인 갑 회사 등이 부담할 비용이고, 변경 시공이 을 회사의 신탁계약상 선량한 관리자의 주의의무를 위반한 과실로 인한 것이 아니므로, 변경 시공된 공사 부분에 대한 하자보수금은 신탁비용으로서 신탁재산에서 지출하는 것이 정당하다는 취지로 판시하였다.

또한 갑 주식회사 등으로부터 신탁받은 토지에 아파트를 건설하여 분양한 을 주식회사가 관할관청으로부터 사업계획변경승인을 받지 않은 사업 시행 등을 이유로 주택건설사업등록의 말소처분 등을 받자 말소처분 취소소송 등 행정소송을 제기한 사안에서, 대법원은 행정소송 중 말소처분 취소소송의 비용은 을 회사가 신탁사무의 처리를 위하여 과실 없이 정당하게 지출한 것이라는 취지로 판시하였다. 특히 대법원은 영업정지처분 취소소송비용과 말소처분 취소소송비용을 서로 다르게 판시한 부분은 눈여겨볼만 하다.

1. 미승인 건축부분에 대한 하자보수금

이 사건 신탁계약에 따라 분양을 목적으로 공동주택을 분양한 사업주체인 피고는 집합건물의 소유 및 관리에 관한 법률(2005.5.26. 법률 제7502호로 개정된 것) 제9조 제1항, 민법 제667조 내지 제671조에 의하여 이 사건 아파트의 구분소유자들에 대하여 하자담보책임을 부담하므로, 위 하자담보책임을 이행하기 위하여 지출한 하자관련비용은 이 사건 신탁계약 제19조 제1항의 '분양(처분) 및 임대사무 처리에 필요한 비용'으로서 원칙적으로 수익자인 원고들이 부담할 비용에 해당한다.

따라서 미승인 건축부분에 대한 하자보수금 984,738,552원은 신탁비용으로서 피고가 이를 신탁재산에서 지출한 것은 정당하다고 할 것이므로, 이 부분 원심판결에는 수탁자의 선관주의의무 위반에 관한 법리를 오해하여 판결에 영향을 미친 잘못이 있다.

2. 행정소송비용

사업계획변경승인 절차의 이행 여부 등과 관련하여 이 사건 아파트 건설을 위한 주택건설사업계획의 시행주체인 피고에게 부과된 행정처분을 다투기 위한 소송비용은 피고가 이 사건 신탁계약에 따른 신탁사무를 처리하는 과정에서 발생한 것이므로, 그 비용 지출에 피고의 과실이 없다면 이 사건 신탁계약 제19조 제3항의 손해에 해당하여 비용으로 간주하여 신탁재산에서 지급할 수 있다고 할 것이다.

그런데 앞서 본 바와 같이 미승인 건축부분이 사업계획변경승인 없이 변경시공된 것에 대하여 피고에게 과실이 있다고 할 수 없는 점, 원고들은 이 사건 말소처분에 대해서는 하자보수금 소송에 영향을 줄 수 있는 중대한 사안이라고 보아 피고가 소송대리인을 선임하여 취소소송을 제기하는 것에 동의하였을 뿐 아니라 효력정지가처분 신청사건의 소송대리인을 추천하여 추가 선임하도록 한 반면, 이 사건 영업정지처분에 대해서는 피고가 불복하여 취소소송을 제기하려고 하자 이에 동의하지 않고 신탁사업과 관련 없는 비용 지출이라면서 항의한 점, 이 사건 말소처분 취소소송이 피고의 승소로 확정된 후 후속처분인 이 사건 영업정지처분은 그 판결의 취지에 따라 처분을 감경한 것이므로 피고가 이를 다툴 합리적인 이유가 있다고 보기 어려운 점 등 기록에 나타난 각 행정소송을 제기하게 된 목적 내지 경위, 소송의 결과 등을 종합하여 보면, 이 사건 영업정지처분 취소소송비용은 피고의 과실로 인한 것으로 볼 수 있으나, 이 사건 말소처분 취소소송비용은 피고가 신탁사무의 처리를 위하여 과실 없이 정당하게 지출한 것이라고 보아야 할 것이다.

결국 원심판결 중 이 사건 말소처분 취소소송비용 132,235,720원에 관하여는 신탁계약의 해석이나 수탁자의 선관주의의무의 범위에 관한 법리를 오해하여 판결에 영향을 미친 잘못이 있다(대법원 2016.1.14. 선고 2013다47651 판결).

2) 수탁자가 파산하였다면 신탁재산에 관한 약정 자조매각권과 비용상환청구권을 행사할 수 없는지 여부

위탁자인 甲 등과 수탁자인 파산 전 乙 주식회사가 신탁계약을 체결하면서 '신탁재산에 속하는 금전으로 차입금 및 이자의 상환, 신탁사무 처리상 수탁자의 과실 없이 받은 손해, 기타 신탁사무 처리를 위한 제비용 및 수탁자의 대지급금을 충당하기에 부족한 경우에는 수익자에게 청구하고, 그래도 부족한 경우에는 수탁자가 상당하다고 인정하는 방법 및 가액으로서 신탁재산의 일부 또는 전부를 매각하여 그 지급에 충당할 수 있다'는 내용의 조항을 둔 사안에서,

대법원은 위 조항은 신탁이 존속하는 동안이나 종료된 후에 신탁재산에 관한 비용 등을 수익자인 甲 등에 청구하였음에도 지급받지 못한 경우 신탁재산을 처분하여 그 비용 등의 변제에 충당할 수 있도록 자조매각권을 乙 회사에 부여하는 특약이고, 비록 신탁재산은 파산재단에 속하지 않지만 신탁재산에 관한 약정 자조매각권과 비용상환청구권은 파산재단에 속하므로, 파산관재인은 신탁재산인 토지에 관하여 관리처분권이 있는지와 관계없이 파산선고 당시 수탁자인 乙 회사가 가지고 있던 약정 자조매각권을 행사하여 신탁재산인 토지를 매각하고 대금으로 비용상환청구권의 변제에 충당할 수 있다(대법원 2013.10.31. 선고 2012다110859 판결)는 취지로 판시하였다.

따라서 수탁자가 파산하였더라도 신탁사무 처리상 수탁자의 과실 없이 발생한 손해 또는 미지급된 신탁보수에 관하여 비용상환청구권을 행사할 수 있고, 수익자가 이를 지급하지 아니하는 경우 자조매각권을 행사하여 신탁재산을 매각한 대금에서 신탁사무처리비용 및 신탁보수의 변제에 충당하고 나머지를 수익자 등에게 지급할 수 있다.

3) 수탁자가 신탁재산의 처분권을 행사하기 위하여 신탁재산을 점유하고 있는 수익자에 대하여 부동산의 인도를 청구할 수 있는지 여부

수탁자가 수익자에게 차입금, 신탁사무처리비용 등을 지급받기 위하여 자조매각권을 행사하려고 하면, 통상 신탁부동산을 점유하고 있던 위탁자 겸 수익자는 신탁계약상 관리권한이 위탁자 겸 수익자에게 있음을 이유로 수탁자에 대한 점유이전을 거부하기 마련이다. 이때 수탁자는 신탁재산의 처분권을 행사하기 위하여 신탁재산을 점유하고 있는

수익자에 대하여 부동산의 인도를 청구할 수 있는지 여부가 문제된다.

대법원은 수탁자가 처분권을 행사하기 위한 환가절차의 일환으로서 신탁재산을 점유하고 있는 수익자에 대하여 그 인도를 구할 수 있다는 입장으로서 그 이유는 아래와 같다.

원고와 피고가 이 사건 신탁계약을 체결하면서 작성한 신탁계약서 제19조에 '신탁재산에 속하는 금전으로 차입금 및 그 이자의 상환, 신탁사무 처리상 원고의 과실 없이 받은 손해, 기타 신탁사무처리를 위한 제비용 및 원고의 대금지급(이하 '신탁재산에 관한 비용 등'이라 한다)을 충당하기에 부족한 경우에는 수익자에게 청구하고, 그래도 부족한 경우에는 원고가 상당하다고 인정하는 방법 및 가액으로서 신탁재산의 일부 또는 전부를 매각하여 그 지급에 충당할 수 있다.'고 규정한 것은 수탁자인 원고가 이 사건 신탁이 존속하는 동안이나 이 사건 신탁이 종료된 이후에 신탁재산에 관한 비용 등을 수익자에게 청구하였음에도 수익자가 이를 지급하지 않을 경우에는 원고가 신탁재산을 처분하여 그 대금으로 신탁재산에 관한 비용 등의 변제에 충당할 수 있게 함으로써 신탁재산에 관한 비용 등의 회수에 편의를 도모하기 위함에 그 목적이 있다 할 것이므로, 수탁자인 원고가 신탁계약서 제19조의 규정에 의하여 신탁재산에 대하여 처분권을 행사하는 것은 채권담보를 위하여 소유권이전등기를 마친 양도담보권자가 채무자의 이행지체시에 담보계약에 의하여 취득한 목적 부동산에 대하여 처분권을 행사하는 것과 유사하다 할 것이어서, 양도담보권자가 목적 부동산에 대한 처분권을 행사하기 위한 환가절차의 일환으로서 즉, 담보권의 실행으로서 채무자에 대하여 그 목적 부동산의 인도를 구할 수 있는 것(대법원 1991.11.8. 선고 91다21770 판결, 2001.1.5. 선고 2000다47682 판결 등 참조) 과 마찬가지로 수탁자인 원고도 위와 같은 처분권을 행사하기 위한 환가절차의 일환으로서 신탁재산을 점유하고 있는 수익자에 대하여 그 인도를 구할 수 있다고 할 것이다.

원고는 신탁계약서 제19조의 규정에 의하여 신탁재산인 이 사건 토지 및 건물을 처분하여 그 대금으로 신탁재산에 관한 비용 등에 해당하는 범위 내에서 개발비용의 변제에 충당할 수 있다 할 것이어서 그 처분권을 행사하기 위한 환가절차의 일환으로서 이 사건 사무실을 점유하고 있는 피고에 대하여 그 명도를 구할 수 있다 할 것이므로, 피고가 원고에 대하여 이 사건 토지 및 건물에 관하여 신탁종료를 원인으로 한 소유권이전등기청구권을 갖고 있다는 사정만으로 원고의 이와 같은 명도청구가 신의칙에 위반된다고 볼 수는 없다 할 것이고, 이는 피고가 원고를 상대로 이 사건 토지 및 건물에 대한 처분금지가처분결정을 받았다고 하더라도 달리 볼 것은 아니다(대법원 2005.4.15. 선고 2003다47621 판결).

따라서, 수탁자가 신탁계약서에 의하여 신탁재산에 대하여 처분권을 행사하는 것은 채권담보를 위하여 소유권이전등기를 마친 양도담보권자가 채무자의 이행지체시에 담보계약에 의하여 취득한 목적 부동산에 대하여 처분권을 행사하는 것과 유사하다 할 것이어서, 양도담보권자가 목적 부동산에 대한 처분권을 행사하기 위한 환가절차의 일환으로서 즉, 담보권의 실행으로서 채무자에 대하여 그 목적 부동산의 인도를 구할 수 있는 것과 마찬가지로 수탁자도 위와 같은 처분권을 행사하기 위한 환가절차의 일환으로서 신탁재산을 점유하고 있는 수익자에 대하여 그 인도를 구할 수 있다 할 것이다.

가 수탁자 경질의 법리와 사례

신탁관계에서는 신탁재산이 중심이 되고 수탁자는 신탁재산의 명의인 또는 관리인에 지나지 않기 때문에 특정 수탁자가 그 임무를 종료한 경우에도 신탁관계는 종료되지 않고 신수탁자를 선임함으로써 존속된다 할 것인바, 이를 수탁자 경질의 법리라 일컫는다.

수탁자 경질시 전 수탁자의 신탁사무 처리와 관련하여 체결한 계약관계의 신 수탁자에 대한 승계여부에 관하여 대법원은 전 수탁자의 그 계약상의 지위는 포괄적으로 신 수탁자에게 이전된다는 입장이다. 자세한 설명은 아래와 같다.

구 신탁법 제26조 제1항이 수탁자의 경질이 있은 때에는 전수탁자는 지체 없이 신탁재산을 신수탁자에게 양도하여야 한다고 규정하고, 제48조 제1항 및 제3항이 수탁자가 경질된 경우에 신수탁자는 전수탁자가 신탁행위에 의하여 수익자에 대하여 부담하는 채무를 승계하고, 신탁사무의 처리에 관하여 생긴 채권은 신탁재산의 한도 내에서 신수탁자에 대하여도 행사할 수 있다고 규정하며, 제50조 제1항이 수탁자가 경질된 경우에는 신, 구수탁자와 기타 관계자는 신탁사무의 계산을 하고 수익자 또는 신탁관리인의 입회하에 사무를 인계하여야 한다고 규정하고 있는 점 및 수탁자가 경질된 경우에 있어서 전수탁자가 신탁사무 중 일부만을 신수탁자에게 이전한다면 더 이상 수탁자가 아닌 전수탁자가 신탁사무 중 일부를 처리하게 되는 결과가 발생하게 되는 점 등에 비추어 볼 때, 전수탁자가 신탁사무의 처리와 관련하여 체결한 계약관계가 수탁자로서 임무를 종료할 당시에도 존속하고 있었다면 전수탁자의 그 계약상의 지위는 포괄적으로 신수탁자에게 이전된다고 할 것이고(수탁자의 경질 이전에 이미 발생한 채권에 관하여는 계약의 당사자인 전수탁자에게 행사할 수 있음은 물론, 신탁법 제48조 제3항에 의하여 신탁재산의 범위 내에서 신수탁자에 대하여도 행사할 수 있다), 이는 신탁법 제11조 내지 제13조, 제15조 및 제17조에 의하여 수탁자가 경질되는 경우뿐만 아니라, 신탁행위의 정함에 따라 전수탁자가 임무를 종료하고 신수탁자가 선임됨으로써 수탁자가 변경된 경우에도 마찬가지라고 할 것이다.

이 사건 토지신탁의 전수탁자인 파산 전 회사가 임무를 종료할 당시 이 사건 분양대행계약이 유효하게 존속하고 있었다면, 파산 전 회사가 수탁자로서 신탁사무를 처리하면서 체결한 이 사건 분양대행계약의 계약자로서의 지위는 신수탁자인 피고인수참가인에게 당연 승계된다고 할 것이다.

이와 달리 수탁자가 변경되는 경우에 일부 사무를 제외한 나머지 신탁사무만을 이전하는 것이 가능함을 전제로, 피고인수참가인이 포괄 승계하는 파산 전 회사의 이 사건 공원묘원 사업자로서의 지위 중에서 이 사건 분양대행계약을 제외하기로 하는 약정이 계약자유의 원칙상 허용된다고 하여, 피고인수참가인이 이 사건 분양대행계약상 계약자의 지위를 승계하였음을 전제로 하는 원고의 이 사건 청구를 배척한 원심판결에는 신탁법상 수탁자의 경질 또는 변경의 효과에 관한 법리를 오해함으로써 판결에 영향을 미친 위법이 있다고 할 것이다(대법원 2006.3.9. 선고 2004다57694 판결).

한편, 수탁자가 파산하여 일부 신탁사업이 신 수탁자에게 일괄로 경질된 경우에는 수탁자 경질의 외관을 보면 마치 상법상 영업양도와도 유사한 형태로 보일 여지가 있는데, 이러한 형태의 수탁자 경질이 상법상 영업양도에 해당하는지 여부에 관하여 대법원은 영업재산의 전부를 양도했어도 그 조직을 해체하여 양도했다면 영업의 양도로 볼 수 없다고 할 것이라는 이유로 상법상 영업양도에 해당하지 아니한다는 입장이다. 다만 영업양도가 아닌 경우에도 신수탁자는 신탁재산의 한도 내에서는 전수탁자의 불법행위로 인한 손해배상채무를 이행할 책임이 있다는 취지로 판시하였다.

구 신탁법 제11조 내지 제13조, 제15조 및 제17조에 의하여 수탁자가 경질되는 경우뿐만 아니라 신탁행위의 정함에 따라 전수탁자가 임무를 종료하고 신수탁자가 선임됨으로써 수탁자가 변경된 경우에도 신수탁자는 구 신탁법 제26조, 제48조 등이 정하는 수탁자 경질의 법리에 따라 수탁자의 지위를 포괄적으로 승계하게 되는 것이고, 이 때 제3자는 수탁자의 경질 이전에 이미 발생한 채권에 관하여 계약의 당사자인 전수탁자에게 이를 행사할 수 있음은 물론, 신탁법 제48조 제3항에 의하여 신탁재산의 범위 내에서 신수탁자에 대하여도 행사할 수 있는 것인바 (대법원 2006.3.9. 선고 2004다57694 판결 참조), 이 사건의 경우에 있어서 위 2001.3.21.자 토지신탁계약 변경 및 승계계약이 이러한 수탁자 변경 내지 경질에 관한 합의에 다름 없으므로(참고로, 이 사건 신탁사업과 관련한 가장 중요한 신탁재산인 수탁토지의 등기부를 조회해 보더라도 그 소유권이전등기원인이 '2001.3.21. 수탁자 경질'임을 알아볼 수 있다), 신수탁자인 피고는 구 신탁법 제48조 제3항이 정하는 바에 따라 신탁재산의 한도 내에서 전수탁자인 소외 회사의 불법행위로 인한 손해배상채무를 이행할 책임이 있다고 볼 여지가 있을 뿐이다.

그럼에도 불구하고, 상법상의 영업양도에 해당함을 전제로 책임재산에 대한 아무런 유보도 없이, 피고에게 전수탁자인 소외 회사의 불법행위로 인한 손해배상채무를 이행할 책임이 있다고 한 원심판결에는, 상법상 영업양도에 관한 법리를 오해한 나머지 판결 결과에 영향을 미친 위법이 있다고 할 것이다. 이 점을 지적하는 피고의 상고이유의 주장은 이유 있다(대법원 2007.6.1. 선고 2005다5812,5829,5836 판결).

한편, 甲 주식회사가 토지신탁계약의 수탁자인 乙 주식회사를 상대로 용역비지급청구소송을 제기하였다가 항소심 계속 중 乙 회사가 파산선고를 받자 파산채권확정청구를 선택적으로 추가하였고, 乙 회사의 파산관재인을 소송수계인으로 표시하여 파산채권확정청구를 인용하고 용역비지급청구를 배척하는 판결(이하 '전소 원심판결'이라 한다)이 선고되자 쌍방이 상고하지 않았는데, 그 후 甲 회사가 토지신탁계약의 새로운 수탁자인 丙 주식회사를 상대로 용역비지급을 구하는 지급명령을 신청한 사안에서, 대법원은 甲 회사의 용역비지급청구를 배척한 전소 원심판결의 효력은 그 판결에 신탁재산에 대한 관리처분권이 없는 파산관재인이 소송수계인으로 표시되어 있더라도 신수탁자인 丙 회사에 미치므로, 소송대리인에게 상소제기에 관한 특별수권이 부여되어 있는지를 심리하여 전소 원심판결이 상고기간 도과로 이미 확정되어 지급명령신청이 전소 판결의 기판력에 저촉되는지, 아니면 전소 원심판결 정본 송달 시 용역비지급청구 부분의 소송절차가 중단됨으로써 지급명령신청이 중복제소에 해당하는지 판단하여야 하는데도, 이러한 심리를 다하지 않은 원심판결에 법리오해의 위법이 있다는 취지로 판시하였다(대법원 2014.12.24. 선고 2012다74304 판결).

또한 수탁자의 파산관재인이 신탁재산에 관한 채무에 관하여 시효중단의 효력이 있는 승인을 할 수 있는가. 대법원은 구 신탁법 제11조 제1항, 제2항은 수탁자가 파산선고를 받아 임무가 종료된 경우 신수탁자가 신탁사무를 처리할 수 있게 될 때까지 파산관재인이 신탁재산을 보관하고 신탁사무인계에 필요한 행위를 하여야 한다고 규정하고 있다. 위 규정은 수탁자의 임무 종료에 따른 잠정적 조치로서 파산관재인에게 신탁재산에 대한 임시적인 사무처리의무를 부담시킨 것일 뿐이므로 수탁자의 파산관재인이 신탁재산에 관한 채무에 관하여 시효중단의 효력이 있는 승인을 할 수는 없다(대법원 2018.2.28. 선고 2013다63950 판결)는 취지로 판시한 사례가 있다.

수탁자의 파산선고로 신수탁자가 선임되어 수탁자가 경질되는 경우, 신탁사무의 처리상 발생한 채권을 가진 제3자가 수탁자 경질 전 이미 발생한 위 채권의 파산선고 당시의 채권 전액에 관한 권리를 전수탁자의 파산재단과 신수탁자를 상대로 행사할 수 있는가. 대법원은 수탁자가 파산선고를 받아 구 신탁법 제11조, 제17조에 따라 수탁자의 임무가 종료하고 신수탁자가 선임되어 수탁자가 경질되는 경우, 신탁사무의 처리상 발생한 채권을 가진 제3자는 수탁자의 경질 이전에 이미 발생한 위 채권의 파산선고 당시의 채권 전액에 관하여 전수탁자의 파산재단에 대하여 파산채권자로서 권리를 행사할 수 있다. 또한 그 제3자는 구 신탁법 제48조 제3항에 의하여 신탁재산의 범위 내에서 전수탁자의 지위를 포괄적으로 승계하는 신수탁자에 대하여도 권리를 행사할 수 있다(대법원 2014.12.24. 선고 2012다74304 판결 등 참조)는 취지로 판시한 사례가 있다.

이때 전수탁자와 신수탁자가 제3자에게 중첩적으로 부담하는 채무의 성격은 무엇인가. 이에 관하여 대법원은 제3자에 대하여 전수탁자와 신수탁자가 중첩적으로 부담하는 채무는 동일한 경제적 목적을 가진 것으로서, 어느 일방의 채무가 변제 등으로 소멸하면 타방의 채무도 소멸하게 되지만, 그 채무의 부담에 관하여 전수탁자와 신수탁자 사이에 주관적 공동관계가 있다고 보기는 어려우므로, 이른바 부진정연대채무의 관계에 있다. 그런데 부진정연대채무에서 채무자 1인에 대한 소멸시효의 중단사유는 다른 채무자에게 효력을 미치지 않으므로 제3자가 전수탁자에 대한 파산절차에 참가하더라도 그에 따른 시효중단의 효력은 신수탁자에게 미치지 않는다. 이러한 법리는 신수탁자가 선임되기 전에 제3자가 전수탁자에 대한 파산절차에 참가하여 소멸시효의 중단사유가 생긴 경우에도 마찬가지로 적용된다(대법원 2018.2.28. 선고 2013다63950 판결)는 취지로 판시한 사례가 있다.

나 수탁자 경질시 신탁재산 한도 내에서 책임부담의 법리

신탁행위의 정함에 따라 전수탁자가 임무를 종료하고 신수탁자가 선임됨으로써 수탁자가 변경된 경우에도 신수탁자는 신탁법 제26조, 제48조 등이 정하는 수탁자 경질의 법리에 따라 수탁자의 지위를 포괄적으로 승계하게 되고, 이 때 제3자는 수탁자의 경질 이전에 이미 발생한 채권에 관하여 계약의 당사자인 전수탁자에게 이를 행사할 수 있음은 물론, 구 신탁법 제48조 제3항에는 신탁사무의 처리에 관하여 생긴 채권은 신탁재산의 한도내에서 신수탁자에 대하여도 행사할 수 있다고 규정하고 있는바, 수탁자가 경질된 경우 신탁사무의 처리에 관하여 생긴 채권을 신탁재산의 한도 내에서 신수탁자에 대하여도 행사할 수 있게 한 것은 신수탁자가 전수탁자의 채무를 승계하되 신탁재산의 한도 내에서 책임을 부담하도록 한 취지이므로, 그 경우 채권자의 신수탁자에 대한 이행판결 주문에는 신수탁자의 고유재산에 대한 강제집행을 할 수 없도록 집행력을 제한하기 위하여 신탁재산의 한도에서 지급을 명하는 취지를 명시하여야 한다.

그런데 신탁재산이 토지로서 그 가액이 10억원이고, 수탁자가 채권자에게 1억원을 지급할 책임이 있다고 가정한다면, 법원은 주문에서 '피고(수탁자)는 원고(채권자)에게 1,000,000,000원의 범위 내에서 100,000,000원 및 이에 대하여 20XX.XX.XX.부터 20XX.XX.XX.까지는 연 5%, 그 다음날부터 다 갚는 날까지는 연 12%의 각 비율로 계산한 돈을 지급하라'는 형식으로 표시할 수 있는지 여부가 문제된다.

즉, 수탁자가 신탁재산 한도 내에서 책임을 부담할 때 법원은 어떤 형식으로 주문에 표시를 하여야 하는가.

일단, 신탁재산이 부동산인 경우 신탁재산의 한도를 산정함에 있어 신탁재산의 가액을 특정일을 기준으로 평가해야 할 아무 근거도 없을 뿐 아니라, 특정일을 기준으로 부동산의 가액을 특정한 다음 위와 같이 신탁재산의 한도를 금액만으로 특정하여 표시할 경우 그 주문의 기재로는 신탁계약의 수탁자인 피고가 신탁재산뿐 아니라 자신의 고유재산으로도 변제해야 할 위험이 있으므로, 위와 같은 형식의 주문 표시는 위법하다. 신탁재산의 한도를 금액으로 특정할 필요 없이, 그 주문에 신탁재산의 한도에서만 지급을 명하는 취지를 따로 명시하였어야 한다는 것이 대법원의 입장이다(대법원 2010.2.25. 선고 2009다83797 판결).

그렇다면, 주문에 "피고는 신탁재산의 한도 내에서 원고에게 100,000,000원 및 이에 대하여 20XX.XX.XX.부터 20XX.XX.XX.까지는 연 6%의, 그 다음 날부터 다 갚는 날까지는 연 12%의 각 비율로 계산한 돈을 지급하라."라는 형식은 어떠한가. 아마도 이러한 형식의 주문이 실무상 가장 흔히 볼 수 있는 형식으로 보인다. 다만 이러한 경우에는 그 신탁계약이 어떤 신탁계약인지 특정하기 어려워 집행이 어려울 수 있다는 점에서 바람직한 주문 표시 방식은 아니다. 예를 들어, 위탁자와 수탁자 간 복수의 신탁계약을 체결하였다던가, 관리형 토지신탁의 일부 신탁재산이 담보신탁계약의 신탁재산으로 전환되었는데, 관리형 토지신탁이 종료되지 아니하고 일부 신탁재산도 그대로 남아 있는 경우 등에서는 집행단계에서 문제될 가능성이 있다. 다만 이러한 문제는 집행단계의 문제이므로 본안에서 신탁재산의 한도 내지 범위 내에서라는 문구를 주문에서 사용하여도 문제라고 할 수는 없다는 주장도 부당한 것은 아니다.

하지만 판결의 주문은 가능하다면 명확하고 분명한 것이 바람직하다. 따라서 수탁자가 신탁채권의 채권자에게 부당이득반환의무를 부담하는 경우, 수탁자인 피고는 20XX.XX.XX. 위탁자와 사이에 체결한 신탁계약에 따른 신탁재산의 한도에서 원고에 대하여 부당이득반환의무를 부담하는 것이 실체법적으로 분명하고 이러한 실체법적 제약은 판결주문에서 표시하여야 하므로 제1심판결의 주문 1항 중 "신탁재산의 한도 내에서"를 "신탁재산(20XX.XX.XX.자 피고와 위탁자 사이의 신탁계약)의 한도 내에서"로 특정하여 표시하는 것이 바람직할 것이다(서울고등법원 2014.10.16. 선고 2014나9252 판결). 또한 어떠한 신탁계약을 뜻하는지 여부를 별지에서 별도로 규정하는 방식도 재판실무상 종종 쓰인다.

17 신탁과 (우선)수익권

가 수익권의 개념

신탁은 위탁자와 신탁자의 신임관계에 기하여 위탁자가 수탁자에게 특정의 재산을 이전하거나 그 밖의 처분을 하고 수탁자로 하여금 수익자의 이익(사익신탁) 또는 특정의 목적(목적신탁)을 위하여 필요한 행위를 하게 하는 법률관계를 말한다(신탁법 제2조). 유언신탁, 신탁선언을 제외하면 신탁은 위탁자와 수탁자 사이의 계약으로 설정되고(신탁법 제3조 제1항 제1호), 사익신탁은 신탁재산으로부터 얻을 수익을 수익자에게 귀속시키는 것을 목적으로 하므로 수익자를 정하는 것은 신탁계약의 중요한 요소에 속한다(대법원 2007.5.31. 선고 2007다13312 판결 등 참조).

신탁행위가 정한 바에 따라 수익자로 지정된 사람은 당연히 신탁행위에서 정한 신탁이익을 향수할 권리(신탁법 제56조), 신탁위반 법률행위를 취소할 수 있는 권리(신탁법 제75조) 등 신탁계약과 신탁법이 정하는 권리를 가지게 된다. 반면 수익자는 수탁자가 지출한 비용·손해를 보상할 의무(신탁법 제46조 제4항), 수탁자의 보수를 지급할 의무(신탁법 제47조 제4항) 등도 부담한다. 신탁법 제57조가 수익권의 포기를 인정하는 취지는, 수익자가 신탁법에 따라 비용상환의무를 지게 되므로 수익자가 자기의 의사에 반하여 수익권을 취득할 것을 강제당하지 않도록 하기 위한 데에 있다(대법원 2016.3.10. 선고 2012다25616 판결 등 참조).

나 우선수익권이란 무엇인가

신탁행위로 정한 바에 따라 수익자로 지정된 사람은 당연히 수익권을 취득한다(신탁법 제56조 제1항). 신탁재산에 속한 재산의 인도와 그 밖에 신탁재산에 기한 급부를 요구하는 청구권이 수익권의 주된 내용을 이루지만, 수익자는 그 외에도 신탁법상 수익자의 지위에서 여러 가지 권능을 가지며, 수익권의 구체적인 내용은 특별한 사정이 없는 한 계약자유의 원칙에 따라 신탁계약에서 다양한 내용으로 정할 수 있다. 우선수익권은 구 신탁법이나 신탁법에서 규정한 법률 용어는 아니나, 거래 관행상 통상 부동산담보신탁계약에서 우선수익자로 지정된 채권자가 채무자의 채무불이행 시에 신탁재산 처분을 요청하고 처분대금에서 자신의 채권을 위탁자인 채무자나 그 밖의 다른 채권자들에 우선하여 변제받을 수 있는 권리를 말한다. 우선수익권은 수익급부의 순위가 다른 수익자에 앞선다는 점을 제외하면 그 법적 성질은 일반적인 수익권과 다르지 않다. 채권자는 담보신탁을 통하여 담보물권을 얻는 것이 아니라 신탁이라는 법적 형식을 통하여 도산 절연 및 담보적 기능이라는 경제적 효과를 달성하게 되는 것일 뿐이므로, 그 우선수익권은 우선 변제적 효과를 채권자에게 귀속시킬 수 있는 신탁계약상 권리이다(대법원 2018.4.12. 선고 2016다223357 판결).

담보신탁에서 우선수익권에 관하여 대법원은 어떤 판시를 하였는지 알아보자 대법원은 위탁자가 금전채권을 담보하기 위하여 그 금전채권자를 우선수익자로, 위탁자를 수익자로 하여 위탁자 소유의 부동산을 신탁법에 따라 수탁자에게 이전하면서 채무불이행 시에는 신탁부동산을 처분하여 우선수익자의 채권 변제 등에 충당하고 나머지를 위탁자에게 반환하기로 하는 내용의 담보신탁을 해 둔 경우, 특별한 사정이 없는 한 우선수익권은 경제적으로 금전채권에 대한 담보로 기능할 뿐 금전채권과는 독립한 신탁계약상의 별개의 권리가 된다. 따라서 이러한 우선수익권과 별도로 금전채권이 제3자에게 양도 또는 전부되었다고 하더라도 그러한 사정만으로 우선수익권이 금전채권에 수반하여 제3자에게 이전되는 것은 아니고, 금전채권과 우선수익권의 귀속이 달라졌다는 이유만으로 우선수익권이 소멸하는 것도 아니(대법원 2017.9.21. 선고 2015다52589 판결)라고 판시한 사례가 있다.

또한 위탁자가 금전채권을 담보하기 위하여 금전채권자를 우선수익자, 위탁자를 수익자로 하여 위탁자 소유의 부동산을 신탁법에 따라 수탁자에게 이전하면서 채무불이행 시에는 신탁부동산을 처분하여 우선수익자의 채권 변제 등에 충당하고 나머지를 위탁자에게 반환하기로 하는 내용의 담보신탁을 한 경우, 특별한 사정이 없는 한 우선수익권은 경제적으로 금전채권에 대한 담보로 기능하지만, 그 성질상 금전채권과는 독립한 신탁계약상의 별개의 권리이다. 우선수익권은 수익급부의 순위가 다른 수익자에 앞선다는 점을 제외하면 일반적인 수익권과 법적 성질이 다르지 않고, 채권자가 담보신탁을 통하여 담보물권을 얻는 것도 아니다. 그러므로 채무자가 아닌 위탁자가 타인의 채무를 담보하기 위하여 금전채권자를 우선수익자로 하는 부동산담보신탁을 설정한 경우에, 설령 경제적인 실질에 있어 위탁자가 부동산담보신탁을 통하여 신탁부동산의 처분대금을 타인의 채무의 담보로 제공한 것과 같이 볼 수 있다고 하더라도, 위탁자가 자기의 재산 그 자체를 타인의 채무의 담보로 제공한 물상보증인에 해당한다고 볼 수는 없다(대법원 2022.5.12. 선고 2017다278187 판결).

그렇다면 토지신탁의 우선수익권은 어떠한가. 토지신탁에서 우선수익권은 원인채권에 수반한 권리인가. 대법원은 그렇지 않다는 입장이다. 대법원은 토지신탁에서도 우선수익권은 원인채권과 독립한 신탁계약상 별개의 권리이므로, 우선수익권에 질권을 설정하였다고 하여 그 원인채권에 대해서까지 질권의 효력이 미치지는 아니한다고 판시하였다.

위탁자가 자신이 소유하는 부동산을 신탁법에 따라 수탁자에게 이전하여 건물을 신축·분양하는 사업을 시행하게 하고 대주와 시공사를 우선수익자로 정하는 관리형 토지신탁을 한 경우, 특별한 사정이 없는 한 우선수익권은 원인채권과는 독립한 신탁계약상 별개의 권리가 된다. 이러한 경우 우선수익권은 원인채권과 별도로 담보로 제공될 수 있으므로 우선수익자인 시공사가 우선수익권에 질권을 설정하는 것에 대하여 수탁자가 승낙했다고 해서 그 원인채권에 대해서까지 질권설정승낙의 효력이 발생한다고 볼 수 없다(대법원 2022.3.31. 선고 2020다245408 판결).

다 우선수익권 관련 판결 등

1) 우선수익권의 피담보채권이 여신거래에 한정되는지 여부

담보신탁계약의 우선수익권이 추가되었는데 추가된 우선수익권이 무효인지 여부가 다퉈진 사안에서 원고는 담보신탁계약에 의하여 우선수익권자로 지정된 사람이 우선수익권을 가지기 위해서는 우선수익자가 채무자에 대하여 여신거래에 의하여 발생한 채권을 가지고 있어야 하는데, 위탁자는 추가된 우선수익자에 대하여 채권을 가지고 있지 않고 다만 위탁자의 대주주가 추가된 우선수익자에 대하여 부담하게 될 불법행위로 인한 손해배상 채무를 담보하기 위하여 우선수익권증서를 발행한 것이므로 그러한 우선수익권증서에 기초한 우선수익권은 그 피담보채권이 존재하지 아니하여 효력이 없다는 취지로 주장하였다.

이에 대하여 서울고등법원은 위탁자는 위탁자의 여신거래에 따른 채권채무관계는 물론이고, 다른 제3자의 채권자에 대한 채권채무관계를 담보하기 위해서도 그 채권자에게 우선수익권을 부여할 수 있다는 취지로 판시하였다. 구체적인 내용은 아래와 같다.

이 사건 담보신탁계약서의 내용을 보면 그 목적으로서 위탁자가 부담하는 채무뿐만 아니라 책임의 이행을 보장하기 위하여 수탁자가 신탁부동산을 보전 관리하고 채무불이행시 환가 정산하는 것을 포함하고 있고, 신탁기간 중 위탁자가 우선수익자를 지정하여 수탁자에게 수익권증서의 발급을 요청하는 경우에는 수탁자는 신탁부동산의 잔존 담보가격 내에서 우선수익자가 요구하는 금액으로 수익권증서를 발행할 수 있다고 규정하고 있을 뿐 그 원인채권을 위탁자와 우선수익자 사이의 여신거래로 인하여 발생한 것으로 한정하고 있지 않다. 또한 우선수익자가 갖는 수익권의 범위도 우선수익자와 채무자 사이의 여신거래로 발생하여 증감 변동되는 우선수익자의 원금, 이자 및 지연손해금 등에 한한다고 규정하고 있을 뿐이고 반드시 우선수익자와 위탁자 사이의 여신거래로 발생한 채권에 한정하고 있지 않고, 여기서의 여신거래라 함은 우선수익자가 행하는 여신거래의 일체로서 현재 및 장래에 부담하는 어음대출, 어음할인, 증서대출, 당좌대출 등과 같이 대출로 발생되는 채무뿐만 아니라 지급보증, 매출채권거래, 보증채무, 어음 또는 수표상의 채무, 상호 부금거래, 유가증권 대여 외국환 기타 여신거래로 말미암은 채무, 기타 여신거래에서 발생되는 채무를 모두 포함하고 있다(특약사항 1, 2항). 이러한 부동산담보신탁계약의 내용과 아울러 신탁수익권은 비점유의 담보물권에 유사한 것으로서 피담보채권의 발생원인을 우선수익자와 위탁자 사이의 여신거래로 인한 채무로 제한하여야 할 이유가 없는 사정에 비추어 보면 위탁자는 위탁자의 여신거래 기타 원인에 따른 채권채무관계는 물론이고, 다른 제3자의 채권자에 대한 채권채무관계를 담보하기 위해서도 부동산담보 신탁계약에 따라 그 채권자를 우선수익자로 지정하여 우선수익권을 부여할 수 있다고 봄이 상당하다.

위 판결에서 눈여겨 볼 것은 비단 여신거래 약정에 의하여만 담보신탁의 우선수익권을 설정할 수 있는 것은 아니라는 점이다. 한편, 위와 같이 여신거래 약정이 아닌 채권을 우선수익권의 피담보채권으로 하여 우선수익권을 설정하는 경우 신탁계약서 특약에 이러한 내용을 구체적으로 기재하는 것이 바람직하다.

2) 우선수익권채권은 담보신탁 종료 전에 시효완성으로 소멸할 수 있는지 여부

신탁법은 수익채권의 소멸시효는 채권의 예를 따른다(신탁법 제63조 제1항)고 규정하면서도 그럼에도 불구하고 신탁이 종료한 때부터 6개월 내에는 수익채권의 소멸시효가 완성되지 아니한다(신탁법 제63조 제3항)고 규정하고 있다.

그렇다면 위탁자가 우선수익자 등을 상대로 우선수익자의 우선수익권채권이 채권완제 등의 사유로 담보신탁계약 종료 전에 이미 시효완성으로 소멸하였다고 주장하며 우선수익권의 부존재확인을 구할 수 있는지 여부가 문제된다.

담보신탁에서 위탁자가 우선수익자에게 지는 채무가 소멸되었다면, 우선수익권의 소멸시효도 진행되고 소멸시효기간이 경과되면 담보신탁계약이 진행중임에도 불구하고 우선수익권은 소멸하는가

이에 대하여 서울고등법원은 우선수익권의 소멸시효는 소멸시효완성일과 신탁이 종료한 때로부터 6개월이 진행한 날 중 뒤의 시점에 완성된다는 취지로 판시하였다. 자세한 내용은 아래와 같다.

1. 신탁법은 제63조 제1항에서 "수익채권의 소멸시효는 채권의 예에 따른다."고 규정하면서도, 같은 조 제3항에서 "제1항에도 불구하고 신탁이 종료한 때부터 6개월 내에는 수익채권의 소멸시효가 완성되지 아니한다."고 규정하고 있다. 신탁법 제63조 제3항은 수탁자가 수익자에 대하여 충실의무를 부담하므로 신탁이 종료하고 6개월이 경과할 때까지는 수익채권의 시효가 정지되도록 한 것이다. 이는 신탁종료시까지 수탁자가 자신의 충실의무를 위반하는 등으로 인하여 수익자가 제대로 권리를 행사하지 못하는 상황에서 수익채권만이 신탁 존속 중 독자적으로 시효가 완성하여 소멸하지 않도록 하여 수익자를 두텁게 보호하기 위한 취지이다.

2. 소멸시효 정지 제도는 권리자가 시효중단조치를 취하는 등 권리를 적절히 행사하지 못하는 경우 권리자의 보호를 위해 특별히 시효기간의 도과에도 불구하고 그 시효완성을 유예하는 것에 취지가 있는바, 원고 주장과 같이 만일 신탁종료 이전에 수익채권의 소멸시효 기간이 경과한 경우를 신탁법 제63조 제3항의 적용 대상에서 제외한다면, 신탁법상 소멸시효 정지 제도를 둔 입법취지

를 몰각시키는 결과를 가져오고, 민법상 소멸시효 정지 규정과의 통일적 해석에도 반하는 점을 고려하면, 이 사건 수익채권의 소멸시효는 소멸시효 기산점으로부터 그 시효기간이 진행한 날과 신탁이 종료한 때부터 신탁법 제63조 제3항이 정하는 6개월의 소멸시효 정지기간이 진행한 날 중 뒤의 시점에 완성된다고 보아야 한다. 또한 그 당연한 논리적 귀결로 신탁법 제63조 제3항이 정하는 '종료한 때'에는 수익채권이 시효완성으로 소멸한 경우는 제외된다고 봄이 타당하다. 그런데 원고가 주위적으로 주장하는 신탁종료 사유는 모두 이 사건 수익채권의 소멸시효 완성으로 인한 것임은 주장 자체로 명백하고, 달리 이 사건 담보신탁계약이 그 외의 사유로 종료하였다고 볼 만한 자료가 없으므로, 이 사건 수익채권의 소멸시효는 완성되었다고 볼 수 없다.

따라서 이 사건 수익채권이 시효완성으로 소멸하였음을 전제로 한 원고의 주위적 주장은 더 나아가 살필 필요 없이 모두 이유 없다(서울고등법원 2022.9.23. 선고 2022나2003408 판결).

대법원은 원심의 판결이 정당하다고 하면서 신탁법 제63조 제3항에 따라 신탁이 종료하고 6개월이 지날 때까지는 수익채권의 시효가 정지된다는 취지로 판시하였다.

신탁법 제63조는 '수익채권의 소멸시효'라는 표제 아래 제1항에서 "수익채권의 소멸시효는 채권의 예에 따른다."라고 규정하면서 제3항에서 "제1항에도 불구하고 신탁이 종료한 때부터 6개월 내에는 수익채권의 소멸시효가 완성되지 아니한다."라고 하고 있다. 위 제3항은 수탁자가 수익자에게 충실의무를 부담하는 신탁의 특성을 반영하여(신탁법 제33조) 신탁이 종료하고 6개월이 지날 때까지는 수익채권의 시효가 정지되도록 함으로써 수익자가 신탁이 종료한 때부터 6개월이 지날 때까지는 언제든지 수익채권을 행사할 수 있게 하여 수익자를 보호하려는 취지의 규정이다.

원심판결의 이유와 기록을 위와 같은 법리에 비추어 살펴보면, 원심이 판시와 같은 이유로, 이 사건 수익채권은 이 사건 담보신탁계약이 종료되기 이전에 이미 시효기간이 경과함으로써 시효완성으로 소멸하였다는 원고의 주장을 배척하고 이 사건 수익채권의 소멸시효가 완성되었다고 볼 수 없다고 판단한 것은 정당하고, 거기에 상고이유 주장과 같이 신탁법 제63조 제3항에 관한 법리를 오해한 잘못이 없다(대법원 2023.4.13. 선고 2022다295070 판결).

실무에서는 우선수익권자의 채무자에 대한 채권이 소멸하면 우선수익권이 자동으로 소멸한다고 판단하고 신탁사업을 진행하는 경우가 종종 있는데, 통상적인 경우 신탁법상으로는 우선수익권의 소멸시효는 신탁법 제63조 제3항에 따라 신탁이 종료하고 6개월이 지날 때까지는 수익채권의 시효가 정지된다는 사실을 수탁자 업무 담당자는 기억할 필요가 있다. 더불어 신탁 특약에 우선수익권 자동 소멸 규정이 있다고 하더라도 우선수익자가 명시적으로 우선수익권이 소멸하지 아니하였다고 주장하는 경우 수탁자로서는 보수적으로 업무를 처리하는 것이 바람직할 것이다.

3) 우선수익자가 우선수익권증서를 분실하였을 경우 대처방안

신탁행위로 수익권을 표시하는 수익증권을 발행하는 경우 이를 수익권증서라하고 우선수익권에 대한 수익증권을 우선수익권증서라 일컫는다. 수익권증서는 일종의 담보부채권증서로서 우선수익자의 지위를 증명하는 증거증권의 성질을 지니고 있는데, 기명채권으로서 채권최고금액 및 우선수익자의 의뢰범위 등을 표시하는 문서이다.

신탁법 제78조, 자본시장과 금융투자업에 관한 법률 제4조, 제110조의 각 규정의 취지에 비추어 보면, 우선수익권증서는 신탁에 기한 우선수익권을 표시(표창)하는 유가증권이라기보다는 우선수익권이 부여되어 있음을 증명하는 하나의 증거증권에 불과하다고 봄이 상당하다. 나아가 이러한 우선수익권증서가 화물상환증, 선하증권, 어음 및 수표 등과 같이 상환증권성(상법 제129조, 제861조, 어음법 제39조, 수표법 제34조)이 있는 증권이라고 볼 실정법상 근거를 찾을 수 없고, 또한 채권이 모두 소멸되고 신탁계약의 해지로 인하여 신탁이 종료되면 그에 기한 우선수익권도 소멸하는 것으로 풀이되므로, 수탁자의 신탁등기말소 등 의무와 수익자의 우선수익권증서 반환의무 사이에 대가적인 의미가 있어 이행상의 견련관계를 인정하여야 할 특별한 사정이 있다고 볼 수도 없다. 이러한 사정에 비추어 보면, 갑 제4, 7호증의 각 기재만으로 피고의 원고들에 대한 신탁등기말소 등 의무가 우선수익권증서 반환의무와 동시이행의 관계에 있다고 보기에 부족하고, 달리 이를 인정할 증거가 없다(서울중앙지방법원 2015.5.14. 선고 2014가합529353 판결).

참고로 서울고등법원은 담보신탁계약상 우선수익자의 우선수익권을 표시한 수익권증서가 자본시장법상 금융투자상품의 하나인 수익증권에 해당하는지 여부에 관하여 인정하지 아니한 사례가 있다.

① 피고가 원고를 통하여 우리은행으로부터 인수한 대상은 담보신탁계약상 우선수익권 또는 우선수익자로서의 지위(명확한 증거는 없으나 우선수익자로서의 지위를 인수함으로써 우선수익권을 취득한 것으로 보인다)이지 그에 관한 '수익권증서'는 아닌 것으로 보이는 점, ② 위 인수에 따라 피고가 신탁회사로부터 발급받은 수익권증서(을36) 역시 피고가 우선수익자로서 우선수익권을 보유함을 증명하는 증서, 곧 증거증권에 불과하고, 이러한 수익권증서는 그에 표시된 해당 수익권의 존재를 증명하는 외에 다른 효력(예컨대 그 점유만으로 수익권의 적법한 보유자로 추정되거나 그 점유의 이전에 의해 증서에 기재된 권리가 이전되는 효력등)이 있다고 볼 수 없는 점, ③ 일반적으로 담보신탁에 따른 수익권증서의 발행은 유통성을 전제로 하지 않는 것이 현실인바, 이 사건에서도 이 사건 매수대상채권에 부수하여 위 우선수익권 또는 우선수익자로서의 지위가 인수되었고, 그에 따라 피고에게 새로운 수익권증서(을36)가 발급되었을 뿐인 점 등을 고려할 때, 위와 같이 담보신탁계약상 우선수익자의 우선수익권을 표시한 것에 불과한 수익권증서는 구 자본시장법 제3조, 제4조에서 말하는 금융투자상품의 하나인 '수익증권'에 해당한다고 보기 어렵다고 판단된다(서울고등법원 2016.8.30. 선고 2015나2044333 판결).

담보신탁계약 등의 경우 우선수익자의 피담보채권이 모두 변제되면 통상은 우선수익권도 소멸하게 되는데(우선수익권은 경제적으로 금전채권에 대한 담보로 기능할 뿐 금전채권과는 독립한 신탁계약상의 별개의 권리가 된다는 취지의 대법원 판결이 존재하는바, 우선수익권이 무조건 소멸하는 것이 아님은 물론이다. 다만 통상적인 경우에는 담보신탁 우선수익권의 피담보채권이 모두 변제되었음에도 불구하고 우선수익자가 우선수익권이 존재한다고는 주장하는 경우는 드물고, 그러한 주장하더라도 소송에서 다투는 경우 통상 받아들여지지 아니한다. 다만 우선수익권 소멸 전 우선수익권에 대한 별도의 권원을 취득한 제3자가 존재하는 경우에는 우선수익권이 소멸하지 아니할 수 있으므로 수탁자 담당자는 사실관계를 파악한 후 적절히 대처할 필요가 있다), 이때 우선수익자는 기 발행되었던 우선수익권증서를 신탁사에 반환하여야만 한다.

다만 이때 일부 우선수익자들은 우선수익권증서를 분실했다는 등의 이유로 우선수익권증서를 신탁사에 반환하지 않거나 못하는 경우가 발생하는 바, 이때 실무적으로 신탁사들은 우선수익자에게 ① 우선수익권을 분실하였기 때문에 반환하지 못하는 것이며, 분실된 우선수익권증서로 인하여 신탁사에 손해가 발생하는 경우 배상할 것을 확인하다는 취지의 확인서 징구, ② 우선수익자로하여금 관할 파출소 등에 분실신고등 접수절차 진행, ③ 전국구 관할 일간지 신문광고 등으로 우선수익권증서가 분실되었음을 공지, ④ 신탁사 홈페이지에 우선수익권증서 분실 공고 등록 등의 절차를 진행하는 경우가 있다. 신탁법 제86조에서 수익증권은 공시최고의 절차를 거쳐 무효로 할 수 있고, 수익증권을 상실한 자는 제권판결을 받지 아니하면 수익증권의 재발행을 청구하지 못한다고 규정하고 있으나, 우선수익권증서는 증거증권이지 수익증권이 아니라는 점에서 공시최고나 제권판결까지 신탁사가 요구하지는 않는 것이 실무로 보인다.

위와 같은 절차는 신탁사가 반드시 시행하여야 하는 것은 아니고, 우선수익권증서 분실로 인하여 불법행위 등이 발생할 명백한 가능성이 존재하는 경우 등 특별한 사정이 있는 경우 수탁자 담당자는 위 절차 중 일부를 진행하는 것을 검토할 필요가 있다. 다시 한번 더 강조하지만 위와 같은 절차를 진행하는 것은 수탁자의 의무가 아니므로, 위와 같은 절차를 진행하지 아니하였다고 하여 수탁자에게 선관주의의무위반 등을 이유로 책임을 부담하라고 청구할 수 없다.

우선수익권 증서는 증거증권으로서 유가증권이 아니므로, 위와 같은 절차만으로도 법리적으로는 충분하다고 여겨질 수 있으나, 수익권증서의 정의 및 성질을 잘 알지 못하는 일반인들에게 수익권증서를 담보로 대여금을 일으키는 등 사기사건이 몇 차례일어난 사례가 있어, 수탁자는 수익권증서의 무분별한 유통을 막기위하여 위 1, 2, 3, 4번의 절차를 일부 또는 전부 진행한 사례가 있다.

따라서 수탁자가 위와 같은 절차를 진행하지 아니하였다고 하여 그 책임을 묻기는 어렵고, 다만 특별한 사정이 발생하여 분실된 우선수익권증서로 인하여 법적 분쟁이 발생할 명백한 가능성이 존재하는 경우 위의 절차 진행을 고려할 필요성이 있다는 측면에서 수탁자 임직원들의 위의 절차를 통하여 민원발생 등을 최소화하여 평판 리스크 발생가능성을 낮추는 것이 바람직하다 할 것이다.

라 수익권 양도와 수익자 지위 이전

　수익자가 가지는 각종 권리의 총체가 수익권이고, 이는 일종의 재산권으로서 원칙적으로 양도성을 갖는다(신탁법 제64조 제1항). 수익권의 성질이 일신전속적이거나 신탁계약에서 양도를 제한하지 않는 한(신탁법 제64조 제2항) 수익자는 수익권의 전부 또는 일부를 자유로이 양도할 수 있고, 양도인과 양수인의 합의 외에 수탁자의 동의나 수탁자에 대한 통지가 양도의 효력요건이 되는 것이 아니다. 종래 구 신탁법(2011.7.25. 법률 제10924호로 개정되기 전의 것)은 수익권의 양도방법을 특별히 정하지 않아 수탁자나 제3자의 보호가 문제되었으나, 2011.7.25. 개정된 신탁법은 제65조에서 지명채권 양도와 동일한 방법으로 수익권을 양도할 수 있도록 정하였다. 따라서 수익권의 양도는 양도인이 수탁자에게 통지하거나 수탁자가 승낙한 경우 수탁자에게 대항할 수 있고(신탁법 제65조 제1항), 이를 확정일자가 있는 증서로 한 때에는 수탁자 외의 제3자에게도 대항할 수 있다(신탁법 제65조 제2항).

　한편 수익자 지위의 이전은 그 지위에 수반한 권리와 의무를 포괄적으로 이전하는 것이므로 수익권의 양도와 구분된다. 신탁법 제65조는 수익권의 양도를 규율할 뿐 수익자 지위의 이전을 정하고 있지 않으므로, 수익자 지위 이전의 문제는 계약인수 등 일반법 원칙에 따라 해결할 수밖에 없다. 그러므로 신탁계약상 수익자를 변경하려면 계약 당사자인 위탁자와 수탁자의 합의가 있어야 하고, 미리 신탁계약에서 위탁자에게 일방적인 변경권을 부여하는 취지의 특약을 하지 않은 한 수탁자의 동의 없이 위탁자가 일방적으로 수익자를 변경할 수 없다(대법원 2007.5.31. 선고 2007다13312 판결 등 참조). 다만 신탁행위로 수익자를 지정하거나 변경할 수 있는 권한을 갖는 자를 정할 경우에는 그에 따라야 한다(서울고등법원 2018.1.17. 선고 2017나2036022, 2017나2036039(참가) 판결).

1) 토지신탁에서 위탁자 겸 수익자가 수탁자의 승낙없이 수익권을 제3자에게 채권양도한 경우 그 수익권 양도는 유효한지 여부

　토지신탁계약에는 통상적으로 수익자가 수익권을 양도할 시에는 수탁자의 사전승낙을 얻어야 한다고 기재되어 있다. 그럼에도 불구하고 수익자가 수탁자의 사전승낙 없이 임의로 수익권을 제3자에게 양도하고 이를 수탁자에게 통지한 경우에도 수익권 양도의 효력이 발생하는지 여부가 문제된다.

  토지신탁 계약의 위탁자 겸 수익자가 수탁자에 대하여 가지는 토지신탁 계약의 수익금 채권 중 일부를 제3자에게 양도하고, 수탁자에게 내용증명 우편으로 채권양도통지를 한 경우 그 수익권 양도는 수탁자에게 대항할 수 있는지 여부에 관하여 문제된 사안에서 서울고등법원은 위와 같은 채권양도는 제3자가 양도금지특약이 존재한다는 사실을 알았거나 알지 못한 데에 중대한 과실이 있으므로 무효라고 판시하였고, 이는 대법원에서 심리불속행 기각판결로 확정되었다. 구체적인 내용은 아래와 같다.

채무자는 제3자가 채권자로부터 채권을 양수한 경우 채권양도금지 특약의 존재를 알고 있는 양수인이나 그 특약의 존재를 알지 못함에 중대한 과실이 있는 양수인에게 그 특약으로써 대항할 수 있고, 여기서 말하는 '중과실'이란 통상인에게 요구되는 정도의 상당한 주의를 하지 않더라도 약간의 주의를 한다면 손쉽게 그 특약의 존재를 알 수 있음에도 불구하고 그러한 주의조차 기울이지 아니하여 특약의 존재를 알지 못한 것을 말하며, 제3자의 악의 내지 중과실은 채권양도금지의 특약으로 양수인에게 대항하려는 자가 이를 주장·증명하여야 한다(대법원 2010.5.13. 선고 2010다8310 판결).

이 사건 신탁계약서와 그에 첨부된 수익권 증서에는 이 사건 사업수익금 채권을 채무자인 수탁자의 승낙없이 양도할 수 없다는 취지의 채권양도금지특약이 기재되어 있었고, 이 사건 채권양수인은 이 사건 채권양도 당시 신탁계약서와 수익권 증서를 채권양도인으로부터 교부받은 점, 위에서 본 양도금지특약 문구는 단순 명료하게 규정되어 있어 금융기관인 채권양수인으로서는 약간의 주의를 하는 것만으로도 손쉽게 이를 알 수 있는 상태에 있었다고 보이는 점 등을 종합하여 보면 채권양수인은 위 양도금지특약이 존재한다는 사실을 알았거나 그렇지 않다고 하더라도 그 알지 못한 데에 중대한 과실이 있다고 봄이 상당하다. 따라서 수탁자는 악의 또는 중과실이 있는 채권양도인에 위 양도금지특약으로 대항할 수 있다고 할 것이다.

비록 이 사건에서 수탁자는 자신이 이 사건 채권양도를 묵시적으로 승낙하였다면서 양도금지특약에 관한 주장을 하지 아니할 듯한 태도를 보이고 있으나, 이미 수탁자가 2011.1.경 이 사건 채권양도를 승낙하지 아니하는 의사를 표시하면서 위 양도금지특약을 주장하여 채권양수인인 금융기관에 대한 양수금의 지급을 거절하였던 사실이 인정되는 이상 그 무렵 이 사건 채권양도는 수탁자의 승낙이 없어 효력이 없는 것으로 확정되었다고 보아야 하고, 그 후 수탁자가 원고들의 이 사건 추심금 청구에 대해서는 위 의사표시를 다시 변경하여 이 사건 채권양도가 유효하다고 주장하는 것은 허용되지 아니한다(서울고등법원 2013.8.29. 선고 2012나103655 판결).

위 판결에서 볼 수 있듯이 신탁계약서 및 수익권증서 등에 "수익자는 수탁자의 승낙 없이 수익권을 양도, 승계, 질권설정할 수 없다"는 취지의 내용이 기재된 경우와 같이 수익권에 대한 양도금지특약이 존재하는 경우에는 원칙적으로 수탁자의 승낙 없이 수익자가 임의로 수익권을 양도하고 수탁자에게 통지하더라도 수익권 양도의 효력이 발생하지 아니한다.

다만 예외적으로 수탁자가 수익권 양수인에게 사업진행상황을 계속하여 통지하거나 자금집행의 동의서를 요청하는 등 수익권 양도를 인정하는 듯한 외관이 발생한 경우에는 수탁자가 수익권 양도를 묵시적으로 승낙하였다는 판단이 나올 수도 있으므로 구체적인 사정에 따라 적절히 판단하되, 최대한 보수적으로 판단하는 것이 바람직하다.

2) 변제자대위에 의한 우선수익자 지위 이전이 가능한지 여부

담보신탁 제1순위 우선수익자의 대출금 채권 전부를 대위변제한 자가 변제자대위의 법리에 의하여 수탁자에게 우선수익자 지위 이전을 청구할 수 있는지 여부가 문제된다. 통상적으로 업계에서 사용하는 담보신탁계약서에는 위탁자는 수탁자의 승낙을 얻어 수익자를 추가 지정하거나 변경할 수 있다거나 우선수익자는 수탁자의 사전 동의 없이는 우선수익자의 지위를 타인에게 양도 또는 명의변경할 수 없다는 내용을 포함하고 있다. 따라서 원칙적으로는 우선수익자 변경시 수탁자의 사전승낙이 필요한데, 수탁자의 사전승낙이 없는 경우 우선수익자의 대출채권을 변제한 자가 수탁자에게 변제자 대위의 법리에 의하여 우선수익자 지위를 본인으로 변경하라는 청구를 할 수 있는지 여부가 문제되는 것이다.

서울고등법원은 위와 관련하여, 변제자대위에 의하더라도 우선수익자 지위 이전 내지 변경은 수탁자의 동의가 필요하고 신탁계약에서 우선수익자 지위 이전에 관하여 수탁자의 동의를 얻도록 하는 부분이 무효라고 볼 수 없다는 취지로 판시하였다. 자세한 내용은 아래와 같다.

1. 살피건대, 독립당사자참가인은 원고 B의 이 사건 대출금채무 담보를 위하여 자기 소유의 원고 A 주식에 관한 근질권을 설정해 주었으므로 위 대출금채무를 변제할 정당한 이익이 있고, 이 사건 담보신탁계약의 1순위 우선수익권은 이 사건 대출금 담보를 위한 재산권으로서 채권자인 대주단과 채무자인 원고 B 사이에 채무 이행의 확보를 위한 특약에 기하여 대주단이 가지게 된 권리라 봄이 타당하다. 따라서 원고 A가 독립당사자참가인의 명의로 대주단에게 이 사건 대출금채무를 변제함으로써 독립당사자참가인은 당연히 대주단의 이 사건 대출금채권 및 그 담보를 위한 이 사건 담보신탁계약의 1순위 우선수익권 등 권리를 행사할 수 있게 되었다 할 것이고, 이는 비록 이 사건 담보신탁계약 제7조 제5항이 수탁자의 사전 동의 없는 수익권 양도를 금지하고 있더라도 위 양도금지특약에 대한 독립당사자참가인의 악의 또는 중과실 여부에 상관없이 유효하다.

2. 그러나 위와 같이 변제자대위가 인정되는 대상은 채권자의 권리에 한정되므로, 독립당사자참가인이 변제자대위에 의해 수탁자에 대한 의무 또는 채무를 포함하는 수익자 지위까지 법률규정에 의해 당연히 이전받았다거나 이후 원고 A가 독립당사자참가인으로부터 수익자 지위를 다시 이전받았다고 보기는 어렵다. 결국 변제자대위에 의하더라도 우선수익자 지위의 이전 내지 우선수익자를 변경하기 위해서는 여전히 이 사건 담보신탁계약 제3조 제2항 또는 제7조 제5항에 따라 수탁자인 피고의 동의가 있어야 한다.

3. 한편 원고 A는 이 사건 담보신탁계약이 우선수익자 지위 이전을 오로지 수탁자인 피고의 의사에 따르도록 정한 것이 순수 수의조건에 해당하여 무효라고 주장한다. 살피건대, 수익자 지위 이전에 관하여 계약인수 등 일반 법원칙이 적용되는 결과 계약당사자의 동의가 있어야 한다는 점은 앞서 본 바와 같고, 수탁자가 수익자의 이익을 위하여 신탁사무를 처리하는 선관의무(신탁법 제33조) 및 신탁목적에 따라 신탁재산을 관리하고 신탁재산의 이익을 최대한 도모해야 하는 충실의무를 부담하며(대법원 2005.12.22. 선고 2003다55059 판결 등 참조), 위탁자와 수익자가 합의하여 수탁자를 해임할 수도 있어(신탁법 제16조 제1항) 수익자의 동의권 행사에 일정한 한계가 존재할 수밖에 없는 점에 비추어 보면, 이 사건 담보신탁계약이 우선수익자 지위 이전에 관하여 피고의 동의를 반드시 얻도록 하는 부분이 무효라고 볼 수 없다. 따라서 원고 A의 이 부분 주장은 받아들이지 않는다(서울고등법원 2018.1.17. 선고 2017나2036022, 2017나2036039(참가) 판결).

수익자 또는 우선수익자의 지위는 신탁계약의 핵심 내용 중 하나라는 점에서 신탁계약에서 수익자 또는 우선수익자 지위 이전 내지 변경시 수탁자의 사전승낙을 받아야 함은 당연하다. 만약 수탁자의 사전승낙없이도 수익자 또는 우선수익자의 지위가 자유롭게 변경될 수 있다면, 수탁자가 신탁계약에 따른 업무를 수행하는데 있어 많은 어려움이 발생할 수 있기 때문에, 수탁자가 사전에 허락하지 아니하는한 수익자 또는 우선수익자 지위 변경시에는 수탁자의 사전승낙이 필요하다 할 것이다.

　대법원 역시 신탁계약상 수익자는 신탁이익을 향수할 권리를 포함하여 신탁법상의 여러 가지 권리, 의무를 갖게 되므로, 이러한 지위에 있게 되는 수익자를 정하는 것은 위탁자와 수탁자 간의 신탁계약 내용의 중요한 요소에 해당하는 것이어서, 수익자의 변경에는 계약 당사자인 위탁자와 수탁자의 합의가 있어야 하고, 미리 신탁계약에서 위탁자에게 일방적인 변경권을 부여하는 취지의 특약을 하지 않은 한 수탁자의 동의 없이 위탁자가 일방적으로 수익자를 변경할 수는 없다(대법원 2007.5.31. 선고 2007다13312 판결)고 판시한 바 있다.

　변제자대위의 법리에 의하여 우선수익권이 변경되는지 여부는 실무에서 간혹 검토할 사안이 생기는 문제이라 소개해보았다. 위 판결은 하급심이긴 하나 서울고등법원의 판결이고 특히 그 논리가 탄탄하여 실무에서도 참고할 가치가 있다.

마 수익권 포기

　수익자는 수탁자에게 수익권을 포기하는 취지의 의사표시를 할 수 있다. 수익자가 수익권 포기의 의사표시를 한 경우에는 처음부터 수익권을 가지지 아니하였던 것으로 본다. 다만, 제3자의 권리를 해치지 못한다(신탁법 제57조). 또한 이러한 수익자의 권리는 신탁행위(계약)로도 제한할 수 없다(신탁법 제61조 제5호). 그렇다면 자익신탁에서 수익자가 수익권을 포기하는 경우 이미 발생한 수탁자의 비용상환청구권을 면할 수 있는지 여부가 문제된다. 대부분의 사안에서 수익권을 포기하는 이유는 수익자가 신탁계약상의 의무이행을 하지 않으려는 의도에서 발생하기 때문이다.

1) 토지신탁에서 수익권 포기 효력의 장래효 또는 수익권 포기 시기의 제한이 존재하는지 여부

토지신탁사업구도에서 수익자가 수익권 포기를 선언하면서 수익권 포기의 의사표시는 소급효가 존재한다고 주장한 사안에서 서울고등법원은 원칙적으로 수익권을 포기하면 이미 발생한 비용 또는 손해에 관한 상환의무도 소급적으로 소멸하지만, 특별한 사정이 있는 경우 수익권 포기의 소급효는 인정되지 아니한다는 취지로 판시하였다.

신탁법 제51조 제3항에 따른 수익권의 포기는 수익채권의 포기가 아니라 수익자 지위의 포기이고, 이러한 수익자 지위의 포기의 의사표시는 원칙적으로 소급효가 있다고 보아야 하는 점, 신탁법 제51조 제2항은 수탁자가 수익자에게 이미 발생한 비용 또는 손해의 보상을 청구할 수 있다는 취지의 규정인데 같은 조 제3항은 수익자가 그 권리를 포기한 경우 제2항의 규정을 적용하지 아니한다고 규정하고 있으므로 이미 발생한 비용 또는 손해에 관한 수익자의 보상의무도 소멸한다고 해석하는 것이 합리적인 점 등에 비추어 수익자가 신탁법 제51조 제3항에 따라 수익권을 포기하면 이미 발생한 비용 또는 손해에 관한 상환의무도 소급적으로 소멸한다고 봄이 상당하다.

다만 원칙적으로 수익권 포기의 소급효가 인정된다 하더라도, 기존에 발생한 법률효과를 번복하여 법적 안정성 등을 침해하거나 수익권의 포기가 신의칙 또는 금반언의 원칙 등에 반하는 등 특별한 사정이 있는 경우에는 예외적으로 수익권 포기의 소급효가 제한된다고 보아야 한다.

수탁자의 상계의 의사표시로 이미 수익금 채권과 비용상환청구권이 대등액의 범위 내에서 소멸한 경우까지 수익권 포기의 소급효를 인정하게 된다면 기왕에 법률행위로 인하여 정당하게 소멸한 채권을 부활시키는 결과가 되어 수익자의 선택에 따라 기존 법률관계가 불안정하게 되는 점, 수익자는 수탁자의 상계 의사표시 통지시 전부터 수탁자로부터 신탁사업으로 인하여 약 391억 원의 손실이 발생했다는 내용의 최종 수지계산서를 통보받아 이를 알고 있음에도 수익권 포기의 의사표시를 하지 않았고, 또한 수탁자를 상대로 손해배상청구소송을 제기하여 1심, 2심에서 각 패소판결을 선고받을 때까지도 수익권 포기의 의사표시를 하지 않다가 대법원에서 원고 상고기각 판결이 선고되자 제1심 소송계속 중 뒤늦게 수익권 포기를 한 것은 신의칙이나 금반언의 원칙에 반한다고 볼 여지가 있는 점, 부동산개발신탁은 신탁원본을 초과하는 손해가 발생할 가능성이 매우 높은 고위험, 고수익형 사업이고, 수탁자는 개발의 대상이 되는 토지만을 신탁재산으로 가지고 있을 뿐이며 개발에 필요한 막대한 자금은 수탁자가 자신의 명의로 조달하여야 하는 부담을 안게 되며 신탁계약의 내용이 되는 부동산개발사업 자체도 부동산 경기, 금리현황, 사업부지의 용도, 발전가능성 등 수많은 변수에 따라 사업의 성공여부를 쉽사리 단정할 수 없는 위험이 존재하는바, 위탁자이자 수익자인 원고가 신탁사업으로 인한 손실 발생을 이미 파악하고 있음에도 수탁자의 상계 의사표시 이전에 수익권 포기의 의사표시를 하지 않은 것은 이 사건 비용상환의무를 부담하되 대신 수탁자에 대한 손해배상청구권을 행사하여 이를 보전하려고 한 것으로 보이는데, 오래 기간에 걸친 소송을 진행한 결과 수익자의 수탁자에 대한 손해배상청구권이 존재하지 않는다는 결론이 나자 뒤늦게 수익권 포기를 하는 경우에까지 그 소급효를 인정하는 것은 형평의 원칙에 크게 어긋나는 것으로 보이는 점 등에 비추어 보면 수익자의 수익권 포기의 소급효는 인정되지 않는다고 봄이 상당하다(서울고등법원 2012.2.2. 선고 2010나84835 판결).

한편, 대법원은 자익신탁에서 수익자가 수익권을 포기하더라도 이미 발생한 비용상환의무를 면할 수 없다는 취지로 판시한 사례가 있다.

구 신탁법(2011.7.25. 법률 제10924호로 전부 개정되기 전의 것, 이하 같다) 제42조 제2항에 의하면, 수탁자는 수익자에게 신탁재산에 관하여 부담한 조세, 공과, 기타의 비용과 이자 또는 신탁사무를 처리하기 위하여 자기에게 과실 없이 받은 손해의 보상을 청구하거나 상당한 담보를 제공하게 할 수 있다. 한편, 구 신탁법 제51조 제3항은 수익자가 수익권을 포기할 수 있도록 규정하고, 제42조 제3항은 수익자가 그 권리를 포기한 경우에는 제42조 제2항을 적용하지 아니하도록 규정하고 있다.

그런데 구 신탁법 제51조 제3항이 수익권의 포기를 인정하는 취지는, 수익자는 구 신탁법 제42조 제2항에 따라 비용상환의무를 지게 되므로 수익자가 자기의 의사에 반하여 수익권을 취득할 것을 강제당하지 않도록 하기 위한 데에 있다. 따라서 신탁계약상 위탁자가 스스로 수익자가 되는 이른바 자익신탁의 경우, 위탁자 겸 수익자는 스스로 신탁관계를 형성하고 신탁설정 단계에서 스스로를 수익자로 지정함으로써 그로부터 이익을 수취하려는 자이므로, 그 신탁의 결과 발생하는 이익뿐만 아니라 손실도 부담하도록 해야 하고, 수익권 포기를 통해 비용상환의무를 면하도록 할 필요가 없다. 그러므로 자익신탁에서 위탁자 겸 수익자는 수익권을 포기하더라도 이미 발생한 비용상환의무를 면할 수 없다고 봄이 타당하다(대법원 2016.3.10. 선고 2012다25616 판결).

2) 타익신탁에서 수익권 포기시 비용상환의무를 면할 수 있는지 여부

　서울고등법원은 아래와 같이 타익신탁의 경우 수익자는 이미 발생한 비용상환의무를 면할 수 있다는 취지로 판결한 사례가 있으니 수탁자 업무 담당자들의 주의를 요한다. 따라서 신탁계약 진행 중 위탁자 지위 또는 수익자 지위를 변경하는 경우 비용상환청구권 행사에 장애가 발생할 여지가 있다는 점을 숙지하고 업무를 처리할 필요가 있다. 다만 아래 판결은 신탁사업 진행 중 수익자가 변경되었는데 변경된 수익자가 신탁계약의 수익자로서 아무런 이익을 얻지 못한 경우에서 판결된 것으로서, 만약 수익자가 일정한 신탁이익을 얻었음에도 불구하고 자신의 의무를 이행하지 아니하려는 의도에서 수익권을 포기하는 경우에는 다른 결론이 도출될 가능성이 있다. 타익신탁에서도 최소한 수익자가 얻은 신탁이익 범위에서는 비용상환의무가 인정되어야 할 것이다.

　구 신탁법 제51조 제3항은 "수익자는 수익권을 포기할 수 있다"라고 규정하고 있다. 위 조항에서 수익권의 포기를 인정하는 취지는 수익자는 구 신탁법 제42조 제2항1)에 따라 비용상환의무를 지게 되므로 수익자가 자기의 의사에 반하여 수익권을 취득할 것을 강제당하지 않도록 하기 위한 데에 있다. 따라서 신탁계약상 위탁자가 스스로 수익자가 되는 이른바 자익신탁의 경우, 위탁자 겸 수익자는 스스로 신탁관계를 형성하고 신탁설정 단계에서 스스로를 수익자로 지정함으로써 그로부터 이익을 수취하려는 자이므로, 신탁의 결과 발생하는 이익뿐만 아니라 손실도 부담하도록 해야 하고, 수익권 포기를 통해 비용상환의무를 면하도록 할 필요가 없다. 그러므로 자익신탁에서 위탁자 겸 수익자는 수익권을 포기하더라도 이미 발생한 비용상환의무를 면할 수 없다(대법원 2016.3.10. 선고 2012다25616 판결 참조).
　그러나 신탁계약상 위탁자 이외의 제3자가 수익자로 지정되는 이른바 타익신탁에서 수익자가 수익권을 포기하는 경우에는 처음부터 수익권을 가지지 않았던 것으로 봄이 상당한 바, 이 경우 구 신탁법 제42조 제3항에 따라 수탁자는 수익자에게 신탁비용 또는 손해보상을 청구할 수 없으므로, 수익자는 이미 발생한 비용상환의무를 면한다고 봄이 타당하다(서울고등법원 2018.7.6. 선고 2017나2024029 판결).

　위 판결사항은 구 신탁법 적용사안으로서 수익자 변경으로 인하여 자익신탁이 타익신탁으로 전환되고, 새로운 수익자가 아무런 이익을 얻지 못하였기 때문에 위와 같은 판결이 선고된 측면이 있다.

수탁자 업무 담당자는 신탁사업에서 손실이 발생한 경우에는 우선수익자를 포함하여 가능한한 수익자 변경이 되지 않도록 조치하는 것이 바람직하다. 신규 수익자가 아무런 이익을 얻지 못한 경우에는 수익자가 수익권 포기로 인하여 수탁자가 수익자에게 신탁비용 또는 손해보상을 청구하는 것이 어려워질 가능성이 있기 때문이다.

또한 위탁자 이외의 수익자가 지정되어 신탁의 수익이 우선적으로 수익자에게 귀속되는 타익신탁의 경우, 대법원은 타익신탁의 수익자가 구 신탁법(2011.7.25. 법률 제10924호로 개정되기 전의 것) 제51조 제3항에 따라 수익권을 포기하면 처음부터 수익자의 지위를 가지지 않았던 것으로 그 효력이 소급하여 발생한다는 전제에서, 위탁자와 수탁자 사이에 체결된 신탁계약에서 공동 1순위 우선수익자들이 수탁자에게 수익권을 포기하는 취지의 의사표시를 함으로써 신탁계약 체결시부터 우선수익자가 아니었던 것으로 되어 원고에 대한 비용상환의무를 면한다고 판단한 사례가 있다(대법원 2020.10.15. 선고 2016다235633 판결). 따라서 신탁재산에 관하여 소송이 발생하거나 신탁사무처리비용 투입이 우려되는 경우에는 수탁자는 우선수익자들에게 비용지급에 대한 별도 공문을 받아두는 것이 안전하다 할 것이다.

바. 위탁자 지위 이전

개정 신탁법에서 위탁자 지위의 이전규정이 추가됨에 따라 현재 신탁이 존속하는 상태에서 위탁자 지위를 이전하는 것이 가능하다. 위탁자의 지위는 신탁행위로 정한 방법에 따라 제3자에게 이전할 수 있다(신탁법 제10조 제1항). 신탁행위로 이전 방법이 정하여지지 아니한 경우 위탁자의 지위는 수탁자와 수익자의 동의를 받아 제3자에게 이전할 수 있다. 이 경우 위탁자가 여럿일 때에는 다른 위탁자의 동의도 받아야 한다(신탁법 제10조 제2항). 유언신탁에 따라 신탁이 설정된 경우 위탁자의 상속인은 위탁자의 지위를 승계하지 아니한다. 다만, 신탁행위로 달리 정한 경우에는 그에 따른다(신탁법 제10조 제3항).

다만 위탁자의 단독의사로 위탁자 지위를 제3자에게 이전하거나 위탁자의 채권자가 위탁자를 대위하여 자신을 위탁자로 하는 신탁계약상 위탁자 명의이전 청구가 가능한지 여부가 문제되는데, 이와 관련하여 담보신탁계약에서 위탁자의 채권자가 위탁자, 수탁자,

우선수익자를 상대로 위탁자가 작성한 이행각서 등에 따라 위탁자는 위탁자의 지위를 채권자에게 이전하여야 하므로 위탁자는 수탁자에게 신탁계약상 위탁자 겸 수익자 지위를 채권자에게 이전한다는 취지의 통지를 하고, 수탁자는 신탁원부에 대하여 위탁자 겸 수익자 지위 이전을 원인으로 신탁원부 기재사항의 변경등기절차를 이행하고, 우선수익자는 신탁원부 기재사항의 변경등기에 대한 승낙의 의사표시를 하라는 취지의 신탁계약상 위탁자 명의이전 청구의 소를 제기한 사례가 있어 소개하고자 한다.

위 사안에서 수원고등법원은 위탁자의 채권자가 제기한 소송에서 수탁자 및 우선수익자에 대한 청구를 기각하면서, 담보신탁계약상 위탁자 겸 수익자 지위를 변경하는 주체는 위탁자이지만, 수탁자의 사전 승낙을 얻을 것을 요하므로 위탁자에게 일방적인 위탁자 겸 수익자 지위 변경권이 존재하지 아니한다는 취지로 판시하였다.

1. 이 사건 신탁계약은 위탁자 지위의 이전 방법에 대하여 달리 정함이 없다. 따라서 원고는 신탁법 제10조 제2항 제1문에 따라 이 사건 신탁계약상의 수탁자인 피고 C과 우선수익자 피고 D조합의 동의가 있는 때에 한하여 피고 B로부터 위탁자 지위를 이전받을 수 있다.

2. 한편, 이 사건 신탁계약 제3조 제2항은 수익자 지위의 이전에 관하여 "위탁자는 수탁자의 승낙을 얻어 수익자를 새로 지정하거나 변경할 수 있다"고 정하고 있다. 위 규정에 따라 수익자를 변경하는 주체는 계약 당사자 일방인 위탁자이지만, 계약 상대방으로서 수탁자인 피고 C의 사전 승낙을 얻을 것을 요하므로 위탁자에게 일방적인 수익자 변경권을 부여하였다고 해석할 수 없다.

3. 살피건대, 변론 전체의 취지에 의하면, 피고 C 및 피고 D조합는 원고와 피고 B 사이의 이 사건 이행각서의 내용과 무관하게 위탁자 겸 수익자 지위의 이전에 동의하지 않는다는 입장으로 보일 뿐이고, 달리 위 피고들이 이 사건 신탁계약상 위탁자 및 수익자 지위를 원고에게로 이전하는 데 동의하였다고 볼 증거가 없으므로, 원고는 피고 C을 상대로 이 사건 각 신탁원부 기재사항 변경등기절차의 이행을 구하거나 피고 D조합를 상대로 위 변경등기절차에 대한 승낙을 구할 권리가 있다고 볼 수 없다.

4. 원고의 피고 C 및 피고 D조합에 대한 청구는 모두 이유 없다.

18 신탁과 골프장(체육시설)

체육필수시설에 관하여 담보신탁계약이 체결되었다가 신탁계약에서 정한 신탁공매 절차나 수의계약으로 위 시설이 일괄하여 이전되는 경우, 인수인이 체육시설업자와 회원 간에 약정한 사항을 포함하여 체육시설업의 등록 또는 신고에 따른 권리·의무를 승계하는지 여부가 문제된다.

골프장 등 체육필수시설에 관하여 담보신탁계약 체결 후 신탁공매가 진행되어 제3자에게 매각되는 경우 신탁공매 매수인이 기존 골프장의 회원에 대한 입회보증금반환책임을 부담하는지 여부가 문제된다. 전원합의체 판결 이전 종래 대법원 또는 하급심 법원의 주류적인 입장은 신탁공매로 소유권이 이전되는 경우 신탁공매 매수인은 기존 골프장의 회원에 대한 입회보증금반환책임을 부담하지 아니한다는 것이었으나, 대법원은 2018.10.18. 전원합의체 판결로 신탁공매 매수인 역시 기존 골프장의 회원에 대한 입회보증금반환책임을 부담한다고 입장을 변경하였다.

> **체육시설의 설치·이용에 관한 법률 제27조(체육시설업 등의 승계)**
> ① 체육시설업자가 사망하거나 그 영업을 양도한 때 또는 법인인 체육시설업자가 합병한 때에는 그 상속인, 영업을 양수한 자 또는 합병 후 존속하는 법인이나 합병(合倂)에 따라 설립되는 법인은 그 체육시설업의 등록 또는 신고에 따른 권리·의무(제17조에 따라 회원을 모집한 경우에는 그 체육시설업자와 회원 간에 약정한 사항을 포함한다)를 승계한다.
> ② 다음 각 호의 어느 하나에 해당하는 절차에 따라 문화체육관광부령으로 정하는 체육시설업의 시설 기준에 따른 필수시설을 인수한 자에게는 제1항을 준용한다.
>   1. 「민사집행법」에 따른 경매
>   2. 「채무자 회생 및 파산에 관한 법률」에 따른 환가(換價)
>   3. 「국세징수법」·「관세법」 또는 「지방세징수법」에 따른 압류 재산의 매각
>   4. 그 밖에 제1호부터 제3호까지의 규정에 준하는 절차
> ③ 제12조에 따른 사업계획 승인의 승계에 관하여는 제1항과 제2항을 준용한다.

가 종래 법원의 입장

대법원 2018.10.18. 선고 2016다220143 전원합의체 판결 선고 전 종래의 서울고등법원 등 하급심 법원은 아래와 같은 이유로 체육시설법 제27조 제2항 제4호에 신탁공매는 포함되지 않는다고 판시하였고, 대법원 역시 이에 대하여 신탁공매로 인한 매매계약이 체육시설법 제27조 제2항 제4호에서 정한 절차에 포함된다고 볼 수 없으므로 신탁공매 매수인에 대한 골프장 회원 등의 가입금 반환 청구를 기각한 것은 정당하고 거기에 체육시설법 제27조 제2항 제4호의 해석에 관한 법리를 오해한 잘못이 없다는 취지로 판결하였다(서울고등법원 2011.11.9. 선고 2011나21268 판결, 대법원 2012.4.26. 선고 2012다4817 판결).

다만 본건 판결은 담보신탁의 위탁자가 체육시설업자가 아닌 사안에 관한 것이나, 골프장 관련 담보신탁 재산에 대한 공매절차가 체육시설법 제27조 제2항 제4호에 해당되는지에 관하여 대법원 2015.7.23. 선고 2015다25990 판결(심리불속행)의 제1심인 서울남부지방법원 2014.5.29. 선고 2013가합10650 판결에서 골프장 관련 신탁 부동산에 관한 공매절차를 체육시설법 제27조 제2항 제4호에서 정한 절차로 볼 수 없다는 취지의 판시(항소심: 서울고등법원 2015.4.7. 선고 2014나32627 판결 - 항소기각)를 하였음을 참고할 때, 대법원 2018.10.18. 선고 2016다220143 전원합의체 판결 선고 전의 대법원은 체육시설법 제27조 제2항 제4호에 신탁공매는 포함되지 않는다고 판단한 것으로 사료된다. 서울고등법원 2011.11.9. 선고 2011나21268 판결의 내용을 살펴보자.

이 사건 사실관계의 핵심인 신탁법에서 정한 신탁재산의 처분은 반드시 공매 등 경쟁을 통한 매각절차에 의하도록 법에 강제되어 있지 아니하고 그 처분방법은 위탁자와 수탁자 사이의 약정으로 정해진다. 또한 체육시설법이 2003.5.29. 법률 제6907호로 개정되어 제27조제2항이 신설될 당시(개정 당시는 제30조제2항이다) 사업자가 자금마련의 수단으로 신탁법상 신탁을 이용하고, 그 신탁재산이 공매되는 사회현상이 엄연히 존재하였다. 따라서 입법자가 이 경우까지 신탁재산인 필수시설의 인수인에게 종전 체육시설업자와 회원들 사이의 약정을 승계하도록 의도하였다면 '신탁법에서 정한 신탁재산의 공매'의 경우를 추가하여 입법으로 해결하였을 터인데 그리하지 않았다. 그리고 이 사건 매매계약처럼 수의계약에 의하여 필수시설을 양수하는 경우까지를 승계의 범위에 포함하려 하였다면 주택임대차보호법(제3조제3항)이나 상가건물임대차보호법(제3조제2항)과 같이 간명하게 입법하였을 터인데 입법자는 그러한 입법방식을 선택하지도 않았다.

나아가 신탁법상 신탁재산의 매각절차와 체육시설법 제27조제2항제1, 2, 3호에서 정한 절차의 차이점을 본다. 체육시설법 제27조제2항제1, 2, 3호에서 정한 절차는 체육시설의 소유자의 의사와 무관하게 채권자의 경매신청이나 국가의 체납처분 등에 의하여 강제로 매각되는 경우임에 반하여, 신탁재산의 경우 규범적으로 소유자인 수탁자의 의사에 의하여 매각절차가 진행된다. 또한 신탁재산이 공매 등으로 처분되더라도 체육시설법 제27조제2항제1, 2, 3호에서 정한 절차와 달리 신탁재산 상의 제한물권이나 보전처분 등의 부담이 소멸하는 것도 아니다(민사집행법 제91조, 채무자회생법 제496조제1항, 국세징수법 제79조, 국세징수법 시행령 제77조 참조). 더구나 이 사건처럼 수의계약의 경우에는 승계의 범위에 관하여 당사자들의 협상이 개입할 여지가 있는 법률행위에 의한 재산권의 이전이라는 점에서 체육시설법 제27조제2항제1, 2, 3호에서 정한 절차와 중요한 차이가 있다.

앞서 본 여러 사정에 비추어 적어도 당사자 사이의 신탁계약으로 신탁재산의 처분 방법을 정하고 있는 신탁재산의 매각의 경우를 이와 같이 볼 것은 아니다(서울고등법원 2011.11.9. 선고 2011나21268 판결).

위 서울고등법원 판결은 대법원에서 상고기각으로 확정되었다. 위 판결의 취지 등을 이유로 아래 대법원 전원합의체 판결이 선고되기 전까지는 신탁업계 및 금융시장에서는 일반적으로 체육시설법 제27조 제2항 제4호에는 신탁공매로 처분한 경우가 포함되지 아니한다고 판단하였다.

나 대법원 2018.10.18. 선고 2016다220143 전원합의체 판결

체육필수시설에 관하여 담보신탁계약이 체결되었다가 그 계약에서 정한 공개경쟁입찰 방식의 매각 절차나 수의계약으로 위 시설이 일괄하여 이전되는 경우, 인수인이 체육시설업자와 회원 간에 약정한 사항을 포함하여 체육시설업의 등록 또는 신고에 따른 권리·의무를 승계하는지 여부에 대하여 대법원은 2018.10.18. 선고 2016다220143 전원합의체 판결을 통하여 종래의 입장을 변경하여 아래와 같은 이유로 신탁공매 또는 수의계약으로 체육시설이 이전되는 경우에도 매수인이 회원에 대한 권리 의무를 승계한다고 판시하였다.

체육시설업자가 담보 목적으로 체육필수시설을 신탁법에 따라 담보신탁을 하였다가 채무를 갚지 못하여 체육필수시설이 공개경쟁입찰방식에 의한 매각(이하 '공매'라 한다) 절차에 따라 처분되거나 공매 절차에서 정해진 공매 조건에 따라 수의계약으로 처분되는 경우가 있다. 이와 같이 체육필수시설에 관한 담보신탁계약이 체결된 다음 그 계약에서 정한 공매나 수의계약으로 체육필수시설이 일괄하여 이전되는 경우에 회원에 대한 권리·의무도 승계되는지 여부가 이 사건의 쟁점이다.

이러한 경우에도 체육시설법 제27조의 문언과 체계, 입법 연혁과 그 목적, 담보신탁의 실질적인 기능 등에 비추어 체육필수시설의 인수인은 체육시설업자와 회원 간에 약정한 사항을 포함하여 그 체육시설업의 등록 또는 신고에 따른 권리·의무를 승계한다고 보아야 한다(대법원 2018.10.18. 선고 2016다220143 전원합의체 판결).

위 판결 선고 후 대법원은 담보신탁 공매를 통한 체육필수시설의 인수인은 기존 체육시설업자에 대한 사업계획 승인을 승계함으로써 기존 체육시설업자와 회원 간에 체결된 사법상의 약정을 포함하여 그 승인에 따른 권리의무를 승계한다는 취지로 반복적으로 판시한 바, 현재 대법원의 입장에 의하면, 골프장 등 체육시설법상 체육시설을 담보신탁한 후 신탁 공매 또는 수의계약으로 인하여 소유권이 이전되는 경우 매수인은 골프장 회원의 입회금, 보증금 또는 가입금 등의 반환채무를 승계하게 된다.

위 전원합의체 판결에 의하여 골프장 회원은 골프장이 공매되더라도 낙찰자에게 입회금이 승계되는 이점을 얻었으나, 공매시 입회금 상당액의 금원만큼 낙찰금액이 감소하게 되므로 운영 중인 골프장에 대한 대출실행시 입회금만큼 대출금액이 줄어들어 골프장을 정상적으로 운영할 수 없는 경우가 발생하기도 했다.

다 기타 판결

1) 골프장 인수인이 체육시설업 등록을 하지 않은 상태에서 담보신탁 공매로 골프장이 다시 인수된 경우 골프장 회원권 지위 승계 여부

A 회사는 체육시설업 등록을 하고 이 사건 골프장을 운영하면서 이 사건 골프장의 체육필수시설을 담보신탁하였는데, 그 체육필수시설은 담보신탁에 따른 공매(이하 '1차 공

매')로 B 회사에게 매각되었다. A 회사는 B 회사로부터 이 사건 골프장을 임차하여 골프장을 계속 운영하였는데, B 회사는 A 회사와 별도로 체육시설업 등록을 하지는 않았음. B 회사는 이 사건 골프장의 체육필수시설을 다시 담보신탁하였는데, 그 체육필수시설은 담보신탁에 따른 공매(이하 '2차 공매')로 피고에게 다시 매각되었다.

원고는 1차 공매 이전 A 회사로부터 발급받은 이 사건 골프장의 회원권 중 일부를 양도받았다고 주장하면서, 피고를 상대로 골프장 회원 지위의 확인을 구하였다.

원심은, 원고가 A 회사로부터 이 사건 골프장의 회원권을 발급받은 자로부터 그 회원권 일부를 양도받은 회원에 해당하고, 피고가 이 사건 골프장의 체육필수시설을 인수하여 기존 회원권 약정 관계를 순차적으로 승계하였음에도 원고의 회원 지위를 다투고 있으므로 원고로서는 그 회원 지위의 확인을 구할 이익이 있다고 보아, 원고의 이 사건 청구를 인용하였다.

대법원은 B 회사는 1차 공매로 이 사건 골프장의 체육필수시설을 인수함으로써 체육시설법 제27조 제2항, 제1항에 따라 기존 체육시설업과 관련하여 형성된 공법상 권리·의무와 함께 A 회사와 회원 간의 사법상 약정에 따른 권리·의무를 승계하였고 B 회사가 1차 공매 이후 별도로 체육시설업 등록을 하지 않았더라도 B 회사가 이러한 권리·의무를 승계하는 데에는 아무런 지장이 없으며, 2차 공매로 그 체육필수시설을 인수한 피고는 B 회사가 승계한 위 권리·의무를 다시 승계하게 된다고 보아, 원고의 청구를 인용한 원심판결을 수긍하여 상고를 기각하였다. 자세한 내용은 아래와 같다.

1. 체육시설법 제27조에 따른 승계 사유가 발생하면 체육필수시설 인수인이 기존 체육시설업자와 별도로 체육시설업의 등록 또는 신고와 같은 공법상 절차를 마쳤는지 여부와 무관하게 이러한 권리·의무 승계의 효력이 발생한다(대법원 2018.11.15. 선고 2016두45158 판결의 취지 참조). 체육시설법 제27조는 체육필수시설 인수인의 권리·의무 승계의 요건으로 체육시설업의 등록 또는 신고를 요구하고 있지 않을 뿐만 아니라, 이를 요구할 경우에는 체육필수시설 인수인이 승계 사유 발생 후 어떤 조치를 취하는지에 따라 기존 체육시설업자와 이용관계를 맺은 다수 회원들의 사법상 권리·의무 승계의 효력이 좌우되어 이들의 사법상 이익을 보호하고자 하는 체육시설법 제27조의 입법 목적이 제대로 달성될 수 없기 때문이다.

2. 이처럼 체육시설법 제27조에 따른 권리·의무 승계의 효력이 체육필수시설 인수인의 등록 또는 신고와 무관하게 발생한다는 법리는, 체육필수시설 인수인이 위 조항에 따라 권리·의무를 넘겨받는 경우뿐만 아니라 제3자에게 다시 위 조항에 따라 그 권리·의무를 넘겨주는 경우에도 적용된다. 따라서 체육필수시설 인수인이 기존 체육시설업자와 별도로 체육시설업의 등록 또는 신고와 같은 공법상 절차를 마치지 않은 상황에서 자신이 인수한 체육필수시설을 담보 목적으로 신탁하였고, 그 담보신탁계약에서 정한 바에 따라 공매 또는 수의계약으로 체육필수시설이 처분되어 제3자가 이를 인수한 경우 제3자는 체육필수시설 인수인이 승계한 권리·의무를 다시 승계한다 (대법원 2024.2.29. 선고 2023다280778 판결).

위 대법원 판결에서는 골프장에 관하여 담보신탁 공매에 따라 소유권을 이전받은 낙찰자가 별도로 체육시설업 등록을 하지 않았다하더라도 낙찰자가 입회금 반환의무 등을 승계하는데는 아무런 지장이 없다는 취지로 판시하였다. 수탁자와 직접적으로 관련된 것은 아니나 골프장 공매시 쟁점 중 하나이므로 신탁사 담당자는 알아두면 좋을 것이다.

2) 토지신탁에 따라 신축된 관광진흥법상 콘도가 강제경매로 낙찰된 경우 수탁자는 낙찰자에 대하여 수분양자들의 입회금 상당의 부당이득반환의무를 부담하는지 여부

체육시설법, 공중위생관리법, 관광진흥법에서는 민사집행법에 따른 경매를 통하여 체육시설, 공중위생영업 관련시설, 주요한 관광사업 시설 등을 인수한 자는 기존 사업자의 지위를 승계한다고 규정하고 있는바, 그렇다면 기존 사업자가 지급받은 수분양자의 입회금을 위 규정에 따라 시설을 인수한 낙찰자가 부당이득으로서 반환을 청구할 수 있는지 여부가 문제된다.

실제로 토지신탁계약에 따라 신축·분양된 관광진흥법상 콘도가 강제경매로 낙찰되어 관광진흥법 제8조 제2항에 따라 낙찰자가 기존 관광사업자의 지위를 승계하여 수분양자의 입회금을 반환할 책임을 부담하게 되자 낙찰자가 기존 관광사업자인 수탁자를 상대로 수탁자가 지급받은 수분양자의 입회금에 대하여 부당이득반환을 청구한 사안에서 서울고등법원은 체육시설법 제27조 제1항에 따른 양수인의 기존 회원에 대한 채무인수는 면책적 채무인수에 해당하고, 관광진흥법 제8조 제2항도 체육시설법과 비슷한 형식의 규정이고 그 입법취지 역시 동일하므로, 수탁자는 낙찰자에 대한 부당이득반환의무를 부담하지 아니한다는 취지로 판시하였다. 자세한 사항은 아래와 같다.

1. 원고가 '민사집행법에 따른 경매'에 해당하는 이 사건 경매절차에서 이 사건 콘도, 이 사건 사업부지 및 제반 시설 등의 소유권을 취득하였다. 이에 따라 원고는 구 관광진흥법 제8조 제2항 제1호에 의해 이 사건 신탁계약의 수탁자인 피고로부터 관광숙박업 사업계획승인을 받은 자로서의 지위뿐만 아니라 입회계약에 따른 피고의 이 사건 수분양자에 대한 입회금 반환의무 및 지연이자 또는 지체보상금 지급의무를 모두 면책적으로 인수하였고 피고는 그 의무를 모두 면하였다.

2. 원고는 위와 같은 면책적 채무인수가 이루어진 점을 인정하면서도, 그와 별개로 회원이 낸 입회금을 피고가 보유할 법률상 원인이 없으므로 입회금 상당액이 원고에게 부당이득으로 반환되어야 한다고 주장한다. 그러나 원고 주장은 다음과 같은 이유로 받아들일 수 없다.

   가. 구 관광진흥법 제8조 제2항에 따라 관광사업자의 지위 승계와 면책적 채무인수가 이루어지는 경우, 입회금 반환의무와 같은 채무 역시 매매(매각)대금 산정에 반영되는 것으로 보아야 한다. 관광사업자 지위 승계가 이루어지는 경우 관광사업자와 회원 사이의 계약관계 역시 승계된다는 구 관광진흥법 규정은 2002.1.26. 법률 제6633호로 개정되면서 추가되어, 2002.4.27. 시행 이래 현재까지 거의 같은 내용으로 유지되고 있다. 이 사건과 같이 관광사업자 지위 승계가 이루어지는 부동산의 경매절차에 참가하는 매수인은 위와 같은 명문 규정에 의해 입회금 반환의무를 비롯하여 관광사업자와 회원 사이의 채무관계를 인수할 것을 예상하고 매각대금을 결정하게 된다. 비록 민사집행법에 따른 경매절차에서 면책적으로 인수되는 채무가 다른 제한물권 등과 같이 완벽하게 공시되지 아니하지만, 경매절차에 참가하는 행위자가 그러한 권리관계까지 감안하여 매각대금을 결정하는 것으로 보는 것이 경험칙에 부합한다. 이 사건에서도 이 사건 콘도와 이 사건 사업부지의 감정가가 합계 261,618,143,300원이었는데도 5차례 유찰된 후 감정가액의 17% 정도인 44,110,000,000원에 낙찰되었고, 이는 이 사건 사업에 대한 부정적인 전망 이외에도 시공사의 유치권 행사, 피고의 신탁보수 비용, 입회금 반환의무 등의 경제적 가치, 부담이 반영되었기 때문으로 보인다.

   나. 원고는 피고로부터 기존 수분양자의 입회금을 반환받지 못한 채 수분양자에 대한 입회금을 직접 반환할 의무를 부담할 경우, 원고에게 과도한 경제적인 부담 및 책임이 초래되고, 원고로서는 구체적인 액수를 알 수 없는 거액의 채무를 전적으로 부담하게 되어 불합리할 뿐만 아니라 원고의 재정 악화가 초래될 위험이 있고, 이는 기존 회원을 보호하고자 하는 구 관광진흥법 제8조 제2항 취지에도 부합하지 않는다는 취지로 주장한다. 그러나 앞에서 한 판단 기재와 같이 관광사업 시설의 매매대금 산정과정에 입회금 반환채무가 고려되므로 양수인이 회원에게

입회금 반환채무를 부담하는 것이 과도한 경제적 부담이라 할 수 없을 뿐만 아니라, 관광사업시설을 인수한 자가 기존 관광사업자에 대하여 입회금 반환채권 상당의 부당이득반환청구권을 가지는지 여부가 기존 회원의 보호와 관련이 있다고 볼 수 없는 이상, 원고 주장은 받아들일 수 없다.

다. 원고는 관련 배당이의 사건에서 회원에 대한 입회금(수분양자반환금)이 이 사건 신탁계약의 수탁자인 피고가 지출한 필요비·유익비로 인정되지 아니하였고, 이는 위 입회금이 피고 자신의 권리를 보호하기 위해 지출된 비용이기 때문이며, 이 점에서도 입회금 반환채무가 경매목적물의 가치, 부담 산정에 포함되지 않은 것으로 보아야 한다고 주장한다. 그러나 관련 배당이의 사건에서 이루어진 판단은 '피고가 지급하였거나 부담하는 입회금반환채무가 신탁재산의 보존, 개량을 위해 지출한 필요비 또는 유익비에 해당하지 아니하여 신탁재산에 대한 경매절차에서 우선변제를 받을 수 없다'는 것이어서(신탁법 제48조 제1항 참조) 입회금 상당의 경제적 가치, 부담이 매매대금 산정에 반영되었는지와 무관하고, 피고가 이미 지급하였거나 면한 입회금 역시 신탁재산으로 이 사건 신탁계약이 종결되면 정산되어야 하므로 이를 피고 자신의 권리를 보호하기 위하여 지출된 비용이라고도 볼 수 없으므로, 원고 주장은 받아들일 수 없다(서울고등법원 2021.4.28. 선고 2020나2034330 판결).

신탁공매 또는 수의계약으로 체육시설이 이전되는 경우에도 공매 매수인이 회원에 대한 권리 의무를 승계한다는 취지의 대법원 판결이 선고된 후 신탁 및 금융업계에서는 기존 회원에 대한 입회금을 낙찰자가 지급한 경우 낙찰자가 수탁자에게 수탁자가 지급받은 입회금 상당액에 대하여 부당이득반환청구를 제기할 수 있는지 여부가 문제되었는데, 대법원은 체육시설의 설치·이용에 관한 법률(이하 '체육시설법'이라고 한다) 제27조 제1항에 따라 양수인이 사업의 인허가와 관련한 공법상의 관리체계와 함께 기존의 회원들에 대한 의무를 승계함과 동시에 양도인은 기존의 회원들에 대한 의무를 면하게 되므로, 체육시설법 제27조 제1항에 따른 양수인의 기존 회원에 대한 채무인수는 면책적 채무인수에 해당한다는 취지로 판시(대법원 2016.5.27. 선고 2015다21967 판결)하여 이에 대한 문제는 일단락된 것으로 보인다.

다만 관광진흥법 등에서도 양수인의 기존 회원에 대한 채무인수가 면책적 채무인수인지 여부는 명확한 대법원 판결이 없는 것으로 보이는데, 위 서울고등법원 판결을 참조하면 좋을 것이다. 다만 대법원에서 다른 판단을 내릴 가능성을 배제할 수 없으므로, 관광진흥법등이 적용되는 신탁재산을 수탁하는 경우 신탁계약 체결시부터 특약에 위와 같은 사항을 반영하는 것이 바람직할 것이다. 골프장에 관해서는 판결이 다수 있으나, 관광진흥법 등 기타 법령에 관하여는 판결이 거의 없는데, 본 건 판결은 관광진흥법에 관한 것이므로 수탁자 및 대주의 업무 담당자는 숙지할 가치가 있다.

3) 회원제 골프장 담보신탁의 사해신탁 판단기준

회원제 골프장에 대하여 담보신탁계약이 체결되어 신탁등기가 경료되는 경우 이는 위탁자의 채권자에 대하여 사해신탁에 해당할 여지가 있다. 그렇다면 회원제 골프장에 담보신탁등기가 경료되는 경우 사해신탁 여부를 판단할 수 있는 기준은 무엇인가. 여러 기준이 있겠지만 특히 눈여겨볼 부분은 회원제 골프장의 재산가치가 존재하는지 여부이다. 즉, 사해신탁이 성립하기 위하여는 신탁목적물이 일반채권들의 공동담보에 제공되는 책임재산에 포함되어야 하는데, 이를 판단하는 기준이 무엇인지 여부를 확인할 필요가 있다.

결론부터 말하자면, 대법원 2018.10.18. 선고 2016다220143 전원합의체 판결이 선고되기 전에는 골프장 회원들에 대한 입회금반환채무 금액 부분은 일반채권자들의 공동담보에 제공되는 책임재산에 포함되었으므로 골프장 담보신탁에 대하여 사해신탁이 성립할 가능성이 비교적 높았다면, 위 전원합의체 판결이 선고된 후에는 골프장 회원들에 대한 입회금반환채무 금액 부분도 일반채권자들의 공동담보에 제공되는 책임재산에 포함되지 아니하게 되었으므로, 담보신탁 전에 이미 발생하여 근저당권으로 담보된 부채 등에 골프장 회원들에 대한 입회금반환채무 등을 더하는 경우 골프장의 가치를 초과하는 일이 빈번하게 발생하게 되는바, 위 전원합의체 판결 선고로 인하여 골프장 담보신탁의 경우 사해신탁이 성립하는 것이 힘들어진 부분이 존재한다. 아래 대법원 판결을 살펴보자.

신탁부동산에 설정된 근저당권의 피담보채무뿐만 아니라 회원들에 대한 입회금반환채무 상당액도 일반채권자들의 공동담보에 제공되는 라헨느리조트의 책임재산에서 공제되어야 하는데, 그 합계는 99,773,727,000원으로 지상의 제시외 건물과 기계기구 등까지 포함한 이 사건 신탁부동산의 가액

93,826,361,550원을 초과하므로, 라헨느리조트가 채무초과상태에서 피고에게 이 사건 신탁부동산을 담보신탁하였다고 하더라도 이를 두고 사해행위에 해당한다고 할 수 없다.

뿐만 아니라 라헨느리조트의 소극재산으로 회원들에 대한 입회금반환채무 외에 이 사건 신탁부동산에 이미 설정되어 있는 근저당권의 피담보채무만이 있었다는 점에 비추어 볼 때, 이 사건 신탁계약은 위 근저당권의 피담보채무를 다시금 담보하기 위한 것으로서, 이로 인해 라헨느리조트의 책임재산이 위 근저당권의 피담보채무 등이 공제된 이 사건 신탁부동산의 잔존가치에서 이 사건 신탁계약상 수익권의 가치로 형태만 변경될 뿐, 라헨느리조트의 자력에는 아무런 변동이 생기지 않았다고 할 것이므로, 이 점에서도 이 사건 신탁계약은 사해행위에 해당하지 않는다(대법원 2018.11.29. 선고 2016다238113 판결).

19 신탁과 질권

가 신탁수익권 질권의 개념

수익자는 수익권을 질권의 목적으로 할 수 있다. 다만, 수익권의 성질이 질권의 설정을 허용하지 아니하는 경우에는 그러하지 아니하다. 그럼에도 불구하고 수익권을 목적으로 하는 질권의 설정에 대하여 신탁행위로 달리 정한 경우에는 그에 따른다. 다만, 그 정함으로써 선의의 제3자에게 대항하지 못한다. 또한 수익권에 대한 질권설정은 양도인이 수탁자에게 통지하거나 수탁자가 승낙한 경우에만 수탁자와 제3자에게 대항할 수 있고, 위 통지 및 승낙은 확정일자가 있는 증서로 하지 아니하면 수탁자 외의 제3자에게 대항할 수 없다. 한편 수탁자는 제1항 각 호의 통지 또는 승낙이 있는 때까지 양도인에 대하여 발생한 사유로 양수인에게 대항할 수 있다(신탁법 제65조 내지 제66조).

원칙적으로 신탁수익권의 내용으로서 먼저 신탁재산의 운용에서 생긴 수익을 받을 권리(수익청구권)와 원본인 신탁재산의 교부를 받을 권리(원본청구권)가 있고, 이러한 수익청구권과 원본청구권은 모두 재산상의 이행청구권으로서 일반의 지명채권이고 수익권질권의 효력은 일반의 채권질권과 마찬가지이다.

통상 신탁수익권은 신탁의 종료시점에 신탁재산에서 신탁 관련 채무 및 제반 비용과 신탁보수를 차감한 신탁수익을 받을 수 있는 권리로서 질권자는 그 수익권질권의 효력으로서 신탁종료에 따라 위탁자 겸 수익자에 귀속되는 신탁수익금을 청구할 수 있다. 수익권 또는 우선수익권에 질권이 설정되더라도 수익권 또는 우선수익권이 소멸하는 경우 질권의 목적물이 소멸하는 것이므로 질권자는 수탁자에게 수익권 또는 우선수익권을 청구할 수 없음은 당연하다.

우선수익자인 D의 채무자인 E에 대한 공사대금채권이 위 판결에 의하여 모두 공제(상계)되었으므로, D의 우선수익권도 소멸하였다. 따라서 원고 B의 주장과 같이 원고 B가 D의 우선수익권에 대하여 권리질권을 가지고 있다고 하더라도 권리질권의 목적물이 소멸하여 피고 C을 상대로 우선수익권을 청구할 수 없다.

한편, 이에 대하여 원고 B는 E의 지체상금채권으로 D의 공사대금채권을 상계(공제)하는 것은 이 사건 신탁계약 제10조 제3항(우선수익자의 수익권은 수익자의 수익권보다 우선한다)에 반하거나 위 판결 이전에 효력이 발생한 원고 B와 D 사이의 수익권근질권설정계약, 채권압류 및 추심명령(갑 제9호증의 1)에 반하는 등의 사유가 있으므로 허용되지 않는다고 주장한다.

살피건대, 우선수익권은 경제적으로 금전채권에 대한 담보로 기능할 뿐 금전채권과는 독립한 신탁계약상의 별개의 권리이므로(대법원 2017.6.22. 선고 2014다225809 전원합의체 판결 참조), 이 사건 신탁계약에서 우선수익자의 수익권이 수익자의 수익권보다 우선하도록 규정하고 있다거나 원고 B 주장과 같이 D의 우선수익권에 대하여 근질권을 설정하거나 채권압류 및 추심명령을 받았다고 하더라도 D의 채무자인 E가 우선수익권과 별개인 공사대금채권에 대하여 상계(공제)하는 것이 제한된다고 볼 수 없다. 원고 B의 주장은 이유 없다(서울고등법원 2021.10.28. 선고 2020나2039076 판결).

일반적으로 토지신탁계약에서 신탁수익은 신탁부동산에서 발생한 분양대금(계약금 및 중도금 포함), 각종 보증금, 임료 등 신탁재산에 속하는 금전 및 그 금전의 운용수익과 이에 준하는 것이고, 신탁계약이 종료된 경우에 수탁자는 최종계산에 의하여 수익자의 승인을 얻은 후 수익권증서와 상환으로 신탁부동산에 대하여는 신탁등기를 말소하고 신탁부동산 이외의 신탁재산에 대하여는 금전으로 환가하여 교부하며, 차입금 기타 채무의 상환에 충당하기 위한 자금을 확보하기 위하여 신탁재산에 속하는 금전의 교부를 유보할 수 있게 되어 있다. 질권자는 질권실행조건을 성취하였다면 신탁계약상 신탁종료 후 수익자가 수취할 수익권의 범위 내에서만 질권자로서 질권의 목적인 신탁수익권을 직접 추심할 수 있을 것이다.

민법 제352조는 '질고설정자는 질권자의 동의 없이 질권의 목적된 권리를 소멸하게 하거나 질권자의 이익을 해하는 변경을 할 수 없다'고 규정하고 있는바, 위 규정은 질권자가 질권의 목적인 채권의 교환가치에 대하여 가지는 배타적 지배권능을 보호하기 위한 것으로서 질권설정자와 제3채무자가 채권의 추심, 변제의 수령, 면제, 상계 등 질권자의 이익을 해하는 행위를 하였더라도 이는 질권자에 대한 관계에서는 무효이나(대법원 1997.11.11. 선고 97다35375 판결 참조), 특별한 사정이 없는 한 질권설정자와 제3채무자가 질권의 목적인 권리를 발생시키는 기본적 계약관계를 해제하거나 해지하는 것은 가능하다(대법원 2001.6.1. 선고 98다17930 판결, 대법원 2006.1.26. 선고 2003다29456 판결 등 참조)것이 대법원의 입장인바, 이는 신탁 수익권에 대하여 질권이 설정된 경우에도 적용될 것으로 보인다.

실무에서는 종종 수탁자의 동의 없이 수익자 또는 우선수익자와 채권자간 수익권 또는 우선수익권에 질권설정계약을 체결한 후 수탁자에게 질권설정계약 사실을 통보하는 것만으로 질권의 효력이 유효하다는 취지로 주장하는 경우가 있는데, 다수의 하급심에서 이러한 주장은 반복적으로 배척되고 있다. 이때 질권자 등은 수탁자의 사전동의특약이 약관법을 위반하여 무효라고 주장하지만, 통상 이러한 주장은 받아들여지지 아니한다.

이 사건 신탁계약 제10조 제4항은 우선수익자는 수탁자의 사전 동의 없이는 신탁기간 중 수익권에 대하여 질권의 설정 등 처분행위를 할 수 없다고 정하고 있는데, 피고 C이 2017.9.25. 발송한 질권설정 접수통지서에는 피고 C이 서류를 접수하여 업무를 진행할 예정이라는 내용만 기재되어 있어 이를 이 사건 근질권설정에 대한 동의라고 볼 수 없으므로, 갑 제6호증의 기재만으로 이 사건 근질권설정계약에 대하여 피고 C이 사전 동의하였음을 인정하기에 부족하고, 달리 이를 인정할 증거가 없다.

신탁계약에 따른 수익권은 지명채권으로서 그에 대한 권리질권의 설정은 법률에 다른 규정이 없으면 지명채권 양도에 관한 방법에 의하여야 하므로(민법 제346조), 피고 C은 제3자인 원고 B가 위와 같은 사전동의 특약의 존재를 알고 있었거나 이를 알지 못한 것에 중대한 과실이 있는 경우 대항할 수 있다.

위 인정사실로부터 알 수 있는 다음과 같은 사정들, 즉 이 사건 근질권설정계약서 제3조에 대항요건 등으로 설정자는 본 계약의 체결 후 지체 없이 이 사건 근질권설정에 대하여 신탁계약상 수탁자로부터 확정일자부 승낙서를 받아 근질권자에게 제출하여야 한다고 정하고 있는 점, 대부업자인 원고 B로서는 이 사건 근질권 설정 시 수탁자에게 근질권의 효력을 유효하게 주장하기 위해서 수탁자의 사전 동의를 요구하는 위와 같은 특약의 존재를 인지하거나 그 특약의 존부를 확인하는 것이 곤란하였다고 보이지 않는 점, 그 밖에 앞서 본 이 사건 신탁계약과 이 사건 근질권설정계약의 내용, 사전 동의특약의 공시성, 원고 B의 영업경험, 20,285,785,350원에 이르는 근질권의 대상인 우선수익권의 규모 등 여러 사정에 비추어 보면, 원고 B로서는 이 사건 사전동의특약을 알았거나 약간의 주의를 기울이는 것만으로도 손쉽게 그 특약의 존재를 알 수 있었다고 보인다.

한편, 원고 B는 이 사건 신탁계약서 중 사전동의특약이 약관의 규제에 관한 법률(이하 '약관법'이라 한다) 제2조 제1호에서 정한 약관에 해당하는데, 위 특약은 약관법 제11조 제3호를 위반하여 고객이 제3자와 계약을 체결하는 것을 부당하게 제한하는 조항으로 무효이고, 피고 C은 피고 D에게 위 특약에 대하여 설명의무를 이행하지 않아 위 특약은 약관법 제3조 제4항을 위반하여 무효라고 주장한다. 그러나 약관법 제2조 제1호에서 정한 약관이란 그 명칭이나 형태 또는 범위에 상관없이 계약의 한쪽 당사자가 여러 명의 상대방과 계약을 체결하기 위하여 일정한 형식으로 미리 마련한 계약의 내용을 말하나, 피고들 사이에 작성된 이 사건 신탁계약서 중 사전동의특약이 약관에 해당한다고 볼 수 없으므로, 원고 B의 위 주장은 이유 없다.

따라서 이 사건 근질권설정계약은 사전에 동의를 받지 않아 그 효력을 주장할 수 없다고 하면서 다투고 있는 피고 C에 대하여는 효력이 없다(서울중앙지방법원 2020.10.14. 선고 2019가합 566517 판결).

나 신탁수익권에 대한 질권 관련 판결

1) 우선수익자인 시공사가 우선수익권에 질권을 설정하는 것에 대하여 수탁자가 승낙했다면 그 원인채권에 대해서까지 질권설정승낙의 효력이 발생하는지 여부

가) 문제의 제기

위탁자가 자신이 소유하는 부동산을 신탁법에 따라 수탁자에게 이전하여 건물을 신축·분양하는 사업을 시행하게 하고 대주와 시공사를 우선수익자로 정하는 관리형 토지신탁을 한 경우, 특별한 사정이 없는 한 우선수익권은 원인채권과는 독립한 신탁계약상 별개의 권리가 된다. 이러한 경우 우선수익권은 원인채권과 별도로 담보로 제공될 수 있으므로 우선수익자인 시공사가 우선수익권에 질권을 설정하는 것에 대하여 수탁자가 승낙했다고 해서 그 원인채권에 대해서까지 질권설정승낙의 효력이 발생한다고 볼 수 있는지 여부가 문제된다.

나) 사실관계

(1) 위탁자와 시공사는 2017.2.23. 신탁회사인 피고와 관리형 토지신탁계약을 체결하였다. 그 계약서와 특약사항에 기재된 주요 내용은 다음과 같다. ① 위탁자는 피고에게 사업부지와 신축 호텔 등을 신탁하여 이 사건 사업을 시행하도록 한다. ② 피고는 위탁자와 시공사 사이에 체결된 공사도급계약을 승계한다. ③ 제1순위 우선수익권은 중도금대출기관에게 있고 그 범위는 '중도금대출 연대보증과 관련하여 위탁자가 중도금대출기관에 대하여 부담하는 현재 또는 장래의 모든(구상)채무'로 한다. 제2순위 우선수익권은 시공사에게 있고 그 범위는 '중도금대출 연대보증과 관련하여 위탁자가 시공사에 대하여 부담하는 현재 또는 장래의 모든 (구상)채무'로 한다. 제3순위 우선수익권은 시공사에 있고 그 범위는 '공사도급계약에 따라 위탁자가 시공사에 대하여 부담하는 현재 또는 장래의 모든 공사의 지급채무'로 한다.

(2) 원고는 2017.7.25.경 시공사에 대하여 53억 원을 대출하였다. 원고와 시공사는 위 대출원리금 채무를 담보하기 위해 '이 사건 신탁계약상 시공사의 수익권과 공사비채권'을 근질권의 목적으로 하는 근질권설정계약을 체결하였다. 피고는 2017.7.27.경 위 근질권설정과 관련하여 원고에게 질권설정승낙서를 작성·교부하였는데, 위 질권설정승낙서의 '질권의 목적물란'에는 '질권설정자의 수익권 및 공사비 채권'이라고 기재되어 있으나, 그 하단에는 '상기 표시 관리형 토지신탁 관련하여 질권자 원고와 질권설정자 시공사가 체결한 근질권설정계약에 의거하여 제2순위 우선수익권의 질권설정을 상기 조건으로 승낙합니다.'라는 문구가 기재되어 있다.

다) 당사자의 주장

원고는 다음과 같이 주장하였다. 피고는 위탁자와 시공사 사이에 체결된 공사도급계약상 위탁자의 지위를 승계함에 따라 시공사에게 위 공사도급계약에 따른 공사비를 지급할 의무가 있고, 이에 따른 시공사의 '공사비 채권' 및 이 사건 신탁계약에 따른 '제2순위 우선수익권'을 목적으로 하는 이 사건 근질권의 설정을 승낙하였으므로, 이 사건 공사비 채권에 관한 질권의 실행에 의하여, 원고에게 이 사건 대출원금 및 이에 대한 약정이자 또는 지연손해금 상당의 돈을 지급할 의무가 있다.

피고는 다음과 같이 주장하였다. 피고는 시공사가 피고에 대하여 가지는 '제2순위 우선수익권'에 관하여만 근질권설정을 승낙하였을 뿐 이 사건 공사비 채권에 관하여는 근질권설정을 승낙한 사실이 없으므로, 원고가 이 사건 근질권을 실행하더라도 시공사의 제2순위 우선수익권이 인정되는 범위 내에서만 원고에게 신탁이익 상당의 돈을 지급할 의무가 있는데, 이 사건 신탁계약이 정한 바에 따라 정산한 결과 시공사에게 지급할 신탁이익이 존재하지 아니하므로, 원고의 청구에 응할 수 없다.

라) 대법원의 판단

대법원은 우선수익자인 시공사가 우선수익권에 질권을 설정하는 것에 대하여 수탁자가 승낙했다고 해서 그 원인채권에 대해서까지 질권설정승낙의 효력이 발생한다고 볼 수 없다는 취지로 판시하며 원고의 청구를 기각하였다. 구체적인 판단사항은 다음과 같다.

1. 피고가 이 사건 공사비 채권에 대해서도 질권설정을 승낙하였는지(상고이유 제1, 2점)
   원심은 다음과 같은 이유를 들어 피고가 제2순위 우선수익권에 대해서만 질권설정을 승낙한 것이고, 이 사건 공사비 채권에 대해서는 질권설정을 승낙한 것으로 볼 수 없다고 판단하였다. ① 원고는 대부업과 대부중개업 등을 목적으로 하는 법인으로서 자금의 대부, 그에 따른 담보의 확보 등을 주된 업무로 한다. ② 이 사건 질권설정승낙서 하단에는 다른 내용보다 더 큰 글씨로 이 사건 문구가 기재되어 있다. 그 문언에 따르면 질권설정승낙의 대상이 제2순위 우선수익권에 한정된다는 것이 명확하다. ③ 이 사건 질권설정승낙서의 '질권의 목적물란'에서는 수익권과 공사비 채권을 구별하고 있는데, '특기사항'란에는 '본건 수익권'이라고 기재하고 있을 뿐이고 이 사건 공사비 채권을 언급하고 있지 않다. ④ 원고와 대명토건 사이에 작성된 근질권설정계약서에도 근질권의 목적을 "수익권(본건 수익권) 및 공사비 채권"이라고 기재하여 양자를 구별하고 있다. ⑤ 이 사건 공사비 채권을 질권설정승낙의 대상에 포함시키기로 하는 별도의 합의가 있었다고 볼 자료가 없고 이 사건 문구가 단순히 인쇄된 예문이라고 보기도 어렵다.

원심판결 이유를 위에서 본 법리에 비추어 살펴보면, 원심판결은 정당하고 상고이유 주장과 같이 계약의 해석에 관한 법리를 오해하거나 논리와 경험의 법칙에 반하여 자유심증주의의 한계를 벗어난 잘못이 없다.

2. 제2순위 우선수익권에 대한 질권설정승낙의 효력이 이 사건 공사비 채권에도 미치는지(상고이유 제3점)

이 부분 상고이유 주장은, 피고가 대명건설의 우선수익권에 대하여 질권설정을 승낙한 이상 우선수익권의 부종성에 따라 원인채권인 이 사건 공사비 채권에도 질권설정승낙의 효력이 미친다는 것이다.

위탁자가 자신이 소유하는 부동산을 신탁법에 따라 수탁자에게 이전하여 건물을 신축·분양하는 사업을 시행하게 하고 대주와 시공사를 우선수익자로 정하는 관리형 토지신탁을 한 경우, 특별한 사정이 없는 한 우선수익권은 원인채권과는 독립한 신탁계약상 별개의 권리가 된다(부동산 담보신탁에 관한 대법원 2017.6.22. 선고 2014다225809 전원합의체 판결, 대법원 2017.9.21. 선고 2015다52589 판결 참조). 이러한 경우 우선수익권은 원인채권과 별도로 담보로 제공될 수 있으므로 우선수익자인 시공사가 우선수익권에 질권을 설정하는 것에 대하여 수탁자가 승낙했다고 해서 그 원인채권에 대해서까지 질권설정승낙의 효력이 발생한다고 볼 수 없다.

한편 위에서 보았듯이 이 사건 질권설정승낙서에 따라 질권설정을 승낙한 제2순위 우선수익권의 경우 그 원인채권은 대명토건이 중도금대출과 관련하여 보증책임을 이행하게 될 경우에 발생하는 구상금 채권이다(이 사건 공사비 채권은 제3순위 우선수익권의 원인채권이다). 이에 비추어 보더라도 이 부분 상고이유 주장은 받아들일 수 없다(대법원 2022.3.31. 선고 2020다245408 판결).

마) 실무 TIP

최근 위탁자의 수익권뿐만 아니라 우선수익자의 우선수익권에도 질권이 설정되는 경우가 종종 존재한다. 기본적으로 수탁자 입장에서는 질권을 설정해줄 필요도 없고, 의무도 없으나 실무상 질권설정이 자주 발생하는데, 질권이 설정되고난 후 질권자가 자신의 대출채권을 변제받지 못하는 경우 갖가지 이유를 들면서 수탁자에게 소송을 제기하는 경우가 있으므로, 수탁자의 입장에서는 원칙적으로 수익권 또는 우선수익권에 대한 질권설정동의를 최대한 자제할 필요가 있다.

만약 피치못할 사정으로 수탁자가 질권설정동의서를 발급하는 경우 수익권 또는 우선수익권에만 질권설정을 동의하는 것이고 그 원인채권에 대하여는 질권설정을 금지한다는 취지의 명문의 규정을 질권설정동의서에 포함시키는 것이 바람직하다. 또한 수탁자의 질권승낙서에 질권설정자 및 질권자가 서명날인을 하도록 하여 질권승낙서의 내용에 관하여 질권설정자 및 질권자가 이의를 제기할 수 없도록 사전에 조치를 취하는 것이 바람직하다.

한편, 차입형 토지신탁 또는 책임준공확약형 관리형 토지신탁의 경우 수탁자의 고유계정 손실 위험이 존재하는바, 가급적 수익권 또는 우선수익권에 대한 질권설정을 거부할 필요가 있다. 부득이한 사정으로 인하여 질권설정 동의를 하게되는 경우 질권자로부터 발생하는 대출금을 신탁계좌에 입금되도록 사전에 조치하고, 대출금이 신탁계좌에 입금되고 신탁재산으로서 운용한다는 사실을 조건으로 하는 조건부 질권설정동의서를 발급하여야 한다. 또한 대출금이 신탁계좌에 입금되는 것을 확인하거나 입금과 동시에 질권설정동의서를 발급하는 것이 바람직하다.

2) 담보신탁 우선수익권에 질권 설정 후 우선수익권의 원인채권에 대한 전부명령이 확정된 경우 우선수익권이나 권리질권이 소멸하는지 여부

토지구획정리사업의 시행인가를 받은 갑 토지구획정리조합이 사업비를 조달하기 위하여 시행사인 을 주식회사와 금전 차용계약 및 추가차용계약을 체결하고, 을 회사 및 시공사인 병 주식회사와 위 대여금채권과 관련하여 합의서 및 추가합의서를 작성한 다음, 위 합의서 및 추가합의서에 따라 두 차례에 걸쳐 신탁회사인 정 주식회사와 위 사업의 일부 체비지에 관하여 부동산담보신탁계약을 체결하여 을 회사를 우선수익자로 하는 우선수익권증서를 발급받아 주었고, 을 회사는 위 담보신탁계약의 위탁자인 갑 조합과 수탁자인 정 회사의 동의를 받아 우선수익권에 병 회사를 1순위 질권자로 하는 질권을 설정하였는데, 무가 을 회사에 대한 채권을 청구채권으로 하여 을 회사의 갑 조합에 대한 대여금 등 채권 중 청구채권 금액에 이르기까지의 금액을 압류 및 전부하는 전부명령을 받아 그 전부명령이 확정되었다면, ① 우선수익권이 대여금채권의 전부에 수반하여 전부채권자에게 이전되었다고 볼 수 있는지, ② 대여금채권과 우선수익권의 귀속주체가 달라졌다고 하여 우선수익권이나 이를 목적으로 한 권리질권이 소멸하는지 여부가 문제된다.

위 ①과 ②의 쟁점에서 대법원은 전원합의체 판결을 통하여 우선수익권은 경제적으로 금전채권에 대한 담보로 기능할 뿐 금전채권과는 독립한 신탁계약상의 별개의 권리이므로, 을 회사의 갑 조합에 대한 대여금채권이 전부명령에 따라 전부채권자인 무에게 전부되었다고 하더라도 그러한 사정만으로 담보신탁계약에 따른 을 회사의 우선수익권이 대여금채권의 전부에 수반하여 전부채권자에게 이전되었다고 볼 수 없고, 대여금채권과 우선수익권의 귀속주체가 달라졌다고 하여 곧바로 을 회사의 우선수익권이나 이를 목적으로 한 병 회사의 권리질권이 소멸한다고 볼 수도 없다고 판시하였다.

토지구획정리사업의 시행인가를 받은 갑 토지구획정리조합이 사업비를 조달하기 위하여 시행사인 을 주식회사와 금전 차용계약 및 추가차용계약을 체결하고, 을 회사 및 시공사인 병 주식회사와 위 대여금채권과 관련하여 합의서 및 추가합의서를 작성한 다음, 위 합의서 및 추가합의서에 따라 두 차례에 걸쳐 신탁회사인 정 주식회사와 위 사업의 일부 체비지에 관하여 부동산담보신탁계약을 체결하여 을 회사를 우선수익자로 하는 우선수익권증서를 발급받아 주었고, 을 회사는 위 담보신탁계약의 위탁자인 갑 조합과 수탁자인 정 회사의 동의를 받아 우선수익권에 병 회사를 1순위 질권자로 하는 질권을 설정하였는데, 무가 을 회사에 대한 채권을 청구채권으로 하여 을 회사의 갑 조합에 대한 대여금 등 채권 중 청구채권 금액에 이르기까지의 금액을 압류 및 전부하는 전부명령을 받아 그 전부명령이 확정된 사안에서, 합의서 및 추가합의서와 위 담보신탁계약, 우선수익권에 대한 질권설정계약의 내용 및 위 각 계약의 체결 경위와 위 담보신탁계약의 특약사항의 규정 내용, 위탁자와 수탁자가 우선수익권에 대한 질권 설정계약에 동의한 사실관계 등에 비추어 보면, 위 담보신탁계약의 당사자들과 병 회사는 위탁자가 대출원리금을 전액 상환하지 아니할 경우 우선수익권에 대한 질권자인 병 회사가 대여금채권의 귀속 주체와 상관없이 우선수익권을 행사할 수 있는 것으로 약정하였다고 봄이 타당하고, 우선수익권은 경제적으로 금전채권에 대한 담보로 기능할 뿐 금전채권과는 독립한 신탁계약상의 별개의 권리이므로, 을 회사의 갑 조합에 대한 대여금채권이 전부명령에 따라 전부채권자인 무에게 전부되었다고 하더라도 그러한 사정만으로 담보신탁계약에 따른 을 회사의 우선수익권이 대여금채권의 전부에 수반하여 전부채권자에게 이전되었다고 볼 수 없고, 대여금채권과 우선수익권의 귀속주체가 달라졌다고 하여 곧바로 을 회사의 우선수익권이나 이를 목적으로 한 병 회사의 권리질권이 소멸한다고 볼 수도 없다(대법원 2017.6.22. 선고 2014다225809 전원합의체 판결).

위와 같이 대법원은 원칙적으로 우선수익권은 우선수익권의 원인채권과는 독립한 신탁계약상의 별개의 권리로 판단하고 있으므로, 우선수익권의 원인채권이 전부명령에 따라 전부되거나 채권양도에 따라 양도되더라도 우선수익권이 원인채권의 전부 또는 양도에 수반하여 이전되었다고 보지 않는 것으로 보인다.

우선수익권의 원인채권이 전부 또는 양도되더라도 우선수익권은 기존의 우선수익자에게 그대로 존속하므로, 우선수익권을 목적으로 한 질권이 소멸되지 않는 것은 논리상 당연한 결과라 할 것이다(다만 우선수익권의 피담보채권이 변제등의 사유로 소멸한 경우에도 우선수익권이 독립한 권리로서 존속하는지 여부에 대하여는 실무상 논란이 있고, 이러한 논란을 없애기 위하여 특약으로서 별도로 관련 사항을 기재하는 사례도 다수 있다).

실무에서는 시공사가 자신의 공사대금을 하도급업체 또는 제3자에게 이전하는 경우가 종종 있는데, 이러한 경우에도 신탁계약에서 정한 우선수익권 이전·변경절차가 완료되지 아니하였다면, 우선수익권은 기존의 시공사에게 그대로 존속한다고 할 것이다. 한편, 토지신탁 사업에서 시공사가 공사대금 채권을 임의로 제3자에게 양도하는 경우 공사가 정상적으로 진행되지 아니할 가능성이 높아지고, 공사가 정상적으로 진행되지 않는 경우 수탁자는 수분양자에게 분양대금 반환책임을 부담하는 등 여러 문제점이 발생할 수 있으므로, 공사대금 채권 등 우선수익권의 원인채권 양도의 경우에도 수탁자의 승낙을 받아야 한다는 취지를 신탁계약서에 반영하는 것도 수탁자의 법률 리스크를 저감시킬 수 있는 방안 중 하나라 하겠다.

3) 토지신탁 수익권에 대한 근질권설정시 수탁자의 승낙없이 단순히 수탁자에게 질권설정통지만 한 경우 수익권 근질권의 효력 여부

가) 문제의 소재 및 사실관계

토지신탁 사업에서 위탁자가 가진 수익권에 대하여 위탁자와 근질권자간 근질권설정계약을 체결하였으나 수탁자의 근질권설정 승낙을 받지 못하고 단순히 근질권설정계약 체결사실을 수탁자에게 통지만 한 경우에 수탁자에게 근질권설정계약의 효력이 발생하는지 여부가 문제된다.

토지신탁 사업 진행 중 위탁자는 자신이 가진 수익권을 담보로 근질권자에게 자금을 차입하면서 근질권자와 사이에 수익권에 대한 근질권설정계약을 체결하였고, 이를 수탁자에게 통지하였다. 다만 수탁자의 승낙을 받지는 않았다. 이후 수탁자가 근질권을 인정하지 아니한다는 취지로 주장하자 근질권자는 수탁자를 상대로 수익권에 대한 근질권이 근질권자에게 있음을 확인한다는 취지의 확인의 소를 제기하였다.

나) 당사자 주장

원고는 다음과 같이 주장하였다. ① 토지신탁 수익권에 대한 근질권설정계약 체결 및 통지만으로도 수익권에 대한 근질권설정계약 체결사실은 인정된다.

② 수탁자가 근질권설정계약 체결 사실을 통지받고도 별다른 조치를 취하지 않았고, 원고를 근질권자로 한 신탁조회서를 송부하기도 한 점에 비추어 수탁자는 이 사건 각 근질권설정계약에 대하여 묵시적 동의 내지 추인을 한 것으로 보아야 하고, 수탁자가 이제 와서 이 사건 질권설정제한조항을 들어 원고들의 근질권자 지위를 다투는 것은 신의칙 또는 금반언의 원칙에 반한다.

피고는 근질권설정계약은 수탁자의 사전 동의 없는 질권설정을 제한하는 이 사건 신탁계약에 위배되어 무효라고 항변하였다.

다) 서울고등법원 판시사항 요약

① 이 사건 신탁계약은 수탁자인 피고의 사전 동의 없는 질권설정을 제한하는 규정을 두고 있고, 이러한 내용이 등기된 사실은 당사자 사이에 다툼이 없는바, 이 사건 근질권설정계약은 신탁계약상 질권설정제한조항에 위배된다. 따라서 수탁자는 이를 제3자인 근질권자에게 대항할 수 있다.

② 근질권자는 이 사건 질권설정제한조항을 알지 못하였고 이를 알지 못한 데 중대한 과실이 없으므로 수탁자가 근질권자에게 위 질권설정 제한조항을 근거로 이 사건 근질권설정계약의 무효를 주장할 수 없다고 주장하나, 이 사건 신탁계약서는 이 사건 사업부지의 등기기록의 일부를 구성하는 신탁원부에 포함되어 있는 점, 근질권자는 부동산 개발, 매매, 임대업 등을 목적으로 하는 회사들로서, 근질권설정계약을 체결하는 과정에서 위

탁자 겸 수익자가 근질권자에게 이 사건 질권설정 제한조항의 존재를 알렸는지 여부와 무관하게 신탁원부에 대한 조사를 통해 이 사건 질권설정 제한조항을 인지하였거나 그와 같이 인지하는 것이 곤란하였다고 보이지 않는 점 등에 비추어 보면, 근질권자로서는 이 사건 질권설정제한조항의 존재를 알았거나 이를 알지 못한 것에 중대한 과실이 있다고 봄이 타당하다.

③ 근질권자는 '근질권자가 이 사건 질권설정제한조항의 존재를 알지 못한 이상 거기에 중대한 과실이 있다고 하더라도 유효하게 질권을 취득한 것으로 보아야 한다'는 취지로도 주장하나, 중대한 과실은 악의와 같이 취급되어야 하므로 근질권자가 이 사건 질권설정제한조항의 존재를 알지 못한 채 근질권설정계약을 체결하였다고 하더라도 그 알지 못함에 중대한 과실이 있는 때에는 악의의 질권자와 같이 그 질권을 취득할 수 없다고 해석하는 것이 타당하다.

④ 이 사건 신탁계약은 수익자가 수탁자의 사전 동의 없이 이 사건 수익권에 대하여 질권을 설정할 수 없도록 하면서 수탁자의 사전 동의를 받아 질권을 설정하는 경우 수탁자가 서명(또는 기명) 날인한 승낙서와 함께 확정일자 있는 증서에 의하여 수익권증서를 질권자에게 교부하도록 규정하고 있을 뿐 수탁자로 하여금 수익자 등의 일방적인 근질권설정 통지에 대하여 이 사건 신탁계약에 정해진 질권 설정의 방식과 절차를 안내하는 등의 조치를 취하도록 규정하고 있지는 않다. 따라서 신탁조회서 송부 등의 사정만으로는 수탁자가 이 사건 근질권설정계약에 대하여 묵시적 동의 내지 추인을 한 것으로 보기 어렵고, 수탁자가 근질권자의 근질권을 다투는 것이 신의칙이나 금반언의 원칙에 반한다고 볼 수 없다.

라) 실무TIP

위와 같은 서울고등법원 판결에 대하여 원고가 상고하였으나 대법원에서 심리불속행 기각판결이 선고되어 확정되었다. 대법원에서 명시적으로 판단하지 아니한 부분은 아쉬우나, 유사한 사실관계에서는 위 판결과 동일한 결과가 나올 것이라고 사료된다.

실무에서는 종종 수탁자의 동의 없이 수익권에 근질권을 설정하였다는 통지가 오는 경우가 있는데, 이 경우 신탁계약에 수탁자의 사전 동의 없는 질권설정을 제한하는 규정을 두고 있는지 여부를 확인하고, 위와 같은 질권설정제한 규정이 신탁계약서에 기재되어 있고, 신탁원부에 기재되어 있는 경우 수탁자는 근질권자에게 대항할 수 있다고 할 것이다. 다만 불필요한 분쟁을 방지하기 위하여 근질권을 설정하였다는 통지가 도달하였을 때 수탁자 담당자는 즉시 위와 같은 통지는 수탁자에 대하여 법적 효력이 없으므로 질권설정은 유효하지 아니하다는 취지의 내용증명을 질권자에게 보내고, 질권설정자에게는 수탁자의 사전 동의없이 질권을 설정할 수 없고, 이러한 행위는 신탁계약 위반이므로 향후 수탁자 사전 동의 없는 질권 설정행위를 중지해달라는 공문을 발송하는 등으로 즉각 조치를 취하는 것이 바람직하다.

만약 수탁자가 질권자나 질권설정자에게 질권을 부인하는 통지를 하지 않고, 신탁사업 진행시 질권자에게 각종 통지를 하면서 질권자의 동의서를 징구하는 등 외견상 질권자의 권한을 인정하는 듯한 행위를 하는 경우 예외적으로 질권을 사후 추인한 것처럼 해석될 여지가 있으므로 반드시 분명하게 질권을 부인하는 공문을 내용증명을 통하여 발송하는 것이 바람직한 업무처리방법이라 하겠다.

4) 토지신탁 수익권 근질권이 설정 후 수익자의 채권자가 수탁자를 상대로 수익자에 대한 신탁귀속절차이행을 청구할 수 있는지 여부

토지신탁 계약의 수익권에 수탁자의 동의를 득한 근질권이 설정되어 있는 상태에서 수익자에게 집행권원을 가진 일반채권자가 토지신탁계약 종료를 이유로 수탁자는 수익자에게 신탁재산에 관한 소유권이전등기절차이행을 청구할 수 있는지 여부가 문제된다. 실무에서는 수익자의 일반채권자와 근질권자사이에 누가 우선인지 여부가 문제되는데, 질권은 물권이므로 채권에 당연히 우선한다고 생각되지만 신탁업무는 워낙 그 금액이 크기 때문에 만전을 기하자는 취지에서 아래 하급심을 참고하는 것도 의미가 있다.

서울고등법원은 토지신탁 수익권에 근질권이 설정된 상태에서 근질권자의 채권이 변제되지 아니하였음에도 수익자의 일반채권자가 수탁자를 상대로 수탁자는 수익자에게 신탁부동산에 관하여 신탁종료를 원인으로 한 소유권이전등기절차이행을 청구할 수 있는지 여부가 문제된 사안에서 질권설정자인 수익자는 질권자의 동의없이는 수탁자에 대하여 신탁부동산의 소유권이전등기 절차이행을 구할 수 없으므로 결국 수익자의 채권자도 수익자를 대위하여 수탁자에 대하여 소유권이전등기 절차이행을 구할 수 없다는 취지로 판단하였다. 서울고등법원의 판시내용을 살펴보자.

질권설정자는 질권자의 동의 없이 질권의 목적된 권리를 소멸하거나 질권자의 이익을 해하는 변경을 할 수 없어(민법 제352조), 채권에 관한 질권설정자는 질권자의 동의 없이 채권추심, 변제수령, 면제, 상계 기타 입질채권을 소멸시키는 행위를 할 수 없고, 제3채무자 역시 질권설정의 통지를 받거나 질권설정을 승인한 후에는 질권설정자에게 입질채권을 변제할 수 없다.

따라서 질권설정자인 수익자는 질권자 동의 없이는 신탁부동산에 관한 소유권이전등기 청구권을 행사하여 수탁자에 대하여 그 소유권이전등기 절차이행을 구할 수 없고, 제3채무자인 수탁자 역시 질권자의 동의 없이는 수익자에게 그 소유권이전등기 절차이행을 할 수 없다.

(수익자의 채권자는 수익자를 대위하여 수탁자에게 신탁부동산에 대한 소유권이전등기 절차이행을 구하는 것이므로) 수익자가 수탁자에 대하여 소유권이전등기 절차이행을 구할 수 있음을 전제로 하여 수익자를 대위하여 위 소유권이전등기 절차이행을 구하는 수익자의 채권자의 주장은 이유없다(서울고등법원 2010.11.4. 선고 2010나448 판결).

서울고등법원의 위와 같은 판시 내용에서 볼 수 있듯이 수익권에 대한 질권설정에 수탁자가 동의한 경우에는 특별한 사정이 없는 한 수익자는 질권자의 동의없이 질권목적물인 신탁부동산 등을 수익자에게 귀속시킬 수 없고, 수탁자 역시 질권자의 동의없이 신탁부동산 등을 수익자에게 귀속시켜서는 아니된다. 다만 질권승낙서상 특별한 기재가 있는 경우에는 그 기재내용에 따라 질권자의 동의없이 신탁재산을 수익자에게 귀속시킬 수도 있을 것이나, 기본적으로 수탁자가 질권자와 질권설정자 겸 수익자 사이의 분쟁에 개입할 이유가 없으므로 질권자의 동의가 없는 한은 보수적으로 판단하는 것이 바람직할 것이라 사료된다.

다만 토지신탁의 수익권에 질권이 설정되었다하더라도 수탁자의 분양행위가 제한되는 것은 아니라 할 것이므로, 수탁자를 매도인으로 한 수분양자에 대한 분양계약이 체결된 후 수탁자가 분양대금을 완납받아 수분양자에게 분양목적물의 소유권이전등기절차를 진행하는 것은 제한되지 아니한다 할 것이다.

5) 담보신탁 수익권 근질권 설정 후 신탁재산을 위탁자에게 귀속시킨 다음 질권자에게 소유권이전한 행위가 사해행위에 해당하는지 여부

갑은 수탁자와 신탁계약을 체결하고 토지상에 아파트 건축공사를 진행하던 중 을에게 건축자금등을 대여받기로 하고, 그 대여금 채권을 담보하기 위하여 신탁계약 상의 수익권에 대하여 근질권을 설정하고 수탁자의 승낙을 얻었다.

갑이 자금난 등으로 당초 계획한 아파트 건축공사 진행에 어려움을 겪자 갑과 을은 근질권을 실행하여 신탁토지를 대물변제받기로 약정하고, 갑은 수탁자와 신탁계약을 해지하고 수탁자로부터 갑 앞으로 신탁해지를 원인으로 한 소유권이전등기와 갑으로부터 을 앞으로 매매를 원인으로 한 소유권이전등기를 순차로 마쳤다.

이에 갑의 채권자인 원고는 갑이 채무초과의 상태에서 유일한 재산을 을에게 대물변제로 제공한 것 등은 사해행위에 해당한다는 취지로 주장하며, 을을 상대로 사해행위취소 소송을 제기하였다. 이에 대법원은 사해행위 성립을 부정하면서 아래와 같이 판시하였다.

이 사건 토지에 관한 신탁계약 상의 수익권에 대하여 피고 앞으로 근질권이 설정되어 있었고, 그 근질권설정계약에 따라 피담보채권의 변제를 위하여 근질권자는 수탁자에게 신탁재산의 처분을 요구할 수 있고 이 경우 수탁자는 신탁재산의 처분대금에서 채무를 이행하거나 협의에 의하여 채무의 변제를 신탁재산에 대한 근저당권설정 행위로 대체할 수 있도록 약정되어 있었다면, 수익권에 대한 근질권의 약정은 실질적으로는 신탁재산인 이 사건 토지 자체에 대한 담보권의 설정과 마찬가지라고 할 것이고, 따라서 이 사건 토지 중에서 일반 채권자들의 공동담보에 공하여진 책임재산은 위 근질권의 채권최고액을 공제한 나머지 부분에 한하는 것이라 할 것이다.

그리고 근질권의 실행으로서 이 사건 토지를 처분하여 그 처분대금으로써 채무를 변제하는 대신 신탁자, 수탁자, 근질권자 3자의 협의에 의하여 신탁계약을 해지하고 이 사건 토지의 소유권을 일단 위탁자 앞으로 환원시킨 다음 위탁자가 근질권자인 피고에게 대물변제로 양도하는 방식을 따랐다고 하더라도, 이 사건 토지의 대물변제는 실질적으로는 피고가 확보하고 있던 담보가치의 실현에 다름 아니라고 할 것이어서, 이 사건 토지의 실제 시가가 대물변제 가격 또는 위 근질권의 채권최고액을 초과하지 아니하는 이상 그 대물변제가 일반 채권자를 해하는 사해행위가 될 수는 없는 것이다(대법원 2000.11.10. 선고 2000다48005 판결).

수익권에 근질권이 설정된 경우 근질권의 효력이 미치는 범위 내에서는 수익자의 책임재산이라 할 수 없으므로 대법원의 판시는 타당하다. 다만 근질권이 설정되어 있더라도 근질권 채권최고액 전체가 아니라 실제 채권상당액만큼이 근질권자의 재산이 되므로, 신탁사 담당자는 특정 쟁점에서 근질권 채권최고액을 기준으로 하여야 하는지, 실제 채권액을 기준으로 하여야 하는지 잘 판단할 필요가 있다.

특히 공매 정산시 근질권자가 배당받을 수 있는 범위는 근질권 채권최고액이 아니라 실제 채권액인데, 근질권자가 금융기관이 아니라 개인이나 사기업인 경우 근질권설정자인 위탁자와 근질권자간 실제 채권액의 구체적인 금액에 대한 다툼이 잦고, 수익권의 가압류권자 등이 있는 경우 분쟁 발생가능성이 매우 높은 것이 실무라는 점에서 가급적 공탁 등을 통하여 안전하게 업무를 처리할 필요가 있다.

과거 모 수탁자가 신탁수익권의 근질권자의 근질권 채권최고액만 보고 그 범위 내에서 근질권자에게 신탁수익을 지급하였다가 알고보니 근질권의 실제 채권액이 채권 최고액이 미치지 못하여 곤란을 겪은 사례도 있었으므로, 수탁자 담당자들은 근질권의 채권최고액만 볼 것이 아니라 근질권의 피담보채권액이 얼마인지 정확하게 파악하기 위하여 근거 서류를 징구하여야 하고, 근거 서류 징구가 미비한 경우 공탁 등을 통하여 업무를 처리할 필요가 있다.

6) 토지신탁 수익권 근질권 설정 후 근질권자가 수탁자에게 신탁수익금 지급 또는 선관주의의무 위반에 따른 손해배상청구 가부

토지신탁 사업에서 위탁자 겸 수익자가 추가 자본 조달 등을 사유로 수익권에 (근)질권을 설정하고 수탁자에게 동의를 요청하는 경우가 종종 존재한다. 본 건 사안은 위탁자 겸 수익자가 대출을 위하여 신탁수익권에 대하여 1순위로 질권을 설정하였고, 수탁자는 이에 동의하였다. 토지신탁 사업이 진행되었으나 여러 가지 이유로 수익권의 근질권자가 대출금을 변제받지 못하게 되자 근질권자가 수탁자를 상대로 주위적으로는 신탁수익금과 그 지연손해금의 지급을 구하고, 예비적으로는 수탁자가 신탁계약에서 약정한 자금집행순서를 위반하여 대출금이 변제되지 않은 상태에서 신탁재산으로 시공사에 공사잔대금에 대한 대물변제를 하는 등 신탁재산의 관리의무를 위반하여 원고가 대출원리금을 회수할 수 없게 되는 손해를 입었다고 주장하면서 채무불이행이나 불법행위에 기초한 손해배상을 구하는 사안이다.

제1심판결은 수탁자가 신탁수익권의 질권자에 대하여 가배당 형식으로 상당한 금액을 지급하였음에도 질권자의 수익권질권이 여전히 존속함을 전제로 신탁수익이 남아 있다는 증거가 없고, 수탁자가 시공사에 대물변제한 것이 자금집행순서를 위반하였다고 볼 수 없으며, 달리 신탁재산에 대하여 선관주의의무를 위반하였다거나 질권자에 대하여 불법행위가 성립한다고 인정할 증거가 없다는 이유로 질권자의 주위적 청구와 예비적 청구를 모두 기각하였고, 질권자가 이에 불복하여 항소를 제기하였다.

본 건 사안에서 질권자는 가배당으로 80억원을 지급받고, 대출금 이자로 약 26억원을 지급받았는데, 서울고등법원은 가배당으로 받은 80억원은 신탁재산의 운용으로부터 발생하는 수익으로서 지급한 것으로 보아야 하므로 수익권질권에 설정된 담보한도액은 그 범위 내에서 소멸하였다고 판단하였으나, 대출금이자의 경우 공사대금을 비롯한 다른 채무보다 선순위로 신탁재산에서 집행하기로 약정함에 따라 신탁수익권에 대한 근질권자의 지위가 아니라 대출금채권자로서의 대출금 이자를 지급한 것이므로 이는 근질권의 목적인 신탁수익금의 배당과는 다른 것이어서 그로써 근질권의 담보 한도가 그 범위 내에서 소멸하였다고 볼 수는 없다고 판단하였다.

따라서 수탁자 담당자는 법원이 신탁계약 내용에 따라 질권자가 자금을 지급받았더라도 그 자금의 목적이나 명목에 따라 질권자로서 지급받은 것인지 대출금 채권자로서 지급받은 것인지 여부를 별도로 판단할 수 있다는 사실을 명심하여 질권자의 질권이 모두 소멸하였는지 여부는 신중히 판단하여야 할 것이다.

한편 본 건 사안에서 질권자는 수탁자를 상대로 ① 수탁자가 신탁계약 등에 따른 자금집행순서를 PF원금 상환을 위한 가배당이 잔여공사대금보다 우선하는 것으로 약정하였음에도 PF원금 상환을 위한 가배당보다 우선하여 시공사에 잔여공사대금에 대한 변제로 미분양 건물을 양도함으로써 약정에 따른 자금집행순서를 위반하여 신탁계약 등에서 정한 의무를 위반하였다거나, ② 수탁자가 이처럼 대물변제를 하지 않고 시기를 조금만 더 늦추거나 할인분양 등을 통하여 분양률을 높였더라면 미변제된 대출금의 상환을 위한 가배당이 추가로 가능하였음에도 이러한 노력을 하지 않은 채 분양대행사에 분양수수료를 과다하게 지급하거나 분양계약 해지에 따른 분양수수료 환수조치를 하지 않는 등 분양대행사나 후순위채권자에게 부당하게 자금집행을 하는 등으로 신탁재산의 관리를 적절히 하지 못하여 신탁재산의 멸실, 감소 기타 손해가 발생함으로써 질권자가 대출원리금 일부를 회수하지 못하는 손해를 입었으므로 이를 배상하여야 한다고 주장하였다.

위와 같은 질권자의 주장은 본 건 판결에서는 기각되었으나, 수탁자가 수익권에 질권설정을 승낙한다면 언제든지 위와 같은 분쟁이 발생할 가능성이 있고, 최근 위와 같은 분쟁이 끊이지 않는다는 점, 사업약정 수정, 사업구도 변경시 질권자가 언제든 소송을 제기할 수 있는 위험이 상존한다는 점 등을 종합할 때, 수탁자의 입장에서는 최대한 수익권이나 우선수익권에 근질권 설정 승낙 자체를 하지 않는 것이 가장 안전하다.

만약 부득이한 사유로 수탁자가 수익권, 우선수익권 등에 근질권 설정 승낙을 하는 경우 근질권자가 기표하는 대출금을 신탁계좌로 입금받아 신탁사업에 사용하는 것이 바람직하다. 더불어 수탁자가 발급하는 질권승낙서에 수탁자를 면책할 수 있는 내용을 반영하고, 승낙서에 질권자의 날인을 득하는 것도 수탁자의 법률리스크를 저감할 수 있는 방안이라 하겠다.

7) 임대주택에 대한 신탁 설정 후 수익권에 대한 질권 설정 가능 여부

구 임대주택법이 적용되는 임대주택에 임차인이 존재하는 상태에서 임대주택 사업자를 위탁자로 신탁회사를 수탁자로 하는 을종 관리신탁계약이 체결되고 신탁등기가 경료되었다. 대출금융기관 등은 위탁자에 대한 대출금채권을 피보전채권으로 하여 신탁계약의 수익자인 위탁자와 사이에, 위탁자가 수탁자에 대하여 가지는 신탁계약에 따른 원본수익권, 수익수익권 및 기타 모든 수익에 관한 토지신탁수익권증서를 담보로, 근질권을 설정받기로 하는 계약을 체결하고, 수탁자의 승낙을 받았다.

임차인들은 구 임대주택법상 임차인들이 우선 분양전환을 받을 권리가 있으므로, 위탁자를 상대로 임차인에게 임대주택을 매도할 것을 청구하고, 수탁자를 상대로 신탁된 임대주택에 관하여 신탁종료를 원인으로 한 신탁등기의 말소등기절차 및 소유권이전등기절차이행 등을 청구하였다.

이에 대하여 수탁자는 ① 신탁계약에 따라 위탁자 겸 수익자가 보유한 수익권에 대한 이해관계인인 질권자들이 있는 한, 수탁자는 질권자들의 동의 없이는 위탁자 겸 수익자에게 임대주택 및 그 대지지분에 관한 소유권이전등기절차를 이행할 수 없고, ② 신탁계약상 위탁자 겸 수익자의 신탁수익권증서반환의무와 수탁자의 소유권이전등기의무는 동시이행 관계에 있다 할 것인데, 위탁자 겸 수익자가 수익권의 질권자들에게 신탁수익권증서에 관하여 근질권을 설정하여 위탁자 겸 수익자의 수탁자에 대한 신탁수익권증서 반환의무가 이행불능상태에 빠졌으므로, 수탁자도 위탁자 겸 수익자에게 소유권이전등기를 해 줄 의무가 없다는 취지로 주장하였다.

이에 대하여 대법원은 임대주택의 분양전환 완료 시까지 소유권을 보존·관리하기 위한 목적의 부동산관리신탁이 설정된 경우에 특별한 사정이 없는 한 임대사업자가 임대주택을 신탁회사로부터 반환받을 권리는 그 성질상 입질의 대상이 될 수 없고, 이러한 권리를 목적으로 하는 권리질권은 효력이 없다고 판시하였다. 그 구체적인 내용은 다음과 같다.

임대사업자가 임대주택에 관하여 분양전환 완료 시까지 소유권을 보존·관리하기 위하여 이를 신탁회사에 신탁하였다고 하여 그 수익권자인 임대사업자가 임대주택을 신탁회사로부터 반환받을 권리를 자신의 채권자에게 입질하는 것까지 허용된다고 하면 그 질권자의 질권실행에 따라서는 임대사업자가 해당 임대주택의 소유권을 회복할 수 없게 될 위험에 처할 수 있고, 이는 결국 임대주택에 대한 신탁이 오히려 임차인의 우선 분양전환권을 해하는 수단으로 변질될 수 있다는 점에서 부당하다고 하지 않을 수 없다. 따라서 저당권 설정 등 처분제한 및 금지사항 부기등기 제도의 입법 목적과 신탁이 설정된 경우에는 부기등기에 대한 예외를 인정해 준 규정 취지 등에 비추어 보면, 임대주택의 분양전환 완료 시까지 소유권을 보존·관리하기 위한 목적의 부동산관리신탁이 설정된 경우에 있어서 특별한 사정이 없는 한 임대사업자가 임대주택을 신탁회사로부터 반환받을 권리는 그 성질상 입질의 대상이 될 수 없고, 이러한 권리를 목적으로 하는 권리질권은 효력이 없다고 할 것이다(대법원 2012.11.29. 선고 2011다84335 판결).

위 사건은 을종 관리신탁이 설정된 사안이었는데, 을종 관리신탁 분양전환 완료 시까지 이 사건 아파트에 관한 소유권의 관리·보존만을 목적으로 설정된 것이므로 임차인들과 위탁자 사이에 분양전환을 위한 매매계약이 성립된 이상 그 목적 달성으로 종료되었고, 신탁이 종료된 이상 수탁자는 신탁약정에 따라 수익자인 위탁자에게 신탁원본에 해당하는 임대주택을 반환할 의무가 있으며, 이러한 반환청구권을 목적으로 하여 설정된 권리질권은 효력이 없으므로, 수익자인 위탁자는 이 사건 아파트에 관한 반환청구권의 행사에 있어서 수익권의 근질권자들의 동의를 받을 필요가 없다는 것이 대법원의 판시취지이다.

위 사안은 구 임대주택법이 적용되는 사안이나, 그 취지 자체는 민간임대주택에 관한 특별법에서도 그대로 적용될 여지가 있고, 현행 민간임대주택에 관한 특별법 부칙 제3조 제3항에서도 "③ 다음 각 호의 어느 하나에 해당하는 주택은 각 호의 구분에 따른 이 법의 임대주택으로 본다. 다만, 임대의무기간, 임대의무기간 이내 매각요건 및 절차, 저당권 설정 등의 제한, 임대주택의 전대 제한, 경매 시 임차인 우선매수권 부여, 특별수선충당금의 적립대상에 관하여는 종전의 「임대주택법」을 적용한다."고 규정하고 있는 바, 위 대법원 판결의 결론은 현재에도 적용가능성이 있으므로 수탁자 임직원들이 숙지하고 있을 필요가 있다.

8) 수탁자의 비용상환청구권이 권리질의 목적이 될 수 있는지 여부 및 수탁자의 비용상환청구권에 대한 질권자가 신탁재산 자조매각권을 직접 행사할 수 있는지 여부

가) 문제의 소재 및 대법원의 판단

수탁자와 금융기관 사이에 신탁사업과 관련하여 수탁자가 차입한 대출원리금 등을 피담보채권으로 하여 수탁자가 신탁사업에 대하여 신탁종료시에 신탁계약 및 신탁법에 의하여 신탁재산에 대하여 갖는 비용상환청구권 등에 관하여 근질권계약을 체결한 경우, ① 수탁자의 비용상환청구권의 성질 및 위 비용상환청구권이 권리질의 목적이 될 수 있는지, ② 수탁자의 비용상환청구권에 관한 질권자가 신탁재산에 대하여 자조매각권을 직접 행사할 수 있는지 여부가 문제된다.

수탁자의 비용상환청구권이 권리질의 목적이 될 수 있는지 여부에 관하여 대법원은 수탁자의 신탁재산에 대한 비용상환청구권은 양도될 수도 있고 권리질의 목적이 될 수 있다고 판시하였다. 구체적인 내용은 아래와 같다.

신탁재산에 관한 조세, 공과(公課), 기타 신탁사무를 처리하기 위한 비용은 신탁재산의 명의자이자 관리자인 수탁자가 제3자에 대하여 부담하게 되는바, 수탁자로서는 위와 같은 채무를 신탁재산으로 변제할 수도 있고, 자신의 고유재산에 속하는 금전으로 변제할 수도 있는데, 신탁사무가 정당하게 행해진 한 위와 같은 비용은 실질적으로 신탁재산의 채무이기 때문에 자신의 고유재산으로써 이를 변제한 수탁자는 신탁재산으로부터 보상을 받을 수 있어야 할 것이므로, 구 신탁법 제42조에서 규정하고 있는 수탁자의 비용상환청구권은 수탁자가 신탁사무의 처리에 있어서 정당하게 부담하게 되는 비용 또는 과실 없이 입게 된 손해에 관하여 신탁재산 또는 수익자에 대하여 보상을 청구할 수 있는 권리라고 할 것인바,

수탁자가 재임중에는 신탁재산의 관리인이 수탁자 자신이어서 신탁재산에 대하여 비용상환청구권 강제집행과 같은 방법으로 행사할 수는 없고(수탁자의 임무가 종료한 후에는 신수탁자를 상대로 보상청구권을 행사하여 신탁재산에 대하여 강제집행을 할 수 있다.), 같은 조 제1항에서 규정하고 있는 바와 같이 신탁재산을 매각하여 그 매각대금으로 다른 권리자에 우선하여 비용상환청구권의 변제에 충당할 수 있을 뿐이지만, 수탁자의 신탁재산에 대한 비용상환청구권은 수탁자가 개인적으로 갖는 권리로서 독립성을 인정할 수 있으므로 양도될 수도 있고 권리질의 목적도 될 수 있다(대법원 2005.12.22. 선고 2003다55059 판결).

수탁자의 비용상환청구권에 관한 질권자가 자조매각권을 직접 행사할 수 있는지 여부에 관하여 대법원은 부정하였다. 구체적인 내용은 아래와 같다.

수탁자가 구 신탁법 제42조 제1항에 의하여 신탁재산에 대하여 행사하는 소위 자조매각권(自助賣却權)은 수탁자가 신탁재산의 명의인으로서 관리처분권을 가지는 데에 근거한 것이고, 수탁자가 자조매각권을 행사함에 있어서는 신탁재산의 관리인으로서 신탁의 목적에 따라 신탁재산을 처분하여야 하는 제한이 따르는 것이므로 개인으로서의 수탁자가 신탁재산에 대하여 가지는 비용상환청구권에 관한 질권자라고 하더라도 신탁재산에 대하여 자조매각권을 직접 행사할 수는 없다(대법원 2005.12.22. 선고 2003다55059 판결).

한편, 대법원은 위 사건에서 수탁자가 자신의 비용상환청구권에 관하여 근질권을 설정한 행위가 수탁자의 충실의무에 위반된 행위가 아니라고 판시하였다. 구체적인 내용은 아래와 같다.

수탁자의 충실의무는 수탁자가 신탁목적에 따라 신탁재산을 관리하여야 하고 신탁재산의 이익을 최대한 도모하여야 할 의무로서, 신탁법상 이에 관한 명문의 규정이 있는 것은 아니지만 일반적으로 수탁자의 신탁재산에 관한 권리취득을 제한하고 있는 신탁법 제31조를 근거로 인정되고 있다. 이 사건에서 수탁자가 자신의 고유재산인 비용상환청구권에 관하여 근질권을 설정한 행위는 신탁재산이나 수익자의 이익과 수탁자의 이익이 상반되는 행위가 아니어서 수탁자로서의 충실의무에 위반된 행위라고 할 수 없다(대법원 2005.12.22. 선고 2003다55059 판결).

나) 실무 TIP

위 사례는 구 신탁법 사안이기는 하나, 개정 신탁법에서 특별히 수탁자의 비용상환청구권에 질권을 설정할 수 없다는 명문의 규정이 반영된 것은 아니므로, 여전히 수탁자는 자신이 수탁하고 있는 신탁재산에 대하여 갖는 비용상환청구권에 질권을 설정할 수 있고, 이는 수탁자의 충실의무에 위반된 행위는 아니라 할 것이다.

다만 대법원은 수탁자의 비용상환청구권에 질권을 설정한 질권자가 신탁재산에 직접 자조매각권을 행사할 수는 없다고 판시하고 있는바, 이는 수익권에 질권을 설정한 질권자에도 동일하게 적용될 가능성이 있으므로, (우선)수익권에 질권을 설정한 질권자가 신탁재산에 직접 자조매각권 또는 공매권한을 행사하려는 의사를 표명하는 경우, 이를 수탁자가 인정할지 여부에 관하여 수탁자 임직원은 신중히 판단할 필요가 있다. 개인적으로 위 사안과 같이 (우선)수익권의 질권자가 신탁재산에 직접 자조매각권 또는 공매권한을 행사하는 것은 대법원이 부정할 가능성이 높다고 사료된다.

(우선)수익권의 질권자가 가진 담보재산은 (우선)수익권 그 자체이므로, (우선)수익권의 질권자는 담보목적물인 (우선)수익권 그 자체를 환가하는 방법으로 채권을 변제받는 것이 원칙이라 하겠다. 예외적으로는 (우선)수익권의 질권자가 신탁재산에 대한 공매요청을 하는 경우가 있는데, 이러한 경우 수탁자 임직원은 질권계약서, 질권승낙서, 신탁계약서 등에 그러한 내용이 기재되어 있는지, 소송 또는 보전처분 등이 존재하는지, 기타 특

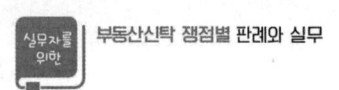

이사항이 존재하는지 여부 등을 종합적으로 검토하여 신중하게 판단할 필요가 있다.

9) 신탁재산 공매대금 배분순서상 신탁수익권 근질권자와 국세 우선의 원칙이 적용되는 조세(위탁자 납부의무자) 중 누가 우선하지는 여부

신탁재산을 공매한 후 공매대금을 정산할 때 공매대금을 신탁수익권의 근질권자가 우선하여 배당받는지, 신탁재산에서 발생한 부가가치세의 조세채권자(위탁자가 납세의무자인 경우)가 당해세 우선의 원칙에 따라 우선하여 배당받는지 여부가 문제된다.

위의 쟁점이 문제된 사안에서 원심은 신탁수익권의 근질권설정일과 부가가치세의 법정기일을 비교하여 부가가치세의 법정기일이 근질권설정일보다 앞서므로 국세우선의 원칙이 적용되는 것으로 판단하고, 국세 우선의 원칙에 따라 부가가치세가 수익권의 근질권보다 우선한다고 판시하였다.

그러나 대법원은 수탁자가 수익자의 수익권을 매각한 것이 아니라 신탁계약에서 정한 처분사유가 발생함에 따라 신탁부동산 자체를 공매하였고, 조세 채권자인 대한민국의 부가가치세 채권은 위탁자에 대한 것이므로, 수익권에 관한 근질권설정일과 부가가치세의 법정기일의 선후와 무관하게 위탁자의 부가가치세 채권에 기해서는 신탁재산의 공매대금으로부터 교부청구를 통한 지급을 받을 수 없으므로, 근질권이 우선한다고 판단하였다. 구체적인 내용은 아래와 같다.

부가가치세 부분과 관련한 원심의 판단은 다음의 이유로 수긍하기 어렵다.

1. 원심은 피고 대한민국이 이 사건 부동산 매각대금에서 위탁자에 대한 부가가치세를 지급받을 수 있음을 전제로 원고의 수익권에 관한 근질권설정일과 부가가치세의 법정기일을 비교하여 부가가치세의 법정기일이 근질권설정일보다 앞서므로 국세우선의 원칙이 적용되는 것으로 판단하였다.

2. 그러나 수탁자는 위탁자의 수익권을 매각한 것이 아니라 이 사건 신탁계약 및 특약에서 정한 처분사유가 발생함에 따라 신탁부동산인 이 사건 부동산을 매각하였고, 피고 대한민국의 부가가치세 채권은 위탁자에 대한 것이다.
그런데 구 신탁법(2011.7.25. 법률 제10924호로 전부 개정되기 전의 것) 제21조 제1항은 신탁재산에 대하여 신탁 전의 원인으로 발생한 권리 또는 신탁사무의 처리상 발생한 권리에 기한 경우에만 강제집행 또는 경매를 허용하고 있다. 부동산 신탁에서 수탁자 앞으로 소유권이전등기를 마치면 대내외적으로 소유권이 수탁자에게 완전히 이전되고 위탁자와의 내부관계에서 소유권이 위탁자에게 유보되어 있는 것이 아니어서(대법원 2002.4.12. 선고 2000다70460 판결 등 참조), 위탁자를 채무자로 하는 조세채권은 '신탁사무의 처리상 발생한 권리'라고 할 수 없고(대법원 2012.7.12. 선고 2010다67593 판결 등 참조), 신탁법상의 신탁이 이루어지기 전에 압류를 하지 아니하면 '신탁 전의 원인으로 발생한 권리'에 해당한다고도 볼 수 없다(대법원 1996.10.15. 선고 96다17424 판결 등 참조). 결국 피고 대한민국은 수익권에 관한 근질권설정일과 부가가치세 법정기일의 선후와 무관하게 위탁자에 대한 부가가치세 채권에 기해서는 신탁재산인 이 사건 부동산의 매각대금으로부터 교부청구를 통한 지급을 받을 수 없다.

3. 또한, 위 부가가치세는 이 사건 특약 제6조 제4항 제2호의 '신탁원본 관련 제세공과금'에도 해당하지 않으므로 부가가치세 상당액이 원고의 대출금채권보다 우선하여 지급되는 것도 아니다.

4. 그렇다면 이 사건 각 공탁금 중 원심이 원고의 권리에 우선하지 않는다고 본 피고 서울특별시의 취득세 가산금 31,272,780원 상당액은 이 사건 특약 제6조 제4항 제3호에 따라 부가가치세 채권자인 피고 대한민국이 아니라 근질권자인 원고에게 배분되어야 한다(대법원 2018.4.12. 선고 2014다231446 판결).

본건 판결은 국세우선의 원칙과 수익권 근질권의 우열에 관한 판결로서 기존에 판결로 다뤄진 적이 거의 없는 쟁점에 관한 판결이라는 점에서 그 의의가 있다. 흔히 국세우선의 원칙은 다른 원칙들에 우선하여 적용된다고 쉽게 단정짓는 경우가 많은데 물적납세의무가 존재하지 아니하는 경우 위탁자를 납세의무자로 한 조세채권에 관하여는 수익권의 근질권이 국세우선권보다 우선할 수 있다는 것을 확인하였다는 점에서 눈여겨 볼 가치가 있다.

한편, 현재로서는 물적납세의무 제도가 존재하므로 물적납세의무가 발생한 조세에 관하여는 조세채권이 수익권의 근질권자보다 우선하게 될 것으로 사료된다. 다만 신탁재산 그 자체에서 발생하지 아니한 조세는 물적납세의무가 발생하지 아니하므로 수익권의 근질권이 우선할 것으로 사료된다.

20 신탁과 형사

가 신탁사 임직원이 피고소당한 경우 대응방법

수탁자는 신탁부동산의 대내외적 소유자이면서, 분양사업장의 매도인이고, 신탁사업의 자금관리 대리사무를 수행하면서, 자체적인 변제자력까지 보유한 회사로서 어떤 이유로든(때로는 말도 안되는 이유로) 형사사건에 휘말리는 경우가 잦다.

경험상 평균적으로 매달 2~3건 정도는 고소를 당하고, 피고소인 조사시 변호인 참여가 필요한 경우는 매달 1건 이상이다. 특히 깡치사건에 잘못 휘말리면 경찰청, 검찰청에서 계속하여 소환하는 경우도 드물지 않다. 수탁자 임직원이 형사사건에 휘말렸다하더라도 비용상의 이유등으로 그때마다 법무법인 등에 형사변호를 의뢰할 수는 없는 노릇이므로 수탁자의 법무, 리스크, 사내변호사 등은 필연적으로 형사조사의 대응절차 및 변호인 참여 업무를 숙지하고 있어야 한다.

수탁자 임직원이 고소당하는 경우 일단 고소장 열람등사 신청을 하여 정확한 고소이유를 파악한 후 수사기관 담당자와 조사일정을 협의하여야 한다. 조사시 간단한 사건은 임직원이 단독으로 가고 조금 복잡한 사건인 경우 사내변호사가 동석하거나 외부 법무법인의 변호인을 선임하는 경우도 있다. 부동산신탁은 일반적인 형사사건에 비하여 비교적 특수한 영역에 속하기 때문에 검경 수사 실무자가 사안의 쟁점을 정확하게 파악하지 못하고 있는 경우가 많다. 그러므로 피고소인 및 변호인이 간단한 피고소인 의견서 또는 조사 쟁점과 관련한 판결문을 미리 전달하는 것이 바람직하다. 수사 실무자 또는 검사가 피고소인인 수탁자에게 사건의 쟁점을 정리해달라는 요청을 하는 경우도 간혹 있다.

수탁자 리스크, 법무팀 등은 자사 임직원이 형사사건에 휘말린 경우 불기소처분을 받을 수 있도록 계약서의 중요 부분을 계속하여 개선하고, 피고소인 조사시에도 미리 고소장을 열람복사하여 중요 쟁점을 사업 담당 직원에게 숙지시킨 후 피고소인 조사에 임하도록 하여야 하며, 필요한 경우 변호인 참여 등을 통하여 적극적으로 수탁자의 무죄를 증명하는 업무 진행 프로세스 확립이 필요하다.

특히 신탁사에 대한 고소이유가 반복적으로 제기되는 것이 다수라는 점에서, 불송치 의견서 또는 불기소 이유서를 확보하여 같은 쟁점의 고소사건에서 활용하는 것이 바람직한데, 불송치 의견서 또는 불기소 이유서는 별도로 신청을 하여야 받을 수 있는 문서이므로, 불송치 통지서 또는 불기소 통지서가 나오면 별도로 이유서를 신청하여 정리 및 보관하는 절차를 마련하는 것이 바람직하다.

만약 경찰단계에서 송치의견으로 검찰청에 송치되면, 기소의 가능성을 배제할 수 없으므로 신탁에 정통한 외부 변호인의 조력을 받거나 수탁자 법무팀에서 즉각 적극적으로 개입하여 수탁자 업무담당자의 무죄를 강력하게 주장하는 것이 필요하다.

나 법원의 사실조회결정에 따라 위탁자의 금융거래정보를 법원에 제출하는 것이 금융실명법에 저촉되는 행위인지 여부

위탁자 또는 수익자의 채권자 등이 위탁자 또는 수익자와 민사소송을 진행하면서 수탁자에 대하여 위탁자 또는 수익자의 거래정보를 사실조회 형식으로 제공요구하는 경우가 종종 발생한다. 금융실명법 제4조 제1항[21]은 금융회사에 대하여 명의인의 동의를 받지 아니하고 금융거래정보를 타인에게 제공하는 것을 금지하고 다만 동법 동조 동항 제1호에서 법원의 제출명령 또는 법관이 발부한 영장에 따른 거래정보의 제공은 허용하고 있는데, 여기서 법원의 사실조회결정이 법원의 제출명령에 포함되는지 여부가 문제된다.

이와 관련하여 금융실명법 제4조 제1항 제1호는 법원의 제출명령이라고 규정하고 있는데, 사실조회는 제출명령이 아니므로 법원의 사실조회라 할지라도 금융실명법 규정 위반에 해당하여 사실조회에 불응하는 경우가 있다. 이러한 대응은 정당한가.

---

[21] 제4조(금융거래의 비밀보장) ① 금융회사등에 종사하는 자는 명의인(신탁의 경우에는 위탁자 또는 수익자를 말한다)의 서면상의 요구나 동의를 받지 아니하고는 그 금융거래의 내용에 대한 정보 또는 자료(이하 "거래정보등"이라 한다)를 타인에게 제공하거나 누설하여서는 아니 되며, 누구든지 금융회사등에 종사하는 자에게 거래정보등의 제공을 요구하여서는 아니 된다. 다만, 다음 각 호의 어느 하나에 해당하는 경우로서 그 사용 목적에 필요한 최소한의 범위에서 거래정보등을 제공하거나 그 제공을 요구하는 경우에는 그러하지 아니하다.
  1. 법원의 제출명령 또는 법관이 발부한 영장에 따른 거래정보등의 제공

결론적으로 대법원 재판예규인 「금융거래정보·과세정보 제출명령에 관한 예규(재일 2005-1)」제1조 내지 제2조[22]는 금융실명법 제4조 제1항에서 규정하고 있는 법원의 제출명령의 범위에 관하여 민사소송법 제294조에 의한 사실조회를 포함한다고 규정하고 있어, 법원의 사실조회결정에 따라 신탁사가 위탁자 또는 수익자의 금융거래정보를 법원에 제공하는 것은 허용된다고 판단된다.

위 대법원 재판예규에 따라 위탁자 또는 수익자의 금융거래정보를 법원에 제출하는 경우에도 수탁자는 금융실명법에서 규정하는 거래정보를 요구할 때 특정할 사항과 양식, 해당 정보를 제공한 사실에 대한 통보규정, 제공내용의 기록·관리, 제공받은 정보의 안전성 확보조치 등에 관한 별도의 규정을 준수하여야 함은 물론이다. 만약 담당자가 위 형식과 절차에 위반하여 정보제공을 요구받으면 담당자는 그 요구를 거부하여야 한다.

실무적으로 수탁자는 물론 은행, 저축은행, 농수협, 보험사 등 금융기관 실무담당자가 금융실명법 제4조 제1항 제1호의 법원의 제출명령을 민사소송법 제347조에 따른 문서제출명령결정에 한정하여 해석하여 금융거래정보를 법원에 제공하지 않는 사례가 종종 발생하곤 한다. 이러한 일을 예방하기 위하여 금융거래정보에 대한 사실조회신청을 할 때는 금융거래정보·과세정보 제출명령에 관한 예규(재일 2005-1)를 첨부하여 신청하는 것이 바람직하다. 생각보다 금융실명법 제4조 제1항 제1호의 제출명령을 문서제출명령으로 한정된다고 오해하고 금융거래정보를 제공하지 않는 실무자들이 제법 많기 때문이다.

또한 앞서 언급한 것처럼 금융거래정보를 법원에 제출하더라도 거래정보의 제공사실을 명의인에게 통보하여야 하고, 거래정보의 제공내용을 기록 관리하여야 한다(금융실명법 제4조의2 및 제4조의3). 과태료 규정도 존재하고 있음에도 불구하고 통보 및 제공내용 기록 관리를 소홀하는 경우가 있으므로 이에 대한 관리가 필요하다.

---

[22] 제2조 (제출명령의 범위) 제출명령은 법원이 금융기관, 신용정보를 처리하는 공공기관 또는 단체, 세무공무원 등에 대하여 금융거래정보나 과세정보의 제출을 요구하는 다음 각호의 처분을 말한다.
  1. 「민사소송법」 제294조, 「형사소송법」 제272조, 「가사소송법」 제8조에 의한 사실조회
  2. 「민사소송법」 제347조에 의한 문서제출명령
  3. 「민사소송법」 제352조에 의한 문서송부촉탁
  4. 「민사소송규칙」 제112조에 의한 법원밖 서증조사시 문서제출요구
  5. 「민사집행법」제237조, 제291조에 의한 압류(또는 가압류)명령시 진술최고
  6. 기타 법원이 금융기관, 신용정보를 처리하는 공공기관 또는 단체, 세무공무원 등에 대하여 금융거래정보나 신용정보 또는 과세정보의 제출을 요구하는 일체의 처분 중 그 처리절차에 관하여 특별한 규정이 없는 처분

다 수사기관의 수사협조의뢰 공문이 신탁사로 송부된 경우 대응 방법

수탁자는 각 회사마다 수탁고가 수십조원에 다다른다. 때문에 수사 중인 위탁자의 재산이 신탁되어 있는 경우 수사기관에서 수탁자에 대하여 수사중인 위탁자에 대한 수탁내역, 자금입출금내역, 신탁계약 또는 자금관리 대리사무계약서, 신탁재산 등에 대한 자료를 송부해달라는 취지의 수사협조의뢰 공문을 송부하는 사례가 종종 발생한다.

위와 같이 수사기관의 수사협조의뢰 공문에 따라 수탁자가 신탁재산에 관한 자료를 제출하는 것은 형사법적으로 임의제출에 해당한다. 그렇다면 수탁자는 고객의 정보를 임의제출할 수 있는지 문제된다. 일단 수탁자는 금융실명법의 적용을 받는 금융기관이므로 금융실명법이 적용된다.

수탁자가 수사협조의뢰 공문에 따라 신탁재산에 관한 자료를 송부해도 무방한지 여부에 관하여 금융실명법 제4조에서 금융회사등에 종사하는 자는 위탁자 또는 수익자의 서면상의 요구나 동의를 받지 아니하고는 그 금융거래의 내용에 대한 정보 또는 자료를 타인에게 제공하거나 누설하여서는 아니 되며, 누구든지 금융회사등에 종사하는 자에게 거래정보등의 제공을 요구하여서는 아니 된다고 규정하고 있으므로, 원칙적으로 수사기관의 공문 하나만으로 금융실명법상 금융정보에 대한 자료를 수사기관에 제출하는 것은 위법으로 평가될 소지가 높다.

또한 금융기관의 수사협조공문은 영장이 아니므로 금융실명법 제4조 제1항 단서에도 해당되지 않는다고 판단되므로, 수탁자 임직원이라면 수사기관의 협조공문이 송부되는 경우 수사기관에게 연락하여 정중하게 금융실명법 규정을 설명하여 영장이 없는 경우 송부하기가 어렵다는 내용을 설명하는 것이 필요하다. 개인정보보호법에 위반되는지 여부를 확인하여야는 것도 물론이다.

한편, 금융실명법에서 정한 요건을 충족하여 금융정보를 수사기관에 제출하는 경우 수사기관은 금융위원회가 정한 표준양식에 따라 금융정보 등의 제공을 요구하여야 하고, 수탁자는 일정기간 내에 제공한 거래정보 등의 주요 내용, 사용 목적, 제공받은 자 및 제공일 등을 위탁자 또는 수익자에게 서면으로 통보하여야 하며, 금융정보 등의 제공을 요구받거나 제공한 사실에 대하여 금융위원회가 정한 표준양식으로 기록·관리하여야 한다.

더불어 수사기관에서는 관행적으로 영장을 팩스로 전송하는 이른바 '팩스영장'을 통하여 자료제출을 요구하는 경우가 있는데, 영장은 원칙적으로 직접 제시하여야 하므로 팩스영장에 의하여 입수한 증거는 독수독과이론에 따라 위법수집증거로서 향후 재판과정에서 문제 될 소지가 있다. 다만 자료를 제출하는 수탁자가 문제될 소지는 제한적이므로 팩스영장에 의한 자료제출은 사안에 따라 별도로 판단하면 족하다. 최근 대법원은 팩스영장에 의한 자료제출도 예외적으로 적법할 수 있다는 취지로 판시한 바도 있으니 사안에 따라 적절히 판단하면 족하다.

수사기관의 압수·수색은 법관이 발부한 압수·수색영장에 의하여야 하는 것이 원칙이고, 영장의 원본은 처분을 받는 자에게 반드시 제시되어야 하므로, 금융계좌추적용 압수·수색영장의 집행에 있어서도 수사기관이 금융기관으로부터 금융거래자료를 수신하기에 앞서 금융기관에 영장 원본을 사전에 제시하지 않았다면 원칙적으로 적법한 집행 방법이라고 볼 수는 없다.

다만 수사기관이 금융기관에 금융실명거래 및 비밀보장에 관한 법률(이하 '금융실명법'이라 한다) 제4조 제2항에 따라서 금융거래정보에 대하여 영장 사본을 첨부하여 그 제공을 요구한 결과 금융기관으로부터 회신받은 금융거래자료가 해당 영장의 집행 대상과 범위에 포함되어 있고, 이러한 모사전송 내지 전자적 송수신 방식의 금융거래정보 제공요구 및 자료 회신의 전 과정이 해당 금융기관의 자발적 협조의사에 따른 것이며, 그 자료 중 범죄혐의사실과 관련된 금융거래를 선별하는 절차를 거친 후 최종적으로 영장 원본을 제시하고 위와 같이 선별된 금융거래자료에 대한 압수절차가 집행된 경우로서, 그 과정이 금융실명법에서 정한 방식에 따라 이루어지고 달리 적법절차와 영장주의 원칙을 잠탈하기 위한 의도에서 이루어진 것이라고 볼 만한 사정이 없어, 이러한 일련의 과정을 전체적으로 '하나의 영장에 기하여 적시에 원본을 제시하고 이를 토대로 압수·수색하는 것'으로 평가할 수 있는 경우에 한하여, 예외적으로 영장의 적법한 집행 방법에 해당한다고 볼 수 있다(대법원 2022.1.27. 선고 2021도11170 판결).

한편, 수탁자는 소송, 보전처분 등이 송달되는 경우 사업관계인인 위탁자와 우선수익자에게 기계적으로 해당 문건을 송부하는 실무가 있는바, 수사협조공문도 위와 같이 판단하여 기계적으로 사업관계인에게 송부하는 경우가 있다. 그런데 수사협조공문의 경우 사업관계자가 수사를 받고 있는 상태로서 신탁사에 수사에 필요한 자료를 수사기관에 제출하라는 취지의 문서이므로, 기계적으로 신탁사업관계인 전원에게 송부하는 것은 문제가 될 여지가 있으므로 신중하여야 한다.

참고로 수사기관이 송부한 수사협조의뢰 공문을 담당 직원이 수사기관에서 피의자로서 조사하고 있는 자에게 전달하였다는 이유로 수사기관이 담당 직원을 범인도피죄의 죄목으로 입건한 사례가 있으니 주의를 요한다. 개인적으로는 위와 같은 수사협조공문을 기계적으로 사업관계자에게 전달한 행위가 범인도피죄의 구성요건에 해당한다고 판단하기는 어렵다고 보여지나(무엇보다 고의가 없지 않은가), 수사기관의 불필요한 오해를 피한다는 차원에서 수사협조공문이 송부된 사실, 수사협조공문의 구체적인 내용 등을 신탁사업관계인 전원에게 기계적으로 전달하는 행위를 하는 것은 지양하고 전달 전 리스크팀 또는 법무팀과 협의하는 것이 바람직하다.

또한 영장에 의하여 자료를 제공하는 경우 수사기관은 항상 신탁계약서 등의 자료에 대하여 원본을 제출하라고 요구하는데, 아직 보존등기가 경료되지 아니한 토지신탁의 경우 건물 보존등기시 등기소의 요구에 따라 신탁원부 중 일부인 관리형 토지신탁 계약서 원본을 제출하는 경우 향후 신축건물 보존등기 신청시 문제가 될 수 있으므로 주의를 요한다.

수사기관이 관리형 토지신탁계약서 원본을 압수해간 후 압수물 환부를 하지 않아 실무적으로 문제가 된 사례가 있었다. 따라서 토지신탁계약서 원본은 보존등기시 필요할 수 있으므로 가급적 파일로 압수해가도록 수사기관과 협의할 필요가 있고(그런데 실무적으로 이런 협의가 거의 안되는 것이 현실이다), 부득이한 경우 압수물 환부를 위하여 압수목록교부서에 압수목록을 최대한 구체적으로 기재하는 것이 바람직하다(그렇게 해도 압수물이 분실되었다면서 안주는 경우도 있다). 따라서 가급적이면 전자파일로 교부하는 것이 바람직하다.

라 다수의 투자자로부터 투자금을 모집하는 자금관리 대리사무 계약 체결시 유의사항

다수의 투자자 등으로부터 투자금을 모집하는 과정에서 수탁자 명의 계좌로 투자금을 모집하고 사업 목적에 따라 투자금을 집행하는 것을 골자로 하는 에스크로 자금관리 대리사무계약을 투자금 모집주체와 신탁사 사이 체결하는 사례가 있다.

위와 같은 에스크로 자금관리 대리사무계약을 체결할 시 수탁자는 우선적으로 위 자금관리 대리사무계약의 구조 등이 사기 또는 유사수신행위의 규제에 관한 법률 위반 범행에 대한 방조에 해당될 여지가 없는지 확인하여야 한다. 또한 투자금을 해외로 인출하는 구도라면 위 자금관리 대리사무계약의 내용 중 외환거래법에 저촉될 여지가 있는지 검토하여야 한다. 또한 투자자를 모집하는 행위 자체가 관련 법률에 저촉되는 경우에는 체결할 자금관리 대리사무계약의 내용이 범죄수익은닉의 규제 및 처벌 등에 관한 법률 위반에 해당할 여지가 없는지 여부도 아울러 검토하는 것이 필요하다. 또한 자금세탁의 도구로서 이용되는 것은 아닌지 여부에 대하여도 가능한 범위까지는 미리 확인할 필요가 있다.

또한 위와 같은 검토에도 불구하고 에스크로 자금관리 대리사무계약을 체결한다면, 자금집행시 신탁계약에 의한 자금집행보다 더욱 엄격하게 자금집행 증빙자료를 징구할 필요가 있다. 에스크로 자금관리 대리사무계약은 금원의 출처는 다수의 투자자들의 투자금인데 반하여 자금집행요청권리자는 투자금 모집주체로서 자금의 출처와 사용권한이 분리되어 있어 투자자들의 민원이나 소송발생 가능성이 높다는 점에서, 수탁자가 스스로를 보호하기 위하여 자금집행절차의 적절성은 물론이고 그 타당성과 합목적성 등에 대한 엄격한 검증이 필요하다 할 것이다.

다만 위와 같은 엄격한 검증은 수탁자가 스스로를 보호하기 위한 목적으로 필요한 것이고, 법률상 수탁자가 엄격한 검증을 하여야 할 의무는 존재하지 아니한다. 수탁자는 자금관리 대리사무계약에 기재된 내용을 준수하는 것만으로 제3자에 대한 주의의무는 충분히 달성하였다고 판단된다. 수탁자를 공격하기 위하여 엄격한 검증이 필요하다는 주장은 그 주장 자체로 비합리적이다. 자금관리 대리사무의 본질은 위임계약으로서 금융투자상품이 아니므로 자본시장법의 규제를 받지 아니하므로 수탁자는 단순한 일반적 법인으로서 대리사무계약의 규정대로 업무를 처리하는 것에 불과하기 때문이다. 수탁자 담당자는 이러한 사실을 주지하고, 수탁자가 과도한 공격을 받는 경우 현명하게 대처할 필요가 있다.

마 신탁 관련 형사 판결

1) 건분법상 사전청약

가) 건분법 적용 사업에서 상가 등의 분양신고 전에 시행사가 사전청약을 받은 경우 건분법 위반에 해당하는지 여부

건축물의 분양에 관한 법률(이하 '건분법')이 적용되는 상가 신축 및 분양사업에서 분양을 하기 위하여는 건분법 제4조 제1항에 의거 신탁계약 및 대리사무계약을 체결하고 착공신고와 분양신고를 거쳐 분양을 하여야 한다.

그런데 실무에서는 PF대출 금융기관의 사전청약자 현황 요구, 시행사의 분양전략 등의 다양한 사유로 인하여 착공신고 및 분양신고 이전에 사전청약을 진행하는 경우가 종종 발생하는 바, 이러한 사전청약이 건분법상 분양에 해당하여 형사처벌 대상인지 여부가 문제된다.

분양신고 이전에 사전청약을 하여 시행사 및 시행사 대표가 기소된 사건에서 서울중앙지방법원(항소심)은 피고인들에게 무죄를 선고하였고, 대법원에서 확정되었다.

1. 원심의 판단

원심은 아래와 같은 이유로 피고인들이 분양청약서를 작성한 행위가 건축물의 분양에 관한 법률이 정한 '분양'에 해당하지 않는다고 보아서 피고인들에 대하여 무죄를 선고하였다.

가. 건축물의 분양에 관한 법률 제10조 제1항, 제5조 제1항에서 처벌대상으로 삼은 "분양신고를 하지 않거나 거짓이나 그 밖에 부정한 방법으로 건축물을 분양하는 행위"라 함은 위 법률에서 예정하는 일련의 분양과정을 거쳐 당사자 일방이 재산권을 상대방에게 이전할 것을 약정하고 상대방이 그 대금을 지급하기로 하는 분양목적물에 관한 확정적인 매매계약을 체결하는 행위를 의미한다고 해석된다.

나. 이 사건 분양청약서에 "본 청약에도 불구하고 건축물 분양에 관한 법률 등 관계법령에 의거한 분양절차에 따라 합법적인 분양절차를 거친 후 미분양 물건에 대하여 관계법령이 정한 수의계약이 가능할 경우 청약자를 제3자보다 우선적인 분양대상자로 정한다(제4조)"고 기재되어 있는 점에 비추어 합법적인 분양절차를 전제로 청약자에게 미분양분에 대한 우선지위를 부여하는 것에 불과하다.

다. 청약금은 분양가액과는 무관하게 일률적으로 300만 원으로 정해져있고, 분양대금의 지급에 관한 구체적인 방법도 정해지지 않아 청약자가 이행하여야 할 의무가 구체적으로 확정되어 있지 않으며, 청약자는 언제든지 청약을 해지하고 위약금 등 어떠한 조건 없이 청약금을 돌려받을 수 있다.

라. 실제로도 피고인들은 관계법령에서 정하는 바와 같은 분양절차를 진행하였고, 수의계약이 가능한 미분양 물건에 대하여 청약자들이 분양계약으로의 전환을 원하지 않아 본 계약이 체결되지 않았으며, 그 후 청약자들에게 아무런 조건 없이 청약금을 모두 환급해 주었다.

2. 당심의 판단

원심의 판단에 아래 이유를 더하여 보면, 피고인들이 분양청약서를 작성한 행위가 건축물의 분양에 관한 법률이 정한 '분양'에 해당하지 않는다고 판단되므로, 피고인들에 대한 이 사건 공소사실을 무죄로 인정한 원심의 판단은 정당하고, 거기에 사실오인 또는 법리오해의 위법이 없다.

가. 위 법률에서는 건축물의 분양과정을 분양신고, 분양신고의 수리통보, 분양광고, 공개모집, 청약, 공개선정, 분양계약의 체결로 세분하고, 제5조에서 건축물의 분양신고 및 그 수리에 관하여, 제6조에서 분양광고(제1, 2항), 공개추첨 및 선정(제3항), 분양계약(제4항)에 관하여 각 규율하고 있고, 위 법률 제10조 제1항에서는 제5조 제1항에 따른 분양신고를 하지 않거나 거짓이나 그 밖에 부정한 방법으로 분양신고를 하고 건축물을 분양한 행위에 대한 법정형을 3년 이하의 징역 또는 3억 원 이하의 벌금으로 규율하고, 위 법률 제10조 제2항에서는 제6조의 각 항을 위배한 행위(제1호: 제6조 제1항을 위반하여 '분양신고의 수리사실을 통보받지 아니하고 분양광고를 하거나 공개모집이 아닌 방법으로 분양받을 자를 모집'한 행위, 제2호: 제6조 제3항을 위반하여 '공개추첨의 방법에 따르지 않고 분양받을 자를 선정'한 행위, 제3호: 제6조 제4항 또는 제5항 후단을 위반하여 '분양계약을 체결'한 행위)에 대한 법정형을 같은 조 제1항보다 현저히 낮은 1년 이하의 징역 또는 1억 원 이하의 벌금으로 규율하고 있다.

나. 위 법률 제10조 제1항, 제5조 제1항에서 처벌대상으로 삼은 분양신고를 하지 않거나 거짓이나 그 밖에 부정한 방법으로 '건축물을 분양하는 행위'란, 위 법률에서 예정하는 일련의 분양과정을 거쳐 당사자 일방이 재산권을 상대방에게 이전할 것을 약정하고 상대방이 그 대금을 지급하기로 하는 분양목적물에 관한 확정적인 매매계약을 체결하는 행위를 의미한다고 해석함이 상당하다.

다. 만약 이 사건의 경우와 같이 매매계약으로서의 효력이 발생하기 전의 불확정한 법률행위까지 동법 위 조항 소정의 '분양' 개념에 포함시켜 처벌한다면, 명문규정의 의미를 피고인에게 지나치게 불리한 방향으로 해석하여 죄형법정주의에 위배된다(서울중앙지방법원 2017.4.27. 선고 2016노4431 판결).

위 사건이 대법원에서도 무죄로 확정된 이후에도 여러 지자체에서 사전청약을 불법으로 보고 수사기관에 고발하는 사례가 잦은 바, 본 건 판결을 숙지한 후 지자체가 사전청약을 문제삼을 경우 본건 판결의 논리를 들어 공무원을 설득하거나, 수사기관 담당자와 협의하는 것이 바람직하다.

더불어 사전청약 대리사무를 체결하는 경우에도 가급적이면 사전청약이라는 단어를 사용하지 아니하고 예약금 등으로 용어를 변경하고, "본 청약에도 불구하고 건축물 분양에 관한 법률 등 관계법령에 의거한 분양절차에 따라 합법적인 분양절차를 거친 후 미분양물건에 대하여 관계법령이 정한 수의계약이 가능할 경우 청약자를 제3자보다 우선적인 분양대상자로 정한다"는 내용을 추가하며, 청약자는 언제든지 청약을 해지하고 위약금 등 어떠한 조건 없이 청약금을 돌려받을 수 있다는 내용을 대리사무계약에 반드시 포함시켜야 할 것이다. 간혹 대주가 PF심사의 요건으로서 특정한 사전분양률 달성을 요구하면서 청약금 환불 불가의 조건을 필요로 하는 경우가 있는데 이러한 경우 사전예약금 대리사무가 위법하게 해석될 여지도 있으므로 수탁자 입장에서는 원칙적으로 받아들여서는 아니될 것이다.

2) 배임죄

가) 토지신탁 수탁자가 준공지연을 우려하여 위탁자의 반대에도 공사비를 지급한 행위가 배임에 해당하는지 여부

건축물의 분양에 관한 법률(이하 '건분법')이 적용되어 시행사, 시공사, 수탁자 등이 분양관리신탁계약을 체결하고 호텔 신축 및 분양사업을 진행하던 도중 시행사와 시공사간 분쟁이 발생하여 시공사의 공사비 지급요청을 시행사가 거부하는 와중에 수탁자 담당자가 준공이 지연되는 경우 수분양자 계약 해제 등으로 사업에 막대한 지장이 초래될 수 있다는 판단하에 시행사의 반대에도 불구하고 시공사에 공사비를 지급한 것이 특정경제범죄가중처벌등에관한법률위반(배임)에 해당하는지 여부가 문제된다.

서울고등법원은 건분법이 적용되는 분양관리신탁사업에서 수탁자 담당자가 배임죄의 주체인 타인의 사무를 처리하는 자에 해당하는지 여부에 관하여 분양관리신탁계좌에 입금된 분양수입금을 관리하고 집행하는 사무는 신탁재산에 대하여 수행하는 신탁업자의 고유한 사무에 해당하므로 수탁자 담당자는 타인의 사무를 처리하는 자에 해당하지 아니한다고 판단하였다. 또한 시행사의 반대에도 불구하고 공사비를 집행한 것이 임무에 위배하는 행위에 해당하는지 여부에 관하여 시공사의 공사대금 지급을 거절할 정당한 사유를 찾기 힘든 상황에서 사업에 더 큰 지장이 초래되는 것을 막고 수분양자를 보호하기 위하여 공사비를 지급한 것은 임무 위배 행위나 배임의 고의가 있었다고 보기 어렵다고 판시(서울고등법원 2019.12.6. 선고 2018노2206 판결)하였다. 자세한 내용은 아래와 같다.

1. 피고인이 배임죄의 주체인 '타인의 사무를 처리하는 자'에 해당하는지
   D이 분양관리신탁계좌에 입금된 분양수입금을 비롯한 자금을 관리하고 이를 공사대금 등으로 집행하는 사무는, 선분양의 경우에 분양대금을 납입한 수분양자의 보호라는 신탁계약의 목적을 달성하기 위하여 건축물분양법과 이 사건 신탁계약 및 이 사건 사업약정에 따라 D이 자신의 소유인 신탁재산에 대하여 수행하는 신탁업자로서의 고유한 사무에 해당한다. 피고인은 신탁사인 D의 정비사업1팀 차장으로서 이 사건 사업의 분양수입금을 관리·운용하는 업무를 총괄하던 E의 지시에 따라 이 사건 사업에 대한 자금관리와 집행 업무를 담당하였으므로, 시행사인 F과의 관계에서 '타인의 사무를 처리하는 자'에 해당하지 않는다. 그 밖에 검사가 제출한 증거를 살펴보아도 피고인이 배임죄의 주체인 '타인의 사무를 처리하는 자'에 해당한다고 보기 부족하고, 달리 이를 인정할 증거가 없다.

2. '임무에 위배하는 행위'에 해당하는지
   공사도급계약에 따라 공사를 마친 시공사가 공사 기성금 지급을 청구하였고, 시행사가 선정한 하자진단업체가 하자가 보수되었다고 확인하였으며, 공사 기성금에 대한 감리업체의 확인까지 받음으로써 시공사의 공사대금 지급을 거절하거나 보류할 정당한 사유를 찾기 힘든 상황에서, 피고인은 위와 같이 시행사의 자금인출 요청의 상당성 여부를 판단할 수 있는 지위에 있는 신탁사의 업무 담당자로서 시행사의 자금인출 보류 요청이 타당하지 않다고 판단하여, 이 사건 사업에 더 큰 지장이 초래되는 것을 막고 수분양자를 보호하기 위하여 이 사건 사업약정의 자금의 집행순서상 우선순위에 있는 시공사의 공사대금을 지급함으로써 계약상의 공사대금 지급의무를 이행한 것으로 볼 수 있으므로, 이를 두고 임무에 위배하였다거나 배임의 고의가 있었다고 보기는 어렵다.

3. '재산상의 손해를 가한 때'에 해당하는지

가. 원심이 설시한 사정에다가, 원심이 적법하게 채택하여 조사한 증거에 의하여 알 수 있는 아래와 같은 사정을 종합하여 보면, 검사가 제출한 증거들만으로는 이 사건 자금집행으로 인하여 F에게 어떠한 재산상 손해가 발생하였다거나 재산상 손해 발생의 위험이 초래되었다고 인정하기 부족하고, 달리 이를 인정할 만한 증거가 없다.

1) F이 D에 대하여 제6회 기성금의 지급 보류를 요청하면서 근거로 제시한 '철근콘크리트 공사의 부실시공에 대한 수분양자의 민원'은 K의 2015.11.8.자 하자진단보고서를 기초로 한 것이었다. 그러나 K이 2016.1.28. 작성한 하자검수보고서에 의하면 D이 제6회 기성금을 지급하기 이전에 이미 위 하자에 대한 보수가 완료되었다.

2) 따라서 이 사건 제6회 기성금 지급 당시 F이 G을 상대로 민법 제667조 제1항 본문이 정하는 하자보수청구권이나 같은 조 제2항이 정하는 하자보수에 갈음하는 손해배상청구권을 가지고 있었다고 보기 어렵고, 장래 하자가 발생할지도 모른다는 추상적이고 막연한 가능성만을 이유로 들어 시공사의 공사 기성금의 지급을 거절할 수도 없으므로, 위 기성금의 지급으로 인하여 F의 하자보수에 갈음하는 손해배상청구권에 기초한 동시이행항변권이 박탈되었다거나 하자보수에 갈음하는 손해배상청구권에 대한 담보를 상실할 위험이 있었다고 보기 어렵다(서울고등법원 2019.12.6. 선고 2018노2206 판결).

위 서울고등법원 판결은 분양관리신탁에서 자금 관리 및 공사비 집행의 사무는 수탁자의 고유한 사무에 해당하고, 준공을 위하여 시행사의 반대에도 불구하고 공사비를 집행한 행위는 사업에 더 큰 지장이 초래되는 것을 막고 수분양자를 보호하기 위하여 사업약정의 자금집행순서상 우선순위에 있는 시공사 공사대금을 지급한 것이므로 임무위배 또는 배임의 고의를 인정할 수 없다는 취지로 판시하였다.

이는 비단 분양관리신탁뿐만 아니라 토지신탁에서도 그대로 적용될 수 있다 할 것이므로, 시행사와 시공사간 분쟁이 발생하여 공사비 등의 집행에 관하여 시행사가 동의하지 아니하는 경우 위 판결을 유추해석하여 수탁자가 업무를 처리하는데 있어 참고할 수 있는 판결이라 할 것이다. 또한 수탁자가 시행사에 공문을 발송할 때 위 판결의 내용을 일부 차용할 수도 있을 것이므로, 수탁자 담당자들은 본 건 판결의 내용을 숙지해 놓고 있는 것이 좋겠다.

나) 토지에 처분신탁이 설정되고 그 수익권에 질권이 설정된 다음 위탁자가 신탁계약을 해지하고 토지를 제3자에게 처분하는 것이 배임죄에 해당할 수 있는지 여부

(1) 사실관계

토지에 대한 매매계약을 체결하면서 매매대금 지급 방편으로 매수인에게 소유권이전등기를 마친 다음 토지에 관한 처분신탁계약을 체결하고 신탁등기를 마쳤다. 매수인은 제3자에 대한 토지 처분대금으로 매도인에 대한 매매대금을 지급하기로 약정하고 이를 담보하기 위하여 처분신탁 수익권에 관하여 매도인에게 질권을 설정해주었다. 위탁자 겸 수익자인 매수인은 신탁을 해지하고 토지 소유권을 매수인으로 귀속한 후 제3자에게 매도함으로써 재산상의 이익을 취하고 매도인에게 재산상의 손해를 가하였다. 검찰은 매수인을 특정경제범죄가중처벌등에관한법률위반(배임)으로 기소하였다.

배임죄는 타인의 사무를 처리하는 자가 위법한 임무위배행위로 재산상 이득을 취득하여 사무의 주체인 타인에게 손해를 가함으로써 성립하는 것인바, 위와 같은 행위를 한 매수인이 배임죄에서 말하는 '타인의 사무를 처리하는 자'에 해당하는지 여부 및 매수인이 배임행위로 인하여 매도인에게 현실적인 손해를 가하였거나 재산상 실해 발생 위험을 초래하였는지 여부에 관하여 대법원은 이를 긍정하였다(대법원 2010.8.26. 선고 2010도4613 판결). 구체적인 내용은 아래와 같다.

(2) 타인의 사무를 처리하는 자

① 이 사건 매매계약은 피고인이 운영하는 공소외 주식회사가 피해자로부터 먼저 이 사건 토지에 관하여 소유권이전등기를 넘겨받아 이를 다시 신탁회사에 처분신탁한 다음 그 신탁계약에 따른 토지의 처분대금으로 피해자에게 매매대금을 지급하기로 한 것이어서, 매매대금도 모두 지급받지 못한 상태에서 매수인에게 소유권을 먼저 이전하여 주는 위험을 부담하게 되는 피해자와 피고인 사이에는 고도의 신임관계가 필요불가결하게 전제되어야 하고, 피고인은 약정된 방식에 따라 이 사건 토지를 관리할 의무가 있는 점,

② 이 사건 매매계약에서는 위와 같은 신임관계를 담보하기 위한 방편으로 이 사건 토지에 관하여 신탁회사에 처분신탁을 한 후 위탁자 겸 수익자인 공소외 주식회사가 수탁자인 신탁회사에 대하여 가지는 처분대금 등에 대한 수익권에 관하여 피해자에게 권리질권을 설정하는 방법을 취한 것이므로, 피고인이 신탁회사와 사이에서 신탁계약에 따른 신탁관계를 유지하면서 처분대금을 받아 매도인인 피해자에게 권리질권의 피담보채무인 매매대금을 지급하여야 하는 의무는, 단순한 채권관계를 넘어 피고인이 피해자의 재산을 보호 또는 관리하기로 하는 피해자와 피고인 간의 고도의 신임관계를 기초로 한 것으로서 이 사건 매매계약의 본질적 내용인 점,

③ 이 사건 매매대금채무를 담보하기 위하여 설정된 질권설정계약에서 피담보채무(매매대금채무)의 지급기일인 2005.6.7.이 도래하는 경우 질권자는 수탁자에게 요청하여 신탁부동산에 대한 근저당권 설정 등 채권보전조치를 하거나 질권설정자로부터 수익자의 지위를 양도받기로 약정하기까지 하였으므로, 피고인은 위 지급기일 이후에는 피해자가 신탁부동산에 관한 근저당권을 취득하도록 협조하거나 피해자에게 신탁계약에서의 수익자 지위를 양도하여야 하는 의무도 있는 점 등에 비추어 볼 때, 피고인은 이 사건 매매계약 및 질권설정계약에 의하여 발생한 신임관계를 기초로 하여 신탁계약을 유지하고 그 신탁계약의 목적 달성에 적극적으로 협조함으로써 피해자의 매매대금채권 또는 권리질권이라는 재산의 보호 또는 관리를 위하여 협력하여야 하는 지위에 있으므로 '타인의 사무를 처리하는 자'에 해당한다

(3) 재산상의 손해를 가한 때

신탁계약의 해지가 수익권에 대한 권리질권자인 피해자에 대한 관계에서 무효라고 할 수 없고, 더구나 토지신탁계약상의 수익권에 관한 권리질권자에 불과한 피해자가 그 신탁계약의 해지로 토지 소유권을 회복한 신탁자로부터 토지 소유권 자체를 취득한 제3자에게 대항할 수도 없으므로, 피고인이 신탁계약을 해지한 후 이 사건 토지를 제3자에 매도하는 등 임의로 처분함으로써 피해자의 권리질권의 목적된 권리를 소멸케 하여 피담보채권인 매매대금의 회수를 곤란하게 한 이상 피고인의 위와 같은 배임행위로 인하여 피해자에게 현실적인 손해를 가하였거나 재산상 실해 발생의 위험을 초래하였다.

(4) 실무 TIP

이 사건에서 핵심 쟁점은 피고인이 '타인의 사무를 처리하는 자'에 해당하는지 여부였다. 배임죄 성립 요건상 피고인은 타인의 사무를 처리하는 신분이어야 한다. 대법원은 피고인이 운영하는 주식회사와 피해자 사이에 고도의 신임관계가 필요함을 인정했다. 이 사건 매매계약의 본질은 신탁계약을 유지하고, 신탁계약의 목적 달성을 위해 피해자의 재산 보호 및 관리에 협력하는 것이었다.

또한, 피고인은 신탁계약 일부를 해지하고 이를 제3자에게 매도하여 피해자의 권리질권을 소멸하게 했다. 이에 따라 피해자의 피담보채권 회수가 어려워졌으므로 피고인의 행위는 피해자에게 현실적인 손해를 초래하거나 재산상 실해 발생의 위험을 초래한 것으로 판단되었다.

위와 같이 수익권에 질권이 설정된 후 질권설정자가 질권자의 동의없이 임의로 질권의 목적된 권리를 소멸케 하는 경우 질권설정자가 배임죄에 해당할 수 있으므로, 신탁사 업무담당직원도 질권의 목적물인 신탁재산에 대한 수익자 귀속업무를 진행하는 경우에는 신중을 기할 필요가 있다. 특히 정산 후 신탁재산을 귀속할 때, 질권과 수익권 압류가 함께 있는 경우 질권설정 확정일자가 수익권 압류 결정문 도달 일자보다 선행한다는 이유만으로 만연히 질권자에게 수익금을 지급해서는 곤란하다.

어느 사건에서는 위탁자가 채권자가 압류조치를 진행한다는 정보를 입수하자 제3자와 공모하여 허위의 질권을 설정해주었는데 수탁자가 이를 모르고 수익권 압류결정 도달일보다 질권설정일이 선행한다는 이유만으로 수익금을 질권자에게 지급하자 수익권 압류권자가 수탁자를 상대로 소송을 제기한 사례도 있었다.

따라서 질권자에게 수익금을 지급하더라도, 질권의 실제 피담보채권이 존재하는지, 실제 금액은 얼마인지 여부를 확인하고 지급하여야 하고, 이를 확인할 수 없는 경우 공탁처리하는 것이 바람직하다.

다) 단순히 수탁자에게 손해가 발생하였다는 결과만으로 수탁자 임직원에게 배임의 고의가 인정되는지 여부

(1) 공소사실의 요지

이 사건 공소사실의 요지는, 피고인이 공소외 1 부동산신탁 주식회사의 업무를 직접 지휘·감독하던 상무이사로서, 공소외 부동산신탁회사가 위탁자 겸 수익자와 사이에 아파트 건축 및 분양사업 시행을 위한 토지신탁계약을 체결하면서, 이사회 결의를 통하여 위탁자에 대한 그 토지신탁사업의 개발투자비 상환채권을 담보할 목적으로 공소외 2와 그 소유 명의의 토지와 그 지상 건물에 관하여 관리·처분신탁계약을 체결하고, 이 사건 부동산에 대해 소유권이전등기를 경료받았으면, 이 사건 부동산은 공소외 부동산신탁회사의 개발투자비 상환채권을 담보하기 위한 담보물이므로 신탁계약 만료일까지 선량한 관리자의 주의의무로써 관리·보전하여 공소외 부동산신탁회사에 손해가 발생하지 않도록 하여야 할 업무상 임무가 있음에도 불구하고,

그러한 임무에 위배하여, 이사회 결의 없이 공소외 2로부터 이 사건 부동산의 매각대금을 이 사건 토지개발신탁계약의 신탁계정에 입금하겠다는 각서만을 징구하고 별도의 채권보전조치도 취하지 않은 채, 임의로 이 사건 관리·처분신탁계약을 해지하고 공소외 2에게 이 사건 부동산에 관하여 신탁재산귀속을 원인으로 한 소유권이전등기를 경료해 줌으로써 공소외 2 등으로 하여금 이 사건 부동산의 가액 상당인 상당의 이득을 취하게 하고, 공소외 부동산신탁회사에 그 금액 상당의 재산상 손해를 가하였다는 것이다.

(2) 원심의 판단

원심판결 이유에 의하면, 원심은 그 채택 증거를 종합하여 피고인에 대한 위 공소사실(특정경제범죄가중처벌등에관한법률위반(배임))을 모두 유죄로 인정한 제1심판결을 유지하였다.

(3) 대법원의 판단

대법원은 배임의 고의를 인정할 수 없다고 판시하며 파기환송 판결을 선고하였다. 구체적인 내용은 아래와 같다.

피고인은 광주지점장으로부터 대승의 요청에 따른 이 사건 관리·처분신탁계약의 해지를 건의 받고 결재권자로서 광주지점장이 보고한 내용을 검토, 확인한 후 이를 승인한 것으로, 피고인 자신의 개인적인 이익을 취하거나 공소외 2 내지 대승으로 하여금 재산상의 이득을 취하게 할 의도가 있었다고 볼 사정이 없는 이 사건에서 단순히 공소외 부동산신탁회사에 손해가 발생하였다는 결과만으로 피고인에게 책임을 묻거나 주의의무를 소홀히 한 과실이 있다는 이유로 피고인에게 배임의 고의가 있었다고 하기는 어렵다고 할 것이다.

그런데도 원심은 이 사건 공소사실에 대하여 업무상배임죄의 성립을 인정하였는바, 이러한 원심판결에는 업무상배임죄의 고의를 인정하기 위하여 필요한 심리를 다하지 아니하거나 업무상배임죄에 있어서의 임무위배행위 내지 고의에 관한 법리를 오해하였거나 채증법칙을 위배하여 사실을 오인한 위법이 있다 할 것이고, 이 점을 지적하는 상고이유의 주장은 이유 있다(대법원 2005.6.9. 선고 2004도2786 판결).

(4) 실무 TIP

위에서 볼 수 있듯이, 신탁사 임직원의 업무처리와 관련하여 결과적으로 일부 손실이 발생하였다고 하여 그 자체로 배임의 죄가 성립하는 것은 아니다. 결과적으로 손실이 발생하였다면, 그 신탁사업을 진행하는 과정에서 피고인이 업무처리 진행시 선관주의의무 및 충실의무를 다하였는지, 각종 법령의 제한사항을 확인하였는지, 의사결정 과정에서 실효성이 있는지 여부를 판단하였는지, 후속 업무는 어떻게 진행되었는지 여부 등을 종합적으로 판단하여야 하고, 관련 증거를 모아 충실히 변론할 필요가 있다.

실무자 입장에서도 담보를 포기한다는 등의 특정한 의사결정 전에 공정률표와 현장상황이 일치하는 등 적정 공정률대로 공사가 순조롭게 진행되고 있었고 당시의 분양률도 사업의 채산성에 이상이 없을 정도로 양호한지 여부, 특정 의사결정이 회사 규정에 부합하는지 여부, 손실을 피하기 위하여 담보보전조치 또는 적절한 시기에 자금집행을 정지하였는지 여부 등을 종합적으로 판단하고 적절한 보고절차를 거친 후 업무를 진행할 필요가 있다.

라) 신축건물의 보존등기가 경료되면 추가 신탁하기로 약정하였음에도 불구하고 임의로 제3자에게 처분한 위탁자의 행위가 배임죄에 해당하는지 여부

(1) 이 사건 공소사실의 요지

피고인 1은 피해자 공소외 1 새마을금고로부터 서울 일원 토지 지상에 건물을 신축하는 데 필요한 공사자금 10억 원을 대출받으면서 이를 담보하기 위하여 공소외 2 주식회사를 수탁자, 피해자 금고를 우선수익자, 피고인 1을 위탁자 겸 수익자로 한 담보신탁계약 및 자금관리대리사무계약을 체결하였다. 위 계약의 주요내용은 신탁 목적이 달성될 때까지 피고인 1이 이 사건 토지 및 건물을 임의로 처분할 수 없고, 향후 이 사건 건물이 준공되면 이 사건 건물을 공소외 2 신탁회사 앞으로 신탁등기를 하며, 이 사건 건물에 대한 분양수익금 등을 공소외 2 신탁회사가 관리하면서 피해자 금고에 대한 대출금 등을 변제한다는 내용이다.

따라서 피고인 1은 이 사건 건물을 준공한 다음 소유권보존등기를 마친 후 공소외 2 신탁회사에 신탁등기를 하여 피해자 금고의 우선수익권을 보장할 임무가 있었다. 그럼에도 피고인 1은 피고인 2와 공모하여 위 임무에 위배하여 피고인 2 앞으로 이 사건 건물의 소유권보존등기를 마쳐줌으로써 10억 원 상당의 재산상 이익을 취득하고, 피해자 금고에 같은 금액 상당의 재산상 손해를 가하였다.

(2) 원심의 판단

원심은 피고인 1이 피해자 금고에 대한 관계에서 타인의 사무를 처리하는 자에 해당하고, 피고인 2가 피고인 1의 배임행위에 적극 가담하여 배임죄의 공동정범에 해당한다고 인정하여 피고인들에 대한 공소사실을 유죄로 판단한 제1심판결을 그대로 유지하였다.

(3) 대법원의 판단

대법원은 위탁자가 신축건물을 추가신탁하지 않고 임의로 처분하였다고 하더라도 위탁자가 대출금융기관의 사무를 처리하는 자의 지위에 있다고 할 수는 없으므로 배임죄는 성립하지 아니한다는 취지로 판시하였다. 구체적인 내용은 아래와 같다.

1. 피고인 1이 공소외 2 신탁회사, 피해자 금고와 사이에 체결한 담보신탁계약의 신탁 대상 부동산은 이 사건 토지이고, 이 사건 건물에 대해서는 위 계약에 따라 신탁등기가 이루어지는 것이 아니라 향후 건물이 준공되어 소유권보존등기까지 마친 후 공소외 2 신탁회사를 수탁자로, 피해자 금고를 우선수익자로 한 담보신탁계약 등을 체결하고 그에 따른 등기절차 등을 이행하기로 약정한 것에 불과하다.

2. 이 사건 건물에 관하여 위와 같이 추가 담보신탁하기로 약정한 것은 피해자 금고가 피고인 1에 대한 대출금 채권의 변제를 확보하기 위함이다. 피해자 금고의 주된 관심은 이 사건 건물에 대한 신탁등기 이행 여부가 아닌, 대출금 채권의 회수에 있다고 봄이 타당하다.

3. 피고인 1은 피해자 금고와의 관계에서 향후 이 사건 건물이 준공되면 공소외 2 신탁회사와 사이에 이 사건 건물에 대한 담보신탁계약, 자금관리대리사무계약 등을 체결하고, 그에 따라 신탁등기절차를 이행하고 피해자 금고에 우선수익권을 보장할 민사상 의무를 부담함에 불과하다. '피해자 금고의 우선수익권'은 계약당사자인 피고인 1, 피해자 금고, 공소외 2 신탁회사 등이 약정한 바에 따라 각자의 의무를 성실히 이행하면 그 결과로서 보장될 뿐이다.

4. 결국 피고인 1이 통상의 계약에서의 이익대립관계를 넘어서 피해자 금고와의 신임관계에 기초하여 피해자 금고의 우선수익권을 보호 또는 관리하는 등 그의 사무를 처리하는 자의 지위에 있다고 보기 어렵다. 그러므로 피고인 1이 배임죄에서의 '타인의 사무를 처리하는 자'에 해당한다고 할 수 없다.

5. 따라서 원심판결에는 배임죄에서 '타인의 사무를 처리하는 자'의 의미에 관한 법리를 오해하여 판결에 영향을 미친 잘못이 있다. 이 점을 지적하는 상고이유 주장은 이유 있다(대법원 2020.4.29. 선고 2014도9907 판결).

(4) 실무 TIP

위탁자가 건축주의 지위를 갖고 토지를 담보신탁하면서 대출금 또는 분양대금 관리를 위하여 자금관리 대리사무계약을 체결한 후 건물신축사업을 진행하는 경우 통상 신축건물의 보존등기가 경료되는 경우 위탁자는 즉시 그 건물에 신탁등기를 경료하기로 하기로 대출금융기관과 위탁자가 합의하고 그러한 내용을 신탁계약에도 편입시키는 것이 일반적이다. 그럼에도 불구하고 위탁자가 간혹 신축건물에 신탁계약을 체결하지 아니하고 임의로 처분하여 대출금융기관이 손해를 입는 경우 대출금융기관은 ① 위탁자에 대한 형사고소, ② 위탁자에 대한 손해배상소송을 제기하는 것을 검토할 수 있다. 수탁자에게 소송을 제기하는 경우 수탁자가 승소한 사례가 복수로 있으므로 수탁자에게는 소송을 제기하지 아니하는 것이 현명하다.

그런데 위 판례에서 볼 수 있듯이 위탁자에 대한 형사고소의 경우 최근 법원의 경향을 보면 배임죄는 성립하지 아니하는 것으로 판단하는 경우가 있으므로 신중히 검토한 후 진행하는 것이 바람직하다. 대출금융기관의 위탁자에 대한 손해배상소송 등은 통상 인정될 것이고, 앞서 살펴보았듯이 수탁자에 대하여 선관주의의무 위반 등을 이유로 손해배상소송을 제기하는 경우 대출금융기관이 패소한 사례가 있다.

수탁자 입장에서는 담보신탁 및 자금관리 대리사무 구도로 건물신축 사업을 진행하는 경우 분쟁발생가능성 감소를 위하여 신탁계약 체결시부터 신탁계약서 특약에 신축건물의 보존등기를 경료한 후 신탁재산에 편입할 의무는 위탁자가 부담하고 수탁자는 그에 대한 관리감독 등의 책임을 부담하지 아니한다는 등의 내용을 추가하는 것이 바람직하다.

마) 위탁자가 담보신탁계약 등을 체결하고 신축건물이 준공된 후 수탁자에게 신탁등기를 이행하지 아니한 경우 배임죄가 성립하는지 여부

위탁자가 새마을금고로부터 특정 토지 위에 건물을 신축하는 데 필요한 공사자금을 대출받으면서 이를 담보하기 위하여 신탁회사를 수탁자, 새마을금고를 우선수익자, 피고인을 위탁자 겸 수익자로 한 담보신탁계약 및 자금관리대리사무계약을 체결하였고 계약 내용에 따라 건물이 준공된 후 수탁자에 신탁등기를 이행하여 새마을금고의 우선수익권을 보장할 임무가 있음에도 이에 위배하여 제3자 앞으로 건물의 소유권보존등기를 마쳐줌으로써 새마을금고에 재산상 손해를 가하였다고 하여 특정경제범죄 가중처벌 등에 관한 법률 위반(배임)으로 기소된 사안에서, 피고인이 배임죄에서의 '타인의 사무를 처리하는 자'에 해당하는지 여부가 문제된다.

대법원은 위탁자가 준공된 신축건물을 신탁재산에 편입할 의무는 신탁계약 등에 따라 금융기관의 우선수익권을 보장할 민사상 의무에 불과하다는 취지로 이와 같은 경우 위탁자는 배임죄에서 타인의 사무를 처리하는 자에 해당하지 아니한다는 취지로 판시하였다.

자세한 이유는 아래와 같다.

피고인이 갑 새마을금고로부터 특정 토지 위에 건물을 신축하는 데 필요한 공사자금 10억 원을 대출받으면서 이를 담보하기 위하여 을 신탁회사를 수탁자, 갑 금고를 우선수익자, 피고인을 위탁자 겸 수익자로 한 담보신탁계약 및 자금관리대리사무계약을 체결하였고 계약 내용에 따라 건물이 준공된 후 을 회사에 신탁등기를 이행하여 갑 금고의 우선수익권을 보장할 임무가 있음에도 이에 위배하여 병 앞으로 건물의 소유권보존등기를 마쳐줌으로써 갑 금고에 재산상 손해를 가하였다고 하여 특정경제범죄 가중처벌 등에 관한 법률 위반(배임)으로 기소된 사안에서,

피고인이 을 회사, 갑 금고와 체결한 담보신탁계약의 신탁 대상 부동산은 토지이고, 건물에 대해서는 위 계약에 따라 신탁등기가 이루어지는 것이 아니라 향후 건물이 준공되어 소유권보존등기까지 마친 후 을 회사를 수탁자로, 갑 금고를 우선수익자로 한 담보신탁계약 등을 체결하고 그에 따른 등기절차 등을 이행하기로 약정한 것에 불과한 점, 건물에 관하여 추가 담보신탁하기로 약정한 것은 갑 금고가 피고인에 대한 대출금 채권의 변제를 확보하기 위함이고, 갑 금고의 주된 관심은 건물에 대한 신탁등기 이행 여부가 아닌, 대출금 채권의 회수에 있다고 봄이 타당한 점, 피고인은 갑 금고와의 관계에서 향후 건물이 준공되면 을 회사와 건물에 대한 담보신탁계약, 자금관리대리사무계약 등을 체결하고, 그에 따라 신탁등기절차를 이행하여 갑 금고에 우선수익권을 보장할 민사상 의무를 부담함에 불과하고, '갑 금고의 우선수익권'은 계약당사자인 피고인, 갑 금고, 을 회사 등이 약정한 바에 따라 각자의 의무를 성실히 이행하면 그 결과로서 보장될 뿐인 점을 종합하면,

결국 피고인이 통상의 계약에서의 이익대립관계를 넘어서 갑 금고와의 신임관계에 기초하여 갑 금고의 우선수익권을 보호 또는 관리하는 등 그의 사무를 처리하는 자의 지위에 있다고 보기 어려우므로 배임죄에서의 '타인의 사무를 처리하는 자'에 해당하지 않는다는 이유로, 이와 달리 보아 피고인에게 유죄를 인정한 원심판결에 배임죄에서 '타인의 사무를 처리하는 자'의 의미에 관한 법리를 오해한 잘못이 있다(대법원 2020.4.29. 선고 2014도9907 판결).

위 판결은 최근 대법원이 채무자가 동산을 채권자에게 양도담보로 제공함으로써 채권자인 양도담보권자에 대해 담보물의 담보가치를 유지·보전할 의무 내지 담보물을 다른 사람 등에게 처분하거나 멸실·훼손하는 등 담보권 실행에 지장을 초래하는 행위를 하지 않을 의무를 부담하게 됐더라도, 채무자를 배임죄의 주체인 '타인의 사무를 처리하는 자'에 해당한다고 볼 수 없다(대법원 2020.2.20. 선고 2019도9756 전원합의체 판결)고 판시한 전원합의체 판결의 취지와도 그 궤를 같이하는데, 배임죄에 관하여 타인의 사무를 처리하는 자의 범위를 엄격하게 판단하겠다는 대법원의 태도는 위 판결의 결과에도 영향을 미친 것으로 보인다.

한편, 채무자가 신탁재산에 편입하기로 약정한 신축건물을 신탁재산에 편입하지 않는 것이 배임죄에 해당하는 것은 아니라 할지라도 채무자가 대주에 대하여 민사책임을 부담하여야 하는 것은 당연하지만, 실무적으로 위와 같은 경우 갈때까지 간 채무자에게 집행할 수 있는 책임재산이 남아있을리 만무하므로 대주는 신축건물의 담보가액 상당의 손해를 입을 가능성이 매우 크다.

위와 같은 경우 대주가 수탁자에게도 선관주의위반을 이유로 손해배상소송을 제기한 경우도 있으나 복수의 판결에서 수탁자는 신축건물을 신탁재산에 편입시킬 책임까지는 없다는 취지로 판시하여 수탁자가 승소한 사례가 있다. 다만 위와 같은 수탁자의 승소사례에도 불구하고 신탁 관련 소송은 신탁계약서의 내용에 따라 그 결과가 달라질 수 있으므로, 담보대리 사업을 진행하는 사업팀이나 담보대리 계약 내용을 검토하는 법무팀, 리스크팀으로서는 위와 같은 경우 위탁자의 민사상 채무불이행으로 인하여 수탁자가 그 책임을 연대하지 않도록 그러한 내용을 신탁계약서에 선제적으로 반영하는 것이 필요하다 하겠다.

바) 신탁부동산을 임의로 제3자에게 매도하여 제3자로 하여금 아파트를 임대하고 보증금을 받게 한 위탁자의 처분행위가 배임죄에 해당하는지 여부

(1) 이 사건 공소사실의 요지

피고인은 2005.6.30. 피해자(수탁자)에게 제1심판결 별지 범죄일람표(Ⅰ) 기재 위 아파트 27세대를 신탁하는 내용의 부동산관리처분신탁계약을 체결하고 같은 날 위 각 아파트에 대한 소유권을 위 피해자에게 이전하였으므로 위 신탁계약의 내용에 따라 피해자의 사전승낙 없이 위 아파트를 임대하는 등 권리를 설정하거나 현상을 변경하여 아파트의 가치를 저감하는 행위를 하여서는 아니될 임무가 있음에도 불구하고, 그 임무에 위배하여 피해자의 승낙을 받지 아니하고 2005.7. 중순경 위 아파트를 공소외 2 주식회사에 매도하여 공소외 2 주식회사로 하여금 아파트를 임대하고 보증금을 받게 함으로써 합계

1,068,000,000원 상당의 재산상 이익을 취득하게 하고 피해자에게 동액 상당의 손해를 가하였다.

(2) 원심의 판단

피고인이 피해자와 체결한 관리처분신탁계약의 제9조는 "위탁자(피고인)는 신탁부동산을 사실상 계속 점유 사용하고, 신탁부동산의 실질적 보존과 일체의 관리행위 및 이에 따른 일체의 비용을 부담한다. 위탁자는 수탁자의 사전 승낙이 없는 경우에는 신탁부동산에 대하여 임대차 등 권리의 설정 또는 그 현상을 변경하는 등의 방법으로 신탁부동산의 가치를 저감하는 행위를 하여서는 아니된다. 위탁자는 신탁부동산의 멸실 훼손 등 사고가 발생하거나 발생이 예상되는 경우에는 즉시 이를 수탁자에게 통지하여야 한다"고 규정하고 있으므로, 피고인은 이 사건 부동산을 계속 점유하고 보존 및 관리하는 업무만을 해야 할 뿐이고 수탁자의 승낙 없이 신탁부동산에 대하여 임대차 등 권리의 설정 또는 그 현상을 변경하는 등의 방법으로 신탁부동산의 가치를 저감하는 행위를 하여서는 아니 될 임무가 있다고 할 것인데, 그 임무에 위배하여 공소사실 기재와 같이 피해자의 승낙을 받지 아니한 채 임의로 아파트를 공소외 2 주식회사에 매도하여 공소외 2 주식회사로 하여금 아파트를 임대하고 보증금을 받게 하여 스스로 재산상의 이익을 취득하거나 제3자로 하여금 이를 취득하게 하고 신탁부동산의 가치를 저감하고 수탁자의 임대차 및 입주자 관리, 수익금 운영, 처분 등의 업무를 방해하여 손해를 가한 이상 피고인에 대하여 배임죄가 성립한다.

(3) 대법원의 판단

대법원은 위탁자가 임의로 임대차계약을 체결하더라도 수탁자와 관계에서는 위탁자와 수탁자의 관계의 본질적 내용이 신임관계에 기초하여 수탁자의 재산을 보호하거나 관리할 위탁자의 의무가 있다고 보기 어려우므로 위탁자에게 배임죄가 성립하는 것은 아니라는 취지로 판시하였다. 구체적인 내용은 아래와 같다.

공소외 1 주식회사는 2005.6.30. 피해자인 수탁자와 부동산관리처분신탁계약을 체결하고 신탁목적물에 대하여 위 피해자 앞으로 소유권이전등기를 경료하여 준 사실, 위 신탁계약은 담보신탁용으로서 그 계약의 목적은 위탁자(공소외 1 주식회사)가 부담하는 채무 내지 책임의 이행을 보장하기 위하여 수탁자(위 피해자)가 신탁부동산을 보전·관리하고 채무불이행시 환가정산하는 데 있는 사실(위 계약 제1조), 그런데 위 신탁계약의 제9조는 위탁자가 신탁부동산을 사실상 계속 점유·사용하고, 신탁부동산의 실질적 보존과 일체의 관리행위 및 이에 따른 일체의 비용을 부담하며, 위탁자는 수탁자의 사전 승낙이 없는 경우에는 신탁부동산에 대하여 임대차 등 권리의 설정 또는 그 현상을 변경하는 등의 방법으로 신탁부동산의 가치를 저감하는 행위를 하여서는 아니된다고 규정하고 있는 사실을 알 수 있다.

이러한 사실관계와 기록상 나타나는 공소외 1 주식회사와 위 피해자간의 위 신탁계약의 내용 및 앞서 본 법리 등을 종합하여 보면, 위 신탁계약은 부동산에 관하여 담보를 위하여 체결된 것으로서, 위 피해자에게 소유권이전등기가 경료됨으로써 공소외 1 주식회사가 이 사건 아파트를 유효하게 처분할 가능성이 없게 되어 그 목적은 그 요부에 있어서 달성되었고, 위탁자인 공소외 1 주식회사가 신탁목적물인 이 사건 아파트를 계속 점유·사용하면서 그 보존 및 관리의 비용을 부담하고 이 사건 아파트의 가치를 유지하는 것은 기본적으로 공소외 1 주식회사 자신을 위한 그의 사무라고 할 것이다. 그리고 신탁목적물의 가치를 저감하는 행위를 하여서는 안 된다는 공소외 1 주식회사의 수탁자에 대한 의무는 단순히 신탁계약상의 채무에 그치며, 공소외 1 주식회사와 수탁자의 관계의 본질적 내용이 신임관계에 기초하여 위 피해자의 재산을 보호하거나 관리할 공소외 1 주식회사의 의무에 있다고 보기 어렵다. 따라서 피고인이 배임죄의 주체가 되는 "타인의 사무를 처리하는 자"의 지위에 있다고 할 수 없다.

그러므로 이와 달리 피고인이 타인의 사무를 처리하는 자임을 전제로 한 원심판결은 배임죄의 성립요건인 타인의 사무에 관한 법리를 오해하여 판결에 영향을 미친 위법이 있다 할 것이다(대법원 2009.2.26. 선고 2008도11722 판결).

(4) 실무 TIP

최근 전국에서 벌어진 전세사기 사건에서도 볼 수 있듯이, 위탁자가 수탁자의 동의를 얻지 아니하고 임의로 제3자와 임대차계약을 체결하는 사례가 종종 발생하곤 한다. 그러나 그러한 경우에도 위 대법원 판결에 따르면 위탁자의 임대차행위로 수탁자에 대하여 배임죄가 성립하는 것은 아니라고 하겠다. 다만 위 사안은 수탁자를 피해자로 한 배임죄가 성립하는 것은 아니라는 것일 뿐 만약 임차인에게 피해가 발생하는 등의 문제가 생기는 경우 임차인에 대하여 사기죄 등이 성립할 수 있으므로, 위탁자는 수탁자의 동의 없이 임의로 임대차계약을 체결하여서는 아니된다.

한편, 위와 같이 수탁자의 동의없는 임대차계약을 체결함으로 인하여 수탁자 또는 우선수익자에게 손해가 발생하는 경우 위탁자가 그에 대한 민사적 손해배상책임을 부담하는 것은 당연한 일이다.

사) 아파트 분양계약서를 작성해 준 피고인이 관리신탁계약을 체결하여 신탁회사에 그 소유권을 이전한 행위가 배임죄에 해당하는지 여부

(1) 사실관계 및 대법원 판결

차용금 또는 공사대금의 지급을 위하여 아파트 분양계약서를 작성해 준 피고인이 관리신탁계약을 체결하여 신탁회사에 그 소유권을 이전한 행위는, 분양계약에 따라 소유권이전등기청구권을 갖고 있는 피해자들에 대한 임무위배행위로 봄이 상당하고 배임의 고의도 인정되는지 여부가 문제된다.

대법원은 위와 같은 사실관계에서 위탁자의 행위는 배임죄에 해당한다고 판시하였다. 구체적인 내용은 아래와 같다.

이 사건 신탁계약에서 위탁자를 수익자로 지정하였고, 수익권은 수탁자의 사전 동의 없이는 이를 양도하거나 질권을 설정할 수 없다고 약정하였으므로, 수탁자의 사전 동의 없이는 위탁자 겸 수익자가 피해자들에게 수익권을 양도할 수 없는 점, 피해자들은 위탁자 겸 수익자에 대하여 아무런 제한이 없는 소유권이전등기청구권을 가지고 있는 상태에서 그 목적 부동산이 신탁되는 바람에 수익자로 지정된 위탁자가 피해자들에게 수익권을 양도하거나 피해자들을 수익자로 지정하는 경우에 수탁자의 협조를 얻어 소유권이전등기를 경료받을 수 있게 되는 불리한 지위에 놓이게 된 점, 피고인은 자금을 조달하기 위하여 아파트에 관하여 이중, 삼중으로 분양계약을 체결하거나 차용금 또는 공사대금의 지급을 위하여 분양계약서를 중복 발행하여 그와 같은 중복 발행사실이 알려지면 사업의 진행에 중대한 차질이 예상되는 상황에 처해 있던 2005.5.4. 다시 위 아파트를 타에 분양할 의도로 수탁자와 을종관리신탁계약을 체결하고 2005.5.7. 신탁등기를 마쳐 준 점 등을 아울러 고려하면,

피고인이 관리신탁계약을 체결하여 신탁회사에 소유권을 이전한 행위는 분양계약에 따라 소유권이전등기청구권을 갖고 있는 피해자들에 대한 임무위배행위로 봄이 상당하고 배임의 고의도 인정된다. 한편 채권자들과 부동산 양도담보 설정의 취지로 분양계약을 체결한 피고인이 그 소유권이전등기 경료 전에 임의로 그 부동산에 대하여 처분행위를 한 경우 양도담보권자의 채권에 대한 담보능력 감소의 위험이 발생한 이상 배임죄를 구성하는 것이며(대법원 1984.8.21. 선고 84도691 판결, 대법원 1997.6.24. 선고 96도1218 판결 각 참조), 피고인의 신탁등기 이전에 이미 아파트의 신축공사가 완공되었음은 명백하므로, 공사대금의 지급을 위하여 분양계약을 체결한 부분에 관해서도 피고인의 임무위배행위가 충분히 인정된다(대법원 2010.9.9. 선고 2010도5975 판결).

(2) 실무 TIP

대법원은 전원합의체 판결을 통하여 부동산 매도인인 피고인이 매수인 갑 등과 매매계약을 체결하고 갑 등으로부터 계약금과 중도금을 지급받은 후 매매목적물인 부동산을 제3자 을 등에게 이중으로 매도하고 소유권이전등기를 마쳐 주어 구 특정경제범죄 가중처벌 등에 관한 법률 위반(배임)으로 기소된 사안에서, 제반 사정을 종합하면 피고인의 행위는 갑 등과의 신임관계를 저버리는 임무위배행위로서 배임죄가 성립하고, 피고인에게 배임의 범의와 불법이득의사가 인정된다고 판시하였다(대법원 2018.5.17. 선고 2017도4027 전원합의체 판결).

위 대법원 전원합의체 판결처럼 분양계약을 체결한 후 매수인이 중도금을 지급하였는데 매도인이 분양목적물인 부동산을 신탁하는 경우에도 배임죄가 성립한다는 것이 대법원의 입장이다. 또한 분양계약이 공사대금 담보조라 하더라도 배임죄가 성립하는 것은 마찬가지이다. 다만 위탁자에게 배임죄가 성립한다하더라도 신탁계약이 당연무효로 되는 것은 아니고, 유효하다.

3) 사기죄

가) 위탁자가 신탁금지약정을 체결한 사실을 대출금융기관에 알리지 아니하고 담보신탁을 하고 대출을 받아 대출금을 편취한 것이 특경 사기죄에 해당하는지 여부

(1) 이 사건 공소사실의 요지

① 피고인이 서울 은평구 소재 오피스텔 40세대 낙찰대금을 마련하기 위해 우선수익자를 피해자 저축은행으로 하여 수탁자에게 이 사건 오피스텔을 신탁함으로써 담보제공하기로 하고 피해자 저축은행로부터 20억 원을 대출받았다. ② 이어서 피고인은 위 대출금을 출금하는 한편 수탁자와 이 사건 오피스텔에 관하여 신탁계약을 체결하고 이를 원인으로 소유권이전등기를 마쳐 주었다. ③ 그런데 피고인은 이 사건 오피스텔 공사대금 약 28억 원의 채권자인 공소외 1과 이 사건 오피스텔 중 17세대를 공소외 1에게 대물변제조로 이전해 주고 공소외 1의 동의 없이 이를 신탁할 수 없다는 취지의 약정(신탁금지약정)을 체결하였다. ④ 피해자 저축은행은 이 사건 오피스텔의 감정평가액 약 36억 8,700만 원을 토대로 위 대출금액을 결정한 것인데, 공소외 1이 이 사건 신탁금지약정 등을 이유로 수탁자 앞으로 마쳐진 소유권이전등기를 사해신탁이라 주장하며 신탁계약의 취소 및 그 등기의 말소를 구하는 사해행위취소 등 소를 제기하여 제1심 및 항소심에서 승소판결을 받았다.

(2) 원심의 판단

원심은 이 사건 신탁금지약정이 체결됨으로써 공소외 1이 사해행위취소 등 소송을 통해 위 신탁계약의 효력을 부인하고 자신의 권리를 주장함으로써 신탁관계가 불안해질 가능성이 상당히 높아졌다고 할 것이므로, 만일 피해자 저축은행이 이처럼 담보가치에 중대한 영향을 미치는 사정을 알았다면 피고인에게 20억 원이라는 거액의 대출을 실행하지 않았을 것임이 명백하고, 따라서 피고인으로서는 위 대출 실행 또는 대출금 출금 이전에 피해자 저축은행에게 이 사건 신탁금지약정에 관하여 알려야 할 의무가 있었다고 전제한 후, 피고인이 피해자 저축은행에게 이 사건 신탁금지약정을 체결한 사실을 알리지 아니한 채 20억 원을 대출받아 출금함으로써 피해자를 기망하여 위 대출금을 편취하였다는 공소사실을 유죄로 인정하였다.

(3) 대법원의 판단

대법원은 위탁자가 신탁금지약정을 대출금융기관에게 고지하지 않았다고하여 대출금융기관을 기망한 것이라고 할 수는 없다고 판시하며, 파기환송 판결을 선고하였다. 구체적인 내용은 아래와 같다.

어떤 법률행위를 하려는 사람이 그 법률행위에 따른 상대방의 법률상 지위에 아무런 영향도 미칠 수 없는 사유까지 상대방에게 고지할 의무가 있다고 볼 수는 없다(대법원 1991.12.24. 선고 91도2698 판결, 대법원 2011.1.27. 선고 2010도5124 판결 등 참조).

원심이 적법하게 채택한 증거와 기록에 의하면, 피고인은 공소외 2의 이름을 빌려 이 사건 오피스텔 매수자금을 마련하기 위해 피해자 저축은행으로부터 20억 원을 대출받고 공소외 3으로부터 5억 원을 차용한 후에 그 대출금 및 차용금으로 이 사건 오피스텔의 매매대금을 지급하고 그 소유권을 취득하는 한편 같은 날 위 대출금채무 및 차용금채무의 담보로 이 사건 오피스텔에 관하여 피해자 저축은행을 1순위, 공소외 3을 2순위의 우선수익자로 한 신탁계약을 체결하고 수탁자에게 신탁등기를 마쳐 준 사실, 공소외 1이 제기한 사해행위취소 등 소송에서는 단기간에 이루어진 피고인 측의 위와 같은 일련의 행위 전후를 통하여 기존 채권자들의 공동담보가 감소되었다거나 이 사건 신탁계약이 곧바로 사해행위에 해당한다고 보기는 어렵다고 판단된 사실 등을 알 수 있다.

이러한 사정을 앞서 본 법리에 비추어 살펴보면, 피고인이 공소외 1에게 이 사건 오피스텔 중 17세대를 대물변제조로 이전해 주고 공소외 1의 동의 없이 이를 신탁할 수 없다는 취지의 약정을 체결하였다는 사정만으로는 이 사건 신탁계약의 효력과 그 신탁계약에 따르는 채무의 이행에 장애를 가져오거나 수탁자와 우선수익자의 권리실현에 장애가 된다고 볼 수 없고, 따라서 피고인이 피해자 저축은행에게 이 사건 신탁금지약정을 체결한 사실을 고지하지 아니하였다고 하여 피해자를 기망한 것이라고 평가할 수는 없을 것이다.

그럼에도 불구하고 원심은 피고인이 대출금 출급 이전에 피해자 저축은행에게 이 사건 신탁금지약정을 알리지 아니하였다는 이유만으로 피고인이 피해자 저축은행을 기망하였다고 단정하고 말았으니, 원심판결에는 사기죄에 있어서 기망에 관한 법리를 오해하여 판결에 영향을 미친 위법이 있다. 이 점을 지적하는 상고이유의 주장은 이유 있다(대법원 2012.4.13. 선고 2011도2989 판결).

(4) 실무 TIP

위탁자가 제3자와 신탁금지약정을 하였음에도 불구하고 수탁자와 신탁계약을 체결하더라도 위탁자가 사기죄에 해당하는 것은 아니다. 하지만 신탁금지약정이 체결되어 있거나, 위탁자가 채무초과상태인 경우 수탁자가 사해신탁 취소소송에 휘말릴 우려가 있으므로, 가능한한 신탁계약 전 위탁자가 신탁금지약정을 체결하였는지 여부, 신탁재산이 위탁자의 유일한 재산인지 여부, 위탁자가 채무초과상태인지 여부 등을 확인하는 것이 법률 리스크를 저감하는 방법 중 하나라 하겠다.

나) 신축 중인 건물에 대한 신탁계약을 체결하고도, 공사업자들에게 분양계약서를 담보 명목으로 교부한 행위가 사기죄에 해당하는지 여부

(1) 이 사건 공소사실의 요지

① 피고인들이 경영하던 주식회사 I(이하 'I'라고 한다)는 이 사건 집합건물 신축사업을 시행하면서 그 대지의 매수대금 등을 마련하기 위하여 2006.10.31. 대출금융기관으로부터 28억 원을 대출받았다. ② I는 2006.11.3. 대출금융기관에 대한 위 대출금채무의 이행을 담보하기 위하여 수탁자가 이 사건 대지를 보전·관리하고 채무불이행 시 이를 환가·정산하는 내용의 담보신탁계약을 수탁자와 체결하였는데, 집합건물 완공 후에도 I가 위 대출금을 변제하지 아니하는 경우 집합건물에 관하여도 동일한 내용으로 담보신탁계약을 체결하기로 하는 약정이 특약사항으로 포함되어 있었다. ③ 피해자들이 공사대금채권 등에 대한 담보 명목으로 집합건물 중 일부 호실에 관하여 분양계약서를 교부받았던 2007.7.과 2007.11.에는 위 담보신탁계약에 따라 대지에 관하여만 수탁자 앞으로 신탁을 원인으로 한 소유권이전등기가 마쳐졌을 뿐, 신축 중이던 집합건물에 관하여는 담보신탁계약도 체결되지 않은 상황이었다. ④ I는 그 후 집합건물을 완공하고도 대출금융기관에 대출금을 변제하지 못하자, 위 특약사항에 따라 2008.3.26. 집합건물 전체에 관하여 수탁자와 담보신탁계약을 체결하고, 수탁자 앞으로 신탁을 원인으로 한 소유권이전등기절차를 해주었다.

(2) 원심의 판단

피고인이 이 사건 집합건물을 신축하면서 대출금융기관으로부터 28억 원을 대출받고, 그 대지와 신축 중이던 집합건물을 수탁자에 담보로 제공하는 내용의 부동산담보신탁계약을 체결하고도, 위 신축공사의 공사업자인 피해자들에게 담보신탁계약 체결사실을 고지하지 아니한 채 마치 담보가치가 있는 것처럼 집합건물 중 일부 호실의 분양계약서를 담보 명목으로 교부하여 이에 속은 피해자들로 하여금 공사를 진행하게 하거나 채무변제를 유예 받음으로써, 당시 이미 공사가 완료된 피해자 S으로부터는 공사대금채무와 대여금채무의 변제를 유예받는 재산상 이익을, 피해자 P, V, X으로부터는 공사대금 상당의 재산상 이익을 취득하였는데 이는 사기죄가 성립한다.

(3) 대법원의 판단

위와 같은 공소사실에 대하여 대법원은 사기죄의 성립을 부정하였다. 그 구체적인 내용은 아래와 같다.

피고인들이 담보신탁계약 체결사실과 그 특약사항에 관하여 피해자들에게 고지하지 아니한 것이 기망행위에 해당한다고 보기 어렵다. 즉, 특약사항에 따라 I가 집합건물과 관련하여 수탁자에 대하여 부담하는 의무는, 대출금 미변제시 대지에 관한 담보신탁계약과 동일한 내용으로 담보신탁계약을 체결할 채권적 의무에 불과하다. 만약 집합건물에 관한 분양이 순조롭게 이루어졌다면 I는 집합건물에 관하여 담보신탁계약을 체결할 필요 없이 기존 대출금을 변제하고 대지에 관한 신탁등기를 말소한 후 해당 호실에 관하여 피해자들에게 이전등기를 하여 피해자들의 권리를 실현시켜 줄 수 있었을 것이다. 따라서 대지에 관한 담보신탁계약이나 집합건물에 관한 특약사항 자체가 피해자들이 담보 명목으로 교부받은 분양계약서에 대한 권리를 실현하는 데 장애가 된다고 볼 수 없고, 이는 I가 담보신탁계약을 일방적으로 해지할 수 없는 상황에 있었다고 하더라도 마찬가지이다. 그러므로 앞서 본 법리에 따라 피고인들이 담보신탁계약 체결사실이나 그 특약사항에 관하여 피해자들에게 고지할 의무가 있다고 보기 어렵고, 피고인들이 그와 같은 사정을 고지하지 아니한 것이 피해자들을 기망한 행위에 해당한다고 보기 어렵다(대법원 2015.1.29. 선고 2014도11744 판결).

(4) 실무 TIP

위 사안에서 대법원이 사기죄의 성립을 부정한 것은 단순히 고지하지 아니한 것이 기망행위에 해당하는 것은 아니라는 점 외에도 피해자들이 교부받은 분양계약서가 일정부분 담보가치를 가지는 점, 피고인들이 담보신탁계약 체결사실 등을 고지하지 않고 분양계약서를 교부한 행위와 피해자들의 처분행위 사이에 인과관계가 있다고 보기 어려운 점, 분양계약을 체결한 공사업자들은 유치권을 행사하여 채권 만족을 얻을 수 있었던 점 등의 사정이 있었기 때문이다.

따라서 신축건물에 대하여 신탁계약이 체결되어 있다는 점을 고지하지 아니하고 분양계약을 체결한 행위가 언제나 사기죄에 해당하지 아니한다고 말하기는 어렵다. 또한 배임죄가 성립하는 여부는 별개의 문제다.

참고로, 신탁된 토지를 분할하여 각각 등기를 해주고 분할된 토지에 건축물을 짓게 해줄 테니 약정보증금을 지급하라고 기망하여 피해자들로부터 1억 1,000만원을 편취하였다는 취지의 공소사실로 기소된 사건에서도 대법원은 약정 당시 피해자들은 피고인들이 대출금융기관으로부터 대출받은 자금으로 이 사건 토지를 취득하여 그 토지에 관하여 신탁등기가 되어 있고, 피해자들이 토지를 분양하면 그 분양받은 토지의 비율에 따라 대출금을 상환하고 대출금융기관의 요청을 거쳐 분양 토지를 분할하여 수분양자에게 이전등기를 해주게 되어 있는 사정을 잘 알고 있었던 점 등을 이유로 기망과 약정보증금의 지급 사이에 인과관계가 있다고 보기 어렵다고 판시하며 사기죄의 성립을 부정한 판결(대법원 2016.3.10. 선고 2015도15747 판결)이 있었으므로, 사기죄로 위탁자 등을 고소할 때는 그 논리를 매우 탄탄하게 만든 뒤 진행할 필요가 있다.

21 신탁과 조세

가 신탁과 취득세

1) 신탁사가 택지개발지구 내 택지조성 전 권리의무승계계약을 체결하는 경우 순차등기 이슈

가) 문제의 소재

과거 택지개발지구 내 택지조성 전 위탁자가 매수한 택지에 대하여 신탁계약을 체결하고 수탁자 명의로 매매대금을 완납하고 취득세를 납부하는 경우 택지 준공 후 토지공사-수탁자로 등기가 곧바로 이전되었다. 그런데 2014년 안전행정부는 공문으로 지방세법상 취득세 비과세 적용과 관련하여 대금완납 전 명의변경의 경우 공사로부터 직접 수탁자에게 소유권이 이전되는 경우 취득세 비과세가 적용되지 아니한다는 취지의 입장을 발표하였다. 이러한 경우 수탁자 명의로 취득세를 납부하였는데도 불구하고 위탁자로 신탁재산이 귀속될 때 중복하여 취득세를 납부하여야 하는 문제가 발생하는 것이다.

요약하면, 2014년 안전행정부에서 각 지자체 세정과로 택지지구 내 신탁재산에 대한 취득세 부과 철저 공문을 하달하고, 위 공문에 의거 토지주택공사에서 각 지역본부로 신탁원인 명의변경 토지 소유권이전 관련 유의사항 공문을 하달한 뒤, 일부 지자체가 위 공문등의 내용을 근거로 취득세를 중복부과함에 따라 신탁업계에서 택지의 권리의무승계계약시 취득세 중복부과 이슈가 발생한 것이다.

안전행정부의 공문으로 촉발된 택지지구 취득세 중복부과 이슈는 택지 수분양자인 위탁자가 매매대금을 완납 전 신탁사와 신탁계약을 체결하고, 위탁자 신탁사 토지공사간 권리의무승계계약을 체결한 뒤 매매대금 잔금 및 취득세를 수탁자가 납부한 뒤 준공된 택지에 위탁자 등기 없이 곧바로 신탁등기를 경료한 경우 문제가 되었는데, 수탁자가 취득세를 납부하였음에도 불구하고 지자체가 위탁자에게 중복하여 취득세 부과처분을 내림으로서 소송까지 비화되었다.

부동산신탁에서 위탁자가 취득세를 납부하고 소유권이전등기를 경료한 뒤 신탁등기를 경료하게 되면, 신탁등기에 따른 취득세는 면제(지방세법 제9조 제3항 제1호)되고 등록면허세 6,000원만 납부하면 되었는데(지방세법 제28조 제1항 제1호 마목, 등기신청시 납부할 취득세 및 등록면허세 등에 관한 예규), 택지지구 순차등기 이슈에서 지자체는 위탁자가 본인 명의로 취득세를 납부하지 아니하였으므로 위탁자 취득에 따른 취득세가 납부되지 아니하였다는 논리를 펼친 것이었다.

위와 같은 사례가 발생하면서 이후 시장에서는 토지공사-위탁자-신탁사의 순차등기 형식을 반드시 준수하고, 가급적 위탁자가 매매대금을 완납한 뒤 취득세도 위탁자가 납부하고 토지공사, 위탁자, 수탁자간 권리의무승계계약을 체결하는 형식으로 실무를 변경하였다. 토지공사 역시 신탁사와 권리의무승계계약을 체결하는 경우 권리의무승계계약서 내용에 순차등기 및 취득세 납부 관련 내용을 명기함으로써 취득세 중복 부과 이슈는 현재에는 거의 문제되지 않고 있다.

다만, 매수인의 지위를 위탁자로부터 수탁자에게 이전하는 권리의무승계계약을 체결한 후에도 등기는 토지공사-위탁자-신탁사 순으로 이전되다보니 신탁계약 체결 이후에도 위탁자의 채권자가 토지공사에 대한 위탁자의 소유권이전등기청구권에 (가)압류 결정 등을 집행하는 경우 신탁계약에도 불구하고 신탁등기가 경료되지 아니하는 문제점이 발생하고 있다. 이 문제에 대하여는 수탁자 및 대출금융기관별로 상이하게 대처하고 있는데, 아직 명확한 대법원 판결이 없어 업계의 실무는 확립되지 아니한 것으로 보인다.

따라서 택지준공 전 택지에 대한 신탁계약 체결시 택지 준공 전에 위탁자의 채권자가 토지공사에 대한 위탁자의 소유권이전등기청구권에 (가)압류 결정 등을 집행할 수 있고, 이러한 경우 수탁자에게 등기가 이전되지 아니할 수 있으므로, 대출금융기관 및 수탁자 담당자는 이러한 문제를 반드시 인식하고 업무를 처리할 필요가 있다.

한편, 사업주체가 주택건설대지를 주택도시보증공사에 신탁한 경우, 구 주택법 제40조 제1항의 처분제한 기간이 경과하기 전에는 특별한 사정이 없는 한 당해 대지에 관하여 사업주체가 주택도시보증공사에 대하여 가지는 신탁의 종료를 원인으로 하는 소유권이전등기청구권은 그 성질상 압류·가압류의 대상이 될 수 없고, 이러한 권리를 대상으로 한 압류·가압류결정은 효력이 없고, 주택건설대지에 관하여 신탁등기 이전에 금지사항 부기등기가 마쳐졌는지 여부에 따라 신탁해지를 원인으로 하는 소유권이전등기청구권의 압류 등의 효력이 좌우되는 것은 아니(대법원 2014.6.26. 선고 2012다2682 판결)라는 취지의 대법원 판결이 존재하나, 위 판결은 아파트 신축을 위하여 건축허가를 받고, 입주자 모집공고를 거쳐 입주자를 모집한 후 주택도시보증공사에 토지를 신탁한 사안에 관한 것으로서, 위탁자가 토지에 관한 소유권이전등기청구권만을 가지고 있고, 주택도시보증공사에 신탁을 한 것도 아닌 이른바 순차등기 이슈의 경우와는 사실관계가 상이하므로, 원용할 수 없다 할 것이다.

나) 관련 판결

(1) 위탁자가 주택공사와 택지매매계약을 체결한 후 수탁자가 택지매매계약상 권리의무를 승계하고, 잔금을 지급한 경우 위탁자에게 취득세를 부과할 수 있는지 여부

위탁자가 주택공사와 택지매매계약을 체결한 후 수탁자와 토지신탁계약을 체결하고 주택공사와 권리의무승계계약을 체결하여 매수인 지위를 수탁자에게 이전한 후 수탁자가 잔금을 지급한 사안에서 과세관청은 위탁자가 잔금 지급일에 택지를 사실상 취득한 것으로 보고 위탁자에게 취득세를 부과하자 위탁자 및 수탁자가 반발하여 취득세 부과처분 취소소송을 제기하였다.

대법원은 위탁자가 이 사건 택지를 사실상 취득한 취득세 등 납세의무자라고 할 수 없으므로, 이와 다른 전제에서 이루어진 이 사건 처분이 위법하다고 판단하였다. 구체적이 내용은 아래와 같다.

위탁자는 이 사건 토지의 잔금을 지급하지 않은 상태에서 이 사건 토지에 관하여 수탁자와 이 사건 신탁계약을 체결하는 한편 매수인으로서의 권리의무 일체를 승계하는 이 사건 승계계약을 체결하여 이 사건 매매계약에서 탈퇴하였으므로, 잔금지급일인 2009.10.15. 당시 위탁자가 이 사건 토지에 관한 이 사건 매매계약상의 매수인 지위를 그대로 유지하고 있었다고 보기 어렵다.
수탁자는 이 사건 승계계약에 따라 이 사건 매매계약의 매수인 지위를 승계한 상태에서 그 명의로

매도인인 주택공사에게 잔금을 납부하였으므로, 잔금지급일을 기준으로 수탁자가 이 사건 토지의 사실상 취득자에 해당하고, 이 사건 신탁계약에서 정한 내부적 비용부담 약정에 따라 위탁자가 잔금을 부담하였다고 하더라도 달리 볼 것은 아니다.

이 사건 신탁계약이 단지 위탁자가 납부해야 할 취득세 납부를 회피하기 위한 목적에서 체결되어 무효라거나, 이 사건 신탁계약과 이 사건 승계계약이 위탁자가 이 사건 토지에 관한 이 사건 매매계약상 매수인의 지위를 유지하면서 단지 이 사건 토지에 관한 등기명의를 수탁자 앞으로 하기 위한 3자간 등기명의신탁약정에 해당한다고 볼 수 없다(대법원 2018.2.28. 선고 2017두64897 판결).

(2) 신탁회사가 신탁재산(쟁점토지)을 취득하는 데에 소요된 자금을 청구법인이 부담한 경우, 청구법인이 쟁점토지를 사실상 취득한 것을 볼 수 있는지 여부

신탁회사가 신탁재산(쟁점토지)을 취득하는 데에 소요된 자금을 청구법인이 부담한 경우, 청구법인이 쟁점토지를 사실상 취득한 것을 볼 수 있는지 여부(조심 2017지0935 (2018.4.16.))

취득자는 매매계약 등 소유권을 이전하기로 한 계약 상 매수인이고 그러한 법률행위의 당사자가 아닌 자가 매매대금을 실제로 부담했다 하더라도 사실상 취득자로 볼 수는 없음. 청구법인의 경우, 쟁점토지의 매매계약 상 매수인으로 볼 수 없으므로 쟁점수탁자가 지급한 잔금을 청구법인이 부담한 사정만으로 쟁점토지를 사실상 취득했다고 볼 수는 없음. 또한, 쟁점수탁자가 쟁점토지에 대한 취득세 등을 신고납부한 점에 비추어 청구법인이 쟁점토지의 매수인 지위를 쟁점수탁자에게 이전한 것이 조세회피 목적이라고 보기 어려우므로 실질과세원칙을 적용하거나 무효인 신탁으로 보기도 어려움.

2) 신탁보수가 신축건물의 취득세 과세표준에 포함되는지 여부

가) 문제의 소재

수탁자가 신탁계약에 따라 건축주의 지위를 득하고 건물을 신축하여 신축건물을 취득하는 경우 수탁자 명의로 취득세를 납부하여야 한다. 이때 신축건물의 취득세 과세표준에 신탁보수가 포함되는지 문제된다. 실무적으로 신축건물 취득시 취득세 납부가 잘못된 경우 그 가산세 등은 항상 신탁계약이 종료된 뒤에 추징당하게 되므로 신탁사의 고유계

정 손실 사유에 취득세 과오납은 항상 거론되기 마련이다. 따라서 신축건물 취득세 과세표준에 토지신탁 보수가 포함되는지 여부에 따라 수탁자가 납부하여야할 취득세 범위가 변경되므로, 토지신탁 보수 등이 취득세 과세표준에 포함되는지 여부가 문제된다.

나) 결론

과거에는 복수의 대법원 판결에 따라 토지신탁 신탁보수는 취득세 과세표준에 포함되지 아니한다고 판단할 수 있었으나, 현행 지방세법 시행령(2021.12.31. 대통령령 제32293호로 개정, 시행 2022.1.1.) 제18조 제1항 제4호가 "취득에 필요한 용역을 제공받은 대가로 지급하는 용역비·수수료(건축 및 토지조성공사로 수탁자가 취득하는 경우 위탁자가 수탁자에게 지급하는 신탁수수료를 포함한다)"로 개정됨에 따라, 개정 지방세법 시행령 제18조 제1항 제4호가 적용되는 취득세에 대하여는 토지신탁 보수 또는 수수료를 취득세 과세표준에 포함하여 취득세 신고절차를 진행하는 것이 수탁자에 대한 안전한 업무처리라 하겠다.

한편, 개정 전의 실무를 살펴보면, 개정 전에는 신탁보수가 신축건물 취득세 과세표준에 포함되는지 여부에 관하여 ① 신탁의 목적이 건축물의 분양을 위한 판매에 해당되거나 그 본질에 있어 주택 분양을 위한 것인 경우 신탁사가 수취한 신탁보수는 신축건물 취득세 과세표준에 포함되지 아니하나, ② 신탁의 목적이 건물신축에 필요한 공사대금을 차입하기 위하여 담보신탁을 설정하기 위함이거나 위탁자가 이행하여야 할 책임 및 채무를 보장하기 위한 것인 경우 신탁보수는 신축건물 취득세 과세표준에 포함되는 것으로 실무를 처리한 것으로 보인다.

예컨대 담보대리 구도의 건물신축사업의 경우 신탁보수를 과표에 포함하여 납부하고, 토지신탁의 경우 신탁보수를 과표에 포함시키지 않는 방식으로 업무를 처리한 사례가 다수 존재하였다. 보통 신탁시에는 신탁사가 취득세를 납부하지 않는다고 알려져 있지만, 이는 등기된 부동산을 신탁하는 경우에 신탁을 원인으로 취득세를 납부하는 것이 아니라는 것일뿐, 신축건물의 취득은 신탁재산이라도 원시취득이므로 건축주인 신탁회사 명의로 취득세를 납부하여야 한다. 신축건물 취득세 납부책임은 신탁재산 범위 내로 한정되지 않는다. 또한 신축건물을 위탁자에게 해지하는 경우 위탁자는 취득세를 납부하지 않는다. 이는 건축주인 신탁사가 취득세를 감면받은 사실이 있다하더라도 마찬가지이므로 신탁사에 대한 추징사유도 되지 않는다는 취지의 조세심판원 결정이 있다(조심2017지0762). 다만 수분양자에게 이전할 경우 수분양자는 취득세를 납부하여야 한다.

다) 관련 판결

참고삼아 지방세법 시행령 제18조 제1항 제4호가 개정되기 전의 판례 일부를 소개해본다.

수탁자가 이 사건 아파트를 취득한 자로서 그 취득세의 부과대상자임은 앞서 본 바와 같고, 수탁자가 이 사건 사업을 추진하는 과정에서 위탁자로부터 이 사건 신탁수수료를 지급받은 사실은 앞서 든 증거들에 변론 전체의 취지를 보태어 이를 인정할 수 있다. 그런데 앞서 본 법리에 따르면, 수탁자가 위탁자로부터 '지급받은' 이 사건 신탁수수료를 구 지방세법 시행령 제18조 제1항 제4호에 규정된 '지급하는' 용역비·수수료에 해당한다고 확장해석하거나 유추해석하는 것은 허용되지 아니한다.

피고는 이 사건 신탁수수료가 이 사건 아파트 신축에 필요불가결한 준비행위로서 건축물 취득 전에 이루어진 직·간접적인 부대비용에 해당하므로 이 사건 아파트의 사실상 취득가격에 해당한다거나 이 사건 신탁수수료를 취득세 과세표준에서 제외하는 것은 실질과세원칙 및 과세형평원칙에 위배된다는 취지로 주장하나 그러한 이유만으로 법령의 문언을 벗어나 이를 취득세 과세표준으로 삼을 수는 없다.

따라서 이 사건 신탁수수료는 수탁자의 이 사건 아파트에 관한 취득세 과세표준에서 제외함이 타당하므로 이와 다른 전제에서 이루어진 이 사건 처분은 위법하여 취소되어야 한다(창원지방법원 2022.12.22. 선고 2022구합52155 판결).

피고가 이 법원에 이르기까지 제출한 증거를 모두 모아 보더라도, 수탁자에게 지급된 신탁수수료가 오로지 이 사건 건물의 신축을 위한 비용에 해당한다고 볼 수 없다.

한편 피고는 이 법원에 이르러, 을 제11호증에 따라 총사업비 중 주택건축비, 부대복리시설설치비, 간선시설설치비가 차지하는 비율을 계산한 다음, 이를 기준으로 과세표준에 포함되는 신탁수수료를 안분할 수 있다는 취지로 주장하나, 신탁수수료가 총 사업비로 실제 지출된 금액을 기준으로 정해졌다고 볼 만한 아무런 자료가 없으므로, 위 주장도 받아들일 수 없다(서울고등법원 2021.8.20. 선고 2020누57990 판결).

살피건대, 수탁자는 이 사건 아파트를 취득한 자로서 그에 따른 취득세 등의 부과대상자인데, 이 사건 신탁수수료는 수탁자 본인이 이 사건 사업약정에 따라 위탁자로부터 지급받은 것임은 앞서 인정한 바와 같다. 따라서 이 사건 신탁수수료는 이 사건 아파트를 취득한 자로서 그 취득세의 부과대상자인 수탁자가 거래 상대방 또는 제3자에게 지급한 비용이라고 할 수 없으므로, 이 사건 신탁수수료가 이 사건 아파트를 취득하기 위한 비용인지 여부와 무관하게 그 취득세의 과세표준에는 포함될 수 없다. 결국 이 사건 처분 중 이 사건 신탁수수료를 과세표준으로 삼아 이루어진 부분은 위법하므로 취소하여야 한다(전주지방법원 2019.6.27. 선고 2018구합2879 판결).

앞서 언급한 바와 같이 위 판결들은 모두 지방세법 시행령 제18조 제1항 제4호가 개정되기 전의 판결이라는 사실을 유념하여야 한다.

3) 소유권 이전의 실질이 해제로 인한 원상회복의 방법으로 신탁부동산의 소유권이 수탁자로부터 수익자에게 이전되는 경우가 취득세 과세대상인지 여부

지방세법 제9조 제3항[23]은 신탁으로 인한 신탁재산의 취득으로서 1. 위탁자로부터 수탁자에게 이전하는 경우 2. 신탁의 종료로 수탁자로부터 위탁자에게 이전하는 경우 3. 수탁자가 변경되어 신수탁자에게 신탁재산을 이전하는 경우에만 취득세를 부과하지 아니한다고 규정하고 있어 수탁자로부터 위탁자가 아닌 수익자에게 신탁부동산이 이전되는 경우는 원칙적으로 취득세가 부과된다. 그런데 해제로 인한 원상회복의 방법으로 신

---

[23] 제9조(비과세) ③ 신탁(「신탁법」에 따른 신탁으로서 신탁등기가 병행되는 것만 해당한다)으로 인한 신탁재산의 취득으로서 다음 각 호의 어느 하나에 해당하는 경우에는 취득세를 부과하지 아니한다. 다만, 신탁재산의 취득 중 주택조합등과 조합원 간의 부동산 취득 및 주택조합등의 비조합원용 부동산 취득은 제외한다.
1. 위탁자로부터 수탁자에게 신탁재산을 이전하는 경우
2. 신탁의 종료로 인하여 수탁자로부터 위탁자에게 신탁재산을 이전하는 경우
3. 수탁자가 변경되어 신수탁자에게 신탁재산을 이전하는 경우

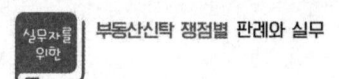

탁부동산이 위탁자 아닌 수익자에게 이전되는 경우에도 취득세가 부과되는지 문제된다.

대법원은 위 쟁점이 문제된 사안에서 형식적으로 신탁재산인 부동산을 수탁자로부터 수익자에게 이전하는 모든 경우에 취득세 과세대상이 된다고는 볼 수 없고, 그 소유권 이전의 실질에 비추어 해제로 인한 원상회복의 방법으로 이루어진 경우에는 취득세 과세대상이 된다고 볼 수 없으므로, 신탁부동산의 소유권을 이전받은 것의 실질이 토지 매매계약의 해제에 따른 원상회복인 경우 취득세 과세대상이 되는 부동산 취득에 해당하지 않는다는 취지로 판시하였다. 구체적인 이유는 다음과 같다.

1. 구 지방세법(2014.1.1. 법률 제12153호로 개정되기 전의 것, 이하 같다) 제6조 제1호는 취득세의 과세대상인 취득이란 매매, 교환, 상속, 증여, 기부, 법인에 대한 현물출자, 건축, 개수, 공유수면의 매립, 간척에 의한 토지의 조성 등과 그 밖에 이와 유사한 취득으로서 원시취득, 승계취득 또는 유상·무상의 모든 취득을 말한다고 규정하고 있다.

   그런데 해제권의 행사에 따라 부동산매매계약이 적법하게 해제되면 그 계약의 이행으로 변동되었던 물권은 당연히 그 계약이 없었던 상태로 복귀하는 것이므로 매도인이 비록 그 원상회복의 방법으로 소유권이전등기의 방식을 취하였다 하더라도 특별한 사정이 없는 이상 이는 매매 등과 유사한 새로운 취득으로 볼 수 없어 취득세 과세대상이 되는 부동산 취득에 해당하지 않는다.

2. 원심은 그 판시와 같은 이유를 들어, 형식적으로 신탁재산인 부동산을 수탁자로부터 수익자에게 이전하는 모든 경우에 취득세 과세대상이 된다고는 볼 수 없고, 그 소유권 이전의 실질에 비추어 해제로 인한 원상회복의 방법으로 이루어진 경우에는 취득세 과세대상이 된다고 볼 수 없다는 법리를 전제한 다음, 원고가 이 사건 토지의 소유권을 이전받은 것은 그 실질이 이 사건 각 토지 매매계약의 해제에 따른 원상회복이므로 취득세 과세대상이 되는 부동산 취득에 해당하지 않는다고 판단하였다.

   앞서 본 법리와 기록에 비추어 살펴보면, 원심의 위와 같은 판단에 상고이유 주장과 같이 구 지방세법상 취득의 개념 등에 관한 법리를 오해한 잘못이 없다(대법원 2020.1.30. 선고 2018두32927 판결).

위탁자가 아닌 수익자에게 신탁부동산이 이전됨으로써 수익자에게 취득세가 발생하였다하더라도 그로 인하여 수탁자가 고유계정 등을 손실할 가능성은 제한적으로 생각된다. 다만 수익자가 금융기관 등 전문가가 아닌 경우 민원발생의 가능성이 있고, 기본적으로 부동산신탁사 임직원이라면 신탁종료로 인하여 수탁자로부터 위탁자에게 신탁재산이 이전되는 경우 취득세가 부과되지 아니하는 것이지, 위탁자가 아닌 수익자에게 신탁재산이 이전되는 경우에는 취득세가 부과될 수 있는 사실을 인지하고 필요한 경우 수익자에게 미리 이를 고지하는 형식으로 업무를 처리하는 것이 민원방지라는 측면에서 바람직하므로 담당자는 위 대법원 판결을 숙지하고 있는 것이 좋다.

다만 수탁자가 이를 고지하지 아니하였다고 하더라도 수탁자의 선관주의의무 위반등에 해당하는 것은 아니다. 조세부담여부는 납세의무자가 스스로 검토하고 납부하는 것이지, 수탁자가 이를 미리 알려주어야 할 의무가 있는 것은 아니기 때문이다. 불필요한 민원을 방지하기 위하여 신탁계약서에 조세부담여부는 신탁관계자가 스스로 판단하여야 하고, 수탁자는 이를 미리 고지하여야 할 의무를 부담하지 아니한다는 내용을 기재하는 것도 좋은 방법이다.

4) 위탁자 지위 이전이 부동산의 사실상 취득에 해당하는지 여부

가) 문제의 소재

개정 신탁법 제10조는 위탁자의 지위는 신탁행위로 정한 방법에 따라 제3자에게 이전할 수 있다고 규정하고 있는바, 위 조항에 따른 위탁자 지위 이전이 부동산의 취득에 해당되어 변경된 위탁자가 취득세를 납세하여야 하는지 여부가 문제된다.

나) 결론

위탁자 지위 이전은 취득세의 과세 대상인 부동산의 취득에 해당하지 않으므로 새로운 위탁자가 해당 신탁재산을 사실상 취득한 것으로 볼 수 없고, 2015.12.29. 신설된 지방세법 제7조 제15항은 창설적 규정이므로 지방세법 제7조 제15항의 시행일인 2016.1.1. 이전의 위탁자 지위 이전을 부동산의 취득에 해당한다 할 수 없다는 취지의 대법원 판결이 존재한다. 하지만 위 대법원 판결의 사실관계는 개정 지방세법 제7조 제15항이 시행되기 전의 사안으로, 현재는 2015.12.29. 신설되어 2016.1.1. 시행된 지방세법 제7조 제15항24)이 적용되므로, 위 법 개정 이후 위탁자 지위 이전행위가 이루어진 경우 신규 위탁자는 취득세 납세의무를 부담할 것으로 사료된다.

다) 관련 판결

1. 신탁법상의 신탁은 위탁자가 수탁자에게 특정의 재산권을 이전하거나 기타의 처분을 하여 수탁자로 하여금 신탁 목적을 위하여 그 재산권을 관리·처분하게 하는 것이므로, 부동산 신탁에서 수탁자 앞으로 소유권이전등기를 마치면 대내외적으로 소유권이 수탁자에게 완전히 이전되고 위탁자와의 내부관계에서 소유권이 위탁자에게 유보되는 것이 아니며, 그 결과 수탁자는 대내외적으로 신탁재산에 관한 관리·처분권을 갖게 된다(대법원 2011.2.10. 선고 2010다84246 판결 참조).
따라서 신탁계약이나 신탁법에 의하여 수탁자가 위탁자에 대한 관계에서 신탁 부동산에 관한 권한을 행사할 때 일정한 의무를 부담하거나 제한을 받게 되더라도 그러한 사정만으로는 위탁자가 신탁 부동산을 사실상 임의처분하거나 관리·운용할 수 있는 지위에 있다고 보기 어렵고, 따라서 이러한 위탁자의 지위 이전은 취득세의 과세 대상인 '부동산의 취득'에 해당하지 않으므로, 새로운 위탁자가 해당 신탁재산을 사실상 취득한 것으로 볼 수 없다.

2. 2015.12.29. 신설된 지방세법 제7조 제15항은 '신탁재산의 위탁자 지위의 이전이 있는 경우에는 새로운 위탁자가 해당 신탁재산을 취득한 것으로 보되, 위탁자 지위의 이전에도 불구하고 신탁재산에 대한 실질적인 소유권 변동이 있다고 보기 어려운 경우로서 대통령령이 정하는 경우에는 그러하지 아니하다'라고 규정하고 있다. 그러나 이것은 위탁자 지위의 이전이 있는 경우 취득세를 부과함으로써 과세 공백을 메우기 위하여 특별히 마련된 조항으로서 창설적 규정이라고 보아야 한다(대법원 2018.2.8. 선고 2017두67810 판결).

---

24) 제7조(납세의무자 등) ⑮ 「신탁법」 제10조에 따라 신탁재산의 위탁자 지위의 이전이 있는 경우에는 새로운 위탁자가 해당 신탁재산을 취득한 것으로 본다. 다만, 위탁자 지위의 이전에도 불구하고 신탁재산에 대한 실질적인 소유권 변동이 있다고 보기 어려운 경우로서 대통령령으로 정하는 경우에는 그러하지 아니하다.

5) 지식산업센터를 신축하고 취득일로부터 5년 이내에 이를 사업시설용으로 직접 사용하지 않을 부동산임대업자들에게 분양한 경우 경감된 취득세 추징 가부

지식산업센터를 부동산임대사업자에게 분양하고 부동산임대사업자가 지식산업센터 건축주에게 분양목적물을 사업시설용으로 사용할 자에게 임대하여야 한다는 계약상의 채무를 부담하고 있다는 사정이 있다면 지식산업센터 신축자로서 취득세를 경감받은 건축주가 이를 사업시설용으로 직접 사용할 자에게 분양하거나 임대한 것과 마찬가지라고 볼 수 있는지 여부가 문제된다.

대법원은 지식산업센터 토지 취득세 및 건물 취득세 중 일부를 경감받은 건축주가 취득일로부터 5년 이내에 호실 중 일부를 부동산임대사업자에게 분양한 경우 건축주가 경감받은 취득세를 추징할 수 있다는 취지로 판시하였다.

지식산업센터를 신축하였으나 그 취득일부터 5년 이내에 이를 사업시설용으로 직접 사용하지 않을 자에게 분양하거나 임대한 경우에는, 그것을 사업시설용으로 직접 사용할 자에게 분양하거나 임대한 것과 마찬가지로 볼 수 있는 등의 특별한 사정이 없는 한, 해당 부분에 관하여 경감받은 취득세는 이 사건 추징규정에 따라 추징할 수 있다고 보아야 한다(대법원 2018.4.10. 선고 2017두74085 판결).

위 판결은 신탁사가 당사자인 판결은 아니나, 수탁자가 지식산업센터를 토지신탁 등의 구도로 신축하는 경우 위 판결과 같은 취득세 추징처분을 받을 가능성이 높으므로, 수탁자 임직원들도 위 판결의 취지를 숙지하여 토지신탁계약에 따라 신축분양하는 지식산업센터를 부동산임대사업자에게 분양하지 않도록 유의할 필요가 있다.

6) 신축건물을 수탁자가 신탁한 이후 사용승인을 마쳤을 경우 취득세 납세의무자

위탁자를 건축주로 하여 건물신축공사를 진행하다가 신축건물이 준공되기 전 가압류등기촉탁에 의하여 소유권보존등기가 경료되고 곧바로 수탁자 명의로 소유권이전등기 및 신탁등기를 마친 후 신축건물의 사용승인을 득하였다면, 신축건물에 대한 취득세 납세의무자는 건축주인 위탁자인지 아니면 사용승인 당시 소유권자인 수탁자인지 여부가 문제된다.

위의 쟁점과 관련하여 원심인 부산고등법원은 소유권보존등기가 이루어지기 전에 이미 독립한 건물로서의 요건을 모두 갖추었으므로, 위탁자가 그 소유권을 원시취득하였다고 봄이 상당하므로 신축건물 취득세 납세의무자도 위탁자라는 취지로 판단하였으나, 대법원은 건축물을 건축하여 취득하는 경우에는 사용승인일과 사실상의 사용일 중 빠른 날이 그 건축물의 취득일이 되고, 당시의 건축물 소유자가 취득세 등의 납세의무자에 해당하므로, 신축건물의 취득세 납세의무자는 수탁자라고 판단하였다.

건축물을 건축하여 취득하는 경우에는 사용승인일과 사실상의 사용일 중 빠른 날이 그 건축물의 취득일이 되고, 당시의 건축물 소유자가 취득세 등의 납세의무자에 해당한다고 보아야 한다. 이와 같은 건축물의 취득시기가 도래하기 전까지는, 비록 사회통념상 독립한 건물이라고 볼 수 있는 형태와 구조를 갖추었고 그 건물에 대하여 사용승인을 신청하였다거나 소유권보존등기를 마쳤다 하더라도 그 건물에 대하여 취득세 등 납세의무가 성립하였다고 볼 수 없다.
그런데도 원심은 건축물을 신축하는 경우 사회통념상 독립한 부동산으로서 건물의 요건을 갖춘 시점에 취득세 등 납세의무가 성립한다는 잘못된 전제에서, 이 사건 건축물의 신축에 따른 취득세 등 납세의무자를 위탁자라고 판단하였다. 이러한 원심의 판단에는 취득세 등 납세의무의 성립요건 및 납세의무자 등에 관한 법리를 오해하여 판결에 영향을 미친 잘못이 있다(대법원 2023.12.28. 선고 2020두49997 판결).

위와 같은 쟁점은 가끔 수탁자에게 나타나는 일인데, 신축건물에 대한 담보신탁계약을 체결하면서 신축건물이 사용승인을 받았는지 여부를 확인하지 아니하여 담보신탁계약이 체결되고 신탁등기가 경료된 이후 사용승인을 받으면서 수탁자가 취득세를 부담하여야 하는 문제가 발생하는 것이다. 알다시피 담보신탁의 수수료는 극히 미미하기 때문에 갑작스럽게 취득세 상당액을 고유계정으로 납부하게 되는 경우 수탁자의 부담이 매우 크기 때문에 신축건물에 대한 담보신탁계약 체결 기안을 상신하는 경우에는 사용승인 여부를 확인하고 사용승인서를 기안에 첨부하여 예상치 못한 고유계정 손실 가능성을 줄이는 것이 중요하다 하겠다.

통상적으로 단순 담보신탁의 경우에는 신탁재산으로서 부동산만 존재하고 금전이 없어 신축건물의 납세의무자를 수탁자로 볼 경우 위탁자에게 자력이 없는 한 일시적으로 수탁자의 고유계정 손실이 발생하기 때문에 수탁자 업무 담당자는 위의 쟁점을 유의하여 살펴볼 필요가 있다.

나 신탁과 간주취득세

1) 신탁법상 신탁으로 수탁자에게 소유권이 이전된 토지에 대한 구 지방세법 제105조 제5항에서 정한 지목 변경으로 인한 취득세 납세의무자가 수탁자인지 여부

수탁자가 지목이 대지가 아닌 토지를 신탁받아 신탁을 원인으로 한 소유권이전등기를 마친 후 토지 위에 건물이 신축되어 토지의 사실상 지목변경으로 인한 간주취득세의 납세의무자는 위탁자인지 수탁자인지 여부가 문제된다.

위 쟁점에 관하여 원심은 스스로의 비용과 노력으로 건물을 신축함으로써 토지의 지목을 사실상 변경하게 한 위탁자가 그 가액의 증가분을 사실상 취득한 것으로 봄이 합리적이라는 이유 등으로 간주취득세의 납세의무자를 위탁자로 판단하였다.

하지만 대법원은 신탁재산의 소유권이 수탁자에게 있는 점 등을 이유로 간주취득세의 납세의무자를 수탁자로 판시하였다. 구체적인 내용은 아래와 같다.

토지의 경우 위 각 규정에 의하여 취득세 과세대상이 되는 것은 토지의 소유권을 취득하거나 '소유하고 있는' 토지의 지목이 사실상 변경되어 그 가액이 증가한 경우인데(대법원 1984.5.15. 선고 83누696 판결 등 참조), 신탁법상의 신탁은 위탁자가 수탁자에게 특정의 재산권을 이전하거나 기타의 처분을 하여 수탁자로 하여금 신탁 목적을 위해 그 재산권을 관리·처분하게 하는 것이므로, 부동산 신탁에 있어 수탁자 앞으로 소유권이전등기를 마치게 되면 소유권이 수탁자에게 이전되는 것이지 위탁자와의 내부관계에 있어 소유권이 위탁자에게 유보되는 것은 아닌 점(대법원 2003.1.27.자 2000마2997 결정, 대법원 2011.2.10. 선고 2010다84246 판결 등 참조), 신탁법 제19조는 "신탁재산의 관리·처분·멸실·훼손 기타의 사유로 수탁자가 얻은 재산은 신탁재산에 속한다."고 규

정하고 있는데, 위 규정에 의하여 신탁재산에 속하게 되는 부동산 등의 취득에 대한 취득세의 납세의무자도 원칙적으로 수탁자인 점 등에 비추어 보면, 신탁법에 의한 신탁으로 수탁자에게 소유권이 이전된 토지에 있어 법 제105조 제5항이 규정한 지목의 변경으로 인한 취득세의 납세의무자는 수탁자로 봄이 타당하고, 위탁자가 그 토지의 지목을 사실상 변경하였다고 하여 달리 볼 것은 아니다.

그럼에도 원심은, 신탁법에 의한 신탁에 의하여 수탁자에게 소유권이 이전된 토지에 대하여 위탁자가 비용과 노력을 들여 지목을 사실상 변경한 경우에는 위탁자를 법 제105조 제5항이 규정한 취득세의 납세의무자로 보아야 한다는 이유로, 수탁자를 납세의무자로 본 피고의 이 사건 취득세 부과처분이 위법하다고 판단하였으니, 이러한 원심의 판단에는 지목의 변경으로 인한 취득세의 납세의무자에 관한 법리를 오해한 위법이 있고, 이 점을 지적하는 상고이유는 이유 있다(대법원 2012.6.14. 선고 2010두2395 판결).

실무적으로 위 판결이 선고되기 전에는 간주취득세의 납세의무자가 위탁자로 보는 견해와 수탁자로 보는 견해가 서로 대립하여, 어느 견해가 통설이라고 평가하기는 어려웠다. 실제로 많은 사업에서 과세관청도 위탁자에게 간주취득세를 부과하였고, 수탁자가 간주취득세를 납부하는 일은 드물었다. 하급심 판결도 그 결론이 엇갈리곤 했는데, 위 판결이 리딩케이스의 역할을 하여 위 판결 선고 후에는 간주취득세의 납세의무자는 수탁자로 정리되었다.

2) 납세의무자에게 의무를 게을리한 점을 탓할 수 없는 정당한 사유가 있는 경우, 세법상 가산세를 과할 수 있는지 여부

세법상 가산세는 과세권의 행사 및 조세채권의 실현을 용이하게 하기 위하여 납세의무자가 정당한 이유 없이 법에 규정된 신고, 납세 등 각종 의무를 위반한 경우에 법이 정하는 바에 따라 부과하는 행정상의 제재이다. 따라서 단순한 법률의 부지나 오해의 범위를 넘어 세법해석상 의의(疑意)로 인한 견해의 대립이 있는 등으로 인해 납세의무자가 그 의무를 알지 못하는 것이 무리가 아니었다고 할 수 있어서 그를 정당시할 수 있는 사정이 있을 때 또는 그 의무의 이행을 그 당사자에게 기대하는 것이 무리라고 하는 사정이 있을 때 등 그 의무를 게을리 한 점을 탓할 수 없는 정당한 사유가 있는 경우에는 이러한 제재를 과할 수 없다(대법원 2002.8.23. 선고 2002두66 판결 등 참조).

간주취득세의 납세의무자가 수탁자라는 대법원 판결이 선고된 후 과세관청이 당초 위탁자에게 부과한 간주취득세를 직권으로 취소하고 수탁자에게 재부과하는 일들이 일어났다. 그런데 과세관청이 대법원 판결의 취지에 따라 간주취득세를 재부과함에 있어 수탁자에게 가산세까지 부과할 수 있는지 여부가 문제된다.

골프장을 건설하면서 수탁자 앞으로 신탁등기를 마쳤고, 골프장이 완공되자 과세관청이 위탁자에게 취득세 등을 부과하였는데, '신탁법에 의한 신탁으로 수탁자에게 소유권이 이전된 토지에 있어 구 지방세법 제105조 제5항이 규정한 지목의 변경으로 인한 취득세의 납세의무자는 수탁자로 봄이 타당하다'는 취지의 대법원판결(대법원 2012.6.14. 선고 2010두2395 판결)이 선고되자 과세관청이 위탁자에 대한 종전 부과처분을 직권취소하고 수탁자에게 취득세를 결정·고지하면서 가산세까지 부과하였다. 이에 대하여 수탁자는 새로 부과된 취득세 등이 부당하다는 취지로 소송을 제기하였다.

대법원은 간주취득세의 납세의무자는 수탁자라는 취지의 대법원 판결이 선고되기 전까지는 토지의 지목 변경으로 인한 취득세의 납세의무자에 관하여 세법해석상 견해의 대립이 있었던 점, 과세관청인 피고도 당초에는 위탁자에게 취득세 등을 부과하였던 점, 나아가 위탁자의 신고와 피고의 위탁자에 대한 부과처분이 이미 이루어진 상황에서 수탁자가 스스로 세법 규정을 자신에게 불리하게 해석하여 취득세 등을 신고·납부할 것을 기대하기는 어려운 점 등을 종합하면, 수탁자가 취득세 등을 신고·납부하지 아니하였다고 하더라도 간주취득세의 납세의무자는 수탁자라는 취지의 대법원판결이 선고되기 전까지는 그 의무해태를 탓할 수 없는 정당한 사유가 있다는 이유로 과세관청의 가산세 부과처분은 위법하다(대법원 2016.10.27. 선고 2016두44711 판결)고 판단하였다.

실무적으로 신탁과 관련한 대법원의 입장이 계속하여 변화하고 있다는 측면에서, 본건 대법원 판결은 비단 간주취득세뿐만 아니라 신탁과 관련한 조세 쟁점 전반에서 대법원 판결의 결론이 변경될 때 사용할 수 있는 유용한 판결이라 할 것이므로, 신탁사 임직원들은 위 판결의 취지와 결론을 숙지하고 있는 것이 바람직하다 할 것이다. 개인적으로는 어느 법률에 따른 조세인지 여부를 불문하고 납세의무자가 위탁자인지 수탁자인지 명확하지 아니하여 납세의무자에 관한 행정심판 또는 소송절차가 제기되는 경우 가산세가 존재한다면 행정심판 또는 소송과정에서 본 건 판결은 항상 참고자료로 제출하고, 쟁점화하는 편이다.

3) 골프장 부지를 담보신탁한 상태에서 골프장을 완공한 경우 구 지방세특례제한법상 취득세 감경규정이 적용되는지 여부

골프장 시행자가 토지를 담보신탁한 후 골프장 공사를 완료하였고 이로 인하여 토지의 지목이 사실상 변경되었다. 위탁자는 관광단지개발 사업시행자로서 구 지방세특례제한법(2014.12.31. 법률 제12955호로 개정되기 전의 것, 이하 같다) 제54조 제1항[25]에 따라 50% 경감된 취득세 등만을 납부하면 된다고 주장하였으나 과세관청은 이를 반려하였고 이에 위탁자는 취득세 경정청구 거부처분 취소소송을 제기하였다.

위 사안에 대하여 대법원은 간주취득세의 납세의무자인 수탁자가 관광단지개발 사업시행자가 아닌 경우 이 사건 특례규정을 적용할 수 없다고 판시하였다. 구체적인 내용은 아래와 같다.

신탁법에 의한 신탁으로 수탁자에게 소유권이 이전된 토지의 지목이 사실상 변경됨으로써 가액이 증가한 경우, 위탁자가 그 토지의 지목을 사실상 변경하였다고 하더라도 간주취득세의 납세의무자는 위탁자가 아니라 수탁자이다(대법원 2012.6.14. 선고 2010두2395 판결 참조). 따라서 간주취득세의 납세의무자인 수탁자가 관광단지개발 사업시행자로서 관광단지개발 사업을 시행하기 위하여 해당 토지의 지목이 사실상 변경됨으로써 가액이 증가한 것으로 볼 수 있어야 구 지방세특례제한법(2014.1.1. 법률 제12175호로 개정되기 전의 것) 제54조 제1항을 적용할 수 있다.

원심은 그 판시와 같이 이 사건 각 토지의 지목변경으로 인한 간주취득세의 납세의무자인 수탁자가 관광단지개발 사업시행자임을 인정할 아무런 증거가 없으므로, 이 사건 각 토지의 지목변경으로 인한 가액증가에 따라 수탁자에게 부과되는 간주취득세에 관하여 이 사건 특례규정을 적용하지 아니한 이 사건 처분이 적법하다고 판단하였다. 이러한 원심의 판단은 앞서 본 법리에 기초한 것으로서, 거기에 이 사건 특례규정, 간주취득세 과세대상 등에 관한 법리를 오해한 잘못이 없다((대법원 2019.10.31. 선고 2016두42487 판결)).

---

25) 지방세특례제한법 제54조(관광단지 등에 대한 과세특례) ① 「관광진흥법」 제55조제1항에 따른 관광단지개발 사업시행자가 관광단지개발사업을 시행하기 위하여 취득하는 부동산에 대하여는 2013년 12월 31일까지 취득세의 100분의 50을 경감하며, 해당 지역의 관광단지 조성 여건, 재정 여건 등을 고려하여 100분의 50의 범위에서 조례로 정하는 율을 추가로 경감할 수 있다

위 판결의 취지는 지특법상 감경규정에 해당하기 위하여는 취득세의 납세의무자인 수탁자가 관광단지개발 사업시행자여야 한다는 것이다. 이러한 대법원의 입장은 지특법의 다른 감경규정 적용에서도 대부분 적용된다. 따라서 토지를 신탁하고 개발사업을 진행하면서 각종 조세 감경규정의 적용을 받으려 한다면 토지의 수탁자가 감경규정의 요건을 충족하였는지 여부를 반드시 확인할 필요가 있다.

4) 부동산을 신탁한 후 위탁자 법인의 과점주주가 되거나 지분비율이 증가한 경우 위탁자 법인 과점주주에게 신탁부동산에 대한 간주취득세를 부과할 수 있는지 여부

구 지방세법(2010.3.31. 법률 제10221호로 전부 개정되어 2011.1.1.부터 시행되기 전의 것. 이하 '구 지방세법'이라 한다) 제105조 제6항 본문은 '법인의 주식 또는 지분을 취득함으로써 과점주주가 된 때에는 그 과점주주는 당해 법인의 부동산 등을 취득한 것으로 본다'고 규정하고, 구 지방세법 시행령(2010.9.20. 대통령령 제22395호로 전부 개정되어 2011.1.1.부터 시행되기 전의 것) 제78조 제2항 본문은 "이미 과점주주가 된 주주 또는 유한책임사원이 당해 법인의 주식 또는 지분을 취득함으로써 당해 법인의 주식 또는 지분의 총액에 대한 과점주주가 가진 주식 또는 지분의 비율이 증가된 경우에는 그 증가된 분을 취득으로 보아 법 제105조 제6항의 규정에 의하여 취득세를 부과한다."고 규정하고 있다.

이처럼 법인의 과점주주에 대하여 그 법인의 재산을 취득한 것으로 보아 취득세를 부과하는 것은 과점주주가 되면 해당 법인의 재산을 사실상 임의처분하거나 관리운용할 수 있는 지위에 서게 되어 실질적으로 그 재산을 직접 소유하는 것과 크게 다를 바 없다는 점에서 담세력이 있다고 보기 때문이다(대법원 1994.5.24. 선고 92누11138 판결 참조).

그렇다면, 부동산을 신탁한 후 위탁자 법인의 과점주주가 되거나 지분비율이 증가한 경우 위탁자 법인 과점주주에게 신탁부동산에 대한 간주취득세를 부과할 수 있는지 여부가 문제된다.

이에 대하여 대법원은 원칙적으로 신탁 부동산을 그 법인이 보유하는 부동산으로 보아

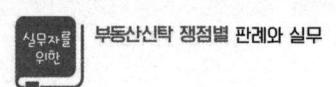

그 법인의 과점주주에게 구 지방세법 제105조 제6항 등에서 정한 간주취득세를 부과할 수는 없다고 판시하였다. 구체적인 내용은 아래와 같다.

신탁법상의 신탁은 위탁자가 수탁자에게 특정의 재산권을 이전하거나 기타의 처분을 하여 수탁자로 하여금 신탁 목적을 위하여 그 재산권을 관리·처분하게 하는 것이므로, 부동산 신탁에 있어 수탁자 앞으로 소유권이전등기를 마치게 되면 대내외적으로 소유권이 수탁자에게 완전히 이전되고 위탁자와의 내부관계에서 소유권이 위탁자에게 유보되는 것이 아니며, 이와 같이 신탁의 효력으로서 신탁재산의 소유권이 수탁자에게 이전되는 결과 수탁자는 대내외적으로 신탁재산에 대한 관리권을 갖게 된다(대법원 2011.2.10. 선고 2010다84246 판결 참조). 따라서 신탁계약이나 신탁법에 의하여 수탁자가 위탁자에 대한 관계에서 신탁 부동산에 관한 권한을 행사할 때 일정한 의무를 부담하거나 제한을 받게 되더라도 그것만으로는 위탁자의 과점주주가 신탁 부동산을 사실상 임의처분하거나 관리운용할 수 있는 지위에 있다고 보기도 어렵다.

이와 같은 과점주주에 대한 간주취득세제도의 취지와 신탁의 법률관계 등에 비추어 보면, 어느 법인의 부동산이 신탁법에 의한 신탁으로 수탁자에게 소유권이 이전된 후 그 법인의 과점주주가 되거나 그 법인의 주식 또는 지분 비율이 증가된 경우에는 특별한 사정이 없는 한 신탁 부동산을 그 법인이 보유하는 부동산으로 보아 그 법인의 과점주주에게 구 지방세법 제105조 제6항 등에서 정한 간주취득세를 부과할 수는 없다고 봄이 타당하다(대법원 2014.9.4. 선고 2014두36266 판결).

과점 주주에 대한 간주취득세 부과 여부는 신탁사업 진행과는 큰 연관성이 있는 것은 아니나, 신탁사 임직원은 부동산신탁의 전문가로서 사업진행시 위탁자 법인의 지분 구조 변경에 따라 과점주주에게 간주취득세가 부과되는지 여부에 대한 법원 판결을 숙지하고 있다면 사업 협의시 위탁자의 법률 리스크 감소 및 사업 불확실성 해소에 기여할 수 있으므로 참고삼아 숙지하고 있는 것도 좋을 것이다.

다 신탁과 부가가치세

1) 수탁자가 위탁자로부터 이전받은 신탁재산을 관리·처분하면서 재화를 공급하는 경우, 재화의 공급이라는 거래행위를 통하여 재화를 사용·소비할 수 있는 권한을 거래상대방에게 이전한 수탁자가 부가가치세 납세의무자인지 여부

수탁자가 위탁자로부터 이전받은 신탁재산을 관리·처분하면서 재화를 공급하는 경우 부가가치세 납세의무자는 위탁자인지 수탁자인지 여부에 관하여 종래 대법원은 신탁법상 신탁재산의 관리·처분 등 신탁업무를 처리함에 있어서 부가가치세법상의 사업자 및 이에 따른 부가가치세의 납세의무자는 위탁자(대법원 2003.4.25. 선고 99다59290 판결), 신탁계약에서 위탁자 이외의 수익자가 지정되어 신탁의 수익이 우선적으로 수익자에게 귀속하게 되어 있는 타익신탁의 경우, 부가가치세 납세의무자는 수익자(대법원 2008.12.24. 선고 2006두8372 판결)라는 입장이었다.

하지만 대법원은 본 건 전원합의체 판결을 통하여 수탁자가 위탁자로부터 이전받은 신탁재산을 관리·처분하면서 재화를 공급하는 경우 수탁자가 부가가치세 납세의무자라고 입장을 변경하였다. 구체적인 내용은 아래와 같다.

부가가치세는 재화나 용역이 생산·제공되거나 유통되는 모든 단계에서 창출된 부가가치를 과세표준으로 하고 소비행위에 담세력을 인정하여 과세하는 소비세로서의 성격을 가지고 있지만, 부가가치세법은 부가가치 창출을 위한 '재화 또는 용역의 공급'이라는 거래 그 자체를 과세대상으로 하고 있을 뿐 그 거래에서 얻은 소득이나 부가가치를 직접적인 과세대상으로 삼고 있지 않다. 이와 같이 우리나라의 부가가치세는 실질적인 소득이 아닌 거래의 외형에 대하여 부과하는 거래세의 형태를 띠고 있으므로, 부가가치세법상 납세의무자에 해당하는지 역시 원칙적으로 그 거래에서 발생한 이익이나 비용의 귀속이 아니라 재화 또는 용역의 공급이라는 거래행위를 기준으로 판단하여야 한다. 그리고 부가가치세의 과세원인이 되는 재화의 공급으로서 인도 또는 양도는 재화를 사용·소비할 수 있도록 소유권을 이전하는 행위를 전제로 하므로, 재화를 공급하는 자는 위탁매매나 대리와 같이 부가가치세법에서 별도의 규정을 두고 있지 않는 한 계약상 또는 법률상의 원인에 의하여 재화를 사용·소비할 수 있는 권한을 이전하는 행위를 한 자를 의미한다.

그런데 신탁법상의 신탁은 위탁자가 수탁자에게 특정한 재산권을 이전하거나 기타의 처분을 하여 수탁자로 하여금 신탁 목적을 위하여 그 재산권을 관리·처분하게 하는 것이다. 이는 위탁자가 금전채권을 담보하기 위하여 금전채권자를 우선수익자로, 위탁자를 수익자로 하여 위탁자 소유의 부동산을 신탁법에 따라 수탁자에게 이전하면서 채무불이행 시에는 신탁부동산을 처분하여 우선수익자의 채권 변제 등에 충당하고 나머지를 위탁자에게 반환하기로 하는 내용의 담보신탁을 체결한 경우에도 마찬가지이다.

따라서 수탁자가 위탁자로부터 이전받은 신탁재산을 관리·처분하면서 재화를 공급하는 경우 수탁자 자신이 신탁재산에 대한 권리와 의무의 귀속주체로서 계약당사자가 되어 신탁업무를 처리한 것이므로, 이때의 부가가치세 납세의무자는 재화의 공급이라는 거래행위를 통하여 재화를 사용·소비할 수 있는 권한을 거래상대방에게 이전한 수탁자로 보아야 하고, 그 신탁재산의 관리·처분 등으로 발생한 이익과 비용이 거래상대방과 직접적인 법률관계를 형성한 바 없는 위탁자나 수익자에게 최종적으로 귀속된다는 사정만으로 달리 볼 것은 아니다. 그리고 세금계산서 발급·교부 등을 필수적으로 수반하는 다단계 거래세인 부가가치세의 특성을 고려할 때, 위와 같이 신탁재산 처분에 따른 공급의 주체 및 납세의무자를 수탁자로 보아야 신탁과 관련한 부가가치세법상 거래당사자를 쉽게 인식할 수 있고, 과세의 계기나 공급가액의 산정 등에서도 혼란을 방지할 수 있다(대법원 2017.5.18. 선고 2012두22485 전원합의체 판결).

위 대법원 전원합의체 판결이 선고된 후 신탁업계에서는 부가가치세의 납세의무자가 누구인지 여부에 관한 혼란이 발생하였다. 신탁사업 진행 중 발생하는 모든 부가가치세의 납세의무자를 수탁자로 판단하는 것은 신탁실무상 여러 문제점이 발생하기 때문이었다. 과세당국은 본건 전원합의체 판결 선고로 발생하는 혼란을 잠재우기 위하여 부가가치세법을 개정하였다. 현재에는 신탁사업 구도에 따라 부가가치세법에서 부가가치세 납세의무자를 위탁자 또는 수탁자로 직접 규정하였기 때문에, 현재에는 본 건 전원합의체 판결과 상이하게 실무가 운영되는바, 신탁사업에서 부가가치세 납세의무자를 판단하기 위하여는 부가가치세 발생당시의 부가가치세법 규정을 확인하여야 한다.

현재로서는 부가가치세법 개정으로 원칙적으로는 신탁재산과 관련된 재화 또는 용역을 공급하는 때에는 「신탁법」 제2조에 따른 수탁자가 신탁재산별로 각각 별도의 납세의무자로서 부가가치세를 납부할 의무가 있고, 사안에 따라 위탁자가 부가가치세 납부 의무를 부담하고 있다.[26]

유형	부가가치세	비고
위탁자 명의 공급	위탁자	부가세법 제3조 제3항 제1호
담보신탁 공매처분	수탁자	부가세법 제3조 제2항
관리형 토지신탁	위탁자	부가세법 제3조 제3항 제2호
차입형 토지신탁	수탁자	부가세법 제3조 제2항
도시정비사업등 사업시행자	수탁자	부가세법 시행령 제5조의2 제2항 제1호
도시정비사업등 사업대행자	위탁자	부가세법 시행령 제5조의2 제2항 제2호
수익자의 물적납세의무	수익자	부가세법 제3조의2 제1항
수탁자의 물적납세의무	수탁자	부가세법 제3조의2 제2항
위탁자 지위 이전	기존 위탁자	부가세법 제10조 제8항
신탁재산 이전(위탁자→수탁자)	재화공급X	부가세법 제10조 제9항 제4호 가목
신탁종료(수탁자→위탁자)	재화공급X	부가세법 제10조 제9항 제4호 나목
수탁자경질(기존수탁자→신수탁자)	재화공급X	부가세법 제10조 제9항 제4호 다목

---

26) 부가가치세법 제3조(납세의무자) ① 다음 각 호의 어느 하나에 해당하는 자로서 개인, 법인(국가·지방자치단체와 지방자치단체조합을 포함한다), 법인격이 없는 사단·재단 또는 그 밖의 단체는 이 법에 따라 부가가치세를 납부할 의무가 있다.
1. 사업자
2. 재화를 수입하는 자
② 제1항에도 불구하고 대통령령으로 정하는 신탁재산(이하 "신탁재산"이라 한다)과 관련된 재화 또는 용역을 공급하는 때에는 「신탁법」 제2조에 따른 수탁자(이하 이 조, 제3조의2, 제8조, 제10조제9항제4호, 제29조제4항, 제52조의2 및 제58조의2에서 "수탁자"라 한다)가 신탁재산별로 각각 별도의 납세의무자로서 부가가치세를 납부할 의무가 있다.
③ 제1항 및 제2항에도 불구하고 다음 각 호의 어느 하나에 해당하는 경우에는 「신탁법」 제2조에 따른 위탁자(이하 이 조, 제3조의2, 제10조제8항, 같은 조 제9항제4호, 제29조제4항 및 제52조의2에서 "위탁자"라 한다)가 부가가치세를 납부할 의무가 있다.
1. 신탁재산과 관련된 재화 또는 용역을 위탁자 명의로 공급하는 경우
2. 위탁자가 신탁재산을 실질적으로 지배·통제하는 경우로서 대통령령으로 정하는 경우
3. 그 밖에 신탁의 유형, 신탁설정의 내용, 수탁자의 임무 및 신탁사무 범위 등을 고려하여 대통령령으로 정하는 경우
④ 제2항에 따라 수탁자가 납세의무자가 되는 신탁재산에 둘 이상의 수탁자(이하 "공동수탁자"라 한다)가 있는 경우 공동수탁자는 부가가치세를 연대하여 납부할 의무가 있다. 이 경우 공동수탁자 중 신탁사무를 주로 처리하는 수탁자(이하 "대표수탁자"라 한다)가 부가가치세를 신고·납부하여야 한다.
⑤ 제2항부터 제4항까지에서 규정한 사항 외에 신탁 관련 납세의무의 적용에 필요한 사항은 대통령령으로 정한다.

※ 부가가치세법 검토시 부칙에서 규정한 종전 신탁의 납세의무자에 관한 특례규정[27]에 해당하는지 여부를 반드시 확인하여야 함.

2) 신탁계약의 우선수익자로 지정되었다면 부가가치세 납세의무가 발생하는지 여부

시공사가 신축건물을 완공하였으나 도급계약에 따른 공사대금 중 일부를 지급받지 못하자 신축건물에 관한 처분신탁계약의 우선수익자로 지정되었다. 이에 과세당국은 위탁자가 시공사를 우선수익자로 지정하여 신탁계약을 체결한 것이 구 부가가치세법 제6조 제1항의 '재화의 공급'에 해당함을 전제로 부가가치세 고지 처분을 한 사안에서 대법원은 채무자인 위탁자가 기존 채무의 이행에 갈음하여 수탁자에게 재산을 신탁하면서 채권자를 수익자로 지정하였더라도 위탁자의 수익자에 대한 별도의 재화의 공급이 존재한다고 볼 수 없다고 판시하며, 부가가치세 부과처분을 취소하는 판결을 선고하였다. 구체적인 내용은 아래와 같다.

수탁자는 위탁자로부터 재산권을 이전받고 이를 전제로 신탁재산을 관리·처분하면서 재화를 공급하는 것이므로, 채무자인 위탁자가 기존 채무의 이행에 갈음하여 수탁자에게 재산을 신탁하면서 채권자를 수익자로 지정하였더라도, 그러한 수익권은 신탁계약에 의하여 원시적으로 채권자에게 귀속되는 것이어서 위 지정으로 인하여 당초 신탁재산의 이전과 구별되는 위탁자의 수익자에 대한 별도의 재화의 공급이 존재한다고 볼 수 없다.

위탁자가 이 사건 신탁계약을 통하여 시공사에 대한 미지급 공사대금 채무에 갈음하기로 하면서 수

---

[27] 제5조(종전 신탁의 납세의무자에 관한 특례) 2022년 1월 1일 전에 설정한 신탁의 경우 다음 각 호의 구분에 따른 자를 제3조제2항 및 제3항의 개정규정에 따른 납세의무자로 본다.
1. 다음 각 목의 처분을 하는 경우: 수탁자
  가. 수탁자가 위탁자로부터 「자본시장과 금융투자업에 관한 법률」 제103조제1항제5호 또는 제6호의 재산을 위탁자의 채무이행을 담보하기 위하여 수탁으로 운용하는 내용으로 체결되는 신탁계약을 체결한 경우로서 그 채무이행을 위하여 신탁재산을 처분하는 경우
  나. 수탁자가 「도시 및 주거환경정비법」 제27조제1항 또는 「빈집 및 소규모주택 정비에 관한 특례법」 제19조제1항에 따라 지정개발자로서 재개발사업·재건축사업 또는 가로주택정비사업·소규모재건축사업을 시행하는 과정에서 신탁재산을 처분하는 경우
2. 제1호 외의 경우: 위탁자
신탁 부가가치세 납세의무자 정리표(부가가치세법, 법률 제19931호, 2023년 12월 31일 개정 기준)

탁자에게 이 사건 상가 등을 이전하고 시공사를 우선수익자로 지정하였다고 하더라도, 그와 같은 신탁설정에 따른 거래가 있었다는 사정만으로는 부가가치세 과세대상이 존재한다고 볼 수 없다.

그런데도 원심은 이와 달리 위탁자인 원고가 이 사건 신탁계약을 통하여 우선수익자인 시공사에게 구 부가가치세법 제6조 제1항에서 정한 재화를 공급하였음을 전제로 이 사건 상가의 분양예정가액이자 이 사건 상가의 공급으로 소멸한 공사대금 채무액을 기초로 과세표준을 산정한 이 사건 처분이 적법하다고 판단하였다. 이러한 원심의 판단에는 부가가치세법상 재화의 공급 등에 관한 법리를 오해하여 판결에 영향을 미친 잘못이 있다.

그러므로 원심판결을 파기하고, 사건을 다시 심리·판단하도록 원심법원에 환송하기로 하여, 관여 대법관의 일치된 의견으로 주문과 같이 판결한다(대법원 2017.6.15. 선고 2014두6111 판결).

실무상 토지신탁사업에서 신축건물 준공 후 시공사가 지급받지 못한 공사비를 지급받기 위하여 토지신탁을 종료하고 미분양 부동산에 대하여 신규 미분양 담보신탁 또는 미분양 처분신탁을 체결하면서 시공사를 우선수익자로 지정하는 경우가 종종 발생한다.

위 대법원 판결은 수탁자가 시공사를 우선수익자로 지정하여 미분양 처분신탁계약을 체결한 것은 부가가치세법상 재화의 공급에 해당하지 아니한다는 취지로서, 수탁자에게 직접적인 영향을 미치는 것은 아니나, 수탁자 업무담당자로서 숙지하고 있는 것이 바람직하다.

3) 신탁보수에 대한 부가가치세 발생여부

부동산신탁계약 체결시 위탁자 또는 우선수익자가 신탁사에게 지급하는 신탁보수에 대하여 부가가치세가 발생하는지 여부가 문제된다.

부동산신탁의 신탁보수에 대하여 부가가치세 과세여부는 부가가치세법 제26조 제1항 제11호, 부가가치세법 시행령 제40조 제1항 제2호 라목[28]에 의하여 결정되

---

[28] 제40조(면세하는 금융·보험 용역의 범위) ① 법 제26조제1항제11호에 따른 금융·보험 용역은 다음 각 호의 용역, 사업 및 업무에 해당하는 역무로 한다.
  2. 「자본시장과 금융투자업에 관한 법률」에 따른 다음 각 목의 사업
   라. 신탁업. 다만, 다음의 구분에 따른 업무로 한정한다.
    2) 신탁업자가 위탁자로부터 「자본시장과 금융투자업에 관한 법률」 제103조제1항제5호 또는 제6호의 재산을 수익자에 대한 채무이행을 담보하기 위하여 수탁받아 운용하는 업무

는데, 신탁유형에 따라 부가가치세 과세여부가 상이하다. 위 시행령 규정에 따라 담보신탁 및 토지신탁 보수의 경우 부가가치세가 면세되고, 처분신탁, 관리신탁, 분양관리신탁 등의 신탁보수는 부가가치세가 과세된다.

	신탁유형	비고
면세	담보신탁, 토지신탁	토지신탁은 관리형, 차입형, 분양형, 임대형, 정비사업 등 종류 불문
과세	처분신탁, 관리신탁, 분양관리신탁, 각종 대리사무	

라 신탁과 개발부담금

개발이익환수법 제6조 제1항 본문은 개발사업의 사업시행자는 개발부담금을 납부할 의무가 있다고 규정하고 있고, 같은 항 제3호는 개발사업을 완료하기 전에 사업시행자의 지위를 승계하는 경우에는 그 지위를 승계한 자가 개발부담금을 납부하도록 규정하고 있다.

대법원은 개발이익환수법 제6조 제1항 본문에서 정한 개발부담금의 납부의무자로서 사업시행자는 실질적인 사업시행자로서 개발사업시행계획승인서 등에 나와 있는 명의와 관계없이 실질적으로 개발이익이 귀속되는 자인 당해 토지의 소유자 등을 말한다(대법원 1993.7.16. 선고 93누2940 판결)고 판결하였다.

그리고 대법원은 수탁자에게 토지를 신탁하여 개발사업을 시행할 때 개발부담금의 납부의무자가 위탁자와 수탁자 중 누구인지에 대하여 토지 소유자인 사업시행자가 부동산신탁회사에 토지를 신탁하고 부동산신탁회사가 수탁자로서 사업시행자의 지위를 승계하여 신탁된 토지에서 개발사업을 시행한 경우에 토지가액의 증가로 나타나는 개발이익은 해당 개발토지의 소유자이자 사업시행자인 수탁자에게 실질적으로 귀속된다고 보아야 하고, 수탁자를 개발부담금의 납부의무자로 보아야 한다(대법원 2014.8.28. 선고 2013두14696 판결)고 판결하였다.

---

3) 신탁업자가 위탁자로부터 「자본시장과 금융투자업에 관한 법률」 제103조제1항제5호 또는 제6호의 재산을 수탁받아 같은 조 제4항에 따른 부동산개발사업을 하는 업무

또한 대법원은 담보신탁에서도 신탁토지들의 개발이익은 개발사업 진행 중에 신탁법상 신탁계약인 이 사건 부동산담보신탁계약의 수탁자로서 사업시행자 지위를 승계한 수탁자에게 귀속되었다는 등의 이유로 수탁자가 개발부담금의 납부의무자라는 취지의 서울고등법원 판결(서울고등법원 2017.8.24. 선고 2017누49159 판결)을 확정하였다.

이후 국토교통부는 2018년 12월 개정한 개발부담금 업무편람에서 담보신탁계약서 내용에 담보신탁 외 토지신탁이 혼재된 경우 수탁자가 개발부담금 납부의무자가 될 수 있으므로 주의하여 판단하도록 지침을 시행하였다. 따라서 현재로서는 신탁유형을 불문하고 신탁토지에서 개발부담금이 발생한 경우 개발부담금의 납부의무자는 수탁자라고 판단하고 업무를 처리하는 것이 안전하다.

1) 토지신탁 계약에 따른 개발사업 개발부담금 납부의무자는 누구인지 여부

토지신탁 사업의 개발부담금 납부의무자가 위탁자인지 수탁자인지 여부에 관하여 대법원은 수탁자를 개발부담금의 납부의무자로 보아야 한다고 판시하였다. 구체적인 내용은 아래와 같다.

토지로부터 발생되는 개발이익을 환수하여 이를 적정하게 배분함으로써 토지에 대한 투기를 방지하고 토지의 효율적인 이용을 촉진하여 국민 경제의 건전한 발전에 이바지한다는 개발이익환수에 관한 법률의 제정 목적이나, 개발사업 시행으로 정상지가 상승분을 초과하여 개발사업을 시행하는 자(이하 '사업시행자'라 한다)나 토지 소유자에게 귀속되는 토지가액 증가분이 개발부담금 부과대상임을 고려하면, 개발이익환수에 관한 법률 제6조 제1항 본문에서 정한 개발부담금 납부의무자로서의 사업시행자는 특별한 사정이 없는 한 개발사업의 시행으로 불로소득적 개발이익을 얻게 되는 토지 소유자인 사업시행자를 말한다.

부동산 신탁에서 수탁자 앞으로 소유권이전등기를 마치게 되면 대내외적으로 소유권이 수탁자에게 완전히 이전되고, 위탁자의 내부관계에서 소유권이 위탁자에게 유보되지 않으며, 신탁재산의 관리, 처분, 운용, 개발, 멸실, 훼손, 그 밖의 사유로 수탁자가 얻은 재산은 신탁재산에 속하게 되므로(신탁법 제27조), 토지 소유자인 사업시행자가 부동산신탁회사에 토지를 신탁하고 부동산신탁회사가 수탁자로서 사업시행자의 지위를 승계하여 신탁된 토지에서 개발사업을 시행한 경우에 토지가액의 증가로 나타나는 개발이익은 해당 개발토지의 소유자이자 사업시행자인 수탁자에게 실질적으로 귀속된다고 보아야 하고, 수탁자를 개발부담금의 납부의무자로 보아야 한다(대법원 2014.8.28. 선고 2013두14696 판결).

위 판결이 선고되기 전까지는 토지신탁 사업의 개발부담금 납부의무자가 위탁자인지 수탁자인지 여부에 관하여 과세관청과 하급심 모두 혼란이 있었다. 하지만 위 판결이 선고됨으로서 토지신탁 사업의 개발부담금 납부의무자는 수탁자로 정리되었다. 위 판결에서 대법원은 토지신탁사업의 수탁자는 신탁계약에 따라 토지에 관한 소유권이전등기를 마친 수탁자로서 구 개발이익환수에 관한 법률 제6조 제1항 본문에서 정한 토지 소유자인 사업시행자이므로 개발부담금의 납부의무자에 해당하고, 또한 수탁자와 위탁자가 신탁계약 체결 당시 이 사건 사업의 시행에 따른 개발부담금의 분담 및 승계에 관한 약정을 하였다고 보아, 수탁자는 구 개발이익환수에 관한 법률 제6조 제1항 단서 제3호에서 정한 개발사업을 완료하기 전에 사업시행자의 지위를 승계한 자에도 해당한다고 판단하였다.

2) 담보신탁 계약을 체결하고 위탁자가 건축주인 건물신축사업의 개발부담금 납부의무자는 누구인지 여부

가) 사실관계

① 위탁자는 토지에 관하여 수탁자 앞으로 담보신탁계약을 원인으로 한 소유권이전등기를 마쳤다. ② 위탁자는 토지에 관하여 위탁자 명의로 개발행위허가를 받았다. 토지에 관한 개발행위는 2015년 경 종료되었다. ③ 위 개발행위의 종료 당시에도 여전히 수탁자가 이 사건 토지에 관한 등기부상 소유자였고, 위탁자가 개발행위 수허가자 지위를 보유하고 있었다. ④ 과세당국은 원고에게 이 사건 토지에 관한 개발부담금을 부과하였다. 위탁자는 개발부담금 부과 처분이 위법하다 주장하며 과세당국을 상대로 개발부담금 부과처분 무효확인 소송을 제기하였다.

나) 당사자의 주장

원고는 다음과 같이 주장하였다. 개발이익 환수에 관한 법률(이하 '개발이익환수법'이라고 한다)상 개발부담금의 납부의무자는 개발사업의 시행으로 개발이익을 얻게 되는 토지 소유자인 사업시행자를 말하는데, 위탁자가 개발행위의 종료 전에 수탁자에게 이 사건 토지들의 소유권을 이전하였으므로, 개발부담금의 납부의무자가 아닌 위탁자를 상대로 한 이 사건 처분은 위법하다.

피고는 다음과 같이 주장하였다. 수탁자는 위탁자에 대하여 이 사건 담보신탁계약에 따른 보수를 청구할 수 있을 뿐이어서 이 사건 토지들의 개발이익을 누릴 수 없고, 개발이익의 실질적 귀속자인 위탁자가 개발부담금의 납부의무자이므로, 이 사건 처분은 적법하다.

다) 서울고등법원의 판단

이 사건 토지의 개발이익은 개발사업 진행 중에 신탁법상 신탁계약인 이 사건 부동산담보신탁계약의 수탁자로서 사업시행자 지위를 승계한 신탁회사에 귀속되었다고 보는 것이 타당하다.

1. 이 사건 부동산담보신탁계약은 제1조(신탁목적)에서 '신탁부동산의 소유권관리와 위탁자가 부담하는 채무 내지는 책임의 이행을 보장하기 위하여 수탁자가 신탁부동산을 보전·관리·처분하고 채무불이행 시 환가·정산하는데 그 목적이 있다'고 규정하고 있으나, 이 사건 부동산담보신탁계약의 일부로서 동시에 체결한 특약사항(이하 '특약사항'이라 하고, 이 사건 부동산담보신탁계약 중 이와 구별되는 본래 계약을 '본 계약'이라 한다) 제16조 제1항은 '특약사항은 본 계약에 우선하여 적용하고, 본 계약 내용이 특약사항의 취지에 위배되는 경우 본 계약 해당 조항의 적용이 배제된다', 제2항은 '본 계약과 특약사항이 신탁법 등 신탁 관련 법령 및 금융투자업규정에 위배될 경우에는 동 법령과 규정에 의한다'고 규정하고 있다. 그런데 특약사항 제1조(신탁목적)는 '이 사건 부동산담보신탁계약 제1조에서 정한 신탁목적과 더불어 잔금을 완납한 수분양자에 대하여 우선수익자의 요청이 있는 경우 수탁자가 즉시 신탁재산의 소유권을 수분양자에게 직접 이전하여 수분양자의 권리를 안전하게 보호하려는데 그 목적이 있다'고 규정하고 있고, 특약사항 제7조에서는 수탁자는 사업의 정상적 진행이 곤란하거나 대출된 자금의 회수가 불가능하다고 판단되는 경우 우선수익자의 요청에 따라 위탁자의 의사와 무관하게 이 사건 토지들을 처분할 수 있도록 규정하고 있다.

결국, 이 사건 부동산담보신탁계약의 수탁자인 신탁회사는 단순히 위탁자에 대한 채권담보목적으로 신탁재산을 이전받는 것에 그치지 아니하고, 이 사건 개발사업의 수분양자들을 위하여 신탁재산에 관한 소유권을 이전받은 것으로 보인다.

2. 사업시행자 지위는 개발행위 허가 명의자 등 각종 인허가 명의자 지위와 구별되는 개념이므로, 인허가 명의를 기준으로 개발이익 향유 여부를 판단하여서는 아니 된다(대법원 1993.7.16. 선고 93누2940 판결 등 참조). 예컨대 타인이 소유하는 토지를 임차하여 개발사업을 시행하는 경우 임차인이 그 명의로 개발행위허가를 받더라도, 토지소유자가 개발부담금을 부담하는 것으로 규정한 개발이익환수법 제6조 제1항 단서 제2호는 이를 뒷받침한다. 따라서 위탁자가 여전히 개발행위 허가를 받은 지위를 보유하고 있더라도 이 사건 부동산담보신탁계약의 수탁자를 사업시행자로 볼 수 있다.

3. 개발이익환수법의 '개발이익'과 신탁계약에 따른 '신탁수익'은 개념과 법적 성질이 다르다. 개발이익은 개발사업시행에 따라 정상지가 상승분을 초과하여 발생하는 토지가액 증가분으로서 토지 자체에 귀속하는 이익이므로 물권자인 토지소유자에게 귀속되나, 신탁수익은 신탁재산의 관리, 처분, 운용, 개발에 따라 발생하는 이익으로서 신탁계약에 따른 채권적 권리이다. 개발사업시행으로 이 사건 토지들 자체에 귀속되는 이익은 대내외적으로 완전한 소유권을 행사할 수 있는 수탁자에 귀속되는 것이고, 이 사건 부동산담보신탁계약에 따른 신탁수익이 궁극적으로 위탁자에게 귀속된다고 하더라도 이는 신탁계약에 따른 채권적 효력에 불과한 것이다.

4. 수탁자는 위탁자와 신탁계약에 따라 이 사건 토지들을 '수탁'받아 그 소유권을 취득한 자로서 채권적 위임계약에 따라 개발사업만을 '위탁'받은 경우와 다르다. 따라서 위탁자가 개발이익환수법 제6조 제1항 단서 제1호의 '개발사업을 위탁한 자'에 해당한다고 볼 수 없다.

5. 개발이익환수법 제6조 제1항 제3호는, '개발사업 완료 전에 사업시행자의 지위가 승계된 경우 그 지위를 승계한 자가 개발부담금을 납부할 의무가 있다'고 규정하고 있는바, 이 규정은 원칙적으로 개발이익이 실질적으로 귀속되는 자에게 개발부담금을 부과하여야 하나, 개발사업이 승계된 경우 그 승계 시까지 발생한 개발이익과 승계 후에 발생한 개발이익을 가려내기가 쉽지 아니한 점을 고려하여 마련된 규정으로서 개발사업의 승계 당사자들 사이에 개발이익 및 개발부담금의 승계에 관한 약정이 가능함을 전제로 하는 것이므로, 이러한 약정이 불가능한 경우까지 이 규정을 적용할 것은 아니다(대법원 2002.4.12. 선고 2000두2655 판결 참조). 그런데 위탁자와 수탁자는 이 사건 부동산담보신탁계약을 체결하면서 개발부담금 분담과 승계에 관하여 약정하지 아니하였고(제세공과금, 유지관리비 등을 위탁자가 부담하는 것으로 정한 본 계약 제15조 제1항, 특약사항 제3조 제2항을 개발부담금 분담과 승계에 관한 약정으로 볼 수 없다), 개발부담금 분담과 승계에 관한 약정을 할 수 없었다는 등의 특별한 사정이 있었다고 볼 만 자료도 없다. 따라서 위탁자가 이 사건 토지들에 관한 개발사업의 사업시행자로서 개발이익환수법 제6조 제1항의 개발부담금 납부의무자에 해당함을 전제로 한 이 사건 처분은 그 처분사유가 인정되지 아니하므로 위법하다(서울고등법원 2017.8.24. 선고 2017누49159 판결).

라) 실무 TIP

위 서울고등법원 판결은 대법원에서 심리불속행 기각판결이 선고됨으로서 확정되었다. 위 판결 선고 이후 복수의 하급심에서도 담보신탁 체결 후 개발사업 진행시 개발부담금의 납부의무자가 수탁자라는 취지의 판결이 반복적으로 선고되고 있으므로, 신탁사 임직원들은 토지신탁뿐만 아니라 담보신탁, 분양관리신탁 등 신탁유형을 불문하고 토지가 수탁되어 있는 한 개발부담금의 납부의무자는 수탁자라고 판단하고 업무를 처리하여야 할 필요가 있다.

한편, 일부 지자체에서는 위 판결 선고에도 불구하고 위탁자를 개발부담금으로 판단하고 개발부담금 부과 처분을 내리는 경우가 있는바, 이러한 경우 지자체와 긴밀히 상의하여 개발부담금 부과 처분을 수탁자로 변경할 수 있도록 조치하고 만일 이것이 여의치 않는 경우 개발부담금 상당액 또는 그에 해당하는 신탁재산을 유보하면서 행정심판 또는 행정소송 등으로 부과 처분에 대한 이의를 제기하는 것이 필요하다. 실제로 지자체가 위탁자에게 개발부담금을 부과하였음에도 수탁자가 이에 대한 이의를 하지 않고 신탁해지를 한 사안에서 감사원의 지자체 감사에서 부과처분이 잘못되었다는 결론이 나온 뒤 지자체가 수탁자에게 새로운 개발부담금 부과처분을 한 사례가 있으므로, 개발부담금 부과 처분이 잘못된 경우 수탁자는 개발부담금 상당액을 유보하고 이에 대한 이의를 제기할 필요가 있다.

마 신탁과 물적납세의무

1) 수탁자의 물적납세의무 개괄

구 지방세법(2010.3.31. 법률 제10221호로 전부 개정되기 전의 것) 제183조 제2항 제5호, 구 지방세법(2014.1.1. 법률 제12153호로 개정되기 전의 것) 제107조 제2항 제5호는 신탁재산에 대한 재산세 납세의무자를 위탁자로 규정하고 있었다. 그러나 이 경우 위탁자가 신탁재산에 대한 재산세를 체납하더라도 신탁재산이 수탁자 명의로 되어 있어 위탁자에게 압류 등 체납처분을 할 수 없는 문제가 있음이 지적되었고, 이에 지방세법이 개정되면서 구 지방세법(2014.1.1. 법률 제12153호로 개정되어 2014.4.2. 시행된 것) 제107조 제1항 제3호는 신탁재산에 대한 납세의무자를 수탁자로 규정함으로써 이를 변경하였다(단, 부칙 제17조 제1항은 이 법 시행 전에 재산세 납세의무가 성립한 경우에는 종전의 규정을 따른다고 정하고 있다).

다만 위와 같은 지방세법 개정으로 인하여 수탁자는 수탁자의 고유재산에 대한 체납이 없는 경우에도 위탁자가 재산세를 내지 않으면 체납자가 되어 수탁자의 체납정보가 신용정보회사 등에 제공되거나 고액·상습체납자 명단에 포함되는 등 과도한 납세협력비용을 부담하게 되었고, 위탁자가 재산세의 누진과세를 회피하려는 목적으로 여러 명의 수탁자에게 재산을 나누어 신탁하는 등의 문제가 발생하였다. 이에 2020.12.29. 법률 제17769호로 개정되어 같은 날 시행된 지방세법 제107조 제1항 제5호는 신탁재산에 대한 납세의무자를 위탁자로 규정하여 이를 환원하되, 같은 법 제119조의2 제1항에서 신탁재산에 대한 재산세가 체납된 경우에는 신탁재산의 법적 소유자가 위탁자가 아님에도 불구하고 그 신탁재산으로써 징수할 수 있도록 하는 특례규정(신탁재산 수탁자의 물적납세의무)을 마련하였다(단, 부칙 제11조는 위 개정 규정은 이 법 시행 이후 납세의무가 성립하는 분부터 적용한다고 정하고 있다).

수탁자의 물적납세의무란 신탁설정일 이후에 법정기일이 도래하는 조세 또는 가산금(이하 '조세 등')으로서 해당 신탁재산과 관련하여 발생한 조세 등을 체납한 위탁자가 신탁재산이 있는 경우로서 그 위탁자의 다른 재산에 대하여 강제징수를 하여도 징수할 금액에 미치지 못할 때에는 그 신탁재산으로써 수탁자는 관련 법에 따라 위탁자의 조세 등을 납부할 의무를 의미한다.

수탁자의 물적납세의무는 처음으로 2018년 부가가치세에 도입되었다가 현재는 재산세 및 종합부동산세까지 그 적용 범위가 확대되었다. 수탁자의 물적납세의무는 부가가치세법, 지방세법, 종합부동산세법에 규정되어 있는데, 그 내용은 모두 대동소이하다.

수탁자의 물적납세의무의 정의와 그 범위 구체적인 요건 등을 알기 위하여 부가가치세법 제3조의2와 제52조의2 규정을 검토하여보자. 신탁 관련 수탁자의 물적납세의무는 ① 신탁 설정일 이후에 ② 「국세기본법」 제35조제2항에 따른 법정기일이 도래하는 부가가치세 또는 가산금(부가가치세에 대한 가산금으로 한정한다)으로서 ③ 해당 신탁재산과 관련하여 발생한 것을 체납한 제3조에 따른 납세의무자에게 대통령령으로 정하는 ④ 신탁재산(이하 "신탁재산"이라 한다)이 있는 경우로서 ⑤ 그 납세의무자의 다른 재산에 대하여 강제징수를 하여도 징수할 금액에 미치지 못할 때에는 ⑥ 그 신탁재산으로써 「신탁법」 제2조에 따른 수탁자는 이 법에 따라 납세의무자의 부가가치세등을 납부할 의무를 지는 것을 의미한다.

따라서 수탁자가 신탁관련 물적납세의무를 지기 위하여는 ① 신탁 설정일 이후에 ② 법정기일이 도래하는 부가가치세, 재산세, 종합부동산세 또는 가산금으로서 ③ 해당 신탁재산과 관련하여 발생한 것이 체납되어야 하고 ④ 납세의무자에게 신탁재산이 있어야 하며, ⑤ 그 납세의무자의 다른 재산에 대하여 강제징수를 하여도 징수할 금액에 미치지 못하여야 하고, ⑥ 그 신탁재산으로써만 납세의무를 부담한다.

쉽게 설명하면 ①, ②에 규정된 바에 따라 신탁설정일 이전에 법정기일이 도래한 부가가치세, 재산세, 종합부동산세는 물적납세의무를 부담시킬 수 없다. ③에 따라 신탁된 재산에서 발생한 것이 체납되어야만 물적납세의무를 부담시킬 수 있고, 신탁되지 않은 위탁자의 재산을 가지고 수탁자에게 물적납세의무를 부담시킬 수 없다. ④에 따라 위탁자에게 신탁재산이 현존하여야 한다. 물적납세의무 고지 전 공매 등으로 신탁재산이 사라진 경우에는 수탁자는 물적납세의무를 지지 않는다. ⑤에 따라 위탁자에게 체납세금을 징수시킬 다른 재산이 없어야 한다. 이는 수탁자의 물적납세의무가 보충적 의무임을 규정하는 것으로서 만약 위탁자에게 다른 재산이 충분한 경우 수탁자는 물적납세의무 취소를 신청할 수 있다 할 것이다. ⑥에 따라 물적납세의무는 수탁자의 고유재산을 침범할 수 없다.

한편, 구 지방세법 제119조의2는 '다만, 재산세가 체납된 재산이 속한 신탁에 다른 재산이 있는 경우에는 그 다른 재산에 대하여 압류할 수 있다'는 내용을 포함하고 있었으나, 신탁재산과 관련하여 발생한 재산세의 납세의무자가 위탁자로, 징수방법과 관련하여 수탁자의 물적납세의무 규정이 신설되면서 구 지방세법 제119조의2 단서 조항 즉, "재산세가 체납된 재산이 속한 신탁에 다른 재산이 있는 경우에는 그 다른 재산에 대하여 압류할 수 있다"는 부분은 삭제되었다.[29]

---

[29] 구 지방세법(2020.12.29. 법률 제17769호로 일부 개정되기 전의 것) 제119조의2(신탁재산에 대한 특례) 신탁법에 따라 수탁자 명의로 등기된 신탁재산에 대한 재산세가 체납된 경우에는 지방세징수법 제33조에도 불구하고 재산세가 체납된 해당 재산에 대해서만 압류할 수 있다. 다만, 재산세가 체납된 재산이 속한 신탁에 다른 재산이 있는 경우에는 그 다른 재산에 대하여 압류할 수 있다.

따라서 현행 지방세법 제119조의2 제1항 제1호에 규정된 "해당 신탁재산과 관련하여 발생한 재산세"의 의미를 "동일한 신탁계약 내에 속한 다른 신탁재산과 관련하여 발생한 재산세"도 포함하는 것으로 해석하는 것은 수탁자가 부담하는 물적납세의무의 범위를 확장하는 것으로서 조세법률주의에 반하고, 구 지방세법 제119조의2 단서 조항이 삭제된 취지에도 배치되는 것으로 봄이 타당하다.

위 쟁점에 관하여 하급심에서는 수탁자의 물적납세의무의 범위에 관하여 동일한 신탁계약 내에 속한 다른 신탁재산과 관련하여 발생한 재산세는 수탁자가 부담하는 물적납세의무의 범위 내에 포함되지 아니한다는 판결이 선고되고 있다. 다만 아직 명확한 대법원 판결이 존재하지 아니하므로, 수탁자가 섣불리 동일한 신탁계약 내에 속한 다른 신탁재산과 관련하여 발생한 재산세는 물적납세의무에 포함되지 아니한다고 단정하는 것은 바람직하지 아니하고, 구체적인 사실관계에 따라 신중히 판단할 필요가 있다. 더불어 동일한 신탁계약 내에 속한 다른 신탁재산과 관련하여 발생한 재산세도 수탁자의 물적납세의무에 포함된다고 주장하는 학자도 존재하므로, 위와 관련된 쟁점은 신중히 판단할 필요가 있다.

참고로 약 900세대를 처분신탁한 후 일부 신탁부동산에 대하여 법원 경매절차가 이루어지고 지자체가 수탁자의 물적납세의무 조항을 근거로 900세대 전체의 체납 재산세를 교부청구하자 위탁자가 이에 대하여 배당이의를 청구한 사안에서 전주지방법원 군산지원은 경매 대상 부동산에 대한 당해세가 아닌 다른 신탁부동산에 부과된 조세채권에 대하여 수탁자의 물적납세의무 조항을 근거한 지자체의 교부청구는 부당하다는 취지로 판시한 사례가 있다.

현행 지방세법 제119조의2(신탁재산 수탁자의 물적납세의무)
① 신탁재산의 위탁자가 다음 각 호의 어느 하나에 해당하는 재산세 등을 체납한 경우로서 그 위탁자의 다른 재산에 대하여 체납처분을 하여도 징수할 금액에 미치지 못할 때에는 해당 신탁재산의 수탁자는 그 신탁재산으로써 위탁자의 재산세 등을 납부할 의무가 있다.
 1. 신탁 설정일 이후에 「지방세기본법」 제71조제1항에 따른 법정기일이 도래하는 재산세 또는 가산금(재산세에 대한 가산금으로 한정한다)으로서 해당 신탁재산과 관련하여 발생한 것. 다만, 제113조제1항제1호 및 제2호에 따라 신탁재산과 다른 토지를 합산하여 과세하는 경우에는 신탁재산과 관련하여 발생한 재산세 등을 제4조에 따른 신탁재산과 다른 토지의 시가표준액 비율로 안분계산한 부분 중 신탁재산 부분에 한정한다.

2) 관련 판결 등

가) 신탁사업에서 발생한 소극재산이 적극재산을 초과한 경우에도 수탁자가 물적납세의무를 부담하는지 여부

분양형 토지신탁 사업의 위탁자가 경영악화로 2018년 제1기부터 2019년 제1기 부가세를 체납하여 처분청이 쟁점위탁자에게 체납처분을 집행하였으나 체납 부가세를 징수하지 못하자 「부가가치세법」 제3조의2【신탁 관련 수탁자의 물적납세의무】 규정에 따라 신탁사를 쟁점위탁자가 체납한 쟁점체납액의 납세의무자로 보아 신탁사에게 물적납세의무자 지정 및 납부통지를 하였다.

이에 수탁자가 물적납세의무자 지정 및 납부통지처분을 취소하라는 취지로 조세심판원 심판을 청구하였다. 수탁자의 주장은 다음과 같다. "수탁자의 물적납세의무의 범위는 물적납세의무자 지정통지 당시 수탁자가 고유재산으로부터 자금을 추가 조달하지 않고 신탁재산만으로 납부할 수 있는 신탁계정의 잔액(신탁사업과 관련하여 발생한 적극재산에서 소극재산을 차감한 금액)이면서, 같은 시점에 신탁재산 전부를 강제집행하였을 때 환가될 수 있는 금액(현금흐름상 현금의 유입이 확정된 금액)이라고 할 것인데, 당초 신탁사가 처분청에게 제출한 '쟁점신탁재산 관련 재무제표'는 특정 시점에 내부관리 목적으로 작성된 것으로서 객관적이고 신뢰성 있는 자료라고 할 수 없고, 이를 통해서는 이 사건 사업의 신탁재산이 얼마인지에 관한 정보를 정확히 알 수 없으며, 실제로는 처분청이 쟁점처분을 한 2019.10.29. 현재 이 건 신탁사업에서 발생한 소극재산이 적극재산을 초과하였으므로, 신탁사가 물적납세의무를 부담하게 될 신탁재산은 존재하지 아니함에도 신탁사를 쟁점체납액에 대한 물적납세의무자로 지정하고 납부통지한 처분은 위법하다"

위 사례에서 쟁점은 ① (주위적 청구) 청구법인이 물적납세의무 통지를 받을 당시 신탁재산이 존재하였는지 여부와 ② (예비적 청구) 처분청이 물적납세의무 납부통지한 쟁점체납액이 쟁점신탁재산과 관련하여 체납된 부가가치세액을 초과한다는 청구주장의 당부였다.

조세심판원은 위 사례에서 먼저 쟁점 ①에 대하여 살피건대, 처분청은 신탁사가 당초 제출한 2019.8.31. 현재 재무제표상 OOO원의 자산이 계상되어 있었으므로, 신탁사를 물적납세의무자로 지정 및 납부통지 한 처분이 정당하다는 의견이나, 쟁점신탁재산 관련 재무제표상 계상된 부가가치세미수금은 쟁점위탁자에 대한 채권으로 확인되고, 처분청이 직접 쟁점위탁자의 다른 재산에 대해 체납처분을 하여도 징수할 금액에 미치지 못하여 비로소 신탁사를 쟁점체납액에 대한 물적납세의무자로 지정한 것이므로, 동 부가가치세미수금은 쟁점위탁자로부터 회수될 가능성이 없다고 봄이 타당한 점,

신탁사와 분양대행사 간의 분양대행계약 및 오피스텔 매매계약의 내용에 따르면, 신탁사는 분양대행사에 대하여 OOO원의 분양미수금 채권을 소유하였으나, 동시에 OOO원의 분양수수료 미지급금 채무 및 OOO원 상당의 계약이행보증금 채무를 부담하였던 사실이 확인되는 점 등에 비추어 처분청이 쟁점처분을 한 2019.10.29. 현재 이 건 신탁사업에서 발생한 소극재산이 적극재산을 초과하여 채무초과상태로 확인되므로, 신탁사가 물적납세의무를 부담하게 될 신탁재산이 존재하였다고 보기 어려우므로 신탁사를 물적납세의무자로 지정하여 납부통지한 당초 처분은 잘못이 있다고 판단하고, 쟁점 ①이 인용된 이상 쟁점 ②는 별도로 심리하지 아니한 채, 수탁자에게 내려진 물적납세의무처분을 취소하는 결정을 내렸다.

위 사례에서 신탁재산 중 소극재산이 적극재산을 초과하는 경우 신탁사가 물적납세의무를 부담하게 될 신탁재산이 존재하였다고 보기 어려우므로 신탁사를 물적납세의무자로 지정하여 납부통지한 당초 처분은 잘못이 있다는 조세심판원의 결정은 매우 타당한 것으로서 이론의 여지가 없다.

다만 실무에서 중요한 것은 소극재산을 어떻게 계량할 것인가인데, 위 사례에서는 조세심판원이 신탁사가 고유계정에서 신탁사무를 처리하기 위하여 지출한 신탁사무처리에 관한 대지급금을 소극재산으로 인정한 점을 주목할 만하다.

부가가치세법 규정에 따르면 자칫 필요비와 유익비만 신탁사가 공제할 수 있는 것처럼 해석될 여지도 없지는 않았는데, 조세심판원이나 법원이 대지급금도 소극재산으로 인정해 준다면 실무상 업무처리를 하는데 수월한 면이 있기 때문이다. 솔직히 대지급금은 당연히 소극재산으로 인정되어야 한다. 조세당국의 과도한 확장해석은 비판받아 마땅하다.

나) 토지신탁에서 발생한 부가가치세 체납에 관하여 토지신탁 종료 후 체결된 담보신탁 신탁재산으로서 물적납세의무를 부담하는지 여부

토지신탁 사업 진행 중 토지신탁의 신탁재산인 신축건물 각 호실을 분양하는 과정에서 부가가치세가 체납된 뒤 토지신탁의 잔여 신탁재산에 관하여 토지신탁 종료 후 신규 담보신탁계약이 체결된 경우 세무당국은 토지신탁 계약 진행 중 발생한 부가가치세 체납을 이유로 신규 담보신탁 계약의 신탁재산에 대하여 수탁자를 상대로 물적납세의무자 지정 처분을 할 수 있는지 여부가 문제된다.

위와 같은 쟁점이 문제된 사안에서 수탁자는 토지신탁의 신탁재산과 관련하여 발생한 부가가치세등 체납에 관하여 담보신탁의 신탁재산인 부동산으로써 물적납세의무를 부담하지 않는다고 주장하였고, 세무당국은 수탁자가 토지신탁의 신탁재산에 관하여 토지신탁을 해지하고 신규 담보신탁을 체결하였다고 하더라도 수탁자는 토지신탁으로 수탁한 신탁부동산 전부로써 위탁자가 체납한 부가가치세등에 대하여 물적납세의무를 부담한다고 주장하였다.

인천지방법원은 토지신탁과 담보신탁의 수탁자가 동일하다는 사실만으로 토지신탁의 신탁재산과 관련하여 발생한 체납세액에 대해서까지 물적납세의무를 부담시키는 것은, 수탁자가 납세고지처분 당시 소유·관리하고 있는 담보신탁의 신탁재산의 범위를 넘어선 물적납세의무를 부담시키는 것으로 위법하다는 취지로 판시하였다. 자세한 내용은 아래와 같다.

1. 위 규정들을 종합하면, 납세의무자(위탁자)가 신탁재산 매매 등으로 인한 부가가치세등을 체납할 경우, 해당 신탁재산의 수탁자는 그 신탁재산의 한도 내에서 위탁자가 체납한 부가가치세등을 납부할 의무를 부담하는 것은 법문상 명확하다. 이러한 수탁자의 물적납세의무가 성립하기 위해서는 위탁자가 부가가치세등의 체납 등 그 요건에 해당하는 사실이 발생하여야 하므로 그 성립시기는 적어도 '위탁자의 부가가치세 등 납세의무의 납부기한'이 경과된 이후라고 할 것이고(대법원 2012.5.9. 선고 2010두13234 판결 등 참조), 과세관청이 수탁자에게 물적납세의무 납부통지서를 고지함으로써 비로소 구체적으로 확정된다(대법원 1982.8.24. 선고 81누80 판결 등 참조). 구 부가가치세법 제52조의2 제3항도 이를 전제로 그 후 수탁자가 변경되는 경우에는 이전

의 수탁자에게 고지된 납세의무를 승계하도록 정하고 있다.

2. 수탁자의 물적납세의무는, 수탁자가 위탁자의 체납 부가가치세등과 관련한 신탁재산을 대내외적으로 소유·관리하고 있음을 요건으로 하여 그 신탁재산으로써 관련 체납세액에 대한 납부의무를 부담하는 것이므로, 수탁자는 물적납세의무 성립 및 확정시에 수탁하고 있는 신탁재산과 관련하여 발생한 위탁자의 부가가치세등 체납세액에 대하여만 물적납세의무를 부담한다.

3. 따라서 원고는 이 사건 처분 당시 원고가 수탁하고 있는 신탁재산에 관련하여 발생한 D의 부가가치세등 체납세액에 대하여만 물적납세의무를 부담한다.

4. 한편, 수탁자는 신탁재산을 수탁자의 고유재산과 분별하여 관리하고 신탁재산임을 표시하여야 하며, 여러 개의 신탁을 인수한 수탁자는 각 신탁재산을 분별하여 관리하고 서로 다른 신탁재산임을 표시하여야 한다(신탁법 제37조 제1항, 제2항). 이 사건 토지신탁과 담보신탁은, 수탁자만 동일할 뿐 위탁자, 신탁목적(① 이 사건 토지신탁은, 이 사건 토지 위에 건물을 신축하고 그 신탁재산을 임대·처분하는 등 관리·운영하여 신탁이익을 수익자에게 지급함에 있어 그 사업을 안정적으로 진행함에 목적이 있는 반면, ② 이 사건 담보신탁은, 채무자가 우선수익자에게 부담하는 채무 이행을 담보하기 위하여 원고를 통해 신탁재산의 소유권을 보전 관리하며 채무자의 채무 불이행시 환가 정산하는 데 그 목적이 있다), 수익자, 우선수익자, 신탁재산이 모두 다르므로 동일한 신탁이라고 할 수 없다. 결국 이 사건 토지신탁과 담보신탁의 수탁자가 동일하더라도, 각 신탁의 신탁재산은 서로 분별하여 관리되어야 하고, 원고가 부담하는 수탁자의 물적납세의무도 각 신탁의 신탁재산별로 구별되어야 한다.

5. 그런데 앞서 든 각 증거와 을 제11호증의 기재에 변론 전체의 취지를 더하여 인정되는 다음과 같은 사정들을 종합하면, 이 사건 납부고지처분으로 고지된 체납세액 대부분은 이 사건 담보신탁의 신탁재산과 관련 없는 것으로 봄이 상당하고, 기록에 나타난 증거만으로는 원고가 이 사건 담보신탁의 신탁재산과 관련하여 부담하는 물적납세의무의 범위를 산정할 수 없다. 따라서 피고의 원고에 대한 이 사건 납부고지처분은 과세대상이 되는 법률관계나 사실관계가 없는 자에 대한 것으로서 그 하자가 중대하고도 명백하여 무효이다.

가. 이 사건 토지신탁에서 정한 신탁기간은 2018.8.경까지였는데, D와 원고는 2018.8.20.경 우선수익자들의 동의를 받아 이 사건 담보신탁의 신탁재산에 대하여 위 토지신탁을 해지하고, 이 사건 담보신탁계약을 체결하였다. 그 결과 이 사건 납부고지처분 당시 이 사건 토지신탁은 종료 내지 해지되었고, 원고는 더 이상 이 사건 토지신탁의 수탁자로서 신탁재산을 소유·관리하고 있지 않았던 것으로 보인다.

나. 그렇다면 원고가 신탁재산으로써 부담하는 수탁자의 물적납세의무는 이 사건 처분 당시 수탁자로서 소유·관리하고 있던 이 사건 담보신탁의 신탁재산과 관련하여 발생한 부가가치세등에

한정된다. 설령 이 사건 납부고지처분 당시 이 사건 토지신탁의 효력이 유지되고 있었다고 하더라도, 앞서 본 바와 같이 이 사건 토지신탁과 담보신탁이 별개의 신탁인 이상, 원고가 수탁자로서 부담하는 물적납세의무도 각 신탁의 신탁재산별로 구별되어야 한다.

다. 그런데 이 사건 납부고지처분으로 원고에게 납부고지된 D의 부가가치세등 체납액 중에는 이 사건 담보신탁의 신탁재산이 아닌 이 사건 건물 각 호실의 매매, 관리비에 대한 부가가치세등이 포함되어 있고, 부가가치세 관련 거래 대상을 확인할 수 없는 내역도 다수 존재한다.

라. 피고는, 구 부가가치세법 제52조의2 제4항을 '최초의 신탁계약에 따라 신탁된 신탁재산이 존재한다면 이후 신탁계약 당사자들이 신탁계약을 변경하거나 해지하더라도, 해당 신탁재산과 관련한 체납액에 관한 수탁자의 물적납세의무 지정 범위가 달라지지 않음을 정한 것'으로 해석하여야 한다고 주장한다. 또한 피고는, 이 사건 납부고지처분을 통한 원고의 채무는 신탁법 제22조 단서의 '신탁사무의 처리상 발생한 권리'에 해당하므로, 피고가 이 사건 담보신탁의 신탁재산에 대하여 이 사건 압류처분을 할 수 있다는 취지로도 주장한다. 그러나 수탁자의 물적납세의무는 '물적'납세의무라는 특성상 수탁자에게 신탁재산이 있을 것과 위탁자의 체납액과 신탁재산 사이의 관련성이 요구된다. 앞서 본 바와 같이 원고가 이 사건 납부고지처분 당시 이 사건 토지신탁의 신탁재산을 더 이상 소유·관리하고 있다고 보기 어렵고, 이 사건 담보신탁이 이 사건 토지신탁과 구별되는 이상, 원고가 이 사건 토지신탁의 수탁자였다는 사실만으로 이 사건 토지신탁의 신탁재산과 관련하여 발생한 체납세액에 대해서까지 물적납세의무를 부담시키는 것은, 원고에게 이 사건 납세고지처분 당시 소유·관리하고 있는 신탁재산의 범위를 넘어선 물적납세의무를 부담시키는 것으로 위법하다.

마. 피고는 또한 다음과 같이 주장한다. 즉, 이 사건 건물 전부가 이 사건 토지신탁의 신탁재산인 상태에서 위 토지신탁의 당사자들이 위 건물의 일부 호실에 관하여만 임의로 신탁계약을 해지하고 새로운 담보신탁계약을 체결하였다는 사정만으로, 이 사건 건물에 관하여 발생한 부가가치세 체납액에 관하여 이 사건 담보신탁의 신탁재산으로써 물적납세의무를 부담하지 않는다면, 물적납세의무 회피를 용인하게 되어 부당하다. 살피건대, ① 이 사건 토지신탁과 담보신탁의 목적, 우선수익자 등이 상이할 뿐만 아니라, ② 이 사건 담보신탁은 미분양된 7개 호실만을 대상으로 하는 것으로 전체 건물 중 일부에 한하여 체결된 사실은 앞서 본 바와 같고, ③ 위 인정사실에 이 사건 담보신탁은 이 사건 토지신탁이 원래 예정하였던 신탁기간 종료일 무렵(2018.8.경)에 체결된 것인 사정 등을 더하여 보면, 이 사건 건물에 관하여 부가가치세등이 체납되는 등 피고가 주장하는 사정만으로는 원고가 물적납세의무를 회피하기 위한 의도로 이 사건 담보신탁을 체결하였다고 단정하기 어렵다.

바. 과세관청은 위탁자의 부가가치세등 체납이 있더라도, 그 체납액 전부를 수탁자로부터 징수할 수 없고, 구 부가가치세법 제3조의2에 정해진 수탁자의 물적납세의무범위 내에서만 수탁자로

부터 징수할 수 있다. 피고는 과세관청으로서 이 사건 처분에 앞서 D가 원고에게 위탁한 재산을 확인하여 납부고지하였어야 한다. 피고가 이 사건 담보신탁의 신탁재산의 등기부등본 중 일부라도 확인하였다면, 이 사건 담보신탁일 무렵 이 사건 토지신탁에 따라 위 각 호실에 대한 소유권보존등기와 함께 작성된 신탁등기가 말소되고 새로운 신탁등기가 이루어진 사실을 쉽게 알 수 있었다.

사. 강제징수는 조세채권의 실현을 목적으로 하는 행정처분이므로 유효하게 확정된 조세채권을 전제로 한다. 따라서 원고에 대한 과세처분인 이 사건 납세고지처분이 무효인 이상 이를 실현하기 위한 이 사건 압류처분 역시 당연무효이고, 이 사건 압류처분의 효력 유무에 관하여 원고와 피고 사이에 다툼이 있으므로 원고에게 무효확인을 구할 이익이 있다(인천지방법원 2022.8.26. 선고 2021구합54082 판결).

본건 판결은 토지신탁에서 발생한 부가가치세 체납을 이유로 토지신탁 종료 후 신규 체결된 담보신탁 재산에 대하여 수탁자가 동일하다는 이유만으로 물적납세의무자 통지를 할 수 없다는 점을 확인하였다는 점에서 의미가 있다. 주류의 하급심 판결의 경향을 보면, 수탁자가 신탁재산으로써 부담하는 수탁자의 물적납세의무는 물적납세의무자지정처분 당시 수탁자로서 소유·관리하고 있던 신탁계약의 신탁재산과 관련하여 발생한 부가가치세등에 한정된다.

따라서 물적납세의무자 지정처분 당시 종료된 신탁계약에 대한 세금체납을 이유로 별개의 신탁계약에 따른 신탁재산에 대하여 물적납세의무자 지정처분을 하거나 압류할 수 없다. 더불어 본건 판결은 수탁자가 동일하다는 이유만으로 A 신탁사업에서 발생한 채권을 이유로 B 신탁사업의 신탁재산에 가압류 등을 집행한 채권자에 대하여 가압류 이의신청을 할때도 근거로 활용할 수 있는 판결이므로 신탁사 담당자는 기억해 두는 것이 바람직하다.

다) 동일한 신탁계약 내 신탁재산에서 재산세 체납이 발생한 경우 수탁자는 체납이 발생하지 아니한 신탁재산으로도 물적납세의무를 부담하는지 여부

동일한 신탁계약 내의 신탁재산에서 다수의 재산세 체납이 발생하였고, 그 중 1개 호실에 관하여 부동산 강제경매 절차가 진행되었는데, 지자체가 강제경매 대상이 아닌 다른 신탁재산에서 발생한 재산세 체납을 이유로 해당 체납액에 대하여 교부청구를 하여 배당표가 작성되자 수탁자가 배당이의를 제기하였다.

원고인 수탁자는 "해당 신탁재산과 관련하여 발생한 체납 재산세"에 대하여만 그 신탁재산으로써 위탁자의 체납 재산세를 납부할 의무가 있을 뿐이므로, 경매대상 부동산에 대하여 발생한 체납 재산세 외의 다른 신탁재산에서 발생한 체납 재산세에 대하여 수탁자에게 물적 납세의무가 있음을 전제로 이루어진 지자체의 교부청구는 부당하다는 취지로 주장하였다.

피고인 지자체는 지방세법 제119조의 2 제1항에서 신탁재산의 수탁자인 원고가 물적 납세의무를 부담하는 것으로 정한 "해당 신탁재산과 관련하여 발생한 체납 재산세"라 함은 동일한 위·수탁자 사이에 체결된 신탁계약 내에 수 개의 재산이 있는 경우 그 다른 신탁재산과 관련하여 발생한 체납 재산세도 포함되는 것으로 해석하여야 하므로, 피고가 이 사건 신탁계약의 대상이 되는 다른 신탁재산에 대하여 발생한 체납 재산세에 대하여 교부청구를 한 것은 정당하다는 취지로 주장하였다.

전주지방법원 군산지원은 현행 지방세법 제119조의2 제1항 제1호에 규정된 "해당 신탁재산과 관련하여 발생한 재산세"의 의미를 "동일한 신탁계약 내에 속한 다른 신탁재산과 관련하여 발생한 재산세"도 포함하는 것으로 볼 수 없다는 취지로 판시하며, 원고인 수탁자의 청구를 전부 인용하였다. 자세한 사항은 아래와 같다.

현행 지방세법 제119조의 2의 문언, 관련 규정의 개정 경위 등에 의하여 알 수 있는 다음과 같은 사정을 고려하면, 수탁자인 원고가 이 사건 부동산으로써 납세의무를 부담하는 위탁자의 체납 재산세 등은 이 사건 부동산에 대하여 발생한 것으로 한정함이 타당하므로, 다른 신탁재산 및 원고 소유가 아닌 부동산과 관련하여 발생한 체납재산세에 대하여 이루어진 피고의 이 사건 교부청구는 부당하다.

1. 과거 지방세법은 신탁재산에 대한 재산세 납세의무자를 위탁자로 규정하고 있었는데, 이 경우 신탁재산이 수탁자 명의로 되어 있어 위탁자에게 압류 등 체납처분을 할 수 없는 문제가 있음이 지적되어 2014.1.1. 법률 제12153호로 지방세법이 개정되면서 신탁재산에 대한 납세의무를 수탁자로 변경하고, 신탁재산의 법적 소유자와 납세의무자를 일치시키게 되었다.

구 지방세법 제119조의2는 위와 같은 시점인 2014.1.1. 신설되었는데 해당 조항은 "신탁재산에 대한 재산세가 체납된 경우에는 재산세가 체납된 해당 재산에 대해서만 압류할 수 있다. 다만, 재산세가 체납된 재산이 속한 신탁에 다른 재산이 있는 경우에는 그 다른 재산에 대하여 압류할 수 있다."고 규정함으로써, 위 단서 조항에 따라 동일한 신탁에 속한 다른 신탁재산에 대하여도 체납 처분이 가능한 것으로 정하고 있었다.

2. 그런데 위와 같은 지방세법 개정으로 수탁자는 위탁자가 신탁재산에 대한 재산세를 내지 않으면 체납자가 되는 등 과도한 납세협력비용을 부담하게 되는 문제가 발생하였고, 이에 2020.12.29. 지방세법이 개정됨으로써 신탁재산에 대한 재산세의 납세의무를 위탁자로 환원하고 신탁재산에 대한 재산세가 체납된 경우 신탁재산의 법적 소유자가 위탁자가 아님에도 그 신탁재산으로써 징수할 수 있도록 수탁자의 물적 납세의무를 규정한 현행 지방세법과 같은 제119조의2 제1항이 마련되었다.

3. 신탁재산과 관련하여 발생한 재산세의 납세의무자가 위탁자로, 징수방법과 관련하여 수탁자의 물적납세의무 규정이 신설되면서 구 지방세법 제119조의2 단서 조항 즉, "재산세가 체납된 재산이 속한 신탁에 다른 재산이 있는 경우에는 그 다른 재산에 대하여 압류할 수 있다"는 부분은 삭제되었다.

4. 현행 지방세법 제119조의2 제1항 제1호에 규정된 "해당 신탁재산과 관련하여 발생한 재산세"의 의미를 "동일한 신탁계약 내에 속한 다른 신탁재산과 관련하여 발생한 재산세"도 포함하는 것으로 해석하는 것은 수탁자가 부담하는 물적납세의무의 범위를 확장하는 것으로서 조세법률주의에 반하고, 구 지방세법 제119조의2 단서 조항이 삭제된 취지에도 배치되는 것으로 봄이 타당하다.

5. 피고는 현행 지방세법 제119조의1 제1항 제1호에 규정된 "해당 신탁재산과 관련하여 발생한 재산세"를 "동일한 신탁계약 내에 속한 다른 신탁재산과 관련하여 발생한 재산세"로 해석함으로써 위탁자의 탈세 또는 조세회피를 방지할 수 있다고 주장하나, 피고로서는 다른 신탁재산에 대하여 발생한 재산세에 대하여는 당해 신탁재산별로 체납처분을 진행하여 조세 징수를 할 수 있으므로 피고의 위 주장은 받아들일 수 없다(전주지방법원 군산지원 2023.8.31. 선고 2022가단1805 판결).

지방세법 제119조의1의 "해당 신탁재산과 관련하여 발생한 재산세"는 동일한 신탁계약 내에 속한 다른 신탁재산과 관련하여 발생한 재산세를 불포함한다는 취지로 판결한 하급심이다. 다만 개인적으로는 대법원까지 상고되면 그 결론이 달라질 수 있는 가능성

도 약간은 존재한다 사료된다. 실무적으로 세무서나 지자체에서는 동일한 신탁계약 내에 속한 다른 신탁재산과 관련하여 발생한 체납 재산세를 이유로 다른 신탁재산에 물적납세의무자 통지처분 또는 신탁재산 압류처분등을 하고 있으므로, 세무서나 지자체와 협의시 본건 판결을 근거로 삼는다면 협상력이 증가할 수 있으므로 신탁사 임직원들이 기억할 가치가 있다.

라) 신탁계약조항을 근거로 수탁자에게 물적납세의무를 부담시킬 수 있는지 여부 및 납세의 고지나 독촉 없이 압류할 수 있는지 여부

부가가치세법상 수탁자의 물적납세의무 규정은 2017.12.19. 일부개정되어 2018.1.1.부터 시행된 바, 그 이전에 발생한 부가가치세를 신탁계약 조항을 근거로 수탁자에게 물적납세의무를 부담시킬 수 있는지, 납세의 고지나 독촉 없이 국세징수법에 따른 압류를 할 수 있는지 여부가 문제된다.

법률에 의한 근거 없이 계약상 조항을 근거로 수탁자에게 물적납세의무를 부과할 수 있는가. 당연히 안된다. 조세법률주의를 정면으로 부정하는 주장이기 때문이다. 또한 조세당국이 납세의 고지나 독촉 없이 국세징수법상 압류를 할 수 있는가. 당연히 안된다. 국세징수법상 압류 요건을 충족하지 아니하였기 때문이다. 위와 관련한 하급심 판결을 소개해본다.

1. 원고가 위탁자의 부가가치세 납세의무에 대하여 물적납세의무를 부담하는지
   가. 물적납세의무는 본래의 납세의무자가 납부해야 할 세금을 보충적으로 제3자가 특정한 재산으로 납부할 책임을 지는 것으로 납세의무를 확장하는 제도이므로, 조세법률주의 원칙상 물적납세의무를 인정하기 위해서는 법률에 근거가 있어야 한다.
   나. 조세에 관한 법률이 아닌 사법상 계약에 의하여 납세의무 없는 자에게 조세채무를 부담하게 하거나 이를 보증하게 하여 이들로부터 조세채권의 종국적 만족을 실현하는 것은 조세의 본질적 성격에 반할 뿐 아니라 과세관청이 과세징수상의 편의만을 위해 법률의 규정 없이 조세채권의 성립 및 행사 범위를 임의로 확대하는 것으로서 허용될 수 없다(대법원 2017.8.29. 선고 2016다224961 판결 참조).

이 사건 신탁계약서(갑 2)에 의하면, 원고와 소외 회사가 신탁재산에 대한 조세를 소외 회사의 부담으로 하되 이를 원고가 신탁재산에서 지급하고(제18조), 원고는 세무업무를 대행할 세무사를 정하여 부가가치세의 신고·납부·환급 기타 필요한 업무처리를 하게 할 수 있다(제39조)고 약정한 사실이 인정된다. 그러나 앞서 본 바와 같이 조세에 관한 법률이 아닌 사법상 계약에 의하여 납세의무 없는 자에게 조세채무를 부담하게 하는 것은 허용되지 않으므로, 위 계약조항에 의하여 원고가 국가에 대하여 소외 회사의 부가가치세 납세의무를 이행할 책임을 부담한다고 할 수 없다.

다. 따라서 원고의 물적납세의무를 인정할 아무런 법률상 근거가 없는 이상, 피고의 이 부분 주장도 이유 없다.

2. 원고가 신탁재산 공급에 관한 부가가치세 납세의무를 부담한다고 하여 이 사건 처분이 적법한지

가. 앞서 본 바와 같이, 피고는 소외 회사를 부가가치세 납세의무자로 보아 이 사건 처분을 하였다. 부가가치세법 제57조 제1항 제1호에 의하면, 사업자가 부가가치세 예정신고 또는 확정신고를 하지 아니한 경우 관할 세무서장등은 해당 과세기간에 대한 부가가치세의 과세표준과 납부세액을 조사하여 결정 또는 경정하게 되나, 원고가 부가가치세 예정신고 또는 확정신고를 하였다거나 피고가 원고에게 부가가치세 부과처분이나 징수처분을 하였다고 볼 증거가 없다.

나. 국세징수법(2018.12.31. 법률 제16098호로 개정되기 전의 것, 이하 같다) 제9조 제1항, 제23조 제1항, 제24조 제1항 제1호의 규정에 의하면, 세무서장은 납세자가 국세의 납세고지를 받고 그 납부기한까지 완납하지 아니하는 경우 독촉장을 발급하고, 독촉장을 받은 납세자가 지정된 기한까지 국세를 완납하지 아니한 경우에 납세자의 재산을 압류할 수 있다. 따라서 납세의 고지나 독촉이 없었다면 국세징수법 제24조 제1항 제1호에 의한 압류 요건이 충족되었다고 할 수 없다.

그렇다면 설령 원고가 신탁재산 공급에 관한 부가가치세 납세의무를 부담한다고 하더라도 원고에 대한 부가가치세 부과처분이나 징수처분이 없었던 이상 원고에 대한 압류처분은 위법하다(창원지방법원 2019.8.22. 선고 2019구합50340 판결).」

3) 물적납세의무 부과처분 불복절차

통상적으로 과세관청은 수탁자에게 물적납세의무 부과처분을 한 후 이를 기초로 신탁재산에 대하여 압류처분을 한다. 물적납세의무 부과처분은 수탁자를 납세의무자로 하는 처분이므로, 물적납세의무 부과처분이 있으면 수탁자는 신탁재산을 한도로 납세의무를 부담한다. 과세관청은 수탁자가 스스로 납세의무를 이행하지 아니할 경우 신탁재산에 대

하여 압류처분을 할 수 있다. 신탁법 제22조 본문에 따라 신탁재산에 대한 강제집행은 원칙적으로 금지되나 동조 단서에 따라 신탁사무의 처리상 발생한 권리에 기한 경우 강제집행이 가능하며, 물적납세의무 부과처분에 따른 압류처분은 위의 경우에 해당한다.

따라서 물적납세의무 부과처분이 적법하다면 그에 기초한 압류처분도 적법하다. 만약 물적납세의무 부과처분이 부당하다면, 그에 기초한 압류처분도 부당하다. 다만 물적납세의무 부과처분과 그에 기초한 압류처분은 각 독립된 별개의 행정처분에 해당하므로 압류처분을 불복하면서 선행 처분인 물적납세의무 부과처분의 위법성을 다툴 수 없다. 따라서 압류처분만을 취소하여야 한다는 특별한 사정이 없는 한, 수탁자는 물적납세의무 부과처분에 대하여 불복절차를 진행하는 것이 일반적이다. 다만, 특별한 사정이 있는 경우 압류처분에 대해서만 다투는 경우도 있다.

수탁자는 물적납세의무 부과처분이 내려진 날로부터 90일 이내에 조세심판청구를 제기할 수 있다. 조세심판청구에서 수탁자가 승소하는 경우 과세관청은 법원에 이의를 제기할 수 없다. 다만 수탁자가 패소하는 경우 수탁자는 행정법원에 물적납세의무 부과처분 취소소송을 제기할 수 있다.

물적납세의무 부과처분 불복절차에서 수탁자가 주장하는 쟁점은 다양한데, 대표적으로 보자면, ① 부가가치세법상 수탁자의 물적납세의무 규정이 도입되기 이전에 성립된 부가가치세로 수탁자에게 물적납세의무 부과처분을 내릴 수 없다는 점이다. 부가가치세법(2020.12.22. 법률 제17653호로 개정된 것) 부칙 제5조는 2022년 1월 1일 전에 설정한 신탁의 경우 담보신탁 공매시 발생한 부가가치세와 도정법 및 소규모주택법에 따른 지정개발자로서 사업시행과정에서 신탁재산을 처분한 경우 외의 경우의 부가가치세 납세의무자를 위탁자로 규정하고 있고, 부칙 제6조는 2020년 1월 1일 전에 납세의무가 성립된 분에 대해서는 개정규정을 적용하지 아니한다고 규정한다.

따라서 위와 같은 부칙 규정을 볼 때, 2020.1.1. 전에 위탁자에게 부가가치세 납세의무가 발생한 경우 수탁자는 물적납세의무를 부담하지 아니하지만, 2020.1.1. 이후에 위탁자가 신탁재산과 관련하여 부가가치세를 체납한 경우에는 수탁자에게 물적납세의무가 발생할 수 있다.

② 수탁자는 신탁사업이 채무초과상태인 경우에는 물적납세의무를 부과할 수 없다는 점을 주장할 수 있다. 부가가치세법 제3조의2 제2항은 수탁자는 그 신탁재산으로써 물적납세의무를 부담한다고 규정하고 있는바, 수탁자가 가진 신탁재산이 채무초과상태라면, 수탁자가 물적납세의무 부과처분을 내릴 수 없다. 조세심판원도 신탁사업에서 발생한 소극재산이 적극재산을 초과하여 채무초과상태인 경우에는 물적납세의무 부과처분을 내릴 수 없다고 판단한 바 있다(조심2020중0634, 조심2023지0489, 조심2023지1608 등).

처분청이 본래의 납세의무자인 위탁법인에 대하여 전국재산조회를 통해 나타난 재산을 분석한 결과 재산 실익이 없어 체납세 등을 충당하기에 부족하다고 인정하여 청구법인에게 물적납세의무를 부담하도록 한 것으로 볼 수 있는 점 등에서 청구주장을 받아들이기 어렵다고 판단됨.처분청이 이 건 납세처분을 한 2022.11.28. 현재 각 신탁재산(동호수)별로 물적납세의무를 부담할 재산이 실제 존재하는지 여부를 재조사하여 그 결과에 따라 재산이 존재하지 않는 물건에 대하여는 이를 각 취소하는 것이 타당하다고 판단됨(조세심판원 2024.4.11. 조심2023지1608)

처분청은 동호수별로 이 건 납세처분을 한 신탁재산가액이 각 존재하므로 정당한 처분이라는 의견이나, 수탁자에 대한 물적납세의무는 그 납세처분 당시 물적납세의무를 부담하게 될 신탁재산가액이 존재하는 것을 전제로 하는 것으로, 이 건 납세처분은 각 신탁재산(동호수)별로 그 체납세(재산세)를 부담하게 한 것이므로 그 재산(동호수)별로 실재 신탁재산이 존재하는지 여부를 확인하는 것이 타당하다 하겠는바, 이 건 납세처분이 이루어진 2022.7.11. 현재 신탁재산 중 OOO를 실례로 볼 경우, OOO동의 최상층 기준 공동주택공시가격은 OOO원으로 나타나는 반면, OOO동 OOO호의 근저당채무금액이 OOO원, 임대보증금(채무)이 OOO원으로서 공동주택공시가격보다 채무금액이 더 높은 것으로 나타나는 점, 청구법인이 2023.9.25. 기준으로 제출한 자료에서 전체 신탁재산을 처분할 경우의 예상 처분총액은 OOO원이고, 채무에 해당하는 근저당설정 금액이 총 OOO원, 임차인 보증금이 OOO원, 청구법인이 주택도시보증공사(HUG)에 대위변제한 금액이 OOO원으로서 소극재산(채무가액)이 전체 신탁재산의 처분금액을 약 OOO원 이상 초과하는 것으로 나타나는 점 등에 비추어 이 건 납세처분일 현재 각 신탁재산(동호수)별로 물적납세의무를 부담할 재산이 존재하는지 여부가 불분명하다고 볼 수 있다 하겠다.

따라서 처분청이 이 건 납세처분을 한 2022.7.11. 현재 각 신탁재산(동호수)별로 물적납세의무를 부담할 재산이 존재하는지 여부를 재조사하여 그 결과에 따라 재산이 존재하지 않는 물건에 대하여는 이를 각 취소하는 것이 타당하다고 판단된다(조세심판원 2023.12.4. 조심2023지0489).

③ 동일한 신탁계약 내에 속한 다른 신탁과 관련하여 발생한 재산세는 수탁자에게 물적납세의무 부과처분을 할 수 없다는 점. 전술한 바와 같이, 현행 지방세법 제119조의2의 문언, 관련 규정의 개정 경위 등을 종합하면, 수탁자가 신탁재산으로써 납세의무를 부담하는 위탁자의 체납 재산세 등은 해당 신탁부동산에 대하여 발생한 것으로 한정함이 타당하므로, 다른 신탁재산 및 수탁자 소유가 아닌 부동산과 관련하여 발생한 체납재산세에 대하여 이루어진 과세관청의 물적납세의무 부과처분은 부당하다.

현행 지방세법 제119조의2 제1항 제1호에 규정된 "해당 신탁재산과 관련하여 발생한 재산세"의 의미를 "동일한 신탁계약 내에 속한 다른 신탁재산과 관련하여 발생한 재산세"도 포함하는 것으로 해석하는 것은 수탁자가 부담하는 물적납세의무의 범위를 확장하는 것으로서 조세법률주의에 반하고, 구 지방세법 제119조의2 단서 조항이 삭제된 취지에도 배치되는 것으로 봄이 타당하므로, 해당 신탁부동산에 관한 재산세가 아닌 동일한 신탁계약 내에 속한 다른 신탁부동산에 관한 재산세 체납을 근거로 한 물적납세의무 부과처분은 수탁자가 다툴 수 있다.

④ 신탁재산과 관련 없는 부가가치세 체납을 이유로 물적납세의무 부과처분을 하였다는 점. 부가가치세의 물적납세의무 부관처분 통지서를 보면, 체납 부가가치세의 총액만이 기재되어 있을 뿐, 해당 부가가치세가 물적납세의무 부과처분을 받은 신탁재산에서 발생한 것인지, 다른 신탁재산에 발생한 것인지, 아니면 신탁사업과 전혀 무관하게 발생한 것인지 여부를 전혀 알 수 없는 구조로 되어 있다.

수탁자가 위와 같은 물적납세의무 부과처분을 받은 후 과세관청에 대하여 물적납세의무 부과통지서에 기재된 부가가치세의 정확한 발생원인을 알려달라고 요청하더라도 실무상 세무서가 알려주지 않는 경우가 대부분인 것으로 보인다. 심지어 세무서 담당자가 본인도 어디서 발생하였는지 정확히 알 수 없다는 취지로 답변하는 경우도 있다.

따라서 신탁재산과 관련없이 위탁자에게 발생한 체납 부가가치세가 존재하는 경우 그 체납 부가가치세를 근거로 수탁자에게 물적납세의무 부과처분을 하였다면 그 처분은 무효이다. 법원도 부가가치세 관련 거래 대상을 확인할 수 없는 내역이 다수 존재하였음에도 과세관청이 수탁자에게 물적납세의무 부과처분을 내린 경우 그 처분은 무효라고 판시한 사례가 있다.

22 신탁과 PFV

가 PFV 설립시 PFV가 수탁자에게 주식매수청구권 및 예금근질권을 설정해주는 행위에 대한 검토

신탁회사가 PFV에 출자시 PFV가 신탁회사에 대하여 주식매수청구권을 제공하고, 신탁회사가 주식매수청구권 행사시 지급한 금원을 담보하기 위하여 계좌에 예금근질권을 설정해주는 행위가 가장납입에 해당하는지 혹은 무효인지 여부가 문제된다.

위 행위가 가장납입에 해당하는지 여부에 관하여 원칙적으로 신탁회사가 납입한 주금은 PFV의 자본금이 되는 것이고, PFV는 별개의 담보를 제공하는 것으로서 주금을 납입한 행위와 담보를 제공하는 행위는 별개의 행위인 점, 주식매수청구권은 신탁회사가 임의로 행사할 수 없고, 행사 요건과 행사 시기가 명확하게 규정되어 있기 때문에 설립을 목적으로 가장으로 주금을 납입하는 행위인 가장납입과 동일하지 아니한 점 등을 종합하여 볼 때 PFV가 신탁회사에 대하여 예금근질권을 제공하였다는 이유만으로 신탁회사가 주금을 출자한 행위가 가장납입으로 평가되기는 어렵다고 할 것이다.

다만 대법원은 회사가 신주를 인수하는 자에게 인수대금으로 납입한 돈을 전액 보전해주기로 약정하거나 상법 제462조 등 법률의 규정에 의한 배당 외에 다른 주주들에게는 지급되지 않는 별도의 수익을 지급하기로 약정한 경우 이를 무효로 판시(대법원 2020.8.13. 선고 2018다236241 판결)하고 있는바, PFV의 예금근질권 제공행위가 위 대법원 판결의 취지에 따라 무효로 해석될 가능성이 없다고 할 수 없다.

주주평등의 원칙이란, 주주는 회사와의 법률관계에서는 그가 가진 주식의 수에 따라 평등한 취급을 받아야 함을 의미한다. 이를 위반하여 회사가 일부 주주에게만 우월한 권리나 이익을 부여하기로 하는 약정은 특별한 사정이 없는 한 무효이다.

회사가 신주를 인수하여 주주의 지위를 갖게 되는 자와 사이에 신주인수대금으로 납입한 돈을 전액 보전해 주기로 약정하거나, 상법 제462조 등 법률의 규정에 의한 배당 외에 다른 주주들에게는 지급되지 않는 별도의 수익을 지급하기로 약정한다면, 이는 회사가 해당 주주에 대하여만 투하자본의 회수를 절대적으로 보장함으로써 다른 주주들에게 인정되지 않는 우월한 권리를 부여하는 것으로서 주주평등의 원칙에 위배되어 무효이다. 이러한 약정의 내용이 주주로서의 지위에서 발생하는 손실의 보상을 주된 내용으로 하는 이상, 그 약정이 주주의 자격을 취득하기 이전에 체결되었다거나, 신주인수계약과 별도의 계약으로 체결되는 형태를 취하였다고 하여 달리 볼 것은 아니다(대법원 2020.8.13. 선고 2018다236241 판결).

하지만 PFV의 예금근질권 제공행위는 신주인수대금을 전액 보전해주는 행위가 아니고, 투하자본의 회수를 절대적으로 보장함으로써 다른 주주들에게 인정되지 아니하는 우월한 권리를 보장해주는 것이 아니라, 신탁회사가 PFV에게 주식매수청구권을 행사할 때 그 집행을 위한 담보를 제공한 것에 불과하기 때문에 위 대법원 판결과는 사실관계가 상이하므로 무효로 해석되지 아니할 것으로 판단된다.

다만 위 대법원 판결의 취지에 따르면 다툼의 가능성이 존재하므로, 주식매수청구권을 담보하기 위한 예금근질권을 제공하는 행위가 주주 평등의 원칙에 어긋나지 아니한다는 구체적인 내용을 주주협약서에 기재하는 것이 바람직하다. 예를 들어 "신탁회사는 조세제한특례법 및 동법 시행령 규정의 요건을 충족하기 위하여 출자에 참여하는 재무적 출자자로서 자본금 출자에도 불구하고 의결권 등 본건 사업에 관하여 의사결정 권한이 존재하지 아니하고, 의결권 없는 우선주를 부여받는 등 보통주 주주들과의 차등적 취급에 따른 불이익에 관한 반대급부로서 PFV에 대한 주식매수청구권 및 예금근질권을 설정하기로 한다"는 취지의 내용을 주주협약서에 기재하여 예금근질권이 어떤 일방적인 특혜가 아니라는 점을 명시적으로 밝히는 것이 바람직하다.

또한 대법원은 회사가 일부 주주에게 우월한 권리나 이익을 부여하여 다른 주주들과 다르게 대우하는 경우에도 법률이 허용하는 절차와 방식에 따르거나 그 차등적 취급을 정당화할 수 있는 특별한 사정이 있는 경우에는 이를 허용할 수 있다고 판시(대법원 2023.7.13. 선고 2021다293213 판결)한 바, 신탁회사가 예금근질권을 부여받는 경우 위 대법원 판결의 취지를 적극 활용할 필요가 있다.

주주평등 원칙이란, 주주는 회사와의 법률관계에서 그가 가진 주식의 수에 따라 평등한 취급을 받아야 함을 의미한다. 이를 위반하여 회사가 일부 주주에게만 우월한 권리나 이익을 부여하기로 하는 약정은 특별한 사정이 없는 한 무효이다. 다만 회사가 일부 주주에게 우월한 권리나 이익을 부여하여 다른 주주들과 다르게 대우하는 경우에도 법률이 허용하는 절차와 방식에 따르거나 그 차등적 취급을 정당화할 수 있는 특별한 사정이 있는 경우에는 이를 허용할 수 있다.

나아가 차등적 취급을 허용할 수 있는지 여부는, 차등적 취급의 구체적 내용, 회사가 차등적 취급을 하게 된 경위와 목적, 차등적 취급이 회사 및 주주 전체의 이익을 위해 필요하였는지 여부와 정도, 일부 주주에 대한 차등적 취급이 상법 등 관계 법령에 근거를 두었는지 아니면 상법 등의 강행법규와 저촉되거나 채권자보다 후순위에 있는 주주로서의 본질적인 지위를 부정하는지 여부, 일부 주주에게 회사의 경영참여 및 감독과 관련하여 특별한 권한을 부여하는 경우 그 권한 부여로 회사의 기관이 가지는 의사결정 권한을 제한하여 종국적으로 주주의 의결권을 침해하는지 여부를 비롯하여 차등적 취급에 따라 다른 주주가 입는 불이익의 내용과 정도, 개별 주주가 처분할 수 있는 사항에 관한 차등적 취급으로 불이익을 입게 되는 주주의 동의 여부와 전반적인 동의율, 그 밖에 회사의 상장 여부, 사업목적, 지배구조, 사업현황, 재무상태 등 제반 사정을 고려하여 일부 주주에게 우월적 권리나 이익을 부여하여 주주를 차등 취급하는 것이 주주와 회사 전체의 이익에 부합하는지를 따져서 정의와 형평의 관념에 비추어 신중하게 판단하여야 한다(대법원 2023.7.13. 선고 2021다293213 판결).

나 PFV 사업을 토지신탁 구도로 진행할 수 있는지 여부

PFV가 신탁회사와 관리형 토지신탁계약을 체결함에 따라 그 신탁회사가 자산관리회사와 자금관리사무수탁회사의 역할을 하는 구도가 불가능한 것은 아니나, PFV의 조세특례제한법상 소득공제가 적용되지 아니하므로 일반적인 경우에는 담보신탁 및 자금관리 대리 구도로 사업을 진행한다. 그러나 특별한 사정이 있는 경우 조세특례제한법상 소득공제를 포기하고 관리형 토지신탁 구도로 사업을 진행하는 경우도 존재한다. 한편, PFV와 신탁회사가 분양관리신탁 및 대리사무계약을 체결한 경우에는 자산관리회사와 자금관리사무수탁회사가 동일하다하더라도 조세특례제한법 시행령 제104조의28 제4항 제6호에 의거 PFV의 소득공제가 가능하므로, 분양관리신탁 구도로 사업을 진행하는 경우는 종종 존재한다.

> **법인세과-58, 2011.01.24.**
>
> 「법인세법」제51조의2제1항제6호에 따른 프로젝트금융투자회사가 신탁회사와 관리형 토지신탁계약을 체결함에 따라 그 신탁회사가 특정사업에 대한 인·허가상 사업시행자의 지위로서 수행하는 분양계약 및 자금입출금 등의 업무가 같은 법 시행령 제86조의2제5항에 따른 자산관리회사와 자금관리사무수탁회사의 역할에 해당하는 경우 당해 프로젝트금융투자회사는 유동화전문회사 등에 대한 소득공제가 적용되지 않는 것임

> **법인세과-453, 2014.10.27.**
>
> 「법인세법」제51조의2제1항제6호에 따른 프로젝트금융투자회사가 신탁회사와 관리형 토지신탁계약을 체결함에 따라 그 신탁회사가 자산관리회사와 자금관리사무수탁회사의 역할을 하는 경우 당해 프로젝트금융투자회사는 유동화전문회사 등에 대한 소득공제가 적용되지 않는 것임

다. 수탁자의 보수수취가 상법상 납입가장죄 또는 자본시장법 위반에 해당하는지 여부

조세특례제한법상 PFV를 설립하는 경우 5% 비율이상을 금융회사가 출자하여야 하는바, 자본시장법상 금융회사인 부동산신탁사가 PFV에 출자하면서 PFV로부터 자금관리대리사무보수 또는 담보신탁보수로 수취하는 것이 상법상 납입가장죄 또는 자본시장법 위반에 해당하는지 여부가 문제된다.

부동산신탁사들은 PFV에 출자하면서 PFV로부터 자금관리대리사무보수 또는 담보신탁 보수로 수취하는 경우가 존재하는바, 이러한 사업구도가 상법 또는 자본시장법상 위법행위에 해당하지 않는다고 판단된다.

납입가장죄에 관하여 대법원은 「상법상의 납입가장죄는 회사의 자본의 충실을 기하려는 법의 취지를 해치는 행위를 단속하려는 것이므로, 주식회사의 설립을 위하여 은행에 납입하였던 주식인수가액을 그 설립등기가 이루어진 후 바로 인출하였다 하더라도 이미 주식회사가 주식납입금 상당에 해당하는 자산을 가지게 되었고, 그 인출금을 그 자산의 취득과정에서 발생한 대차관계를 정산하는 데에 사용한 경우에는 납입가장죄가 성립하지 아니한다(대법원 1999.10.12. 선고 99도3057 판결)」는 입장인바, 자금관리대리사무

또는 담보신탁 보수가 출자금 인출을 위해 가장된 것이 아니라면 신탁사의 보수수취가 납입가장죄에 해당하지 않을 것이다.

또한 자금관리대리사무 또는 담보신탁은 출자금 투자와 별개의 법률행위인 점, 실제로 자금관리대리사무 또는 담보신탁 사무를 수행하는 점, 자금관리대리사무 또는 담보신탁 보수가 통상의 보수율에 비추어 과도하지 않은 점(요즘은 경쟁이 심해져 자금관리대리사무 또는 담보신탁 보수를 과도하게 지급하는 경우가 거의 없다), PFV 설립시가 아니라면, 자금관리대리사무 또는 담보신탁 보수를 출자금으로 지급하지 아니하는 점 등을 종합하여 고려할 때, 자금관리대리사무 또는 담보신탁 보수가 납입가장에 해당한다고 보기는 어렵다고 판단된다. 또한, 주주에 대한 이익공여금지(상법 제467조의2), 상법상 주주평등원칙 등 역시 위와 같은 논거에서 위반에 해당한다고 보기 어려워 보인다.

한편, 자본시장법상 손실보전 등의 금지 규정(자본시장법 제55조)에 해당하는지도 문제되는데, PFV는 법인세법 및 조세특례제한법상 회사일뿐 자본시장법상 금융투자업자에 해당하지 않는다는 점, 부동산신탁사가 PFV와 자금관리대리사무 또는 담보신탁 계약을 체결하고 보수를 수취하는 것은 신탁업자의 지위에서 수행하는 업무의 정당한 댓가를 지급받는 것이라는 점, 출자금 투자와 신탁계약 체결은 별개의 법률행위라는 점 등을 종합하여 볼 때 자본시장법상 위법행위에 해당하지 않는다고 판단된다.

따라서 부동산신탁사가 PFV에 출자하면서 PFV로부터 자금관리대리사무보수 또는 담보신탁보수로 수취하는 것은 상법상 납입가장죄 또는 자본시장법 위반에 해당하는지 아니한다. 위와 같은 쟁점으로 부동산신탁사가 소송 또는 금융감독원의 징계를 받은 사례는 없는 것으로 알려져 있고, 다만 부동산신탁사가 PFV에 출자할 때 항상 확인해보는 쟁점이기 때문에 소개해 본다.

23 신탁부동산의 인도, 명도, 철거

가 서설

신탁법상의 신탁은 신탁설정자(위탁자)와 신탁을 인수하는 자(수탁자)의 특별한 신임관계에 기하여 위탁자가 특정의 재산권을 수탁자에게 이전하거나 기타의 처분을 하고 수탁자로 하여금 일정한 자(수익자)의 이익을 위하여 또는 특정의 목적을 위하여 그 재산권을 관리, 처분하게 하는 법률관계를 말하고, 신탁계약에 의하여 재산권이 수탁자에게 이전된 경우 그 신탁재산은 수탁자에게 절대적으로 이전하므로, 이 사건 신탁계약을 체결하면서 수탁자인 원고가 위탁자 겸 수익자와의 사이에 "수탁자의 권한은 등기부상 소유권 관리 및 보전에 한정되므로 그 이외의 실질적인 관리, 보전 업무 일체는 우선수익자의 책임하에 수익자가 주관하여 관리한다"고 특약하였다고 하더라도, 원고는 우선수익자나 수익자에 대한 관계에서 위와 같은 특약에 따른 제한을 부담할 뿐이고 제3자인 피고에 대한 관계에서는 완전한 소유권을 행사할 수 있다(대법원 2008.3.13. 선고 2007다54276 판결).

따라서 신탁법상 신탁계약이 체결되고 신탁등기가 경료된 후 신탁부동산을 점유하고 있는 제3자에게 건물인도를 청구할 수 있는 권리자는 수탁자이다. 이 경우 제3자는 신탁계약에 신탁부동산의 실질적인 실질적인 관리, 보전 업무 일체는 우선수익자의 책임하에 수익자가 주관하여 관리한다는 취지의 신탁특약이 있었음을 들어 수탁자의 인도 청구에 응할 수 없다는 제3자의 주장은 배척된다는 것이 대법원의 입장이다.

신탁기간 동안 제3자가 법률상 원인 없이 신탁부동산을 점유함으로서 발생하는 임료 상당의 부당이득반환채무에 대한 청구권은 위탁자와 수탁자 중 누가 가지는지 여부 및 신탁이 해지된 경우 위 부당이득반환청구권이 위탁자의 상속인에게 바로 승계되는지 여부가 문제된다.

대법원은 부동산의 신탁에 있어서 신탁등기를 마치게 되면 대내외적인 소유권이 수탁자에게 완전히 이전되고, 신탁종료 사유가 발생하더라도 신탁재산이 수익자나 위탁자에게 당연히 복귀되거나 승계되는 것은 아니고, 신탁부동산을 권원없이 점유한 제3자에 대한 부당이득반환청구권은 수탁자가 행사할 수 있고, 신탁이 종료되었다하더라도 수탁자가 귀속권리자에게 잔여신탁재산에 대한 이전절차를 밟지 아니하였다면 귀속권리자가 제3자에 대하여 부당이득반환청구권을 행사할 수 없다는 취지로 판시하였다.

이 사건 건물이 원고에게 신탁된 것이라면 신탁등기가 된 때부터 신탁이 해지되어 승계참가인 명의로 이전등기가 될 때까지는 이 사건 건물의 소유권은 대내외적으로 원고에게 완전히 귀속되었다 할 것이고, 따라서 그 동안에 피고들이 법률상 원인 없이 이 사건 건물을 점유함으로 인하여 부담하게 되는 임료 상당의 부당이득반환채무에 대한 청구권은 원고가 이를 갖는 것이고, 그 후 신탁이 해지되었다 하더라도 이미 발생한 부당이득반환청구채권은 원고가 신탁재산의 관리로 얻은 재산으로서 신탁재산에 속하는 것이므로(신탁법 제19조) 당연히 위탁자의 상속인인 승계참가인에게 승계된다고는 할 수 없고, 수탁자인 원고로서는 신탁계약의 본래 목적에 따라 잔여신탁재산으로서 이를 귀속권리자인 승계참가인에게 양도하여 대항요건을 갖추는 등의 이전절차를 취하여야 할 의무를 부담하는 데 지나지 아니하므로 원고가 이러한 이전절차를 밟지 아니하였다면 승계참가인이 피고들에 대하여 그 부당이득반환청구권을 행사할 수 없다고 하여야 할 것이다.

따라서 원심이 이 사건 건물의 소유명의가 원고 앞으로 되어 있던 동안인 1991.6.8.부터 1992.5.8.까지 사이의 승계참가인의 피고들에 대한 부당이득반환청구를 인용하기 위하여는 먼저 원고와 승계참가인 사이에 그 부당이득반환청구채권의 이전절차를 밟았는지의 여부를 심리한 연후에 이에 터잡아 이에 관한 청구의 당부를 판단하였어야 할 터인데 이에 이르지 아니한 채 원고가 수탁자로서 소유권을 보유하고 있었던 동안 발생한 부당이득반환청구채권이 신탁해지로 인하여 승계참가인에게 귀속되었다고 단정하였음은 신탁해지의 효과와 부당이득반환청구채권의 귀속에 관한 법리를 오해하여 심리를 다하지 아니한 위법이 있다고 할 것이고 이 점을 지적하는 논지는 이유 있다(대법원 1994.10.14. 선고 93다62119 판결).

신탁부동산에 대한 무단점유자에 대하여 수탁자가 명도단행가처분이나 건물인도단행가처분 등을 행사할 수 있는가. 당연히 가능하다. 이미 법원에서 인용된 사례도 존재한다. 다만 단행가처분의 특성상 수탁자의 동의를 받지 아니한 임차인처럼 다툼의 여지가 없는 경우에 인용되는 경우가 많고, 유치권자, 임차인 등 점유자에게 특별한 항변사유가 있는 경우에는 점유자가 본안에서 다툴 수 있어 보인다는 등의 이유로 기각되는 경우도 있으므로 면밀한 재판전략을 세운 후 신청하는 것이 바람직하다.

나 신탁 관련 판결

1) 위탁자가 신탁부동산의 무단점유자를 상대로 철거 및 인도청구를 구할 원고적격이 존재하는지 여부

신탁된 부동산을 무단으로 점유하고 있는 무단점유자에 대한 인도, 명도, 철거청구의 원고는 일반적으로 우선수익자 또는 위탁자 및 수익자의 요청에 의하여 수탁자 명의로 진행된다. 그런데 신탁부동산의 대내외적 소유자인 수탁자가 아닌 위탁자 또는 수익자가 원고가 되어 신탁부동산의 무단점유자에게 철거 및 인도를 청구할 수 있는지 여부가 문제된다. 실무적으로 이러한 일들이 종종 생기곤 하는데, 이는 위탁자가 수탁자에게 원고적격 여부를 묻지 않고 임의로 소송을 진행하다가 패소하는 경우가 대부분이다.

위 문제에 관하여 결론적으로 설명하면, 원칙적으로는 신탁부동산에 대한 인도, 명도, 철거소송은 수탁자가 원고로서 소를 제기하여야 하고, 위탁자가 원고로 소를 제기하는 경우 대부분 원고적격이 존재하지 아니한다는 이유로 각하 또는 기각판결을 받게 된다. 세부적으로 살펴보면, ① 위탁자가 가지는 신탁계약에 따라 신탁부동산에 대한 보존행위 및 관리행위를 할 권한 또는 신탁종료시 수탁자에게 신탁부동산의 소유권이전등기를 구할 권리 등은 채권자대위권 행사를 위한 피보전채권에 해당한다고 볼 수 없으므로 위탁자는 수탁자를 대위하여 철거 및 인도를 청구할 수 없다. ② 신탁등기가 마쳐짐으로써 신탁부동산의 대내외적인 소유권은 수탁자에게 완전히 이전되어 수탁자가 배타적인 처분 관리권을 가지므로 위탁자는 신탁계약상 보존 및 관리행위를 할 권한이 없고 실질적인 소유자가 아니므로 위탁자의 직접 청구 불가하다. ③ 점유권 내지 유치권을 원인으로 한 철거 및 인도청구는 구체적 사안에 따라 위탁자가 원고가 되어 소송을 진행할 수 있는 가능성이 존재하지만, 굳이 수탁자가 원고가 되면 되는 것을 위탁자가 원고가 되어 소송을 진행할 필요는 없다.

수탁된 신탁부동산의 무단점유자에 대하여 위탁자가 무단점유자를 상대로 철거 및 인도소송을 제기한 사례에서 대구고등법원은 위탁자가 원고적격 등이 없다는 이유로 원고 청구 각하 또는 기각판결을 선고하였다. 구체적인 사례는 아래와 같다.

1. 채권자 대위에 의한 철거청구 및 인도청구 부분

    원고는 2014.3.24. 신탁회사와 사이에 이 사건 건물에 관한 부동산담보신탁계약을 체결하면서, 원고는 이 사건 건물을 사실상 계속 점유·사용하고 이 사건 건물에 대한 보존·유지·수선 등 실질적인 관리행위를 하며 이에 소요되는 비용 일체를 부담하기로 약정(계약서 제9조 제1항)한 사실이 인정된다. 그러나 앞서 본 바와 같이 신탁재산인 이 사건 건물에 관하여는 수탁자인 신탁회사가 대내외적으로 소유권과 배타적인 처분·관리권을 가지는 점과 위 계약서 제9조 제1항의 문언을 고려하면, 위 약정은 원고가 이 사건 건물 중 이미 사용하고 있는 부분이 있는 경우 이를 그대로 사용할 수 있도록 신탁회사가 허용한다는 것일 뿐(위 약정에 따른 제한을 부담한다는 것일 뿐) 다른 사람들이 점유·사용하고 있는 부분(이 사건의 경우 피고들이 점유하고 있다고 원고가 주장하는 부분)까지 원고가 사용할 수 있도록 해줄 적극적인 의무를 신탁회사가 부담한다는 의미로 볼 수는 없다. 따라서 원고가 주장하는 권리, 즉 '위 담보신탁계약에 따라 이 사건 건물에 대한 보존행위 및 관리행위를 할 권한' 또는 '장차 신탁종료 시 신탁회사에게 이 사건 건물의 소유권이전등기를 구할 권리' 등은 채권자대위권 행사를 위한 피보전채권에 해당한다고 볼 수 없으므로, 이를 피보전채권으로 삼아 신탁회사를 대위하여 이 사건 건물 중 청구취지 기재와 같은 시정장치의 철거 및 건물 9층, 10층 부분의 인도를 구하는 부분의 소는 채권자대위의 요건을 갖추지 못하여 부적법하다.

2. 직접 철거청구 및 인도청구 부분

 가. 담보신탁계약상 보존 및 관리권한, 실질적 소유권 또는 양도담보권에 기한 청구 부분

    앞서 본 바와 같이 신탁을 원인으로 신탁회사 앞으로 소유권이전등기가 마쳐짐으로써 이 사건 건물의 소유권은 대내외적으로 신탁회사에 완전히 이전되었고 신탁회사가 배타적인 처분·관리권을 가진다고 할 것이므로, 이와 달리 위탁자인 원고가 담보신탁계약상 보존 및 관리행위를 할 권한을 가지고 있다거나 실질적 소유자 또는 양도담보권자임을 전제로 한 원고의 주장은 더 나아가 살필 필요 없이 이유 없다(대구고등법원 2017.10.18. 선고 2016나2155(본소), 2016나2162(반소) 판결).

한편, 위탁자가 수탁자를 대위함 없이 제3자에 대하여 직접 신탁재산에 대한 침해배제를 청구할 수 있는지 여부에 관하여 대법원은 재산을 타인에게 신탁한 경우 대외적인 관계에 있어서는 수탁자만이 소유권자로서 그 재산에 대한 제3자의 침해에 대하여 배제를 구할 수 있으며, 신탁자는 수탁자를 대위하여 수탁자의 권리를 행사할 수 있을 뿐 직접 제3자에게 신탁재산에 대한 침해의 배제를 구할 수 없다(대법원 1979.9.25. 선고 77다1079 전원합의체 판결)라고 판시하였다.

위 전원합의체 판결에 따르면 위탁자는 수탁자를 대위하여 신탁재산에 대한 침해배제를 청구할 수 있으나, 실제로 위탁자가 수탁자를 대위하여 청구하는 경우에는 채권보전의 필요성 또는 수탁자가 스스로 그의 권리를 행사하지 아니할 것이라는 요건이 성취되지 못하기 때문에 각하 또는 기각판결이 나오는 것이 일반적이므로, 신탁부동산에 대하여 인도, 명도, 철거소송을 진행하는 경우 수탁자가 원고로서 소를 청구하는 것이 가장 바람직하다.

2) 담보신탁 수탁 후 신탁부동산에 대하여 위탁자가 제3자에게 사용수익권을 부여한 경우 수탁자가 제3자에게 신탁부동산의 인도를 청구할 수 있는지 여부

신탁법에 따른 부동산신탁에서 수탁자 앞으로 신탁등기를 경료하면 대내외적으로 소유권이 수탁자에게 완전히 이전되고, 수탁자는 대내외적으로 신탁재산에 대한 관리권을 가지나, 수탁자는 신탁의 목적 범위 내에서 신탁계약에 정하여진 바에 따라 신탁재산을 관리하여야 하는 제한을 부담한다는 것이 대법원의 일관된 태도이다.

그런데 담보신탁에서는 통상 "위탁자는 신탁부동산을 사실상 계속 점유 사용하고, 신탁부동산에 대한 실질적인 보존과 일체의 관리행위 및 이에 따른 일체의 비용을 부담한다"는 규정이 존재하는바, 만약 위탁자가 신탁부동산을 점유하다가 제3자에게 사용수익권을 부여한 경우에도 수탁자가 제3자에게 신탁부동산의 인도를 청구할 수 있는지 여부가 문제된다.

이에 대하여 대법원은 수탁자는 위탁자가 신탁부동산을 점유하다가 제3자에게 사용수익권을 부여한 경우에도 수탁자가 제3자에게 신탁부동산의 인도청구가 가능하다는 입장이다. 대법원은 위와 같은 경우에도 수탁자는 제3자에게 완전한 소유권을 행사할 수 있고, 위탁자가 제3자에게 신탁된 건물에 관한 사용·수익권을 부여하는 것에 대하여 수탁자가 동의할 의무가 있다고 인정하기 어려우며, 위탁자가 제3자로 하여금 신탁된 건물을 사용·수익하게 하였다고 하더라도 이로써 신탁된 건물의 소유자인 수탁자에게 대항할 수 없다고 판단하였다(대법원 2015.8.13. 선고 2013다89938 판결).

위와 같은 대법원의 판단은 지극히 타당하다. 따라서 만약 제3자가 아닌 위탁자가 직접 사용수익을 하고 있었다고 하더라도 수탁자가 정당한 사유에 근거한 경우에는 위탁자에게도 신탁부동산의 인도를 청구할 수 있다고 판단된다.

24 신탁과 공사대금

가 토지신탁에서 시공사가 미지급 공사비를 수탁자에게 청구하는 경우 수탁자의 공사비 지급의무는 신탁재산 범위 내로 한정되는지 여부

관리형 토지신탁 계약을 체결하고 리조트 신축·분양사업을 진행하였는데 분양불로 공사계약을 체결한 까닭에 분양이 저조하자 신탁건물이 준공되었음에도 불구하고 시공사가 공사비를 지급받지 못하였다. 시공사는 이에 대하여 수탁자를 상대로 미지급 공사비 지급을 청구하였고, 수탁자는 선순위 대출금이 완제되지 아니한 점, 가사 수탁자가 공사비 지급책임을 부담하더라도 이는 신탁재산 범위 내로 한정된다는 취지로 항변하였다.

1) 당사자의 주장

시공사는, 원고가 피고와 이 사건 공사계약을 체결하여 피고에 대하여 공사대금채권을 가지고 있는데, 이 사건 신탁계약 특약사항 제13조 제1항에서 피고가 원고에게 이 사건 공사대금 가운데 75%에 해당하는 금액을 대출원리금 상환에 앞서 지급하고, 나머지 25% 해당 공사대금만을 위 대출원리금 변제 후에 지급하는 것으로 정하고 있는바, 원고가 이 사건 공사를 완료하였으므로, 피고는 원고에게 공사대금 60,068,352,300원(부가가치세 포함)의 75%인 선순위 공사대금 45,051,264,225원에서 기지급 공사대금 33,594,000,000원을 공제한 나머지 공사대금 11,457,264,225원 및 이에 대한 지연손해금을 지급하여야 한다고 주장하였다.

수탁자는, 비록 피고 명의로 이 사건 공사계약이 체결되기는 하였으나 이 사건 신탁계약 제15조 제3항에서 피고의 원고에 대한 공사대금 지급채무가 없음을 명시하고 있는 등 여러 관련 규정에서 수탁자에 불과할 뿐 실질적 사업주체가 아닌 피고에 대하여 어떠한 채무도 부담시키지 않고 있으므로, 피고에게 선순위 공사대금 지급채무가 있음을 전제로 하는 원고의 이 부분 청구는 이유 없다고 주장하였다.

2) 대법원의 판단

원심은 그 채용 증거에 의하여 판시와 같은 사실을 인정한 다음, 이 사건 공사계약 체결의 근거가 된 이 사건 신탁계약에서 이 사건 공사와 관련하여 원고에게 책임준공의무 등 신탁계약 당사자로서 각종 권리의무를 부여하고 있는 것과 함께 피고에게도 원고와의 공사계약 체결의무(제10조 제3항 나호, 제15조)와 원고에 대한 공사대금 등 자금집행의무(제10조 제3항 마호, 제13조)를 규정하고 있고, 이 사건 대출약정 역시 원고에게 지급될 공사대금의 관리 및 집행(제5-3조), 원고와 피고 간에 체결될 공사계약의 구체적 내용 및 그 공사대금의 지급방법(제7-1조) 등 피고가 원고에게 공사대금을 지급할 것을 전제로 하는 여러 규정을 두고 있는 점, 이 사건 신탁계약 특약사항 제15조 제3항의 취지는 수탁자인 피고에게 그 스스로 자금을 조달하여 고유재산으로까지 원고에게 공사대금을 지급할 의무가 없다는 의미의 책임제한특약에 불과한 것으로 해석될 뿐이라는 점 등에 비추어 피고는 원고에 대하여 이 사건 신탁재산의 범위 내에서 공사대금 지급채무를 부담한다고 할 것이고, 한편 회원권 분양이 저조하여 이 사건 대출금 상환이 곤란할 경우 그 상환을 위하여 할인분양 조치를 취하여 그 분양수익금으로 대출금 상환을 할 수 있도록 규정한 이 사건 대출약정 제7-3조의 규정 등만으로는 피고보조참가인에 대한 대출원리금 상환이 선순위 공사대금 지급에 우선하는 것으로 해석할 수 없다고 판단하였다.

앞서 본 법리와 기록에 비추어 살펴보면, 원심의 위와 같은 판단은 정당하고, 거기에 상고이유 주장과 같이 처분문서의 해석에 관한 법리 또는 수급인의 공사대금채권에 기한 저당권설정청구에 관한 민법 제666조의 법리를 오해한 잘못이 없다(대법원 2015.3.26. 선고 2012다51240 판결).

3) 실무 TIP

위 대법원 판결에서는 토지신탁에서 수탁자가 시공사에게 부담하는 공사대금 지급채무는 신탁계약에 기한 신탁재산 범위 내로 한정된다는 취지로 판시하였다. 신탁계약 및 공사도급승계계약서에서 공사비 지급의무가 신탁재산 범위 내로 한정된다는 취지의 조항이 존재한 점을 감안할 때 위와 같은 대법원의 판단은 적절하다 할 것이다. 다만 신탁사업 진행 중에 수탁자가 자금집행에 대한 과실이 존재하는 경우에는 문제가 발생할 여지가 있으므로 신탁사는 신탁사업 진행 중에 자금집행 또는 신탁재산 해지시 가능한한 시공사의 동의를 득하여 업무를 처리함으로써 향후 시공사와의 분쟁에 미리 대비하는 것이 필요하다.

한편, 민법 제666조는 시공사가 공사대금채권을 담보하기 위하여 부동산을 목적으로 한 저당권의 설정을 청구할 수 있다고 규정하여 시공사는 공사대금을 미지급 받은 경우 공사 목적 부동산에 이른바 시공사의 저당권설정청구권을 보유하게 되므로, 공사도급승계계약 및 신탁계약 체결당시 수탁자 담당자는 시공사에 대하여 유치권포기각서는 물론이고 민법 제666조의 시공사 저당권설정청구권 포기각서를 징구하는 것을 잊어서는 안 될 것이다.

또한 민법 제666조에서 정한 수급인의 저당권설정청구권은 공사대금채권을 담보하기 위하여 인정되는 채권적 청구권으로서 공사대금채권에 부수하여 인정되는 권리이므로, 당사자 사이에 공사대금채권만을 양도하고 저당권설정청구권은 이와 함께 양도하지 않기로 약정하였다는 등의 특별한 사정이 없는 한, 공사대금채권이 양도되는 경우 저당권설정청구권도 이에 수반하여 함께 이전된다(대법원 2018.11.29. 선고 2015다19827 판결)는 대법원 판결이 존재하므로, 함께 알아두자. 가끔 수탁자 담당자가 시공사의 저당권설정청구권 포기각서를 징구하지 아니한 경우 문제되는 사례가 있으니 주의하여야 한다.

한편, 토지신탁에서 수탁자와 공사도급승계계약을 체결한 시공사가 신탁재산 범위 내에서 공사비 지급을 청구할 수 있다면 담보신탁 및 자금관리 대리사무 또는 분양관리신탁 구도에서 수탁자와 공사도급승계계약을 체결하지 아니한 시공사가 수탁자에 대하여 공사비지급을 직접 청구할 수 있는지 여부가 문제된다.

이에 대하여 처분신탁 및 자금관리 대리사무 계약 구도에서 대법원은 건축주와 수탁자가 상가건물의 건축·분양에 관하여 체결한 부동산처분신탁계약 및 자금관리대리사무계약에서 '건설비 등을 건축주의 요청에 의하여 부동산신탁회사가 당사자에게 직접 지급함을 원칙으로 한다'라는 취지로 약정하였더라도, 이는 수탁자가 자신 명의로 예금계좌를 개설하여 그 계좌로 분양대금을 받아 자금관리를 하기로 하였기 때문으로 보이고, 도급계약의 당사자도 아닌 수탁자가 위 상가건물의 건축공사의 수급인에 대한 공사대금지급채무를 인수할 뚜렷한 이유가 없는 점 등에 비추어, 위 상가건물의 건축공사의 수급인은 위 약정에 근거하여 수탁자에 직접 공사대금지급청구를 할 수 없다(대법원 2006.9.14. 선고 2004다18804 판결)는 취지로 판시하였다.

또한 분양관리신탁의 경우에도 하급심이기는 하나, 대구지방법원은 ① 공사도급계약의 당사자는 위탁자와 시공사이므로 위 계약에 따른 공사대금지급의무의 채무자는 수탁자가 아닌 위탁자인 점, ② 수탁자는 이 사건 사업약정 및 대리사무계약에 따라 대리사무 신탁사로서 위탁자로부터 분양대금 등 자금의 관리, 집행 업무를 위임받아 수행할 의무를 부담하고, 분양관리신탁계약의 수탁자로서 신탁부동산의 소유권관리 및 기타 신탁사무를 수행할 의무를 부담할 뿐인 점, ③ 수탁자가 시공사에게 공사도급계약에 따른 공사대금을 직접 지급하였다고 하더라도 이는 사업약정 및 대리사무계약에 따른 대리사무 신탁사로서 자금집행 업무의 일환으로 공사비 지급 업무를 수행한 것에 불과한 점 등에 비추어 보면, 수탁자는 시공사에 대한 공사대금지급의무를 부담하지 아니한다(대구지방법원 2024.2.15. 선고 2023가합203089 판결)는 취지로 판시한 사례가 있다. 수탁자의 담당자들은 위 판결도 숙지하고 있을 필요가 있다.

나 신탁계약이 종료된 경우 수탁자가 시공사에 대하여 부담하는 공사비 지급채무도 위탁자에게 포괄·면책적으로 이전되는지 여부

수탁자가 시공사와 전기공사 부분에 대하여 '분양형 토지신탁의 종료와 동시에 수탁자가 부담하는 모든 권리와 의무는 별도의 행위 없이 포괄적·면책적으로 위탁자에게 이전한다.'는 내용이 포함된 공사도급승계계약을 체결하였는데 그 후 시공사가 전기공사를 완료하였는데도 일부 공사대금을 지급받지 못하였다며 수탁자를 상대로 미지급 공사대금의 지급을 구하자 수탁자가 신탁계약 종료로 인하여 수탁자의 모든 채무가 포괄적·면책적으로 위탁자에게 이전되었다고 주장한 사안에서 대법원은 신탁 종료로 인하여 모든 채무가 포괄적·면책적으로 위탁자에게 이전되었으므로 수탁자에게 시공사에 대한 공사비 지급 의무가 없다는 취지로 판시하였다. 자세한 내용은 아래와 같다.

1. 이 사건 신탁계약서에 기재된 '신탁기간이 만료된 이후에도 수탁자의 반대 의사표시가 있지 않는 한, 실제의 신탁사무가 종료하기 전까지는 신탁계약은 종료하지 않고 유효하다.'라는 문구는 그 자체로 '신탁기간 만료 후 실제의 신탁사무가 종료하기 전까지는 수탁자가 반대하는 의사표시를 하지 않는 경우에 한하여 신탁계약이 존속한다.'는 의미가 명확하고, 달리 '수탁자가 반대하는 의사표시가 신탁기간 만료일부터 상당한 기간 내에 있어야 한다.'는 기재가 없다. 이 사건 신탁계약에 따른 신탁관계의 종료 시점을 판단하면서 계약서에 기재되지도 않은 내용을 추가하는 것은 처분문서인 이 사건 신탁계약서의 문언과 그로부터 알 수 있는 당사자의 명시적인 의사에 반한다.

2. 신탁법 제98조 제6호는 "신탁행위로 정한 종료사유가 발생한 경우 신탁은 종료한다."라고 정하고 있다. 이 사건 신탁계약 제24조 제3호는 신탁기간이 만료한 경우를 신탁계약의 종료사유로 정하고 있고 제22조는 신탁기간 만료일을 이 사건 건물의 사용 승인일부터 3개월이 되는 날로 정하고 있으므로, 이 사건 신탁계약은 기간 만료일인 2019.6.22. 종료하는 것이 원칙이다. 이 사건 조항은 신탁기간 만료일 이후에 수탁자의 사정이 허용하는 한도에서 추가적으로 신탁계약에 따른 사무를 처리할 수 있도록 예외를 둔 것이다. 이를 두고 신탁 관계 전반에 법적 불안정을 가져온다거나 공평의 원칙에 반하는 것이라고 보기 어렵다. 오히려 처분문서에 기재되지도 않는 내용을 추가하여 신탁계약 기간만료 초기에만 반대 의사표시를 할 수 있다고 하는 것은 수탁자에게 예견할 수 없는 부담을 지움으로써 법적 불안정을 가져오고 공평의 원칙에도 반할 여지가 있다.

3. 신탁계약의 종료에 따라 의무이행자가 소송 도중에 변경되거나 변경된 의무이행자의 변제자력이 부족할 가능성이 존재한다. 그러나 이는 원고가 이 사건 변경계약의 당사자로서 신탁계약 종료시 포괄적·면책적 계약인수를 받아들임으로써 부담하게 되는 위험이지 이 사건 조항으로 인해 비로소 발생하는 문제로 볼 수 없다.

4. 그런데도 원심은 이 사건 신탁계약에 '수탁자의 반대 의사표시는 신탁기간이 만료된 시점부터 상당한 기간 내에 있을 것'이라는 내용이 추가된 것이라고 봄으로써, 수탁자인 피고의 통지에도 불구하고 이 사건 신탁계약이 종료되지 않았고 피고가 여전히 이 사건 변경계약에 따른 공사대금 채무를 부담한다고 판단하였다. 원심판결에는 계약 해석에 관한 법리를 오해한 잘못이 있고, 이를 지적하는 상고이유는 정당하다(대법원 2021.12.30. 선고 2021다264420 판결).

위 대법원 판결의 파기환송심은 아래와 같이 판시한 바, 신탁 종료 후 수탁자에게 시공사에 대한 공사비 지급의무가 존재하는지 여부를 판단할 때 중요한 참고자료가 될 수 있으므로 인용해본다.

원고는, 이 사건 신탁계약이 각 별도의 조항에서 신탁계약이 종료하지 않는 경우를 정하고 있는 점에 비추어 보면, 이 사건 조항은 이 사건 신탁계약 특약 제21조 제1항에서 정한 수탁자의 신탁사무가 잔존하는 경우에만 적용할 수 있고, 우선수익권으로 담보되는 채권이 모두 변제되지 않은 경우(이 사건 신탁계약 특약 제2조의2)나, 수탁자인 피고가 신탁차입금의 상환을 위하여 잔존 신탁재산의 환가를 위한 처분절차를 이행한 경우(이 사건 신탁계약 특약 제11조)에는 적용할 수 없으므로, 설령 수탁자인 피고가 이 사건 신탁계약을 종료한다는 반대의 의사를 표시하였다 하더라도 이 사건 신탁계약은 종료하지 않았다는 취지로 주장한다.

살피건대, 이 사건 신탁계약 특약 제21조 제1항은, '이 사건 신탁계약의 신탁기간이 만료된 이후에도 수탁자의 신탁사무가 잔존하는 경우(분양대금 미납세대가 존재하는 경우, 신탁재산에 관한 소유권이 이전되지 않는 경우를 포함하되 이에 한정되지 않음)수탁자는 잔존 신탁사무 처리기간 동안 매월 금 이천만원의 신탁보수를 지급받는다'라고, 이 사건 조항은 '신탁기간이 만료된 이후에도 수탁자의 반대의 의사표시가 있지 않는 한, 실제의 신탁사무가 종료하기 전까지는 이 사건 신탁계약은 종료하지 않고 유효하다'라고 각 규정하고 있는바, 위 규정들의 문언 및 체계, '신탁'이란 위탁자와 수탁자 간의 특별한 신임관계에 기하여 위탁자가 수탁자에게 특정 재산을 이전하는 등의 처분을 하고, 수탁자로 하여금 수익자의 이익 또는 특정의 목적을 위하여 그 재산의 관리, 처분, 그 밖에 신탁목적의 달성을 위하여 필요한 행위를 하게 하는 법률관계를 의미하는 점(신탁법 제2조)에 비추어 보면, 이 사건 조항은 신탁기간이 만료된 이후 신탁사무가 잔존하는 모든 경우를 포괄하는 조항으로, 피고가 위와 같이 신탁기간이 만료된 이후 더 이상 신탁관계를 유지하지 않겠다는 신탁종료의 의사를 표시한 이상, 이 사건 신탁계약상 우선수익권으로 담보되는 채권이 모두 변제되지 않았다거나, 피고가 신탁종료의 의사를 표시한 전후에 법정신탁 내지 약정에 기한 자조매각권에 따라 신탁차입금의 상환을 위하여 잔존 신탁재산의 환가를 위한 처분절차를 이행하였다 하더라도 이 사건 신탁계약은 종료하였다고 봄이 타당하다.

따라서 이 사건 신탁계약은 종료와 동시에 피고가 이 사건 도급계약에 따라 부담하는 모든 의무 및 책임은 계약상 지위 변경약정 체결 등 별도의 행위 없이 포괄적·면책적으로 위탁자인 C에 이전되었으므로, 원고의 피고에 대한 이 사건 미지급 공사대금청구 및 추가공사대금 청구는 더 나아가 살필 필요 없이 이유 없다(서울고등법원 2023.2.3. 선고 2022나2001679 판결).

특히 위 판결사안에서는 공사비 지급 소송 제기 이후 수탁자가 신탁종료 선언을 통하여 신탁종료를 한 것인데, 소송 도중의 신탁종료 선언의 유효성을 인정한 대법원 판결이라는 점에서 의미를 지닌다고 하겠다. 특히 파기환송심에서 신탁계약상 우선수익권으로 담보되는 채권이 모두 변제되지 않았다거나, 수탁자가 신탁종료의 의사를 표시한 전후에 법정신탁 내지 약정에 기한 자조매각권에 따라 신탁차입금의 상환을 위하여 잔존 신탁재산의 환가를 위한 처분절차를 이행하였다 하더라도, 수탁자가 신탁기간 만료 후 신탁계약을 종료한다는 의사를 위탁자에게 표시함으로써 이 사건 신탁계약은 종료되었다고 판시한 바, 주목할만 하다.

많은 하급심에서 우선수익권 채권이 변제되지 않았으므로 신탁종료를 인정할 수 없다거나, 신탁재산이 남아있다는 이유 등으로 신탁종료를 인정하지 아니한 사례가 있는데, 그러한 사례에서 재판장을 설득할 수 있는 판결사안이라 할 것이므로, 수탁자의 업무담당자는 본 건 판결을 참고자료 등으로 적절하게 활용할 필요가 있다.

다 토지신탁 사업에서 시공사가 제3자에게 수탁자의 동의없이 공사대금채권을 양도한 경우 공사대금 채권양도의 유효성

채권은 양도할 수 있다. 그러나 채권의 성질이 양도를 허용하지 아니하는 때에는 그러하지 아니하다(민법 제449조 제1항). 그리고 채권은 당사자가 반대의 의사를 표시한 경우에는 양도하지 못한다. 그러나 그 의사표시로써 선의의 제3자에게 대항하지 못한다(민법 제449조 제2항).

채무자는 제3자가 채권자로부터 채권을 양수한 경우 채권양도금지 특약의 존재를 알고 있는 양수인이나 그 특약의 존재를 알지 못함에 중대한 과실이 있는 양수인에게 그 특약으로써 대항할 수 있다. 여기서 말하는 중과실이란 통상인에게 요구되는 정도의 상당한 주의를 하지 않더라도 약간의 주의를 한다면 손쉽게 그 특약의 존재를 알 수 있는데도 그러한 주의조차 기울이지 아니하여 특약의 존재를 알지 못한 것을 말한다. 제3자의 악의 내지 중과실은 채권양도금지의 특약으로 양수인에게 대항하려는 자가 주장·입증하여야 한다(대법원 2010.5.13. 선고 2010다8310 판결).

이처럼 당사자가 양도를 반대하는 의사를 표시(이하 '양도금지특약'이라고 한다)한 경우 채권은 양도성을 상실한다. 양도금지특약을 위반하여 채권을 제3자에게 양도한 경우에 채권양수인이 양도금지특약이 있음을 알았거나 중대한 과실로 알지 못하였다면 채권이전의 효과가 생기지 아니한다. 반대로 양수인이 중대한 과실 없이 양도금지특약의 존재를 알지 못하였다면 채권양도는 유효하게 되어 채무자는 양수인에게 양도금지특약을 가지고 채무 이행을 거절할 수 없다. 채권양수인의 악의 내지 중과실은 양도금지특약으로 양수인에게 대항하려는 자가 주장·증명하여야 한다(대법원 2019.12.19. 선고 2016다24284 전원합의체 판결).

위와 같은 법리는 공사대금 채권양도에서도 그대로 적용된다. 신탁의 경우에도 시공사가 수탁자의 동의 없이 다른 건설업체에게 공사대금채권을 양도한 후 양수인인 건설업체가 수탁자에게 양수받은 공사비 상당의 양수금 청구를 제기한 사안에서 수원지방법원 평택지원은 ① 원고가 양도금지특약의 존재를 알았거나 알지 못한 데에 중대한 과실이 있으므로 양수금의 지급을 구할 수 없고, ② 가사 그렇지 않다하더라도 신탁이 종료된 이상 수탁자의 의무가 면책적으로 위탁자에게 승계되었거나, ③ 수탁자는 신탁재산 범위 내에서만 공사비 지급의무를 지는데 신탁 종료로 신탁재산이 남아있지 아니하므로 원고도 수탁자에게 공사대금채권을 청구할 수 없다는 취지로 판시하였다. 비록 1심이기는 하나, 2심이나 대법원에서도 위와 같이 판시할 가능성이 높아 소개해본다. 자세한 사항은 아래와 같다.

1. 이 사건에 관하여 보건대, 앞서 든 증거, 을 제6호증의 기재에 변론 전체의 취지를 종합하여 알 수 있는 다음과 같은 사실 또는 사정들을 종합하여 보면, 원고가 채권양도금지 특약의 존재를 알았거나 이를 알지 못한 데에 중대한 과실이 있다고 보는 것이 타당하므로, 원고는 이 사건 채권양도계약을 근거로 피고를 상대로 양수금의 지급을 구할 수 없다.

   가. 건설공사도급계약에 의한 공사대금채권의 경우에는 민간건설공사 표준도급계약서에 채권양도금지 특약이 기재되어 있는 등 양도금지특약이 있는 것이 일반적이다.

   나. 원고는 건설업을 영위하는 주식회사로서 위와 같은 특약의 내용을 잘 알 수 있었을 것으로 보이고, 다른 사업자와 거래를 할 때에 채권양도금지 특약을 정할 것인지 여부와 양수하고자 하는 채권에 관하여 채권양도금지 특약이 있는지 여부를 살필 만큼의 충분한 전문지식도 가지고 있었던 것으로 보인다.

다. 설령 원고가 양도금지특약을 명확하게 인식하지 못하였다고 하더라도, 앞서 본 바와 같이 원고로서는 채권양도금지 특약의 존재를 충분히 예상할 수 있었다고 볼 수 있는데, 만약 원고가 이 사건 공사계약의 계약서를 읽어보았거나 피고에게 채권양도금지 특약 여부에 관해서 물어보았더라면, C의 공사대금채권과 관련하여 채권양도금지특약이 있다는 것을 쉽게 알 수 있었는데도 그러한 확인을 하지 아니하여 특약의 존재를 알지 못하였으므로, 원고가 채권양도금지 특약의 존재를 알지 못한 데에는 중대한 과실이 있는 것으로 볼 수 있다(설령 이 사건 채권양도계약이 유효하다고 하더라도, 앞서 든 증거에 변론 전체의 취지를 종합하여 알 수 있는 다음과 같은 사실 또는 사정들, 즉 ① 이 사건 신탁계약 특약 제3조 제2항은 이 사건 신탁계약이 이 사건 사업과 관련하여 D, C, 피고와 주식회사 F 사이에 체결되는 개별 계약과 저축되는 경우 이 사건 신탁계약이 개별적인 계약에 우선한다고 정하고 있고, 제15조 제6항은 피고가 승계하는 이 사건 공사계약은 신탁계약이 해지되거나 종료되는 경우에는 피고의 의무가 면책적으로 D에게 자동 승계된다고 규정하고 있는 점, ② 이 사건 공사계약 승계계약 제3조 제2항은 이 사건 공사계약 및 이 사건 공사계약 승계계약에 의한 C에 대한 의무는 D이 부담하고 피고는 신탁재산 및 이 사건 신탁계약의 업무 범위 내에서만 그 의무를 부담하며 이를 초과하는 부분은 D이 전적으로 그 책임을 부담하고 C은 이에 대하여 피고에게 이의나 청구를 제기하지 않는다고 규정하고 있는 점, ③ 이 사건 신탁종료합의 제2조 제3항은 피고가 C에 지급하여야 하는 도급공사비는 전액지급 및 정산이 완료된 것으로 한다고 규정하고 있는 점 등에 비추어 보면, C의 피고에 대한 공사대금 채권은 존재하지 않거나 존재한다고 하더라도 신탁재산 및 이 사건 신탁계약의 업무 범위 내에서만 존재한다고 할 것인데, 이 사건 신탁종료합의 이후에도 신탁재산이 남아있음을 인정할 만한 증거도 없으므로, 원고가 피고에게 구할 수 있는 공사대금채권은 남아 있지 않게 된다. 이 점에서 보아도 원고의 주장은 받아들이기 어렵다)(수원지방법원 평택지원 2022.6.8. 선고 2021가단67778 판결).

신탁사업과 관련하여 공사대금 채권양도 금지 규정은 민간공사 표준도급계약서 제38조, 수탁자와 위탁자 시공사간 체결하는 공사도급승계계약서 및 신탁계약서 특약에 통상적으로 기재되어 있고, 신탁계약서는 등기부의 일부로서 제3자에게 대항할 수 있는바, 위와 같은 채권양도 금지규정의 존재를 볼 때, 수탁자의 동의 없는 공사대금 채권양도는 수탁자에게 그 성립을 주장할 수 없다고 판단된다.

라 하도급대금 직불합의 후 하도급업체의 직접 지급 요청에 대하여 수탁자가 신탁계약상 자금집행순서 약정을 이유로 대항할 수 있는지 여부

하도급대금 직불합의 후 하도급업체의 직접 지급 요청에 대하여 수탁자가 신탁계약상 자금집행순서 약정을 이유로 대항할 수 있는지 여부가 문제된다.

건축사업의 시행사인 갑 주식회사와 시공사인 을 주식회사가 공사도급계약을 체결한 다음, 신탁업자인 병 주식회사와 토지신탁사업약정, 관리형토지신탁계약, 위 공사도급계약의 승계계약을 체결하면서 위 공사도급계약에 관하여 '수탁자의 자금집행순서상 공사비의 90%는 7순위로 하여 매 2개월 단위로 지급하고, 잔여공사비는 13순위로 하여 1, 2, 3순위 우선수익자의 대출원리금이 모두 상환되고 수탁자의 신탁사무처리비용 정산이 완료된 이후 신탁재산의 범위 내에서 지급하며, 토지신탁사업약정서와 관리형토지신탁계약서는 승계계약서보다 우선 적용한다.'고 정하였고, 그 후 도급공사 중 일부 공사를 정 회사에 하도급한 을 회사가 병 회사 및 정 회사와 하도급대금 직불합의를 하면서, '병 회사가 부담하게 되는 공사대금의 범위는 병 회사와 을 회사 사이의 공사도급계약에 따라 병 회사가 을 회사에 지급해야 할 공사대금채무의 범위를 초과하지 않고, 병 회사는 정 회사의 직접 지급 요청이 있기 전에 을 회사에 대하여 대항할 수 있는 사유 등으로 정 회사에 대항할 수 있다.'고 약정하였는데, 공사비의 90% 이상이 지급된 상태에서 정 회사가 건물 완공 후 일정 기간이 지났다며 병 회사를 상대로 하도급대금 직접 지급을 요청한 사안에서, 대법원은 병 회사는 정 회사의 직접청구에 대하여 을 회사와 체결한 자금집행순서 약정을 이유로 대항할 수 있고, 위 자금집행순서의 성격은 정지조건으로 보는 것이 타당하다는 취지로 판시((대법원 2023.6.29. 선고 2023다221830 판결))하였다.

토지신탁사업을 진행하다 보면 여러 이유로 하도급계약에 의한 공사대금을 발주자인 수탁자가 직접 하도급업체에게 지급하기로 하는 내용의 하도급대금 직불합의를 체결해야 하는 경우가 있다. 이러한 경우 반드시 추가하여야 하는 내용은 수탁자가 부담하게 되는 공사대금의 범위는, 수탁자와 원수급인 사이의 공사도급계약에 따라 수탁자가 원수급인에게 지급해야 할 공사대금채무의 범위를 초과하지 않고, 수탁자는 하수급인의 직접 지급 요청이 있기 전에 수탁자가 원수급인에 대하여 대항할 수 있는 사유 등으로써 하수급인에게 대항할 수 있다는 내용을 포함하여야 한다.

더불어 다음과 같은 내용도 추가하는 것이 바람직할 것이다. ① 원수급인은 기성검사 및 준공검사 신청시 하수급인이 시공한 부분에 대한 내역을 구분하여 신청하고, 하수급인의 확인을 받아 하도급대금 분을 분리하여 청구하여야 하며, 발주자는 신탁계약에서 정한 절차에 따라 하도급대금 분에 해당하는 공사대금채권을 하수급인에게 아래 계좌로 지급하기로 한다, ② 원수급인과 하수급인은, 신탁계약이 해지 또는 해제 등의 사유로 종료된 경우 발주자의 모든 권리의무는 위탁자에게 면책적 포괄적으로 승계되고, 본 합의서에 따른 발주자의 하수급인에 대한 모든 권리의무도 본 합의서 변경 등의 별도 조치 없이 위탁자에게 면책적 포괄적으로 승계됨에 동의한다, ③ 수탁자의 동의 없는 공사비 증액은 무효다.

한편, 하도급직불 합의와 관련하여, 하도급거래 공정화에 관한 법률에 직접지급사유 발생 전에 이루어진 강제집행 또는 보전집행의 효력을 배제하는 규정은 없으므로, 하도급법 제14조에 의한 하도급대금 직접지급사유가 발생하기 전에 원사업자의 제3채권자가 원사업자의 발주자에 대한 채권에 대하여 압류 또는 가압류 등으로 채권의 집행보전이 된 경우에는 그 이후에 발생한 하도급공사대금의 직접지급사유에도 불구하고 집행보전된 채권은 소멸하지 아니한다. 따라서 위와 같이 압류 등으로 집행보전된 채권에 해당하는 금액에 대하여는 수급사업자에게 직접지급청구권이 발생하지 아니한다.

이러한 압류 등 집행보전과 하도급법상 직접지급청구권의 관계에 관한 법리는 원사업자의 재산을 둘러싼 여러 채권자들의 이해관계 조정의 문제를 법률관계 당사자의 지위에 따라 상대적으로 처리하기보다는 이를 일률적으로 간명하게 처리하는 것이 바람직하다는 점을 고려하여 인정되는 것이므로, 가압류 또는 압류명령의 당사자 사이에서만 상대적으로 발생하는 것이라고 볼 수 없다. 또한 이러한 법리는 원사업자의 발주자에 대한 채권에 관한 가압류 등이 수급사업자의 원사업자에 대한 하도급대금채권의 실현을 위하여 이루어진 경우에도 마찬가지로 적용된다.

즉 하도급법 제14조에 의한 하도급대금 직접지급사유가 발생하기 전에 오로지 수급사업자의 신청에 의해서만 원사업자의 발주자에 대한 공사대금채권이 가압류된 경우 등에도, 직접지급사유 발생 전에 가압류 등에 따른 집행보전의 효력이 집행해제나 집행취소 등의 사유로 실효되지 않는 한, 집행보전된 채권은 소멸하지 아니하고 수급사업자의 발주자에 대한 직접지급청구권도 발생하지 아니한다(대법원 2017.12.5. 선고 2015다4238 판결)는 것이 대법원의 입장이므로 참고할 필요가 있다.

마 하도급대금 직불합의 후 시공사의 공사대금채권을 압류된 경우 하도급업체가 공사대금채권의 압류채권자에게 대항할 수 있는지 여부

발주자, 원수급인, 하수급인 3자간 직불합의 후 시공사의 채권자가 시공사의 신탁사에 대한 공사대금채권을 압류하는 경우 하도급업체가 시공사의 공사대금채권에 대한 압류채권자에게 대항할 수 있는지 여부가 문제된다.

발주자, 원수급인, 하수급인 3자간 직불합의 후 시공사의 채권자가 시공사의 신탁사에 대한 공사대금채권을 압류하는 경우 하도급업체가 시공사의 공사대금채권에 대한 압류채권자에게 대항할 수 있는지 여부에 대하여, 대법원은 구 하도급법 제14조 제1항의 문언상 발주자·원사업자 및 수급사업자의 3자 간에 하도급대금의 직접 지불이 합의된 경우라도 수급사업자가 하도급계약에 따른 공사를 시행하고 발주자에게 그 시공한 분에 상당하는 하도급대금의 직접 지급을 요청한 때에 비로소 수급사업자의 발주자에 대한 직접지급청구권이 발생함과 아울러 발주자의 원사업자에 대한 대금지급채무가 하도급대금의 범위 안에서 소멸하는 것으로 해석하여야 할 것이므로, 이와 달리 수급사업자의 하도급공사 시행 및 발주자에 대한 시공한 분에 상당한 하도급대금의 직접 지급요청이 있기도 전에 3자 간 직불합의만으로 즉시 발주자의 원사업자에 대한 대금지급채무가 하도급대금의 범위 안에서 소멸한다고 볼 수는 없고, 또한 수급사업자가 하도급공사를 시행하기도 전에 3자 간 직불합의가 먼저 이루어진 경우 그 직불합의 속에 아직 시공하지도 않은 부분에 상당하는 하도급대금의 직접 지급요청의 의사표시가 미리 포함되어 있다고 볼 수도 없다(대법원 2007.11.29. 선고 2007다50717 판결)는 입장이다.

따라서 발주자, 원수급인, 하수급인 3자간 직불합의 후 시공사의 채권자가 시공사의 신탁사에 대한 공사대금채권을 압류하는 경우 이러한 공사대금채권압류에도 불구하고 신탁사(발주자)가 공사대금 직접지급 합의를 근거로 하수급인에게 공사대금을 지급할 수 있는 방법에 관하여, 대법원은 발주자·원사업자 및 수급사업자 사이에서 발주자가 하도급대금을 직접 수급사업자에게 지급하기로 합의한 경우에, 당사자들의 의사가 도급계약 및 하도급계약에 따른 공사가 실제로 시행 내지 완료되었는지 여부와 상관없이 원사업자의 발주자에 대한 공사대금채권 자체를 수급사업자에게 이전하여 수급사업자가 발주자에게 직접 그 공사대금을 청구하고 원사업자는 공사대금 청구를 하지 않기로 하는 취지라면 이는 실질적으로 원사업자가 발주자에 대한 공사대금채권을 수급사업자에게 양도하고 그 채무자인 발주자가 이를 승낙한 것에 해당한다. 그런데 이러한 채권양도에 대한 발주자의 승낙이 확정일자 있는 증서에 의하여 이루어지지 않는 이상, 발주자는 위와 같은 채권양도와 그에 기한 채무의 변제를 들어서 원사업자의 위 공사대금채권에 대한 압류채권자에게 대항할 수 없다.

반면 당사자들의 의사가 수급사업자가 하도급계약에 기하여 실제로 공사를 시행 내지 완료한 범위 내에서는 발주자가 수급사업자에게 그 공사대금을 직접 지급하기로 하고 원사업자에게 그 공사대금을 지급하지 않기로 하는 취지라면, 압류명령의 통지가 발주자에게 도달하기 전에 수급사업자가 공사를 실제로 시행 내지 완료하였는지 여부나 그 기성고 정도 등에 따라 발주자가 원사업자의 위 공사대금채권에 대한 압류채권자에게 수급사업자의 시공 부분에 상당하는 하도급대금의 범위 내에서 대항할 수 있는지 여부 및 그 범위가 달라진다. 구 하도급거래 공정화에 관한 법률(2007.7.19. 법률 제8539호로 개정되고 2009.4.1. 법률 제9616호로 개정되기 전의 것, 이하 '구 하도급법'이라 한다) 제14조 제2항의 규정 취지를 같은 조 제1항의 규정 내용에 비추어 보면, '발주자가 하도급대금을 직접 수급사업자에게 지급하기로 발주자·원사업자 및 수급사업자 간에 합의한 경우'에 발주자가 그 하도급대금 전액을 해당 수급사업자에게 직접 지급할 의무가 바로 발생하는 것이 아니라, '수급사업자가 제조·수리·시공 또는 용역수행한 분에 상당하는' 하도급대금을 해당 수급사업자에게 직접 지급할 의무가 발생하는 것이고, 그 범위 내에서 발주자의 원사업자에 대한 대금지급채무가 소멸한다고 해석함이 타당하다(대법원 2014.12.24. 선고 2012다85267 판결)고 판시하였다.

따라서 원수급인의 채권자가 공사대금을 압류하더라도 압류 전 직접지급의 합의를 근거로 신탁사가 하수급인에게 공사대금을 지급하기 위해서는 당사자들의 의사가 도급계약 및 하도급계약에 따른 공사가 실제로 시행 내지 완료되었는지 여부와 상관없이 원사업자의 발주자에 대한 공사대금채권 자체를 수급사업자에게 이전하여 수급사업자가 발주자에게 직접 그 공사대금을 청구하고 원사업자는 공사대금 청구를 하지 않기로 하는 취지의 3자간 직접지급의 합의가 필요하고, 확정일자를 받아야 한다.

다만 위와 같이 공사가 실제로 시행 내지 완료되었는지 여부와 상관없이 원사업자의 발주자에 대한 공사대금채권 자체를 수급사업자에게 이전하는 직접지급의 합의가 이루어지는 경우에는 하수급인의 채권자에게 대항하지 못하는 점, 채권양도계약 체결당시 공정상 하도급계약이 체결되어 있지 아니한 하도급업체는 공사대금 압류권자에게 대항할 수 없는 점, 채권양도 계약서에 특별한 기재가 없는 한 원수급인에게 생긴 사유로 하수급인에게 대항할 수 없는 점, 대출약정 및 신탁계약 구도에 따라 신탁계약 체결시부터 약정된 공사대금 유보비율을 하수급인에게 주장하기 어려울 수 있는 점, 하수급인은 신탁계약의 당사자가 아니므로 신탁계약에서 규정한 시공사의 의무 내지 공사제한 규정 등을 주장하기 어려울 수 있는 점 등이 문제된다. 이러한 문제들은 각 신탁사업의 구체적인 사정에 따라 각각 달리 해결책을 찾아야 하므로, 신탁사 담당자는 신탁법리뿐만 아니라 건설관련 법적 쟁점들도 아울러 잘 파악하고 있어야 할 필요가 있다.

참고로, 차입형 토지신탁 계약이 체결된 뒤 수탁자가 공사도급 승계계약을 체결하고 시공사의 공사대금에 관하여 하수급인에게 공사대금 채권양도를 하였는데, 하수급인이 시공사에게 하수급 공사대금 중 일부인 약 2억 6천만원을 지급받지 못하자 위 채권양도를 근거로 수탁자에 공사대금 청구를 제기한 사안에서 수탁자는 시공사에 대하여 공사대금을 모두 지급하였으므로 하수급인에게 공사대금을 지급할 책임이 없다고 주장하였으나, 서울고등법원은 이 사건 공사대금 채권양도에서 수탁자에 대한 공사대금채권을 하수급인에게 양도하고, 채무자인 수탁자는 이의를 보류하지 아니하고 이를 승낙한 것으로 보아야 하므로, 수탁자는 채권양도인인 시공사에게 대항할 수 있는 사유로서 채권양수인인 하수급인에게 대항할 수 없으므로 수탁자는 시공사에게 공사계약에 따른 공사대금을 모두 지급하였다고 하더라도 이를 이유로 하수급인의 하도급대금 직접 지급청구를 거절할 수 없다(서울고등법원 2020.11.12. 선고 2020나2018741 판결)는 취지로 판시한 사례가 있다.

따라서 공사대금 채권양도를 하는 경우에는 반드시 양도인에게 대항할 수 있는 사유로 양수인에게 대항할 수 있다는 취지의 내용을 채권양도 합의서에 기재하여야 할 것이다. 본 건 판결에서는 채권양도 합의서상 수탁자는 신탁계약의 업무 범위 및 신탁재산 범위 내에서만 하도급대금 지급책임을 부담한다는 취지의 기재가 있어 수탁자가 신탁재산 한도 내에서만 책임을 부담한다는 취지의 판결이 선고된 바, 신탁사 담당자는 공사대금 채권양도계약 체결시 신탁재산 범위 내에서만 책임을 부담한다는 취지의 내용도 빠트려서는 안될 것이다.

바 수탁자의 시공사 공사대금에 대한 압류 및 압류에도 불구하고 노무비를 지급할 수 있는지 여부

건설사업자가 도급받은 건설공사의 도급금액 중 그 공사(하도급한 공사를 포함한다)의 근로자에게 지급하여야 할 임금에 상당하는 금액은 압류할 수 없다(건설산업기본법 제88조 제1항).

따라서 건설업자가 도급받은 건설공사의 도급금액 중 당해 공사의 근로자에게 지급하여야 할 노임에 상당하는 금액에 대하여 압류를 금지한 것은 근로자의 생존권을 최소한도로 보장하려는 헌법상의 사회보장적 요구에서 비롯된 것으로서, 근로자의 임금 등 채권에 대한 우선변제권을 인정하고 있는 근로기준법 규정과 함께 근로자의 생활안정을 실질적으로 보장하기 위한 또 다른 규정이라고 할 것이므로, 이와 같은 압류가 금지된 채권에 대한 압류명령은 강행법규에 위반되어 무효다(대법원 2000.7.4. 선고 2000다21048 판결). 전부명령은 압류채권의 지급에 갈음하여 피전부채권을 채무자로부터 압류채권자에게로 이전하는 효력을 갖는 것이므로 전부명령의 전제가 되는 압류가 무효인 경우 그 압류에 기한 전부명령은 절차법상으로는 당연무효라고 할 수 없다 하더라도 실체법상으로는 그 효력을 발생하지 아니하는 의미의 무효(대법원 2000.7.4. 선고 2000다21048 판결)이므로 건설공사 근로자에게 지급할 노임에 대한 압류 및 전부명령은 무효다.

다만 건설산업기본법 제88조 및 같은법시행령 제84조에서 건설업자가 도급받은 건설공사의 도급금액 중 당해 공사의 근로자에게 지급하여야 할 노임에 상당하는 금액에 대하여 압류를 금지한 것은 근로자의 생존권을 최소한도로 보장하려는 헌법상의 사회보장적 요구에서 비롯된 것으로서 이에 대한 압류명령은 강행법규에 위반되어 무효라 할 것이지만, 같은법시행령 제84조 제1항, 제2항에서 압류가 금지되는 노임채권의 범위를 같은 법 소정의 건설공사의 도급금액 중 산출내역서에 기재된 노임을 합산한 것으로서 위 건설공사의 발주자(하도급의 경우에는 수급인을 포함)가 그 산정된 노임을 도급계약서 또는 하도급계약서에 명시한 금액에 국한됨을 분명히 하고 있는 이상 도급계약서 또는 하도급계약서에서 노임액 부분과 그 밖의 공사비 부분을 구분하지 아니함으로써 압류명령의 발령 당시 압류의 대상인 당해 공사대금채권 중에서 압류금지채권액이 얼마인지를 도급계약서 그 자체의 기재에 의하여 형식적·획일적으로 구분할 수 없는 경우에는 위 공사대금채권 전부에 대하여 압류금지의 효력이 미치지 아니한다(대법원 2005.6.24. 선고 2005다10173 판결).

한편, 공사 중도타절의 경우 압류가 금지되는 노임채권의 범위가 어디까지인지 문제될 수 있는데, 건설공사계약이 중도 해지되어 공사대금 정산합의가 이루어졌고 그때까지 기성금으로 수령한 공사대금이 있는 경우, 정산합의에 따른 잔여 공사대금 중 구 건설산업기본법 제88조, 건설산업기본법 시행령 제84조 제1항에 의해 압류가 금지되는 노임채권의 범위를 산정하는 방법에 관하여 대법원은 건설공사계약이 중도에 해지되어 공사대금의 정산합의가 이루어지는 경우 정산된 공사대금 중 압류가 금지되는 노임채권액은, 특별한 사정이 없는 한 (하)도급금액 산출내역서에 기재된 노임채권 중 정산합의 시까지 발생한 노임채권액을 합산하는 방식으로 산정하여야 하고, 정산 시까지 기성금으로 수령한 공사대금이 있는 경우 잔여 공사대금 중 압류가 금지되는 노임채권액은 정산합의된 공사대금 중 (하)도급금액 산출내역서에 기하여 산출한 노임채권액에서 기지급된 공사대금 중 (하)도급금액 산출내역서에 기하여 산출한 노임채권액을 공제하는 방식으로 산정하여야 한다(대법원 2012.3.15. 선고 2011다73441 판결)고 판시한 바 있다.

수탁자 또는 대주 담당자는 수탁자를 제3채무자로 한 시공사의 공사대금 (가)압류 결정이 도달한 후 노무비를 지급할 때 위의 사항은 숙지하고 노무비 지급 가능여부를 판단하는 것이 바람직하고, 자금 지급 가능 여부에 관하여 의견 대립이 있는 경우 원칙적으로는 보수적으로 판단할 필요가 있다.

사 토지신탁(개발신탁) 사업 진행시 신탁사와 시공사간 지체상금의 구체적인 시기 및 종기가 어느 시점인지 여부 및 신축건물 준공 지연시 지체상금 법리 일반

토지신탁 사업을 진행하면서 신탁사가 시공사와 공사도급계약을 체결하고 건물을 신축하는 경우 시공사는 계약내용에 따라 공사기간 내 건물을 준공할 의무를 지게 되고, 만약 기간 내 건물을 준공하지 아니하는 경우 지연기일 날짜만큼 일정비율의 지체상금을 부담할 책임을 진다. 그런데 지체상금의 시기가 공사기간 만료일이라는 점은 의문이 없으나, 종기가 관할청의 준공필증 교부일이나 사용승인일인지 문제된다.

대법원은 비록 관할청의 준공허가를 받지 못하였다하더라도 주요 구조 부분이 약정된대로 시공되었다면 공사는 완성된 것이므로 지체상금 책임이 발생하지 아니하고 다만 목적물에 하자가 있는 것이므로 하자담보책임 문제로 전환된다는 입장이다(대법원 1997.10.10. 선고 97다23150 판결 참조). 이는 아주 사소한 부분의 하자로 인하여 수급인에게 지나친 책임이 발생하는 것을 방지하고자 하는 목적으로서 일견 합리적인 것처럼 보이나, 신탁사 입장에서는 시공사가 책임준공기간 내 준공허가 등을 득하지 못하더라도 신탁사가 시공사에게 지체상금 책임을 물을 수 없는 위험성이 발생하는 결과를 초래하게 된다.

따라서 신탁사는 시공사가 준공허가를 득하지 못하는 경우에도 때에 따라 지체상금 책임을 시공사에게 묻지 못하는 결과를 초래할 수 있으므로 신탁계약서 또는 공사도급계약서에 관할청의 준공허가와 별도로 신탁사에게 준공검사를 받아야 한다는 내용을 계약에 포함시키는 방식으로 위 쟁점을 해결한다.

대법원은 주요 구조 부분이 약정된대로 시공되었다면 수급인에게 지체상금 책임을 물을 수 없고 하자담보책임을 물어야 하지만, 당사자 사이에 건축공사의 완공 후 부실공사와 하자보수를 둘러싼 분쟁이 일어날 소지가 많음이 예상됨에 따라 그러한 분쟁을 사전에 방지할 의도로 통상의 건축공사 도급계약과는 달리 도급인의 준공검사 통과를 대금지급의 요건으로 삼음과 동시에 하자보수 공사 후 다시 합격을 받을 때까지 지체상금까지 부담하게 함으로써 공사의 완전한 이행을 담보하기 위해 지체상금의 종기를 도급인의 준공검사 통과일로 정하였다고 볼 만한 특별한 사정이 있다면 그에 따라야 할 것이라 판시하며(대법원 2010.1.14. 선고 2009다7212,7229 판결) 별도의 준공검사 통과를 대금지급의 요건으로 삼았다면 지체상금의 종기를 준공검사 통과일로 볼 수 있다는 입장이다.

따라서 부동산신탁사들은 책임준공확약형 관리형 토지신탁, 차입형 토지신탁에 위와 같은 별도의 준공검사 규정을 포함시킴으로서 주요 구조 부분이 시공되면 지체상금책임을 시공사에게 묻지 못하는 문제를 해결하고 있다. 위와 같은 계약내용을 존중하여 신탁사가 시공사에게 지체상금 책임을 묻는 소송에서 신탁사에게 승소 판결을 내린 하급심 판결도 존재한다. 따라서 토지신탁 사업을 진행하는 경우 신탁계약서 또는 사업약정서에 위와 같은 별도의 준공검사 규정을 포함시키는 것이 신탁사 리스크 감소를 위한 방안이라 하겠다.

공사가 도중에 중단되어 예정된 최후의 공정을 종료하지 못한 경우에는 공사가 미완성된 것으로 볼 것이지만, 공사가 당초 예정된 최후의 공정까지 일응 종료되고 그 주요 구조 부분이 약정된 대로 시공되어 사회통념상 일이 완성되었고 다만 그것이 불완전하여 보수를 하여야 할 경우에는 공사가 완성되었으나 목적물에 하자가 있는 것에 지나지 아니한다고 해석함이 상당하고, 예정된 최후의 공정을 종료하였는지 여부는 수급인의 주장이나 도급인이 실시하는 준공검사 여부에 구애됨이 없이 당해 공사 도급계약의 구체적 내용과 신의성실의 원칙에 비추어 객관적으로 판단할 수밖에 없고, 이와 같은 기준은 공사 도급계약의 수급인이 공사의 준공이라는 일의 완성을 지체한 데 대한 손해배상액의 예정으로서의 성질을 가지는 지체상금에 관한 약정에 있어서도 그대로 적용된다(대법원 1997.10.10. 선고 97다23150 판결 참조). 다만 당사자 사이에 건축공사의 완공 후 부실공사와 하자보수를 둘러싼 분쟁이 일어날 소지가 많음이 예상됨에 따라 그러한 분쟁을 사전에 방지할 의도로 통상의 건축공사 도급계약과는 달리 도급인의 준공검사 통과를 대금지급의 요건으로 삼음과 동시에 하자보수 공사 후 다시 합격을 받을 때까지 지체상금까지 부담하게 함으로써 공사의 완전한 이행을 담보하기 위해 지체상금의 종기를 도급인의 준공검사 통과일로 정하였다고 볼 만한 특별한 사정이 있다면 그에 따라야 할 것이다(대법원 2010.1.14. 선고 2009다7212,7229 판결).

원심판결 이유와 원심이 인용한 제1심판결 이유와 기록에 의하면, 이 사건 각 도급계약서에는 '원고는 준공기한 내에 공사를 완성하지 아니한 때에는 매 지체일수마다계약서상의 지체상금비율을 계약금액에 곱하여 산출된 금액을 피고에게 납부하여야 한다. 다만, 피고의 귀책사유로 준공검사가 지체된 경우와 다음 각 호의 1에 해당하는 사유로 공사가 지체된 경우에는 그 해당일수에 상당하는 지체상금을 지급하지 아니하여도 된다(제27조 제1항)'라고 기재되어 있고, '준공일은 원고가 건설공사를 완성하고 피고에게 서면으로 준공검사를 요청한 날을 말한다. 다만, 제24조의 규정에 의하여 준공검사에 합격한 경우에 한한다(제9조 제3항)'라고 기재되어 있으며, '원고는 공사를 완성한 때에는 피고에게 통지하여야 하며, 피고는 통지를 받은 후 지체 없이 원고의 입회하에 검사를 하여야 하며, 피고가 원고의 통지를 받은 후 10일 이내에 검사결과를 통지하지 아니한 경우에는 10일이 경과한 날에 검사에 합격한 것으로 본다(제24조 제1항)'라고 기재되어 있고, '원고는 피고의 준공검사에 합격한 후 즉시 잉여자재, 폐기물, 가설물 등을 철거, 반출하는 등 공사현장을 정리하고 공사대금의 지급을 피고에게 청구할 수 있고, 피고는 특약이 없는 한 계약의 목적물을 인도받음과 동시에 원고에게 공사대금을 지급하여야 한다(제25조)'라고 기재되어 있는 사실, 원고는 2008.9.29. 피고에게 이 사건 공사가 완공되었다면서 준공검사 관련 서류 일체를 교부하였으나, 피고 소속 현장감독인 A는 아직 공사가 완공되지 아니하였음을 이유로 준공검사를 거부한 사실, 피고는 2008.11.17.에야 강서구청장으로부터 이 사건 건물에 대하여 임시사용승인을 받은 사실 등을 알 수 있다.

이러한 사실관계를 앞서 본 법리에 비추어 살펴보면, 이 사건 도급계약상 원고가 약정 준공기한 내에 공사를 완성하여 피고에게 서면으로 준공검사를 요청하지 못하거나 공사를 완성하여 서면으로 준공검사를 요청하였으나 피고의 준공검사에 통과되지 못한 때에는 지체상금을 납부하여야 하는 것으로 해석함이 상당하다.

같은 취지에서 원심이, 임시사용승인 당시 이 사건 건물에 본래의 용도대로 사용할 수 없을 정도로 중대한 하자가 있었다고 보이지 않고, 피고 또한 2008.11.17. 이 사건 건물에 대하여 임시사용승인을 받고 2008.11.19. 이를 인도받음으로써 원고에게 이 사건 건물 신축공사가 일응 완성된 것으로 처리하겠다는 의사를 표명한 것으로 봄이 상당하므로 이 사건 신축공사는 임시사용승인을 받은 2008.11.17. 무렵에는 완성되었다는 전제 아래, 원고가 피고에게 약정 준공기한 다음날인 2008.10.10.부터 2008.11.17.까지의 지체상금을 지급할 의무가 있다고 판단한 것은 정당하고, 거기에 상고이유 주장과 같은 계약해석 및 지체상금의 발생 요건에 관한 법리오해, 판례위반 등의 위법이 없다(대법원 2012.6.28. 선고 2012다24095 판결).

25 수탁자의 선관주의의무

가 신탁등기 경료 전 위탁자가 신축 건물을 매도한 경우 수탁자가 불법행위책임을 부담하는지 여부

실무에서는 위탁자와 수탁자 우선수익자가 담보신탁 및 자금관리 대리사무계약을 체결하고 토지는 수탁자에게 신탁하였지만 위탁자가 건축주 명의를 가지고 건물신축사업을 진행하는 사업진행방식이 종종 발견된다. 이 경우 담보신탁계약서 또는 자금관리 대리사무계약서에 "위탁자는 신탁부동산 상에 건물을 신축 증축하는 경우에는 준공 즉시 해당 부동산을 수탁자에게 추가로 신탁하여야 한다"는 취지의 문구가 반영되는 것이 일반적이다.

문제는 건축주의 지위가 위탁자에게 있음을 기화로 위탁자가 신축건물의 보존등기를 경료한 후 타인에게 매매하거나 위탁자의 채권자 등이 소유권보존등기의 촉탁으로 보존등기를 경료한 후 곧바로 부동산압류나 가처분결정 등을 집행하는 경우 대주인 우선수익자가 수탁자에게 수탁자의 선관주의의무 위반 등으로 손해배상을 청구할 수 있는지 여부가 문제된다.

위와 같이 위탁자, 수탁자, 우선수익자가 담보신탁 및 자금관리 대리사무계약을 체결하고 토지는 수탁자에게 신탁등기하고 건축주의 지위는 위탁자가 가진 상태에서 위탁자가 신축건물에 신탁등기를 경료하여 신탁재산으로 편입시켜야할 의무를 위반하고 신축건물이 준공된 후 제3자에게 소유권이전 등의 사유로 결국 신탁재산에 편입되지 못하자, 우선수익자인 대주가 수탁자에게 손해배상을 청구한 사안에서 대법원은 수탁자의 공동불법행위로 인한 손해배상책임 발생을 부정하였다.

① 피고는 이 사건 부동산담보신탁계약에 따라 수탁자로서 신탁부동산의 보존·관리 등에 관한 선량한 관리자로서의 주의의무가 있으나 위탁자가 임의로 제3자에게 매도한 이 사건 극장 부분은 아직 신탁등기가 경료되기 전이어서 신탁재산에 해당하지 아니하는

점, ② 이 사건 부동산담보신탁계약에 의하면 이 사건 건물의 분양업무는 위탁자가 수행하도록 규정되어 있었고 수탁자는 그 분양계약에 따라 입금된 분양수입금을 관리하는 소극적 지위에 있었던 점, ③ 분양계약의 당사자가 아닌 피고로서는 제3자로 하여금 매매대금을 분양수입금 관리계좌로 입금하도록 강제할 방법이 없고, 제3자를 상대로 소유권이전청구권가등기의 말소를 구할 권원도 없었던 점, ④ 달리 피고가 위탁자와 제3자 사이의 매매계약 체결을 알선하거나 적극적으로 가담한 사실을 인정할 증거가 없는 점 등을 종합하여 보면, 피고가 단순히 위 매매계약 체결사실을 알았거나 알 수 있었다는 이유만으로는 피고에게 공동불법행위로 인한 손해배상책임이 발생한다고 할 수 없다(대법원 2009.7.9. 선고 2008다19034 판결).

위와 같은 대법원 판결에도 불구하고, 담보신탁 및 자금관리 대리사무, 분양관리신탁 등에서 신축건물에 신탁등기가 경료되지 아니하는 경우 수탁자와 우선수익자 등 간에 갈등 또는 분쟁이 발생할 수 있고, 수탁자가 언제나 승소하리라 예상하기는 어려운 점을 감안, 신탁계약서에 "신축 증축건물을 신탁재산에 편입할 책임은 위탁자가 부담하고 수탁자를 이에 대하여 관리 감독할 책임을 부담하지 아니한다"는 취지의 특약을 편입하는 것이 안전하다 할 것이다.

나 "위탁자는 대주가 지정하는 수탁자에게 근저당권을 설정하여야 한다"는 신탁계약 특약 규정이 수탁자를 구속하는지 여부

1) 사실관계

시행사인 위탁자와 부동산신탁회사인 수탁자, 시공사 및 대출금융기관은 건물 신축·분양 사업을 진행하기 위하여 관리형 토지신탁 계약을 체결하였다. 이 사건 신탁계약 특약사항 제7조 제1항 및 이 사건 대출약정서 제6-1조 제4항은 "위탁자는 회원권의 분양 부진 등을 원인으로 건물의 준공시까지 사업비 등을 공제하고 남은 분양수입금이 대출원리금보다 적을 경우, 대주인 원고가 요구하는 바에 따라 건물 전체를 보존등기함과 동시에 원고가 지정하는 부동산신탁회사에게 관리처분신탁 또는 근저당권을 설정하여야 한다."고 정했다. 또한 신탁계약 특약에는 신탁계약서와 이 사건 대출약정서의 내용이 상충하는 경우에는 위 대출약정서의 내용을 우선하다는 규정이 포함되어 있다.

건물이 준공되고 수탁자 명의로 보존등기를 마쳤으나 대출원리금이 완제되지 않았고, 위탁자에게 기한의 이익이 상실되어 EOD가 발생하였다.

2) 원고(대주)의 주장

수탁자는 이 사건 신탁계약서 특약사항 제7조 및 이 사건 대출약정서 제6-1조에 따라 이 사건 리조트의 준공시까지 사업비 등을 집행하고 남은 입회비 및 입회보증금이 이 사건 대출원리금의 상환에 필요한 금액보다 적을 경우 원고의 요청에 따라 원고에게 이 사건 리조트에 관하여 미상환된 이 사건 대출금의 130%에 해당하는 금액을 채권최고액으로 하는 근저당권을 설정해 줄 의무가 있는바, 위탁자와 피고는 이 사건 리조트의 준공 후 현재까지 이 사건 대출원리금을 상환하지 못하고 있으므로, 피고는 위 신탁계약 및 대출약정에 따라 원고에게 이 사건 리조트에 관하여 채권최고액을 903억 5,000만원, 채무자를 위탁자로 한 근저당권설정등기절차를 이행할 의무가 있다.

3) 피고(수탁자)의 주장

이 사건 신탁계약서 특약사항 제7조 및 이 사건 대출약정서 제6-1조에서 정한 이 사건 근저당권의 설정의무자는 피고가 아니라 이 사건 대출약정의 차주이자 이 사건 신탁계약의 위탁자인 시행사이다. 그리고 위 신탁계약 및 위 대출약정상 각 규정의 취지는 이 사건 신탁계약이 종료되어 이 사건 리조트의 소유권이 위탁자에게 반환되면 원고가 이 사건 대출원리금 채권의 담보로 이 사건 신탁계약상 수익권에 대하여 가지고 있는 제1순위 근질권이 소멸되기 때문에 이를 대신하여 위탁자가 원고에 대하여 이 사건 리조트에 관한 이 사건 근저당권을 설정해 주기로 약정한 것이므로, 결국 이 사건 신탁계약이 종료되지 않은 현재 근저당권설정의무자도 아닌 피고에 대하여 이 사건 근저당권설정등기의 이행을 구하는 원고의 주장은 이유 없다.

4) 대법원의 판단

원심은 원고인 대주의 주장을 받아들여 수탁자로 하여금 신탁재산에 대한 근저당권설정등기절차를 이행하라는 취지로 판단하였으나, 대법원은 신탁법 제22조의 강제집행 금지 규정에 따라 위탁자를 채무자로한 권리를 원인으로 신탁재산에 강제집행을 할 수 없으므로 대주의 청구는 이유없다는 취지로 판시하여 원심을 파기환송하였다. 자세한 내용은 아래와 같다.

이 사건 신탁계약 특약사항 제7조 제1항 및 이 사건 대출약정서 제6-1조 제4항의 문언상 이 사건 대출금채무를 담보하기 위한 근저당권설정의무를 부담하는 주체가 위탁자인 것은 명백하므로, 그와 별도로 피고 역시 이러한 근저당권설정의무를 부담한다고 하기 위해서는 그러한 내용에 관하여 당사자 사이의 별도의 명시적 또는 묵시적 약정이 있는 등 이를 수긍할 수 있는 특별한 사정이 존재하여야만 한다.

그런데 위와 같은 사실관계로부터 알 수 있는 다음과 같은 사정들 즉, ① 신탁재산에 대하여 예외적으로 강제집행 또는 경매가 허용되는 '신탁사무의 처리상 발생한 권리'에는 수탁자를 채무자로 하는 것만 포함되고 위탁자를 채무자로 하는 것은 포함되지 아니하므로 위탁자인 시행사가 채무자인 이 사건 대출금채무는 '신탁사무의 처리상 발생한 권리'에 해당하지 아니함에도 불구하고, 당사자 사이의 약정에 의하여 위 대출금채무를 담보하기 위하여 신탁재산인 이 사건 부동산에 대한 근저당권설정을 용인한다면 신탁의 목적을 원활하게 달성하기 위하여 신탁재산의 소유권을 대내외적으로 수탁자에게 귀속시킴으로써 신탁재산의 독립성을 보장하려는 신탁법의 취지를 잠탈할 우려가 있는 점, ② 원·피고와 위탁자는 이 사건 신탁계약 및 대출약정에서 신탁재산으로 변제할 채무 중 수탁자의 신탁보수를 포함하여 이 사건 신탁사업으로 인한 제 경비를 제1순위로 정하였는데, 아직 신탁계약이 종료되지 아니한 상황에서 이 사건 부동산에 원고 명의의 근저당권을 설정하게 되면 회원권의 분양이 저조하여 그 사업이 실패할 경우 피고는 자신의 신탁보수마저도 지급받지 못하게 될 수 있는바, 관리형 토지신탁의 수탁자에 불과한 피고가 이러한 위험을 감수하면서까지 원고와 사이에 위 근저당권설정의무를 부담하기로 하는 묵시적 약정을 하였다고 보기 어려운 점, ③ 이 사건 신탁계약 및 대출약정의 당사자들은 이 사건 대출금채무를 담보하기 위하여 이 사건 건물이 준공되기 전에는 시공사인 피고보조참가인이 차주의 채무불이행시 그 채무를 인수하기로 하고, 건물이 준공되어 보존등기가 마쳐진 이후에는 시공사는 이와 같은 채무인수책임을 면함과 아울러 선순위 공사대금을 대출금 원리금에 우선하여 변제받을 수 있도록 약정하였는데, 이 사건 부동산에 원고 명의의 선순위 근저당권을 설정하게 되면 이러한 피고보조참가인의 권리가 침해될 우려가 있다고 보이는 점 등에 비추어 보면, 이 사건 신탁계약 및 대출약정에 의하여 건물 준공 후 그 소유권이 피고에게 귀속될 것이 예정되어 있었다거나 그밖에 원심에서 내세운 사정들만으로 피고가 이 사건 대출금채무를 담보하기 위하여 원고에게 이 사건 부동산에 근저당권을 설정하여 주기로 약정하였다고 보기는 어렵다.

그럼에도 원심은 그 판시와 같은 이유로 신탁계약서 및 대출약정서의 문언 해석상 피고가 원고에게 이 사건 대출금채무를 담보하기 위하여 이 사건 부동산에 관하여 근저당권을 설정하여 주기로 약정하였다고 보아 이를 원인으로 한 원고의 근저당권설정등기청구를 인용하고 말았으니, 이러한 원심의 조치에는 처분문서의 해석과 구 신탁법 제21조 제1항에서 정한 신탁재산에 대한 담보권실행에 관한 법리를 오해한 나머지 판결 결과에 영향을 미친 잘못이 있다. 이를 지적하는 취지의 상고이유의 주장은 이유 있다(대법원 2015.3.26. 선고 2013다6452 판결).

5) 실무 TIP

토지신탁에서 건물 준공 후 "위탁자는 회원권의 분양 부진 등을 원인으로 건물의 준공 시까지 사업비 등을 공제하고 남은 분양수입금이 대출원리금보다 적을 경우, 대주가 요구하는 바에 따라 건물 전체를 보존등기함과 동시에 대주가 지정하는 부동산신탁회사에게 관리처분신탁 또는 근저당권을 설정하여야 한다."는 취지의 규정을 토지신탁 계약 특약에 반영하는 것은 흔히 있는 일이다.

그런데 위와 같은 규정을 이행할 책임은 위탁자에게 있고 수탁자는 위 규정에 대한 책임을 부담하지 아니한다는 단서조항을 추가하지 아니하는 경우 대주와 불필요한 분쟁이 발생할 수 있는바, 위와 같은 규정을 신탁계약 특약에 포함시키는 경우 그 이행책임이 위탁자에게만 존재함을 분명히 선언하는 취지의 내용을 단서 등으로 추가하는 것이 바람직하다.

또한 이 사건 원심에서 수탁자가 패소한 이유 중 하나가 "수탁자와 시공사는 대출약정을 준수할 의무를 부담하고, 나아가 신탁계약서와 대출약정서의 내용이 상충하는 경우에는 위 대출약정서의 내용을 우선하기로 한다"는 취지의 규정을 신탁계약 특약에 반영하였다는 점이므로, 신탁계약보다 대출약정이 우선한다는 취지의 규정을 신탁계약 특약에 반영하지 않는 것이 바람직하다. 또한 위의 취지의 규정을 토지신탁계약에 반영하는 경우 금융투자회사의 업무 및 영업에 관한 규정 별표 15의 "토지신탁수익의 신탁종료 전 지급기준"에 위반된다는 점도 잊어서는 안 될 것이다.

다 수탁자가 진행 중인 갑 토지신탁 사업지 인근에 을 토지신탁 사업을 새롭게 진행한 경우 갑 토지신탁 위탁자에게 손해배상 책임을 부담하는지 여부

수탁자가 토지신탁 사업을 진행하고 있는 도중 기존의 토지신탁 사업지와 370m 가량 떨어진 곳에서 다른 위탁자와 신규 차입형 토지신탁 사업을 진행하였다. 기존 토지신탁 사업의 위탁자는 수탁자가 자신의 사업지 부근에서 다른 위탁자와 토지신탁계약을 체결하고 신규 토지신탁 사업을 진행함에 따라 기존 토지신탁 사업에서 손실이 발생하였다는 이유로 수탁자에 대하여 손해배상 청구의 소를 제기하였다. 위 사안에서 서울고등법원은 수탁자가 동시에 두 개의 분양사업을 수탁한 것이 선관주의의무 위반이나 충실의무 내지 이익상반행위 금지의무 위반에 해당하지 아니하는 점, 수탁자의 동시 수탁행위와 위탁자 손해 사이에 인과관계가 없는 점 등을 이유로 위탁자의 손해배상청구를 기각하였고, 대법원에서 심리불속행 기각판결로 확정되었다. 자세한 내용은 아래와 같다.

1. 선관주의의무 위반 여부

    가. 원고가 피고의 선관주의의무 등 위반의 근거로 내세우는 사정들은 피고가 N 사업을 수탁하였다는 추상적이고 간접적인 것이거나 이 사건 아파트의 분양률 감소, 신탁계정대 이자 증가, 예상 수입의 적자 전환 등 이 사건 사업을 시행한 결과에 해당하는 것들이다. 피고가 N 사업을 수탁함으로써 위 수탁업무 및 권한 중 구체적으로 어떠한 업무를 소홀히 하였는지, N 사업 수탁으로 인하여 이 사건 사업의 분양을 소홀히 하였는지 등 이 사건 신탁계약에서 정한 수탁자로서의 수탁업무에 관한 의무 위반에 대하여 원고의 구체적 주장 및 증명은 없다. 피고는 신탁계약에서 정한 업무 범위 및 신탁재산의 범위 내에서 사업시행주체 및 분양업무의 주체로서 책임을 부담하면서 이 사건 신탁계약 기간 자금 집행, 비용 조달 등 계약 본지에 따른 신탁사무를 계속하여 수행하였다.

    나. 신탁법 제34조 제1항 제3호는 수탁자의 이익상반행위금지의 하나 유형으로서 '수탁자가 여러 개의 신탁을 인수한 경우 하나의 신탁재산 또는 그에 관한 권리를 다른 신탁의 신탁재산에 귀속시키는 행위'를 금지하고 있는데, 이는 수탁자가 여러 개의 신탁을 인수하는 경우가 발생할 수 있음을 전제로 한다. 이 사건 신탁계약에서도 피고가 이 사건 사업의 분양기간 동안 다른 분양사업을 수탁하는 행위 등을 금지하고 있지 않다. 따라서 피고가 동시에 두 개의 분양사업

을 수탁한 것만으로 바로 선관주의의무 위반에 해당한다고 볼 수는 없다.

다. 원고는, 피고가 이 사건 사업과 N 사업을 동시에 진행하면서 이 사건 신탁계약에 따른 보수를 확보하면서도 동시에 신탁계정대 이자를 극대화할 수 있는 시점을 치밀하게 조율하였고, 이를 위해 이 사건 사업을 소홀히 하거나 고의로 지연시켰다는 취지로 주장한다. 그러나 아래에서 보는 바와 같이 원고가 제출한 증거만으로는 원고의 위 주장을 인정하기에 부족하고, 달리 이를 인정할 증거가 없다.

2. 충실의무 또는 이익상반행위 금지의무 위반 여부

가. 원고는, 피고가 N 사업을 수탁한 것이 신탁법 제34조 제1항 제3호의 '여러 개의 신탁을 인수한 경우 하나의 신탁재산 또는 그에 관한 권리를 다른 신탁의 신탁재산에 귀속시키는 행위'에 준하는 행위로서 충실의무에 반한다고도 주장한다. 그러나 피고가 이 사건 사업의 신탁재산을 N 사업의 신탁재산에 귀속시켰다고 인정할만한 증거는 전혀 없고, 두 분양사업이 분양시장에서 실질적·직접적인 경쟁관계에 있어 이 사건 아파트의 분양률에 부정적인 영향을 미친다고 단정하기 어려운 이상 피고의 N 사업 수탁행위가 위 조항이 규정하는 행위에 준한다고 볼 근거도 없다.

나. 원고는 거리상으로 근접한 분양사업들은 모두 경쟁관계에 있음을 전제로 피고가 아닌 다른 수탁사가 N 사업을 수탁하였더라도 두 분양사업이 경쟁관계에 있기는 마찬가지이므로, 피고가 경쟁관계에 있는 N 사업을 수탁한 것 자체로 이 사건 신탁계약상 충실의무에 위반한 것이라고도 주장한다. 그러나 설령 두 분양사업이 거리상 근접하여 공급물량 증가의 측면에서 경쟁관계에 있다고 하더라도, 피고의 신탁계약상 충실의무 내지 이익상반행위 금지의무의 위반이 성립하기 위해서는 피고의 수탁업무의 범위 및 권한에 비추어 피고가 단순히 경쟁관계에 있는 두 분양사업을 수탁한 것만으로는 부족하고, 그 경쟁관계와 더불어 피고가 두 분양사업을 수탁하였음을 기화로 이 사건 사업상 정보를 N 사업에 제공하는 등으로 이 사건 아파트의 분양률 저하를 가져 오는 등의 이익충돌상황을 초래하여야 성립한다. 그런데 N 사업에 관하여 피고가 수탁한 경우와 다른 수탁사가 수탁한 경우를 나누어 분양률 측면에서 어떠한 차이가 있다거나, 피고가 두 분양사업의 수탁업무 수행 과정에서 상호 이익이 충돌되는 행위를 하였다는 증거가 부족하므로, 피고가 단지 경쟁관계에 있는 두 분양사업을 수탁한 사정만으로 바로 충실의무 내지 이익상반행위 금지의무에 위반한 것이라고 단정하기 어렵다.

전업 부동산신탁사는 필연적으로 서울, 수도권은 물론이고 전국 방방곡곡에서 신탁사업을 진행하게 되므로, 기존 신탁사업 진행토지 부근에서 신규 신탁사업을 진행하게되는 경우가 필연적으로 발생하게 된다. 그러한 경우 기존 신탁사업의 시행사 또는 신규 신탁

사업의 시행사 등이 위와 같이 수탁자에 대하여 이의 또는 민원, 소송 등을 제기할 가능성이 있으므로, 신탁사업 진행시 시행사인 위탁자 등에게 기존 신탁사업이 존재하는 경우 이를 사전에 고지하는 것이 바람직하다. 또한 향후 기존 신탁계약 및 신탁사업 진행토지 인근에서 별개의 신탁사업을 진행할 가능성이 있으므로 불필요한 분쟁을 방지하기 위하여 위탁자에게 "본건 신탁계약 및 신탁사업과 관련하여 신탁토지 인근 또는 부근에서 수탁자가 별개의 신탁계약 및 신탁사업을 진행하고 있거나, 향후 진행할 수 있고, 이에 대하여 위탁자는 이를 수인하고, 수탁자에게 선관주의의무 위반, 충실의무 위반, 이익상반행위 등을 이유로 하여 이의·민원·민형사상 청구를 진행하지 아니하기로 한다"는 취지의 동의서를 징구하는 것도 검토할 필요가 있다.

라 토지신탁계약과 함께 체결된 컨설팅 계약의 유효성

수탁자와 위탁자 사이 토지신탁계약과 함께 컨설팅계약이 체결된 경우 그 컨설팅계약이 유효한지 여부가 문제된다.

수탁자와 위탁자 사이 토지신탁계약과 함께 컨설팅계약이 체결되었는데 위탁자가 컨설팅계약이 무효이므로 컨설팅계약의 보수지급의무가 없다는 취지로 수탁자에게 소송을 제기한 사안에서 대법원은 컨설팅계약에 따라 수탁자가 수행한 업무는 신탁계약의 업무와 상당 부분 다른 점, 수탁자가 실제로 컨설팅계약상 업무를 수행한 점 등을 이유로 위탁자의 청구를 기각하였다.

이 사건 컨설팅계약의 목적과 피고의 업무 범위를 고려할 때 컨설팅계약상 피고의 업무는 대부분 이 사건 신탁계약 체결 전에 수행해야 하고 이 사건 신탁계약상 피고의 업무와 상당 부분 다르다. 이 사건 컨설팅계약에 따라 피고가 수행한 업무가 이 사건 신탁계약상 피고의 업무에 당연히 수반된다고 보기 어렵다. 원고는 이 사건 신탁계약 체결 당시 수탁업무와 구별되는 피고의 컨설팅용역 업무가 이미 수행되었다고 인정하고, 별도로 이 사건 컨설팅계약을 체결한 것으로 보인다.

결국 피고가 이 사건 컨설팅계약에 따라 수행한 업무가 이 사건 신탁계약에 따라 수행한 업무와 같다고 볼 수 없다. 따라서 이 사건 신탁계약이 신탁법 제36조 등을 위반하여 무효라는 원고의 주장은 받아들이기 어렵다.

이 사건 컨설팅계약상 피고의 업무는 이 사건 신탁계약 체결 전에 수행해야 할 내용이 대부분이고, 이 사건 신탁계약상 피고의 업무와 동일한 것으로 볼 수 없다. 이 사건 컨설팅계약 제6조는 용역 제공 기간을 그 계약 체결 이전인 '2011.3.23.부터 아파트 분양계약 개시일까지'로 명시하고 있다. 실제 피고는 이 사건 컨설팅계약에 따른 업무를 이 사건 신탁계약 체결 전에 상당 부분 수행하였다. 이 사건 신탁계약 체결 후 서면보고자료가 부족하다는 사정만으로 이 사건 컨설팅계약상 업무 수행이 없다고 보기 어렵다(대법원 2020.3.26. 선고 2018다241366 판결).

수탁자가 위탁자와 토지신탁계약을 체결하면서 컨설팅계약을 체결하는 경우가 있는데, 컨설팅 계약 체결 자체가 무효인 것은 아니나, ① 컨설팅계약 체결 전 수탁자는 부수업무 업무로서 신탁 의뢰된 부동산에 대한 수탁 전 컨설팅 업무나 독립된 부동산컨설팅 업무 등을 업무범위에 포함시켜 금융당국에 신고하여야 하고, ② 컨설팅 계약에서 수탁자가 제공하여야 할 용역은 최대한 신탁계약과 중복되지 않은 업무이여야 하며, ③ 수탁자는 실제로 컨설팅계약의 용역을 수행하고, 이를 증명하기 위하여 컨설팅 계약 내용에 따라 용역을 수행하였다는 점을 증명할 문서 등 객관적인 증빙을 작성하여야 하고, 또한 컨설팅 계약 종료시 전체적인 보고서를 작성하여 위탁자에게 제공하는 것이 바람직하고, ④ 컨설팅 계약의 용역 제공 기간은 신탁계약과 별도로 규정하는 등의 방법으로 최대한 컨설팅 계약이 신탁계약에 수반하는 계약이 아닌 별도의 계약이라는 점을 증명할 수 있는 장치를 마련하는 것이 바람직하다.

마 수탁자에 대한 원상회복의무 청구시 민법과 소송촉진 등에 관한 특례법상 이율을 청구할 수 있는지 여부

구 신탁법 제38조에 따른 손해배상 또는 신탁재산의 원상회복을 원인으로 금전채무의 전부 또는 일부의 이행을 명하는 판결을 선고할 경우, 민법(5%), 상법(6%), 소송촉진 등에 관한 특례법 제3조 제1항에서 정한 이율(12%)에 의한 지연손해금의 지급을 명할 수 있는가.

수탁자가 그 의무를 위반하여 신탁재산에 손해가 생긴 경우 위탁자, 수익자 또는 수탁자가 여럿인 경우의 다른 수탁자는 그 수탁자에게 신탁재산의 원상회복을 청구할 수 있다. 다만, 원상회복이 불가능하거나 현저하게 곤란한 경우, 원상회복에 과다한 비용이 드는 경우, 그 밖에 원상회복이 적절하지 아니한 특별한 사정이 있는 경우에는 손해배상을 청구할 수 있고, 수탁자가 그 의무를 위반하여 신탁재산이 변경된 경우에도 위와 같다(신탁법 제43조).

신탁법 제43조 제1항은 "수탁자가 그 의무를 위반하여 신탁재산에 손해가 생긴 경우 위탁자, 수익자 또는 수탁자가 여럿인 경우의 다른 수탁자는 그 수탁자에게 신탁재산의 원상회복을 청구할 수 있다."라고 정하고 있다. 수탁자가 신탁법 제32조에 따른 선관의무를 위반하여 신탁재산에 손해가 생겼다면, 위탁자, 수익자, 또는 수탁자가 복수인 경우에는 의무를 위반한 수탁자가 아닌 다른 수탁자 중 누구라도, 의무를 위반한 수탁자를 상대로 신탁재산의 원상회복을 청구할 수 있다. 이때 '신탁재산의 원상회복'이란 신탁재산의 원상회복을 청구하는 청구권자에게 신탁재산을 원상으로 회복한다는 뜻이 아니라, 신탁재산이었던 원물을 다시 취득하여 신탁재산에 편입시킴으로써 신탁재산을 원상으로 회복하는 것을 뜻한다. 따라서 의무를 위반한 수탁자가 부담하는 신탁재산의 원상회복의무는 그 편입 대상인 원물이 금전인 경우라도 단순히 금전의 급부를 목적으로 하는 금전채무와는 구별된다.

그렇다면, 신탁계약의 당사자가 수탁자를 상대로 수탁자의 의무 위반을 이유로 한 손해배상 또는 신탁재산의 원상회복을 청구하는 경우, 민법과 소송촉진 등에 관한 특례법상 이율(12%)에 의한 지연손해금 지급을 청구할 수 있는가.

대법원은 민법과 소송촉진 등에 관한 특례법상 이율(12%)에 의한 지연손해금 지급을 청구할 수 없다는 입장이다. 자세한 이유는 아래와 같다.

구 신탁법(2011.7.25. 법률 제10924호로 개정되기 전의 것, 이하 '구 신탁법') 제38조는 "수탁자가 관리를 적절히 하지 못하여 신탁재산의 멸실, 감소 기타의 손해를 발생하게 한 경우 또는 신탁의 본지에 위반하여 신탁재산을 처분한 때에는 위탁자, 그 상속인, 수익자 및 다른 수탁자는 그 수탁자에 대하여 손해배상 또는 신탁재산의 회복을 청구할 수 있다."라고 규정하고 있다. 여기서 말하는 '손해배상 또는 신탁재산의 회복'이란 그 청구권자에 대한 손해배상 또는 신탁재산의 원상회복을 말하는 것이 아니라 금전배상액을 신탁재산에 편입하거나 또는 원물을 재취득하여 신탁재산에 편입하

는 것을 말하므로, 이러한 손해배상 또는 신탁재산의 원상회복을 하여야 할 의무는 그 편입의 대상이 금전인 경우라도 단순히 금전의 급부를 목적으로 하는 금전채무라고 할 수 없다. 따라서 구 신탁법 제38조에 따른 손해배상 또는 신탁재산의 원상회복을 원인으로 금전채무의 전부 또는 일부의 이행을 명하는 판결을 선고할 경우에는 달리 특별한 약정이 없는 한 민법과 그 특별규정인 소송촉진 등에 관한 특례법 제3조 제1항에 정한 이율에 의한 지연손해금의 지급을 명할 수 없다.

그럼에도 이와 달리 구 신탁법 제38조에 따른 신탁재산의 원상회복의무의 성질을 금전채무로 보아 원심 변론종결 다음 날부터 민법 및 위 특례법 제3조 제1항에 정한 이율에 따른 지연손해금의 지급을 명한 원심의 판단에는 구 신탁법 제38조에 정한 신탁재산회복의무의 성질에 관한 법리를 오해하여 판결에 영향을 미친 잘못이 있다(대법원 2016.6.28. 선고 2012다44358, 44365 판결).

위의 대법원 판례사안은 구 신탁법이 적용된 사안이었다. 그렇다면 현행 신탁법이 적용되는 경우 위와 결론이 변경되는지 여부가 문제된다. 대법원 현행 신탁법이 적용된 경우에도 구 신탁법과 동일하다는 입장이다.

신탁법 제43조 제1항은 "수탁자가 그 의무를 위반하여 신탁재산에 손해가 생긴 경우 위탁자, 수익자 또는 수탁자가 여럿인 경우의 다른 수탁자는 그 수탁자에게 신탁재산의 원상회복을 청구할 수 있다."라고 정하고 있다. 수탁자가 신탁법 제32조에 따른 선관의무를 위반하여 신탁재산에 손해가 생겼다면, 위탁자, 수익자, 또는 수탁자가 복수인 경우에는 의무를 위반한 수탁자가 아닌 다른 수탁자 중 누구라도, 의무를 위반한 수탁자를 상대로 신탁재산의 원상회복을 청구할 수 있다. 이때 '신탁재산의 원상회복'이란 신탁재산의 원상회복을 청구하는 청구권자에게 신탁재산을 원상으로 회복한다는 뜻이 아니라, 신탁재산이었던 원물을 다시 취득하여 신탁재산에 편입시킴으로써 신탁재산을 원상으로 회복하는 것을 뜻한다. 따라서 의무를 위반한 수탁자가 부담하는 신탁재산의 원상회복 의무는 그 편입 대상인 원물이 금전인 경우라도 단순히 금전의 급부를 목적으로 하는 금전채무와는 구별된다. 따라서 신탁법 제43조 제1항에 따른 신탁재산의 원상회복을 원인으로 금전채무의 전부 또는 일부의 이행을 명하는 판결을 선고할 경우에는 달리 특별한 약정이 없는 한 민법과 그 특별규정인 소송촉진 등에 관한 특례법 제3조 제1항에 정한 이율에 따른 지연손해금의 지급을 명할 수 없다(대법원 2016.6.28. 선고 2012다44358, 44365 판결 참조).

그런데도 원심은 신탁재산 원상회복의무의 성질을 단순한 금전채무로 보아 이 사건 자금관리계좌에서 인출된 1,488,291,310원에 대하여 이 사건 소장부본 송달 다음 날부터 다 갚는 날까지 소송촉진 등에 관한 특례법 제3조 제1항에서 정한 이율에 따른 지연손해금의 지급을 명하였다. 이는 신탁

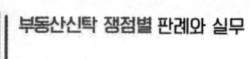

법 제43조 제1항에서 정한 신탁재산 원상회복의무의 성질에 관한 법리를 오해하여 판결에 영향을 미친 잘못이 있다. 이를 지적하는 상고이유 주장은 정당하다(대법원 2020.9.3. 선고 2017다269442 판결).

신탁재산의 원상회복청구에 대하여 민법과 소송촉진 등에 관한 특별법이 적용되지 아니한다는 사실은 위에서 살펴보았다. 그렇다면 상사법정이율은 적용되는가. 대법원은 민법과 소송촉진 등에 관한 특별법은 물론 상사법정이율도 적용되지 않는다고 판시하였다.

구 신탁법 제38조에 따른 손해배상 또는 신탁재산의 원상회복을 원인으로 금전채무의 전부 또는 일부의 이행을 명하는 판결을 선고할 경우에는 달리 특별한 약정이 없는 한 민법과 그 특별규정인 상법 제54조 또는 소송촉진 등에 관한 특례법 제3조 제1항에 정한 이율에 의한 지연손해금의 지급을 명할 수 없다(대법원 2018.10.25. 선고 2015다37382 판결).

신탁계약의 당사자가 수탁자에게 소송을 제기하는 경우 신탁사 임직원들은 위 판결을 적용할 수 있는지를 검토하여 최악의 경우에도 민사법정이율(5%), 상사법정이율(6%), 소송촉진 등에 관한 특별법에 의한 이율(12%)가 기산되지 아니하도록 조치하여 고유계정 손실을 최소화하는 것이 바람직하다 할 것이다.

26 신탁과 이행강제금

가 이행강제금 서설

신탁된 빌라(간혹 아파트도 있음) 등에 건축법에 위반되었음을 이유로 신탁사를 상대로 지자체의 시정명령이나 이행강제금 부과징수계고 문서가 송달되는 경우가 있다. 이 경우 이행강제금 부과처분이 내려지면 위탁자로부터 이행강제금을 받아 지자체에 납부하면 되는데, 만약 시정명령 또는 이행강제금 부과징수계고 등이 송달된 후 이행강제금 부과 처분이 내려지기 전 신탁해지를 하여야 하는 경우 신탁해지 후 신탁사를 대상으로 이행 강제금 부과처분이 내려질 수 있는지 문제된다.

이행강제금 제도는 건축법, 농지법, 주차장법, 근로기준법, 국토계획법, 부동산실명법 등에 규정되어 있는데 각 법률마다 그 내용이 상이하므로 상이한 법률을 근거로 한 판결은 참고만 하여야 하고 판결 내용이 다른 법률에서 규정하고 있는 이행강제금에 그대로 적용된다고 단정하기는 어렵다.

이행강제금은 행정법상의 부작위의무 또는 비대체적 작위의무를 이행하지 않은 경우에 '일정한 기한까지 의무를 이행하지 않을 때에는 일정한 금전적 부담을 과할 뜻'을 미리 알림으로써 의무자에게 심리적 압박을 주어 장래를 향하여 그 의무의 이행을 확보하려는 간접적인 행정상 강제집행 수단이므로(대법원 2015.6.24. 선고 2011두2170 판결 참조), 농지법 제62조 제1항에 따른 이행강제금을 부과할 때에는 그때마다 이행강제금을 부과·징수한다는 뜻을 미리 문서로 알려야 하고, 이와 같은 절차를 거치지 아니한 채 이행강제금을 부과하는 것은 이행강제금 제도의 취지에 반하는 것으로서 위법하다(대법원 2018.11.2.자 2018마5608 결정).

이행강제금은 국민의 자유와 권리를 제한한다는 의미에서 행정상 간접강제의 일종인 이른바 침익적 행정행위에 속하기는 하나, 위법건축물의 방치를 막고자 행정청이 시정조치를 명하였음에도 건축주 등이 이를 이행하지 아니한 경우에 행정명령의 실효성을 확보하기 위하여 시정명령 이행시까지 지속적으로 부과함으로써 건축물의 안전과 기능, 미관을 향상시켜 공공복리의 증진을 도모하기 위한 것이므로 그 목적의 정당성이 인정된다 할 것이고, 공무원들이 위법건축물임을 알지 못하여 공사 도중에 시정명령이 내려지지 않아 위법건축물이 완공되었다 하더라도, 공공복리의 증진이라는 위 목적의 달성을 위해서는 완공 후에라도 위법건축물임을 알게 된 이상 시정명령을 할 수 있다고 보아야 할 것이며, 만약 완공 후에는 시정명령을 할 수 없다면 위법건축물을 축조한 자가 일단 건물이 완공되었다는 이유만으로 그 시정을 거부할 수 있는 결과를 초래하게 될 것이므로, 공사기간 중에 위법건축물임을 알지 못하여 시정명령을 하지 않고 있다가 완공 후에 이러한 사실을 알고 시정명령을 하였다고 하여 부당하다고 볼 수는 없고, 시정명령을 내릴 수 있는 시점을 공사 도중이나 특정 시점까지만 할 수 있다고 정해두지 아니하였다고 하여 그 침해의 필요성이 없음에도 국민의 자유와 권리를 침해하고 있다거나, 국민의 자유와 권리에 대한 본질적인 내용을 침해한 것이라고 볼 수는 없다(대법원 2002.8.16.자 2002마1022 결정).

한편 건축법상의 이행강제금은 건축법 소정의 위반행위에 대하여 시정명령을 받은 후 시정기간 내에 당해 시정명령을 이행하지 아니한 건축주 등에 대하여 부과되는 간접강제의 일종으로서 그 이행강제금 납부의무는 상속인 기타의 사람에게 승계될 수 없는 일신전속적인 성질의 것이므로 이미 사망한 사람에게 이행강제금을 부과하는 내용의 처분이나 결정은 당연무효이다(대법원 2006.12.8. 선고 2006마470 결정).

구 건축법(2008.3.21. 법률 제8974호로 전부 개정되기 전의 것) 제69조의2 제6항, 지방세법 제28조, 제82조, 국세징수법 제23조의 각 규정에 의하면, 이행강제금 부과처분을 받은 자가 이행강제금을 기한 내에 납부하지 아니한 때에는 그 납부를 독촉할 수 있으며, 납부독촉에도 불구하고 이행강제금을 납부하지 않으면 체납절차에 의하여 이행강제금을 징수할 수 있고, 이때 이행강제금 납부의 최초 독촉은 징수처분으로서 항고소송의 대상이 되는 행정처분이 될 수 있다(대법원 2009.12.24. 선고 2009두14507 판결).

이행강제금은 행정법상의 부작위의무 또는 비대체적 작위의무를 이행하지 않은 경우에 '일정한 기한까지 의무를 이행하지 않을 때에는 일정한 금전적 부담을 과할 뜻'을 미리

'계고'함으로써 의무자에게 심리적 압박을 주어 장래를 향하여 의무의 이행을 확보하려는 간접적인 행정상 강제집행 수단이고, 노동위원회가 근로기준법 제33조에 따라 이행강제금을 부과하는 경우 그 30일 전까지 하여야 하는 이행강제금 부과 예고는 이러한 '계고'에 해당한다. 따라서 사용자가 이행하여야 할 행정법상 의무의 내용을 초과하는 것을 '불이행 내용'으로 기재한 이행강제금 부과 예고서에 의하여 이행강제금 부과 예고를 한 다음 이를 이행하지 않았다는 이유로 이행강제금을 부과하였다면, 초과한 정도가 근소하다는 등의 특별한 사정이 없는 한 이행강제금 부과 예고는 이행강제금 제도의 취지에 반하는 것으로서 위법하고, 이에 터 잡은 이행강제금 부과처분 역시 위법하다(대법원 2015.6.24. 선고 2011두2170 판결).

국토계획법상 토지거래계약의 허가를 받은 자에 대한 토지의 이용 의무 불이행에 따른 이행명령 및 이행강제금 부과 등에 관한 이러한 규정들의 문언 및 취지와 체계에 의하면, 국토계획법상의 이행강제금은 이행명령의 불이행이라는 과거의 위반행위에 대한 제재가 아니라, 토지거래계약의 허가를 받아 토지를 취득한 자에게 허가받은 목적대로 토지를 이용할 의무의 이행을 명하고 그 이행기간 안에 의무를 이행하지 않으면 이행강제금이 부과된다는 사실을 고지함으로써 의무자에게 심리적 압박을 주어 의무의 이행을 간접적으로 강제하는 행정상의 간접강제 수단에 해당한다. 아울러 국토계획법 제124조의2 제3항은 '시장·군수 또는 구청장은 이행명령이 이행될 때까지 이행강제금을 반복하여 부과·징수할 수 있다'고 규정하여 이미 이행강제금 반복 부과의 요건으로 이행명령이 이행되지 않았을 것을 요구하고 있으므로, 국토계획법 제124조의2 제5항의 '새로운 이행강제금'에 최초의 이행강제금을 포함하여 해석하지 아니하는 경우 그 규정의 의미를 찾기 어려운 점, 이행강제금을 부과하기 전에 이행강제금 부과·징수의 뜻을 미리 문서로 알리도록 한 것은 그 부과 전까지 이행을 다시 촉구하여 그 이행이 이루어지면 이행강제금을 부과하지 아니한다는 취지도 포함하는 것으로 보이는 점 등을 고려하면, 국토계획법 제124조의2 제5항이 이행명령을 받은 자가 그 명령을 이행하는 경우에 새로운 이행강제금의 부과를 즉시 중지하도록 규정한 것은 이러한 이행강제금의 본질상 이행강제금 부과로 이행을 확보하고자 한 목적이 이미 실현된 경우에는 그 이행강제금을 부과할 수 없다는 취지를 규정한 것으로서, 이에 의하여 부과가 중지되는 '새로운 이행강제금'에는 국토계획법 제124조의2 제3항의 규정에 의하여 반복 부과되는 이행강제금뿐만 아니라 이행명령 불이행에 따른 최초의 이행강제금도 포함된다고 해석함이 타당하다. 따라서 이행명령을 받은 의무자가 그 명령을 이행한 경우에는 이행명령에서 정한 기간을 지나서 이행한 경우라도 최초의 이행강제금을 부과할 수 없다고 보아야 한다(대법원 2014.12.11. 선고 2013두15750 판결).

부동산 실권리자명의 등기에 관한 법률(이하 '부동산실명법'이라 한다) 제10조 제1항, 제4항, 제6조 제2항의 내용, 체계 및 취지 등을 종합하면, 부동산의 소유권이전을 내용으로 하는 계약을 체결하고 반대급부의 이행을 완료한 날로부터 3년 이내에 소유권이전등기를 신청하지 아니한 등기권리자 등(이하 '장기미등기자'라 한다)에 대하여 부과되는 이행강제금은 소유권이전등기신청의무 불이행이라는 과거의 사실에 대한 제재인 과징금과 달리, 장기미등기자에게 등기신청의무를 이행하지 아니하면 이행강제금이 부과된다는 심리적 압박을 주어 의무의 이행을 간접적으로 강제하는 행정상의 간접강제 수단에 해당한다. 따라서 장기미등기자가 이행강제금 부과 전에 등기신청의무를 이행하였다면 이행강제금의 부과로써 이행을 확보하고자 하는 목적은 이미 실현된 것이므로 부동산실명법 제6조 제2항에 규정된 기간이 지나서 등기신청의무를 이행한 경우라 하더라도 이행강제금을 부과할 수 없다(대법원 2016.6.23. 선고 2015두36454 판결).

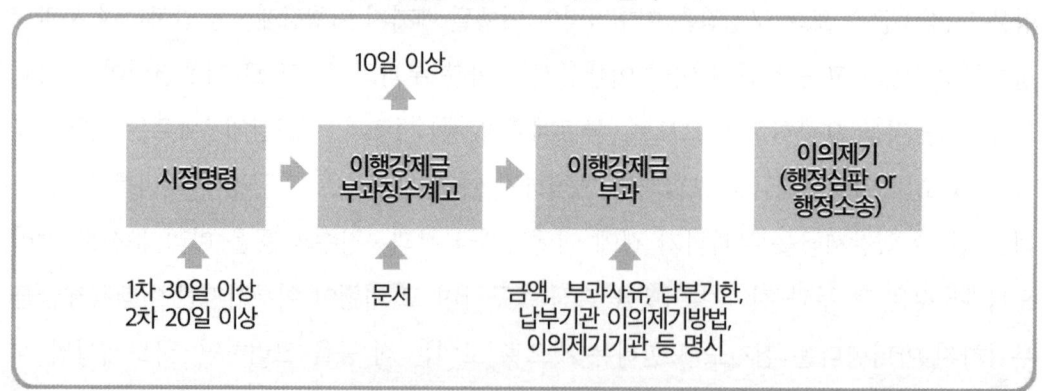

이행강제금 부과처분 절차도

나 신탁 관련 판결

1) 담보신탁계약에 따른 신탁부동산에 대한 건축법상 이행강제금 부과처분 상대방은 위탁자인지 수탁자인지 여부

담보신탁된 부동산에 건축법 관련 규정을 위반한 사항이 있어 지자체가 건축물대장에 위반건축물을 등재한 후 수탁자에게 이행강제금을 부과하였으나 수탁자가 이행강제금 부과처분 대상자는 위탁자이기 때문에 처분의 하자가 있다고 항변한 사안에서 광주지방법원은 건축법상 이행강제금 부과처분의 상대방은 수탁자라고 판시하였다. 자세한 내용은 아래와 같다.

1. 건축법 제80조 제1항은, 건축물이 건축법 또는 이에 따른 명령이나 처분에 위반되어 건축법 제79조 제1항에 따라 시정명령을 받은 후 시정기간 내에 시정명령을 이행하지 않은 건축주·공사시공자·현장관리인·소유자·관리자 또는 점유자(이하 '건축주 등'이라 한다)에 대하여는, 허가권자가 그 시정명령의 이행에 필요한 상당한 이행기한을 정하여 그 기한까지 시정명령을 이행하지 않으면 이행강제금을 부과한다고 정하고 있다. 건축법 제79조 제1항, 제80조 제1항, 제3항, 제5항, 제6항의 내용, 체계 및 취지 등을 종합하면, 건축법상 이행강제금은 시정명령의 불이행이라는 과거의 위반행위에 대한 제재가 아니라, 시정명령을 이행하지 않고 있는 건축주 등에 대하여 다시 상당한 이행기한을 부여하고 기한 안에 시정명령을 이행하지 않으면 이행강제금이 부과된다는 사실을 고지함으로써 의무자에게 심리적 압박을 주어 시정명령에 따른 의무의 이행을 간접적으로 강제하는 행정상의 간접강제 수단에 해당한다(대법원 2016.7.14. 선고 2015두46598 판결 참조).

   따라서 이행강제금 부과처분의 상대방은 건축법 제79조 제1항에 따른 시정명령을 이행할 수 있는 의무자로서, 이 사건 위반건축물에 대하여 건축법 제79조 제1항이 정하는 '해체·개축·증축·수선·용도변경·사용금지·사용제한, 그 밖에 필요한 조치'를 할 수 있는 지위에 있어야 한다.

2. 살피건대, 원고가 2019.2.28. 위탁자와 사이에 이 사건 건물에 관한 담보신탁계약을 체결하고, 같은 날 원고 앞으로 신탁을 원인으로 한 소유권이전등기가 마쳐진 사실은 앞서 본 바와 같다.

   그런데 신탁법상의 신탁은 위탁자가 수탁자에게 특정의 재산을 이전하거나 담보권의 설정 또는 그 밖의 처분을 하여 수탁자로 하여금 신탁 목적의 달성을 위하여 그 재산권을 관리·처분하게 하는 등 필요한 행위를 하게 하는 것이므로(신탁법 제2조), 부동산의 신탁에서 수탁자 앞으로 소유권이전등기를 마치게 되면 대내외적으로 소유권이 수탁자에게 완전히 이전되고, 위탁자와의 내부관계에 있어서 소유권이 위탁자에게 유보되어 있는 것이 아니다(대법원 2002.4.12. 선고 2000다70460 판결, 대법원 2021.11.11. 선고 2020다278170 판결).

따라서 원고 명의로 소유권이전등기가 마쳐져 이 사건 건물의 소유권이 원고에게 완전히 이전된 이상, 원고는 건축법 제79조 제1항이 정하는 '그 건축물의 소유자'로서 '그 건축물의 개축, 수선이나 그 밖에 필요한 조치 등을 할 수 있는' 지위에 있다고 봄이 타당하므로, 원고의 이 부분 주장은 이유 없다(광주지방법원 2023.6.22. 선고 2022구합545 판결).

위 판결은 하급심 법원의 판단이기는 하나, 신탁법상 신탁계약이 체결되고 신탁등기가 경료되면 소유권이 대내외적으로 수탁자에게 완전히 이전된다는 대법원의 판시사항을 고려할 때 수탁 중에 이행강제금이 부과될 경우 처분상대방은 수탁자일 것으로 생각된다. 실무적으로도 수탁자에게 부과되는 것이 대부분으로 보인다.

2) 시정명령 또는 계고처분을 받고 아직 이행강제금 부과처분이 이뤄지지 아니한 상태에서 수탁자의 신탁귀속시 유의점

위 쟁점에 대하여 명백한 대법원 판결은 없는 것으로 보이나 건축물의 무단증축행위를 한 자가 전 건축주라 하더라도 위반건축물 소유권 변경시 이행강제금 부과대상은 위반사항에 대한 시정을 이행하여야 할 당해 건축물의 현재 소유자이므로 현 소유자에게 한 이 사건 이행강제금부과처분은 적법하다는 취지의 행정심판사례가 있고, 과거 건설교통부 질의회신에서 「위반 건축물 소유권 변경시 이행강제금 부과대상은 위반대상은 시정을 이행하여야 할 당해 건축물의 현재 소유권을 가진 자를 말한다」라고 해석하고 있는 점을 고려할 때 시정명령 또는 계고처분 후 이행강제금 부과 전 신탁해지를 통하여 소유자가 신탁사에서 위탁자로 변경된 경우 변경된 소유자인 위탁자를 대상으로 이행강제금이 부과될 것으로 판단된다. 다만 명확한 대법원 판결이 없는 이상 신탁사에게 부과될 가능성을 배제할 수 없으므로, 신탁해지 전 이행강제금을 부과해달라고 요청하여 이행강제금을 납부하고 신탁해지 절차를 진행하는 것이 가장 바람직하다.

다만 여러 가지 이유로 이행강제금을 납부하지 아니하고 신탁해지 절차를 진행하는 경우 예상되는 이행강제금의 130%이상의 현금을 유보하여야 한다. 또한 현금을 유보하였다하더라도, 실무상 해당 지자체 실무자들이 시정명령 또는 계고처분을 한 소유자에 대하여 기계적으로 이행강제금 부과처분을 내리는바, 수탁자 담당자는 시정명령 또는 계고처분을 받은 신탁부동산을 해지하는 경우 해당 지자체 담당자에게 ① 소유자가 변경되는 경우 변경된 소유자에게 이행강제금을 부과할 예정인지, ② 00월 00일에 신탁해지를 통하여 위법건축물의 소유권이 위탁자에게 이전되었거나 이전될 예정이므로 위탁자에게 이행강제금을 부과하도록 조치해달라는 요청을 하여 그에 대한 확답을 얻고, ③ 신탁해지 후 소유권이 위탁자로 귀속된 등기사항전부증명서를 첨부한 소유권이전공문을 지자체 담당자에게 송부하는 형식으로 업무를 진행하는 것이 바람직하다. 이런 식으로 업무를 진행한 경우 지자체 담당자가 수탁자에게 이행강제금을 부과하지 아니한 사례가 다수 존재하니 위와 같은 방법으로 신탁해지 후 신탁사에 이행강제금이 부과되는 사례를 막을 수 있도록 조치하는 것이 바람직하다.

한편, 이행강제금이 현재의 위법상태를 해소하기 위하여 부과되는 것이라는 측면에서 소유자가 변경되면 현재 소유자에게 부과되는 것이 지자체 실무자를 비롯한 행정실무인 점은 사실이나, 일각에서는 건축법 제80조의 규정에 의한 이행강제금은 위법건축물의 시정을 목적으로 시정명령을 받은 후 시정명령을 이행하지 아니한 건축주등에게 부과하는 것으로, 이미 부과처분된 것에 대하여는 당초 부과처분을 받은 자가 납부해야 할 것이며, 소유권이전으로 소유자가 변경된 후에는 새로운 소유자에게 다시 시정명령을 하고 시정명령 이행여부에 따라 이행강제금을 부과를 결정해야 한다는 견해도 존재하므로, 수탁자의 법률리스크를 완전히 해소하기 위하여는 신탁해지 전 이행강제금을 납부하거나, 신탁해지시 예상되는 이행강제금의 130% 이상의 현금을 유보하고 해지하는 것이 가장 바람직할 것이다. 위 유보금은 위탁자 명의로 이행강제금이 부과된 경우나 이행강제금이 부과되지 아니할 것이라는 명백한 증거가 있는 경우 반환하기로 하는 약정 또는 확약서를 위탁자에게 징구하는 것도 필요하다. 위탁자가 갑자기 유보금을 반환하라고 청구하는 경우 그 청구를 기각할 근거서류가 존재하여야 하기 때문이다.

27 신탁과 건축허가

건물신축 사업을 진행하기 위하여는 건축허가를 득하여야 하는데, 근저당권, 지상권, 부동산압류가 집행된 대지에 건축허가를 득할 수 있는지 여부가 문제된다.

가 지상권 및 근저당권이 설정되어 있는 대지에 대한 20세대 미만 공동주택의 건축허가 신청가부(법제처-15-0037, 2015.2.10.)

「건축법 시행규칙」 제6조제1항제1호의2나목에 따라 분양을 목적으로 20세대 미만 공동주택의 건축허가 신청을 하려는 대지소유자가 대지의 소유에 관한 권리를 증명하는 서류를 제출할 경우, 그 대지에 근저당권과 지상권이 동시에 설정되어 있다면 그 근저당권 및 지상권을 말소해야 하는 것인지 문제된다.

법제처는 분양을 목적으로 20세대 미만 공동주택의 건축허가 신청을 하려는 대지소유자가 대지의 소유에 관한 권리를 증명하는 서류를 제출할 경우, 그 대지에 근저당권과 지상권이 동시에 설정되어 있더라도 반드시 그 근저당권 및 지상권을 말소해야 하는 것은 아니라는 입장이다. 자세한 내용은 아래와 같고, 같은 취지의 법령해석으로서 안건번호11-0286, 2011.6.16., 국민권익위원회10-0317, 2010.10.28. 등이 있다.

「건축법 시행령」 제9조제1항 본문에서는 법 제11조제1항에 따라 건축물의 건축허가를 받으려는 자는 국토교통부령으로 정하는 바에 따라 건축허가신청서에 관계 서류를 첨부하여 허가권자에게 제출하여야 한다고 규정하고 있고, 그 위임에 따라 같은 법 시행규칙 제6조제1항에서는 건축허가를 받으려는 자는 별지 제1호의4서식의 건축·대수선·용도변경허가신청서에 같은 항 각 호의 도서를 첨부하여 허가권자에게 제출하여야 한다고 규정하면서, 같은 항 제1호의2나목에서는 분양을 목적으로 하는 공동주택을 건축하는 경우에는 그 대지의 소유에 관한 권리를 증명하는 서류를 제출하도록 규정하고 있는바,

「건축법 시행규칙」 제6조제1항제1호의2나목에서는 "대지의 소유에 관한 권리를 증명하는 서류"라고만 규정하고 있을 뿐이고, 근저당권이나 지상권 등 제한물권이 붙어 있지 아니한 소유권만이 건축허가의 요건이 되는 것으로 제한하고 있지 않는바, 그 문언의 의미를 합리적 이유 없이 축소 해석하여 제한물권이 없는 소유권자만이 건축허가를 신청할 수 있도록 하는 것은 법령상 근거 없이 건축허가의 요건을 강화하는 결과가 되어 허용되기 어렵다고 할 것입니다.

나아가, 대지에 근저당권이 설정된 경우를 살펴보면, 근저당권은 담보물권의 일종으로서 그 설정자가 대지를 사용하거나 처분하는데 영향을 미치지 않으며, 설정된 근저당권이 반드시 실행되는 것도 아니라 하겠습니다. 또한, 분양을 목적으로 하는 공동주택의 대지에 저당권이 설정되어 있다는 이유만으로 건축허가신청을 할 수 없다는 것은 대지 소유자의 재산권 행사에 대한 과도한 제한이라 할 것입니다(법제처 2011.6.16. 회신 11-0286 해석례 참조).

또한, 대지에 지상권이 설정된 경우를 살펴보면, 지상권은 용익물권의 일종으로서 대지소유자의 사용권을 제한하는 측면이 있으나, 건축허가는 건축물의 구조나 안전에 대한 대물적 허가의 성질을 갖는 것인바, 대지소유자의 대지 사용권 제한 여부와 건축허가 여부는 직접적인 관련이 있다고 보기 어려울 것입니다.

한편, 분양을 목적으로 하는 공동주택의 경우 수분양자 보호를 위해 건축허가 단계부터 그 대지에 근저당권과 지상권이 동시에 설정되어 있다면 대지에 설정된 근저당권 및 지상권 설정을 말소해야 한다는 의견이 있을 수 있습니다. 그러나 「건축물 분양에 관한 법률」 제4조제7항에서 분양사업자는 소유권을 확보한 대지에 저당권, 가등기담보권, 전세권, 지상권 및 등기되어 있는 부동산임차권이 설정되어 있는 경우에는 이를 말소하여야 한다고 규정하고 있는 점을 볼 때, 공동주택 수분양자의 보호에 관한 사항은 「건축법」에서 이를 모두 규율해야만 하는 것은 아니라 할 것이고, 그에 관한 사항은 「건축물 분양에 관한 법률」을 비롯한 다른 법률에 맡기고 있음이 우리 법 체계의 태도라 할 것이므로 이와 같은 의견은 타당하지 않다고 할 것입니다(법제처 2010.10.28. 회신 10-0317 해석례 참조).

이상과 같은 점을 종합해 볼 때, 분양을 목적으로 20세대 미만 공동주택의 건축허가 신청을 하려는 대지소유자가 대지의 소유에 관한 권리를 증명하는 서류를 제출할 경우, 그 대지에 근저당권과 지상권이 동시에 설정되어 있더라도 반드시 그 근저당권 및 지상권을 말소해야 하는 것은 아닙니다.

나 압류된 대지에 대하여 건축허가를 신청한 경우 압류권자의 동의가 없다는 이유로 건축허가 신청을 반려할 수 있는지의 여부(안건 번호10-0464, 2011.1.28.)

대지 소유자의 채권자에 의해 해당 대지가 압류(「민사집행법」상의 강제관리에 의하여 압류된 것은 아님)되었는데 대지의 소유자가 해당 대지에 「건축법」 제11조에 따른 건축허가 대상으로서 분양 목적이 아닌 건축물을 신축하기 위하여 같은 조에 따라 건축허가를 신청한 경우, 허가권자는 해당 건축물의 신축에 대한 압류권자의 동의가 없다는 이유로 해당 건축허가 신청을 반려할 수 있는지 여부가 문제된다.

국토해양부는 압류권자의 동의가 없다는 이유로 해당 건축허가 신청을 반려할 수 없다는 입장이다. 자세한 내용은 아래와 같다.

「건축법」 제11조제1항 및 같은 법 시행규칙 제6조제1항에서는 건축허가를 받으려는 자는 건축할 대지의 범위에 관한 서류(제1호)와 건축할 대지의 소유 또는 그 사용에 관한 권리를 증명하는 서류(제1호의2) 등의 제출을 규정하고 있을 뿐 해당 대지를 압류한 압류권자의 동의서를 제출하도록 하고 있지는 않은바, 건축법령의 문언상 대지 소유자의 채권자에 의해 대지가 압류된 상태에서 대지의 소유자가 해당 대지에 건축물을 신축하기 위하여 건축허가를 신청하는 경우라도 해당 건축물의 신축에 대한 압류권자의 동의를 증명하는 서류를 제출하여야 한다고 볼 수는 없다 할 것입니다.

부동산에 대한 압류는 「국세징수법」 제24조 등 행정법령에 따라 국세 체납처분 등의 첫 단계로서 행해지거나 「민사집행법」 제83조제1항 등에 따라 강제경매 또는 담보권 실행을 위한 경매의 개시 절차로서 행해지는 것이지만, 「국세징수법」 제49조제1항 본문 및 「민사집행법」 제83조제2항에 따르면 체납자는 압류한 부동산을 사용 또는 수익할 수 있고 강제경매의 개시에 의한 압류는 부동산에 대한 채무자의 관리·이용에 영향을 미치지 아니한다고 규정하고 있는바, 대지가 압류되어 있다 할지라도 대지 소유자의 대지에 대한 사용권리가 완전히 제한되는 것은 아니므로 해당 대지의 소유자가 해당 대지에 건축행위를 하는데 있어서 제출하여야 하는 「건축법」 제11조제1항 및 같은 법 시행규칙 제6조제1항제1호·제1호의2의 서류에 해당 건축물의 신축에 대한 압류권자의 동의에 관한 서류가 포함된다고 볼 수는 없다 할 것입니다.

다만, 「국세징수법」 제49조제1항 단서, 「민사집행법」 제83조제3항 및 「민사집행규칙」 제44조에 따르면, 세무서장 또는 법원은 압류한 부동산의 가치가 현저하게 감손될 우려가 있다고 인정하는 때에는 그 사용 또는 수익을 제한하는 조치를 할 수는 있지만, 이는 세무서장 또는 법원의 권한으로 규정하고 있는바, 건축허가권자가 이러한 규정을 근거로 하여 건축물의 신축에 대한 압류권자의 동의를 증명하는 서류를 제출하도록 할 수는 없다 할 것입니다.

결국 건축물에 대한 건축허가권자는 건축허가의 신청이 「건축법」, 「국토의 계획 및 이용에 관한 법률」 등 관계 법규에서 정하는 어떠한 제한에도 배치되지 않는 이상 당연히 「건축법」에서 정하는 건축허가를 하여야 하고, 중대한 공익상의 필요가 없음에도 불구하고, 요건을 갖춘 자에 대한 허가를 관계 법령에서 정하는 제한 사유 이외의 사유를 들어 거부할 수는 없다 할 것인데(대법원 2006.11.9. 선고, 2006두1227 판결례 등 참조), 대지 소유자의 채권자에 의해 해당 대지가 압류되어 있다 할지라도 해당 대지의 소유자가 해당 대지에 건축행위를 하는데 있어서 「건축법」, 「국세징수법」, 「민사집행법」 등 관계 법령 어디에도 해당 건축물의 신축에 대한 압류권자의 동의를 받도록 하는 규정이 없는바, 허가권자는 해당 건축물의 신축에 대한 압류권자의 동의가 없다는 이유만으로 해당 건축허가를 거부할 수는 없다 할 것입니다.

따라서 대지 소유자의 채권자에 의해 해당 대지가 압류(「민사집행법」상 강제관리에 의하여 압류된 것은 아님)되었는데 대지의 소유자가 해당 대지에 「건축법」 제11조에 따른 건축허가 대상으로서 분양 목적이 아닌 건축물을 신축하기 위하여 같은 조에 따라 건축허가를 신청한 경우, 허가권자는 해당 건축물의 신축에 대한 압류권자의 동의가 없다는 이유로 해당 건축허가 신청을 반려할 수 없습니다.

다 소유권 말소 예고 등기된 대지의 건축허가 가능여부(건설교통부 건축 30420-1926, 1992.6.4.)

대지에 소유권 말소예고 등기가 되어 있는 경우 건축허가 가능여부에 관하여 건설교통부는 건축법시행규칙 제6조제1항의 규정에 의하여 건축허가시에는 대지의 소유나 권리에 관한 서류를 제출하도록 규정하고 있으며 예고등기라 함은 일반의 제3자에게 현재 등기의 원인무효나 취소를 이유로 소송이 제기되고 있다는 사실을 공시하도록 법원이 등기소에 촉탁하여 그 내용을 기입하는 등기로서 이는 단순히 경고의 효과만 지니고 있을 뿐 등기로서의 대항력은 없는 것이므로 예고등기만 되어 있다면 예고등기자의 동의가 없어도 건축허가는 가능할 것이라는 입장이다.

28 의료재단 기본재산 처분 법리

　의료법 제48조 제3항에 의거 의료법인이 의료법인의 기본재산을 처분하기 위하여는 시·도지사의 허가를 받아야 한다. 의료법인이 그 재산을 처분하고자 할 경우 시·도지사의 허가를 받도록 규정하고 있는 구 의료법 제41조 제3항이 효력규정인지 여부에 관하여 대법원은 효력규정에 해당한다는 입장이다.

　구 의료법(2007.4.11. 법률 제8366호로 전문 개정되기 전의 것, 이하 같다) 제41조 제3항에 따르면 의료법인은 그 재산을 처분하고자 할 경우 시·도지사의 허가를 받도록 규정하고 있고, 위 규정은 의료법인이 그 재산을 부당하게 감소시키는 것을 방지함으로써 항상 그 경영에 필요한 재산을 갖추고 있도록 하여 의료법인의 건전한 발달을 도모하여 의료의 적정을 기하고 국민건강을 보호 증진케 하려는 구 의료법의 입법 목적을 달성하기 위하여 둔 효력규정이라고 할 것이다(대법원 1993.7.16. 선고 93다2094 판결, 대법원 2007.6.15. 선고 2006다80322, 80339 판결 등 참조).

　그렇다면 의료법인이 구 의료법 제41조 제3항에 따라 허가받은 한도액을 초과하여 담보제공약정을 한 경우 담보제공약정 전체가 무효인지 아니면 허가된 한도액을 초과하는 부분에 한하여 무효인지 여부가 문제된다. 대법원은 허가 받은 범위를 초과하는 부분에 한하여 무효라는 입장이다.

　의료법인이 허가받은 한도액을 초과하여 한 담보제공약정은 무효라고 하지 않을 수 없으나, 위 담보제공약정 중 일부가 위 법률 규정에 따른 허가를 받은 범위를 초과하는 것이어서 무효라는 이유로 허가받은 나머지 담보제공약정 부분까지도 무효가 된다고 본다면 이는 의료법인으로 하여금 이미 허가받은 범위의 담보제공에 따른 피담보채무까지 상환할 수밖에 없도록 하여 결국, 재산처분에 대한 허가제도를 통하여 거래당사자의 일방인 의료법인을 보호하고 건전한 발달을 도모하려는 구 의료법 제41조 제3항의 취지에 명백히 반하는 결과를 초래하므로, 이 사건 토지에 관한 위 근저당권설정약정 중 피담보채무가 20억 원을 초과하는 부분이 구 의료법 제41조 제3항에 위반되어 무효라고 하더라도 이미 허가받은 나머지 부분의 근저당권설정약정까지 무효가 된다고 할 수는 없다 할 것이다(대법원 2008.9.11. 선고 2008다32501 판결).

의료법인 기본재산에 대한 근저당권설정에 관하여 관할관청의 허가를 득한 경우 저당권의 실행으로 경락될 때에 다시 그 허가를 필요한지 여부에 관하여 대법원은 담보제공에 관한 허가를 받았을 경우 저당권 실행으로 경락될 때에 다시 그 허가를 필요로 하지 아니한다는 입장이다.

의료법 제41조 제3항은 의료법인이 그 재산을 처분하거나 정관을 변경하고자 할 때에는 보건사회부장관의 허가를 받아야 한다고 규정하고 있는바, 이는 의료법인이 그 재산을 부당하게 감소시키는 것을 방지함으로써 항상 그 경영에 필요한 재산을 갖추고 있도록 하여 의료법인의 건전한 발달을 도모하여 의료의 적정을 기하고 국민건강을 보호 증진케 하려는데 그 목적이 있다 할 것이므로 위 조항은 그 점에서 합리적인 근거가 있다 할 것이고, 따라서 이를 헌법상 평등의 원칙에 위배되는 것이라 할 수 없다. 그리고 위 규정에 의한 보건사회부장관의 허가는 강제경매의 경우에도 그 효력요건으로 보아야 할 것이므로 이에 배치되는 견해는 채택할 수 없다.

그런데 이 사건 강제경매 당시 위 부동산은 보건사회부장관의 허가를 받아 소외 주식회사 한일은행을 근저당권자로 한 근저당이 설정되었고, 그 경락대금은 모두 위 은행에 배당되어 그 근저당권이 소멸되었음은 기록상 명백한바, 그렇다면 이는 주식회사 한일은행의 근저당권실행에 의하여 임의경매가 실시된 것과 구별할 이유가 없다고 하겠고, 담보제공에 관한 보건사회부장관의 허가를 받았을 경우에 저당권의 실행으로 경락될 때에 다시 그 허가를 필요로 한다고 해석되지 아니하는 이치(당원 1966.2.8. 자 65마1166 결정 참조) 에서 이 사건과 같은 경락의 경우에도 별도의 허가를 필요로 하지 아니한다고 할 것이다(대법원 1993.7.16. 선고 93다2094 판결).

드디어 신탁쟁점으로 넘어오면, 의료법인이 관할관청으로부터 의료법인 기본재산에 관하여 근저당권을 설정하여 주는 것을 조건으로 담보제공 허가를 받았음에도 불구하고, 근저당권설정등기가 아닌 신탁등기를 마친 후 신탁공매를 통하여 제3자에게 소유권이 이전된 경우 신탁등기 및 신탁공매를 통한 제3자에 대한 소유권이전이전이 유효한지 여부가 문제된다.

위와 같은 쟁점이 문제된 사안에서 서울고등법원은 관할관청이 이 사건 각 부동산을 '담보 제공'하는 것을 허가하였을 뿐 거기에 담보 제공의 방법은 근저당권 설정에 의하여야 하고 담보신탁은 금지된다는 등의 조건을 부가하지 않은 점을 근거로 신탁등기는 의료법인의 신규 대출을 위한 담보 제공으로서 담보제공 허가에 기초하여 적법하게 마쳐진 것이고, 신탁공매는 근저당권 실행을 위한 경매가 실시된 것과 본질적으로 다르지 않기 때문에 정당하다는 취지로 판시(서울고등법원 2021.9.17. 선고 2021나2016285(본소) 판결)하였고, 대법원의 심리불속행 기각판결로 확정되었다.

위 하급심 판결에서 볼 수 있듯이 의료법인 기본재산 처분 허가를 근저당권으로 받은 후 근저당권을 설정하지 아니하고 담보신탁을 경료한 경우에도 의료법인 기본재산 처분이 당연무효인 것은 아니라고 판단된다. 하지만 기본적으로는 분쟁발생여지가 존재하는 점을 감안하여, 의료재산, 학교재단, 재단법인 등의 기본재산을 수탁하는 경우에는 관할관청 허가에 담보신탁을 경료한다는 내용이 포함되어 있는지 확인하고 수탁하는 것이 바람직하다. 또한 근저당권으로 허가를 받았는데 담보신탁을 경료한 후 신탁공매절차를 진행하는 경우에는 공매공고 및 매매계약서에 관할관청의 허가조건이 근저당권설정으로 되어 있음에도 신탁등기를 경료한 후 공매하는 건으로서 향후 분쟁발생 소지가 존재하고, 이러한 분쟁의 해결은 매수인의 책임으로 처리하여야하고 수탁자에게 분쟁으로 인한 이의를 제기할 수 없다는 취지의 내용을 추가하고, 매수인에게도 이를 인지시킨 후 신탁공매에 의한 소유권이전등기절차를 진행하는 것이 수탁자에게 바람직한 업무처리 방안이라 할 것이다.

한편, 의료법인이 병원에 대하여 신탁회사와 담보신탁계약 체결 후 신탁등기가 되어있는 기간 동안 발생한 재산세에 대하여 "의료법인이 과세기준일 현재 의료업에 직접 사용하는 부동산에 대해서는 재산세를 감경 또는 면제한다"는 취지의 구 지방세특례제한법 제38조 제1항이 적용되는지 여부가 문제된 사안에서 대법원은 재산세 납세의무자인 수탁자를 기준으로 판단하여야 함을 전제로, 신탁부동산에 대한 재산세 납세의무자인 수탁자가 이 사건 특례규정의 의료법인에 해당하지 않으므로 수탁자에게 이 사건 특례규정이 적용되지 아니한다(대법원 2019.10.31. 선고 2018두59427 판결)고 판시한 사례도 기억할만하다.

위 판결은 지방세법상 신탁부동산의 재산세 납세의무자가 수탁자로 규정된 시기에 판단된 것으로서 현행 지방세법에서는 신탁부동산의 재산세 납세의무자가 위탁자로 규정되어 있으므로, 현행법에 의한다면 의료법인이 의료업에 직접 사용하는 부동산이 신탁되더라도 지방세특례제한법 제38조 제1항이 적용되어 재산세가 경감될 여지가 있다고 할 것이니, 이러한 판례가 있다는 것을 알고 있을 필요가 있다.

29 신탁과 소송대리

가 위탁자와 소송위임계약을 체결한 법무법인이 수탁자에게 수임료 지급 청구를 할 수 있는지 여부

관리형 토지신탁 사업 진행도중 신탁사업과 관련한 소송에 대하여 위탁자와 수임계약을 체결하고 수탁자를 대리하여 수탁자의 소송대리인으로서 여러 소송사건을 수임한 소송대리인이 수탁자에게 수임료 지급 청구를 할 수 있는지 여부가 문제된다.

신탁사업과 관련한 소송에 대하여 위탁자와 위임계약을 체결하고 소송업무를 수행한 소송대리인은 위탁자가 수임료를 지급하지 아니하자, 수탁자에 대하여 수임료 지급을 청구하면서 위탁자가 수탁자의 대리인 또는 사자로서 위임계약을 체결하였다거나, 표현대리 등을 주장하였으나, 서울고등법원은 소송위임계약의 당사자는 위탁자이므로, 수탁자를 위임계약의 당사자로 볼 수 없다는 취지로 판시하였고, 대법원에서는 심리불속행 기각판결로 확정하였다. 자세한 사항은 아래와 같다.

1. 이 사건 각 위임계약 당사자가 피고임을 전제로 한 주장에 대하여

   가. 먼저 이 사건 각 소송 중 별지 사건목록 제5항 기재 소송을 제외한 나머지 각 소송에 관하여 보건대, 그 위임계약서에 해당하는 각 변호사선임서에 위탁자가 의뢰인으로 기재되어 있는 점, 피고가 이 사건 신탁계약 등을 통하여 위탁자에게 그 신탁재산에 관한 소송사건에 관하여 피고를 대리하여 소송위임을 할 권한을 수여하였다고 볼 자료가 보이지 않는 점, 위탁자가 피고의 대리인으로서 원고에게 위 각 소송의 소송대리를 위임하였다고 볼 자료도 없는 점, 이 사건 신탁계약 제18조 제1, 2항의 해석상 신탁재산에 관한 소송은 원칙적으로 위탁자 자신의 비용으로 수행해야 하는 것으로 보일뿐만 아니라 실제로도 그와 같이 이루어진 것으로 보이는 점(다만 피고는 이 사건 신탁계약 특약사항 제9조 제3항에 의하여 우선수익자의 서면동의를 득한 B의 요청에 따라 그 신탁재산으로 그 소송비용을 직접 지급할 수 있고, 실제 피고는 그러한

절차에 따라 원고에게 직접 수임료를 지급한 적이 있다) 등을 종합하여 보면, 위 각 소송에 관한 각 위임계약의 당사자는 피고가 아니라 위탁자로 보이고, 위 각 소송 중 일부 소송의 소송당사자가 피고라거나, 피고가 이 사건 신탁계약에서 정한 요건을 갖춘 위탁자의 요청에 따라 원고에게 수임료를 지급한 적이 있다는 등의 사정들만으로는 이와 달리 볼 수 없다.

나. 별지 사건목록 제5항 기재 소송의 경우 그 변호사선임서의 의뢰인란에 '피고代 위탁자'이라고 기재되어 있음은 앞서 본 바와 같고, 이에 의하면 일응 그 위임계약 당사자를 피고라고 볼 여지는 있다. 그러나 윌가자에게 피고를 대리하여 원고에게 위 소송의 소송위임을 할 권한이 있었다고 볼 증거가 없고, 원고가 위탁자에게 피고를 대리할 권한이 있었다고 믿었다거나 그와 같이 믿은 데 정당한 사유가 있다고 볼 자료도 없으며, 원고가 들고 있는 사정들만으로는 그 후 피고가 그 위임계약을 추인하였다고 볼 수도 없다. 따라서 어느 모로 보나 원고는 피고에게 위 소송에 관한 위임계약의 이행을 청구할 수 없다.

다. 결국 피고가 이 사건 각 위임계약 당사자임을 전제로 한 원고 주장은 나아가 살펴 볼 필요 없이 이유 없다.

2. 이 사건 신탁계약이 제3자를 위한 계약임을 전제로 한 주장에 대하여
   이 사건 신탁계약 제18조 제1, 2항이나 특약사항 제9조 등은 그 문언이나 취지 등에 비추어, 그 신탁사업에 소요되는 비용의 부담주체를 정한 것이거나 그 비용 지출 순서, 지출방법, 절차 등을 정한 것에 불과하고 이 사건 신탁계약 당사자가 아닌 원고 등 제3자로 하여금 수탁자인 피고에 대하여 어떠한 권리를 취득하게 하는 것을 목적으로 한 규정이라고 해석할 여지는 없다고 판단된다. 이 부분 원고 주장 또한 이유 없다(서울고등법원 2016.8.18. 선고 2014나42716 판결).

본건 사안에서 원고인 소송대리인은 자금집행순서상 소송위임계약에 따른 수임료가 우선함에도 불구하고 후순위 비용인 공사비 등을 선 집행하였으므로 수탁자가 손해배상책임을 부담한다거나, 수탁자가 사무관리 또는 부당이득으로 인한 반환책임을 부담한다고 주장하였으나, 모두 기각되었다.

실무상 신탁사업과 관련하여 수탁자 명의의 소송에 대하여 소송위임계약은 위탁자와 소송대리인간 체결하고, 수탁자는 소송대리인에게 위임장만 교부해주는 경우가 잦은데, 이러한 경우 수탁자는 소송대리인에게 수임료 지급 책임을 부담하지 아니한다고 판단된다. 다만, 불필요한 분쟁을 방지하기 위하여 소송위임시 소송위임계약서 또는 별도의 확

약서에 "소송대리인은 착수금 및 성공보수 등 소송과 관련된 비용은 수탁자에게 청구할 수 없다"는 취지의 내용을 기재하여 사전 징구하는 것이 바람직하다 판단된다.

나 소송에서 수탁자를 대리한 변호사에게 위탁자가 변호사보수를 지급한 경우, 소송비용에 산입되는 변호사보수로 인정할 수 있는지 여부

신탁계약에는 흔히 수탁자는 수익자의 요청을 승낙한 경우를 제외하고는 신탁재산에 관하여 소송행위를 할 의무를 부담하지 않고, 신탁 사업과 관련하여 발생하는 일체의 소송과 민원에 대한 책임은 원칙적으로 위탁자나 시공사가 부담하도록 정하고 있다.

통상적으로 신탁사업과 관련하여 수탁자의 과실없이 위탁자와 원고 사이의 사정으로 인하여 소송이 제기된 경우 위탁자는 스스로 법무법인을 찾아 본안소송의 대리를 위임하면서 소송 위임계약서도 위탁자 명의로 체결하는 경우가 상당히 많다.

위와 같은 경우 위탁자는 신탁재산과 관련된 본안소송을 대리한 법무법인에 대하여 위탁자가 보수를 지급하는 경우도 자주 있는데, 이러한 경우 소송당사자인 수탁자가 변호사 보수를 지급하지 않고 소송당사자가 아닌 위탁자가 변호사 보수를 지급하였으므로 수탁자는 소송비용액확정절차에서 변호사보수를 소송비용에 산입할 수 없는 것 아닌가 하는 것이 문제된다.

대법원은 위와 같은 쟁점이 문제된 사안에서 위탁자가 신탁재산과 관련된 본안소송을 대리한 법무법인에 대하여 보수를 지급하기로 약정한 것은 위탁자와 소송당사자인 수탁자 사이에 내부적으로 신탁재산 관련 소송의 수행책임과 그 비용부담 등을 정한 신탁계약에 따른 것이므로, 위탁자가 변호사 위임 약정에 따라 법무법인에 지급하기로 한 변호사 보수는 소송당사자인 수탁자가 지급하는 것과 동일하다고 볼 수 있으므로 소송비용으로 인정되어야 한다고 판시하였다. 자세한 사항은 아래와 같다.

갑이 신탁계약의 수탁자인 을 주식회사를 상대로 소송을 제기하자, 신탁계약의 위탁자인 병 주식회사가 신탁계약에 따라 정 법무법인에 위 소송의 대리를 위임하면서 보수는 추후 소송비용액확정신청을 통하여 상대방으로부터 상환받을 변호사보수로 그 지급을 갈음하기로 약정하였는데, 위 소송에서 소송비용은 갑이 부담한다는 판결이 확정되자, 을 회사가 갑을 상대로 소송비용액확정신청을 한 사안에서, 병 회사가 보수약정에 따라 정 법인에 지급하기로 한 변호사보수는 소송당사자인 을 회사가 지급하는 것과 동일하다고 볼 수 있어 소송비용으로 인정되어야 하고, 소송비용액확정절차에서 변호사보수의 소송비용 산입에 관한 규칙에 의하여 결정되는 변호사보수는 보수약정에 따라 정 법인에 지급될 보수액으로서 갑이 을 회사에 상환하여야 할 소송비용에 산입된다고 보아야 하는데도, 을 회사가 지급하였거나 지급할 변호사보수가 없다는 이유로 갑이 을 회사에 상환하여야 할 소송비용액을 0원으로 확정한 원심판단에는 소송비용에 산입되는 변호사보수에 관한 법리오해 등 잘못이 있다(대법원 2020.4.24.자 2019마6990 결정).』

따라서 신탁계약을 체결한 후 수탁자를 당사자로 한 소송에서 위탁자가 변호사보수를 지급하더라도 수탁자는 승소 후 소송비용액확정신청에서 위탁자가 지급하였거나 지급하기로한 변호사보수를 포함시킬 수 있다.

한편, 변호사에게 계쟁사건 처리를 위임하면서 착수보수를 포함한 변호사보수를 지급하기로 약정한 경우, 위 보수액은 지급방법이나 실제 지급 여부와 상관없이 소송비용에 산입되는 변호사의 보수에 포함되는가. 포함되지 않는가.

다시 말해 갑이 변호사에게 소송대리를 위임하면서, 변호사보수는 승소시 소송비용액확정신청을 통해 받을 수 있는 금원을 변호사에게 양도하여 변호사가 이를 상대방에게 받기로 한다는 취지로 약정하는 경우가 있는데, 이러한 약정이 유효한지 여부가 문제된다. 위와 같이 소송비용액확정 신청을 통하여 피신청인으로부터 상환받을 변호사보수로 그 지급을 갈음하는 약정에 대하여 대법원은 유효하다는 입장이다. 그 이유는 아래와 같다.

『갑이 변호사 을에게 소송대리를 위임하면서 '위임사무가 판결 등으로 성공한 때에는 변호사보수의 소송비용산입에 관한 규칙에 따른 변호사보수와 착수보수의 차액에 해당하는 소송비용청구권을 성공보수로 양도한다.'고 약정한 사안에서, 위 약정의 의미는 위임사무가 판결 등으로 성공한 때에는 착수보수와 성공보수를 합한 총 변호사보수를 변호사보수의 소송비용 산입에 관한 규칙에 따라 본안소송의 소송목적의 값을 기준으로 정해지는 변호사보수 금액으로 정하되, 그 지급을 위하여 또는 지급에 갈음하여 소송비용청구권을 양도하는 내용으로서, 변호사보수 채무의 발생과 지급방식을 함께 정한 것으로 보는 것이 당사자의 의사 및 거래관행에 부합하는 해석이다(대법원 2022.4.8.자 2021마7301 결정).

30 신탁과 연접개발 금지

주택법 제15조 제1항 및 같은 법 시행령 제27조는 30세대 또는 50세대 이상 규모의 공동주택 건설사업을 시행하려는 자는 사업계획승인권자에게 사업계획승인을 받도록 되어 있고, 동일한 사업주체가 일단의 주택단지를 여러 개의 구역으로 분할하여 주택을 건설하는 경우 전체 구역의 세대수를 주택건설규모로 산정하도록 규정한다.

대법원은 사업명의자가 형식상은 다를지라도 실질상은 일단의 공동주택을 함께 건설하면서 단지 주택법상 사업계획승인을 회피하기 위하여 명의를 달리한 것이 명백하다면 동일한 사업주체로 판단하여야 한다(대법원 1994.12.22. 선고 93누2483 판결)는 취지로 판시하였고, 국토교통부도 동일한 입장이다.

그리고 주택법 제37조, 제54조 제1항 및 주택공급에 관한 규칙 제15조 등은 사업계획승인을 받아 건설하는 주택은 에너지 고효율 설비기술 및 자재 적용 등 에너지절약형 친환경주택으로 건설하여야 하고, 시장·군수·구청장에게 입주자모집 공고 승인을 받아야 착공한 이후 분양이 가능하도록 규정하고 있는 등 건축허가를 받아 건설하는 주택과 달리 엄격한 기준이 적용된다.

한편, 주택법 제102조 제5호와 제105조 제2항은 주택법 제15조 제1항 등에 따른 사업계획승인을 받지 아니하고 사업을 시행하는 자는 2년 이하의 징역 또는 2천만원 이하의 벌금에 처하도록 규정하고 있고 해당 법인의 대표자 등에게도 2천만원 이하의 벌금형을 과하도록 규정하고 있다.

따라서 승인권자는 일단의 주택단지로 볼 수 있는 연접한 필지에 형식상의 명의가 다른 공동주택 건축허가 신청이 접수된 경우 주택법상 사업계획승인을 회피하기 위하여 각 필지의 건축주 명의를 달리한 것은 아닌지 검토할 수 있고, 동일한 사업주테가 일단의 주택단지에 공동주택을 함께 건설하면서 전체 규모가 50세대 이상인 것으로 판단될 경우 건축법에 따라 개별적으로 건축허가를 하지 않고 주택법상 사업계획 승인을 받도록 조치할 수 있다.

실무적으로 승인권자가 사실상 동일 사업주체라고 판단할 때 적용하는 요건 또는 근거는 다음과 같은 것들이 있다. ① 사업주체의 법인 설립시기가 건축허가일로부터 불과 한 달 전이었고, 일부 사업주체 법인의 최대지분권자가 사업주체 법인의 대주주이자 임원이거나, 자회사의 임원을 대표이사로 하여 설립한 법인이거나, 별개의 사업주체 법인의 사무소 등기주소가 동일한 경우, ② 별개의 사업주체 법인이 별개의 신탁계약을 체결하기는 하였으나 신탁계약상 대출금융기관과 시공사가 동일하고, 별개 신탁사업에서 발생한 대출금 및 공사비에 대하여도 다른 신탁계약의 우선수익권이 지정된 경우, ③ 건축허가가 모두 같은 설계사무소에서 동일한 양식으로 설계된 경우, ④ 전체 건축부지에 건축된 모든 건축물에 동일한 브랜드를 사용하고 있는 경우 등이 바로 그것이다.

승인권자 또는 감사원은 위와 같은 사유들을 종합적으로 고려하여 주택법 등이 금지하고 있는 연접개발에 해당된다고 판단하는 경우 건축중에도 건축허가를 취소하고 공사중지명령을 내리거나 건축허가 명의자인 수탁자를 형사고발할 수도 있는 등 신탁사업 진행의 불확실성 발생 및 수탁자 직원의 형사처벌 가능성이 존재하므로, 연접개발이 의심되는 경우 수탁자는 연접개발에 해당하는지 여부를 면밀히 검토하고 사업심의시 신중을 기하여야 한다.

31 이사회 결의 없는 신탁계약의 효력

중요한 자산의 처분 및 양도 행위에 대하여는 원칙적으로 이사회 결의가 필요하다(상법 제393조 제1항). 법인인 위탁자가 중요한 자산에 관하여 수탁자와 신탁계약을 체결하고 신탁등기를 경료하는 경우 이는 자산의 처분에 해당하기 때문에 수탁자는 이사회 결의서를 신탁계약의 부속서류로 징구하는 것이 일반적이다. 만약 신탁계약의 목적물이 위탁자 법인의 중요한 자산에 해당함에도 불구하고 이사회 결의서를 징구하지 아니한 경우에는 신탁계약 및 신탁등기가 무효로 해석되는지 여부가 문제된다.

대법원은 제3자가 회사 대표이사와 거래행위를 하면서 회사의 이사회 결의가 없었다고 의심할 만한 특별한 사정이 없다면, 일반적으로 이사회 결의가 있었는지를 확인하는 등의 조치를 취할 의무까지 있다고 볼 수는 없다는 입장이다.

거래행위의 상대방인 제3자가 상법 제209조 제2항에 따라 보호받기 위하여 선의 이외에 무과실까지 필요하지는 않지만, 중대한 과실이 있는 경우에는 제3자의 신뢰를 보호할 만한 가치가 없다고 보아 거래행위가 무효라고 해석함이 타당하다. 중과실이란 제3자가 조금만 주의를 기울였더라면 이사회 결의가 없음을 알 수 있었는데도 만연히 이사회 결의가 있었다고 믿음으로써 거래통념상 요구되는 주의의무를 현저히 위반하는 것으로, 거의 고의에 가까운 정도로 주의를 게을리하여 공평의 관점에서 제3자를 구태여 보호할 필요가 없다고 볼 수 있는 상태를 말한다. 제3자에게 중과실이 있는지는 이사회 결의가 없다는 점에 대한 제3자의 인식가능성, 회사와 거래한 제3자의 경험과 지위, 회사와 제3자의 종래 거래관계, 대표이사가 한 거래행위가 경험칙상 이례에 속하는 것인지 등 여러 가지 사정을 종합적으로 고려하여 판단하여야 한다. 그러나 제3자가 회사 대표이사와 거래행위를 하면서 회사의 이사회 결의가 없었다고 의심할 만한 특별한 사정이 없다면, 일반적으로 이사회 결의가 있었는지를 확인하는 등의 조치를 취할 의무까지 있다고 볼 수는 없다.

대표이사의 대표권을 제한하는 상법 제393조 제1항은 그 규정의 존재를 모르거나 제대로 이해하지 못한 사람에게도 일률적으로 적용된다. 법률의 부지나 법적 평가에 관한 착오를 이유로 그 적용을 피할 수는 없으므로, 이 조항에 따른 제한은 내부적 제한과 달리 볼 수도 있다. 그러나 주식회사의 대표이사가 이 조항에 정한 '중요한 자산의 처분 및 양도, 대규모 재산의 차입 등의 행위'에 관하여 이사회의 결의를 거치지 않고 거래행위를 한 경우에도 거래행위의 효력에 관해서는 위에서 본 내부적 제한의 경우와 마찬가지로 보아야 한다(대법원 2021.2.18. 선고 2015다45451 전원합의체 판결).

위 판결에도 불구하고 수탁자가 법인인 위탁자의 중요한 자산에 관하여 신탁계약을 체결하고 신탁등기를 경료하는 경우 수탁자는 분쟁발생가능성을 방지하기 위하여 위탁자의 이사회 결의서를 징구하거나 필요한 경우 주주총회 결의서를 징구하는 것이 바람직하다.

한편, 기 체결된 담보신탁계약에 관하여 위탁자 법인이 수탁자를 상대로 이사회 결의 및 주주총회 결의 없이 신탁계약이 체결되었으므로 기 체결된 담보신탁계약이 무효라고 주장한 사안에서 하급심이기는 하나 서울중앙지방법원은 해당 담보신탁계약은 주주총회 특별결의가 필요하지 아니하고 수탁자가 이사회 결의가 없었다는 점을 알았거나 알 수 있었다고 단정하기 어렵다는 이유로 원고 청구를 기각하였다.

이 사건 담보신탁계약은 위탁자가 대주에 대하여 부담하는 대출금 채무 등을 담보하기 위한 것으로 위탁자는 담보신탁계약 체결 후에도 그 전과 마찬가지로 신탁부동산을 계속적으로 점유·사용·관리하면서 오리, 양돈 등의 생산·유통·경영 등의 업을 영위한 점, 수탁자가 물적으로나 인적으로나 위탁자의 영업적 활동을 승계한 것으로 보이지 않는 점 등에 비추어 보면, 이 사건 담보신탁계약의 체결로 말미암아 위탁자 영업의 전부 또는 일부를 양도하거나 폐지하는 것과 같은 결과가 초래되었다고 볼 수 없으므로 담보신탁계약의 체결이 주주총회의 특별결의가 필요한 사항이라고 보기 어렵다.

담보신탁계약 체결 당시 위탁자의 적법한 대표이사 내지 그를 대리한 사람이 위탁자 법인 인감을 날인한 이상 거래 상대방인 수탁자로서는 회사의 대표자가 거래에 필요한 회사의 내부절차는 마쳤을 것으로 신뢰하는 것이 일반적인 점, 당시 수탁자가 위탁자 이사회의 결의나 승인이 없었다고 의심할 만한 특별한 사정은 발견할 수 없는 점 등에 비추어 볼 때, 위탁자가 제출한 증거만으로는 수탁자가 담보신탁계약 체결 당시 위탁자 이사회의 결의가 없었다는 사실을 알았거나 알 수 있었다고 인정하기 부족하고, 달리 이를 인정할 증거가 없다(서울중앙지방법원 2017.5.25. 선고 2016가합548167 판결).

32. 신탁법상 신탁사무에 관한 서류열람청구권

위탁자나 수익자는 수탁자나 신탁재산관리인에게 신탁사무의 처리와 계산에 관한 장부 및 그 밖의 서류의 열람 또는 복사를 청구하거나 신탁사무의 처리와 계산에 관하여 설명을 요구할 수 있고, 위탁자와 수익자를 제외한 이해관계인은 수탁자나 신탁재산관리인에게 신탁의 재산목록 등 신탁사무의 계산에 관한 장부 및 그 밖의 서류의 열람 또는 복사를 청구할 수 있다(신탁법 제40조).

그렇다면, 신탁사무에 관한 서류 열람청구권에 서류 송부청구권이 포함되는지 여부가 문제된다. 대법원이 이에 대하여 포함되지 아니한다는 입장이다.

위탁자 겸 수익자들이 구 신탁법 제34조 제1항에 근거하여 회계서류 등 이 사건 신탁사무 관련 서류에 대하여 행사할 수 있는 열람청구권의 경우, 그 권리의 행사가 신의칙에 반하는 권리의 남용에 해당한다고 하는 등의 특별한 사정이 없는 한 상대방이 이를 거부할 수 없다. 다만, 위탁자 겸 수익자들은 이 사건 가처분신청으로서 위 회계서류를 '송부'할 것을 구하고 있으나, 이러한 신청취지는 구 신탁법 제34조 제1항에서 보장하는 '열람'청구권의 범위를 초과하는 것이고, 위탁자 겸 수익자들의 주장 및 제출한 소명자료만으로는 그러한 가처분신청을 인용할 수 있는 피보전권리와 그 보전의 필요성에 대한 소명이 있다고 볼 수 없다(대법원 2008.9.25.자 2006마459 결정).

한편, 수익자 등은 신탁법에 의하여 신탁재산에 대한 서류열람청구권을 가지는데, 수익자의 채권자에 불과한 제3자도 신탁법에 따른 열람청구권을 행사할 수 있는지 여부가 문제된다.

서울고등법원은 수익자의 추심채권자이자 수익권의 질권자가 신탁법 제40조에 따라 수탁자에 대하여 신탁재산 관련 서류에 대한 열람 및 복사를 청구한 사안에서 수익자의 추심채권자이자 수익자의 질권자에 불과한 자는 신탁법 제40조 제1항에 따른 열람 및 복사를 청구할 수 없고, 신탁법 제40조 제2항의 경우에도 ① 신탁부동산의 처분(분양, 매매, 소유권이전등기 등)을 위하여 작성된 서류 일체, ② 신탁계좌의 송금, 출금, 비용처리에 관한 일체의 서류 및 증빙자료, ③ '신탁계좌의 입출금 내역(계좌개설일부터 정보제공일까지), ④ 신탁 회계원장 내역 일체(계좌개설일부터 정보제공일까지) 등은 그 자체로 신탁사무의 계산에 관한 장부 및 그 밖의 서류에 해당한다고 보기 어렵고, 수탁자의 신탁사무처리와도 관련이 있어 수탁자의 회계 처리와 관련된 세부적인 자료를 이해관계인에게 열람하게 하는 것은 신탁자나 수익자의 이익에 반할 수 있어 그 열람 및 복사를 제한할 필요도 있다는 이유로 수익자의 추심채권자이자 수익권의 질권자의 열람청구를 기각하였다(서울고등법원 2022.11.4. 선고 2022나2008243 판결).

위 판결에 대하여 대법원도 수익권 및 수익채권의 추심채권자나 수익권의 질권자는 신탁법 제40조 제1항에 의하여 신탁사무의 처리와 계산에 관한 장부 및 그 밖의 서류의 열람 또는 복사를 청구할 수 없고, 신탁법 제40조 제2항은 신탁의 재산목록 등 '신탁사무의 계산에 관한 장부 및 그 밖의 서류'를 열람 또는 복사의 대상으로 하였는데, 이 사건 서류 중 '신탁부동산의 처분(분양, 매매, 소유권이전등기 등)을 위하여 작성된 서류 일체'는 '신탁사무의 계산에 관한 장부 및 그 밖의 서류'에 해당한다고 볼 수 없다. 나머지 서류는 '신탁사무의 계산에 관한 장부 및 그 밖의 서류'를 작성하기 위하여 필요한 근거자료라고 할 것이지 그 자체로 '신탁사무의 계산에 관한 장부 및 그 밖의 서류'라고 보기 어렵다(대법원 2023.4.27. 선고 2022다304042 판결)는 취지로 판시하였다.

위 사안은 원고가 수익권의 질권자로서 이해관계인에 해당할 여지가 있으므로 문제되었던 것이고, 단순히 수익자의 일반채권자로서 수익권을 (가)압류한 채권자의 경우에는 신탁계약의 이해관계인에 해당한다고 보기 어려우므로 신탁법 제40조를 근거로 열람을 청구할 수는 없다고 판단되고, 대법원 역시 수익권 및 수익채권의 추심채권자는 신탁법 제40조 제1항에 의하여 열람 복사를 청구할 수 없고, 동법 동조 제2항에 비추어도 신탁부동산의 처분을 위하여 작성된 서류는 신탁사무의 계산에 관한 장부 등에 해당하지 아니한다고 판시하였으므로, 수탁자는 위와 같은 서류를 수익자의 일반채권자에게 교부할 의무가 없다 할 것이다.

또한 수탁자가 열람허용의무를 위반하는 경우를 대비하여 간접강제명령을 구할 수 있는지 여부가 문제된다. 수탁자의 열람허용의무는 '부대체적 작위채무'이다. 부대체적 작위채무를 명하는 판결의 실효성 있는 집행을 보장하기 위하여 변론종결 당시에 보아집행권원이 성립하더라도 채무자가 그 채무를 임의로 이행할 가능성이 없음이 명백하고, 그 판결절차에서 채무자에게 간접강제결정의 당부에 관하여 충분히 변론할 기회가 부여되었으며, 민사집행법 제261조에 의하여 명할 적정한 배상액을 산정할 수 있는 경우에는 그 판결절차에서도 민사집행법 제261조에 따라 채무자가 장차 그 채무를 불이행할 경우에 일정한 배상을 하도록 명하는 간접강제결정을 할 수 있다(대법원 2013.11.28. 선고 2013다50367 판결 참조).

그러나 금융회사로서 금융감독원의 감독을 받는 부동산신탁사인 수탁자가 판결에도 불구하고 열람허용의무를 임의로 이행할 가능성이 없다고 단정할 수 없으므로, 수탁자에 대한 간접강제청구는 대부분 기각된다(서울고등법원 2018.5.11. 선고 2017나2041710 판결 등 다수).

33. 신탁계약 전 매도인과 위탁자간 체결된 매매계약이 수탁자에게 영향을 미치는지 여부

신탁계약 전 매도인이 위탁자에게 신탁부동산을 매도하면서 위탁자로부터 매매대금 잔금을 수취하지 아니한 상태에서 신탁부동산의 소유권을 위탁자에게 이전하고, 위탁자는 이를 신탁한 후 매도인이 수탁자를 상대로 매매계약상 권리를 주장할 수 있을까? 이런 주장이 가능할까 싶지만 의외로 실무상 종종 일어나는 일이다. 이에 대하여 판단한 판결들을 살펴보자.

가. 위탁자가 매매대금 완납 없이 부동산의 소유권을 이전받은 후 신탁등기를 경료한 경우 매도인이 수탁자에게 매매대금의 지급을 구할 수 있는지 여부

매도인이 매매대금을 완납받지 않은 상태에서 토지 소유권을 매수인에게 이전하였는데, 매수인이 남은 매매대금을 전부 지급하기 전에 토지에 대한 신탁계약 및 신탁등기를 경료한 경우 매도인은 수탁자에게 매매잔금 상당의 손해배상을 청구할 수 있는지 여부가 문제된다.

위와 같은 사례는 실무에서 종종 일어나는 일로서 일견 매도인은 매매대금을 완납받지 아니하였는데 왜 소유권을 이전해줬을까 하는 의문이 들 수도 있으나, 면적이 넓은 토지의 경우 매수인이 잘 나타나지 않기 때문에 이러한 일들이 간혹 일어나곤 한다. 매수인인 위탁자의 위와 같은 행위는 형사처벌을 받아 마땅한 위법행위라고 보인다. 하지만 위와 같은 상황이 있었는지 잘 알지 못하는 수탁자가 위탁자를 대신하여 손해배상책임을 부담하여야 하는지 여부는 별개의 문제인바, 이와 관련한 법원 판결을 살펴보자.

매도인이 매수인과 토지 매매계약을 체결하고 계약금을 지급받은 후 남은 잔금을 지급받기 전에 매수인에게 토지 소유권을 이전하여주었는데, 매수인이 잔금을 지급하기 전에 신탁계약 및 신탁등기를 경료한 후 약 3년 뒤 제3자에게 신탁재산 처분을 원인으로한 소유권이전등기를 마치자, 매도인이 수탁자를 상대로 손해배상청구소송을 제기한 사안에서,

원고인 매도인은 수탁자를 상대로, 신탁법 제32조에 의하면 수탁자는 수탁자로서 선량한 관리자의 주의로 신탁사무를 처리해야 할 의무를 부담하고, 여기에는 신탁계약을 체결함에 있어서 위탁자의 소유권이 완전한 소유권인지, 처분권한이 전 소유자인 매도인에게 유보되어 있는지 여부를 확인하여야 할 의무가 포함된다. 그런데 수탁자는 이 사건 신탁계약을 체결할 당시 원고(매수인)들이 위탁자로부터 매매잔금을 지급받지 못한 상태에서 이 사건 토지에 관하여 소유권이전등기를 마쳐 주었고 그 처분권한도 원고(매수인)들에게 유보되어 있었던 사실과 위탁자가 매매대금에 대하여 프로젝트 파이낸싱 신청을 한 사실을 알고 있었음에도 불구하고 원고(매도인)에게 어떤 사실도 확인하지 않은 채 신탁계약을 체결하였는바, 이는 신탁법 제32조의 선관주의 의무를 위반한 것이므로 수탁자는 원고(매도인)에게 매매잔금 상당의 손해를 배상할 책임이 있다고 주장하였다.

이에 대하여 대전지방법원은 신탁법 제32조는 신탁사무 처리에 있어서 수탁자의 위탁자 등에 대한 선관주의의무를 규정한 것이므로, 위 규정에 의하여 수탁자가 신탁계약을 체결함에 있어서 제3자에 대하여 선량한 관리자의 주의의무를 부담한다고 할 수 없다. 나아가 수탁자가 신탁계약을 체결함에 있어서 위탁자가 신탁 대상 토지를 취득함에 있어서 매매대금을 전부 지급하였는지 여부 및 매매대금의 미지급으로 인하여 처분권한이 매도인에게 유보되어 있는지 여부를 조사하고 확인하여야 할 의무를 부담한다고 할 수도 없다. 따라서 수탁자가 그와 같은 주의의무를 부담한다는 전제에 선 원고(매도인)들의 주장은 더 나아가 살펴볼 필요 없이 이유 없다.

또한 가사 수탁자에게 신탁재산에 관한 매매대금의 지급 여부나 처분권한의 유보 여부에 대하여 조사, 확인할 의무가 있다고 하더라도, 원고(매도인)들은 이 사건 신탁 계약 체결 이전에 위탁자(매수인)에 이 사건 토지에 관한 소유권이전등기를 마쳐 줌으로써 그 소유권을 이전하였는데, 그 당시 이 사건 토지에 관한 처분권한을 유보하였다는 점을 인정할 아무런 증거가 없으므로, 이 사건 토지의 소유권 또는 유보된 처분권한을 침해당하였다는 취지의 주장은 어느 모로 보나 이유 없다(대전지방법원 2014.3.28. 선고 2013가

단45874 판결)고 판시하며 원고인 매도인의 청구를 전부 기각하였다.

매도인은 위 판결이 부당하다는 이유로 항소와 상고를 하였으나, 매도인의 청구는 전부 기각으로 확정되었다. 제3자에 의한 채권 침해로 인한 손해배상이 인정되기 위하여는 그 제3자가 채권자를 해한다는 사정을 알면서도 법규를 위반하거나 선량한 풍속 기타 사회질서를 위반하는 등 위법한 행위를 함으로써 채권자의 이익을 침해하였음이 인정되거나(대법원 2007.5.11. 선고 2004다11162 판결 등), 수탁자가 위탁자의 배임행위에 적극 가담한 정도로 평가될 수 있어야 하는바, 수탁자가 그러한 정도로 위법행위에 가담하는 일은 일어나지 않는 것이 일반적이므로, 위탁자가 토지 등을 취득하는 과정에서 불미스러운 일이 발생하더라도 수탁자가 이에 대한 책임을 부담할 가능성은 매우 제한적이라 할 것이다.

한편, 위와 비슷한 사안으로서 점포 매매계약을 체결한 매도인이 부동산 신탁회사와 점포에 관한 부동산담보신탁계약을 체결하고 신탁회사 앞으로 소유권이전등기를 하였는데, 그 후 매수인이 매도인의 채무불이행을 이유로 매매계약을 해제하고 위탁자와 수탁자에게 연대하여 매매대금 반환을 청구한 사안에서 인천지방법원은, 신탁계약의 내용상 수탁자인 신탁회사가 위 매매계약상의 매도인 지위를 인수하였다고 볼 수 없어 매매계약 해제에 따른 원상회복의무를 부담하지 않는다(인천지방법원 2008.9.11. 선고 2008가단11473 판결)는 취지로 판시한 사례가 있다.

담보신탁계약은 그 목적을 '위탁자가 부담하는 채무 내지 책임의 이행을 보장하기 위하여 수탁자가 신탁부동산을 보전·관리하고 채무불이행시 환가·정산하는 것'으로 정하고 있는 점, 환가·정산받을 채권자의 범위를 '수익자'로 한정하고 있는 점, 환가·정산할 대상 재산을 신탁부동산 또는 그 물상대위로 취득한 재산 등으로 제한하고 있는 점, 환가·정산하는 경우 채권자들 사이의 순위를 정하고 있는 점 등을 종합할 때 수탁자가 위탁자와 담보신탁계약을 체결함으로써 담보신탁계약에서 정한 우선수익자 또는 수익자 이외의 위탁자에 대한 일반채권자에 대하여 채무의 변제를 직접 지급하기로 약정하였다거나 혹은 그 채무를 인수하였다거나 나아가 위탁자가 체결한 계약의 당사자의 지위를 인수하였다고 볼 수는 없다 할 것이다.

또한 위탁자의 채권자인 부동산 매도인은 담보신탁계약에서 정한 환가, 정산의 상대방인 우선수익자에 해당하지 아니하므로, 우선수익자가 존재하는 한, 수탁자에 대하여 담보신탁계약에 정해진 환가, 정산의무가 있음을 이유로 매매대금의 반환을 구할 수도 없다할 것이다. 이는 비단 담보신탁뿐만 아니라 우선수익자가 존재하는 대부분의 신탁계약에서 동일하게 적용된다고 사료된다.

나. 위탁자가 매도인에게 매매잔금을 지급하지 아니한 경우 매도인은 수탁자에게 수익자 명의를 변경을 청구할 수 있는지 여부

토지 매도인이 사업계획승인을 받은 후 토지와 사업권을 위탁자에게 매도하면서 매매대금 중 일부를 사업완료 후 받기로 하였는데 위탁자가 채무를 이행하지 않는 경우에 토지 매도인은 수탁자에게 토지신탁계약의 수익자 지위를 매도인으로 변경하라고 청구할 권한을 가지는지 문제된다. 이와 관련하여 대법원의 판단이 있었던 바 이에 대하여 소개해본다.

토지 매도인은 토지를 매입한 후 토지 상에 아파트를 신축하는 내용의 주택건설사업계획승인을 받았다. 토지 매도인은 위탁자와 사이에 토지 및 사업권을 매도하되 매매대금 잔금 중 일부는 사업완료시에 지급받기로 약정함과 동시에 위탁자가 채무를 이행하지 않을 경우 매매계약은 해제되고 사업권은 매도인에게 다시 양도하는 것으로 약정하였다.

위탁자는 그 후 수탁자와 분양형 토지신탁계약을 체결하고 아파트 신축분양사업을 진행하였다. 위탁자가 매매대금 잔금을 매도인에게 지급하지 아니하자 매도인은 위탁자를 상대로 소송을 제기하였고, 그 소송에서 위탁자는 매도인에게 신탁계약상 수익자명의변경절차를 이행한다는 취지의 조정이 성립되었다. 매도인은 수탁자에 대하여 신탁계약상 수익자 지위를 매도인으로 변경하라 통지하였다.

토지신탁계약에는 수익자는 수탁자의 승낙없이 수익권을 양도할 수 없다는 취지로 규정되어 있고, 수탁자가 이를 근거로 수익자 지위 변경을 거부하자 매도인은 수탁자를 상대로 토지신탁계약상 수익자가 매도인임을 확인한다는 취지의 확인의 소를 제기하였다.

이에 대하여 대법원은 신탁계약에 있어서 수탁자의 동의 없이 위탁자가 일방적으로 수익자를 변경할 수 없다고 판시하였다. 그 근거는 아래와 같다.

1. 신탁법상의 신탁은 신탁설정자(이하 '위탁자'라 한다)와 신탁을 인수하는 자(이하 '수탁자'라 한다)의 특별한 신임관계에 기하여 위탁자가 특정의 재산권을 수탁자에게 이전하거나 기타의 처분을 하고 수탁자로 하여금 일정한 자(이하 '수익자'라 한다)의 이익을 위하여 또는 특정의 목적을 위하여 그 재산권을 관리, 처분하게 하는 법률관계를 말하는 것으로(구 신탁법 제1조 제2항), 수익자는 신탁이익을 향수할 권리를 포함하여 신탁법상의 여러 가지 권리, 의무를 갖게 되므로, 이러한 지위에 있게 되는 수익자를 정하는 것은 위탁자와 수탁자 간의 신탁계약 내용의 중요한 요소에 해당한다 할 것이어서, 수익자의 변경에는 계약 당사자인 위탁자와 수탁자의 합의가 있어야 하고, 미리 신탁계약에서 위탁자에게 일방적인 변경권을 부여하는 취지의 특약을 하지 않은 한 수탁자의 동의 없이 위탁자가 일방적으로 수익자를 변경할 수는 없다 할 것이다.

   이와 달리 신탁계약의 본질 및 신탁법 제28조가 정한 '수탁자의 신탁재산 관리, 처분에 관한 선관주의의무'에 비추어 수탁자는 위탁자의 수익자 변경에 관한 지시에 따라야 할 의무가 있다고 보아야 한다는 상고이유의 주장은 받아들일 수 없다.

2. 법률행위의 해석에 있어 당사자가 표시한 문언에 의하여 그 객관적인 의미가 명확하게 드러나지 않는 경우에는 그 문언의 형식과 내용, 그 법률행위가 이루어진 동기 및 경위, 당사자가 그 법률행위에 의하여 달성하려는 목적과 진정한 의사, 거래의 관행 등을 종합적으로 고려하여 사회정의와 형평의 이념에 맞도록 논리와 경험의 법칙, 그리고 사회일반의 상식과 거래의 통념에 따라 합리적으로 해석하여야 할 것이다(대법원 1999.11.26. 선고 99다43486 판결 등 참조).

   원심은, 그 채용 증거들을 종합하여 판시와 같은 사실을 인정한 다음, 피고 보조참가인과 피고 사이에 체결된 이 사건 신탁계약의 내용 중 '제3자의 동의를 얻어 그 제3자를 수익자로 할 수 있다'는 조항(계약서 제13조 제1항 단서)과 '피고 보조참가인은 수익자의 변경이 있는 경우 지체 없이 그 사유를 서면으로 피고에게 제출하고 소정의 절차를 취하여야 한다.'는 조항(계약서 제27조 제4항)은 이 사건 신탁계약에서 제3자의 동의를 얻어 수익자를 제3자로 변경할 수 있다는 취지와 수익자를 변경하려 할 경우의 필요한 절차를 정한 규정으로 볼 수 있을 뿐, 위 규정들만으로 위탁자인 피고 보조참가인에게 일방적인 수익자 변경권을 부여하는 약정이 체결된 것이라고 해석하기 어렵고, 오히려 위 신탁계약에서 수익자가 수익권을 양도, 승계, 질권설정할 경우 수탁자인 피고의 승낙을 받아야 하는 것으로 정하고 있는 점(계약서 제15조 제1항) 등에 비추어 보면 이 사건 신탁계약상 수익자의 변경에는 수탁자인 피고의 동의가 필요하다고 보아야 한다고 판단하였다.

앞서 본 법리와 기록에 의하여 살펴보면, 원심의 이러한 판단은 옳은 것으로 수긍이 가고, 거기에 법률행위의 해석에 관한 법리오해 등의 위법이 있다고 할 수 없다(대법원 2007.5.31. 선1.고 2007다13312 판결).

대법원의 위와 같은 판단은 위탁자, 수탁자, 수익자 지위가 신탁계약의 가장 중요한 요소이므로 위탁자, 수탁자, 수익자의 지위는 특별한 규정이 없는 한 신탁계약 당사자의 동의없이 임의로 변경되는 경우 신탁사업 진행 또는 신탁계약의 안정성이 현저히 위협받을 수 있다는 점에서 타당하다 판단된다.

신탁이라 함은 신탁설정자(위탁자)와 신탁을 인수하는 자(수탁자)와 특별한 신임관계에 기하여 위탁자가 특정의 재산권을 수탁자에게 이전하거나 기타의 처분을 하고 수탁자로 하여금 일정한 자(수익자)의 이익을 위하여 또는 특정의 목적을 위하여 그 재산권을 관리, 처분하게 하는 법률관계를 말하는데, 특히 건물을 신축 분양하는 토지신탁계약상의 수익자는 토지신탁계약에서 정한 방법으로 계산한 신탁수익을 취득하고, 토지신탁계약 종료시 그 정한 방법에 따라 신탁재산을 교부받을 수 있는 지위에 있는 자로서 위탁자 자신이 수익자가 될 수 있고(자익신탁), 제3자를 수익자로 지정할 수 있다(타익신탁).

한편, 수익자는 수탁자에 대한 관계에 있어서 신탁법상 여러 가지 권리, 의무가 있으므로 토지신탁계약에서 정한 수익자를 변경함에는 토지신탁행위에 정함이 있고 수익자변경권이 위탁자나 수탁자에게 부여되어 있는 경우이거나 이해관계인 전원의 합의가 있는 경우에만 인정된다고 할 것이다.

토지신탁사업을 진행하다보면, 위와 같이 위탁자가 이전 매도인과 여러 가지 약정을 맺고 있는 경우가 종종 있는데, 이러한 경우에도 수탁자가 그 약정을 용인하였다는 등의 특별한 사정이 없는 한, 위탁자가 이전 매도인과 맺었던 약정의 내용이 수탁자에게 적용되는 것은 아니라고 할 것이다.

저자약력

● 김균기 변호사

성균관대학교 철학과 졸업
영남대학교 법학전문대학원 졸업
제3회 변호사시험
대한변호사협회 신탁변호사회 부회장
한국권투위원회 슈퍼페더급 프로복싱 라이센스

강의
대한변호사협회, 서울지방변호사협회, 부산지방변호사협회, 국세청,
수원고등법원, 금융투자협회, 법무사협회, 법률구조공단, 한국재산신탁협회,
한국주택금융공사, 포스코건설 등

강의문의 : myungimm@hanmail.net

실무자를 위한
부동산신탁 쟁점별 판례와 실무

초판인쇄 : 2025년 1월 21일
2쇄인쇄 : 2025년 6월 3일
저　　자 : 김균기
발 행 인 : (주)더존테크윌
주　　소 : 서울시 광진구 자양로 142 청양빌딩 3층
등록번호 : 제25100-2005-50호
전　　화 : 02-456-9156
팩　　스 : 02-452-9762
홈페이지 : www.etaxkorea.net

ISBN 979-11-6306-111-3
정가 40,000원

• 파본은 구입하신 서점이나 출판사에서 교환해 드립니다.
• 이 책을 무단복사, 복제, 전재하는 것은 저작권법에 저촉됩니다.

※ 더존테크윌 발행도서는 정확하고 권위 있는 내용의 제공을 목적으로 하고 있습니다.
그러나 그 완전성이 항상 보장되는 것은 아니기 때문에 적용결과에 대하여 당사가 책임지지 아니합니다. 따라서 실제 적용할 때에는 충분히 검토하시고, 저자 또는 전문가와 상의하시기 바랍니다.